"十二五"国家重点图书出版规划项目

中国社会科学院创新工程学术出版资助项目

总主编：金 碚

U0610463

经济管理学科前沿研究报告系列丛书

THE FRONTIER RESEARCH
REPORT ON DISCIPLINE OF
HUMAN RESOURCE MANAGEMENT

吴冬梅 宋孜宇 主编

人力资源管理学学科前沿研究报告

经济管理出版社

ECONOMY & MANAGEMENT PUBLISHING HOUSE

图书在版编目（CIP）数据

人力资源管理学学科前沿研究报告 2013/吴冬梅，宋孜宇主编. —北京：经济管理出版社，2016.9
ISBN 978-7-5096-4530-7

Ⅰ. ①人…　Ⅱ. ①吴…　②宋…　Ⅲ. ①人力资源管理—研究报告—世界—2013　Ⅳ. ①F249.1

中国版本图书馆 CIP 数据核字（2016）第 187852 号

组稿编辑：张　艳
责任编辑：杨国强　张瑞军
责任印制：司东翔
责任校对：王　淼

出版发行：经济管理出版社
　　　　　（北京市海淀区北蜂窝 8 号中雅大厦 A 座 11 层　100038）
网　　址：www. E-mp. com. cn
电　　话：(010) 51915602
印　　刷：三河市延风印装有限公司
经　　销：新华书店
开　　本：787mm×1092mm/16
印　　张：27.75
字　　数：606 千字
版　　次：2017 年 1 月第 1 版　　2017 年 1 月第 1 次印刷
书　　号：ISBN 978-7-5096-4530-7
定　　价：89.00 元

《经济管理学科前沿研究报告》
专家委员会

主　任：李京文

副主任：金　碚　黄群慧　黄速建　吕本富

专家委员会委员（按姓氏笔划排序）：

方开泰	毛程连	王方华	王立彦	王重鸣	王　健	王浦劬	包　政
史　丹	左美云	石　勘	刘　怡	刘戒骄	刘　勇	刘伟强	刘秉链
刘金全	刘曼红	刘湘丽	吕　政	吕　铁	吕本富	孙玉栋	孙建敏
朱　玲	朱立言	何　瑛	宋　常	张　晓	张文杰	张世贤	张占斌
张玉利	张屹山	张晓山	张康之	李　平	李　周	李　晓	李子奈
李小北	李仁君	李兆前	李京文	李国平	李春瑜	李海峥	李海舰
李维安	李　群	杜莹芬	杨　杜	杨开忠	杨世伟	杨冠琼	杨春河
杨瑞龙	汪　平	汪同三	沈志渔	沈满洪	肖慈方	芮明杰	辛　暖
陈　耀	陈传明	陈国权	陈国清	陈　宪	周小虎	周文斌	周治忍
周晓明	林国强	罗仲伟	郑海航	金　碚	洪银兴	胡乃武	荆林波
贺　强	赵顺龙	赵景华	赵曙明	项保华	夏杰长	席酉民	徐二明
徐向艺	徐宏玲	徐晋涛	涂　平	秦荣生	袁　卫	郭国庆	高　闯
符国群	黄泰岩	黄速建	黄群慧	曾湘泉	程　伟	董纪昌	董克用
韩文科	赖德胜	雷　达	廖元和	蔡　昉	潘家华	薛　澜	魏一明
魏后凯							

《经济管理学科前沿研究报告》
编辑委员会

总主编：金 碚

副总主编：徐二明　高　闯　赵景华

编辑委员会委员（按姓氏笔划排序）：

序　言

为了落实中国社会科学院哲学社会科学创新工程的实施，加快建设哲学社会科学创新体系，实现中国社会科学院成为马克思主义的坚强阵地、党中央国务院的思想库和智囊团、哲学社会科学的最高殿堂的定位要求，提升中国社会科学院在国际、国内哲学社会科学领域的话语权和影响力，加快中国社会科学院哲学社会科学学科建设，推进哲学社会科学的繁荣发展具有重大意义。

旨在准确把握经济和管理学科前沿发展状况，评估各学科发展近况，及时跟踪国内外学科发展的最新动态，准确把握学科前沿，引领学科发展方向，积极推进学科建设，特组织中国社会科学院和全国重点大学的专家学者研究撰写《经济管理学科前沿研究报告》。本系列报告的研究和出版得到了国家新闻出版广电总局的支持和肯定，特将本系列报告丛书列为"十二五"国家重点图书出版项目。

《经济管理学科前沿研究报告》包括经济学和管理学两大学科。经济学包括能源经济学、旅游经济学、服务经济学、农业经济学、国际经济合作、世界经济、资源与环境经济学、区域经济学、财政学、金融学、产业经济学、国际贸易学、劳动经济学、数量经济学、统计学。管理学包括工商管理学科、公共管理学科、管理科学与工程三个学科。工商管理学科包括管理学、创新管理、战略管理、技术管理与技术创新、公司治理、会计与审计、财务管理、市场营销、人力资源管理、组织行为学、企业信息管理、物流供应链管理、创业与中小企业管理等学科及研究方向；公共管理学科包括公共行政学、公共政策学、政府绩效管理学、公共部门战略管理学、城市管理学、危机管理学、公共部门经济学、电子政务学、社会保障学、政治学、公共政策与政府管理等学科及研究方向；管理科学与工程包括工程管理、电子商务、管理心理与行为、管理系统工程、信息系统与管理、数据科学、智能制造与运营等学科及研究方向。

《经济管理学科前沿研究报告》依托中国社会科学院独特的学术地位和超前的研究优势，撰写出具有一流水准的哲学社会科学前沿报告，致力于体现以下特点：

（1）前沿性。本系列报告能体现国内外学科发展的最新前沿动态，包括各学术领域内的最新理论观点和方法、热点问题及重大理论创新。

（2）系统性。本系列报告囊括学科发展的所有范畴和领域。一方面，学科覆盖具有全面性，包括本年度不同学科的科研成果、理论发展、科研队伍的建设，以及某学科发展过程中具有的优势和存在的问题；另一方面，就各学科而言，还将涉及该学科下的各个二级学科，既包括学科的传统范畴，也包括新兴领域。

（3）权威性。本系列报告由各个学科内长期从事理论研究的专家、学者主编和组织本领域内一流的专家、学者进行撰写，无疑将是各学科内的权威学术研究。

（4）文献性。本系列报告不仅系统总结和评价了每年各个学科的发展历程，还提炼了各学科学术发展进程中的重大问题、重大事件及重要学术成果，因此具有工具书式的资料性，为哲学社会科学研究的进一步发展奠定了新的基础。

《经济管理学科前沿研究报告》全面体现了经济、管理学科及研究方向本年度国内外的发展状况、最新动态、重要理论观点、前沿问题、热点问题等。该系列报告包括经济学、管理学一级学科和二级学科以及一些重要的研究方向，其中经济学科及研究方向15个，管理学科及研究方向45个。该系列丛书按年度撰写出版60部学科前沿报告，成为系统研究的年度连续出版物。这项工作虽然是学术研究的一项基础工作，但意义十分重大。要想做好这项工作，需要大量的组织、协调、研究工作，更需要专家学者付出大量的时间和艰苦的努力，在此，特向参与本研究的院内外专家、学者和参与出版工作的同仁表示由衷的敬意和感谢。相信在大家的齐心努力下，会进一步推动中国对经济学和管理学学科建设的研究，同时，也希望本系列报告的连续出版能提升我国经济和管理学科的研究水平。

金碚

2014 年 5 月

前　言

经过半年多的努力，《人力资源管理学学科前沿研究报告 2013》终于与读者见面了。作为《经济管理学学科前沿研究报告》系列丛书的人力资源管理分报告，本书对国内外人力资源管理领域的研究成果进行了汇集和综述，包括学术论文、学术专著、学术会议、重大事件、文献索引等内容。本报告具有以下特点：

1. 前沿性

本报告体现了国内外人力资源管理学科发展的最新前沿动态，包括本学术领域的最新理论观点与方法以及热点问题、重大理论创新等成果。

2. 系统性

本报告囊括了国内外人力资源管理学科发展的所有情况。一方面，报告内容涉及人力资源学科下的主要分支学科，既包括学科的传统研究范畴，也包括新兴研究领域，还包括人力资源行业自身的发展状况；另一方面，本报告的内容形式涉及学术论文、学术专著、学术会议、重大事件、文献索引等众多方面。

3. 资料性

本报告不仅系统地总结和评价了人力资源管理学科的发展历程，还提炼出了国内外人力资源管理学术会议、重大事件以及相关的重要学术成果，因此具有工具书式的资料性，为后人进行人力资源管理学术研究提供了基础性研究史料。

4. 适应性

本书具有广泛的适应面。首先，作为一本学术报告，本书主要适合人力资源管理领域的学者——包括教师、研究人员、博士研究生、硕士研究生——作为学术研究参考。其次，因为人力资源管理学科的实践性很强，本书所总结的许多研究成果也适合企业事业机关等部门人力资源管理工作者作为参考。

本书编写分工如下：第一章吴冬梅，第二章齐丹青、许爽，第三章刘丽丽、宋孜宇，第四章关冠军、齐丹青、刘丽丽，第五章齐丹青、许爽。吴冬梅、宋孜宇负责编撰全书。

吴冬梅

2016 年 3 月 10 日

目　录

第一章 人力资源管理学科 2013 年 国内外研究综述

对任何一门学科进行研究综述，首先要解决的是学科理论体系问题。自 1954 年德鲁克提出"人力资源"的概念以来，人力资源管理理论取得了长足的发展，也出现了许多不同的理论分类或者理论体系建构方法。但在众多的人力资源管理理论分类方法中，得到公认的是 Mohoney 和 Desktop 的分类方法①。Mohoney 和 Desktop 将人力资源管理研究划分为微观和宏观两个研究领域，宏观人力资源管理研究是整体导向型的，关注的是整体人力资源管理实践对组织绩效的影响；而微观人力资源管理研究是功能导向型的，关注的是单一的人力资源管理功能（如培训、薪酬等）对组织绩效的影响。本章对 2013 年国内外人力资源管理的研究综述，即以 Mohoney 和 Desktop 的理论分类为依据。此外，本章还加入了人力资源学科前沿报告和行业发展报告，以反映人力资源理论与实践的发展状况。

第一节   2013 年国内外微观人力资源管理研究综述

微观人力资源管理研究在我国通常称为最佳人力资源实践研究，它是以功能为导向，关注单一的人力资源管理模块对组织绩效的影响。下面分模块对 2013 年国内外微观人力资源管理领域有代表性的研究成果进行介绍和综述。

（一）人力资源效能管理研究

彭剑锋的论文《中国企业进入人力资源效能管理时代》②认为，从总体上看，中国企业已进入人力资源效能制胜与效能管理时代。简单讲，所谓人力资源效能，一是人力资源效率，二是人力资源价值创造能力。前者是提高人均劳动生产率，提高人力资本单位产出量，后者是提升人力资源价值创造能力与人力资本增加值，即人力资本回报与贡献率。具体到人力资源管理专业职能上，是通过人力资源效能的提升为客户创造价值，为企业创造

---

① 吴冬梅、王默凡. 人力资源管理学学科前沿研究报告（2010）[M]. 北京：经济管理出版社，2013.
② 彭剑锋. 中国企业进入人力资源效能管理时代 [J]. 中国人力资源开发，2013（21）.

价值,从而提升企业内在竞争力。论文提出,操作层面上中国企业提升人力资源效能有十种思路与举措。特别值得指出的是,论文建构了战略、运营、客户和财务四个维度的人力资源效能评价指标体系,即战略层面的人力资源效能主要关注人力资源战略的匹配性和协调性,运营层面的人力资源效能主要关注人力资源各子系统的服务效率,客户层面的人力资源效能主要关注打造服务战略需要并具有活力的组织架构和提供一支高质量、高效率、低流失的合格人才队伍,财务层面的人力资源效能评价核心指标是人力资本回报率。

(二)人才测评研究

丹尼尔·戈尔曼的著作《注意力:卓越的潜在动力》[①] 是《纽约时报》2013 年十大畅销商业书籍。作者深入到心理学视角中一向被低估的注意力科学领域,探讨了小小的注意力和精神资产对我们驾驭生活及工作的重要性。作者发现,伟大的成就来自三种注意力:Inner Focus、Other Focus、Outer Focus。其中,Inner Focus 指自我觉察(Self-awareness),Other Focus 是指同理心(Empathy),Outer Focus 指系统思考(System Thinking)。作者想要讨论的是我们如何在与外界(自我、周边、系统)的交互中保持定力。作者认为虽然专注的、目标导向的注意力比开放的、自发的感知更有价值,但在创造性活动中后者却具有关键作用。

人才可以认为是能够恰当地确立或明确一个目标,并能以自己特定的素质和能力,克服各种困难,有效实现既定目标,或为一个更大组织、一项更大事业的总目标,有效完成自己分担的分目标或阶段目标的人。通俗地说,就是"想干事、会谋事、能成事、不断释放正能量"的人。中文里的"达"字可以生动表达出这样一个丰富的内涵。文魁、谭永生在《达论:人才测评新体系——从理念到方法的探索》[②] 中按照科学性、规范性和可操作性原则,分别建立了德达、能达、绩达、体达和识达的测评体系及测评方法,并对党政人才、企业经营管理人才、专业技术人才、高技能人才、农村实用人才和社会工作人才队伍建立了各自的测评"达系"。本书提出的测评"达系"除包括德达、能达、绩达、体达和识达五个要素以外,还包括两个环境和两个目标。两个环境指组织的内外部环境,环境施加给组织约束,又提供给组织资源,所以在进行人才测评时一定要考虑组织所处的环境。两个目标即组织的使命和愿景,使命说明了社会赋予组织的基本职能,说明了组织的追求及组织存在的理由,而愿景则是组织使命而成的组织各层次的具体目标,人才测评还要考虑组织的使命和愿景。

萧鸣政的论文《关于领导干部品德测评的问题研究》[③] 总结了中共十一届四中全会后各地进行领导干部品德测评实践探索中形成的各种方法与遇到的一些难点问题,通过古今中

---

① 丹尼尔·戈尔曼. 注意力:卓越的潜在动力 [M]. 纽约:哈珀柯林斯,2013.
② 文魁,谭永生. 达论:人才测评新体系——从理念到方法的探索 [M]. 北京:社会科学文献出版社,2013.
③ 萧鸣政. 关于领导干部品德测评的问题研究 [J]. 北京大学学报,2013(6).

外的相关文献、中央文件与国家领导人的相关思想分析，以及课题组近年来深入全国部分省市的调研与数据分析，从理论与实践进行了较为系统的思考与论析。研究表明，对于领导干部的品德测评比不测评更好，更能够促进领导干部选拔任用与管理工作的科学化发展。领导干部品德测评工作，要从对领导干部品德面面俱到的测评，转向关键点和区别点行为的分析；从目前每次测评都是对五德、四德的全面考察中解放出来，从工作圈、生活圈、社交圈地毯式的测评中解放出来；从单向追求降低品德测评的成本，转向全面关注品德测评带来的开发质量效果；从追求对领导干部品德的精确评分，转向模糊评分；从对领导干部品德一锤定音地下结论的年度测评，转向平时多敲边鼓的季度测评；从集中式的德行测评转向对平时工作行为改进的分析；从对领导干部品德一次量化的品德评分，转向定性定量的综合诊断；从对领导干部品德统一评分，转向共性评分与个性描述的结合；从对领导干部品德的排序评分，转向对品德问题的提示与改进建议；从对领导干部品德的考核性测评转向促进性测评。通过领导干部的品德测评工作，实现对他们领导力与业绩的全面促进与目标提升。

（三）人才选拔与配置研究

曲庆、高昂的《个人—组织价值观契合如何影响员工的态度与绩效——基于竞争价值观模型的实证研究》[①]选取竞争价值观框架，运用多项式回归与效应面分析方法探讨个人—组织价值观契合对员工情感承诺和任务绩效的影响。基于 468 个配对样本数据分析，发现对于团队、活力和市场价值观，当组织价值观弱于个人价值观时，员工情感承诺与个人—组织契合度正相关；当组织价值观强于个人价值观时，情感承诺与契合度负相关；在完全契合状态下，价值观强度越高，员工的情感承诺越高。对于活力和市场价值观，个人—组织契合度与员工任务绩效基本呈现正相关。对于规范价值观，个人—组织契合与员工情感承诺和任务绩效关系不显著。实证结果挑战了"个人—组织价值观契合情况下结果最优"的经典假设，丰富完善了价值观契合有效性的研究。在实践应用方面，本研究提供给企业管理者诸多启发。第一，在企业文化建设中对不同价值观要做到平衡兼顾。对四种价值观，首先尽可能使其不低于大多数员工的期望。其次注意价值观强度的适度，超出员工期望的活力价值观将变成双刃剑，会在提高情感承诺的同时降低员工绩效；过强的市场价值观对员工任务绩效的作用会适得其反；对团队和规范价值观，则容易出现组织实际的团队价值观弱于员工价值观而规范价值观强于员工价值观的现象。第二，选人时注重个人价值观与企业价值观的适度契合。组织要管理个人与组织的价值观契合，除通过企业文化建设改变组织供给外，还可通过选人来管理个人期望。选人时完全契合并不总是最好的，例如对于重视创新的企业，可以挑选那些活力价值观适当高于组织的活力价值观的个人，

---

① 曲庆，高昂. 个人—组织价值观契合如何影响员工的态度与绩效——基于竞争价值观模型的实证研究 [J]. 南开管理评论，2013（5）.

这样的员工容易有最佳的业绩表现。

赵慧娟的论文《个人组织匹配对新生代员工敬业度的作用机理——基于职业延迟满足的视角》①选取了职业延迟满足这一新视角，探讨个人—组织匹配（PO 匹配）对新生代员工敬业度的作用机制。研究结果发现，PO 匹配和职业延迟满足对我国新生代员工的敬业度有显著影响；职业延迟满足在 PO 匹配与敬业度之间具有部分中介作用，其中，需求匹配对新生代员工的敬业度以直接作用为主，价值观匹配和能力匹配对新生代员工的敬业度的影响在很大程度上通过职业延迟满足而发挥作用。本文的研究结果对 PO 匹配、职业延迟满足、敬业度以及新生代员工的现有研究成果进行了拓展。本文的研究为管理实践提供了重要启示：一方面，企业可以通过加强 PO 匹配管理，提升新生代员工感知到的价值观匹配、能力匹配和需求匹配，促使员工产生更多的奉献和专注；另一方面，需要高度重视新生代员工职业延迟满足能力的培养，营造愿意延迟满足的组织氛围。员工认知到了企业的公平晋升，即使在暂时没有足够层级职位的情况下，也愿意延迟满足以期待升迁机会，并以敬业的行为回报给组织。当员工愿意在一个组织中采取延迟满足的方式达到更高的职业目标的时候，他们的工作目标明确，动机更强，自然也会表现出敬业的特征。

（四）员工培训与开发研究

培训的效率取决于需求评估的彻底与否，对于当前以快步伐、风险和不确定性为特征的商业环境，传统的需求评估方法显得心有余而力不足。艾莉森·M.德莎、布瑞恩·M.萨克斯顿、雷蒙德·A.诺伊和凯瑟琳·E.基顿的论文《无限和超越：使用一种叙事的方法来识别未知和动态情况下的培训需求》②克服了传统培训需求评估方法的不足，提出一种基于叙事的、主题专家非结构化面谈方法，以适应不确定环境中的动态工作。首先，以叙事法评估培训需求的方法具有理论基础。其次，这一方法是有效的，美国国家航空航天局（NASA）在为将来的长期任务识别工作人员培训需求时，采取了主题专家面谈法。最后，本文还讨论了这一方法的价值以及培训的重要性，并以美国国家航空航天局为案例阐述了相关理论和实践意义。

陈国权、孙锐、赵慧群的论文《个人、团队与组织的跨层级学习转化机制模型与案例研究》③指出，在企业组织中，只有建立了个人、团队和组织之间系统有效的相互学习和转化机制，才能最大限度地利用组织中各种学习资源，提升组织业绩和健康发展水平。学习的跨层面转化是当今企业学习中面临的现实问题，但并没有相应的理论模型进行系统阐述和指导。针对这一理论和实践中的问题，本文对组织中三层面学习之间的互动、转化机

---

① 赵慧娟. 个人组织匹配对新生代员工敬业度的作用机理——基于职业延迟满足的视角 [J]. 经济管理，2013（12）.

② 艾莉森·M. 德莎，布瑞恩·M.萨克斯顿，雷蒙德·A.诺伊，凯瑟琳·E.基顿. 无限和超越：使用一种叙事的方法来识别未知和动态情况下的培训需求 [J]. 人力资源开发，2013（6–8）.

③ 陈国权，孙锐，赵慧群. 个人、团队与组织的跨层级学习转化机制模型与案例研究 [J]. 管理工程学报，2013（2）.

制进行了研究探索，从组织中的人际交流、知识文档化以及组织流程化三种基本学习方式出发，提出组织学习的跨层面转化机制模型，并辅以五个典型案例对这一跨层次组织学习模型进行进一步分析验证。本文得出如下结论：首先，在现代企业组织，尤其是那些创造了较高市场绩效的企业中，的确存在着个体、团队、组织三层面间学习的跨层面转化、互动过程，这种跨层级学习转化与各层面上的学习活动并行进行。跨层次学习过程反映着组织学习更高系统性、动态性的要求，在推动企业成长和发展方面显示出日益重要的意义。其次，个人、团队和组织的学习跨层面转化、多样化的组织学习转化方式，以及三种基本学习转化机制：人际交流、文档化与流程化之间存在着对应与关联关系。这三种基本机制在学习跨层面转化中发挥着各自的独特作用，并为分析和描述个人、团队、组织跨层次学习具体方式提供了一个较简明的分类框架。最后，现代企业推动多维度、高层次和集体互动的跨层面学习循环日益显示出其重要意义。因此，建立一种系统的、常态的跨层面组织学习模式，以动态整合和推动不同层面的组织学习活动，将有助于强化组织动态能力，促进其可持续发展。

在当今的企业和组织中，团队的创新力至关重要。但是多数组织激发创新的方法，比如"头脑风暴岛"、时尚的创新讲座及创新工作坊等，始终收效甚微。帕迪·米勒、托马斯·韦德尔·韦德尔斯伯格是知名的创新专家，他们在创新研究方法方面采取纵向视角分析组织转型，建议各级领导成为"创新规划师"，他们负责建造一个创新生态系统，使员工和团队从事关键的创新行动，并作为他们日常工作的一部分。帕迪·米勒，托马斯·韦德尔·韦德尔斯伯格的著作《创新依然：如何帮助你的员工终生创意无限》[1] 建议领导者要带领他们的人员在作者称之为创新的"5+1 重点行为"（5 + 1 Keystone Behaviors）：专注（Focus）、连接（Connect）、调整（Tweak）、选择（Select）、秘密风暴（Stealthstorm）和坚持（Persist）中将创新的基因嵌入工作场所和核心业务。本书可应用在金融、管理、销售与制造等众多领域，使团队和组织的创新以系统的和可持续的方式发挥作用。

杨百寅、连欣、马月婷的论文《中国企业组织创新氛围的结构和测量》[2] 指出，近年来，在创建国家创新系统的大背景下，企业的创新环境建设逐渐展开。然而，由于创新氛围建设的考核工具并不完善，企业难以有效衡量创新氛围建设的效果，也无从得知员工对其所处的工作环境支持创新程度的感知；在缺乏衡量和反馈的情形下，创新氛围建设工作存在一定的盲目性。本文采用实证研究方法对中国企业组织创新氛围的维度及测量进行研究。采用开放式问卷收集了 555 条描述，归类分析表明，中国情境下企业的组织创新氛围包括 8 个方面，并在此基础上形成开放式问卷。283 份有效问卷的探索性因子分析表明，组织创新氛围是一个 8 因素的结构，包括：理念倡导、市场引导、评价激励、学习培训、沟通合作、典型示范、资源保障和授权支持。8 因素又从属于更高阶的潜变量：价值导

① 帕迪·米勒，托马斯·韦德尔·韦德尔斯伯格.创新依然：如何帮助你的员工终生创意无限 [M].剑桥：哈佛商业评论出版社，2013.
② 杨百寅，连欣，马月婷.中国企业组织创新氛围的结构和测量 [J].科学学与科学技术管理，2013（8）.

向、制度激励和人际互动。来自 24 家企业 493 份有效问卷的验证性因子分析验证了组织创新氛围的结构效度，内部一致性分析和回归分析的结果表明，量表具有较好的信度和效度。在企业实践方面，本研究为企业创新氛围建设提供了框架思路和实践指导。研究论述了企业创新氛围建设的重要性，同时探索了中国背景下企业创新氛围的概念结构和构成要素，认为中国企业的组织创新氛围建设，要做好价值导向氛围建设，包括理念倡导和市场引导；做好制度激励氛围建设，包括评价激励、学习培训、资源保障和典型示范；做好人际互动氛围建设，包括沟通合作和授权支持。这为企业创新氛围建设提供了框架思路，使企业可以系统地思考创新氛围建设问题，避免工作中的盲目性。同时，研究结论表明，在中国文化和新阶段发展的情况下，典型示范、学习培训和市场引导对企业构建创新氛围有重要作用，是创新氛围建设的关键环节。企业不仅要提倡创新、宣传创新，还要树立创新的榜样，更重要的是深化企业持久的学习培训机制，关注市场发展和需求的引导。

（五）绩效与薪酬管理

朵唯·马丁、克劳迪娅·A.萨克拉门托的论文《创造力何时提高销售有效性：领导者—成员交换的调节作用》[①] 基于社会交换理论，认为销售量与员工创造力有关，并依赖于领导员工交换的水平。本文提出假设：当领导者成员交换水平高的时候，创新和销售之间的关系是显著正向的，而当领导者成员交换水平低的时候则相反。本研究采用层次线性模型的统计方法，以 151 个销售代理和 26 名来自制药和保险公司的主管为研究样本。实证结果显示，只有拥有高质量的领导者成员交换情况时，有创造力的销售代表才会得到高水平的销售绩效。这一定量研究也有利于更深入地理解领导者成员交换的调节作用。

张勇、龙立荣的论文《绩效薪酬对雇员创造力的影响：人—工作匹配和创造力自我效能的作用》[②] 指出，创造力研究领域中一个重要的问题就是外在的经济性奖励究竟是鼓励还是抑制了个体创造力，围绕这一主题的争议已经持续了 30 余年。尽管学者们对这一课题进行了大量的实验和实证研究，但研究结论并不一致。本研究采用 296 对上下级匹配数据考察了绩效薪酬对创造力的影响以及人—工作匹配的调节效应和创造力自我效能的中介效应。研究结果表明：绩效薪酬对创造力有倒 U 形影响；创造力自我效能部分中介了绩效薪酬对创造力的倒 U 形影响；人—工作匹配调节绩效薪酬与创造力的关系，人—工作匹配度越高，中等强度绩效薪酬的正面效应越强，高强度绩效薪酬的负面效应越弱；绩效薪酬与人—工作匹配的交互效应通过创造力自我效能的完全中介效应影响创造力。本研究结果对企业优化资源分配、提升雇员创造性绩效的启示在于：企业在实施绩效薪酬时应采用适

---

① 朵唯·马丁，克劳迪娅·A.萨克拉门托.创造力何时提高销售有效性：领导者—成员交换的调节作用 [J]. 组织行为学期刊（美），2013（10）.

② 张勇，龙立荣.绩效薪酬对雇员创造力的影响：人—工作匹配和创造力自我效能的作用 [J]. 心理学报，2013（3）.

宜的激励强度，同时还要采取积极的人力资源管理措施保证员工与其岗位达到最佳匹配，从而有效提升雇员的创造力自我效能以及随后的创造力。

第二节　2013 年国内外宏观人力资源管理研究综述

（一）战略人力资源管理研究

林亚清、赵曙明的论文《构建高层管理团队社会网络的人力资源实践、战略柔性与企业绩效——环境不确定性的调节作用》[①]首次将战略柔性作为一种典型的动态能力运用到战略人力资源管理的研究领域中，探索了其在构建高层管理团队（TMT）社会网络的人力资源实践与企业绩效关系中所扮演的中介作用，并且基于我国经济转型这一现实背景，采用环境不确定性作为该中介环节的调节变量予以进一步阐释。论文对上述问题进行了实证检验，通过对北京、天津、上海、江苏和浙江等地区 390 家企业的 780 名高管进行问卷调查，最终获得 241 个有效样本，研究发现：①构建 TMT 社会网络的人力资源实践对企业绩效具有正向影响，并且战略柔性在其中发挥了完全中介的作用；②环境不确定性在构建 TMT 社会网络的人力资源实践与战略柔性的关系中具有调节作用，但在战略柔性与企业绩效的关系中不具有调节作用。本文的研究结论表明，考虑战略柔性和环境不确定性这两个重要因素可以更好地解释构建 TMT 社会网络的人力资源实践对企业绩效的影响机制，这为战略人力资源管理在动态环境中的发展和应用提供了重要启示。

朱飞、文跃然的著作《战略性人力资源管理系统重构：基于外部劳动力市场主导的雇佣关系模式》[②]分析了外部劳动力市场主导的雇佣关系模式的特征和主要影响。基于外部劳动力市场主导的雇佣关系模式变革背景，重新构建战略性人力资源管理体系，以解决外部劳动力市场主导的雇佣关系模式变革所导致的雇佣管理关键问题，真正实现人力资源管理的"战略性"，并探索针对外部市场驱动的员工队伍的管理策略。

许玉林的著作《战略构建与制度体系——人力资源管理全景视角》[③]按照全新的范式构建了以"一个核心理念（Philosophy），两大系统平台（System），五项基础要素（Element），四类制度体系（Institution），八大企业家修养（Competency）"为主体的"PSEIC"人力资源管理思考框架。这一框架更贴近中国企业的管理实践，是对中国企业沿袭西方人力资源

① 林亚清，赵曙明. 构建高层管理团队社会网络的人力资源实践、战略柔性与企业绩效——环境不确定性的调节作用 [J]. 南开管理评论，2013（2）.

② 朱飞，文跃然. 战略性人力资源管理系统重构：基于外部劳动力市场主导的雇佣关系模式 [M]. 北京：企业管理出版社，2013.

③ 许玉林. 战略构建与制度体系——人力资源管理全景视角 [M]. 北京：清华大学出版社，2013.

管理工具方法的一次超越。本书的定位是一本理论指导，并和本丛书的其他四本操作性较强的书相互契合，为广大的企业家、人力资源从业者提供从理念到方法的完整体系。

（二）人力资源转型研究

康至军的专著《HR转型突破：跳出专业深井成为业务伙伴》[①]以德鲁克先生的人力资源理念为主线，通过对大师思想的解读和优秀企业实践的剖析，提出了中国企业HR转型的杠杆解：回归正确的角色定位、从客户需求而非职能专业出发、从目标成果而非专业活动出发、从假设而非最佳实践出发。作者跳出人力资源的专业局限，从更为宽广的视角采撷素材，通过大量的经典案例，对德鲁克近乎常识的理念进行了深入浅出的阐释。

黄树辉的著作《HR新生代：重塑人力资源管理》[②]根据国内企业的人力资源管理现状进行剖析，发现人力资源管理者及人力资源管理界在经历了西方人力资源管理理念的引进、接受与发展阶段后，正面临着理论与实践方面的挑战。本书提出重塑人力资源管理的思路，即淡化现有人力资源管理六大模块的划分方式，突破谋、选、育、用、留、裁的管理理念，提出未来要真正实现人力资源管理的核心价值，从根本上摆脱过去的思维定式，应该建立以合作发展、追求多赢为宗旨，以四大体系，即组织体系、人才体系、激励体系、分配体系为核心的管理模式。

班贝尔、赵曙明、李诚、张捷的专著《国际与比较雇佣关系——全球化与变革》（第5版）[③]立足于国际比较研究方法，对世界范围内的不同国家和地区的雇佣关系进行了权威的比较及分析，并提供了充分而翔实的雇佣关系方面的知识、信息和数据，为读者在全球视野内考察雇佣关系这一日益重要的经济和社会问题提供了理论和实践依据。第5版主要聚焦于全球化对主要的几个发展中国家和发达国家雇佣关系的影响，同时增加了有关印度、丹麦和中国（包括中国大陆和台湾地区）的雇佣关系的章节。

康纳狄、拉姆·查兰、刘勇军、朱洁的专著《人才管理大师》[④]从实践的视角，深入分析了九家世界级国际一流企业人才管理的最佳实践，系统梳理了他们在人才管理方面的宝贵经验。通用电气、宝洁公司、印度斯坦联合利华、诺华制药、安捷伦科技、私募基金公司CDR、固特异、联合信贷银行、LG电子九家国际一流企业在人才管理方面走出了各自独特的道路，为企业战略目标的达成发挥了巨大的作用。九个真实案例揭示了人才管理的"真经"。在书中，作者还讲述了二十多位领导人才成长的真实案例，极大地增添了全书的可读性和情景感，有助于我们更好地理解国际一流企业人才管理的宏观体系和微观操作。

---

① 康至军. HR转型突破：跳出专业深井成为业务伙伴 [M]. 北京：北京大学出版社，2013.
② 黄树辉. HR新生代：重塑人力资源管理 [M]. 北京：机械工业出版社，2013.
③ 班贝尔，赵曙明，李诚，张捷. 国际与比较雇佣关系——全球化与变革（第5版）[M]. 北京：北京大学出版社，2013.
④ 康纳狄，拉姆·查兰，刘勇军，朱洁. 人才管理大师 [M]. 北京：机械工业出版社，2013.

虽然像通用电气和摩托罗拉这样的世界级公司都依赖于六西格玛建立它们高质量的绩效文化，但这些过程和努力却常常被人力资源管理所忽略。六西格玛原则可以在人员雇佣、保留、评估和发展等关键过程中发挥重要作用，用以预防错误和提高绩效，它在人力资源管理中的缺乏着实令人惊讶。丹尼尔·布鲁姆的著作《通过六西格玛实现卓越人力资源管理》[①] 回顾了全面质量管理及其起源，并倡议在人力资源部门持续引入六西格玛过程，从而给人力资源管理在组织中的角色提供了全新的视角。本书详细解释了这个强大的质量管理方法在组织中是如何工作的，它提供了一个清晰的路线图，以及几十个成熟方法的描述，包括从创建一个项目开始直至项目完成的每一个阶段可用的具体工具。本书也提供了已经在人力资源管理中使用六西格玛的组织案例，这些来自真实世界的例子和行之有效的方法可以帮助组织发现并消除人力资源管理流程中的浪费，甚至完全消除人员管理的各种问题。

亚太地区国家正在经历巨大的经济发展和社会变革，更好地了解这些国家的人力资源管理政策和实践变得非常重要。阿勒普·瓦尔马、帕万·S.布德瓦的著作《亚太地区的人力资源管理（第二版）》[②] 反映了东南亚和太平洋沿岸国家人力资源管理的主要变化，强调了在这些地区占主导地位的不同因素对人力资源管理的影响，以及这些国家人力资源管理系统的差异和相似之处，并探讨了这些国家人力资源职能面临的挑战。本版将其覆盖到柬埔寨、斐济、印度尼西亚和菲律宾等更多经济高增长地区，并论述了区域性人力资源研究的挑战，如西方结构的可移植性、数据收集的问题，以及亚太地区跨国公司的人力资源问题。因此，这是一本可以帮助我们更好地了解亚太地区人力资源问题的重要翔实读物。

尤佳、孙遇春、雷辉的论文《中国新生代员工工作价值观代际差异实证研究》[③] 利用来自国内各行业 866 个员工的样本，用多元协方差分析对中国职场关于工作价值观的代际差异及新生代内部差异进行了分析。结果表明：中国职场的休闲价值观、外在价值观及内在价值观随代际发展稳步上升，新生代显著高于"文革代"，且新生代内部"90 后"显著高于"80 后"；在社会价值观和利他价值观上，新生代与"文革代"无显著差异，新生代内部也无显著差异，并由此提出了管理策略。首先，研究结果为在工作场所增加休闲时间以吸引和留住新生代员工的策略提供支持。可以通过对工作时间进行重新设计（如压缩的工作周）；经济不景气时，增加额外休闲时间（如假期或休息日）；利用部分工作时间从事休闲活动（如谷歌允许员工上班时免费使用洗衣机及看病）等策略，为员工提供额外休闲时间，提升企业效率。其次，内在价值观在代际间上升与前人的研究结论"新生代员工希望有趣和富有挑战性的工作"相一致。可以通过对新生代员工大胆授权、鼓励其工作自治，内部提拔，开展责任感宣传与培训，给予员工工作表现的及时反馈以及增加工作挑战性等策略迎合其较高的内在价值观。

---

① 丹尼尔·布鲁姆. 通过六西格玛实现卓越人力资源管理［M］. 北京：化学工业出版社，2013.
② 阿勒普·瓦尔马，帕万·S.布德瓦.亚太地区的人力资源管理（第二版）［M］. 伦敦：剑桥学者出版社，2013.
③ 尤佳，孙遇春，雷辉. 中国新生代员工工作价值观代际差异实证研究［J］. 软科学，2013（6）.

（三）领导力研究

戴维·尤里奇、诺姆·斯莫尔伍德所著《可持续领导力：卓越领导者知行合一的 7 项法则》① 提出了一个重要理念——同环境的可持续发展一样，领导者也要保证领导力的可持续性，形成可持续领导力。这个概念的提出意在打破领导力培训无效的魔咒，让理念转化为持续不断的行动，成就卓越领导者。本书提出打造卓越领导力的七个法则，通过运用以下七个法则，可以使你拥有可持续领导力：简单为上、善用时间、承担责任、利用资源、持续跟踪、不断完善、倾注感情。

辛西娅·D.麦考利、D.斯科特·德鲁、保罗·R.约斯特、西尔维斯特·泰勒的著作《经验驱动的领导力开发：模式，工具，最佳实践和对工作发展的建议（第 3 版）》② 是美国权威的创新领导力中心（Center for Creative Leadership，CCL）汇集来自全球著名大学、研究与咨询机构、培训公司及著名企业的 84 位权威专业人士的 82 篇关于领导力创新论著而成，包括领导力发展模型、工具、最佳实践与建议，全面呈现近 25 年来全球领导力研究的发展现状及未来趋势。这些文章不是空泛的研究论文，它们均来自于实践，并在实践中进行理论升华，因此具有极高的参考价值。

本书共分四部分，每部分有针对于历练及发展相关的关键要素：①发展经历：更刻意地为更多人提供机会；②领导者：做更好的准备，从经历中学习；③人力资源体系：为历练驱动发展而设计；④组织：让历练驱动发展成为现实。本书所提供的大量有价值的领导思想和人才发展框架，将极大地帮助所有满怀理想与抱负的领导人。

孙健敏、宋萌、王震的论文《辱虐管理对下属工作绩效和离职意愿的影响：领导认同和权力距离的作用》③ 认为，辱虐管理是一种领导行为，它是下属感知到的管理者持续表现的言语或非言语形式的，但不包括肢体上接触的敌意行为。近年来，学术界逐渐开始关注辱虐管理的作用机制，总体看，现有研究主要从社会交换、社会心理和社会比较三个视角进行了讨论。本研究基于全新的社会认定视角，考察了下属对领导的认同在辱虐管理与下属工作绩效和离职意愿关系中的中介作用，以及下属权力距离导向在这一过程中的调节作用。论文以 296 名下属及其直接上司为研究对象，结果发现：①辱虐管理会降低下属对领导的认同，并通过领导认同的中介作用对工作绩效和离职意愿产生影响；②下属权力距离导向会调节辱虐管理与领导认同的关系，表现为对低权力距离导向的下属来说，辱虐管理对领导认同的负向影响相对更强。文章从新的理论视角解释了辱虐管理的作用，揭示了

---

① 戴维·尤里奇，诺姆·斯莫尔伍德. 可持续领导力：卓越领导者知行合一的 7 项法则 [M]. 纽约：麦格劳—希尔教育出版社，2013.

② 辛西娅·D.麦考利，D.斯科特·德鲁，保罗·R.约斯特，西尔维斯特·泰勒. 经验驱动的领导力开发：模式，工具，最佳实践和对工作发展的建议（第 3 版）[M]. 纽约：乔希—巴斯出版社，2013.

③ 孙健敏，宋萌，王震. 辱虐管理对下属工作绩效和离职意愿的影响：领导认同和权力距离的作用 [J]. 商业经济与管理，2013（3）.

辱虐管理影响下属工作绩效和离职意愿的内在机制和作用条件。首先，本研究再次验证辱虐管理会显著降低下属的工作绩效，增加离职意愿。可以看出，辱虐管理对组织的危害非常大，不仅涉及组织目标是否达成，还会影响人才的保留。因此，人力资源管理人员应在识别、监测、培训、绩效考核等各个阶段上控制和减少此类人员进入管理层。其次，本研究显示辱虐管理会降低下属对领导的认同程度，进而对工作绩效和离职意愿产生负面消极的影响。因此，在组织管理实践中，可以通过提升下属对领导的认同程度，增加下属对领导和组织的情感依附程度及提升工作绩效。最后，研究发现对低权力距离导向的下属，辱虐管理的负向作用更明显。随着中国的现代化进程的加快，新生代员工逐渐成为工作场所的主要力量，他们的典型特点之一就是对权力平等的追求和对权威的勇于挑战，因此在对这些新生代员工的管理上辱虐管理方式更不可行。

李明、凌文辁、柳士顺的论文《CPM 领导理论三因素动力机制的情境模拟实验研究》[①]采用 2×2×2 完全随机设计的情境模拟实验，探讨了 CPM 领导行为三因素（个人品德、目标达成、团体维系）之间的关系及其动力作用机制。结果表明：①领导行为三因素分别对下属的追随意愿、上司承诺、工作动机和领导满意度产生显著的正向影响；②在对下属行为态度产生影响时，个人品德的影响作用最大；③在目标达成和团体维系影响下属行为态度的过程中，个人品德发挥着增强型的调节作用。本研究验证了 CPM 领导理论的动力学原理，并为我国"德才兼备，以德为先"的选拔和任用标准提供了科学的理论支持。本研究的主要理论意义首先在于运用实证研究方法验证了凌文辁在 20 世纪 80 年代提出的 CPM 领导行为模式的动力学理论，进一步完善了 CPM 领导理论，丰富了中国本土领导理论研究。其次，本研究结果为我国牢固树立"德才兼备，以德为先"的领导干部选拔体制提供了理论支持。本研究在管理实践上的意义主要有两点。首先，研究结果为提高领导者的领导力和管理水平提供参考。可以从个人品德、工作能力和团体维持等具体方面有针对性地培养领导干部的领导力，从而提高领导干部的管理水平，使其对下属的态度和行为产生积极的影响。其次，本研究可以指导领导班子的合理搭配。根据 CPM 领导行为模式可对各个领导者的类型进行辨别和区分。不同类型的领导者搭配在一起形成合理的优化结构，才能发挥领导集体的整体优势。

刘平青的著作《领导力与项目人力资源管理——中国职场的工作技能与领导力自我开发》[②]以自我、组织和环境三者的互动体系贯穿始终，既向读者介绍领导力和项目人力资源管理的理论，又提供丰富、鲜活的案例和操作性强的方法与技巧。本书旨在帮助项目从业者及众多职场人士，提升自身的领导力水平和相关的工作技能。全书共五个部分。导论阐述领导力的实质，即引领、传导与效力。一个人的领导力水平，很大程度上取决于自我、组织和环境三个维度中关系的熟练掌控程度。第一篇包括自我认知、自我准备与自我

① 李明，凌文辁，柳士顺. CPM 领导理论三因素动力机制的情境模拟实验研究 [J]. 南开管理评论，2013 (2).
② 刘平青. 领导力与项目人力资源管理——中国职场的工作技能与领导力自我开发 [M]. 北京：机械工业出版社，2013.

超越，这是领导力自我开发的前提。任何人工作技能的提升和领导力的开发往往离不开组织平台。而组织绩效包括关系绩效和财务绩效，前者是后者持续获得的基础。第二篇对关系的实质、内容及构建过程进行了阐释。第三篇从组织层面系统地介绍了项目人力资源管理、组织内的项目管理及项目动态管理与创业等内容。第四篇阐述了个体与组织如何融入环境，实现自我、组织和环境的动态平衡。

第三节　组织行为学与人力资源实践研究

《快乐公司：我们如何打造一个深受人们挚爱的工作场所》① 的主编理查德·谢里丹（Richard Sheridan）是美国门罗创新公司（Menlo Innovations）的首席执行官和联合创始人，曾因卓越的商业成就赢得斯隆奖（Alfred P. Sloan Award）及成为商业杂志年度人物。理查德·谢里丹和他的团队在门罗创新公司创造了世界上最有激情和创造力的工作场所之一，作为创始人和首席执行官，他在这本极具可读性和启发性的书中揭示了它的秘密，创建了完全不同的组织模式。该书从门罗创新公司的内部视角揭示了快乐文化的定义，并说明任何组织都可以按照自己的方式组建一个充满激情并可持续的团队，取得有益的结果。谢里丹还展示了如何更聪明地组织会议，以及在招聘过程中进行文化培训。

巴斯克·乌恰诺克、塞尔达·基里巴斯的论文《价值观、工作中心性和组织承诺对组织公民行为的影响：来自土耳其中小企业的证据》② 探讨在土耳其中小企业中，价值观、工作中心性和组织承诺对组织公民行为的作用，认为工作中心性和情感、标准性承诺会增加组织公民行为以及那些与组织公民行为内容一致的价值观。研究采用横断面调查的方法，抽样 277 名中小企业员工，主要收集了 2008 年全球金融危机时期的数据，观察在困难时期组织公民行为的动态变化。分析结果表明，情感承诺和规范承诺能够强有力地预测组织公民行为。组织公民行为中的运动家精神维度受保守价值观、工作中心性以及情感、规范性承诺的函数影响。

美国职场中，种族、文化多样性是一个日益突出的现象。当前的研究强调了解种族的文化天性差异的重要性，以及在比较不同群体的差异时要聚焦于其社会个性特征方面，比如文化价值观。克里斯蒂·J.奥尔森、安·H.哈夫曼、佩德罗·I.雷瓦、卡伯特森·S.法贝斯的论文《多元化劳动力的文化适应与个人主义对工作家庭冲突的预测作用》③ 认为，文化价值（如个人主义）对员工工作家庭冲突的影响超过了种族特点产生的影响。本文引入基于社

---

① 理查德·谢里丹.快乐公司：我们如何打造一个深受人们挚爱的工作场所［M］.伦敦：企鹅出版集团，2013.

② 巴斯克·乌恰诺克，塞尔达·基里巴斯.价值观、工作中心性和组织承诺对组织公民行为的影响：来自土耳其中小企业的证据［J］.人力资源开发，2013（1）：7-14.

③ 克里斯蒂·J.奥尔森，安·H.哈夫曼，佩德罗·I.雷瓦，卡伯特森·S.法贝斯.多元化劳动力的文化适应与个人主义对工作家庭冲突的预测作用［J］.人力资源管理，2013（1）：9-10.

会认同理论的模型，解释为什么文化适应与工作家庭冲突有关。实证检验的样本包括白人和西班牙裔美国人在内的 309 名员工。结果表明，不管种族地位是否为控制变量，个人主义都会调节语言、社会文化适应与工作—家庭冲突之间的关系。此外，本文进一步检验了文化适应和个人主义对被家庭干涉的工作的影响。因此，本文认为研究者和组织管理人员使用会影响工作、家庭的政策时，应该考虑其多样化员工队伍的文化价值问题。

第四节　人力资源学科前沿报告及行业发展报告

吴冬梅、王默凡主编的《人力资源管理学学科前沿研究报告》[①] 为 "十二五" 国家重点图书出版规划项目和中国社科院创新工程项目。本书囊括了 2011 年人力资源管理学科的代表性成果，包括学术论文、学术专著、学术会议、重大事件、文献索引等。本报告反映了 2011 年国内外人力资源管理学科发展的最新前沿动态，报告内容涉及人力资源管理学科的主要分支，既包括学科的传统研究领域也包括新兴研究领域，既包括宏观人力资源领域也包括微观人力资源领域。这一成果为人力资源管理领域的理论工作者进行学术研究提供了坚实的基础。

戴维·尤里奇、荣恩·杨格、韦恩·布鲁克班克、迈克尔·D.尤里奇的论文《人力资源行业的状况》[②] 对人力资源行业进行了全新的描述，论文指出，人力资源专业人士常会被自我怀疑所困扰，会反复不断地探讨人力资源的作用、价值和能力。如果人力资源是为了完全（且最后）成为一种职业，那么这些自我怀疑应该被有远见的见解所替代，而这些见解应该建立在全球数据的基础之上，而不是个人观念。因此，对人力资源行业的深入了解具有实质意义。

萧鸣政所著《中国人力资源服务业白皮书 2012》[③] 认为，当今世界正处在大发展大变革、大调整时期。世界多极化、综合国力竞争和各种力量较量更趋激烈。特别是创新成为经济社会发展的主要驱动力，知识创新成为国家竞争力的核心要素。在这种大背景下，各国为掌握国际竞争的主动，纷纷把深度开发人力资源、实现创新驱动发展作为战略选择。人力资源服务业担负着为人才效能的充分发挥提供保证的重任，在人才强国战略中起着重要的作用。本书力争从实践和理论两个层面对中国人力资源服务业的发展状况进行系统梳理，通过理论归纳、事实描述、数据展现、案例解读和科学预测等方式，使读者全面了解中国人力资源服务业 2011~2012 年的发展现状、重点领域和最新进展，科学预测人力

① 吴冬梅，王默凡. 人力资源管理学学科前沿研究报告 [M]. 北京：经济管理出版社，2013.
② 戴维·尤里奇，荣恩·杨格，韦恩·布鲁克班克，迈克尔·D.尤里奇. 人力资源行业的状况 [J]. 人力资源管理，2013（5/6）：7-14.
③ 萧鸣政. 中国人力资源服务业白皮书 2012 [M]. 北京：人民出版社，2013.

资源服务业的未来方向，系统展现 2012 年中国人力资源服务业的重大事件和发展概况，具有较强的时代性和前沿性。

吴江的著作《人力资源蓝皮书：中国人力资源发展报告（2013）》[①] 以中共十八大提出的推动实现更高质量的就业为主题，从多个层面和角度，以丰富的事实和大量数据为依据，反映了近年来中国政府和社会各界在实施积极的就业政策，不断扩大就业，提升就业质量等方面的理论认识、政策方针、重要举措以及发展现状，并对进一步推动实现更高质量的就业提出了对策建议。本报告以"推动实现更高质量的就业"为主线，从宏观和微观、国际和国内等层面，集中提供了一批研究成果，重点反映了近年来中国政府和社会各界在积极促进就业和不断提高就业质量等方面所做出的努力。全书由总报告、政策理论篇、重点群体篇、就业服务篇、劳动关系篇、专题调研篇和国际借鉴篇构成。

---

① 吴江.人力资源蓝皮书：中国人力资源发展报告（2013）[M].北京：社会科学文献出版社，2013.

第二章　人力资源管理学科 2013 年期刊论文精选

第一节

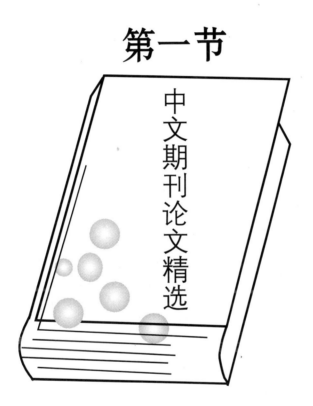

中文期刊论文精选

中国企业进入人力资源效能管理时代 *

彭剑锋

【摘　要】人力资源效能的提升能够为客户和组织创造巨大价值。从总体上看，中国企业已进入人力资源效能制胜与效能管理时代。本文从实践操作层面提出了我国企业提升人力资源效能的十种思路与举措。

【关键词】人力资源效能；价值量化；认可激励；评价指标

经过改革开放 30 多年的发展，中国经济已经完成量的积累，而要实现持续繁荣，必须转变增长方式，从单一追求 GDP 的硬发展模式转向追求基于绿色发展、人文关怀与知识创新的软发展模式。与此相适应，中国企业要实现持续成长并提升全球竞争力，必须转变管理模式，从依赖低劳动力成本的粗放式人力资源管理模式转向依靠高素质人才的精益化人力资源效能管理模式。总体上看，中国企业已进入人力资源效能制胜与效能管理时代。简单讲，所谓人力资源效能，一是人力资源效率，二是人力资源价值创造能力。前者是提高人均劳动生产率，提高人力资本单位产出量，后者是要提升人力资源价值创造能力与人力资本增加值，即人力资本回报与贡献率。具体到人力资源管理专业职能上，就是通过人力资源效能的提升为客户创造价值，为企业创造价值，从而提升企业内在竞争力。笔者认为，在操作层面上，中国企业提升人力资源效能有十种思路与举措。

一、基于客户价值量化人力资源价值创造，驱动员工自主经营与自主管理

要提升组织人力资源效能，首先要对人力资源的价值创造进行量化管理，使组织中的每一个团队、每一个员工都能独立核算对组织的价值贡献与单位工时附加价值，从而提高

---

* 本文选自《中国人力资源开发》2013 年第 21 期。

员工价值创造的自主经营意识与能力，使得每个团队、每个员工都能自我核算、自主经营。这是激发员工价值创造活力与潜能、提升人力资源效率、减少管控与内部交易成本的源泉所在。

日本"经营之神"稻盛和夫所创造的"阿米巴"与海尔独特的"自主经营体"，就是将会计核算体系引入到人力资源价值创造量化管理之中。这种管理模式使组织中的每个团队都成为独立核算的自主经营体，使每个员工都成为 CEO，通过自主经营和自主管理激发组织中每个团队、每个个体的价值创造意识与潜能，减少组织管控与内部交易成本，提高基于价值创造的组织协同，提高组织中的人力资源单位产出量与人力资本附加价值。

价值量化管理是实现人力资源效能管理的基础，它贯穿于价值管理的全过程，通过价值创造、价值评价、价值分配实现。其主要内容包括：①缩小经营核算单元，将一个"大企业"划分成许多"小微企业"，这些"小微企业"通过价值核算表能够独立核算、自主经营，从而激发基层组织经营活力；②通过价值评估表，明确组织中每位员工的价值贡献大小；③通过价值分配表，基于价值评估对经营单元的成员进行价值分配。

实践证明，价值量化管理可以激活人力资源价值创造能量，提高人力资源效能，实现员工价值创造、价值分配的有机统一。

二、回归科学管理与职业化，剔除人力资源浪费

中国企业最大的浪费是人才的浪费。企业人力资源效能低下的一个内在根源是：企业形式主义、官僚主义盛行，许多员工的工作不创造价值，导致企业内部交易成本和管理成本过高，约束了企业成长和发展的边界。

在笔者的一次调查中发现，企业中层管理者每周有效工作时间不到正常工作时间的1/3，大部分分公司经理的时间都耗在接待上级领导检查、参加无休止无效率的会议、应付毫无价值的饭局活动，真正用于抓业务带队伍的时间很少。基层员工不能在正确的时间、正确的地点干正确的事，不能正确执行并有效完成组织任务，导致效率低下。同时，企业人力资源的显性浪费与隐性浪费情况严重。

要提升人力资源管理效能，中国企业必须回归科学管理与员工职业化。科学管理的本质是通过最优化、简单化、规范化、标准化的员工工作行为提升人力资源效率。中国企业与欧美、日韩企业最大的差距恰恰是科学管理能力不足，员工职业化意识与技能短缺。在这方面，国外企业的成熟经验值得借鉴，例如，丰田精益模式的核心是通过看板管理和标准化作业，使组织信息的沟通与交流变得直观、简单、明了，减少信息流失；员工从悟领导意图、听领导指令工作到看流程信息、按作业标准要求工作，确保获得直观、准确的信息，并在准确的位置、准确的时点做正确的、有价值的事情，从而提高组织运行速度与效率。

对于众多中国企业而言，人力资源效率提升的根基在于：①回归科学管理，推动企业管理与员工行为的最优化、简单化、规范化与标准化，提升知识、技能的共享与管理可复制率；②推进员工职业化行为，使员工正确地、职业化地工作；③开展有价值的工作活动，实施人力资源显性与隐性浪费剔除工程；④建立人力资源基础要素标准化体系，如基于企业业务发展分模块建立标准职责库，对职责界定设立清晰的衡量标准；依据战略和业务发展要求，对企业所需各项能力进行分析和归类，形成标准能力库与标准知识库。

三、建立标准职位与胜任力管理系统，实现职位管理与能力管理系统的动态配置

人力资源管理效能的核心是人与岗位的动态优化配置，使岗得其人、人适其所。在现代企业组织中，人与岗位的配置已不再是简单的对应关系，而是企业职位管理系统与胜任能力管理系统之间的动态匹配；职位与人不再是单向适应，而是双向适应，企业既要因岗适人，又要因人适岗。

现代组织可以从以下五个方面实现两大基础管理系统的相互适应与动态配置：①建立基于战略及企业业务模式特点的职位标准与胜任力管理系统，对职位系统进行筹划并建立标准职责库，规划企业职业发展通道，制定任职资格标准；②建立人力资源效率与人员编制动态监控与管理系统，实现人员配置效率动态监控与人员编制IT化；③贯彻人力资源稀缺理念，将人力资源配置效率纳入绩效考核之中，并与部门利益挂钩；④建立人力资源效率与配置经济性审计，及时发现并纠正人力资源配置不当现象及人力资源使用过程中的不经济性行为；⑤建立人力资源配置效率提升系统，对效率提升措施在基层的执行情况进行监督、指导与反馈。

四、对碎片时间进行有效集成管理，挖掘其人力资源价值创造能量

碎片化（Fragmentation）是指完整的东西破成诸多零块。在互联网时代，工作时间越来越被碎片化，员工的工作时间充斥着电话、短信、邮件、博客、QQ、微博、微信、会议等各种活动，难以在碎片化时间里保持工作的系统性、完整性和思考的连续性、整体性，造成员工工作精力不集中，工作思路与工作任务进程被打断，降低了工作效率。而工作和生活中的各种零碎时间，集约起来就是大块时间，善加应用就能产生巨大的人力资源价值创造能量，否则就成为人力资源的巨大浪费。

互联网时代，碎片时间的人力资源价值挖掘与利用不仅必要而且可能。员工可以利用

碎片时间进行价值创造活动，使碎片时间的集成与整合管理的价值日益显现。如在碎片时间，员工通过移动社交网络了解公司经营状况、同事与好友状况、公司制度要求、参与学习培训、参与企业微创新、开展团队研讨等，也可以将大块工作任务分解为利用碎片时间就可以完成的工作等。

五、建立全面认可激励体系，激发员工内在价值创造潜能

员工的内在潜能激发与有效激励，是人力资源效能提升的动力源泉。随着新生代员工日益成为人力资源主体，传统的薪酬激励方式难以满足员工的期望要求，难以激发员工的内在潜能及价值创造能量。如激励手段太过单一，激励过程缺乏员工的互动参与，绩效考核滞后导致激励不及时、激励失效以及无法吸引、保留人才等。建立全面认可激励体系，是解决这些问题和困惑的有效途径。

认可激励是指全面承认员工对组织的价值贡献及工作努力，及时对员工的努力与贡献给予特别关注、认可或奖赏，从而激励员工开发潜能、创造高绩效。如员工有意愿承担并完成了某项工作，即可获得相应的工作认可积分，鼓励员工主动承担任务；员工为客户提供了满意的服务，客户可以通过即时服务认可体系给予员工正向评价，员工可以获得服务认可积分；员工在组织中为他人或同事提供了支持、帮助和协作，即可获得同事鼓励及合作认可积分；员工为企业做出了突出贡献，即可获得突出贡献认可积分；员工为企业管理改进提供合理化建议，即可获得管理改进认可积分；员工为企业推荐了人才，即可获得人才举荐认可积分；员工持续为企业提供服务，可获得周年认可积分；员工参加培训，技能与绩效得到提升时，可得到相应的员工成长认可积分。企业可以通过单项积分排名与总积分排名形成标杆，并给予员工相应的精神鼓励和物质鼓励，从而引导和激励员工努力工作，持续为企业做出贡献。

认可激励具有以下三个特点：①认可激励通常以正式或非正式的表扬、认同为主，与传统的货币形式激励不同。②认可激励是一种能从心底感动员工的激励，能够满足员工的成就感和自豪感。在员工看来，公众性或组织形式的认可可以留给别人能持续一段时间的印象和感觉。③认可激励是及时的、灵活的，每时每刻都可以发生，能够对员工贡献做出快速积极的反馈，而货币薪酬的激励有一定的滞后性。

认可激励可给组织带来良好的组织氛围、更高的绩效产出，提高员工对组织的满意度，为员工提供优秀的企业社交网络平台，实现激励措施的多元化与长期化，提升员工的自我管理能力和参与互动精神，给企业带来更多的协作、关爱和共享，维护员工工作与生活的平衡，有利于公司文化和制度的落实和推进。

从提升人力资源效能的角度，华夏基石提出五大认可激励：关爱认可、绩效认可、行为认可、成长认可和忠诚认可，并以此为基础建立企业的全面认可模型（见图1）。在实

际操作中，华夏基石全面认可激励体系的构建分为激励诊断分析阶段、激励模型提炼阶段、激励设计阶段和激励运行阶段四个阶段（见图2）。

图1　华夏基石五大认可激励体系

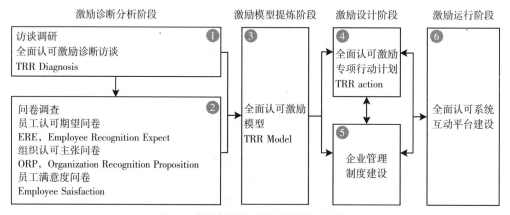

图2　华夏基石全面认可激励四阶段

六、构建基于信息化的知识共享与协同体系，放大人力资源效能

在知识经济时代，企业中人力资源战略性价值、人力资源效能的发挥与放大依赖于企业的知识资本——将知识资源转化为企业的资本优势，将知识管理融入企业业务和组织的协同过程，将知识资本有效地传递并促进员工能力提升，放大人力资源效能，最终实现企业知识资本价值增值，人力资源效能增值，构筑企业的核心竞争能力。

知识管理指企业知识资本的管理，知识管理在企业中的价值定位体现在四个方面：一是个体知识公司化。将存在于企业的业务、组织、员工的零散的、个体的知识、技能、经验等，通过企业知识管理过程归结为企业知识，形成企业的知识资本，避免由于个体流失所带来的企业知识资本流失。二是隐性知识显性化。通过对最优实践、最优行为、最佳业绩的总结与提炼，形成显性的、标准化的、规范化的知识结构和知识内容，强化知识的可复制性，提高知识在企业中的复用价值。三是封闭知识共享化。将存在于个体、封闭组织单元内的知识，通过共享机制建设，形成可供整个企业业务开展所共享的知识资源，提高知识资本的使用效率与使用效果，放大知识资本价值。四是静态知识动态协同化。通过对知识的协同管理，促进"静态"知识实现"动态"运转，提高组织及员工之间的协同，在协同过程中产生价值，提高人力资源效能和企业的整体效能。

华夏基石认为，知识管理是企业人力资源效能的放大器，可以促使企业显性或隐性知识由潜在生产力转变为现实生产力，进而促进人力资源效能的持续发挥与提升，构建企业标准化体系，形成企业核心竞争能力。企业构建知识管理系统，并且放大人力资源效能，必须对五个基本问题进行系统化思考：随着公司各项业务的发展，企业所产生的各种类型的知识资源越来越多，如何进行有效的归类和存储？如何确定合理的知识分享模式？如何进行个体、组织单元之间的有效协同？如何将个人优势转化为企业的竞争优势，由员工个体效能优势转化为企业人力资源效能优势？如何将知识资源转化为企业的价值，进而提升和放大人力资源的价值？围绕上述基本问题，华夏基石构建了基于人力资源效能的知识管理系统模型（见图3）。

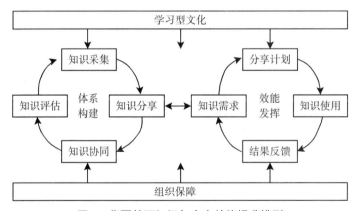

图3　华夏基石知识与人力效能提升模型

七、构建人力资源效能对标管理体系，加速人力资源效能提升

对标管理也称基准管理，指以最强的竞争企业或行业中领先的、最有名望的企业作为基准，将本企业的产品、流程、服务和管理等方面的实际状况与这些基准进行定量化比较和评价，分析基准企业取得卓越绩效的原因，创造性地学习和借鉴其经验，并在此基础上

选取最优的改进策略和方法。对标管理是人力资源效能提升的指向器和加速器，它帮助企业确立有效的人力资源目标和方向，认清企业人力资源管理的现状和差距，充分学习内外最优实践，避免人力资源管理方面的重复弯路和错误。

人力资源效能对标管理主要包括四方面内容：①分析和理解人力资源先进理念，树立有效的人力资源发展目标和正确方向。②掌握通用的人力资源建设路径和核心能力，发挥后发优势提升人力资源管理水平。③通过对标促进人力资源持续改进和学习，推动组织持续改进和不断创新。④结合历史文化、人性特点、国情实际与企业管理实践，探索中国企业人力资源管理的特色理念、成功实践和创新思路。

基于对人力资源对标操作过程的总结，结合多年人力资源管理理论研究和实践，华夏基石为企业人力资源效能对标管理设计了"6D"模型，即必不可少的六个步骤：确定层级、确定对标企业、设定目标和路径、对标寻找差距、制定改进计划和执行并持续改进（见图4）。

图 4　华夏基石人力资源对标管理 6D 模型

八、建立人力资源共享服务平台，完善外包服务体系

随着信息化与互联网技术在管理领域的广泛应用，人力资源共享服务平台化和业务外包化已成为人力资源管理发展的一大趋势和人力资源效能提升的有效手段。所谓人力资源共享服务，是根据集团总部所制定的政策制度和各业务单元的制度决策，搭建服务平台为各业务单元员工集中提供事务性服务（见图5）。

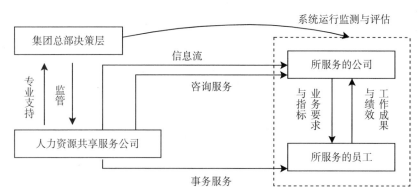

图5 集团化人力资源共享服务基本模式

共享服务可以实现三个方面价值：

一是规模效益。规模经济性是共享服务的首要目标，能够实现人力资源成本的降低。规模效益体现在方方面面，例如，某集团公司实现薪资集中发放后，全集团员工工资只通过财务共享中心与人资共享中心结算，减少了诸多环节，创造出了巨大的资金时间效益；由于集团统一组织补充商业保险招标，数额较大，成为保险公司大客户，从而享有了诸多优惠条件等。

二是专业化。专业化程度取决于人员的稳定和持续发展，在传统管理模式下这两方面都无法达到好的效果。某集团公司由于行业特点，分布在全国上百个城市，分（子）公司规模都不超过千人，各分（子）公司HR从业者年度内部流动率超过40%。也就是说，在未实现共享服务的时候，基层HR从业人员的发展是横向流动的；而基层不稳定，中高层人员的专业化也将受到影响；HR系统每年的基层培训内容基本一样，总是在给新成员扫盲。此种情况下人资管理水平很难持续快速提升。共享服务模式能够很好解决这一问题。在同一组织中，既有具体操作人员，也有具备相当专业理论功底的中高层管理人员，专业氛围足够，容易建立起职业发展路径；各业务单元及广大员工也能享有更专业化的服务。

三是透明化。实现共享服务后，人力资源决策与操作相分离，集团总部和各业务单元

负责在各自权限下制定相关政策,而共享服务中心作为中立第三方依据政策制度进行操作,减少了从决策到操作的环节,政策执行更为标准化、透明化,既有利于各业务单元聚焦于业务发展,也有利于集团人资系统与政策的统一。

在共享服务与业务伙伴两大模式的影响下,现代人力资源管理的组织形式发生了根本性的变化,不再是简单的权责划分,而是根据工作内容与性质不同的专业化分工(见图6)。集团总部往往扮演专家角色,负责集团公司人力资源的战略、政策与风险管理,牵头完成体系建设、规章制度的建立和完善,此外还承担整个人资系统能力培育与提升的责任。各业务单元的人资人员则扮演着业务伙伴的角色,负责所在业务单元组织能力提升的所有工作。由于性质不同,职业学习与事务共享往往分为两个机构,共同扮演共享服务的角色,作为第三方根据相关政策为集团总部、业务单元提供专业化服务。

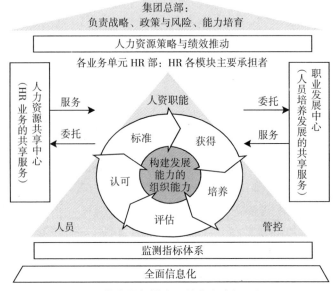

图 6　共享服务模式下的人力资源组织

外包是企业内部共享服务的延伸。现代企业人力资源管理越来越聚焦于支撑企业战略及核心业务发展,越来越专注于做自己最擅长的事情,而将非核心业务转由第三方人力资源专业机构处理能够降低成本、提高效能,如代理招聘、培训外包、薪酬福利外包、领导力发展外包、一站式人力资源整体解决方案等。

九、构建全面人才发展系统，为组织提供源源不断的价值创造源泉

人才的能力提升与发展是企业价值创造不竭的动力源，是人力资源效能提升的基石。随着大多数企业规模不断扩大，对各方面人才专业化程度的要求不断加强，以往"引进几个优秀人才，开拓一方经营领域"的"跑马圈地"式发展模式越来越不适应，企业开始走向全面、综合的"精耕细作"式发展；相应地，以往掠夺式获取人才的方法也越来越不适应企业的发展。如何建立全面的人才发展体系，促进各类员工专业能力持续提升并实现职业成长，使之与企业在利益共同体的基础上形成事业共同体，成为人才发展的主题和人才效能提升的核心。要提升人力资源效能，首先要提高人力发展系统的运行效能，从而保证组织源源不断地内生出战略所需的领导力和专业能力，使得人力资源系统真正成为组织能力的提供者。

在咨询管理实践中，华夏基石特推出 SOP 人才发展体系（见图 7），系统性思考企业人才发展问题。华夏基石人才发展体系由三个平台构成。

首先是政策平台。通过制度设计形成人才脱颖而出的环境，如组织比赛，人才发展体系要解决的是比赛场所、比赛形式、比赛标准和比赛规则的问题，政策平台就是制定人才发展游戏规则的过程。

其次是服务平台。发展的主体是员工自己，但组织要系统地为人才发展提供各方面帮助和保障措施，包括完善发展组织、丰富发展资源、改进发展方法三个方面。

最后是运行平台。在政策平台所制定的规则下，企业人才发展工作将会以项目的形式运行，包括人才定义、人才测评、人才选拔、人才培养、人才任用五个方面。

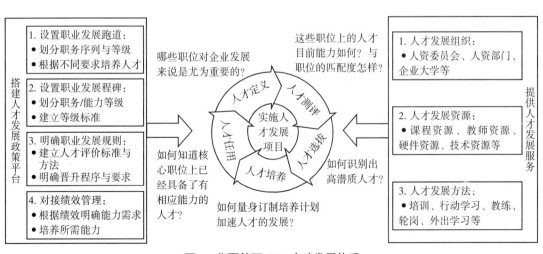

图 7　华夏基石 SOP 人才发展体系

十、建立人力资源效能评价指标体系，提升人力资源效能管理绩效

对人力资源效能进行评价和衡量是人力资源效能管理的指示器，也是人力资源效能管理的难点。目前有关人力资源效能评估的评价指标体系主要有三种类型（见表1）。

表1 人力资源效能评估的评价指标体系三种类型

评价角度	评价方法	特征
基于财务角度的评价	人力资源会计、人力资源审计、人力资源成本控制、人力资源利润中心、投入产出分析	基于财务框架对人力资源的投入产出做出分析和测量、强调人力资源功能的财务衡量 不足之处在于人力资源产出效益不容易界定与量化评价
基于组织与客户角度的综合性指标评价	人力资源问卷调查、人力资源声誉、人力资源关键指标、人力资源效用指数、人力资源指数、组织健康报告法	基于组织、客户、员工等不同角度通过一套综合性指标来对人力资源工作做出评价，强调人力资源工作评价的全面性和综合性 不足之处是评价相对主观，且评价结果与组织绩效的关系有待验证
基于行业角度的对标评价	人力资源案例研究、人力资源竞争基准、人力资源目标管理、人员能力成熟度模型	侧重于从人力资源最佳实践的角度来对人力资源工作进行评价，强调了对标与竞争意识 不足之处是最佳实践的数据不易获得，且这种可比性是否适用尚需实践检验

华夏基石在总结人力资源效能评价研究和实践的基础上，对20多家企业进行了重点调查和研究，通过问卷调查和深度访谈等方式，借鉴平衡计分卡和杜邦分析法的原理，构建了人力资源效能计分卡模型（见图8）。该模型从战略、运营、客户和财务四个层面对人力资源效能进行评价，并针对每个评价维度，设计相应的评价指标体系。

一是战略层面。人力资源效能的战略层面，主要关注战略的匹配性和协调性。一方面，人力资源战略应成为组织战略的有机组成部分并为战略达成服务，人力资源部要成为业务的战略伙伴并为其提供有效支持；另一方面，在人力资源体系内部，既要做到横向上各个子系统的无缝契合与有效协同，又要关注纵向上的人力资源上下级体系一体化的完整性。

二是运营层面。在人力资源战略和政策的整体指导下，人力资源的各个子系统各自发挥作用，为组织提供高效的人力资源服务。这些子系统包括人力资源规划、组织架构设计、人员招聘、人员配置、薪酬福利、绩效管理、培训管理、职业发展通道等，这些模块是人力资源工作发挥选、用、育、留功能的载体。

三是客户层面。人力资源工作必须树立内部客户导向意识，而组织和员工就是人力资源工作者的客户。在组织层面，要打造服务战略需要并具有活力的组织架构，并基于此对组织各项资源进行优化配置。在员工层面，要通过招聘、培训、发展、激励等措施提供一

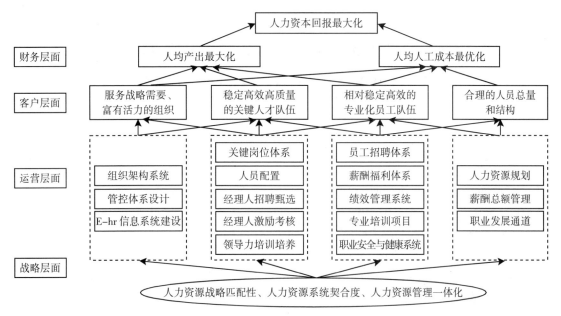

图 8　华夏基石人力资源效能计分卡

支高质量、高效率、低流失的合格人才队伍，这里的人才队伍既包括核心岗位的关键人才，也包括专业化的一般性员工队伍。其中，人力资源的一项重要工作是合理规划各类人员的总量和结构，以适应组织发展的需要。

　　四是财务层面。人力资源效能的评价最终应回归到财务层面。效能一般指系统投入资源后，其产出达到预期目标的程度，因此人力资源效能的核心指标是人力资本回报率，即人均净利润除以人均人工成本。通俗地说，就是在员工身上投入的一元钱，能给企业挣回多少钱的净利润。提升人力资本回报率，是在合理人工成本投入的条件下，促使人员产出最大化。

　　人力资源效能计分卡以提升人力资本回报率为核心来说明人力资源管理在战略、运营、客户、财务四个维度上如何形成一个系统的有机体。该模型通过建立战略和执行过程中的关联路径，方便组织及时发现、分析和监控人力资源管理过程中出现的效能问题。该模型的核心思想是企业应建立基于战略匹配、系统契合、一体化顺畅的人力资源系统，通过人力资源各个功能模块的作用发挥与协调配合，提升组织与员工的满意度，推动财务目标的达成。该模型隐含的一个假设是财务收益与战略、运营、客户三个维度的高度关联性，如果将人力资源效能比作一棵大树，只有根深（高度的战略性）、枝壮（高效的运营体系）、叶茂（满意的客户），才能结出丰硕的果实（财务绩效）。

Chinese Enterprises Are Entering the Era of Human Resources Efficiency Management

Peng Jian-feng

Abstract: The improvement of human resources efficiency can create tremendous value for clients and organizations. Overall, Chinese enterprises have entered the era of winning on human resources efficiency and efficiency management. This article presents ten practical ideas and measures to improve human resources efficiency for Chinese enterprises.

Key Words: human resources efficiency; value quantization; recognition reward; evaluation index

关于领导干部品德测评的问题研究 *

萧鸣政

【摘　要】治国理政，不但需要法律与制度的建设，更需要执政者道德素养的提升。本文总结了十一届四中全会后各地进行领导干部品德测评实践探索中形成的各种方法与遇到的一些难点问题，通过古今中外的相关文献、中央文件与国家领导人的相关思想分析，以及课题组近年来深入全国部分省市的调研与数据分析，在理论与实践方面进行了较为系统的思考与论析。研究表明，领导干部的品德测评是可行的，但也是不太容易测评的。我们不要因为难测评就不去测评，测不准就认为测评无用。对于领导干部进行品德测评无疑比不测评更好。通过测评能够更有效地提升领导干部的领导力与工作绩效，能够促进领导干部选拔任用与管理工作的科学化发展。

【关键词】党政领导干部；人才品德评价；领导力开发

执政兴国，人才为先，事业发展领导关键，人才强国高端引领，领导干部是所有人才队伍中的"领头羊"，是带动中国经济社会发展的火车头。2013年6月28日，习近平同志在全国组织工作会议上强调指出，领导干部的选拔任用是风向标，必须坚持德才兼备以德为先。

"为政以德，譬如北辰。"（《论语·为政》）德才兼备、以德为先，一直是我国从古至今官员选拔与任用的基本原则。2009年中共中央召开了第十七届四中全会，这次会议作为研究执政能力建设的专项会议，通过了《中共中央关于加强和改进新形势下党的建设苦干重大问题的决定》，把德才兼备、以德为先的干部任用标准提到了历史新高度。然而，如何把这一领导干部任用标准贯彻在干部的管理实践中，落实到干部的选拔任用中，体现在干部的开发培养中，长期以来一直是我们政治与行政管理中的难题，本文将从品德测评的视角对于这一问题进行一些思考与探索。

---

* 本文选自《北京大学学报》2013年第6期。

一、领导干部品德测评的理论分析

领导干部品德测评问题，是目前人才管理中的一个重点问题，也是一个难点问题；是一个管理中的实践问题，又是一个管理中的理论问题。关于领导干部的品德要不要测评，能不能测评以及怎样测评，似乎还没有系统的回答，更没有理论方面的深入探讨。

（一）品德测评的政治性分析

所谓政治性分析，这里主要是基于相关政策法规对领导干部品德测评的必要性进行分析。有人认为领导干部身居高位，通过层层选拔与考评，品德问题早已过关，品德不好上不来；政治立场与思想品德早已考验过，领导和群众的眼睛是雪亮的。组织人事部门需要关注的主要是能力方面的问题，评价中需要了解的主要是才能如何与实绩如何。品德素质无须测评。

然而，无论是国家领导人的讲话，还是最近中央颁发的重要文件，都把领导干部的品德评价问题提高到非常重要的位置。早在1938年10月，毛泽东同志在中国共产党第六届六中全会上第一次明确提出了德才兼备的领导干部选任标准。他指出"中国共产党是在一个几万万人的大民族中领导伟大革命斗争的党，没有多数德才兼备的领导干部，是不能完成其历史任务的"。

邓小平同志非常赞同叶剑英同志的意见，领导干部选拔任用，要坚持三个品德标准：一是坚决拥护党的政治路线和思想路线；二是大公无私，严守法纪，坚持党性，根绝派性；三是有强烈的革命事业心和政治责任心。

《党政领导干部选拔任用工作条例》第二章"选拔任用条件"第六条规定，党政领导干部必须具备以下品德：依法办事，清正廉洁，勤政为民，以身作则，艰苦朴素，密切联系群众，自重、自省、自警、自励，作风民主，团结同志。

中共中央《关于建立促进科学发展的党政领导班子和领导干部考核评价机制的意见》明确指出，对于领导干部的评价，必须坚持德才兼备、以德为先。始终把政治道德标准放在首位，注重考核领导干部的政治品质、理论素养、责任意识、思想作风、勤政廉政和道德修养，引导领导干部坚持原则、勇于负责，敢抓善管、真抓实干。

中国共产党近百年的奋斗与发展历史经验表明，领导干部选拔任用的标准与原则，是从民主革命时期的"德才兼备"发展到今天的"德才兼备、以德为先"。民主革命时期，面临的任务主要是战争、夺取政权与建设新中国。现在是和平时期，主要任务是巩固政权与建设中国特色社会主义。这种战略任务的转移，必然要求党政领导干部选拔任用工作中进行素质结构的战略调整，从要求多数领导干部的"德才兼备"到要求全体领导干部的"德才兼备"，从"德"与"才"同等重要的位置，提升到"德"先于"才"的重要地位。

这不是个别国家领导人的认识，而是全党历史经验的总结与共识。中国共产党十八大会议中专门对于《党章》进行了修改，其中第六章"党的干部"第三十三条强调指出，必须按照德才兼备、以德为先原则选拔干部。对于党政领导干部素质要求的这种战略调整，习近平同志在 2013 年全国组织工作会议上的讲话做出了相关的揭示。他指出，"用一贤人则群贤毕至，见贤思齐就蔚然成风"。因此，用什么样的标准选拔任用干部，就会有什么样的干部作风，就会有什么样的党风。由于党的执政作用，甚至还会带来相应的政风与社风。

德才兼备以德为先，不但成为党的领导干部选拔任用基本原则，而且成为指导整个国家人才管理与发展工作的基本原则。《国家中长期人才发展规划纲要（2010~2020 年）》中明确指出，在人才的选拔、培养与使用中坚持德才兼备、以德为先的原则。这一人才选拔任用基本原则的贯彻与落实，必然要求进行品德测评工作。没有品德测评，无法了解与把握人才的品德素质，没有品德测评，人才选拔无法体现以德为先的标准，没有品德测评，无法反映人才品德培养的效果，没有品德测评，无法在人才使用过程中落实德才兼备、以德为先的原则。

（二）品德测评的价值性分析

实际上，领导干部品德测评的必要性，不完全是由国家领导人要求与中央文件的精神所决定的。领导干部品德的特征及其对于领导力与绩效的作用与价值，决定了领导干部品德测评的必要性与价值性。品德测评有助于领导干部领导力与绩效的提升。

领导干部的品德，在这里我们是指领导干部在领导工作实践中处理对人、对事、对情景和对组织的关系活动中所表现出来的稳定行为特征与倾向性。在外表现为行为特征，在内表现为个人的信念与行为准则。比如，品德中的"亲民爱民"，是领导干部的情感行为特征，是领导干部品德的态度表征；品德中的"先公后私"、"消灭贫富差距"，是共产党干部追求的理想信念；品德中的"廉洁自律"，是我们领导干部做"官"的一个基本准则。

在领导干部品德的内容包括政治品德、职业道德、社会公德、家庭美德、个人品德。五德之中，应该说个人品德是基础，政治品德是关键，职业道德是核心。

在领导干部品德的结构包括德行、德性和德能。德行是表现为品德的态度行为和实际行为；德性就是支持和引发品德行为的内在信念与准则；德能就是那些可以支持与促进领导干部工作技能与才能发挥与发展的品德因素，包括品德在领导工作中产生的能源、能量、能力与能效。例如责任心、事业心与上进心，这三种品德就包括了促进领导干部有关才能有效发挥与发展的德能。这"三心"是任何一个领导干部在任何岗位上都需要的。如果没有事业心，没有责任心，没有上进心，那么领导干部就可能会缺乏学习与工作动力，就不可能自觉、自愿、自动去履行他的岗位职责，去做有益于人民、有益于党和国家的事情。

从以上领导干部的品德与其能力、行为的关系来看，品德具有提升与促进领导力的价值及作用，这决定了进行领导干部品德测评的价值性与必要性。

领导力是对他人的一种影响力。美国前总统杜鲁门认为，领导力是使他人心甘情愿地从事其不愿从事之事的能力。领导力是"一种基于信任、义务、承诺、情感以及对善的共同观念而产生的人与人之间复杂的道德关系"。

领导力是任何人都具备的一种能力，但每个人的领导力并非都一样，领导者与领导力没有必然的联系，领导力与领导权也没有必然的联系。领导者不一定有领导力，非领导者不一定就没有领导力。

所以，从领导力概念本身我们可以看出品德对于领导力具有提升作用与促进作用。据调查显示，持续被60%的人以上认同的三种领导力品质是诚实正直占80%，眼光长远占70%，充满激情占65%。由此可以看出，品德中的个人品德是领导力的核心因素。其中诚实正直的品德素质是领导力的基石，领导者的战略与计划并非是其产生领导力的基础，卓有成效的领导者不是基于其聪明的才能而是基于其对利益相关者言行一致的行为。人们追随的首先是人，而不是他的计划，也不是他的战略。被追随的领导者必须是值得追随者自己信任的人。基于领导者的职能我们可以看出品德对领导力的提升与促进作用。领导的职能是愿景与方向，是信任与沟通，是授权与鼓舞。政治品德有助于愿景与方向的构建，正直、忠诚与亲民的良好个人品德有助于信任和沟通的建立。

基于领导力的结构，我们也可以看出品德对领导力具有提升作用与促进作用。

领导力包括影响力、创新力、应变力、推动力，达成目标的信任与渴望，人际关系的经营能力等。执政为民、以身作则、表里如一、清正廉洁、开拓创新等品德有助于影响力与创新力的提升。

上述作用分析表明，品德对于领导力提升与促进的德能作用具有客观性与实在性。比如德高望重，就是人们对德能作用的一种普遍认识与概括。因此，通过品德测评，促进领导干部品德素质的发展与提升，进而实现对领导干部领导力的有效提升与促进。

品德测评还有助于领导干部工作绩效的提升。为了探讨品德与领导干部绩效之间的关系，我们2011~2013年连续在浙江的慈溪市、江西的德兴市、河北的沧州市、甘肃的定西市以及广西的来宾市与崇左市进行了调研，并且前后发放了1700多份问卷，调查结果表明，品德与领导干部业绩之间存在高度相关性。例如，我们的实证研究分析表明，职业道德与工作绩效总分的相关系数达到0.737，职业道德与周边绩效与任务绩效的相关系数分别是0.712和0.695，并且三者都达到非常显著的水平。这说明职业道德与工作绩效及其各维度之间高度相关。这种高度相关性意味着领导干部的职业道德水平越高，其工作绩效越高。我们以往的研究表明，促进性的品德测评可以提升领导干部的职业道德，因此，通过品德测评促进领导干部品德素质的提升，进而可以有效地促进其工作绩效的提升。

（三）品德测评的可行性分析

领导干部的品德，一般是他们处理人与人、人与事、人与组织之间关系活动中所表现出来的稳定行为特征与倾向性。这种行为特征与倾向性，既具有一致性又具有间断性。譬如抢险救灾等特定的人、事与情景并非天天能够遇见与发生，这种行为特征与倾向性既具有公开性也具有隐蔽性，尤其是一些个人的不良之德。我们能够观察到与测评到的领导干部的品德行为十分有限，而且比较表面化。能够看见的只是他们好的品德行为与良德，他们不良的品德行为与劣德我们是难以观察到的，私德的真实表现与深层的品德思想我们难以了解到。有的领导干部行为表现是"三套马车"：说一套，做一套，心理盘算的又是一套。说给领导的是一套，做给群众的是一套，自己心里算计的又是一套。因此，有人认为，领导干部的品德是难以测评甚至是无法测评的。

实际上，领导干部的品德是一种客观的实体，具有客观的物质基础与客观的内容结构。

一个人的品德及其能力与业绩一样，是客观存在的，可以被我们周围的人感觉与认知。岳飞、焦裕禄、雷锋与许多我们身边熟悉的好干部与好领导，我们大家基于对他们的品德行为表现了解所做出的水平等级基本一致。我们2010~2013年先后多次深入四川开江县，重庆市委组织部与江北区，浙江慈溪市，江西德兴市，山东惠民县、日照市，甘肃省委组织部，甘肃的定西市组织部、陇西县与临洮县，青海的西宁市委组织部，广西南宁市、百色市、崇左市、来宾市、柳州市、贺州市与桂林市，河北渤海新区中捷产业园区，江苏省委组织部，南京市委组织部，苏州市委组织部门等地进行领导干部品德评价问题与实践情况调研。调研结果表明，各地民意测验中广大群众对于品德好的干部与品德较差的干部的测评分数几乎一致。

领导干部的品德是客观存在的耗散结构系统。品德是个人经过知、情、意、行、信心理过程的一种产物。心理过程作为一个开放系统，按照系统论耗散结构的观点（从热力的第二定律出发提出了开放系统的非平衡态热力学），当他或者她的品德中的知识经过多次循环往复后，成为了当前坚定的信念或理想时，不表现出来是不可能的。这就是说，领导干部的品德具有表现的必然性。一个比较自私自利的干部，在廉洁自律的上级领导面前与勤政廉洁制度中，他可以控制自己甚至表现出大公无私，但这些外界约束一旦解除或者没有了，他马上就会表现出自私自利的行为倾向；只要他一旦有了谋私利与腐败的机会，他就会表现出贪婪的欲望与损公肥私的行为。

心理学研究表明，任何外化行为都是可以被观察与测评的。俗话说，若要人不知除非己莫为。所以，我们从耗散结构理论上看，内在的品德信念与行为准则一定会外化为我们可以观察与测评的行为，任何客观存在的品德及其行为，都是可以被我们测评的。

领导干部的品德具有心理、行为与能力三个维度的结构。这种结构在干部个人生活与工作的任何空间任何时间中都存在，因而具有稳定性。这种稳定的结构使我们有可能对其中的各种结构因素进行测评。

在确定物质的元素种类及组成的各种原子、离子、基团或化合物之后，我们对它的定量分析和测量就成了现实。因此，有了对领导干部品德结构性的了解，不仅使我们的测评能把握对象的实质和它的各个方面，而且还使我们的测评更具有客观性、准确性和可靠性。

领导干部的品德具有行为表现的经常性与一致性。品德规定了个人行为态度的一致性，规定了在不同时间、不同场合下所发生的行为具有一种相同的性质。不仅如此，这种品德一旦有表现的机会，它就会自动地表现出来。由于社会活动、家庭生活、组织工作的要求是多方面的，因而作为客观现实反映的品德，它的表现也必然会是多方面的、经常的和反复的。

领导干部的品德还具有行为表现的关键性与场所的有限性、集中性。领导干部绝大部分的时间是在工作区、住宅区与社交圈，因此其品德的行为表现集中在工作区、住宅区与社交领域。品德表现的有限性、集中性和关键性给我们进行抽样分析提供了可能，使我们能充分地把握品德的实质。因此，领导干部品德表现的必然性提供了测评的可能性；表现的经常性与一致性，保证了测评的可靠性；表现的关键行为、场所的有限性和集中性保证了测评的可行性。

二、领导干部品德测评的方法分析

领导干部的品德测评主要归结为测评什么，谁来测评，按照什么方法测评。为了对这几个问题有一个比较清楚的了解，我们先来看看国外领导干部的品德测评内容与方法。

美国等发达国家的党政领导干部（国外较少见到这种称谓，而是包括在高级公务员之中）的品德问题，主要是通过政党执政机会的竞争机制、社会制约机制与专门管理机构来监督及评价的。任何在任的领导干部如果存在不良的品德行为，马上就会被反对党与社会公众举报及揭示。然而，就党内领导干部选拔任用与高级公务员管理来说，发达国家领导干部的品德测评工作还是存在的。

美国领导干部的品德测评内容与标准，包括政治敏锐性、政治自觉性、企业家精神、公共服务精神、诚实正直与责任心。

政治敏锐性指领导干部时刻关注国内外与本地那些会对组织和利益相关方产生影响的各种政策，并且清楚自己组织与决策对外部环境的相关影响；政治自觉性是指领导干部能够自觉地辨识出那些可能影响到组织管理工作的内外部政治因素，能够认识到当前组织和政治的现实情况，并采取相应行动；企业家精神是指领导干部能够辨识机遇，正确定位组织目标以取得未来的成就，能够主动通过改善产品与服务来影响组织与社会，敢于承担风险并且持之以恒达到组织目标；公共服务精神是指领导干部能够对所服务的组织恪守承诺，确保自己的行为符合公共需要，始终将组织目标及其实践与公共利益结合在一起；诚实正直是指领导干部言行一致、秉公办事，行为公正与符合道德标准，做出道德表率；责任心是指领导干部严格遵从已达成的承诺与相关的规则、规定，保证在规定的时间和要求内高质量完成任务，并且勇于承担自己的工作错误与责任。

美国对于其领导干部品德的测评，主要是由专门的机构负责，并且通过收集其他机构与社会公众的相关意见，进行相关调查进行评价的。1978 年，美国根据政府法令专门成立了政府道德办公室 OGE（Office of Government Ethics），主要负责对总统下属的公务员涉及伦理道德的行为进行监管。

1989 年，根据政府道德办公室再授权法案，OGE 从原来的联邦人事管理局（Office of Personnel Management）独立出来，成为正式的独立机构。OGE 旨在提高政府领导干部的品德素质，提升政府的公信力，增强公众信心，让公民感受到政府行为的公正性和完整性。OGE 每年都会定期接受其他政府机构及公众的测评，并进行服务满意度调查。

英国包括领导干部在内的公务员品德测评内容包括正直、廉政、客观、诚信、公正与责任心，他们的品德测评主要通过专门机构进行。1994 年，英国设立了行政伦理道德监管机构，全名为英国公共生活准则委员会（Committee on Standards in Public Life），又称诺兰委员会（Nolan Committee）。该委员会是一家独立政府的咨询机构。1995 年，英国政府首次颁布《公务员守则》，2006 年，英国政府经过与公务员委员会的共同研究，又出台了新的《公务员守则》，该守则明确规定了公务员的核心价值及行为准则，核心价值包括：正直、诚实、客观、公正。

韩国、日本与新加坡等亚洲国家对于党政领导干部品德也都有相应的测评标准与方法。

关于应该测评领导干部的哪些品德，我国党和国家领导人及其相关文件中也有专门的论述。

毛泽东同志早在 1937 年 5 月就明确地指出，党的领导干部必须"懂得马克思列宁主义，有政治远见，有工作能力，富于牺牲精神，能独立解决问题，在困难中不动摇，忠心耿耿地为民族、为阶级、为党而工作"。在这里，毛泽东同志特别强调政治品德、职业道德与个人品德。政治品德包括政治远见，马列思想，忠于党、民族与阶级；职业道德包括不怕困难，富于牺牲精神，忠于职守；个人品德包括坚韧不拔与忠诚。邓小平同志强调的政治品德，包括坚持党性、政治路线和思想路线；职业道德包括革命事业心和政治责任心；个人品德包括遵纪守法、正直。

综合十一届三中全会后中共中央颁发的相关重要文件，我们发现对于领导干部品德测评的内容与方法，文件中都有明确的提示。在测评的标准内容方面，主要涉及政治品德、职业道德、个人品德与社会公德四个方面。政治品德的内容包括政治信念坚定，忠诚于马克思主义，坚持走有中国特色社会主义道路；政治敏锐，复杂情况下能够坚持正确的政治方向；政治行为坚强，坚决拥护党的政治路线和思想路线，贯彻执行党的方针政策。职业道德的内容包括依法办事、清正廉洁、执政为民、任人唯贤、廉洁勤政、务实创新、开拓进取、作风民主、善于团结不同意见的同志一道工作。个人品德的内容包括公道正派、克己奉公、谦虚谨慎、求真务实、襟怀坦荡、坚持原则、解放思想、实事求是、艰苦朴素、联系群众、自重、自省、自警、自励、以身作则。社会公德的内容包括遵守党纪国法和社会主义公共道德，热爱祖国。

测评的方法主要是走群众路线，坚持群众公认原则。先由本人所在单位的干部和群众进行民意测验或民主评议，或者由上级派人下去广泛听取群众意见。

我们在这几年的调研中发现，自从党的十一届四中全以后，我们国家有很多地方都多了一些这方面的探讨，尤其是 2010 年前后，我们有很多地方在领导干部选拔任用工作当中，增加了干部品德测评的环节，探索了许多领导干部的品德测评方法。从实践方面看，我们全国各地探索出了各种可行的测评方法。

江西德兴市自 2010 年以来，探索了"领导干部品德四维测评方法"。一是民主测评量"德"。在对科级干部的考察考核中，都将政治思想素质、工作作风与廉洁自律作为民主测评评价要素。其中，政治思想素质又分为党性修养、道德品质和坚持原则三个小项。每个小项均设置优秀、良好、一般、差四个等级，每个等级赋予一定的分值。在每年的全市人代会和政协会中，都将全市正科级领导干部交由人大代表和政协委员进行测评，将干部品德的好差交由最有代表性的干部与群众评判。二是考察谈话说"德"。在干部品德测评中通过考察考核谈话，让知情人向考察考核组介绍有关干部的品德情况，要求客观公正、实事求是，列举具体事例。三是考察纪实材料亮"德"。在领导干部自我总结与组织考察考核材料中，品德情况必须在材料中反映出来，并且是其中的最重要的一部分。只说行为表现与具体事例，不做太大引申评价。四是日常管理核"德"。在干部日常管理和年度考核评价中，品德测评都是其中的重要部分。近年来，基于日常的行政管理、会议与完成工作的具体行为观察，由主管领导与组织部门参考品德行为量表进行品德行为检核。

浙江慈溪市自 2010 年以来，探索了"正反向指标全透视测评方法"。他们在领导干部品德测评中突出考察重点，细化指标体系，让干部的德"好把握"；改进考察方式，运用反向测评，让干部的德"全显现"；定性定量结合，加强分析研判，让干部的德"能比较"。

重庆市委组织部自从 2009 年开始在全市实践探索，提出了领导干部"反向动态加减分"品德测评方法。测评内容主要包括反向评价与平常动态测评指标，按照标准进行加分与减分；手段上除民主测评，还要进行生活圈测评，通过居委会对于家庭美德表现进行测评，通过征取公安、纪委、计生委等部门意见进行品德测评；通过暗访与找群众谈话，了解干部的平时为人；对于被测评者个人要求其述职专门介绍自己的品德的表现；每个月品德测评，实行动态累计；一讲二评三公示，测评结果用星级表示。

广西来宾市组织部实践中探索出了领导干部的"五从四坚持"品德测评法。他们从履行岗位职责中考察干部的德，从完成急难险重任务中考察干部的德，从关键时刻表现中考察干部的德，从对待个人名利的态度中考察干部的德，从日常生活表现中考察干部的德；坚持定性和定量相结合，坚持自评和他评相结合，坚持点上和面上相结合，坚持正面测评和反向测评相结合。

2009 年中共中央组织部颁发了《地方党政领导班子和领导干部综合考核评价办法》，其中明确提出了领导干部品德测评的内容与方法。测评的内容主要是政治坚定、执行民主集中制、坚持原则、道德品质、廉洁自律五个方面。测评的方法主要是通过民主测评方式分［A］［B］［C］进行。

目前各地政府领导干部品德测评时使用的方法基本上为问卷式量化民主评议和民意调查、组织考察和个人谈话，其中问卷式量化民主评议和民意调查用得最多。

综上所述，无论是理论研究还是实践探索，无论是国外政府高层管理者还是国内的领导干部，无论国家领导人还是中央文件规定，都对如何测评领导干部品德探索出了一些有效的方法。其中，领导干部品德测评的内容，包括为国理政的"政德"，务实创新的"职德"，为人处世的"人德"，清正廉洁的"廉德"，以身作则的"公德"，家庭和睦的"美德"；测评的方法主要是基于工作圈、生活圈与社交圈中的行为观察测评，测评的主体主要是来自领导、群众与组织三方面。

三、领导干部品德测评的其他问题分析

以上我们对于领导干部品德测评的政治性、价值性与可行性等问题进行了探讨。但是有些地方为什么要测评没有测评、可测评却不去测评、测评了却测不准呢？试分析如下：

（一）要测评却没有测评

之所以要测评却没有测评，主要是因为在领导干部选拔任用中，品德测评问题一直是说起来重要，做起来次要，忙起来不要。造成这种现状的原因是多方面的，主要是品德测评的困难、测评标准的泛化与测评工作的虚化。无论是国家领导人的讲话还是中央文件的规定，对于领导干部品德的评价标准表述都比较抽象与通用。地方组织部门一般不会或者说没有时间与精力对这些标准进一步细化与突破。实践中，我们对于干部选拔任用中品德的考察与评价，上面怎么规定我们怎么落实。往下走可以，往上突破不敢。即使省级以上的组织部门根据中央文件进行进一步的界定，也都十分谨慎，不敢做太大的突破，基本上还是中央文件与报刊宣传口径中的一些标准台词。由此，在地方与基层的领导干部选拔任用中，品德的测评与考评工作，其实是处于虚化的局面。品德素质评价的虚化必然导致领导干部的选拔任用中业绩水平与人员条件的强化，成了实际上的主要依据。前者的核心指标往往是 GDP 与招商引资等经济数据，人员条件主要是年龄、学历与资历等任职条件。而且即使在品德评价方面强调要听取多方面群众的意见，实际上主要还是官员意见，普通群众意见很少。领导干部选拔任用中业绩是铁的，条件是实的，品德却是虚的。品德测评工作可有可无，或者虚有实无。因此，出现品德素质缺乏把关，道德滑坡无从监督，官员职位越升越高，品德水平越来越低。

（二）可以测评却不去测评

有些地方之所以可以测评却不去测评，主要是因为品德测评方法操作困难问题与结果失真问题。

有些地方为了改变领导干部测评指标抽象与空泛的问题，也进行了分解与细化。这样又出现了指标多，走形式，数据虚的情况。有些地方85%都是90分以上。比如我们课题组在某县的调研中发现，该县住房和城乡规划建设局13名领导干部，"四德"评议测评得分中，4 人为 100 分满分，6 人为 99 分以上，3 人为 98 分以上。当然，所有被测评人员的分数高本身并非是一件坏事，可能说明这些领导干部的品德水平都很好，但一个部门 13 个人的分数都在 98 分之上，且如此之接近，不免让人怀疑测评的准确性和有效性。

这些地方的品德测评方法基本上是民主测评、个别谈话与群体座谈。民主测评中，好、中、差判断，主观性大。进行个别访谈与群体座谈，工作量很大，效果差。受益的人说好，没有受益的人说差，难以客观公正，有的测评结果不是那么准，有待进一步验证。所以组织部门对于最后综合的结果一般不敢用。对于干部的职业道德，虽然我们可以看干部在急难险重与利益关系中的表现，但是，对于家庭美德和社会公德不容易测评。测评困难在于社区与家庭不太愿意表达真实意见，不想表达意见，有的想表达，但是表达后怕麻烦，有的是胡乱表达，不负责任。老好人多，愿意说好，不愿意说不好，或者随便应付。因此，目前的品德测评方法，操作比较困难，难以得到真实的信息。

品德测评中还存在下面一些问题，品德的表现全时空性与观察测评的有限性导致测评的片面性；品德结构的复杂性与评价过程的简化性（测评次数越来越少，测评指标越减越少）导致测评结果的表面性；品德的模糊性与分数的精确性导致测评的随意性；品德的变化性与结果的确定性导致了测评的失效性；品德的掩饰性与行为表现的不一致性，导致测评的失真性；品德量化的可能性与现实性的矛盾导致了测评分数的形式性；品德的个体差异性与评价标准的统一性导致了测评结果的不准确性。

所以，以上品德测评的困难性与结果的失真性，导致人们认为品德测评无意义，测评了也是白费劲。因此，可以测评却不去测评。如果听任这种思想下去，将导致领导干部品德测评工作的缺位。品德测评工作的缺位将导致官员私欲的膨胀与腐败行为的失范，导致领导干部执政行为的简单化与管理行为的粗暴及越位。

（三）测评了却测不准

对于领导干部的品德，我们有些地方测评了但为什么测评不准呢？之所以测评不准，主要是因为我们测评方法的设计或者选择存在问题，认识上有误。

物理学上有一个测不准的问题。比方说我们选用温度计测水温，水温是一定的，温度计本身是玻璃的，放进去水温就已经变化了。因为温度计本身是一个介质，它是一个自然工具，放进去水温就变了，这就是物理学上的测不准问题。因此，有人据此推断人的品德素质也是测不准的。实际上，物理学上的测不准问题是可以解决的。神州航天载人技术成功把人送入太空，并且完成了飞船相互准确对接的壮举，已经说明了物理学测量的精确性。实际上，物理学中的测量方法设计与工具选择直接决定了最后测量结果的准确性。选用一根普通的温度计去测量一个试管中的水温度，所得到的水温测量结果显然会存在较大的误差。但如果选用一根普通温度计去测量一个游泳池里边的水温度，其结果就会非常准确。我们的身高如果选择一根普通的米尺去测量可能结果不够准确，但是如果选择一根带有刻度的垂直杆子尺去度量，就会得到比较精确的身高了。如果从数学角度看，这就是计量数学中的近似值与允许误差值的问题。0.01 的误差对于满分是 5 分或者 10 分的测评结果来说，可能是不够准确的，但是对于满分是 100 分或者 500 分的测评结果来说，就是比较准确了，因为这种误差实际上是可以忽略不计的。

从物理测量的目的来说，准确测量的本身并不是我们的目的，我们的目的在于通过测量认识物理结构，认识物理特征，认识物体，把握物体，能够把物体区别开并且进行开发利用。

许多目前测量比较精确的自然科学其实也是从不准确的测量开始的。许多天体物理与航天技术都是在当初很粗糙的肉眼观察测量的基础上发展起来的。心理学关于智力与人格的很多理论都是在心理测量的基础上提出来的。如果没有当初的眼睛观察测量，就不会有今天的精密的航天太空技术，没有主观的心理测量就不会有今天的心理学发展。我们应该有这样的一个信念，不测量科学不能发展，不测评管理学也不能进步。

之所以目前有些地方进行了领导干部的品德测评却测评不准，问题在于他们认识上存在错误的观念。他们认为，既然测评就要把领导干部的品德测评准确，因此指标设计越来越细、越来越全，测评的流程设计越来越长，测评的方法越来越多，测评的工作量越来越大，测评的成本越来越高。但是，测评的效果却越来越差。其实，我们品德测评的目的，不是要把每个领导干部的品德测准确，测评的目的在于了解他们品德素质的大致状况，测评的真正目的在于促进，在于引导，在于通过我们对于领导干部品德的测评，引导并且促进他们品德素质进一步提高，进而促进他们领导力的提升与政绩的提高。

总之，领导干部的品德是要测评的、可测评的，但也是难以测评的。我们不要因为难测评就不去测评，测不准就认为测评无用。对于领导干部的品德测评比不测评更好，更能够促进领导干部选拔任用与管理工作的科学化发展。目前，对于领导干部的品德测评虽然不够准确，但我们每次的测评工作，毕竟是不断了解其品德、接近于其品德，再引导其品德向我们期望的方向发展。因此，我们对于领导干部的品德测评，一要不断坚持，二要不断改进。我们的测评工作，要从对领导干部品德面面俱到的测评，转向关键点和区别点行为的分析，从目前每次测评都是对五德、四德的全面考察中解放出来，从工作圈、生活圈、社交圈地毯式的测评中解放出来；从单向追求降低品德测评的成本，转向全面关注品德测评带来的开发质量效果；从追求对领导干部品德的精确评分，转向模糊评分等；从对领导干部品德一锤定音地下结论的年度测评，转向平时多敲边鼓的季度测评；从集中式的德行测评转向平时工作行为改进的分析，从工作行为当中去剖析德性；从对领导干部品德一次量化的品德评分，转向定性定量的综合诊断；从对领导干部品德统一评分，转向共性评分与个性描述的结合；从对领导干部品德的排序评分，转向对品德问题的提示与改进建议；从对领导干部品德的考核性测评转向促进性测评。通过领导干部的品德测评工作，实现对他们领导力与业绩的全面促进与提升目标。

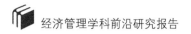
A Study on Leading Officials' Moral Character Assessment

Xiao Ming-zheng

Abstract: The management of state affairs needs not only the construction of laws and institution, but also the improvement of leaders' moral cultivation. This paper summaries the methodologies and difficult problems formed from leading officials' moral character assessment that has been conducted in different areas in China since the 4th Plenary Session of the 11th CPC Central Committee. Based on huge amounts of academic literatures, documents of the CPC Central Committee, and research data gathered from many cities and provinces, this paper carries out systematic thinking and analysis theoretically and practically about the leading officials' moral character assessment.The result shows that leading officials' moral character assessment is feasible.Though it is difficult to make this kind of assessment, people should maintain the assessment in spite of its difficulties and believe that is effective.Moral character assessment can help to improve leadership and leading officials' job performance effectively. Moreover, the assessment can also promote the scientific development of leader officials' selection, appointment and management.

Key Words: leading official; talent's moral character assessment; leadership development

构建高层管理团队社会网络的人力资源战略实践、柔性与企业绩效
——环境不确定性的调节作用 *

林亚清　赵曙明

【摘　要】本文首次将战略柔性作为一种典型的动态能力运用到战略人力资源管理的研究领域中，探索了其在构建高层管理团队（TMT）社会网络的人力资源实践与企业绩效关系中所扮演的中介作用。并且基于我国经济转型这一现实背景、采用环境不确定性作为该中介环节的调节变量予以进一步阐释。我们对上述问题进行了实证检验，通过对北京、天津、上海、江苏和浙江等地区 390 家企业的 780 名高管进行问卷调查，最终获得 241 个有效样本，研究发现：①构建 TMT 社会网络的人力资源实践对企业绩效具有正向影响，并且战略柔性在其中发挥了完全中介的作用；②环境不确定性在构建 TMT 社会网络的人力资源实践与战略柔性的关系中具有调节作用，但在战略柔性与企业绩效的关系中不具有调节作用。本文的研究结论表明，考虑战略柔性和环境不确定性这两个重要因素可以更好地解释构建 TMT 社会网络的人力资源实践对企业绩效的影响机制，这为战略人力资源管理在动态环境中的发展和应用提供了重要启示。

【关键词】构建 TMT 社会网络的人力资源实践；战略柔性；环境不确定性；企业绩效

一、引言

21 世纪以来，伴随着信息技术革命和全球化的迅猛发展，企业所面临的外部经营环境的不确定性特征日趋明显，如何在这种高度动态的环境中获取持久的竞争优势成为战略管理领域的研究重点。Sanchez 提出，应对未来不确定环境的一种基本方法是发展企业的

---

* 本文选自《南开管理评论》2013 年第 2 期。

战略柔性。Hitt 等则进一步强调，21 世纪的组织要获得成功，首先依赖于对战略柔性的培养。可以说，近年来战略柔性已经成为战略管理领域中一个备受瞩目的研究方向。

与此同时，战略人力资源管理对企业绩效影响机制的"黑箱"研究一直是战略人力资源管理领域的热点问题。以往的研究主要是围绕高绩效工作系统展开，针对高层管理团队（Top Management Team，TMT）人力资源系统的研究还有待深入。Collins 和 Clark 首次提出了旨在发展和管理 TMT 社会网络的人力资源实践，即"构建网络的人力资源实践"（Network-building HR Practices），该概念正是对 TMT 人力资源系统的深化和细分。为了更为直观地突出上述概念发展和管理 TMT 社会网络的重要目标，本文将其进一步表述为"构建 TMT 社会网络的人力资源实践"。已有研究发现，构建 TMT 社会网络的人力资源实践能够有效地提升 TMT 所拥有的社会网络，并且能够显著提高企业绩效。但至今鲜有针对构建 TMT 社会网络的人力资源实践对企业绩效的影响机制分析。值得注意的是，也有文献表明，TMT 及其所拥有的社会网络能够有效地提高企业的战略柔性，而且组织能力在战略人力资源管理的"黑箱"机制中所扮演的角色日益受到关注，这为战略柔性作为构建TMT 社会网络的人力资源实践的影响机制研究提供了启示。遗憾的是，迄今为止还未有研究将战略柔性作为一种典型的动态能力运用到构建 TMT 社会网络的人力资源实践和企业绩效关系的探索中。

此外，不确定性作为组织环境的一个重要特征已经成为组织研究中一个不容忽视的关键变量。与西方发达国家相比，我国正处于经济体制转型的关键时期，加之经济全球化进程不断推进、市场竞争日趋激烈以及技术变革日新月异的种种外部冲击，可以说风云变幻的制度与现实背景使得环境不确定性成为我国企业制定战略决策必须考虑的关键环境特征。

鉴于此，本文旨在以动态能力观为基础，首次探讨构建 TMT 社会网络的人力资源实践、战略柔性和企业绩效三者之间的关系，并以环境不确定性作为中介环节的调节变量。本文的主要贡献在于：首先，在动态能力观的基础上，首次考察了战略柔性在构建 TMT 社会网络的人力资源实践与企业绩效关系中的中介作用。本文较早地将动态能力观运用到国内的战略人力资源管理研究，进一步丰富了战略人力资源管理"黑箱"探索的研究视角，并为战略人力资源管理在动态环境中的发展和应用提供了重要启示。其次，本文在国内较早检验了构建 TMT 社会网络的人力资源实践在中国运用的有效性，这有助于增进对战略人力资源管理系统创新的理解。再次，本文首次检验了构建 TMT 社会网络的人力资源实践对企业战略柔性形成的影响，丰富了战略柔性前因变量的研究成果，对于企业发展战略柔性具有重要的借鉴意义。最后，结合我国转型经济的具体国情，本文率先检验了在环境不确定性条件下，构建 TMT 社会网络的人力资源实践对战略柔性以及战略柔性对企业绩效的影响过程与力度是否会发生变化，结果发现环境不确定性在这两个环节中并不具有调节作用，从而为我国企业的管理实践提供更为切实可行的建议与对策。

二、文献回顾与研究假设

（一）定义

构建 TMT 社会网络的人力资源实践与企业绩效构建 TMT 社会网络的人力资源实践，是以发展和管理 TMT 社会网络这一重要组织资源为目的的人力资源实践，具体包含了一系列鼓励 TMT 成员发展社会网络的培训、绩效评估和薪酬等措施。该概念旨在帮助和鼓励高层管理人员与企业内部和外部重要的利益相关者建立关系，即构建 TMT 社会网络，并发挥其在提高企业绩效方面的重要作用。构建 TMT 社会网络的人力资源实践是一种以"权变思想"为基础的企业差异化人力资源框架，是针对发展 TMT 社会网络这一特殊战略需求而设计的独特的人力资源实践。可以说，该实践是高管团队人力资源管理系统中的重要组成部分，也是对这一研究领域的进一步发展。然而，令人遗憾的是，目前关于此概念的相关研究成果在国外并不多见，而在国内更是凤毛麟角。

应该指出，构建 TMT 社会网络的人力资源实践的研究与运用有着重要的理论和现实意义。首先，深入研究构建 TMT 社会网络的人力资源实践有助于进一步推动高管团队人力资源管理系统的创新与发展。迄今为止，已有战略人力资源管理研究成果主要是以高绩效工作系统为切入点，对普通成员的战略人力资源管理系统进行探索，而对差异化人力资源系统的探索十分有限，并且长期忽略了对高管团队人力资源管理系统的研究。而构建 TMT 社会网络的人力资源实践正是差异化人力资源框架的一种典范，是对已有人力资源系统研究的重要补充与发展，能够为人力资源管理系统尤其是高管团队人力资源管理系统的创新和与时俱进提供启示。其次，构建 TMT 社会网络的人力资源实践是企业对 TMT 社会网络这一重要的企业资源进行投入的组织行为，该概念的推广和运用有着重要的现实意义。近年来，TMT 社会网络的重要性备受关注。社会网络通常被用来解释为了获得知识、信息和资源的个人关系或个人联系，而 TMT 的社会网络则指高管与组织内部员工和组织外部重要利益相关者的关系系统，是及时获取外部环境和内部组织相关信息的主要渠道。已有研究发现，TMT 的社会网络不仅有助于企业在竞争环境中获取更多的资源，还可以帮助他们完成使命，并且影响组织的凝聚力和决策质量。然而，TMT 的社会网络需要 TMT 成员或组织的投资和努力才能获得，而构建 TMT 社会网络的人力资源实践的产生，恰好满足了企业的这种现实需求。因此，本文重点探讨构建 TMT 社会网络的人力资源实践在我国运用的有效性。

近年来，人力资源管理的角色已经发生了变化，即从对人员的管理转变为创造战略价值服务，成为企业的重要战略资产。正因如此，人力资源系统是获取竞争优势的源泉，这一观点日益得到学术界的普遍认同。与此同时，实证研究发现，人力资源管理实践确实能够提升企业绩效。但是，针对高管团队的人力资源实践与企业绩效的关系研究却非常有限。在为数不多的实证研究中，Collins 和 Clark 研究表明，构建 TMT 社会网络的人力资源实践与高管团队的社会网络显著正相关，并能够显著地提升企业绩效。Lin 和 Shih 进一步提出了"团队导向型高管战略人力资源管理实践"（Teamwork-ocused Executive SHRM Practices）这一概念，并证实"团队导向型高管战略人力资源管理实践"有助于提升企业绩效。基于以上分析本文认为，构建 TMT 社会网络的人力资源实践能够有效提高企业 TMT 的社会网络，从而能够以较低的成本获得更为丰富、可靠的信息，制定更为快速和高质量的战略决策，并最终有助于提升企业绩效。所以，我们提出：

假设 1： 构建 TMT 社会网络的人力资源实践与企业绩效显著正相关。

（二）目的

构建 TMT 社会网络的人力资源实践与战略柔性研究主要是组织为了在不确定的、快速变化的环境中获取竞争优势而产生的。随着全球化进程的加剧以及科学技术更新换代的日益频繁，企业所面临的生存环境越来越不确定，人们对战略柔性的关注也在不断地增加。目前，学者们对于战略柔性这一概念的定义尚未形成统一的观点。结合 Sanchez 以及 Zhou 和 Wu 的研究成果，本研究将战略柔性界定为企业通过对战略的迅速调整与资源的灵活配置以获取动态环境中竞争优势的一种动态能力。

关于哪些因素能够获得战略柔性，现有研究主要从技术层面、组织层面和个人层面等三个方面展开。在技术层面，高级生产技术、信息系统的投入、技术能力、信息系统的柔性以及技术创新已被证实对战略柔性有显著影响。在组织层面，组织结构和企业文化对战略柔性的作用也已得到一定的支持。在个人层面，虽然高管团队对战略柔性的作用已经得到重视，但目前仅有高管的个性特征及其社会网络对战略柔性的影响得到验证。整体而言，基于组织层面和个人层面视角的探究还处于探索阶段，尤其是围绕组织中重要的管理职能——人力资源管理和高管团队对战略柔性的影响还有待深入。鉴于此，本文将检验构建 TMT 社会网络的人力资源实践对战略柔性的影响，从而为战略柔性的前因变量研究做有益补充。

据我们目之所及，鲜有研究探讨构建 TMT 社会网络的人力资源实践能够提升企业的战略柔性，然而已有研究发现构建 TMT 社会网络的人力资源实践能够有效地提升高管团队所拥有的社会网络。而最近，Perez、Gutierrez 和 Perez 的实证研究表明，高管团队成员所拥有的社会网络能够有效地提升企业的战略柔性。因此，我们有理由相信在中国情景下，构建 TMT 社会网络的人力资源实践对战略柔性有显著的正向预测效果。所以，我们提出：

假设 2： 构建 TMT 社会网络的人力资源实践与战略柔性显著正相关。

（三）战略柔性的中介作用

（1）战略柔性与企业绩效。战略柔性是获取竞争优势和企业绩效的源泉。在日新月异的科技创新与全球化发展的背景下，战略柔性被认为是 21 世纪组织获取竞争优势的关键。

面对日益不确定的经营环境，企业所持有的"战略承诺"神话将渐渐衰退，对"战略柔性"的关注与呼吁将持续增加。战略柔性通过对所拥有的资源重新分配使用以及生产过程的重新组合，及时适应环境的变化，迅速把握外部机会，从而大大降低了企业的经营风险，增加了企业成功的概率。Grewal 和 Tansuhai、Dreyer 和 Gronhaug、Nadkarni 和 Narayanan 以及 Nadkarni 和 Herrmann 等诸多国外实证研究都显示，战略柔性确实能够显著地正向影响企业绩效；而王永贵等和杨智等以中国企业为研究对象的实证研究也获得了类似结论。因此，我们提出以下假设：

假设 3：战略柔性与企业绩效显著正相关。

（2）战略柔性的中介作用。近年来，战略人力资源管理对企业绩效影响机制的"黑箱"探索研究引起了学者们的广泛关注和研究兴趣。该领域的研究主要以静态的资源基础观为理论基础，将人力资源视为战略人力资源管理与企业绩效之间关系的重要连接桥梁。这些研究侧重于关注人力资源实践对人力资本和社会资本等的直接影响，较多地以员工的"态度"和"行为"为中介变量进行探索。然而，随着外部环境的急剧变化，静态资源基础观的应用受到了越来越多的质疑。本文试图以动态能力观为基础，进一步丰富战略人力资源管理的"黑箱"研究。资源基础观本质上是静态的，难以解释变化环境中企业获取竞争优势的来源，而动态能力观作为资源基础观在动态环境中的理论延伸弥补了这一不足，近年来得到了战略管理学家的普遍重视。

与资源基础观认为资源的选择是获取竞争优势的逻辑不同，动态能力观主张能力的培养对获取竞争优势的重要性，并且更加强调动态能力在变化的市场环境中获取新的竞争优势的重要性。动态能力本质上是一种特殊的能力，与组织的其他能力一样，是企业具体的并镶嵌在组织内的。更为重要的是，动态能力以一种"中介物"的形式存在，以资源的获取为前提，着力提升这些资源的利用效率，并最终帮助企业获取竞争优势。目前，关于动态能力的大多数研究都集中在战略领域，其中关于资源、能力和竞争优势三者之间的关系已达成较为一致的共识，即在动态环境中，企业的资源不会直接影响企业的竞争优势，而是需要通过动态能力来影响企业的竞争优势。

事实上，动态能力观已经开始引起战略人力资源管理研究者的关注。Wright 等认为，人力资源实践对企业知识存量和流量的影响可以提升企业的动态能力，从而提高企业的核心竞争力。Becker 和 Huselid 进一步提出了将战略能力作为战略人力资源管理和企业绩效关系的关键中介变量的理论模型。应该指出，这种以能力为基础的分析拓展了战略人力资源管理领域"黑箱"研究原本以"人力资源"为基础的单一研究视角，但目前相关研究在国外还处于探索发展阶段，以中国为背景的相关研究更是少之又少。

因此，本文进一步以转型经济中的中国为研究背景，以动态能力观为理论基础，检验战略柔性在构建 TMT 社会网络的人力资源实践和企业绩效关系中的中介作用。一方面，战略柔性是一种典型的动态能力和组织能力，是动态环境下企业获取竞争优势的源泉，战略柔性拥有组织能力所具有的基本特征，所以战略柔性的形成应该以信息为基础，并且充当了企业"资源"与"竞争优势"的"中介物"；另一方面，构建 TMT 社会网络的人力资源实践能够有效地提高 TMT 所拥有的社会网络，而这些社会网络所带来的信息资源有助于提升企业的战略柔性。因此，以动态能力为理论基础，本文认为战略柔性是一种能够有效地整合构建 TMT 社会网络的人力资源实践所获得的资源的动态能力，有助于为企业在动态环境中获取新的竞争优势，即构建 TMT 社会网络的人力资源实践所获取的资源是通过战略柔性这一典型的动态能力的整合对企业绩效产生影响。所以，我们提出：

假设 4：战略柔性在构建 TMT 社会网络的人力资源实践与企业绩效的关系中发挥着中介作用。

（四）环境不确定性的调节作用

资源依赖理论认为，企业是一个开放的系统，依赖于外部环境的权变因素，经理们在制定和调整战略决策之前都会受到环境因素的影响。一个合理的逻辑延伸是，中国的企业在实施构建 TMT 社会网络的人力资源实践和战略柔性的过程中，也会受到他们所感知到的中国转型经济环境特征的影响。目前，我国经济体制正处于计划经济向市场经济转型的关键时期，经济转型导致了宏观经济中资源配置方式和经济增长方式的变化，社会文化环境也发生了重大变化，加之在经济全球化的推动下，我国企业的经营环境体现出更大的动态性和不确定性特征。因此，本文进一步考察这种环境不确定性在构建 TMT 社会网络的人力资源实践对战略柔性的影响、战略柔性对企业绩效的影响中扮演重要角色。其中，环境不确定性是指状态的不确定性，既是对组织环境状态的一种描述，也是一种环境特征。采用 Milliken 对该概念的定义，具体指难以对环境的变化进行准确的预测。

（1）环境不确定性在构建 TMT 社会网络的人力资源实践与战略柔性两者关系中起到调节作用。在高度不确定环境中，企业原先制定的战略决策环境基础已经发生变化，战略的继续实施受到更大挑战，此时经理们需要更多地获取战略柔性从而迅速解决已产生的问题。但是，在不确定程度高的环境中实施战略柔性，面临着以下三个主要障碍：一是察觉障碍，即高层管理者的惯性思维或过度自信可能导致对原有战略实施过程中负面信息的忽略；二是评估障碍，即决策者由于缺乏相应的有效监督，而更倾向于自利评估或面对可能发生的损失更愿意放手一搏，继续坚持原有的战略决策；三是行动障碍，即由于感知到了环境不确定，却无法对其进行准确判断，因而管理层抵制战略的变化。研究发现，构建 TMT 社会网络的人力资源实践有利于提升高层管理团队所拥有的社会网络资源，使得高管团队可以从内外部关键利益者中获得更多的信息优势，拥有多元化的信息和知识，从而更有可能打破已有的惯性思维，及时察觉并全面评估负面信息，同时能够获得更多的关于外部经营环境的信息、增进对外部环境的了解，最终提高高层管理团队实施战略柔性的能力与信心。所以，我们提出：

假设 5：环境不确定性越高，构建 TMT 社会网络的人力资源实践对战略柔性的影响越大，即高的环境不确定性会强化构建 TMT 社会网络的人力资源实践和战略柔性之间的关系，而低的环境不确定性会削弱两者之间的关系。

（2）环境不确定性在战略柔性与企业绩效的关系中具有调节作用。在高度不确定的环境中，企业首先应该依赖战略柔性的构建而获取竞争优势，因为战略柔性是企业应对不确定性环境的一种基本方法。具体而言，在不确定的环境中，战略柔性的实施有利于企业迅速做出反应，及时重组内外部资源把握外部机会，从而减少环境不确定性对企业的生存威胁，最终为企业带来更好的绩效。反之，在较为稳定的环境中，企业对战略柔性的需求较少。因为在这种情况下，追求战略柔性反而会导致更多成本、增加经理们的决策压力，可能会由于反应过度而导致缺乏对已有战略决策的专注。因此，此时经理们更愿意保持原有战略以提高企业绩效。不少国内外实证研究都显示，环境不确定性确实能够调节战略柔性和企业绩效之间的关系。所以，我们提出：

假设6：环境不确定性越高，战略柔性对企业绩效的影响越大，即高的环境不确定性会强化战略柔性和企业绩效之间的关系，而低的环境不确定性会削弱两者之间的关系。

综上所述，本文的研究可以概括为一个较为复杂的包含中介环节的调节效应模型，如图1所示。

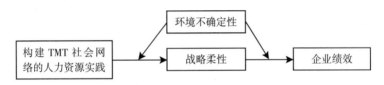

图1 战略柔性中介作用及环境不确定性调节作用示意

三、研究设计

（一）研究程序

本次调研主要采用便利抽样法和滚雪球抽样法发放问卷。首先，我们通过所在商学院的校友会和调研地区的相关政府部门提供的与其有着良好合作关系的企业名单和联系方式进行调研，调研的范围主要包括北京、天津、上海、江苏和浙江等地区的企业；其次，通过电话和电子邮件的形式说明此次调研的目的、对象和方法，征得企业同意后再安排联系人以及确定调研时间和地点。问卷主要通过两种方式进行发放：一是亲自到现场发放问卷，向调研对象强调此次调研的主要内容、重要意义以及所有信息仅作为学术用途并保密，然后详细介绍和解释问卷中较为专业的术语（如人际关系和外部关键利益相关者等）及其填写方法与注意事项，并鼓励企业根据实际情况进行填写，最后由联系人负责回收；二是采用与政府合作的方式发放问卷，将问卷放入调研信封，并将此次调研的目的、意义、填写要求和说明与注意事项等信息附在问卷首页，最后由政府部门负责人或联系人收集后，通过邮寄等方式寄回。

为了保证数据的可靠性及避免同源方差的影响，本文采用配对样本收集数据，其中所使用的构建 TMT 社会网络的人力资源实践、战略柔性和环境不确定性这三个变量组成的问卷由企业的总经理填写，而企业绩效的问卷由该企业的副总经理负责填写，即我们会为接受调研的每家企业发放两份配对的问卷。本次调查问卷所有的题项均采用六点制计分，从"1 非常不同意"到"6 非常同意"。经过近半年的努力，本研究一共调研了 390 家企业，共发放 780 份问卷并回收了其中的 562 份。我们剔除了答题不完整或无法配对的问卷，最终获得 241 家企业的数据，有效回收率 61.8%。其中，企业性质以私营企业为主，占 48.2%，国有独资占 10.7%，中外合资占 8.9%，外商独资占 20.5%，集体企业占 4.9%，其他类型的企业占 6.7%。企业的规模以 100~500 人为主，占 41.8%，100 人以下占 17.3%，500~1000 人占 16.9%，l000~2000 人占 12.4%，2000 人以上占 11.6%。

（二）研究变量

本文所使用的大部分条目均由国外较为成熟的测量量表组成，为保证量表的翻译质量，翻译工作由精通英语的专业人士与精通战略管理和人力资源管理的专家共同完成。而且，在大规模调研之前，对参与企业的相关负责人进行充分访谈，最终形成了本文的问卷。

（1）构建 TMT 社会网络的人力资源实践：本研究主要借鉴 Collins 和 Clark 发展的概念量表，并在国内多名人力资源管理专家评估的基础上以及对参与调研的企业充分访谈后，沿用了原量表的大部分条目。同时，删除了其中的"TMT 成员相互指导如何与企业中其他员工保持良好的工作相关的人际关系"条目。主要原因在于，专家和参与调研的企业一致认为：TMT 成员主要就公司发展的相关事宜进行讨论，而针对如何保持良好的人际关系问题的相互指导，碍于对方的"面子"问题难以展开，即该条目在中国情境下并不适用。最终，本文使用的构建 TMT 社会网络的人力资源实践量表主要包括以下条目：报销发展人际关系相关的费用、为 TMT 成员提供管理人际关系的培训、与内部员工/外部关键利益相关者保持良好的人际关系的能力会被评估、奖励以及为鼓励 TMT 成员共同参与制定与外部关键利益相关者的人际关系策略，公司会提供相应的奖励。值得注意的是，本变量为单一维度变量。

（2）战略柔性：关于此概念的测量，借鉴 Bierly 和 Chakrabarti 与 Grewal 和 Tansuhai 开发的问卷，我们重点关注企业总体战略及其职能战略对环境变化的调整，主要包括七个条目：战略调整、资源分配的调整、战略灵活性、生产柔性、竞争战略差异、营销策略和财务灵活性。类似地，该变量也为单一维度变量。

（3）企业绩效：以往研究发现，高管团队成员对企业绩效的主观评估与企业客观的经营绩效密切相关，因此可以采用主观感知的绩效来代替客观的绩效指标。鉴于此，本研究主要采用 Wang 等使用的七项指标量表法来测量中国背景下企业的主观绩效。这七项指标分别是：利润水平、总收入、收入增长、市场占有率、员工士气、资产增长和行业中的竞争地位。依据问卷的要求，企业高管采用了以上七个条目来评估他们所处企业的绩效水平，其评估对象是同行竞争对手。

（4）环境不确定性：借鉴 Miller 与 Chen 等所使用的量表，本文采用八个题项衡量企业所面临的环境不确定性。具体而言，环境不确定性的测量可分为两个维度，即技术不确定性和市场不确定性。其中，衡量所属行业技术不确定性的四个指标为技术变化程度、技术可利用性、技术创新对产品开发的影响以及技术更新速度。衡量市场不确定性的四个指标是客户需求和产品偏好变化速度、新产品需求程度、新客户对产品的需求以及新老顾客产品需求的差异。

（5）控制变量：影响企业绩效的影响因素很多，本文借鉴 Youndt 等、Zhang 和 Li 的研究，将企业所有制性质和企业规模作为主要控制变量。对于所有制性质，我们将所有制类型划分为国有企业、中外合资、外商独资、私营企业、集体企业和其他类型六类，以其他类型为参照组设置了五个虚拟变量；对于企业规模变量，我们将企业规模依据企业的人数等级来设置一个连续变量，共划分了五个等级，即 100 人以下、100~500 人、500~1000 人、1000~2000 人和 2000 人以上，按上述等级排序分别对企业规模变量赋值 1~5。

（三）统计分析

本文采用 SPSS17.0 和 Amos17.0 分析数据。具体统计分析流程包括：首先，通过信度分析和验证性因子分析检验调查问卷的信度和效度；其次，对主要研究变量进行描述性统计分析和相关分析；再次，采用中介回归分析考察战略柔性在构建 TMT 社会网络的人力资源实践和企业绩效关系中的中介作用；最后，运用阶层调节回归检验环境不确定性在构建 TMT 社会网络的人力资源实践与战略柔性以及战略柔性与企业绩效关系中的调节作用。

四、实证结果与分析

（一）问卷的信度与效度检验

我们首先对四个主要变量进行信度分析，采用 Cronbach's α 系数检验数据的信度，所得结果见表 1 对角线上的数字。综观表 1，四个主要研究变量的 Cronbach's α 系数都大于 0.80，可见本次调查数据具有较高的信度。

由于构建 TMT 社会网络的人力资源实践、战略柔性和企业绩效属于单维变量，本文接下来对这三个变量的 21 个题项组成的三因子模型进行结构效果检验，该模型的拟合度指标如下：$\chi^2/186 = 540.441$，$P = 0.000$，$RMSEA = 0.086$，$NFI = 0.860$，$TLI = 0.890$，$CFI = 0.903$，表明构建 TMT 社会网络的人力资源实践、战略柔性和企业绩效具有较好的结构效度。

我们进一步采用结构方程模型的验证性因子分析来检验技术不确定性和市场不确定性

的结构效度，二因子模型对数据的拟合度指标如下：$\chi^2/19 = 69.826$，P = 0.000，RMSEA = 0.102，NFI = 0.918，TLI = 0.910，CFI = 0.939。可见，环境不确定性这一量表具有较好的结构效度。综上，本文的问卷调查具有较高的信度与效度。

表1　主要研究变量的平均数、标准差、相关系数及信度系数

变量	平均值	标准差	NHRP	SF	FP	EU
NHRP	29.62	6.20	0.90			
SF	31.87	5.34	0.47***	0.89		
FP	31.25	6.00	0.20**	0.32***	0.94	
EU	34.69	6.69	0.43***	0.56***	0.12	0.81

注：①*** 表示 $p < 0.001$，** 表示 $p < 0.01$，* 表示 $p < 0.05$，双尾检验；② "NHRP" 表示变量 "构建 TMT 社会网络的人力资源实践"，"SF" 表示变量 "战略柔性"，"EU" 表示变量 "环境不确定性"，"FP" 表示变量 "企业绩效"。

（二）研究变量的描述性统计

各主要变量的平均值、标准差、信度系数和相关系数如表1所示。可以看到，构建 TMT 社会网络的人力资源实践与企业绩效显著正相关（r=0.20，p<0.01），构建 TMT 社会网络的人力资源实践与战略柔性显示出很强的正相关关系（r=0.47，p<0.001），而战略柔性与企业绩效也显示出很强的正相关关系（r=0.32，p<0.001），整体而言，本文假设1~假设3得到了初步支持。同时，表1还显示，环境不确定性与构建 TMT 社会网络的人力资源实践和战略柔性有很强的相关性，相关系数为 0.43 和 0.56，显著水平都在 0.001 以下。以上单变量分析结果并未控制其他因素的影响，为获得更为稳健的实证证据我们接下来进行多元回归分析。

（三）战略柔性的中介效应的检验

本文根据 Baron 和 Kenny 提出的检验中介变量的四个回归方程，考察战略柔性在构建 TMT 社会网络的人力资源实践与企业绩效之间是否具有中介效应。具体而言：①检验构建 TMT 社会网络的人力资源实践对战略柔性是否具有显著影响；②验证构建 TMT 社会网络的人力资源实践对企业绩效是否具有显著影响；③检验战略柔性对企业绩效是否具有显著影响；④如果前三个方程成立，继续检验构建 TMT 社会网络的人力资源实践、战略柔性对企业绩效是否具有显著影响，此时如果构建 TMT 社会网络的人力资源实践对企业绩效的作用减弱甚至不再显著，则战略柔性的中介作用成立。我们将实证结果报告于表2。

表2的模型1显示，所有制性质与企业规模似乎都不会显著影响企业的战略柔性。进一步，模型2表明构建 TMT 社会网络的人力资源实践对战略柔性具有显著的正向影响（β = 0.42，P < 0.001），在控制其他变量的影响之后，构建 TMT 社会网络的人力资源实践可以解释战略柔性 22% 的变异，该结果支持了本文的研究假设 2。而模型 3 回归结果表

表 2　战略柔性的中介作用检验

变量类型	战略柔性（SF）			企业绩效（FP）		
	模型 1	模型 2	模型 3	模型 4	模型 5	模型 6
（常数项）	30.27	17.04	25.76	18.636	15.37	13.76
控制变量						
国有企业	−0.17	0.61	0.51	0.93	0.57	0.76
中外合资	2.44	3.16	2.08	2.47	1.25	1.57
外商独资	1.31	1.56	2.05	2.18	1.60	1.73
私营企业	1.34	1.41	3.39**	3.42**	2.93*	3.02**
集体企业	3.43	2.66	6.80**	6.39**	5.63*	5.63*
企业规模	0.12	0.47	1.21***	1.39***	1.17***	1.26***
自变量						
NHRP		0.42***		0.22***		0.10
中介变量						
SF					0.34***	0.29***
R^2	0.02	0.24***	0.10	0.15	0.19	0.20***
ΔR^2	0.02	0.22***	0.10**	0.05***	0.09***	0.05***
F 值	0.87	9.95***	4.09**	5.52***	7.34***	6.74***

注：①*** 表示 $p < 0.001$，** 表示 $p < 0.01$，* 表示 $p < 0.05$，双尾检验；②表中回归系数均为非标准化回归系数；③ "NHRP" 表示变量 "构建 TMT 社会网络的人力资源实践"，"SF" 表示变量 "战略柔性"，"EU" 表示变量 "环境不确定性"，"FP" 表示变量 "企业绩效"。

明，当将企业所有制类型和企业规模这两个控制变量放入回归方程后，企业所有制中的私营企业和集体企业这两个虚拟变量对企业绩效有显著的正向影响（β = 3.39，$p < 0.01$ 与 β = 6.80，$p < 0.01$）；并且，企业规模也与企业绩效显著正相关（p = 1.21，$p < 0.001$）。在这些控制变量放入回归方程基础上，我们进一步将自变量构建 TMT 社会网络的人力资源实践放入回归方程，结果发现它对企业绩效具有显著的正向影响（β = 0.22，$p < 0.001$），额外的变异解释量增加了 5%（见模型 4），所以本文的假设 1 也成立。同时，战略柔性对企业绩效也有显著的正向影响（β = 0.34，$p < 0.001$），能够额外解释企业绩效 9% 的变异量（见模型 5），因此该实证结果验证了假设 3。最后，考察战略柔性和构建 TMT 社会网络的人力资源实践共同对企业绩效的影响，如模型 6 所示，战略柔性具有显著的正向影响（β = 0.29，$p < 0.001$），而构建 TMT 社会网络的人力资源实践的影响不再显著。依据 Baron 和 Kenny 的判断方法，上述实证结果表明，战略柔性在构建 TMT 社会网络的人力资源实践和企业绩效之间不仅是发挥中介作用，而且是扮演完全中介的角色，从而假设 4 得到了证实。这意味着，在构建 TMT 社会网络的人力资源实践影响企业绩效的过程中，战略柔性的重要性要比我们预期的更为突出——构建 TMT 社会网络的人力资源管理实践要能够对企业绩效产生积极影响，必须建立在良好的战略柔性基础上。

（四）环境不确定性的调节效应检验

本文假设 5 提出，环境不确定性越强，构建 TMT 社会网络的人力资源实践对战略柔性的影响程度会相应增强。我们采用阶层调节回归（Hierarchical Moderated Regression，

HMR）分析的三步骤检验方法，并利用变量的交互项来检验调节效应，如果当加入交互项的时候，ΔR^2 是显著的，那么调节效应存在。具体而言，我们采用以下步骤进行实证检验：首先，检验构建 TMT 社会网络的人力资源实践对战略柔性的影响；其次，考察构建 TMT 社会网络的人力资源实践和环境不确定性共同对战略柔性的影响；最后，将构建 TMT 社会网络的人力资源实践、环境不确定性及两者的交互项加入方程，检验这些变量对战略柔性的影响。如果以上前两个步骤的实证结果均为显著，并且第三个步骤的交互项系数显著，那么环境不确定性的调节效应成立，我们将实证结果报告于表 3。

表 3　环境不确定性调节效应的检验

变量类型	战略柔性（SF）			企业绩效（FP）		
	模型 7	模型 8	模型 9	模型 10	模型 11	模型 12
（常数项）	8.76	9.14	18.15	15.06	14.55	18.08
控制变量						
国有企业	1.75	1.55	1.00	0.38	0.23	1.04
中外合资	3.72**	3.51**	2.50	1.19	1.10	2.54
外商独资	2.48*	2.19*	2.23	1.36	1.24	2.29
私营企业	1.92*	1.72*	3.45**	2.77*	2.54*	3.49**
集体企业	3.84*	3.56*	6.46**	5.10*	4.99*	6.51**
企业规模	0.34	0.30	1.39***	1.27***	1.27***	1.39***
自变量						
NHRP	0.25***	0.26***	0.21**	0.13	0.10	0.21**
调节变量						
EU	0.37***	0.36***	0.02	−0.11	−0.11	0.03
交互项						
NHRP×EU		0.52*				−0.10
中介变量						
SF				0.35***	0.39***	
SF×EU					0.32	
R^2	0.42	0.43	0.15	0.21	0.22	0.15
ΔR^2	0.39***	0.01*	0.15***	0.06***	0.01	0
F 值	19.16***	17.78***	4.83***	6.31***	5.84***	4.28***

注：①*** 表示 p<0.001，** 表示 p<0.01，* 表示 p<0.05，双尾检验；②表中回归系数均为非标准化回归系数；③ "NHRP" 表示变量 "构建 TMT 社会网络的人力资源实践"，"SF" 表示变量 "战略柔性"，"EU" 表示变量 "环境不确定性"，"FP" 表示变量 "企业绩效"。

　　根据表 2 中模型 2 的实证结果，构建 TMT 社会网络的人力资源实践对战略柔性有显著的正向影响，进一步结合表 3，我们发现构建 TMT 社会网络的人力资源实践和环境不确定性对战略柔性都有显著的正向影响（见模型 7），回归系数分别为 β = 0.25（p < 0.001）和β = 0.37（p < 0.001）。在模型 8 中，加入交互项后，交互项系数显著（β = 0.52，p < 0.05），并且 ΔR^2 = 0.01（p < 0.05）。因此，环境不确定性对构建 TMT 社会网络的人力资源实践与

战略柔性关系的调节作用成立，即本文的研究假设 5 得到了支持。

假设 6 提出，环境不确定性越高，战略柔性对组织绩效的影响程度越强。因为该调节效应是在中介效应之后起作用的，所以是对中介效应的调节（Moderated Medifltion），也称为有调节的中介效应。进一步，根据温忠麟等提出的关于"有调节的中介效应"的检验步骤，即"先要检验中介效应，然后检验调节效应"以判断环境不确定性是否调节战略柔性和企业绩效的关系。具体步骤如下：首先，做企业绩效对构建 TMT 社会网络的人力资源实践和环境不确定性的回归，如模型 9 所示，构建 TMT 社会网络的人力资源实践对企业绩效有显著的正向影响（β = 0.21，p < 0.01）；其次，做战略柔性对构建 TMT 社会网络的人力资源实践和环境不确定性的回归（见模型 7），实证发现构建 TMT 社会网络的人力资源实践与战略柔性存在显著的正相关关系（β = 0.25，p < 0.001）；再次，做企业绩效对构建 TMT 社会网络的人力资源实践、环境不确定性和战略柔性的回归（见模型 10），实证结果显示战略柔性对企业绩效具有显著的正向影响（β = 0.35，p < 0.001），以上步骤证明战略柔性的中介效应显著；最后，做企业绩效对构建 TMT 社会网络的人力资源实践、环境不确定性、战略柔性以及战略柔性与环境不确定性的交互项的回归，如模型 11 所示，战略柔性与环境不确定的交互项对企业绩效的影响不显著（β = 0.32，p > 0.05）。因此，原假设模型中，环境不确定性在战略柔性和企业绩效的关系中不起调节作用，即研究假设 6 不成立。

在假设 4 和假设 5 成立的基础上，进一步检验环境不确定性是否为有中介的调节变量，即构建 TMT 社会网络的人力资源实践与环境不确定性的交互项是否会通过战略柔性影响企业绩效。我们首先做企业绩效对构建 TMT 社会网络的人力资源实践、环境不确定性和两者之间的交互项的回归，结果如模型 12 所示，该交互项对企业绩效的影响并不显著，即环境不确定性对构建 TMT 社会网络的人力资源实践与企业绩效关系的调节效应不显著，因此，不需要进一步检验战略柔性在该交互项与企业绩效之间的中介作用。所以，环境不确定性仅仅是构建 TMT 社会网络的人力资源实践与战略柔性的调节变量，作为有中介的调节变量条件不充分。

综上所述，环境不确定性对战略柔性中介环节的影响，仅在第一个环节"构建 TMT 社会网络的人力资源实践与战略柔性"的关系中具有调节作用。为了更形象地说明上述调节作用，我们绘制了图 2。图 2 显示，无论在高环境不确定性还是低环境不确定性的情况下，构建 TMT 社会网络的人力资源实践都对战略柔性具有显著的影响。但是，高环境不确定性的直线斜率要大于低环境不确定性的直线斜率，这说明在高环境不确定性下，构建 TMT 社会网络的人力资源实践对战略柔性的增强作用更大。

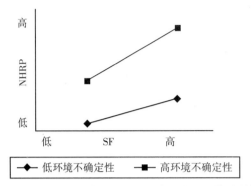

图2　环境不确定性在构建 TMT 社会网络的人力资源实践和战略柔性关系中的调节效用

注："NHRP"表示变量"构建 TMT 社会网络的人力资源实践"，"SF"表示变量"战略柔性"。

五、研究结论与讨论

（一）研究结论

本研究以动态能力观为基础，以战略柔性这一独特视角探讨了构建 TMT 社会网络的人力资源实践对企业绩效的影响机制。进一步，结合我国转型经济环境的实际背景，检验了在环境不确定性条件下，构建 TMT 社会网络的人力资源实践对战略柔性以及战略柔性对企业绩效的影响过程与力度是否会发生变化。借鉴已有文献，我们提出了一个较为复杂的包含中介环节的调节效应模型。本文进一步对该模型进行了实证检验发现：

第一，在中国转型经济背景下，构建 TMT 社会网络的人力资源实践对企业绩效具有显著的积极影响作用。本文的研究发现与 Collins 和 Clark 的研究结论一致，他们以 73 家高新技术企业为样本，证实构建 TMT 社会网络的人力资源实践能够增加高管团队的社会网络，进而提升企业的绩效。同时，本文的研究结论支持了目前战略人力资源管理领域所强调的对高管团队人力资源系统的开发与研究的重要性。

第二，战略柔性在构建 TMT 社会网络的人力资源实践与企业绩效的关系中发挥了完全的中介作用。该研究结果表明，战略柔性作为一种典型的动态能力确实在构建 TMT 社会网络的人力资源实践和企业绩效关系之间发挥了关键的中介作用，甚至是完全中介作用。换言之，构建 TMT 社会网络的人力资源实践完全是通过战略柔性这个中介变量来影响企业绩效的。具体地，战略柔性能够完全吸收构建 TMT 社会网络的人力资源实践所获得的资源，并提升这些资源的利用效率，最终提高企业绩效。因此，该结论清晰地阐述了构建 TMT 社会网络的人力资源实践对企业绩效影响的重要环节，也支持了 Becker 和 Hu Selid、Wright 和 Snell 提出的将能力作为战略人力资源管理和企业绩效关系的关键中介变量的观点。

第三，构建 TMT 社会网络的人力资源实践对战略柔性有显著的正向影响作用。本文进一步实证结果发现，环境不确定性在构建 TMT 社会网络的人力资源实践和战略柔性的关系中具有正向的调节作用，即当企业所处的外部环境的不确定性程度增加时，构建 TMT 社会网络的人力资源实践对战略柔性的影响程度随之增强。这说明在环境不确定程度高的条件下，构建 TMT 社会网络的人力资源实践对实施战略柔性具有重要意义。

第四，战略柔性对企业绩效有显著的正向影响。该实证结果证明了战略柔性是获取企业绩效的重要源泉，这一结论与以往的研究结论一致。进一步，我们检验了环境不确定性在两者关系间的调节作用，结果发现，环境不确定性对战略柔性和企业绩效的调节效应并不显著，说明战略柔性对企业绩效的影响呈现出一定的刚性，它们之间的影响关系和强度不会受到外部环境变化的影响。目前，国内已有的实证研究存在着两种不一致的结论：一种是强调环境不确定性确实能够调节战略柔性和企业绩效两者之间的关系；另一种则持否定意见。可以说，本文的研究结论支持了战略柔性与企业绩效的关系不会受到环境不确定性影响的观点。一种可能的解释是，我国企业很大一部分是在改革开放 30 多年间成长发展起来的，而在此期间中国经济社会发生了巨大的变化，许多企业要发展壮大必须依赖较为灵活的策略；与此同时，西方的"战略"思想在国内的传播和发展也仅有十余年时间，企业原有的"战略承诺"思想可能不像西方企业那么根深蒂固，因此战略柔性与企业绩效的关系可能不像国外那样受环境不确定性的影响。不过，我们的研究发现，环境不确定性对于战略柔性确实有显著的推动作用，即环境不确定性会促进企业战略柔性的产生与发展。

（二）理论意义

首先，本研究揭示了构建 TMT 社会网络的人力资源实践对企业绩效的重要影响机制，并进一步检验了战略柔性和环境不确定性在其中所发挥的重要作用，也为动态环境下企业获取竞争优势提供了重要启示。已有的战略人力资源管理对企业绩效的影响机制研究往往是以静态的资源基础观为理论基础，这样的理论逻辑难以解释动态环境下战略人力资源管理对企业获取竞争优势的影响。而本文首次将战略柔性视为一种重要的动态能力运用到战略人力资源管理对企业绩效的影响过程中，并且基于战略人力资源管理的视角，为"资源—能力—竞争优势"这一动态能力观的基本逻辑链条提供了实证支持，即企业对构建 TMT 社会网络的人力资源实践的投入会完全通过企业战略柔性的吸收和转化，进而提升企业绩效。可以说，本文以战略柔性作为中介变量探索构建 TMT 社会网络的人力资源实践对企业绩效的影响机制，是对已有战略人力资源管理"黑箱"研究成果的重要补充。与此同时，以环境不确定性作为上述中介环节的调节变量研究，进一步丰富了资源依赖理论在企业人力资源管理战略决策领域的相关研究。

其次，本研究在一定程度上为我国转型经济环境下，战略人力资源管理系统的创新和角色转变提供了启示。以往的战略人力资源管理研究更多关注一般员工的高绩效工作系统的探索，以高绩效工作系统为基础，侧重于检验人力资源管理对组织内部人力资源的管理角色。而本文以促进 TMT 成员的社会网络发展的人力资源管理实践为研究重点，在验证该概念跨文化运用的有效性的同时，提升了该概念的理论和应用价值，并且为国内差异化人力资源管理系统的创新提供了启示；另外，本文还进一步检验了构建 TMT 社会网络的人力资源实践对战略柔性的影响，阐述了人力资源管理对协调组织内部资源与外部环境关系的重要角色，从而为转型经济环境下的中国企业更为全面地认识和发展人力资源管理职能提供了重要的借鉴。

（三）管理实践意义

首先，研究结果有助于企业有的放矢地对构建 TMT 社会网络的人力资源实践进行设计与投入，并进行有针对性的实施效果跟踪。根据本文的研究，构建 TMT 社会网络的人力资源实践完全通过战略柔性影响企业绩效。因此，企业可以积极发展构建 TMT 社会网络的人力资源实践以增加企业的战略柔性，增加高管团队决策的有效信息，提升企业的战略柔性，最终提高企业绩效。值得关注的是，企业在对构建 TMT 社会网络的人力资源实践进行投入的过程中，要相应地鼓励企业发展战略柔性，从而使得构建 TMT 社会网络的人力资源实践能够获得应有的回报。

其次，构建 TMT 社会网络的人力资源实践有效性的肯定，为企业战略领导的培养提供了启示。面临日益复杂多变的经营环境，企业对战略领导的柔性行为决策需求将不断增加，构建 TMT 社会网络的人力资源实践的实施，有利于 TMT 获取更多丰富和可靠的信息资源，从而进一步支持战略领导的柔性决策。因此，企业可以通过构建 TMT 社会网络的人力资源实践的投入，有意识地培养动态环境下的战略领导。

再次，提高企业对战略柔性的重视。根据本文的研究结论，战略柔性对企业绩效的影响不受环境不确定性的调节。因此，在我国转型经济和全球化日益发展的大环境下，企业可以适当地培养企业的战略柔性，适时地对已有的战略进行调整和对资源进行重新配置，从而更好地适应整个社会环境的变化，提升企业绩效。

最后，企业可以根据所处环境的不确定性程度，适当地调整对构建 TMT 社会网络的人力资源实践的投入，从而更好地控制企业战略柔性的程度。这要求企业在经营过程中，要善于对所处外部经营环境的变化进行察觉，判断所需的战略柔性的程度，选择符合本企业发展需求的人力资源管理实践投入。

（四）研究局限与未来研究方向

本研究也存在着一定的研究局限性，这为将来的进一步研究提供了方向：第一，本文仅从构建 TMT 社会网络的人力资源实践对差异化的人力资源框架进行研究，如果增加其他差异化的人力资源系统，尤其是针对高管团队的差异化人力资源系统的研究，并讨论高管团队人力资源框架不同系统间的交互作用，可以对高管团队的人力资源管理系统进行更为全面的研究。同时，还可以进一步检验构建 TMT 社会网络的人力资源实践与企业高绩效工作系统的交互作用，从而更为全面地探索企业的整体人力资源框架。第二，我们仅探讨了构建 TMT 社会网络的人力资源实践、战略柔性和企业绩效三者之间的关系，没有考虑到高管团队人力资源实践对高管团队社会网络的特征（如规模、范围和强度）的影响。未来的研究可以借鉴 Collins 和 Clark 以及本文的研究结论，同时检验构建 TMT 社会网络的人力资源实践对高管团队社会网络特征、战略柔性和企业绩效的影响，结合社会资本理论和动态能力观，更为深入地探讨战略人力资源管理对企业绩效的影响机制。第三，本研究未将研究样本根据行业类型和企业生命周期等企业特征进行划分，未来的研究可以结合更多的企业特征进行更为细致深入的研究。第四，本文主要采用 Collins 和 Clark 发展的针对 TMT 的"构建网络的人力资源实践"量表对我国企业进行实证研究，未来的研究可以基于中国的制度与现实背景，对于该概念的测量进行更为深入的探索。第五，虽然本文中将企业所有制性质和企业规模列为两个主要控制变量，但现实中影响企业绩效的因素还有很多，如公司所处的行业、公司成立年限和地区等，未来的研究可考虑进一步控制这些影响因素。

参考文献

[1] Sanchez R. Preparing for an Uncertain Future: Managing Organizations for Strategic Flexibility [J]. International Studies of Management & Organization, 1997, 27 (2): 71–94.

[2] Hitt M. A. Keats, B. W., De Marie, S. M. Navigating in the New Competitive Landscape: Building Strategic Flexibilityand Competitive Advantage [J]. The 21st Century, Academy of Management Executive, 1998, 12 (4): 22–42.

[3] 赵曙明，高素英，耿春杰. 战略国际人力资源管理与企业绩效 [J]. 南开管理评论, 2011 (1): 28–35.

[4] Collins C. J., Clark K. D. Strategic Human Resource Practices, Top Management Team Social Networks, and Firm Performance: The Role of Human Resource Practices in Creating Organizational Competitive Advantage [J]. Academy of Management Journal, 2003, 46 (6): 740–751.

[5] Perez V. F. The Flexibility of Social Networks in Uncertainty [J]. International Journal of Business Environment, 2010, 3 (3): 292–307.

[6] Gutierrez L. J. G., Perez V. F. Managerial Networks and Strategic Flexibility: A QM Perspective [J]. Industrial Management & Data Systems, 2010, 110 (8): 1192–1214.

[7] Wright P. M., Snell S. A–Human Resources, Organizational Resources and Capabilities. In Storey, J. (ed.) The Routledge Companion to Strategic Human Resource Management [M]. London: Routledge, 2009.

[8] Lewis G. J., Harvey B. Perceived Environmental Uncertainty: The Extension of Miller's Scale to the Natural Environment [J]. Journal of Management Studies, 2001, 38 (2): 201–233.

[9] 张映红. 公司创业战略——基于中国转型经济环境的研究 [M]. 北京：清华大学出版社, 2005.

[10] Lin H. C., Shih C. How Executive SHRM System Linksto Firm Performance: The Perspectives of Upper Echelon and Competitive Dynamics? [J]. Journal of Management, 2008, 34 (5): 853–881.

[11] Birley S. The Role of Networking in the Entrepreneurial Process [J]. Journal of Business Venturing, 1985, 1 (1): 107–117.

[12] Johannisson, B–Anarchists and Organizers: Entrepreneurs in aNetwork Perspective [J]. International

Studies of Management and Organization, 1987, 17 (1): 49–63.

[13] Tang X. J., Lu, X. An Empirical Research of TMT Social Net–work, Cohesion and Decision Quality [J]. IEEE International Conference on Grey Systems and Intelligent Services, 2009 (10–12): 1267–1273.

[14] Forsgren M., Johanson, J. Managing in International Multi –Centre Firms. In Forsgren, M. and Johanson, J. (Eds), Managing Networks in International Business [M]. Philadelphia: Gordon & Breach, 1992.

[15] Lengnick–Hall M. L., Lengnick–Hall, C. A., Andrade, L. S., Drake, B. Strategic Hum an Resource Management: The Evolution of the Field [J]. Hum an Resource Management Review, 2009, 19 (2): 64–85.

[16] Becker B. E., Huselid, M.A. Strategic Human Resources Management: Where do We Go from Here? [J]. Journal of Management, 2006, 32 (6): 898–925.

[17] Lado A. A., Wilson, M. C. Human Resource Systems and Sustained Competitive Advantage: A Competency–based Perspective [J]. Academy of Management Review, 1994, 19 (4): 699–727.

[18] Snell S. A., Youndt, M. A., Wright, P.M. Establishing a Framework for Research in Strategic Hum an Resource Management: Merging Resource Theory and Organizational Learning [J]. In G. Ferris (Ed.), Research in Personnel and Humanresources Management, 1996 (14): 61–90.

[19] Huselid M.A. The Impact of Human Resource Management Practices on Turnover, Productivity, and Corporate Financial Performance [J]. Academy of Management Journal, 1995, 38 (3): 635–672.

[20] Datta D. K., Guthrie, J. P., Wright, P. M. Human Resource Management and Labor Productivity: Does Industry Matter? [J]. Academy of Management Journal, 2005, 48 (1): 135–145.

[21] Granovetter M. Economic Action and Social Structure: The Problem of Embeddedness [J]. The American Journal of Sociology, 1985, 91 (3): 481–510.

[22] Eisenhardt K. M. Making Fast Strategic Decisions in High–velocity Environments [J]. Academy of Management Journal, 1989, 32 (3): 543–576.

[23] Hitt M. A., Ireland, D., Hoskisson, R. E. Strategic Management: Competitiveness & Globalization. Concepts & Cases [J]. Canada: South–Western College Pub, 2009.

[24] Sanchez R. Strategic Flexibility in Product Competition [J]. Strategic Management Journal, 1995, 16 (S1): 135–159.

[25] Zhou K. Z., Wu, F. Technological Capability, Strategic Flexibility, and Product Innovation [J]. Strategic Management Journal, 2010, 31 (5): 547–561.

[26] Lei D., Hitt, M. A., Goldhar, J. D. Advanced Manufacturing Technology: Organizational Design and Strategic Flexibily [J]. OrganizationalStudies, 1996, 17 (3): 501–523.

[27] Zhang M. J. Information Systems, Strategic Flexibility and Firm Performance: An Empirical Investigation [J]. Journal of Engineering and Technology Management, 2005, 22 (3): 163–184.

[28] Palanisamy R. Strategic Information Systems Planning Model for Building Flexibility and Success [J]. Industrial Management, 2005, 105 (1): 63–81.

[29] Roca–Puig V., Beltrfin–Martin, I., Escrig–Tena, A. B., Bou–Llu–sar, J. C. Strategic Flexibility as a Moderator of the Relationship between Commitment to Employees and Performance in Service Firms [J]. The International Journal of Human Resource Management, 2005, 16 (11): 2075–2093.

[30] Zahra S. A., Hayton, J. C., Neubaum, D. O., Dibrell, C., Craig, J. Culture of Family Commitment and Strategic Flexibility: The Moderating Effect of Stewardship [J]. Entrepreneurship Theory and

Practice, 2008, 32 (6): 1035-1054.

[31] Nadkarni S., Herrmann, P. CEO Personality, Strategic Flexibility, and Firm Performace: The Case of the Indian Business Process Outsourcing Industry [J]. Academy of Management Journal, 2010, 53 (5): 1050-1073.

[32] Das T.K., Elango, B. Managing Strategic Flexibility: Key to Effective Performance [J]. Journal of General Management, 1995, 20 (3): 60-76.

[33] Grewal R., TansuhN, P. Building Organizational Capabilities for Managing Economic Crisis: The Role of Market Orientationand Strategic Flexibility [J]. Journal of Marketing, 2001, 65 (2): 67-80.

[34] Dreyer B., Gronhaug, K. Uncertainty, Flexibility, and Sustained Competitive Advantage [J]. Journal of Business Research, 2004, 57 (5): 484-494.

[35] Nadkarni S., Narayanan, V. K. Strategic Schemas, Strategic Flexibily, and Firm Performance: The Moderating Role of Industry Clockspeed [J]. Strategic Management Journal, 2007, 28 (3): 243-270.

[36] 王永贵, 邢金刚, 李元. 战略柔性与竞争绩效: 环境动荡性的调节效应 [J]. 管理科学学报, 2004, 7 (6): 70-78.

[37] 杨智, 邓炼金, 方二. 市场导向、战略柔性与企业绩效: 环境不确定性的调节效应 [J]. 中国软科学, 2010 (9): 130-139.

[38] Gerhart B. Human Resource and Business Performance: Findings, Unanswered Questions, and an Alternative Approach [J]. Management Revue, 2005, 16 (2): 174-185.

[39] Priem R. L., Butler, J. E. Is the Resource-based "View" a Useful Perspective for Strategic Management Research? [J]. Academy of Management Review, 2001, 26 (1): 22-40.

[40] Teece D. J., Pisano, G., Shuen, A. Dynamic Capabilities and Strategic Management [J]. Strategic Management Journal, 1997, 18 (7): 509-533.

[41] Barreto I. Dynamic Capabilities: A Review of Past Researchand an Agenda for the Future [J]. Journal of management, 2010, 36 (1): 256-280.

[42] Amit R., Schoemaker, P. J. H. Strategic Assets and Organizational Rent [J]. Strategic Management Journal, 1993, 14 (1): 33-46.

[43] Festing M., Eidems, J. A Process Perspective on Transnational HRM Systems -A Dynamic Capability-based Analysis [J]. Human Resource Management Review, 2011, 21 (3): 162-173.

[44] Wright P. M., Dunford, B.B., Snell, S.A. Human Resources and the Resource based View of the Firm [J]. Journal of Management, 2001, 27 (6): 701-721.

[45] Hansen N. K., Gfittel, W. H. Human Resource Management Systems, Dynamic Capabilities and Environmental Dynamics: A Practice -theoretical Analysis [J]. Paper Presented at the 4th International Conference on Organizational Learning, Knowledgeand Capabilities (OLKC), Amsterdam (the Nether-lands), 2009.

[46] Pfeffer J., Salancik, G. R. The External Control of Organizations: A Resource Dependence Perspective [J]. Harperand Row, 1978.

[47] Li H. Y., Atuahene-Gima, K. Product Innovation Strategy and the Performance of New Technology Ventures in China [J]. Academy of Management Journal, 2001, 44 (6): 1123-1134.

[48] 赵曙明. 中国人力资源管理三十年的转变历程与展望 [J]. 南京社会科学, 2009 (1): 7-11.

[49] Milliken F. J. Three Types of Perceived Uncertainty about the Environment: State, Effect, and

Response Uncertainty [J]. Acad-emy of Management Review, 1987, 12 (1): 133-143.

[50] Shimizu K., Hitt, M.A. Strategic Flexibility: Organizational Preparedness to Reverse Ineffective Strategic Decisions [J]. Academy of Management Executive, 2004, 18 (4): 44-59.

[51] Butt R. S. The Network Structure of Social Capital [J]. Research in Organizational Behavior, 2000, 22 (1): 345-423.

[52] Moran P. Structural vs.Relational Embeddedness: Social Capital and Managerial Performance [J]. Strategic Management Journal, 2005, 26 (12): 1129-1151.

[53] Bierly E., Chakrabarti, A. K. Technological Learning, Strategic Flexibility, and New Product Development in the Pharmaceutical Industry [J]. IEEE Transactions on Engineering Management, 1996, 43 (4): 368-380.

[54] Peng M., Luo. Managerial Ties and Firm Performancein a Transition Economy: The Nature of a Micro-macro Link [J]. Academy of Management Journal, 2000, 43 (3): 486-501.

[55] Wang D. X., Tsui, A. S., Zhang, Y., Ma, L. Employment Relationships and Firm Performance: Evidence from an Emerging Economy [J]. Journal of Organizational Behavior, 2003, 24 (5): 511.

[56] Miller D. The Structural and Environmental Correlates of Business Strategy [J]. Strategic Management Journal, 1987, 8 (1): 55-76.

[57] Chen J. Y., Reilly, R. R., Lynn, G. S. The Impacts of Speed to Market on New Product Success: The Moderating Effects of Uncertainty [J]. IEEE Transactions on Engineering Management, 2005, 52 (2): 199-212.

[58] Youndt M. A., Snell, S. A., Dean, J. W., Lepak, D. P. Human Resource Management, Manufacturing Strategy, and Firm Performance [J]. Academy of Management Journal, 1996, 39 (4): 836-866.

[59] Zhang Y. C., Li, S. L. High Performance Work Practices and Firm Performance: Evidence from the Pharmaceutical Industryin China, International Journal of Human Resource Management, 2009, 20 (11): 2331-2348.

[60] Baron R. M., Kenny, D. A. The Moderator-mediator Variable Distinction in Social Psychological Research: Conceptual, Strategic, and Statistical Considerations [J]. Journal of Personality and Social Psychology, 1986, 51 (6): 1173-1182.

[61] 温忠麟, 张雷, 侯杰泰. 有中介的调节变量和有调节的中介变量 [J]. 心理学报, 2006, 38 (3): 448-452.

[62] Boal K. B., Hooijberg, R. Strategic Leadership Research: Moving on [J]. The Leadership Quarterly, 2000, 11 (4): 515-549.

[63] Lepak D. P., Snell, S. A. The Human Resource Architecture: Toward a Theory of Human Capital Allocation and Development [J]. Academy of Management Review, 1999, 24 (1): 31-48.

A Study of Network–building HR Practices for TM T. Strategic Flexibility and Firm Performance：The Moder–ating Role of Environm ental Uncertainty

Lin Ya–qing Zhao Shu–ming

Abstract：With the globalization of economy and the rapid development of information technology, strategic flexibility has been regarded as a critical source of gaining firms' competitive advantage. Meanwhile, extant strategic human resource management （SHRM） literature has paid more attention to discussing rank–and–file SHRM systems rather than executive–focused SHRM systems. Network–building HR practices for top management team （TMT） as the in–depth study of executive–focused SHRM systems acquire great interest while there is little literature on how it affects firm performance. Therefore, based on the dynamic capability view, this study is the first to introduce strategic flexibility as an important dynamic capability into the field of strategic human resource management and explores its mediated role between network–building HR practices for TMT and firm performance. Then, based on the context of transition economy in China, we exam ine environmental uncertainty as a moderator in this relationship and empirically test the above questions. We have conducted questionnaire surveys on 780 top managers in 390 companies mainly located in Beijing, Tianjin, Shanghai, Jiangsu and Zhejiang etc.and finally received 241 valid samples.The results show that, ①network –building HR practices have positive effects on firm performance and strategic flexibility plays a fully mediated role between them; ②environmental uncertainty moderates the relationship between network –building HR practices for TMT and strategic flexibility, while it has no moderated effects in the relationship between strategic flexibility and firm performance.These conclusions have important implications for the development and application of strategic human resource management in dynamic environment. Theoretically, we enrich the functions of network –building HR practicesfor TMT and provide the evidence to advocate the development of the innovative HR practices in China. Practically, network–building HR practices for TMT and strategic flexibility have been proposed to deal with the uncertainty and achieve high firm performance, which provides constructive guidance in the development of enterprises in the China's transitional economy.

Key Words：network–building HR practices for TMT；strategic flexibility；environmental uncertainty；firm performance

创业导向、人力资源系统柔性与企业绩效关系研究 *

王永健　　谢卫红　　蓝海林

【摘　要】本文基于战略人力资源管理的视角，以人力资源系统柔性为中介变量，构建创业导向对企业绩效影响关系的理论模型，其中创业导向被划分为创新与先动性、风险承担性 2 个维度。利用来自珠三角制造企业的 381 份调查数据对模型进行实证检验，发现创新与先动性、风险承担性均对企业绩效有显著正向影响；人力资源系统柔性在创新与先动性和企业绩效的关系中有部分中介作用，而在风险承担性与企业绩效的关系中不具有中介作用。

【关键词】创业导向；人力资源系统柔性；企业绩效；战略人力资源管理

随着创业浪潮的兴起，创业研究受到了研究者的广泛关注，其中创业导向与企业绩效的关系是其中的一个热点话题。在以往的研究中，多数学者发现创业导向对企业绩效（包括销售增长、市场份额、利润、股东满意度等）有显著的正向影响。然而，Wang 指出，仅研究创业导向与企业绩效间的直接关系是不够的，两者关系还受到一系列调节与中介变量的影响，深入探讨其内在影响机理显得尤为必要。已有研究认为，在调节效应研究方面，创业导向与绩效的关系不仅受外部环境的调节影响，还受组织内部的资源、战略、决策参与性以及组织结构等因素的调节影响；在中介效应研究方面，目前学者主要关注的有市场导向、组织学习、网络资源等变量，它们在创业导向与绩效的关系中具有完全或部分中介作用。综观国内外相关研究可见，鲜有学者从人力资源的视角探讨创业导向影响企业绩效的中介机制。

从管理实践看，企业战略能否有效实施并获得预期效果，很大程度上取决于企业职能支持系统的有效性，其中人力资源系统就是一个关键要素。然而，齐大庆认为，仅有 18% 的企业认为战略得到了比较有效的执行，且人力资源的缺乏是一个关键因素。

随着企业所处经营环境动态化日益加剧，是否具备柔性成为人力资源管理能否为企

---

* 本文选自《管理学报》2013 年第 10 期。

创造价值的关键所在，人力资源柔性也成为了当前战略人力资源管理研究关注的焦点。鉴于现有理论的不足和企业管理实践的需要，本研究基于战略人力资源管理的视角，以人力资源柔性为中介变量，对创业导向影响企业绩效的内在机理进行理论和实证分析，以期获得具有理论与实践价值的结论。

一、文献回顾与理论假设

（一）创业导向与人力资源系统柔性

1. 创业导向

创业导向与企业战略管理有着密不可分的关系，是指企业为识别和实施创业活动而进行的战略决策过程。Millel 指出，创业型企业应具备创新性、风险承担性和先动性三个特征，其中，创新性是指企业倾向于通过尝试新想法，实践新创意等过程实现产品、服务或技术的创新；风险承担性是指企业在不确定的情况下开展商业活动的意愿；先动性是指企业抓住未来需求导向，采取先发制人措施以成为市场领导者的倾向。Covin 等指出，创业导向包含创新性、风险承担性和先动性三个维度，并开发出了相应的测量量表。然而，关于创业导向各维度的内在关系，学界却争论不休，形成了两种截然不同的观点：①创业导向各维度是共变的，不可分割；②创业导向各维度之间是独立的。焦豪等利用长三角地区企业的调查数据进行探索性因子分析，发现创新性与先动性具有相同的特征，而风险承担性与之不同，即创业导向可以划分为创新与先动性以及风险承担性两个维度。张玉利等和蒋峦等分别以京津唐和珠三角地区企业为研究对象，也得到相似的结论。这说明创业导向的构成维度在中国情景下有其特殊性，该划分方式在中国情景下具有一定的普遍性。据此，本研究将创业导向分为创新与先动性、风险承担性两个维度。

2. 人力资源系统柔性

学者们普遍认为，组织柔性是企业适应环境变化的一种组织能力，对企业建立和保持竞争优势具有重要作用，将柔性的概念引入人力资源领域就产生了人力资源柔性概念，是企业利用组织能力有效且及时地适应内外部环境变化需求的人力资源管理能力，可见它是一种动态能力。战略人力资源管理中有一个重要的双层原则，即企业层次和个体层次，也就是战略人力资源管理既要考虑企业的发展也要考虑到员工的发展。由此，一些学者基于这一原则从两个层次考察人力资源柔性：①个体层面的人力资源柔性主要关注企业员工，称为人力资源能力柔性，包含员工技能与行为柔性两个方面的内容；②企业层面的人力资源柔性主要关注企业的人力资源管理实践，称为人力资源系统柔性，包含资源柔性和协调柔性两个维度，其中，资源柔性是指人力资源实践对不同情景的适应性及其在不同情景下得到应用的程度，协调柔性是指对人力资源实践进行调整和重置的速度。由于人力资源系统柔性决定着人力资源能力柔性，基于主导地位，鉴于此，本研究的重点将聚焦于企业人力资源系统柔性。

（二）创业导向与企业绩效的关系

大多数研究认为，创业导向对企业绩效有显著的正向影响，且创业导向的不同维度对企业绩效的影响是显著的。林枫等利用 Meta 分析方法对两者关系进行了客观、系统的定量分析与评价，结果再次证实了创业导向与企业绩效之间的正相关关系。本研究也认同这一关系，并基于对创业导向维度的划分，提出假设：

假设 1a： 创新与先动性对企业绩效有显著正向影响。

假设 1b： 风险承担性对企业绩效有显著正向影响。

（三）人力资源系统柔性的中介作用

人力资源系统是一种协调机制，面对快速变化的外部环境，具备较强人力资源系统柔性的企业能够迅速地调整其人力资源管理措施，从而赢得主动，避免被竞争对手淘汰，因此人力资源系统柔性是有价值的。同时，人力资源系统柔性是一种复杂的动态能力，它的建立与发挥有着特定的情境因素，无法在市场上通过交易获得，是一种稀有的能力，同时也很难被其他企业所模仿。此外，作为企业的一项重要职能，人力资源管理在企业的发展中具有难以替代的重要作用，动态环境下，人力资源系统的柔性程度将会影响企业员工技能与行为的柔性程度，进而影响组织的执行表现。由此可见，人力资源柔性具备价值性、稀缺性、难以模仿和不可替代的特征，是企业持续竞争优势的来源。国内外一系列的实证研究也表明，人力资源系统柔性对企业绩效具有显著的正向影响。由此，提出假设：

假设 2： 人力资源系统柔性对企业绩效有显著正向影响。

人力资源管理的职能在 20 世纪八九十年代发生了重大转变，从一般事务性职能转变为战略性职能，成为企业战略目标实现的重要支撑，战略人力资源管理也应运而生，它被认为是企业为实现战略目标而进行有计划的人力资源部署和管理实践的行为模式。战略人力资源管理的核心理念是战略匹配，既包括不同人力资源管理实践之间的内部匹配，也包括人力资源管理实践与企业战略、经营环境的外部匹配。在这种思想的指导下，Balkin 等指出，企业从事创业活动时要考虑其与人力资源管理实践的匹配性，而具体的人力资源管理实践也要服从企业的创业活动需要。研究证实，人力资源管理对企业创业成功有至关重要的作用，因此企业应该按照创业导向战略的需要来建设企业的人力资源系统。刘钢认为，创业导向会对企业人力资源管理实践的 5 类关键性策略产生影响。

创业导向战略是企业在经营环境日益动态化条件下所采取的一种有效应对措施，由此，与之相匹配的人力资源系统也应该适应环境变化的要求，即人力资源系统应具备柔性。作为一种动态能力，人力资源系统柔性在很大程度上受企业创业导向的影响。研究认为，以创新性、先动性和风险承担性为主要特征的创业导向对企业的变革更新能力、组织学习能力、组织柔性能力及环境洞察能力 4 类动态能力有显著的正向影响，而人力资源系统柔性能力是组织柔性能力的重要组成部分。基于上述分析，本研究认为创业导向通过增强人力资源系统柔性，进而提升企业绩效，由此，提出假设：

假设 3a： 创新与先动性通过人力资源系统柔性中介作用于企业绩效。

假设 3b： 风险承担性通过人力资源系统柔性中介作用于企业绩效。

二、数据与方法

（一）样本与数据

本研究的数据来源于珠三角制造企业。本次调查共发放问卷 800 份，从中山市以外的珠三角 8 市回收问卷 512 份，其中无效问卷 131 份，最终获得有效问卷 381 份，有效回收率为 47.6%（见表 1）。

表 1　样本的基本情况

特征	分类	样本量	比例（%）
企业所在地区	东莞	91	23.9
	佛山	21	5.5
	广州	45	11.8
	惠州	38	10.0
	江门	48	12.6
	深圳	90	23.6
	肇庆	20	5.2
	珠海	28	7.3
企业人数（人）	≤300	117	30.7
	301~1000	87	22.8
	1001~2000	67	17.6
	2001~3000	65	17.1
	≥3000	45	11.8
销售额（万元）	≤3000	81	21.3
	3001~10000	63	16.5
	10001~20000	93	24.4
	20001~30000	62	16.3
	≥30000	82	21.5
行业类别	电子信息	84	22.0
	电气机械及专用设备	24	6.3
	石油及化学制品	18	4.7

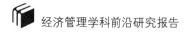

续表

特征	分类	样本量	比例（%）
行业类别	纺织服装	29	7.6
	食品饮料	22	5.8
	建筑材料	28	7.3
	家电	43	11.3
	五金	30	7.9
	森工造纸	9	2.4
	医药	7	1.8
	汽车	7	1.8
	摩托车	2	0.5
	其他	78	20.5
资产额（万元）	≤4000	89	23.4
	4001~10000	52	13.6
	10001~20000	113	29.7
	20001~30000	44	11.5
	≥30000	83	21.8
企业性质	国有企业	48	12.6
	非国有企业	333	87.4

由于所有题项均由同一被访者填答，可能存在同源偏差的问题，本研究利用 Harman 单因子法对偏差程度进行检验。将所有题项放入模型进行探索性因子分析，在未旋转的情况下，第一个因子只解释了 33.32% 的方差，未出现单因子或者一个因子解释多数方差的情况，所以同源方差并不严重，不会影响后续分析。

（二）变量测量

本研究涉及的主要变量包括创业导向、人力资源系统柔性和企业绩效，均采用李克特 5 级刻度来度量，1~5 表示从"非常不同意"到"非常同意"，或者从"非常低"到"非常高"，具体题项见表 2。

表 2　变量量表及探索性因子分析

潜变量		测量语句	载荷	累积解释变异量（%）		KMO
创业导向	创新与先动性	公司能够积极响应主要竞争对手的经营创新	0.791	38.294	61.610	0.853
		公司乐意尝试新做事方式和创造性的解决方案	0.819			
		公司鼓励员工的创新思维和行动	0.772			
		面对不确定性时，公司能采取主动措施	0.673			
		公司经常率先引入新产品、服务、技术	0.679			
		公司常比竞争者率先采取行动	0.708			

续表

潜变量		测量语句	载荷	累积解释变异量 (%)		KMO
创业导向	风险承担性	公司偏好高回报、高风险项目	0.851	23.316		
		公司偏好采取大胆果断的行为以实现企业目标	0.766			
		在不确定情况下，公司仍会大胆做出重大决策	0.747			
人力资源 系统柔性	资源柔性	现招聘程序，利于选拔企业所需的员工	0.817	31.858	60.743	0.880
		现培训体系，利于培养员工多种工作技能和行为	0.822			
		现绩效管理，利于激励员工开发相应的技能和行为	0.793			
		现薪酬结构，能对员工特殊技能和行为提供额外报酬	0.532			
	协调柔性	公司面对环境变化，能快速有效地改变现有招聘程序	0.509	28.885		
		公司面对环境变化，能快速有效地改变现有培训体系	0.588			
		公司面对环境变化，能快速有效地改变现有绩效管理	0.717			
		公司面对环境变化，能快速有效地改变现有薪酬结构	0.760			
		公司面对环境变化，能快速有效地改变现有岗位设置	0.759			
		公司面对环境变化，能快速有效地改变现有授权制度	0.772			
企业绩效	短期绩效	对销售增长率的满意度	0.820	35.539	66.913	0.934
		对市场占有率的满意度	0.746			
		对净利润率的满意度	0.829			
		对销售利润率的满意度	0.817			
		对经营过程中的现金流的满意度	0.714			
		对投资回报率的满意度	0.736			
	长期绩效	对新产品开发的满意度	0.780	31.374		
		对新市场拓展的满意度	0.784			
		对设计制造过程创新能力的满意度	0.760			
		对自身运营成本的满意度	0.628			
		对员工职业生涯发展前景的满意度	0.669			
		对自身社会形象的满意度	0.676			

变量的具体测量方法如下：

（1）创业导向。本研究采用 Covin 等设计的量表，由创新性、风险承担性和先动性 3 个维度构成，一共包含 9 个题项。探索性因子分析提取出了 2 个因子，其中创新性和先动性合并为一个因子，即创新与先动性，另一个则为风险承担性，2 个因子的累积解释变异量为 61.610%。

（2）人力资源系统柔性。该量表的设计主要参考了 Way 的研究成果，由资源柔性和协调柔性 2 个维度构成，原有 12 个题项，经过探索性因子分析，题项"现岗位设置，能适应企业发展目标需要"和"现授权制度，利于员工表现出多种工作技能和行为"由于交叉项超过 0.4 被删除。剩余的 10 个题项被提取为 2 个因子，分别为资源柔性（4 个题项）和协调柔性（6 个题项），累积解释变异量为 60.743%。

（3）企业绩效。按照通常的做法，本研究采用主观评价法来衡量企业绩效，测量指标来源于谢洪明等的研究，一共有 12 个题项。探索性因子分析提取出了 2 个因子，按性质可以分为短期绩效和长期绩效，2 个因子的累积解释变异量达 66.913%。

三、数据分析与假设检验

（一）信度与效度

在信度方面，表 3 的结果显示，所有潜变量的 Cronbach's α 值均在前人建议的 0.7 以上（最小为 0.743），表明各变量的内部一致性较高，显示出较好的信度。

表 3　变量的信度与效度检验

潜变量		Cronbach's α		标准化因子载荷	AVE	CR
创业导向	创新与先动性	0.850	0.836	0.63~0.79	0.495	0.854
	风险承担性	0.743		0.53~0.86	0.504	0.746
人力资源系统柔性	资源柔性	0.818	0.888	0.62~0.82	0.546	0.826
	协调柔性	0.849		0.64~0.75	0.487	0.850
企业绩效	财务绩效	0.920	0.932	0.76~0.88	0.659	0.920
	非财务绩效	0.875		0.67~0.79	0.544	0.877
验证性因子分析拟合指标（六因子模型）		$\chi^2 = 1023.71$，df = 419，$\chi^2/df = 2.44$，RMSEA = 0.065，CFI = 0.97，IFI = 0.97，NNFI = 0.97，GFI = 0.84，AGFI = 0.82				

在效度方面，首先，由于各变量的测量均采用成熟量表，并经过企业访谈、专家咨询以及预调查等步骤的修正，因此具有较高的内容效度；其次，本研究利用验证性因子分析方法对其收敛效度和区分效度进行检验，依据维度划分，构建一个六因子模型并利用结构方程模型进行数据拟合，所得结果显示拟合指标较为理想，并且各变量题项的标准化因子载荷均大于 0.5，组合信度（CR 值）均大于前人建议的 0.7，同时平均变异抽取量（AVE 值）也大于或接近于要求的 0.5（见表 3），由此可见量表具有较高的收敛效度。从表 4 可见，各变量的 AVE 平方根均大于变量本身与其他变量的相关系数，表明量表具有较好的区分效度。

（二）描述性统计与相关性分析

在利用结构方程分析对假设进行检验之前，需要先考察变量间的相关性，所得结果见表4，从中可见，各变量之间存在着显著的相关关系，适合进行下一步的分析。

表4 变量的均值、标准差及相关系数

变量		平均值	标准差	X1	X2	X3	X4	X5	X6
创业导向	创新与先动性（X1）	3.652	0.630	0.704					
	风险承担性（X2）	3.233	0.745	0.403**	0.710				
人力资源系统柔性	资源柔性（X3）	3.564	0.616	0.450**	0.227**	0.739			
	协调柔性（X4）	3.657	0.565	0.449**	0.307**	0.649**	0.698		
企业绩效	短期绩效（X5）	3.259	0.784	0.344**	0.375**	0.253**	0.416**	0.812	
	长期绩效（X6）	3.386	0.637	0.518**	0.410**	0.351**	0.461**	0.723**	0.738

注：** 表示 $p < 0.01$。

（三）假设检验

本研究将采用结构方程模型方法对假设进行检验，为简化模型，在分析过程中，采用资源柔性和协调柔性的均值作为人力资源系统柔性的观测变量，长期绩效和短期绩效的均值作为企业绩效的观测变量，而创新与先动性、风险承担性则分别用原始的6个题项和3个题项作为观测变量。进行假设检验的具体步骤如下：

构建无中介模型，对创新与先动性、风险承担性与企业绩效的关系进行检验（见图1），该模型的各项拟合指标为 $\chi^2 = 136.76$，$df = 41$，$\chi^2/df = 3.34$，RMSEA = 0.079，CFI = 0.97，IFI = 0.97，NNFI = 0.96，GFI = 0.94，AGF = 0.90，其中 χ^2/df 的值大于3但小于5，在可接受范围内，其他指标均在理想范围内，显示出较好的拟合优度。由图1可以得到，创新与先动性、风险承担性对企业绩效均有显著正向影响，路径系数分别为0.42（T值5.98）和0.26（T值3.1），假设1a、假设1b获得支持。

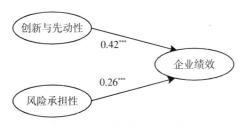

图1 无中介模型的拟合结果

注：*** 表示 $p < 0.001$，下同。

对人力资源系统柔性的中介效应进行检验。在上述无中介模型中加入人力资源系统柔性作为中介变量构建一个中介模型，并对其进行数据拟合（见图2）。该模型的各项拟合

指标为 $\chi^2 = 171.88$，$df = 59$，$\chi^2/df = 2.91$，RMSEA $= 0.072$，CFI $= 0.97$，IFI $= 0.97$，NNFI $= 0.96$，GFI $= 0.93$，AGF $= 0.90$，各指标均在理想范围内，显示出良好的拟合优度。

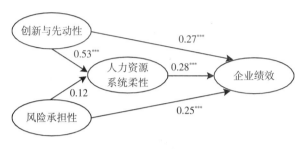

图 2　有中介模型的拟合结果

由图 2 可见，人力资源系统柔性对企业绩效有显著正向影响（系数 0.28，T 值 4.11），表明假设 2 获得支持；创新与先动性对人力资源系统柔性有显著正向影响（系数 0.53，T 值 6.93），且创新与先动性与企业绩效的关系仍显著，但影响系数减小为 0.27（T 值 3.61），说明人力资源系统柔性在创新与先动性及企业绩效的关系中起部分中介效应，并且创新与先动性对企业绩效的间接影响效应为 $0.53 \times 0.28 = 0.1484$，假设 3a 获得支持。此外，风险承担性对企业绩效的正向影响依然显著（系数 0.25，T 值 4.11），但风险承担性对人力资源系统柔性的影响不显著（系数 0.12，T 值 $1.70 < 1.96$）。在这样的情况下，为确定人力资源系统柔性是否在风险承担性与企业绩效关系中起中介作用，本研究进行了 Sobel 检验，计算得到检验值为 1.56，小于临界值 1.96，表明中介效应不存在，假设 3b 未获支持。

研究表明，具有创新与先动性的企业不仅可以推出新产品、采用新技术以及其他先发制人的措施获得市场领先地位，且可以直接获得超额利润。然而，在实施上述创新与先动行为的过程中，优秀的人力资源必不可少，这需要企业建立高效灵活的人力资源管理系统，从而为企业提供非常规的人员招聘、培训和激励等措施，以应对创新、创业过程中的一系列突发情况，因此，具有创新与先动性的企业会有很强烈的动机去建立和提升人力资源系统的柔性，故创新与先动性还会通过人力资源系统柔性的中介作用间接地促进企业绩效的提升。由于当前市场机会多但制度并不完善，企业只要善于把握机会和敢于冒险就可以获得很好的收益，而且这种收益不仅大还见效快（如一些制造企业通过进入房地产行业和资本市场获益），于是企业可能没有动力去培育和提升人力资源系统柔性等核心竞争力，这也许在一定程度上可以解释人力资源柔性为何对风险承担性和企业绩效的中介作用不显著。类似的结论，如张玉利等发现，创新与先动性对企业双元能力（探索能力和开发能力）有显著的正向影响，而风险承担性却没有。

四、结果讨论

（一）结论与启示

首先，本研究将创业导向划分为创新与先动性、风险承担性 2 个维度，并且通过因子分析获得了证实，这与国内部分学者的结论是一致的。由于研究样本取自不同的地区，说明这种划分方式具有一定的普遍性，符合中国企业的实际。进一步的分析表明，创新与先动性、风险承担性均对企业绩效有显著影响，且创新与先动性对企业绩效的促进作用要大于风险承担性。上述研究有助于加深对创业导向的理解，是对以往成果的有益补充。

其次，在动态环境中，人力资源管理只有具备适应环境变化的柔性能力，才能够对企业绩效产生积极影响。然而，人力资源柔性却并未引起国内学者的足够重视，这或许是因为我国多数企业人力资源管理水平还不高。需要指出的是，人力资源管理柔性化是大势所趋，是企业未来成功的关键。本研究表明，人力资源系统柔性对企业绩效有显著的正向影响，这一结论不仅对"柔性陷阱"做出了基于中国背景的回应，还拓展了柔性视角下的战略人力资源管理理论内涵。

再次，就中国企业的实际情况而言，战略人力资源管理体系建设还处在需要逐步完善的阶段，此时企业创业导向的战略决策对其人力资源管理风格、模式的选择将有很大程度的影响。本研究认为，人力资源系统柔性在创业导向与绩效的关系中起中介作用，人力资源柔性在创新与先动性和绩效的关系中有部分中介作用，但在风险承担性与绩效关系间的中介作用不显著。这一结论揭示了动态环境下，企业战略与人力资源管理实践如何匹配从而提升企业绩效的内在机制，拓展了战略人力资源管理中"战略匹配"这一核心理念。此外，本研究还从一个全新的视角回答了"创业导向如何创造价值"这一理论命题。

最后，本研究对制造企业的管理实践也有一定的启示：①管理者必须具备创新和超前行动的意识并保持适度的风险容忍度，这对企业在竞争中掌握主动和市场机会至关重要。中国作为全球创业活动最为活跃的地区之一，有着诸多的发展机会，但同时也充斥着高度的不确定性和风险，因此，在带领企业应对未来挑战的过程中，管理者必须重视培育企业的创新、超前行动与风险意识。此外，相对于风险承担性，创新与先动性对制造企业绩效的影响更大，因此，管理者应该更加重视企业的创新与先动性的培养，也应更加清醒地认识到单靠冒险已经很难在当前的竞争中取胜。②人力资源系统柔性对企业绩效有显著正向影响，并且从创业导向影响绩效的路径看，创新与先动性对绩效的影响有相当一部分是通过人力资源系统柔性实现的，因此，建立与创业导向匹配的具有柔性的人力资源系统对制造企业的发展同样具有重要意义。

（二）研究不足与未来研究方向

本研究还存在以下几点不足：①样本数据全部来源于珠三角地区的制造企业，这无疑限制了本研究结论的可推广性，特别是对服务业的适用性还有待考证。②本研究是基于横截面数据的实证研究，只能够得到变量间的相关关系，由于创业本身是一个长期、动态的过程，创业导向与人力资源管理之间也是一个互相影响的关系，今后的研究可采用纵向数据或案例研究方法以揭示两者的动态演化过程。③人力资源柔性还包括个体层面的人力资源能力柔性，在本研究中并未涉及，这也是今后的研究方向。

参考文献

［1］梁巧转，张晶，孟瑶. 创业导向研究综述［J］. 研究与发展管理，2009，21（4）：28-36.

［2］Wang C. L. Entrepreneurial Orientation, Learning Orientation, and Firm Performance［J］. Journal of Entrepreneurship Theory and Practice, 2008, 32（4）: 635-657.

［3］林枫，陈学. 光企业创业导向与组织绩效关系研究述评［J］. 情报杂志，2011，30（12）：72-76.

［4］李先江. 营销创新对公司创业导向与组织绩效关系的中介效应研究——基于中东部8省市企业的实证研究［J］. 研究与发展管理，2012，24（2）：115-125.

［5］齐大庆. 中国企业的战略制定与执行［J］. 中国新时代，2005（1）：50-51.

［6］聂会平. 动态环境中的人力资源柔性与企业绩效——基于战略人力资源管理框架的实证研究［J］. 北京师范大学学报（社会科学版），2012（2）：114-120.

［7］Lumpkin G. T., DESS G. G. The Role of Entrepreneurial Orientation in Stimulating Effective Corporate Entrepreneurship［J］. Academy of Management Executive, 2005, 12（1）: 147-156.

［8］Miller Which Correlates of Entrepreneurship in Three Types of Firms［J］. Journal of Management Science, 1983（7）: 1983-1990.

［9］Covin J., Slevin D. Strategic Management of Small Firms in Hostile and Benign Environments［J］. Journal of Strategic Management Journal, 1989, 10（1）: 75-87.

［10］Wiklund J. The Sustainability of the Entrepreneurial Orientation-performance Relationship［J］. Entrepreneurship Theory the and Practice, 1999, 23（1）: 37-48.

［11］Moreno M. A., CASILLAS C. J. Entrepreneurial Orientation and Growth of SMEs: A Causal Model［J］. Journal of Entrepreneurship Theory the and Practice, 2008, 32（3）: 507-527.

［12］焦豪，魏江，崔瑜. 企业动态能力构建路径分析：基于创业导向和组织学习的视角［J］. 管理世界，2008（4）：91-106.

［13］张玉利，李乾文. 公司创业导向，双元能力与组织绩效［J］. 管理科学学报，2009，12（1）：137-152.

［14］蒋峦，谢俊，谢卫红. 创业导向对组织绩效的影响——以市场导向为中介变量［J］. 华东经济管理，2010，24（5）：87-91.

［15］谢卫红，蓝海林. 结构视角的组织柔性化研究［M］. 北京：经济科学出版社，2004.

［16］Milliman Study J., Glinow M. A., Nathan M. Organizational Life Cycles and Strategic International the Human Resource Management in Multinational Companies: Implications for Congruence Theory［J］. Academy of Management Review, 1991（2）: 318-339.

［17］ Armstrong. Margaret Spellings Trategic Human Resource Management ［M］. London：Kogan Page Press，2000.

［18］ Bhattacharya M. People as A Competitive Edge：Examining the Empirical Relationship between Human Resource Flexibility and Firm Performance ［D］. New York：Business Administration of Syracuse University，2000.

［19］ Way S. Firm－level Analysis of HR Flexibility ［D］. New Brunswick：Rutgers Business School－Newark And New Brunswick of the State University of New Jersey，2005.

［20］ 林枫，徐金发，潘奇. 企业创业导向与组织绩效关系的元分析 ［J］. 科研管理，2011，32（8）：74-74.

［21］ Wright P. M.，Snell S. A. Toward a Unifying Framework for Exploring Fit and Flexibility in Strategic the Human Resource Management ［J］. Journal of the Academy of Management Review，1998，23 （4）：756-772.

［22］ Wright P. M.，Mcmahan G. C. Theoretical Perspectives for Strategic Human Resource Management ［J］. Journal of Management，1992，18（2）：295-320.

［23］ 邢会，高素英，张金等. 战略人力资源管理研究：一个整合的视角 ［J］. 科技管理研究，2010 （24）：157 -161.

［24］ Balkin D. B.，Logan J. W. Reward Policies That Support Entrepreneurship ［J］. Compensation & Benefits Review，1988，20（1）：18-25.

［25］ Schuler，R. S. Entrepreneurship in Organization ［J］. Journal of Human Resource Management，1986，25 （12）：614-629.

［26］ Bonetfp，Armengotcr，Martingma. Entrepreneurial Success and Human Resources ［J］. International Journal of Manpower，2011，32（1）：68-80.

［27］ 刘钢. 创业企业组织变革过程中的人力资源管理行为策略研究 ［D］. 长春：吉林大学管理学院，2011.

［28］ 谢洪明，刘常勇，陈春辉. 市场导向与组织绩效的关系：组织学习与创新的影响——珠三角地区企业的实证研究 ［J］. 管理世界，2006（2）：80-94.

［29］ 徐梅鑫. 人力资源管理与企业战略，绩效关系研究的演进——基于企业环境的变化[J]. 华东理工大学学报 （社会科学版），2012（1）：48-56.

An Empirical Study on the Relationship among Entrepreneurial Orientation, The Human System Flexibility and Firm Performance

Wang Yong-jian   Xie Wei-hong   Lan Hai-lin

Abstract: Based on the view of strategic human resource management, and taking the human resource system flexibility as mediating variable, a theoretical model of the relationship between entrepreneurial orientation and firm performance is established, and entrepreneurial orientation is means into two dimensions, one is innovativeness and proactiveness, and the other is risk – taking. An empirical analysis is carried out by using 381 data from the manufacturing enterprises in the Pearl River Delta, the results indicate that both innovativeness and proactiveness and risk taking have significant positive effect on firm performance.Human resource system flexibility plays a partial mediating effect on the relationship between innovativeness and proactiveness and firm performance, but has no mediating effect on the relationship between risk taking and firm performance.

Key Words: entrepreneurial orientation; human resource system flexibility; firm performance; strategic human resource management

CPM 领导理论三因素动力机制的情境模拟实验研究 *

李 明　　凌文轻　　柳士顺

【摘　要】CPM 领导理论认为，中国领导行为的评价模式由目标达成、团体维系和个人品德三个因素构成。本研究采用 $2 \times 2 \times 2$ 完全随机设计的情境模拟实验，探讨了 CPM 领导行为三因素之间的关系及其动力作用机制。结果表明：①领导行为三因素分别对下属的追随意愿、上司承诺、工作动机和领导满意度产生显著的正向影响；②在对下属行为态度产生影响时，个人品德的影响作用最大；③在目标达成和团体维系影响下属行为态度的过程中，个人品德发挥着增强型的调节作用。本研究验证了 CPM 领导理论的动力学原理，并为我国"德才兼备，以德为先"的选拔和任用标准提供了科学的理论支持。

【关键词】CPM 领导理论；情境模拟实验；动力机制；增强型调节效应

一、引言

组织中的领导现象一直是管理学、组织行为学和工业心理学研究的重要内容。在管理学领域，数以千计的文献都在探讨领导者与下属之间的关系及其影响效果。西方领导理论丛林异常茂盛，而中国历史上也沉淀了丰富的政治、社会、经济管理经验和领导模式。管理与文化有着不可分割的联系。领导行为应该是镶嵌在文化下的一种特殊现象，领导内涵、领导作风及效果必定受文化的影响。中国文化背景下的家长式领导和 CPM 领导理论都反映着东西方文化背景下领导行为的差异。有研究者对中国领导力的本土研究现状进行了分析，认为中国领导力的研究仍然处于本土化的初级阶段，即强调对西方领导理论的检验、修订和改良。在构建新的本土领导理论方面，近 10 年的研究半数以上与家长式领导有关，鲜有其他符合中国文化特征的领导理论出现。如何在全球化背景下开展中国本土领

---

* 本文选自《南开管理评论》2013 年第 2 期。

导理论研究，已成为海内外华人管理学者共同关心的问题，也是关心中国领导理论研究的国际学者越来越感兴趣的话题。

进入 21 世纪以来，由于美国一些大公司高管舞弊案的屡屡曝光，使得美国学术界开始重视领导者的品德因素。针对伦理型领导、诚信领导和破坏性领导的讨论成为领导理论研究的热门话题。而在 21 世纪之前的西方领导理论中，几乎看不到领导者个人品德的影子。但在中国文化背景下，人们从古至今一直强调领导者品德的重要性。在我国领导干部的选拔和任用上，始终坚持"德才兼备，以德为先"的用人标准。早在 20 多年前，凌文辁就提出了中国文化背景下的 CPM 领导行为模式，认为中国的领导行为评价模式由三个因素构成：目标达成（Performance，P 因素）、团体维系（Maintenance，M 因素）和个人品德（Character and Moral，C 因素）。P 因素和 M 因素反映着与西方类似的管理共性，而 C 因素则反映着管理中的个性，即文化特异性。作为中国本土领导理论的代表之一，CPM 领导模式受到国内外学者的关注和认可。但由于时代的限制，当时并未对 CPM 领导模式三因素的关系及其动力作用机制进行深入研究。

Niu、Wang 和 Cheng 总结了家长式领导三个维度交互影响作用的相关研究。他们发现，之前的一些研究并没有得到预想的三元交互效应（即家长式领导的三个维度对员工行为态度产生交互影响作用），而只是发现了威权领导和仁慈领导对下属的工作态度能产生交互作用。这可能是由于通过同一调查获得的三个维度的测量数据之间高度相关，从而使得三个维度之间的交互作用不易确定；也有可能是样本选择和数量上的偏差，如仁慈领导和德行领导更可能参与到研究中。因此，他们认为采用情境模拟实验对家长式领导的三个维度进行操作处理，能更好地探索三个维度之间的交互效应。情境模拟实验方法已被广泛地应用在领导效能研究和领导决策研究等领域。鉴于此，本研究拟采用情境模拟实验对 CPM 领导行为模式的三个因素进行独立操作，探讨三种领导机能的影响效果及领导者个人品德在其中所能发挥的作用，从而完善 CPM 领导理论，丰富和扩展中国本土领导行为的理论研究。

二、研究理论与假设

（一）CPM 领导行为模式的发展

CPM 领导理论的形成和发展过程如表 1 所示。20 世纪 80 年代，为了满足我国领导干部选拔与任用体制改革的需要，凌文辁等进行了"领导行为评价中国模式"的探讨。他们认为，中国人的领导行为除了 P 因素和 M 因素外，还包含领导者的品德因素，即 C 因素。在中国，一个领导者只有正确处理好对工作（P）、对他人（M）和对自己（C）的关系，才能最大程度地发挥领导的作用。他们还从社会文化角度进行了中国人内隐领导理论的探讨，得到了个人品德、目标有效性、人际能力和多面性四个因素。这一模式与外显领导理论所获得的 CPM 模型有着类似的结构，前三个维度分别对应于 C、P、M 这三个因素，第四个维度"多面性"的内容也包含在 P 因素和 M 因素中。CPM 理论提出了领导行为评价的中国模式，而内隐领导理论检验了 CPM 模式在中国的适用性，证明了 CPM 模式更符合中国文化和国情。

表 1   CPM 领导理论的形成和发展过程

研究者	年份	主要结论与观点
Cartwright 和 Zander	1960	在《团体力学》一书中提出了领导行为的主动结构和体贴两个因素
三隅二不二等	1966	引用《团体力学》中的概念，提出了 PM 领导行为理论。认为任何一个团体都具有两种机能，一种是团体的目标达成机能（p），另一种是维持强化团体或组织体的机能（M）。领导者的职责就在于执行这两种团体职能
	1978	
凌文辁等	1987	建构了 CPM 领导行为评价量表，提出了中国领导行为评价的 CPM 模型。认为中国人的领导行为除了 P 因素和 M 因素外，还包含领导者的品德因素（C）
	1989	
凌文辁等	1991	中国人内隐的领导特质包含个人品德、目标有效性、人际能力和多面性四个因素。这与外显领导理论所获得的 CPM 模型有着类似的结构。内隐领导理论检验了 CPM 模式在中国的适用性
凌文辁等	2002	进行了中国人的内隐领导理论再研究，仍然是由个人品德、目标有效性、人际能力和才能多面性四个因素构成。中国人的领导概念或者说中国人对领导行为的评价模式并没有变。这是对中国领导行为模式的再检验

注：根据凌文辁等的研究整理而成。

（二）领导行为对下属行为态度的影响

无论是西方的变革型领导和伦理型领导等研究，还是东方文化背景下的家长式领导研究，都表明领导行为会对下属的行为态度产生影响。如研究者通过对变革型领导研究文献的统计整理发现，变革型领导对下属的工作满意度、组织承诺、角色外行为等具有显著正向影响。关于 CPM 领导行为模式的领导效能，已有的研究表明，三种机能分别会对员工感情承诺、工作满意度、上司信任、工作投入和利他行为等产生正向影响作用。由于本研究是通过创设模拟情境来激发被试对该情境下领导行为的反应，所以，选取一些态度变量尤其是直接针对该情境中领导者的态度和行为倾向变量，将会使收集到的被试反应更为合理和真实。因此，本研究的后果变量选取了追随意愿、对该上司的承诺、对该领导的满意度和工作动机。

追随意愿（Willingness to Follow）是人们追随一位领导者的倾向性程度，即是否愿意追随一位领导者。领导的有效性在很大程度上取决于追随者的意愿。原涛认为，领导者的个人品德、团体维系和目标达成三方面的行为会影响下属追随该领导者的动机和意愿。上司承诺（Commitment to Supervisor）也叫主管承诺，与主管忠诚表述的是一个意思。Chen 将主管承诺定义为"一个下属对一个特定主管的认同、依附和奉献的相对强度"，这个

"特定主管"指的是直属上司。由于直属上司在下属的职业生涯中扮演组织代理人的身份，所以，对主管的承诺和忠诚可能最终形成一种对组织的承诺和忠诚。Niu、Wang 和 Cheng 研究发现，家长式领导的仁慈领导和德行领导会对工作动机产生正向影响。而威权领导、仁慈领导和德行领导对领导满意度也分别具有独特解释力。

从以上论述可以推论，CPM 领导行为模式的三因素会对下属的追随意愿、上司承诺、工作动机和领导满意度产生影响。由此，我们提出：

假设 1：CPM 领导行为模式对下属行为态度具有显著的正向影响。

假设 1a：目标达成对下属行为态度具有显著的正向影响。

假设 1b：团体维系对下属行为态度具有显著的正向影响。

假设 1c：个人品德对下属行为态度具有显著的正向影响。

（三）领导者个人品德的影响作用最大

樊景立和郑伯埙认为，领导者表现出公私分明、以身作则的良好品德和行为，部属便会做出认同和效法反应；德行领导和仁慈领导对于组织、团队的效能有明显的正向预测作用且德行领导有核心作用。对于预测部属的态度，如对领导的满意度、工作满意度等，郑伯埙等通过比较标准化回归系数 β 的大小，判断出德行领导的效果最佳。李明等考察了 CPM 领导行为模式对和谐组织的影响作用。典型相关分析和因果关系认知图式研究的结果都表明，个人品德对和谐组织的影响作用最强。可知，领导者的个人品德在发挥领导效能过程中发挥着重要的作用。由此，我们提出：

假设 2：在对下属行为态度产生作用的过程中，领导者个人品德的影响作用要大于目标达成和团体维系所产生的影响。

（四）领导者个人品德的增幅放大作用

正如前文所提到的，自樊景立和郑伯埙提出家长式领导的三元交互影响作用的假设以来，不少研究者通过问卷调查法考察家长式领导三个维度对员工行为态度影响，但都没有得到预想的三元交互效应。尽管如此，这些研究都发现了威权领导和仁慈领导对下属的工作态度会产生交互作用。Niu、Wang 和 Cheng 采用情境模拟实验对家长式领导的三个维度进行了处理，探讨了家长式领导三个维度对下属态度的影响。结果发现，仁慈领导和德行领导在影响下属态度时会产生交互效应。周浩和龙立荣通过对收集到的问卷进行多元回归分析，考察了家长式领导对组织公正感的影响。研究发现，德行与威权领导会产生负交互效应，仁慈与威权领导也表现出负交互效应。他们又通过一项情境模拟实验验证了威权领导与仁慈和德行领导之间存在的交互效应。

针对家长式领导三元素关系的研究都把焦点放在交互作用的探讨上。交互效应与调节效应从统计分析的角度看可以说是一样的，但这两个概念又有所区别。在交互效应分析中，两个自变量的地位可以是对称的，其中任何一个都可以解释为调节变量；也可以是不对称的，只要其中有一个自变量起到了调节变量的作用，交互效应就存在。在调节效应中，自变量和调节变量都是明确的，是由理论基础决定的，在一个确定的模型中两者不能互换。一般情况下，交互作用可以分为两类：增强型交互作用（Reinforcement Interaction Effect）和干扰型交互作用（Interference Interaction Effect）。对于增强型的交互作用，随着一个变量的变大，另外一个变量对后果变量的正向影响越来越强；对于干扰型交互作用，随着一个变量的变大，另一个变量对后果型变量的正向影响逐渐减弱。

凌文辁认为，领导者的品德魅力和模范表率行为，一方面可使被领导者在工作中的不满得到解除，从而获得心理上的平衡和公平感；另一方面，领导者的模范表率行为，通过角色认同和内化作用，可以激发被领导者的内在工作动机，使其努力地实现组织目标。榜样的力量是无穷的，领导者的模范表率行为对被领导者来说，是一种无声的命令，其影响力往往胜于命令、指挥、控制和监督。可见，目标达成和团体维系可以看作是领导者执行领导职能过程中的直接影响力，而个人品德则是领导者的间接影响力。这种间接影响力对目标达成和团体维系具有一种增幅放大的作用，即个人品德能对目标达成和团体维系发挥一种增强型的正向调节作用。由此，我们提出：

假设 3：个人品德对目标达成和团体维系会产生增强型的调节作用。

假设 3a：个人品德在目标达成影响下属行为态度的过程中发挥增强型的调节作用。

假设 3b：个人品德在团体维系影响下属行为态度的过程中发挥增强型的调节作用。

三、研究方法

（一）研究设计

采用 2×2×2 完全随机设计的情境模拟实验来验证研究假设。自变量为 CPM 领导行为模式的三个维度，即目标达成、团体维系和个人品德，每个维度分为高、低两个水平。以不同情境下的领导描述作为对自变量的操作处理。后果变量是被试所体验到的追随意愿、上司承诺、工作动机和对该领导的满意程度。

（二）领导情境设计与预试

为了区分 CPM 领导行为模式三因素的作用效果，首先要对不同类型的领导行为（高目标达成 P/低目标达成 p；高团体维系 M/低团体维系 m；高个人品德 C/低个人品德 c）进行描述。由参与 CPM 领导理论研究的两位教授、以管理心理学为研究方向的两名副教授和三名人力资源管理专业的博士研究生通过反复讨论对每一种情境进行简略描述，并组合成八种领导情境类型（PMC；PmC；pMC；PMc；pmC；Pmc；pMc；pmc）。如对 PMC 类型的领导这样进行描述：假如 L 现在是你的主管领导，他能制定周密可行的工作计划，严格规定下属的职责范围和任务分工，限定完成任务的期限，有较强的组织能力和专业水平，经常督促检查工作任务的进展情况；他体贴和关怀下属，注重维系与下属之间的关系，当下属遇到困难时，会给予安慰和尽可能多的照顾，信任、尊重下属，给下属表达自己意见的机会；他为人正派，以身作则，注重自身修养，"不拉关系"、"不走后门"，在组织中发挥模范表率作用，对待下属公平公正，是下属们的榜样。而 pmc 类型的领导行为描述为：假如 L 现在是你的主管领导，他在工作中缺少魄力和担当，没有周密的工作计划，需要决策时不能果断拍板，对下属的任务分工不明确，下属遇到困难时也不能有效地指导，不能及时有效地完成组织的任务目标；他不关心下属的生活情况，不会体谅下属工作中的难处，当工作出现问题时，对下属进行责备，不在乎与下属之间的关系如何；他还时常会利用手中的职权为自己谋利益，"拉关系"、"走后门"，在组织中搞小宗派团体，爱搞打击报复，嫉贤妒能，工作中出现问题时就推卸给别人。

为了检验设计情境的有效性，我们首先进行了一个预试。由 50 名应用心理学课程班学员针对每一种情境下的描述，在目标达成、团体维系和个人品德三个维度上采用李克特六点量表进行符合程度判断。为了排除顺序效应带来的影响，我们对八种情境的排列进行了拉丁方式处理，选择四种序列（ABCDEFGH，GHABCDEF，DCBAHGFE，BAHGFEDC）。每一名被试随机接受一个序列，让他们针对"该主管对工作严格要求，重视组织任务目标的高效完成"、"该主管关心和尊重下属，重视与下属的关系和团体的维系"和"该主管严于律己，品德高尚，在单位里发挥模范表率作用"三个题目进行符合程度判断。预试结果如表 2 所示。被试对高目标达成情境下和低目标达成情境下的领导判断差异比较明显（$F_{(1,49)} = 830.49$，$p < 0.01$，$\eta^2 = 0.94$）；对高团体维系情境下和低团体维系情境下的领导判断差异比较明显（$F_{(1,49)} = 711.53$，$p < 0.01$，$\eta^2 = 0.94$）；对高个人品德情境下和低个人品德情境下的领导判断差异比较明显（$F_{(1,49)} = 692.93$，$p < 0.01$，$\eta^2 = 0.93$）。这一结果表明，我们对自变量的操作处理是有效的。

表 2　情境模拟预试的统计结果

模拟情境（领导类型）	目标达成（P）		团体维系（M）		个人品德（C）	
	$\overline{M}$	Sd	$\overline{M}$	Sd	$\overline{M}$	Sd
PMC	5.28	0.57	5.20	0.93	5.34	0.63
PmC	5.10	0.61	1.48	0.61	4.70	0.86
pMC	1.72	0.64	5.12	0.66	5.02	0.62
PMc	5.04	0.64	4.70	1.02	1.54	0.73
pmC	1.64	0.63	1.42	0.57	4.70	0.71
Pmc	5.08	0.78	1.44	0.61	1.46	0.84
pMc	1.68	0.65	5.02	0.84	1.54	0.76
pmc	1.36	0.60	1.30	0.54	1.20	0.50
$F_{(1,49)}$	830.49**		711.53**		692.93**	
η^2	0.94		0.94		0.93	

注：** 表示 $p < 0.01$，*** 表示 $p < 0.001$；η^2：某个自变量单独的贡献率（后同）。

（三）被试

针对广州、佛山、长沙、杭州等城市不同类型组织的在职人员进行了调查，每位参与实验人员随机接受一种领导情境，并根据自己的感受回答该情境下的一些问题。共收回问卷 305 份，剔除无效或填写不完整的问卷，最后保留 288 份有效样本（每组 36 份）。其中，男性占 55.2%，女性占 44.8%；25 岁以下占 33.0%，26~30 岁占 54.9%，31 岁以上占 12.2%；专科及以下占 20.5%，本科和硕士研究生以上占 79.5%；普通员工占 48.3%，基层管理人员占 41.0%，中高层管理人员占 10.7%；工作 2 年以下占 36.5%，3~5 年占 45.8%，6 年以上占 17.6%；在组织类型上，党政机关占 12.5%，事业单位占 20.5%，国有企业占 21.9%，民营和合资企业占 45.2%。

（四）测量工具

本研究自变量的测量由所设计的八种不同领导情境完成。后果变量是追随意愿、上司承诺、工作动机和领导满意度。其测量工具分别如下：

（1）追随意愿。在原涛建构的追随动机模型基础上，进一步编制了追随意愿问卷。经过预测和修订，最终保留了五个条目，采用李克特 6 点记分。探索性因素分析的结果表明，"追随意愿"包含一个维度，可以解释变异量的 80.19%，内部一致性系数为 0.94。

（2）上司承诺。本研究对 Cheng、Jiang 和 Riley 的上司承诺量表进行了翻译和修订，最终形成了包含五个条目的上司承诺问卷，采用李克特 6 点记分。探索性因素分析的结果表明，"上司承诺"包含一个维度，可以解释变异量的 75.24%，内部一致性系数为 0.92。

（3）工作动机。借鉴 Niu、Wang 和 Cheng 使用的工作动机问卷，我们根据模拟情境对问卷进行了修订，包含"如果他是你的主管上司，你愿意在这种领导风格下认真投入到工作中吗"和"在这位领导的带领下，你会非常努力地工作吗"两个题目，请被试针对每个题目在 0（非常不愿意）~100（非常愿意）之间选填一个数字。探索性因素分析的结果表明，"工作动机"包含一个维度，可以解释变异量的 94.54%，内部一致性系数为 0.94。

（4）领导满意度。Negy 研究发现，单一条目的工作满意度不但方便、省时，而且比多题项的测量具有更高的表面效度。本研究借鉴郑伯埙等的做法，选取"整体而言，我对这位领导感到满意"一题来测量对领导的满意程度。

（5）后果变量间的区分效度。T 检验和单因素方差分析的结果表明，不同人口学、组织学变量的被试，在对后果变量的反应上，均无显著差异。对后果变量的数据进行验证性因素分析，考察了四因素模型、三因素模型（追随意愿和上司承诺合为一个因素）和单因素模型（四个后果变量合并为一个因素）。从模型的拟合指标来看（见表 3），四因素模型是最佳拟合模型。由此可以说明，四个后果变量之间具有很好的区分效度。

表 3　后果变量概念区分的验证性因素分析结果（N = 288）

模型	χ^2	df	χ^2/df	GFI	CFI	TLI	RMSEA
单因素模型	812.7	63	12.90	0.63	0.82	0.78	0.204
三因素模型	302.0	60	5.03	0.86	0.94	0.92	0.119
四因素模型	154.5	57	2.71	0.93	0.98	0.97	0.077

（五）实验控制

通过实验指导语告诉被试，本研究不记姓名，答案也无好坏、对错之分，相关数据仅供研究使用，所以请按照自己的真实想法进行作答。所创设的八种领导情境代表八种不同的领导风格，每一名被试随机接受一种领导情境。让被试在接受相应的领导情境后，客观真实地表达自己对该情境下领导行为的感受。同时，为保证被试能充分理解所接受的领导情境，我们让被试在阅读完毕后即对该情境中的领导行为进行评价，采用预试中对领导情境判断的题目，让被试根据刺激情境对三个方面的领导行为进行评价，若被试对这三个题目的判断与相应的情境极为不符，则说明该被试没有认真阅读材料，该样本为无效样本。三个题目促使被试再一次从目标达成、团体维系和个人品德三个方面了解和确认所接受的领导情境，然后根据头脑中所产生的领导形象去填答接下来的一些题目，这就排除了因描述顺序的不同可能带来的框架效应。为了检验模拟情境的真实性，设置了一个题目来考察被试在现实生活中是否遇到或听说过类似的领导，让他们在 0~100 赋值，值越大，说明类似的情境越真实。被试对实验情境的认可程度为 58.35，显著高于中间值 50（t = 5.558，df = 287，p < 0.001），表明我们所创设的情境具有较高的真实性，从而保证了本研究的生态效度。

四、数据分析与结果

由于本研究的自变量和调节变量都是类别变量，所以要采用方差分析技术，这种情况下，交互效应即调节效应。我们首先采用多元方差分析（MANOVA）对全模型进行检验。结果表明，目标达成与团体维系之间的交互效应不显著（$\lambda = 0.996$，$F_{(1,282)} = 0.263$，p = 0.902），目标达成、团体维系、个人品德的三向交互效应不显著（$\lambda = 0.973$，$F_{(1,282)} = 1.894$，p = 0.112）。然后，把目标达成与团体维系之间的交互效应项和目标达成、团体维系、个人品德的三向交互效应项删除，得到非饱和模型（如表 4 所示）。结果表明，目标达成 P、团体维系 M 和个人品德 C 三个自变量的主效应显著；目标达成 P 和个人品德 C 的交互效应显著；团体维系 M 和个人品德 C 的交互效应显著。我们进一步采用一元方差分析（ANOVA）对研究假设进行检验，结果如表 5 和表 6 所示。

表4 非饱和模型的多元方差分析结果

变量	λ	df	F
P	0.500	1.282	69.67***
M	0.598	1.282	46.88***
C	0.287	1.282	173.55***
C×P	0.910	1.282	6.92***
C×M	0.947	1.282	3.94**

表5 自变量对后果变量的主效应分析结果

变量	df	追随意愿			上司承诺			工作动机			领导满意		
		$\overline{M}_高$	$\overline{M}_低$	F	$\overline{M}_高$	$\overline{M}_低$	F	$\overline{M}_高$	$\overline{M}_低$	F	$\overline{M}_高$	$\overline{M}_低$	F
P	1.282	3.52	2.28	208.54***	3.61	2.52	189.32***	65.56	43.87	146.80***	3.77	2.66	161.30***
M	1.282	3.39	2.41	127.85***	3.48	2.65	109.85***	62.85	46.58	82.63***	3.74	2.69	145.57***
C	1.282	3.79	2.01	426.17***	3.92	2.21	462.35***	71.31	38.12	343.76***	4.22	2.22	522.62***

表6 各后果变量的变异分解结果

变量	df	追随意愿		上司承诺		工作动机		领导满意	
		MS	η^2	MS	η^2	MS	η^2	MS	η^2
P	1	111.06	0.425	84.46	0.402	33865.03	0.342	88.89	0.364
M	1	68.06	0.312	50.17	0.280	19061.28	0.227	80.22	0.340
C	1	226.85	0.602	211.15	0.621	79301.53	0.549	288.00	0.650
C×P	1	5.67	0.036	1.97	0.015	1408.92	0.021	0.13	0.001
C×M	1	6.48	0.041	4.25	0.032	85.59	0.001	4.01	0.025
R^2		0.736		0.733		0.673		0.748	

注：MS：均方；η^2：某个自变量单独的贡献率，$\eta^2 = SSH/(SSH + SSE)$；R^2：统计效应大小。

（一）CPM领导理论的领导效能是怎样的

由表5可知，高目标达成情境下被试的追随意愿显著高于低目标达成的情况（$M_{高P}$ = 3.52，$M_{低P}$ = 2.28，F = 208.54，p < 0.001），因此，目标达成（P）对追随意愿的主效应显著。同理，高目标达成情境下被试的上司承诺、工作动机和领导满意度也均显著高于低目标达成的情况，目标达成对上司承诺、工作动机和领导满意度的主效应显著。故假设1a得到了验证。

高团体维系情境下被试的追随意愿、上司承诺、工作动机和领导满意度均显著高于低团体维系的情况。因此，团体维系（M）对追随意愿、上司承诺、工作动机和领导满意度的主效应显著。故假设1b得到了验证。

高个人品德情境下被试的追随意愿、上司承诺、工作动机和领导满意度均显著高于低个人品德的情况。因此，个人品德（C）对追随意愿、上司承诺、工作动机和领导满意度的主效应显著。故假设1c得到了验证。

（二）个人品德是否发挥了最大的影响作用

在方差分析的过程中，SPSS 报告的 η^2 是偏 η^2，即方差比是实验因素的方差与该因素的方差和误差方差总和的比值。一般情况下，报告偏 η^2 是合适的。η^2 是反映实验因素和因变量关联程度的效应量指标，其值越大，说明实验因素的效应就越大，对因变量越重要。从表 6 可以看出，个人品德对追随意愿的影响（$\eta^2 = 0.602$）要大于目标达成（$\eta^2 = 0.425$）和团体维系（$\eta^2 = 0.312$）所产生的影响。同样，在对上司承诺、工作动机和领导满意产生影响时，也都是个人品德的效应量最大。由此，假设 2 得到了验证。

（三）个人品德能否发挥增强型的调节作用

1. 个人品德对目标达成的调节作用

本研究通过验证两者的交互作用来检验个人品德对目标达成的调节效应。研究结果表明，在对领导的满意程度上，个人品德与目标达成的调节效应不显著（$F_{(1, 282)} = 2.53$，$p > 0.05$）。在追随意愿、上司承诺和工作动机上，个人品德与目标达成的调节效应显著。

对于追随意愿，个人品德对目标达成的调节作用如图 1 所示。在低目标达成情境下，高个人品德引发的追随意愿比低个人品德高。在高目标达成情境下，同样是高个人品德引发的追随意愿较高。而且，随着个人品德的增强，目标达成对追随意愿的影响越来越强（高个人品德与低个人品德所引发追随意愿的差异要大于低目标达成情况下两者的差异）。同时，我们参考 Kutner 等给出的增强型交互作用图例，可以看出，个人品德在目标达成影响追随意愿的过程中，起到了增强型的调节作用。

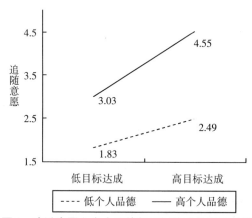

图 1　追随意愿上个人品德与目标达成的调节效应

在上司承诺上，个人品德对目标达成的调节作用如图 2 所示。在低目标达成情境下，高个人品德引发的上司承诺比低个人品德高。在高目标达成情境下，也是高个人品德引发的上司承诺较高，而且，随着个人品德的增强，目标达成对上司承诺的影响越来越强。个人品德在目标达成影响上司承诺的过程中，起到了增强型的调节作用。

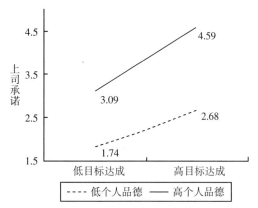

图 2　上司承诺上个人品德与目标达成的调节效应

在工作动机上，个人品德对目标达成的调节作用如图 3 所示。在低目标达成情境下，高个人品德引发的工作动机比低个人品德高。在高目标达成情境下，也是高个人品德引发的工作动机较高，但随着个人品德的增强，高个人品德与低个人品德所引发工作动机的差异要小于低目标达成情况下两者的差异。个人品德在目标达成影响工作动机的过程中，具有干扰型的调节作用。这个干扰型的调节作用与假设 3a 不相符，因此，假设 3a 得到了部分验证。

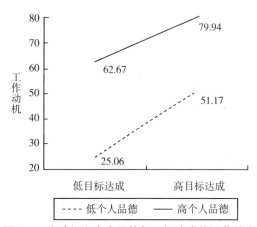

图 3　工作动机上个人品德与目标达成的调节效应

2. 个人品德对团体维系的调节作用

通过验证个人品德与团体维系的交互作用检验个人品德对团体维系的调节效应。结果显示，在工作动机上，个人品德与团体维系的调节效应不显著（$F_{(1, 282)} = 0.37$，$p>0.05$）。在追随意愿、上司承诺和领导满意上，个人品德与团体维系的调节效应显著。

在追随意愿上，个人品德对团体维系的调节作用如图 4 所示。在低团体维系情境下，高个人品德引发的追随意愿比低个人品德高。在高团体维系情境下，同样是高个人品德引发的追随意愿较高，而且，随着个人品德的增强，团体维系对追随意愿的影响越来越强。个人品德在团体维系影响追随意愿的过程中，具有增强型的调节作用。

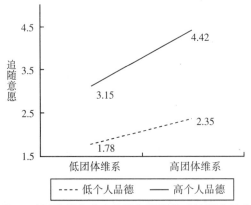

图 4 追随意愿上个人品德与团体维系的调节效应

在上司承诺上，个人品德对团体维系的调节作用如图 5 所示。在低团体维系情境下，高个人品德引发的上司承诺比低个人品德高。在高团体维系情境下，同样是高个人品德引发的上司承诺较高，而且，随着个人品德的增强，团体维系对上司承诺的影响越来越强。个人品德在团体维系影响上司承诺的过程中，具有增强型的调节作用。

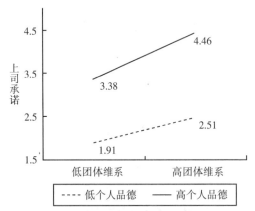

图 5 上司承诺上个人品德与团体维系的调节效应

在对领导满意度上，个人品德对团体维系的调节作用如图 6 所示。在低团体维系情境下，高个人品德引发的领导满意度比低个人品德高。在高团体维系情境下，同样是高个人品德引发的领导满意度较高，而且，随着个人品德的增强，团体维系对领导满意度的影响越来越强。个人品德在团体维系影响对领导满意程度的过程中，具有增强型的调节作用。根据上述研究结果，假设 3b 得到了验证。

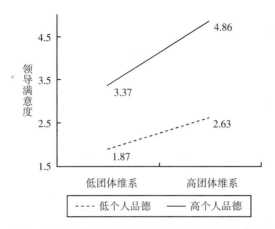

图6 领导满意度上个人品德与团体维系的调节效应

五、结论与讨论

本研究通过情境模拟实验，探讨了 CPM 领导行为模式三个因素对下属行为态度的影响及其动力机制。研究结果表明，CPM 领导行为模式的三个因素分别对下属的追随意愿、上司承诺、工作动机和领导满意度产生显著的正向影响，且个人品德的影响作用都是最大的；领导者个人品德对目标达成和团体维系能产生增幅放大作用。

（一）研究结果分析

（1）领导行为对下属行为态度的影响作用。本研究首先证实了目标达成（P）、团体维系（M）和个人品德（C）三因素对下属的追随意愿、上司承诺、工作动机和领导满意度均具有显著的正向影响作用。一个领导者能够以身作则，信任和尊重下属，保证组织目标的顺利实现，即处理好对待自己、对待他人和对待工作的关系，就能使下属对其认可和信服，产生对主管领导的信任，也能使下属有更强的组织归属感，用积极的态度回报上司和组织。

（2）个人品德在领导行为诸因素中影响力最强。本研究还发现，在对下属态度产生影响的过程中，领导者个人品德发挥了最大影响力。领导者所表现出的模范表率行为是一种无声命令，其影响力往往会胜于命令、指挥、控制和监督，这就为我国始终坚持"德才兼备，以德为先"的选拔标准提供了理论支撑。诚如《论语》中所讲："为政以德，譬如北辰居其所，而众星共之"，讲究治国之前必先修身。"其身正，不令而行；其身不正，虽令不从"。也正基于此，CPM 领导理论把个人品德（C）作为中国文化特异性因素纳入到领导行为评价模式中来。

（3）个人品德对目标达成和团体维系两种机能具有增幅放大作用。我们还进一步探索了个人品德所能发挥的增幅放大作用。研究结果表明，在对追随意愿和上司承诺的影响上，个人品德对目标达成具有增强型的正向调节作用；在对追随意愿、上司承诺和领导满意度的影响上，个人品德对团体维系具有增强型的正向调节作用。在领导者个人品德较低的情况下，即使目标达成机能提高，对下属的追随意愿和上司承诺的影响变化并不大；而在高个人品德情况下，随着目标达成机能的增强，下属对领导者的追随意愿和承诺会有较大的提升。可以认为，一个工作能力强且品德高尚的领导，对于组织的健康发展具有强大的推动作用；相反，一个能力很强，但是品德很差的领导，不是暴君就是破坏性领导，其能力越强，破坏性越大。

同样，在领导者个人品德较低的情况下，即使团体维系机能提高，对下属的追随意愿、上司承诺和领导满意程度的影响变化并不大；在高个人品德情况下，随着团体维系机能的增强，下属对领导者的追随意愿、承诺和满意程度就有了较大的提升。这就为凌文辁提出的"C 机能对 P 机能和 M 机能起着某种增幅放大的作用"动力学原理提供了实证支持。榜样的力量是无穷的。领导者表现出来的品德魅力和表率行为，不仅可以解除在工作中的不满，从而获得心理上的平衡和公平感，还能通过角色认同和内化作用，激发下属的积极态度，使其努力实现组织目标。这种品德魅力是一种无声的命令，其影响力往往胜于命令、指挥、控制和监督。因此，领导者的个人品德对其他领导机能会产生促进作用。

（4）高个人品德对目标达成机能的促进为何不如低个人品德明显？研究还发现了一个与研究假设不相符的结果，即在对工作动机的影响上，个人品德与目标达成的交互效应并不是增强型的调节作用。这可能是由于两方面原因造成的。首先，个人品德在目标达成影响工作动机的过程中可能具有增强型的调节作用。从图 3 可以看到，即使在低目标达成的情况下，高个人品德对工作动机的影响已经很强，这就使得在高目标达成情境下，个人品德对工作动机的影响空间不大。因此，在高个人品德情况下，即使目标达成的机能越来越强，下属工作动机的提升幅度也不太明显。所以就不能得出增强型调节作用的结论。其次，在个人品德低的情况下，一些负性领导行为可能对目标达成与工作动机之间的关系产生影响。个人品德低的领导者对于不能完成既定任务的下属可能会做出指责和贬低侮辱等不当督导行为。下属为了避免这些负性领导行为带来的难堪，只有努力工作去完成领导安排的任务。因此，在个人品德低的情况下，随着目标达成机能的增强，下属工作动机的提高幅度也会较大；而在高个人品德情况下，就很少有负性领导行为带来的影响。

（二）研究意义与启示

本研究的主要理论意义首先在于运用实证研究方法验证了凌文辁在 20 世纪 80 年代提出的 CPM 领导行为模式的动力学理论，进一步完善了 CPM 领导理论，丰富了中国本土领导理论研究；其次为我国牢固树立"德才兼备、以德为先"的领导干部选拔体制提供了理论支持。本研究采用科学的方法进一步证明了个人品德对领导效能具有重要的决定作用。因此，选拔任用干部既要看才，更要看德，把政治上靠得住、作风上过硬、工作上有能力、人民群众信得过的干部选拔上来，并将道德监督纳入到干部考核指标中来。从而，为各级政府和企事业单位的领导干部选拔任用提供科学的评价标准和工具。

本研究在管理实践上的意义主要有两点。首先，研究结果为提高领导者的领导力和管理水平提供参考。可以从个人品德、工作能力和团体维持等具体方面有针对性地培养领导干部的领导力，从而提高领导干部的管理水平，使其对下属的态度和行为产生积极的影响。其次，本研究可以指导领导班子的合理搭配。领导班子搭配不合理，可能导致领导成员之间无法合作，从而影响整体效能。根据 CPM 领导行为模式可对各个领导者的类型进行辨别和区分。不同类型的领导者搭配在一起形成合理的优化结构，才能发挥领导集体的整体优势。

（三）研究局限与展望

本研究还存在着一定的局限性：①虽然我们对情境模拟实验的变量和过程进行了控制，但情境实验在模拟真实领导行为风格方面还存在着局限性。情境模拟实验是为了研究的需要而有目的地控制了其他因素的影响，它是一种科学的抽象。因此，实验情境下的结果是否与现实的结果完全相符，尚需通过现场研究或其他方法加以补充和检验，以进一步验证或修正本研究所得出的结论。②本研究并没有考虑其他一些变量对研究结果的影响。在领导行为发挥领导效能时，中间可能存在着一些中介变量和其他调节作用。因此，以后的研究需要对 CPM 领导行为模式影响员工行为态度的机制做更深入的探讨，并将员工性格特征、上司的胜任特征和组织文化等因素纳入到研究中，进而更详细地研究 CPM 领导行为与员工行为态度之间的权变关系。

参考文献

[1] Yukl, G. A.. Leadership in Organizations (4th ed.) [M]. Englewood Cliffs, NJ: Prentice Hall, 1998.

[2] 高日光. 破坏性领导会是组织的害群之马吗——中国组织情境中的破坏性领导行为研究 [J]. 管理世界，2009 (9)：124-132.

[3] 席西民，韩巍. 中国管理学界的困境和出路：本土化领导研究思考的启示 [J]. 西安交通大学学报（社会科学版），2010, 30 (2)：32-40.

[4] Hofstede, G. H., Bond, M. H.. The Confucius Connection：From Cultural Roots to Economic Growth [J]. Organizational Dynamics, 1988, 16 (4)：4-21.

[5] 鞠芳辉，谢子远，宝贡敏. 西方与本土：变革型、家长型领导行为对民营企业绩效影响的比较研究 [J]. 管理世界，2008 (5)：85-101.

[6] 王辉，忻蓉，徐淑英. 中国企业 CEO 的领导行为及对企业经营业绩的影响 [J]. 管理世界，2006 (4)：87-96.

[7] 曹仰峰，李平. 中国领导力本土化发展研究：现状分析与建议 [J]. 管理学报，2010, 7 (11)：1704-1709.

[8] Michael, E. B., Linda, K.T., David, A.H..Ethical Leadership：A Social Learning Perspective for Construct Development and Testing [J]. Organizational Behavior and Human Decision Processes, 2005, 97 (2)：

117–134.

[9] Gardner, W.L., Avolio, B.J., Luthans, F., Walumbwa, F..CanYou See the Real Me? A Self–based Model of Authentic Leaderand Follower Development [J]. Leadership Quarterly, 2005, 16 (3): 343–372.

[10] Cooper, C.D., Scandura, T.A., Schriesheim, C.A..Looking Forward but Learning from Our Past: Potential Challenges to Developing Authentic Leadership Theory and Authentic Leaders [J]. Leadership Quarterly, 2005, 16 (3): 475–493.

[11] Einarsen, S., Aasland, M.S., Skogstad, A..Destructive Leadership Behavior: A Definition and Conceptual Model [J]. Leadership Quarterly, 2007, 18 (3): 207–216.

[12] Schaubroeck, J., Walumbwa, F.O..Destructive Leader Traitsand the Neutralizing Influence of an Enriched Job [J]. The Leadership Quarterly, 2007, 18 (8): 236–251.

[13] 凌文辁, 陈龙, 王登. CPM领导行为评价量表的构建 [J]. 心理学报, 1987 (2): 199–207.

[14] Ling Wenquan. Pattern of Leadership Behavior Assessment in China [J]. Psychologia, 1989, 32 (2): 129–134.

[15] 凌文辁. 中国领导行为. 中国人·中国心——人格与社会篇 [M]. 中国台湾: 远流出版社, 1991.

[16] Ling, W.Q., Chia, R.C., Fang, L.L.. Chinese Implicit Leadership Theory [J]. Journal of Social Psychology, 2000, 140 (16): 729–739.

[17] Niu, C.P., Wang, A., C., Cheng, B.S..Effectiveness of a Moraland Benevolent Leader: Probing the Interactions of the Dimensions of Paternalistic Leadership [J]. Asian Journal of Social Psychology, 2009, (12): 32–39.

[18] 郑伯埙, 黄敏萍, 周丽芳. 家长式领导及其效能: 华人企业团队的证据 [J]. 本土心理学研究, 2002 (3): 85–112.

[19] Cheng, B.S., Chou, L.F., Wu, T.Y., Huang, M.P., Farh, J.L..Paternalistic Leadership and Subordinates Responses: Establishinga Leadership Model in Chinese Organizations [J]. Asian Journal of Social Psychology, 2004 (7): 89–117.

[20] Deluga, R.J., Souza, J..The Effects of Transformational and Transactional Leadership Styles on the Influencing Behavior of Subordinate Police Officers [J]. Journal of Occupational Psychology, 1991, 64 (1): 49–55.

[21] Knippenberg, B.V., Knippenberg, D.V..Leader Self–sacrifice and Leadership Effectiveness: The Moderating Role of Leader Prototypicality [J]. Journal of Applied Psychology, 2005, 90 (1): 25–37.

[22] 周浩, 龙立荣. 上级家长式领导风格影响下属组织公正感的机制 [J]. 中大管理研究, 2008, 3 (3): 36–56.

[23] Zhou, J., Martocchio, J.J..Chinese and American Managers'Compensation award Decisions: A Comparative Policy–capturing Study [J]. Personnel Psychology, 2001, 54 (1): 115–145.

[24] 凌文辁. 领导与激励 [M]. 北京: 机械工业出版社, 2000.

[25] 凌文辁, 方俐洛, 艾卡儿. 内隐领导理论的中国研究——与美国的研究进行比较 [J]. 心理学报, 1991 (3): 236–241.

[26] 林琼, 凌文辁, 方俐洛. 透析中国内隐领导概念的内涵及变化 [J]. 学术研究, 2002 (11): 98–101.

[27] Judge, T.A., Piccolo, R.F..Transformational and Transactional Leadership: A Meta Analytic Test of Their Relative Validity [J]. Journal of Applied Psychology, 2004, 89 (5): 755–768.

［28］李明，凌文辁."以德为先"选拔领导必要性的实证研究［J］.中国浦东干部学院学报，2011，5（1）：91-94.

［29］李明，凌文辁，柳士顺.CPM领导行为模式对和谐组织的影响作用研究［J］.暨南学报（哲学社会科学版），2012，34（2）：63-72.

［30］Bjugstad，K.，Thach，E.C.，Thompson，K.J.，Morris，A..A Fresh Look at Followership：A Model for Matching Followershipand Leadership Styles［J］.Journal of Behavioral and Applied Management，2006（5）：304-319.

［31］原涛.追随特质模型及追随动机与相关变量的关系研究［D］.暨南大学硕士学位论文，2011.

［32］周明建，宝贡敏.主管承诺理论研究述评［J］.心理科学进展，2005，13（3）：356-365.

［33］Chen Z.X..Further Investigation of the Outcomes of Loyaltyto Supervisor：Job Satisfaction and Intention to Stay［J］.Journal of Managerial Psychology，2001，16（8）：650-660.

［34］郑伯埙，周丽芳，黄敏萍.家长式领导的三元模式：中国大陆企业组织的证据［J］.本土心理学研究，2003（20）：209-252.

［35］樊景立，郑伯埙.华人组织的家长式领导：一项文化观点的分析［J］.本土心理学研究，2000，（13）：127-180.

［36］Farh，J.L.，Cheng，B.S.，Chou，L.F.，Chu，X.P..Authority and Benevolence：Employees' Responses to Paternalistic Leadershipin China. In：A.S.Tsui，Y.，Bian，L.Cheng，eds［J］.China's Domestic Private Firms：Multidisciplinary Perspectives on Management and Performance.New York：Sharpe，2006.

［37］周浩，龙立荣.家长式领导与组织公正感的关系［J］.心理学报，2007，39（5）：909-917.

［38］温忠麟，侯杰泰，张雷.调节效应与中介效应的比较和应用［J］.心理学报，2005，37（2）：268-274.

［39］罗胜强，姜嬿.调节变量和中介变量［A］.陈晓萍，徐淑英，樊景立主编，组织与管理研究的实证方法［M］.北京：北京大学出版社，2008.

［40］Cheng，B.S.，Jiang，D.Y.，Riley，J.H..Organizational Commitment，Supervisory Commitment，and Employee Outcomesin the Chinese Context：Proximal Hypothesis or Global Hypothesis？［J］.Journal of Organizational Behavior，2003（24）：313-334.

［41］Negy，S.M..Using a Single-item Approach to Measure Facet Job Satisfaction［J］.Journal of Occupational and Organizational Psychology，2002，75（1）：77-86.

［42］Pierce，C.A.，Block，R.A.，Aguinis，H..Cautionary Noteon Reporting Eta-squared Values from Multifactor ANOVA Designs［J］.Educational and Psychological Measurement，2004，64（1）：916-924.

［43］郑昊敏，温忠麟，吴艳.心理学常用效应量的选用与分析［J］.心理科学进展，2011，19（12）：1868-1878.

［44］Kutner，M.H.，Nachtsheim，C.J.，Neter，J.，Li，W.. Applied Linear Statistical Models（4th ed.）［J］.Boston：McGraw Hill，2005.

A Scenario Simulation Experimental Study on the Dynamic Mechanisms of CPM Leadership Factors

Li Ming   Ling Wen-quan   Liu Shi-shun

Abstract：The topic of leadership has attracted more and more researchers'attention from different perspectives. The effectiveness of leadership theory is based on certain culture contexts. Though researchers carried out a large number of empirical studies, people still can't get adequate understanding of the mechanisms of leadership.With traditional culture and modern culture integrating, people are more involved in questing what kinds of leadership will be more efficient, and how leadership functions in Chinese culture. CPM leadership theory was proposed in 1980s, which holds that the Chinese leadership behavior evaluation model contains three factors："Performance achieving", "Maintenance" and "Character and moral". But the function of CPM leadership has never been studied through empirical method. Hence, the purpose of this study is to discuss the relation and dynamic impact mechanisms of CPM leadership thatcontains three factors. The scenario simulation experiment manipulated the three factors independently, and the dependent variables were subordinates'willingness to follow, commitment to supervisor, work motivation and leader satisfaction. A 2 ×2 ×2 completely randomized design was employed. The results indicate that ① CPM leadership three factors had positive effects on willingness to follow, commitment to supervisor, work motivation, and leader satisfaction; ② When the CPM leadership predicts the subordinates' attitudes and behavior, Character and moral plays a more important role than the roles of Maintenance and Performance achieving; ③ Character and moral had reinforcement moderating effect on the relationship between "Performance achieving" and subordinates' attitudes andbehavior, and the relationship between "Maintenance" and subordinates'attitudes and behavior. This study verifies the CPM leadership dynamic principle, reveals that how important the Character and moral of leaders are. As the basic standards of selection and appointment of leadership of our country is "to combine ability with character, character and moral first", Particularly emphasizes the importance of personal qualities of leaders. Thus this study gives a scientific theory support to the "Characters and Moral First" mechanism of selectionand appointment of leaders. Research limitations and some ideas onfuture research were brought forth as well.

Key Words：CPM leadership; scenario simulation experiment; dynamic mechanisms; reinforcement moderating effect

工作压力学习效应研究述评与
三元互惠模型构建 *

赵　欣　刘　倩　于玲玲

【摘　要】传统研究仅关注工作压力的负面结果，Karasek 动态模型则首次强调其学习效应，引领了该领域近 20 年的研究。本文围绕 Karasek 动态模型回顾相关研究文献，指出了工作压力理论由消极到积极、由静态到动态、由被动到主动的发展趋势，梳理了有关工作压力与员工学习互惠关系的实证研究，并在此基础上构建压力学习效应三元互惠模型，阐述了工作压力、员工学习、工作特征间的循环互惠关系，最后给出了后续实证研究建议。

【关键词】工作压力；员工学习；工作特征；工作要求—控制模型；三元互惠模型

一、引言

传统压力研究认为，工作压力是因员工感知到组织和工作要求超过其自身能力或资源，或因员工与组织、工作不匹配而产生的，它会导致员工心理、生理、行为等方面的负面反应，有损组织绩效和员工健康。这一平衡型、匹配型压力观仅关注压力的消极面，缺少时间维度的分析，过分强调组织环境的决定作用。Karasek 等（1990）的动态工作压力模型则首次关注压力的学习效应，强调压力的积极面、时间变化以及员工能动性，认为工作压力可以促进员工学习，而学习反过来又可缓解压力。本文围绕 Karasek 动态模型，回顾有关工作压力学习效应的研究文献，梳理理论脉络、分析实证结果、整合已有研究，并尝试构建新的理论模型。

* 本文选自《外国经济与管理》2013 年第 2 期。

二、工作压力学习效应的理论发展

有关工作压力学习效应的理论研究历经三个重要阶段：Karasek（1979）首次将积极效应引入工作压力研究；Karasek 及其同事（1990）首次引入时间维度的分析，指出压力与学习可良性循环；Urisin 等（2004）的持续认知观点、Taris 等（2003）的积极塑造者假说都为工作压力下员工的主动学习提供了强有力的解释。

（一）Karasek（1979）的工作要求—控制模型：强调工作压力的积极面

Karasek（1979）的工作要求—控制（Job Demand-control，JDC）模型同时关注工作压力的消极面与积极面，可视为压力学习效应研究的雏形。Karasek（1979）提出两个主要论断：高工作要求与低工作控制同时存在导致"高压力工作"（High Strain Job）；高工作要求与高工作控制同时存在，则出现正面结果——员工健康的身心状况与较强的工作激励，即"积极工作"（Active Job）。JDC 模型将压力研究从心理学领域引入管理学领域，从消极和积极两方面认知压力，具有里程碑意义。但"积极工作"没有引起后续研究者的重视，如 Johnson 等（1988）的工作要求—控制—支持（Job Demand-Control-Social Support，JDCS）模型仅关注了心血管疾病等压力的负效应。Vander Doef 等（1999）的综述文章以及 Van Yperen 等（2003）的研究均指出，以往的研究忽略了压力的积极面。

（二）Karasek 等（1990）的动态模型：压力与学习的良性循环

Karasek 等（1990）构建了动态工作压力模型，明确了学习是压力的可能结果之一。该模型描述了工作压力与员工学习之间的动态互惠关系，并用良性循环与恶性循环进行概括。所谓良性循环是指高工作要求与高工作控制导致积极工作，员工在积极工作情境下有机会体验掌控感和自信感，进一步帮助员工有效应对并最终缓解工作压力。长期看，压力与学习间的良性循环还可以促进员工积极性格的养成。所谓恶性循环是指高工作要求与低工作控制导致高压力工作，员工在高压力工作情境下体验不到对工作的掌控感，这会抑制员工能力的发展，最终加大工作压力。长期看，压力与学习间的恶性循环有碍员工的个人成长。作为对 Johnson 等所建 JDCS 模型的回应与改进，Karasek 等认可了社会支持的缓压效应，并认为社会支持亦会促进员工学习。

后续发展方面，Taris 等（2003）对 JDC 模型涉及的员工学习做了详细论述，认为最高水平的员工学习出现在高要求与高控制工作中；中等水平的员工学习出现在低要求与高控制工作中；低水平的员工学习出现在高要求与低控制工作中；负学习，即技能遗忘，出现在低要求与低控制工作中。De Lange 等（2009）以及 Ouweneel 等（2009）亦对 JDCS 模型涉及的学习效应做了细致讨论，认为积极工作情境（要求高、控制高、支持高）导致高水平学习；消极工作情境（要求低、控制低、支持低）导致低水平学习；高压力情境（要求高、控制低、支持低）或者低压力情境（要求低、控制高、支持高）导致中等水平学习。

（三）持续认知观与积极塑造者假说：工作压力下的员工能动性

Lazarus（1991）的认知评价理论认为，个体的认知评价在压力形成过程中起到核心作用，这涉及个体对环境的价值评价和对自身应对能力、资源的认知评价两个方面。在该理论的基础上，Urisin 等（2004）的压力认知激活理论（Cognitive Activation Theory of Stress，CATS）以及 Meurs 等（2011）的改进模型，提出了持续认知（Perseverative Cognition）观点，认为在整个压力应对过程中，个体对压力源的认知是持续性的。持续性认知在 CATS 模型以及改进后的 CATS 模型中代表个性和个体资源，可以缓解或者加剧压力。"持续认知"这一概念为充分理解员工在工作压力应对过程中的主观能动作用提供了心理学方面的解释。

Bandura（1986）的互惠决定论认为"人既是社会系统的产品，又是社会系统的生产者"，一些学者据此展开积极行为研究，强调员工对组织和工作的积极影响（Frese 等，2007）。De Lange 等（2009）在借鉴积极行为研究的基础上，创造性地提出了积极塑造者假说（the Active Shaper Hypothesis），认为（经过学习的）积极问题解决者能够更加有效地创造和使用工作资源，例如改变工作控制和工作社会支持。Daniels 等（2009，2012）响应此假说，研究了工作控制、工作社会支持的工具性作用，以及员工对工具的积极使用和改变。积极塑造者假说有助于从管理学角度解释员工在压力情境下的学习效应，即通过积极塑造和改变工作来降低和缓解压力，从而将 Karasek 动态模型的良性循环研究推向深入。

将工作压力研究中较经典的 Karasek 的 JDC 模型、Jonhson 等的 JDCS 模型、Lazarus 的认知评价理论与应对模型、Karasek 等的动态模型按"消极—积极"、"静态—动态"、"被动—主动"三个维度分列于图 1，可以发现，工作压力相关理论研究出现了由消极到积极、静态到动态、被动到主动的发展趋势，工作压力的学习效应研究方兴未艾。

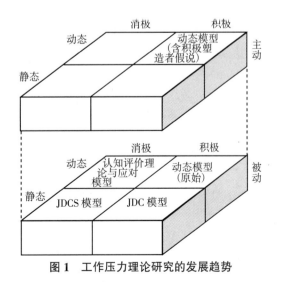

图 1　工作压力理论研究的发展趋势

三、工作压力与员工学习互惠关系实证研究

20多年来，有关工作压力学习效应的实证研究大多集中于对压力与学习的良性循环进行验证，涉及工作特征（含压力源）与员工学习的互惠关系、工作压力感与员工学习的互惠关系两个方面。本部分将简述两者关系的因果机理，汇总实证结果、分析争议并归纳结论。

（一）工作特征与员工学习的互惠关系

1. 从工作特征（含压力源）到学习

工作特征含工作要求、工作控制、工作社会支持，其对员工学习产生影响的主要解释依据是 Hacker 等（1994）的行动理论。行为是人与环境互动的结果，工作特征作为环境因素，影响个体为达到理想效果采取的行动。

工作要求即大量的、高强度的、紧迫的、快节奏的、突发性的工作任务，以困难和问题的方式呈现，给员工提供了克服和挑战目标。Ruysseveldt（2009）验证了工作的认知要求与学习机会正相关的观点。工作控制为员工提供了解决问题和学习的空间，使得员工在错误面前能更加灵活，允许员工通过试错的方式进行学习（Holman 等，2002）。Weststar（2007）通过对信息技术行业员工的访谈发现，重要的不是工作控制能够提供新的知识，而是它给予员工从不同角度思考问题的机会。工作社会支持与工作控制的作用类似，它能够促进员工向他人的学习，使员工拥有更多的知识源；能够塑造良好的氛围，有利于相互讨论以及提供各种反馈意见和帮助，使员工敢于尝试和应用新想法，达到学习目的。

按照 Karasek 等的动态模型，在由工作特征塑造的学习环境中，员工可以自由选择以最佳方式应对压力，如果应对是有效的，那么员工将把相应的应对方式整合进自己的知识库。换句话说，当员工找到应对压力的有效方式时，他们的能力、自信将随之提升，即某些工作特征能够促进学习（Bond 等，2006）。

表 1　工作特征（含压力源）与学习关系实证研究

工作特征	研究结果	学习测量	研究设计	第一作者及年份
工作要求	工作认知要求与积极学习正相关，与创新正相关	积极学习、创新	横截面	De Jonge（2012）
	工作负荷减少学习机会，认知要求增加学习机会	学习机会	横截面	Ruysseveldt（2011）
	学习要求与学习动机正相关	学习动机	横截面	Shih（2011）

工作特征	研究结果	学习测量	研究设计	第一作者及年份
工作要求	工作要求变化与职业继续教育、非正式教育、自学行为正相关，智力要求与职业继续教育、非正式教育正相关	职业继续教育、非正式教育、自学行为	横截面	Weststar（2009）
	工作要求与学习动机正相关（纵贯），与积极问题解决行为正相关（横截面）	学习动机、积极问题解决行为	横截面、纵贯	De Lange（2009）
	工作要求与技能应用正相关（横截贯），工作要求与技能应用负相关（纵面）	技能应用	横截面、纵贯	Morrison（2005）
	工作要求与积极学习负相关	积极学习	纵贯	Taris（2003）
工作控制	CHA-SP 与认知失败呈曲线关系，仅在 CHA-SP 水平最高时，出现较低水平的认知失败	认知失败	纵贯	Daniels（2012）
	工作控制与专业自我效能正相关	专业自我效能	纵贯	Taris（2010）
	CHA-SP、DIS-SP 与实际学习结果正相关	实际学习结果	纵贯	Daniels（2009）
	工作控制与学习机会正相关	学习机会	横截面	Ouweneel（2009）
	社会控制、技术控制与正式课程学习、非正式教育、自学行为正相关	正式课程学习、非正式教育、自学行为	横截面	Weststar（2007）
	工作控制与积极学习正相关	积极学习	纵贯	Taris（2003）
	工作控制与技能应用、自我效能正相关（横截面）；工作控制与技能应用正相关（纵贯）	技能应用、自我效能	横截面、纵贯	Holman（2002）
社会支持	上级支持与学习机会正相关	学习机会	横截面	Ouweneel（2009）
	社会支持与后续的个人资源（含自我效能）正相关	个人资源	纵贯	Xanthopoulou（2009）

从表1可知，实证研究得出的较为一致的结论是工作控制、社会支持促进员工学习。研究者对工作控制、工作社会支持进行了细分研究。Weststar（2007）把工作控制划分为社会控制与技术控制两个维度，其中社会控制是对人或大型工作系统的控制，技术控制是对工具和任务的控制，两种控制对员工学习均起促进作用。Ouweneel 等（2009）强调上级支持对非正式学习有更大的影响，认为直接上级可以向员工解释工作情境的意义、给予反馈和更多的信息，员工与直接上级有积极接触，可以有更多的机会来学习和表现，从而获得鼓励和支持。

上述实证结果最大的分歧在于工作要求对学习的不同影响：一是促进员工学习，另一是阻碍员工学习。Hockey（2006）提出了与 Hacker 等（1994）不同的观点，认为面对高工作要求，个体将采用绩效保护策略（Performance Protectionstrategies），集中其注意力，采用简单、便捷策略完成工作，最大化其成本收益率，这意味着高工作要求会减少个体对新想法的尝试，从而阻碍学习。深入分析可以发现，基于横截面数据的实证分析大多显示工作要求与学习正相关，而基于纵贯数据的分析结果大多表明工作要求与学习负相关。正如 Taris 等（2003）所指出的，短期看，工作要求作为一种挑战可以激发员工学习；长期看，高工作要求所导致的高压力会阻碍学习，因此高要求与高控制的组合并不能导致长期的高水平学习；而低要求、高控制组合，长期看既能够给员工提供试错机会，又没有压力来阻碍学习，将导致最高水平的学习。

综合上述实证研究结果，本文认为工作控制、社会支持能够促进员工学习；工作要求在短期内促进学习，长期内阻碍学习。

2. 从学习到工作特征（含压力源）

员工学习可以通过主观认知评价与实际的积极行为两种途径来改变工作特征。其一，员工学习可以改变员工对工作特征的主观认知评价。根据 Lazarus（1993）的认知评价理论，Taris 等（2010）指出，通过应对压力获得高自我效能的员工会低估工作要求，即感知到较低的工作要求。对自身应对工作挑战的能力相对自信的员工，会感知到更低的工作要求，尽管实际上工作本身并没有发生变化，但他们会认为工作仅耗费较少的努力。

其二，员工学习可以促使员工对工作进行积极塑造和实际改变。积极行为（Proactive Behavior）研究表明员工会通过预见未来事件或问题并主动采取行动来创造或控制局面。有学者将其应用于工作压力与员工学习情境，认为员工经过学习，能够积极主动地改变工作特征，积极影响压力源，从而降低压力（Frese 等，2007；De Lange 等，2009；Daniels 等，2012）。员工可以基于与领导、同事的互动，通过积极行为如工作变革协商行为（Job Change Negotiation）、工作雕琢行为（Jobcrafting）、任务修正行为（Task Revision）等直接改变工作，这凸显了员工在压力情境下的能动性。

Hobfoll（1989）的资源保存理论（Conservation of Resources）也表达了类似的观点，即个人资源可以提升工作资源。员工在自信、乐观和感到自己有价值的时候，也就是拥有个人资源的时候，会积极投入工作，这将激活或者改变某些工作特征，即工作资源（Xanthopoulou 等，2009）。

如表 2 所示，基于多个行业的实证研究得出了一致结论，员工学习会显著影响工作特征，学习有助于降低工作要求，提升工作控制和社会支持。De Lange 等（2009）基于来自多个行业的 34 家公司的 2064 个个体样本研究发现，积极问题解决行为可通过试错学习以有效降低工作要求，提升工作控制，进而提高领导支持水平。Xanthopoulou 等（2009）以 1121 名电子工程师为样本研究证实，自我效能作为一种个人资源，其积累能够提升后续

表 2　学习与工作特征（含压力源）关系实证研究

学习	研究结果	工作特征测量	研究设计	第一作者及年份
认知失败	认知失败与后续 CHA-SP 显著正相关	后续 CHA-SP	纵贯	Daniels（2012）
积极的问题解决行为	积极的问题解决行为与工作要求负相关，与工作控制、领导支持正相关	工作要求、工作控制、领导支持	纵贯	De Lange（2009）
个人资源（含自我效能）	个人资源与后续工作资源正相关	后续工作资源	纵贯	Xanthopoulou（2009）
控制导向（含自我效能、积极行为）	控制导向与当期积极行为正相关，并通过积极行为与工作特征正相关	工作特征	横截面、纵贯	Frese（2007）

工作资源，使社会支持显著提升。

综合上述实证研究结果，本文认为学习可以降低工作要求，提升工作控制和工作社会支持。

工作特征与员工学习互惠关系实证研究涉及若干概念及其测量。研究中使用的有关员工学习的变量众多，含义各有侧重。例如，部分学者强调员工内在的学习动机和意愿（De Lange 等，2009），部分学者强调工作赋予的客观学习机会（Ruysseveldt 等，2011）。不同的变量涉及不同的因果机理，有待分类研究。研究中的两种工作特征测量方法存在本质区别。一类是传统研究模式，使用规范的工作特征量表，采用横截面数据；另一类是 Daniels 等（2009、2012）的创新模式，将工作特征包含的若干概念操作化为具体的员工行为，例如，将工作控制操作化为"改变工作方式以解决问题"（CHA-SP），将社会支持操作化为"通过讨论解决问题"（DIS-SP）等，使其工具性特征更加突出，并采用日观测数据。比较而言，新方法更适合用来检验压力的学习效应和积极塑造者假说。

（二）工作压力与员工学习的互惠关系

1. 从压力感到学习

压力体验（压力感）本身具有积极和消极两方面意义。消极的压力体验会抑制员工学习，这一过程涉及生理与认知两方面机制。第一，生理机制。Bremner（1999）研究发现，压力的长期存在会损伤大脑涉及记忆和学习的器官功能部位海马体，这一部位的受损会对学习产生负向影响。第二，认知机制。Holman 等（2002）研究证实，高压力会降低信息获取效率并阻碍新思想的产生，从而阻碍学习、降低自我效能。

积极的压力体验会促进员工学习。CATS 模型以及 CATS 改进模型认为从长期看压力可以促进学习（Ursin 等，2004；Meurs 等，2011），其解释是，如果个体能有效应对压力，那么其生理和心理激起和唤醒就仅是短期的；如果个体不能有效应对压力，那么激起水平就会更高一些，压力的影响就会更久一些。压力不消除，个体就必须维持必要的激起状态，最终演化的结果是压力体验使个体学会适应、学会战胜困难。

表 3　压力感与学习关系实证研究

压力感	研究结果	学习测量	研究设计	第一作者及年份
情感耗竭	情感耗竭与专业自我效能负相关	专业自我效能	纵贯	Taris（2010）
工作投入	工作投入与后续工作资源、个人资源显著正相关	工作资源、个人资源	纵贯	Xanthopoulo（2009）
压力	压力对学习有负效应	学习	纵贯	Taris（2004）
沮丧	沮丧与技能应用负相关	技能应用	横截面	Holman（2002）
焦虑	焦虑与技能应用、自我效能正相关	技能应用、自我效能	横截面	Holman（2002）

表 3 表明，实证研究得出了相互矛盾的两种结论：压力感阻碍学习和压力感促进学习。如 Taris 等（2010）分别基于 828 名警察和 1301 名新员工样本验证了消极的情感耗竭对专业自我效能的负向影响；而 Xanthopoulo（2009）则基于 1121 名电子工程师样本研究

发现，积极的工作投入（压力的一种测量方法）可以有效积累后续工作资源和个人资源，促进员工学习。需要特别注意的是，Holman 等（2002）以 427 名呼叫中心员工为样本研究证实，相对消极的沮丧不利于技能应用，而相对积极的焦虑则能促进技能应用、提高自我效能。

实证结果差异引发了进一步的理论探讨，近期学者主要运用预期威胁（Anticipatory Threat）与心理防卫（Phychological Defense）相关理论解释压力体验对员工学习的不同影响。预期威胁能够促进员工学习。对压力威胁的预期促使个体将从以往压力体验中学到的知识和技能转移应用到下一压力情境。尽管有一些负面效应（Waugh 等，2010），但更为重要是预期威胁可以通过认知预演促进已习得知识和技能的跨情境应用。如 Preston 等（2007）通过对赌博游戏的研究发现，有威胁预期的人会花更长的时间做决定，这意味着预期威胁会强化和延长压力体验，促进个体思考。心理防卫会阻碍员工学习。压力情境中的心理防卫是指个体通过消极的认知过滤，在压力强度、发生可能性、情感价值评判等方面否认或者扭曲压力源的真实性，以求解脱烦恼、恢复身心平衡。心理防卫可在一定程度上减轻精神压力，但对学习非常不利。Taris 等（2010）的研究涉及"心理防卫"现象，其研究显示员工会将压力情绪作为一种信息来评估工作，过强的压力感会使员工认为自己没有足够的应对能力，以致放弃所有的尝试和努力。

综合上述实证研究结果，本文认为工作压力可能促进也可能阻碍员工学习。

2. 从学习到压力感

依据 Bandura（1986）的社会认知理论，压力应对过程中的亲历学习与观察学习可以提升员工的知识、技能和自我效能，使员工能够更有效地应对工作要求，最终降低压力。

具体看，学习可作为连接压力刺激与长期适应的中介，员工不仅是认知者，也是行动者。一方面，压力应对过程中的学习可以改变个体对压力的认知和预期，而好的预期本身就具有一定的压力缓解效应；另一方面，个体还可以通过能动性的行为反应，采取与积极结果期望相匹配的具体应对行为缓解压力。类似的，Ruysseveldt 等（2011）以及 Proost 等（2012）还强调了学习机会的重要作用。学习机会是员工在工作场合感受到的需要使用已有知识、技能的程度和工作给予员工机会以发展新技能的程度，可以用来测量工作学习。学习机会可以刺激已有技能的使用以及新技能的发展，还可以扩大个体的选择范围，帮助个体发现负面事物的积极意义，因此，更多的学习机会有助于个体发现令人满意的低心理成本解决方案。

表 4　学习与压力感关系实证研究

学习	研究结果	压力测量	研究设计	第一作者及年份
学习机会	学习机会与情感耗竭负相关，并能够弱化未达成期望与情感耗竭之间的正相关关系	情感耗竭	横截面	Proost（2012）
	学习机会减少情感耗竭	情感耗竭	横截面	Ruysseveldt（2011）
	学习机会与客观测量的健康指标负相关：一个工作日之后，学习机会能够强有力地降低夜间心率和血压	健康指标	纵贯	Rau（2006）

续表

学习	研究结果	压力测量	研究设计	第一作者及年份
学习动机	学习动机与工作耗竭负相关	工作耗竭	横截面	Shih（2011）
专业自我效能	专业自我效能与情感耗竭负相关	情感耗竭	纵贯	Taris（2010）
实际学习结果	实际学习结果与积极愉悦情感正相关	积极愉悦情感	纵贯	Daniels（2009）
个人资源（自我效能）	个人资源与后续工作投入正相关	后续工作投入	纵贯	Xanthopoulou（2009）
技能应用	技能应用与焦虑、沮丧负相关	焦虑、沮丧	横截面	Holman（2002）
自我效能	自我效能与焦虑负相关	焦虑	横截面	Holman（2002）

如表 4 所示，涉及不同组织、不同样本的多项实证结果表明，员工学习可以有效缓解工作压力。例如，Proost 等（2012）采用 427 名教师样本研究发现，学习机会可以降低情感耗竭，并缓解未达成期望对情感耗竭的正向影响；Daniels 等（2009）使用 78 名来自大型组织的员工样本和 106 名来自小型和中型组织的员工样本，均验证了实际学习结果可导致积极情感体验；Shih 等（2011）以 306 名来自中国台湾地区高科技企业的 IT 员工为样本研究证实，强烈的学习动机能够降低工作耗竭。

然而，上述基于 Karasek 动态模型的实证研究存在一个较大缺憾，即没有直接验证压力水平随时间的变化。压力的学习效应研究，其出发点和落脚点是缓解压力，如良性循环假设认为从压力到学习，再从学习到压力，压力水平是随时间推移而不断降低的；令人遗憾的是，几乎已有的所有实证研究均没有证实此论断。类似的，Xanthopoulou 等（2009）基于资源保护理论，亦推导出压力与资源之间的良性循环关系，但实证分析并没有发现压力导致资源或工作投入的显著提升。

综合上述实证研究结果，本文认为学习可以缓解压力。

工作压力感与员工学习互惠关系实证研究涉及若干概念及其测量。有关员工学习的不同测量方法反映了学者们的不同关注点，部分学者关注员工个人的成长和发展，如将学习机会定义为使用知识和技能的程度、员工发展新技能的程度，用以测量员工学习（Ouweneel 等，2009；Proost 等，2012）；部分学者关注员工学习对组织的贡献，如技能应用（Holman 等，2002；Morrison 等，2005）、积极的问题解决行为（Frese 等，2007）、实际学习结果（Bond 等，2006；Daniels 等，2009），后续研究应对员工学习进一步进行细分界定。有关压力能否促进学习的争议反映了现有工作压力概念发展的滞后性，结合实证结果，本文建议区分消极压力（如沮丧）与积极压力（如焦虑）两个概念，进而得出消极压力阻碍学习、积极压力促进学习的初步结论。

四、压力学习效应的三元互惠新模型

本文紧扣工作压力理论研究由消极到积极、由静态到动态、由被动到主动的发展趋势，整合 20 多年来的实证成果与早期研究结论，推导出新的三元互惠模型。新模型发展了 Karasek 动态模型提出的压力与学习的良性循环关系。

（一）三元互惠模型的推导

本文基于现有的工作特征与员工学习互惠关系、压力感与员工学习互惠关系实证研究归纳出如下结论：①工作控制和工作社会支持促进学习，工作要求短期促进学习、长期阻碍学习；②积极压力促进学习、消极压力阻碍学习；③学习可以降低工作要求、提升工作控制和工作社会支持；④学习可以缓解压力。另外，关于工作特征与工作压力的关系，早期研究已经取得丰富成果：理论方面如 Karasek（1979）的 JDC 模型、Johnson 等（1988）的 JDCS 模型、Demerouti 等（2001）的工作要求—资源模型、Warr（1987）的维他命模型、Cavanaugh 等（2000）的挑战性—阻碍性压力源模型等；实证方面如 Ganster 等（1991）、Vander Doef 等（1999）的综述和元分析文章以及后期 Taris 等（2010）的实证研究等，皆论述或者验证了工作特征与工作压力的互惠关系。因这方面研究涉及年代较早，非综述重点，本文直接援引，不再赘述。

综上，我们整合工作压力、工作特征、员工学习间的相互关系，推导出新的理论模型——压力学习效应的三元互惠模型（见图 2）。

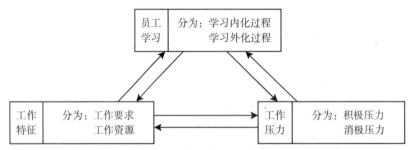

图 2　压力学习效应的三元互惠模型

（二）三元互惠模型的内容

三元互惠模型细化了工作压力、员工学习概念，构建了工作压力、员工学习、工作特征三种元素的循环互惠关系。新模型采纳压力应对过程中员工持续认知的理论观点，将工作压力从概念上区分为积极压力与消极压力。积极压力意味着员工将压力视为挑战和学习机会，消极压力表明员工有着负面的认知和评价。新模型真正引入动态视角、采纳积极塑造者假说，把员工学习划分为两个阶段：一是学习内化过程，指员工将习得知识存入知识库的过程；二是学习外化过程，指员工运用所学知识实施积极行为，塑造和改变工作的过程。新模型还援引 Demerouti 等（2001）的观点，将工作特征分为工作要求与工作资源两类。新模型构建了工作压力、员工学习、工作特征三种元素的循环互惠关系，体现了工作压力的员工学习效应：组织向员工提出工作要求、赋予其工作资源，当员工持有积极认知与评价时，将感受到积极压力（如焦虑而非沮丧）；积极压力促使员工展开适应性学习，提升工作自我效能；获得高自我效能的员工，积极塑造工作、降低工作要求或拓展工作资源，最终使工作压力得到缓解。工作压力、员工学习概念的细化是新模型的基础，三元循环关系是新模型的核心。

三元互惠模型的构建超越了以往研究。最接近三元互惠模型的研究成果有两个：Holman 等（2002）将工作设计、员工健康、工作效率相关研究整合起来，验证了工作特征对压力的影响关系、工作特征对学习的影响关系、学习与压力的相互影响关系，涉及三元互惠模型所含六项关系中的四项。Taris 等（2010）从主观感知角度提出了与三元互惠模型所涉及的类似的六条假设，特别是认为高自我效能感导致低水平的感知工作要求和高水平的感知工作控制；高压力导致高水平的感知工作要求和低水平的感知工作控制。遗憾的是，其实证研究仅验证了高压力导致高感知工作要求，即某种程度上验证了恶性循环。比较而言，上述两项研究未能发现压力学习效应的关键环节——员工通过学习获得高自我效能后，通过降低工作要求、提升工作资源缓解压力，因此均未能有效扩展和验证Karasek 提出的良性循环关系。

（三）三元互惠模型的理论意义与应用价值

三元互惠模型体现了积极、动态、主动的理论发展趋势，指明了缓解压力的根本途径。

1. 三元互惠模型区分了积极压力与消极压力，阐释了压力积极效应的因果机理

使用三元互惠模型描述工作压力与学习的良性循环与恶性循环可得图 3。初始压力水平既定，经过学习、工作特征改变等一系列过程最终实现良性循环或恶性循环的关键，是员工持续认知的差异。改进后的 CATS 模型详述了持续认知过程，提出了该过程的四个阶段：压力预期过程，即压力源出现之前的心理和生理激起；压力恢复过程，即压力源出现后的心理和生理激起；压力再现过程，即个体恢复之后因大脑中压力体验的再现而导致的心理和生理激起；甚至无意识阶段，比如睡眠之中的持续认知（Meurs 等，2011）。Lazarus（1993）通过实证研究发现，压力学习过程中的个体认知评价可分为积极与消极两类。

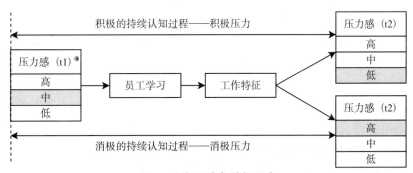

图 3 积极压力与消极压力

基于上述研究，三元互惠模型区分了积极压力与消极压力概念。积极压力与积极认

知、积极行为相联系，促进员工适应、学习和塑造，产生积极结果。Bond 等（2006）曾验证高心理弹性（Phychological Flexibility）对压力下学习的正向影响，指出高心理弹性员工更易摆脱组织、工作等方面外界因素导致的不良压力情绪，更加关注与自身价值目标相一致的学习，这种情境下的压力是积极压力的典型例子。消极压力则与心理防卫、消极逃避等相联系，将加剧压力、导致恶果。简言之，与 Karasek 动态模型的现象描述不同，三元互惠模型阐述了压力学习效应的因果机理。

2. 三元互惠模型划分了员工学习的内化与外化阶段，阐述了员工主观能动性的实现过程

使用三元互惠模型来描述工作压力下的员工学习过程可得图 4。从工作特征、压力感到员工学习属学习内化过程，即员工通过亲历（如在高工作要求、高控制情境下试错）、观察（在高社会支持情境下与他人交流和模仿他人）、体验（如体验高压力并进行适应）等方式，将压力应对过程中习得的有用知识和技能存入自己知识库的过程；从员工学习到压力感改变属学习外化过程，即员工将自己的知识和技能付诸实践应用，积极塑造工作，如降低工作要求感知、扩大工作自主权等，最终缓解压力的过程。全面、清晰地界定学习的这两个阶段，可有效整合现有研究，结束"学习"概念不统一、测量不一致的局面，为后续研究打下基础。

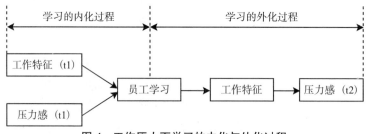

图 4　工作压力下学习的内化与外化过程

更为重要的是，学习的内化阶段和外化阶段的划分完整体现了压力情境下员工的主观能动性以及员工对工作的积极塑造过程。学习内化阶段体现了员工认知外界压力，尝试解释、适应和学习的能动性；学习外化阶段体现了员工对压力环境施加影响，实施积极行为（如工作协商、工作雕琢、信息搜寻、关系构建等）塑造和改变工作的能动性。学习内化是积极塑造的准备阶段，学习外化是积极塑造的实施阶段。简言之，与以往研究仅关注学习内化过程不同，三元互惠模型完整表述了员工对工作的积极塑造。

3. 三元互惠模型构建了三元循环关系，完整阐释了压力的学习效应，扩展了 Karasek 提出的良性循环关系

Karasek 动态模型仅简单描述了工作压力与员工学习的互惠关系，即"压力—学习—压力"，提出了实现良性循环的可能。三元互惠模型则引入了工作特征，构建了工作压力、员工学习、工作特征三元动态循环，以工作压力为出发点和落脚点将模型打开可得"工作特征—工作压力—员工学习—工作特征—工作压力"循环关系，完善了工作压力良性循环

的路径。工作特征的引入有助于具体阐释压力与学习良性循环的因果链条，有助于真正开展对良性循环的实证检验。

4. 三元互惠模型提出了新的缓压策略，具有应用价值

Karasek 动态模型提出的良性循环与恶性循环难以操作化，良性循环的前提条件、实现路径、缓压效果都未表述明确。三元互惠模型区分了积极压力与消极压力，明确了缓压的前提是积极认知、积极行动；划分了学习内化和外化阶段，区分了工作要求与工作资源，拓展了良性循环关系，具体提出了降低工作要求（如通过学习提升技能以破解工作难题，通过学习提升自信以降低工作要求感知）、提升工作资源（如通过工作协商扩大自主权，通过信息搜寻、关系构建获取关键社会支持）等缓压手段；构建了三元循环关系，指明了循环前后不同压力感受之间的影响因素，即员工适应学习的程度、工作得以改变的程度决定着最终缓压效果。

五、未来研究建议

工作压力的学习效应研究方兴未艾，新的三元互惠模型有待实证检验和不断完善。本文结合近 20 年的相关实证研究，对三元互惠模型及未来工作压力学习效应的实证检验提出如下建议：

首先，未来的实证研究应从更加积极而非消极的角度对学习进行更加细致的测量。1999年之前，有关 Karasek 模型中积极工作的测量多采用工作满意度、承诺等变量。工作满意度体现了预期与现实的差距，降低预期亦能获得满意，因此用工作满意度测量有一定的消极意义，且满意、承诺都意味着对现状的满足，而满足恰是一种相对消极的状态。因此，未来的研究应延续 Parker 等（1999）使用自我效能感测量员工学习的传统，采用更为细致的变量测量员工学习，如自我效能感来源所含的四种学习内化方式，来深入开展实证检验。

其次，未来的实证研究应采用日观测、周观测纵贯数据而非横截面数据。基于横截面数据的实证分析，不能有效验证压力与学习之间的因果互惠关系；而且纵贯数据更有助于区分工作特征对压力、学习的长期与短期效应，如 Taris 等（2003）指出短期看高工作要求促进学习，但长期看高工作要求阻碍学习；纵贯研究还有助于分析压力水平、学习水平的变化趋势，如 Taris 等（2004）采用纵贯数据研究了学习水平随时间的变化；日观测、周观测纵贯数据更有利于发现细微的、渐进的员工积极塑造行为，如 Daniels 等（2009，2012）所进行的测量。

再次，未来的实证研究应采用中介模型而非调节模型。调节模型不关注调节变量的前因，不考虑工作控制、工作社会支持等资源的来由，认为这些工作资源是外生的、可获得的，适合用来检验 JDC、JDCS 静态模型。而中介模型强调中介变量的前因与后果，能够清晰阐明工作特征、工作压力、员工学习等要素的因果关系，更适合用来研究压力下的员

工学习，也更适合用来检验三元互惠模型。

最后，未来的实证研究应着力检验压力水平随时间的变化而非简单验证相关关系。现有研究多采用回归分析，检验工作压力、员工学习、工作特征之间的相关关系，鲜有实证研究关注和检验工作压力随时间和员工学习发生的变化，而压力水平的降低或升高恰恰是Karasek提出的良性/恶性循环以及三元互惠模型关注的焦点。究其原因，现实情况复杂多变，旧任务的完成往往伴随着新任务的开始，旧压力的缓解往往意味着新压力的出现，新旧交互，难以区分和控制。因此，后续实证研究应着力选择更为合适的控制变量，做出更为精妙的研究设计，通过检验压力水平的变化真正验证三元互惠模型。

参考文献

[1] Bond F. W. and Flaxman P. E. The Ability of Psychological Flexibility and Job Control to Predict Learning, Job Performance, and Mental Health [J]. Journal of Organizational Behavior Management, 2006, 26 (1/2): 113-130.

[2] Bremner, J. D. Does Engage Stress Damage the Brain? [J]. Biological Psychiatry, 1999, 45 (7): 797-805.

[3] Cavanaugh M. A., et al. An Empirical Examination of the Self-reported Work Stress Among U.S. Managers [J]. Journal of Applied Psychology, 2000, 85 (1): 65-74.

[4] Daniels K., et al. An Experience from Study of Learning, Affect, and the Demands of Control Support Model [J]. Journal of Applied Psychology, 2009, 94 (4): 1003-1017.

[5] Daniels K., et al. Problem Solving and Well-being: Exploring the Instrumental Role of Job Control and Social Support [J]. Journal of Management, 2012, 38 (4): 1-28.

[6] De Jonge J., et al. Take a break?! Off-the Job Recovery, Job Demands, and Job Resources as Predictors of Health, Active Learning, and Creativity [J]. European Journal of Work and Organizational Psychology, 2012, 12 (3): 321-348.

[7] De Lange A. H., et al. On the Relationships among the Work Characteristics and Learning-related Behaviors: Does Age Matter? [J]. Journal of Organizational Behaviors, 2009, 31 (7): 925-950.

[8] Demerouti E., et al. The Job Demands-resources Model of Burnout [J]. Journal of Applied Psychology, 2001, 86 (3): 499-512.

[9] Frese M., et al. Making Things Happen: Reciprocal Relationships between the Work Characteristics and Personal Initiative in a Fourwave Longitudinal Structural Equation Model [J]. Journal of Applied Psychology, 2007, 92 (4): 1084-1120.

[10] Ganster D., C. Schaubroeck J. Ork Stress and the Employee the Health [J]. Journal of Management, 1991, 17 (2): 235-271.

[11] Holman D. J., Wall T. D. Work Characteristics, Learning-related Outcomes, and Strain: A Test of the Competing Direct Effects, Mediated, and Moderated Models [J]. Journal of Occupational Health tended, 2002, 7 (4): 283-301.

[12] Johnson J. V. Hall E. Modes ob Strain, Work Place Social Support, And Cardiovascular Diseases: A Cross-sectional Study of a the Random Sample of the Swedish Working Population [J]. Journal of American Journal of Public Health, 1988, 78 (10): 1336-1342.

［13］ Karasek R. Job Demands， Job Decision Latitude， and Getting Strain： Implications for job Redesign ［J］. Administrative Science Quarterly， 1979， 24（2）： 258–306.

［14］ Karasek R.， Theorell Todd Harper Ealthy Work： Stress， the Productivity and the Reconstruction of the Working Life ［M］. New York： Basic Books， 1990.

［15］ Lazarus R. Supachai Panitchpakdi Rogress on Cognitive–motivational–relational Theory of Emotions ［J］. American Psychologist， 1991， 46（8）： 819–834.

［16］ Meurs J. A.， Perrewe P. L. Cognitive activation of them going Stress： An integrative theoretical approach to the work stress ［J］. Journal of Management， 2011， 37（4）： 1043–1068.

［17］ Morrison D.， et al. Job design， opportunities for skill utilization. and intrinsic job satisfaction ［J］. European Journal of the Work and Organizational Psychology， 2005， 14（1）： 59–79.

［18］ Ouweneel A. P. E.， et al. How task characteristics and social Support relate to managerial learning： Empirical evidence from Dutch home care ［J］. Journal of Tended， 2009， 143（1）： 28–44.

［19］ Parker S. K.， Sprigg C. A. Minimizing strain and maximizing Learning： The role of job demands， job control， and proactive personality ［J］. Journal of Applied Psychology， 1999， 84（6）： 840–925.

［20］ Preston S. D.， et al. Effects of anticipatory stress on decision making in a gambling task ［J］. Journal of Behavioral Neuroscience， 2007， 121（2）： 257–263.

［21］ Proost K.， et al. Coping with unmet expectations： Learning opportunities as a buffer against exhaustion and turnover intentions ［J］. European Journal of Work and Organizational Psychology， 2012， 21（1）： 7–27.

［22］ Rau R. Learning opportunities at work as predictor for recovery and health ［J］. European Journal of Work and Organizational Tended， 2006， 15（2）： 158–180.

［23］ Ruysseveldt J. V.， et al. Job resources and emotional exhaustion： The mediating role of learning opportunities［J］. Work & Stress， 2011， 25（3）： 2011–2230.

［24］ Shih S. P.， et al. Learning demand and job autonomy of IT personnel： Impact on turnover intention ［J］. Computers in Human Behaviors， 2011， 27（6）： 2301–2307.

［25］ Taris T. W.， et al. Learning new behavior patterns： A longitudinal test of Karasek's active learning hypothesis among Dutch teachers ［J］. Work & Stress， 2003， 17（1）： 1–20.

［26］ Taris T. W.， Feij J. A. Learning and strain among newcomers： A three–wave， study on the effects of job demands and job control ［J］. Journal of Psychology， 2004， 138（6）： 543–563.

［27］ Taris T. W.， et al. The Professional efficacy， exhaustion， and work Characteristics among police officers： A longitudinal test of the learning–related predictions of the demand–control model ［J］. Journal of Occupational and Organizational Psychology， 2010， 83（2）： 455–474.

［28］ Ursin H.， H. Eridsen R. The cognitive activation Theory of Stress ［J］. Psychoneuroendocrinology， 2004， 29（5）： 567–592.

［29］ Van der Doef M.， Maes S. The job demand–control （support） model and psychological well–being： A review of 20 Years of empirical research ［J］. Work & Stress， 1999， 13（2）： 87–114.

［30］ Van Yperen N. W.， Hagedoorn M. Do high job demands increase intrinsic motivation or fatigue or both? The role of job control and job social support ［J］. Academy of Management Journal， 2003， 46（3）： 339–348.

［31］ Waugh C. E.， et al. Cardiovascular and affective recovery from anticipatory threat ［J］. Biological

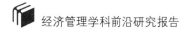
Psychology, 2010, 84 (2): 169–175.

[32] Weststar J. Give me the room to learn: Associations between job control and work–related learning [J]. Canadian Journal of Work and Society, 2007, 11 (Fall): 6–15.

[33] Weststar J. Worker control and workplace learning: Expansion of the job demand–control model [J]. Industrial Relations, 2009, 48 (3): 533–548.

[34] Xanthopoulou D., et al. Reciprocal relationships between job resources, personal resources, and the work engagement [J]. Journal of Vocational behaviors, 2009, 74 (3): 235–244.

A Review of the Literature on Learning Effects of Work Stress and the Construction of Triadic Reciprocal Model

Zhao Xin Liu Qian Yu Ling–ling

Abstract: Conventional studies mainly focus on the negative outcomes of work stress. Karasek's dynamic model first emphasizes the learning effects of work stress and dominates the work stress researches in nearly two decades. Based on Karasek's dynamic model, this paper reviews relevant literature and makes a point that the theory of work stress has changed from negative to positive, from static to dynamic, and from passive to active. Then it constructs a triadic reciprocal model of the learning effects of work stress by summarizing the empirical researches on the reciprocal relationship between work stress and employees' learning and states the circular and reciprocal relationship among work stress, employees' learning and work characteristics. Finally, it gives some suggestions about future empirical study.

Key Words: work stress; employees' learning; work characteristic; demand–control model; triadic reciprocal model

文化背景与组织承诺的关系：内涵一致性与形成路径敏感性的差异化 *

张　旭　樊　耘　颜　静

【摘　要】本文以整合基本心理需求满意度的承诺形成过程模型作为分析中西文化背景对组织承诺形成路径敏感性影响的平台，通过在哲学和伦理学等方面对自主性、责任感和奉献的理论溯源与比较，研究得出在西方文化背景下，组织承诺的敏感性形成路径：显著性、控制→自主需求和胜任需求满意度→组织承诺；在中国文化背景下，组织承诺的敏感性形成路径：情感、信任→关系需求满意度→组织承诺。

【关键词】中西方文化背景；组织承诺；内涵一致性；形成路径敏感性；自我观

组织承诺的研究迄今为止已有半个多世纪。在西方研究者对其内涵、结构、前因变量和结果变量进行积极探索的同时，中国大陆和台湾地区的学者也在竭力发展本土文化情景的组织承诺理论，其中最具代表性的是由中国大陆的凌文辁等开发的组织承诺五因素模型，以及台湾地区的姜定宇等开发的组织忠诚态度与行为模型。将以上两种模型与 Allen 等提出的组织承诺三因素模型对比后，不禁产生这样的疑问：为何中西文化背景下的研究者对组织承诺内涵的界定不同？这种差异是表象的，还是本质的？本土化的研究是否改变了其内涵？如果组织承诺的内涵具有一致性，那么文化背景对组织承诺的影响体现在何处？本文以上述问题为出发点，从以下两个方面展开研究：①文化背景与组织承诺内涵的关系；②文化背景与组织承诺形成路径敏感性的关系。本文所指的不同文化背景是指共享价值体系具有差异性的文化环境，如中国文化与西方文化。因文化背景内容丰富，为使研究更具针对性，本文只选择与组织承诺内涵有紧密关系的内容进行讨论。

---

* 本文选自《管理学报》2013 年第 8 期。

一、文化背景与组织承诺内涵的一致性

(一) 中西文化背景下组织承诺代表性模型回顾与分析

西方背景下的组织承诺模型其理论基础包括 Becker 提出的单边投入理论，Porter 等主张的个体对组织的认同和投入，以及 Wiener 认为的主观规范的压力作用。组织承诺整体被定义为描述个体与组织之间关系特征的心理状态，这种心理状态影响着个体是否要继续保持组织成员身份的决定。其中，情感承诺反映了个体对组织的情感依附、认同和投入，对应于"想要"留在组织中；规范承诺是留在组织中的责任感知，对应于"应该要"留在组织中；持续承诺反映了与离开组织有关的感知到的成本，包括高牺牲和低选择 2 个子维度，对应于"需要"留在组织中。

凌文辁等认为，"组织承诺是员工对组织的一种态度，它能解释员工为什么要留在某企业，因而也是检验职工对企业忠诚程度的一种指标。它除了受契约法规的制约和工资福利等经济因素的影响外，还受到价值观念、道德规范、理想追求、感情因素及个人能力、兴趣和人格特点的影响，而且这些文化心理因素对职工的承诺行为起着决定作用。"凌文辁等"让被调查者列出其愿意和不愿意留在某个单位的原因是什么"，以此为基础建构了组织承诺五因素模型，包括感情承诺、理想承诺、规范承诺、经济承诺和机会承诺。

凌文辁等的五因素模型比三因素模型多了"机会承诺"和"理想承诺"2 个因素。然而，有关学者的研究结果显示，持续承诺的高牺牲和低选择在中国企业中会出现单独表达的情况。由于机会承诺被界定为"待在这个单位的根本原因是找不到其他更满意的单位，或因自己技术水平低，没有另找工作的机会"，因此本文认为机会承诺属于持续承诺的低选择子维度在样本中的单独表达。理想承诺被定义为个体因组织能为其实现理想而不愿离开组织，其实从属于持续承诺的高牺牲维度，即不愿失去目前良好的职业发展平台。该成长性的经济成本与五因素结构中仅关注经济损失的经济承诺合并在一起，即为持续承诺中高牺牲子维度所表达的全面意思。理想承诺的单独表达可能与研究者以留职原因切入有关，如果应用 Meyer 等的量表，因理想实现而对组织的依附会通过"一旦我决定离开现在的组织，我生活中的很多事情就会被打乱"和"目前为止我留在组织中是我所希望的也是必须的"表达。综上，中国职工组织承诺模型没有超出三因素的界定范围。

姜定宇等认为，组织承诺和组织公民行为是西方组织忠诚的研究在态度与行为方面的表现，直接将西方组织忠诚的研究应用于本土化存在两个问题：①组织忠诚的界定与研究应同时包含态度与行为，西方研究者以组织承诺与组织公民行为两个单独构念分别代表组织忠诚的态度与行为，造成一定的概念冗余。②西方文化重视个人主义，华人文化强调集体主义。在华人文化中，个人行为是必须且应该符合角色规范期望的，不一定出于个人喜好或自主意愿。因此，角色规范下的责任义务成为个人活动的重要参照系，故将组织承诺直接应用于华人社会时，可能会忽略对华人极为重要的规范承诺。基于上述观点，姜定宇等将包含了西方组织承诺与组织公民行为的组织忠诚界定为：经由拟家族化的历程，使个人角色与组织紧密结合，或个体在情感上与组织紧密结合，而愿意将组织的利益置于个人利益之上，并且主动为组织付出。组织忠诚分为态度和行为两个部分，前者包括义务内化和认同承诺；后者包括牺牲为公、建言献策、协助同事、积极参与、维护公利和配合顺从。

姜定宇等以"拟家族化"的文化路径开发和构建组织忠诚模型，本文认为有几个观点值得商榷：首先，姜定宇等强调应以文化主位的观点展开研究，然而却以文化客位的观点看待文化主位的研究，即以组织忠诚统领西方组织承诺和组织公民行为，并非像西方那样仅将组织忠诚作为组织承诺的一个维度，模糊了西方文化与本土文化中忠诚观念存在的差异。其次，在中国文化语境中，国家与家庭对个人的意义与组织对个人的意义截然不同。国家对于个体具有不可代替性，家庭与个体通过血缘关系绑定是永远不变的，因而强调忠诚意识。组织是个体通过契约关系建立联系的，可供个体选择，个体也具有在组织间流动的权力和需要，所以只应强调个体在组织工作期间的承诺。如果仅从传统文化的忠诚意识来考虑现代商业组织中的承诺问题，可能会从理论上"制造"出个体的伦理困境。最后，姜定宇等认为个人在组织中所培养的忠诚意识具有拟血亲性，然而组织承诺追求的应该是逐渐替代拟血亲化忠诚意识的文化环境，最终培养出员工去血亲化的"忠诚"意识。鉴于此，本文认为员工与组织的关系应该是员工在组织任期内对组织的承诺而非所谓的基于拟血亲关系的忠诚。

以上三种组织承诺模型分别来自文化背景不同的地区，虽然其概念界定和模型构成存在差异，但仔细分析后可以发现，两项本土化的研究都仍未超出 Allen 等对组织承诺界定的范围，三者不仅在概念界定方面存在共同特征，而且对组织承诺内涵的界定具有一致性。

（二）不同模型在概念界定方面的共同特征

进一步分析三种不同模型可以发现，它们在概念界定方面存在三个共同特征。这些共同特征为不同文化背景中组织承诺内涵的一致性提供了具有说服力的部分证据。

（1）整体概念的间接性界定方式。西方对组织承诺的研究源于对员工留职原因的探索，焦点多集中在承诺存在的条件，引发承诺的因素和承诺的表征等，因此对组织承诺的定义都是间接性和多角度的。Allen 等基于归纳性视角提出的组织承诺概念属于集成概念，即先分别有持续承诺、情感承诺和规范承诺，才有对组织承诺总体的界定。所以，在 Allen 等提出的组织承诺整体概念里，中心词仅仅是"心理状态"，"刻画个体与组织之间关系的特征"和"影响个体是否留在组织中的决定"，并未直接指明该种心理状态的具体特征。凌文辁等对组织承诺的界定也聚焦于"态度"的影响，并没有明确"态度"的特殊内容。姜定宇等则通过"经由拟家族化"的历程体现了组织承诺在本土文化中的形成路径，对承诺本身的界定也较为模糊。

（2）组织承诺与留职因素关系模糊。在 Allen 等对组织承诺的定义中，"影响"一词表明"个体是否留在组织中的决定"并不是组织承诺的内涵。然而，Allen 等在对三种承诺进行定义时，除情感承诺外，却将留在或离开组织直接纳入规范承诺和持续承诺的内涵中，如规范承诺被定义为与"保持雇佣关系有关"的责任感知，持续承诺被定义为与"离开组织有关"的成本知觉。凌文辁等的定义中提到组织承诺能"解释员工为什么要留在某企业"，表明留职应是组织承诺的结果变量，但其在开发量表时，却直接以"让被调查者列出其愿意和不愿意留在某个单位的原因是什么"作为受试者的引导语，实质上是将组织承诺作为留职或离职原因进行操作化定义。在这个意义上，中国职工的组织承诺模型其实是将中国职工留职或离职原因具体化与结构化的结果。

（3）组织承诺与组织认同概念重叠。已有实证研究表明，组织承诺与组织认同在概念上相互区别，但 Allen 等的情感承诺定义和测量仍与组织认同有重叠之处。情感承诺的界定包含了个体对组织的心理依附、认同和投入，而且在目前沿用的情感承诺量表中，仍有半数题目与组织认同的测量题目一致。凌文辁等的感情承诺定义中也包含了"对单位认同"的内容。姜定宇等对组织承诺定义中"个人角色与组织紧密结合"的部分可以被理解为组织认同的含义。

本文认为整体概念的间接性界定方式是组织承诺在不同文化背景间呈现出表象差异性的重要原因之一，它会增加各地区研究者感知与理解的空间，丰富组织承诺的表达结构。组织承诺与留职和组织认同的关系模糊尽管是概念界定不清的问题，但也反映了各地研究者对三者之间内在联系的共识。事实上，对以上问题的进一步深入分析有助于明确实现组织承诺内涵一致性的理论探索路径。

（三）中西文化背景下组织承诺内涵一致性的研究结论

本文认为不同文化背景中的研究者对组织承诺内涵的界定具有一致性。3 种模型之间的关系见表 1。组织承诺的核心是个体与组织之间的一种心理联系。中国职工组织承诺模型将心理联系进一步扩展至实际效用层面，即以留职原因对组织承诺进行操作化。组织忠诚模型将心理联系聚焦至中国传统文化中拟家族和拟血亲的情景，产生了以忠诚为核心的心理联系。综合比较三种模型可知，研究者们都强调了该种心理联系的情感性和责任性特征。与组织承诺三因素模型和五因素模型相比，组织忠诚模型未包含经济性的心理联系，与该观点相一致的是，Singh 等对在职员工承诺看法的调查表明，首先应当将持续承诺代表的因经济性考虑而"不得不"留在组织中的心理联系排除在承诺定义外。由此，本文也认为组织承诺一致性的内涵中应不包括持续承诺（机会承诺、经济承诺和理想承诺）所代表的经济性联系。

Klein 等从心理联系角度对承诺的重新定义为本文进一步明确组织承诺一致性的内涵提供了理论基础。他们认为，工作场所中的承诺是个体对特定目标自主性的奉献和责任感

表1　3种组织承诺模型之间的关系

心理联系	组织承诺五因素模型	组织承诺三因素模型	组织忠诚模型
	扩展　　　←	参考系　　→	聚焦
情感性	感情承诺	情感承诺	认同承诺
责任性	规范承诺	规范承诺	义务内化
经济性	机会承诺、经济承诺和理想承诺	持续承诺	

的心理联系。将组织作为该定义中的特定目标，组织承诺即可被理解为：个体对组织自主性的奉献和责任感的心理联系。将该内涵与三种模型共享的情感性和责任性特征相对比，前者增加了自主性特征，将责任性特征明确为责任感，将情感性特征明确为奉献。

本文认为，将自主性作为组织承诺内涵之一具有理论和实际意义，原因有四：①自主性限定了只有个体自知自觉的奉献和责任感才能被定义为承诺。如果个体是在不自觉或被强迫的状态下，即使个体也是在"奉献"和"负责任"，也不能被称为承诺。②自主性强调了个体对承诺目标的选择权，暗示了个体与目标之间相互独立的立场。这一点使得组织承诺与组织认同（将组织身份作为自我定义的一部分）得以明确区分。③增加自主性作为组织承诺的内涵与管理实践中人们对承诺的理解相一致。无论个体做出的承诺是在口头上还是在心里，都需要个体自身的发出和确认，即人们做出承诺时，是意识到自己将要为之付出行动的。④结合目前工作场所员工其自主需求已成为主导需求的心理特征，将自主性纳入组织承诺内涵符合个体做出心理层面承诺的选择权力和需求满足感，也唯有此，个体对组织的承诺才是真正意义上的承诺，组织承诺才会在各种外界影响下保持一定程度的稳定性。

综上所述，本文在总结三种模型共同特征的基础上认为，假如结合 Klein 等从心理联系角度提出的承诺观，可以将组织承诺在不同文化背景下的一致性内涵明确为：个体对组织自主性的奉献和责任感的心理联系。自主性是组织承诺的发生特征。奉献和责任感是组织承诺作为心理联系的内容特征。奉献指个体自愿地为组织付出，不关注行为相关回报的心理倾向；责任感指个体自觉履行组织所赋予角色相关要求的心理状态。这一方面很好地解决了三种模型存在的概念问题（不再包含任何有关留职的因素）；另一方面也满足了概念特指性和具体化的要求。

二、文化背景与组织承诺形成路径敏感性的差异化

（一）文化背景与自我决定理论

文化背景包含的内容广泛而丰富，Hofstede 等在国家/地区层面将文化背景的差异划分

为五个维度，其中中西文化最显著的差异是集体主义与个人主义。尽管本文在分析中包含了集体主义和个人主义的内容，但并不讨论其对组织承诺的直接作用，而是聚焦于其对个体与外在目标之间关系的影响。换言之，本文期望在同一框架中比较中西文化背景影响的差异，而心理学中对个体需求跨文化一致性的研究正好提供了该种分析框架。

动机理论中的自我决定理论认为个体存在三种基本心理需求，分别为自主需求、胜任需求和关系需求。自主需求是当个体在开展一项活动时，内在渴望有选择和心理自由感的体验；胜任需求是在与环境的交互作用中个体内在渴望感到自身是有效的；关系需求是个体感到要与他人有联系的内在倾向。

研究表明，三种基本心理需求的存在具有跨文化的普遍性，是个体心理健康的基本"营养"，并且是这些需求的满意度而不是强度决定了个体的幸福感。换言之，在所有文化环境中，个体想要获得心理健康和幸福感，三种基本心理需求都必须被满足。然而，不同文化所持有的价值观和表现方式有显著差异，所以个体基本心理需求满足的途径在文化之间存在区别。以集体主义和个人主义为例，在前者文化中，当人们完全内在化其集体主义价值观时，往往会对群体规则有共同认识，所以按照群体规则行动一般会使他们感受到关系和自主。相比之下，在后者文化中，按照群体规则行动可能会被个体感受为遵照或服从，进而将其作为对自主需求的一种威胁。可见，相同的情境在不同文化背景中对个体基本心理需求的满足有不同的含义和影响。基于此，通过对三种基本心理需求满意度的引入，其存在的普遍性既能提供不同文化背景比较的平台，其实现路径又能体现文化背景影响的差异，因而本文将自我决定理论引入分析框架，以体现文化背景对个体微观层面的影响。

（二）组织承诺形成过程模型

目前，研究者对组织承诺形成过程主要持以下几种观点：Brickman 等认为，组织承诺的形成过程以个体与环境的动态交互作用为特征可划分为五个发展阶段，分别为探索、试验、激情、平静和厌烦、整合。Mowday 等认为，随着工作时间的增长和工作内容的变化，周期性的自我强化态度和行为会增强个体对组织的承诺。韩翼等认为，组织承诺的形成随员工职业周期变化，分别为震荡期、认同期、稳定期、反刍期和固化期。刘小平等基于社会交换理论认为广义的组织支持对组织承诺的形成有重要影响。Klein 等从个体与目标建立和发展心理联系的角度，提出针对工作场所任何对象的承诺形成过程模型。

综上所述，本文认为前四种模型或集中于总结组织承诺形成过程中承诺程度变化的规律，或集中于探究影响组织承诺形成的前因变量，而 Klein 等的模型不仅包括对之前组织承诺前因变量研究的归纳总结，更重要的是，将众多前因变量组成的组织环境概括为显著性、情感、信任和控制四项个体在认知和情感过程中的感知要素，突破了具体前因变量的局限性，采用了抽象的整合性的描述方式使得组织承诺形成过程的研究更具有普遍意义。同时，在与自我决定理论的基本心理需求满意度整合后，模型不仅能够进一步揭示组织承诺形成的"心理动力"过程，而且能够体现不同文化背景对形成路径影响的敏感性差异。

基于上述原因，本文以 Klein 等的组织承诺形成过程模型作为分析基础，见图 1。

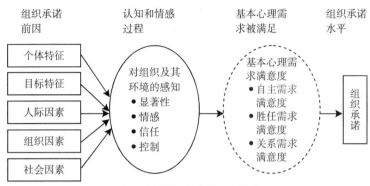

图 1　组织承诺形成过程模型

从图 1 可知，组织承诺的前因有五大方面，分别为个体特征、目标特征、人际因素，组织因素和社会因素。这些前因变量共同组成了个体的感知环境。个体在接受目标和环境影响时，其认知和情感过程的评估指标主要包含四个方面，分别为目标对象的显著性，是否有积极情感，是否值得信任和是否能够控制。该评估结果不仅会直接影响组织承诺水平的高低，而且会通过对基本心理需求满意度的影响，间接影响组织承诺的水平，具体过程如下：

个体在组织中经历到的积极情感可能会产生两种效果：①积极情感意味着个体对组织的积极评价。生物学和心理学的相关研究表明，个体更可能将自身奉献于或者关心一个积极评价的对象，而不是一个负面评价的对象。例如，人们一般会被激励去靠近令人愉悦的情况和防止令人痛苦的情况。调节焦点理论中的促进性焦点和防御性焦点也说明了个体的这种倾向。②积极情感水平越高，个体经历的主观幸福感水平越高。有关主观幸福感认知部分的研究发现，当个体在生活中获得某种程度的满意度时，会对其幸福感的来源产生情感。该情感会进一步诱发个体对对象自觉的奉献和责任感。由于基本心理需求满意度是主观幸福感的基础，所以积极情感实际上是通过对基本心理需求满意度的作用，影响个体的组织承诺水平。

显著性对组织承诺形成的影响机制可以通过场论和自主需求满意度来解释。场论认为，人们对周围环境的反应受个体心理接近性的影响。在个体感知到的场域中，某一因素与个体心理距离越近，该因素在感知到的场域中越显著，进而越可能被个体注意到并且在个体的意义构建中被赋予更多权重，进而会影响个体与外在实体的联系强度。在组织承诺的形成过程中，个体更可能关心促进承诺联系形成的显著性因素。另外，显著性也可以被理解为周围环境中因素与个体之间关系的强联系性。换言之，某因素对个体而言具有的显著性越强，其所反映出个体自主选择的程度越高，自主需求的满意度越高，更进一步，个体的自知自觉性越强，而自主性正是组织承诺形成的必要条件。

信任与组织承诺形成的关系可从两条路径来理解：①个体以奉献或责任感报答或反馈

某一个对象是以个体对该对象一定水平的信任为基础的。事实上，个体倾向于对信任的对象给予更多正面评价。②信任也可被理解为个体对目标的一种依赖关系——相信且敢于托付。个体对某一对象的信任意味着个体对可能存在的危机或者潜在的困难依然保持正面期待。关系需求满意度指当个体与对象发展出紧密的关系，感受到无条件地被对象重视和赏识时内心满足的程度。信任是紧密关系的一种，且是"无条件地被对待"的先决条件。因此，个体与信任对象之间的交互作用更容易增强其关系需求满意度。更进一步，个体关系需求满意度越强，越倾向于以奉献和责任感反馈给对象以保持及增强该联系。

控制与组织承诺形成的关系同样可从两条路径来理解：①根据计划行为理论和社会认知理论，如果个体感到他们对情况有一定程度的控制并且信任其达到期望结果的能力，个体将更可能产生奉献意识。②根据自我决定理论，控制性与自主需求满意度和胜任需求满意度有关。个体感知到的控制性越强，其自主需求满意度越高，自知自觉性越强。另外，有关胜任需求满意度的研究表明，当个体感到他们对胜任的绩效有较高的控制性时，才能促进个体奉献和责任感的内在动机。

综上所述，将 Klein 等的承诺形成过程模型与基本心理需求满意度整合后，不仅突破了一般意义上影响因素研究时某种特定含义的局限性，将关注焦点由变量转移至感知要素组成的情景；而且提供了不同文化背景差异性影响的心理表现平台，奠定了本文具体分析的理论基础。自主性、责任感和奉献是不同文化背景下组织承诺一致性内涵的核心要素。本文将通过在中西文化背景中对三者在哲学和伦理学等方面的理论溯源与比较，具体分析组织承诺形成路径敏感性的差异化。

（三）中西文化背景对组织承诺形成路径敏感性的影响

上文中提到，自主性是组织承诺的发生特征，责任感和奉献是组织承诺作为心理联系的内容特征。本文认为在结合过程模型的基础上，首先应对比中西文化背景对自主性的不同理解，明确组织承诺发生的差异性路径；其次对比中西文化背景对责任感和奉献的不同理解，分析组织承诺内容形成的差异化路径；最后在整合比较的基础上探讨中西文化背景对组织承诺整体形成路径敏感性的影响（见图2）。在西方文化背景下，组织承诺敏感性的形成路径为①所示：显著性、控制→自主需求和胜任需求满意度→组织承诺；在中国文化背景

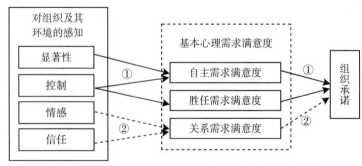

图2 中西文化背景下组织承诺形成路径敏感性的差异化

下，组织承诺敏感性的形成路径为②所示：情感、信任→关系需求满意度→组织承诺。

需要特别强调的是，本文所指的敏感性是组织承诺的某条形成路径在特定文化背景中表现得更为突出和明显。敏感性差异是某条形成路径在不同文化背景间表现力的差异。例如，信任→关系需求满意度→组织承诺，该路径在西方文化背景中也是存在的，但在中国文化背景下，变量之间的显著性系数可能会更高。

1. 自主性与自我

本文认为中西文化背景中自主性的差异来源于两种文化背景对"自我"的不同理解。自主性的前提是必须有"自我"的概念。明确的"自我"在各种情景中不受干扰的决策即为自主性的表现。中西文化中有关自我的哲学讨论包含内容众多，鉴于研究结论更期望符合组织情景，因此本文仅选择自我的性质和自我与他人的关系两方面来对比中西文化背景的差异。

A. 自我的性质。

中西文化背景中自我性质的差异是实体与属性的差异。在西方传统哲学中，自我被理解为一种形而上学的存在，与"属性"相对而被称为实体。西方近代哲学家笛卡尔在论证哲学第一原理"我思故我在"时提到："当我愿意像这样想着一切都是假的时候，这个在想着这件事的'我'必然应当是某种东西，并且觉察到'我思想，所以我存在'这条真理是这样确实，这样可靠……于是我就立刻断定，我可以毫无疑虑地接受这一真理，把它当作我所研求的哲学的第一条原理。"因此，笛卡尔将"思想"作为"我"的本质，并将思维和感觉等一切心理意识活动作为自我的属性。更进一步，笛卡尔从"思想"这种"活动"属性必须依托于实体的逻辑关系推导出"我"是一个"实体"的结论。"我是一个实体，这个实体的全部本质或本性只是思想，它不需要任何地点以便存在，也不依赖于任何物质性的东西；因此这个我，亦即我赖以成为我的那个心灵，是与身体完全不同的，甚至比身体更容易认识，纵然身体并不存在，心灵也仍然不失其为心灵。"综上，自我作为西方文化中人的本质存在，具有本体论的地位。它是人的"原子"，凌驾于个体的物理生命之上。它的精神性使其不依赖于任何社会关系也能以思考的方式独立存在。

在儒家哲学中，自我是人的属性，且该属性来源于天道。因而，道是自我概念的起源和人存在的基础。自我生而具有"天道"，但需要通过修养将其显明出来。当自我显明人性中包含天道，个体才具有真正意义上自我的特征。换言之，只有内在和外在、个人和群体以及个体和世界融合为一个整体，以使"自我"无论任何欲望的表达都不会超越人道方式的界限时，就达到了成熟理想的自我状态。这其中包含了中国文化中自我的同一性特征，即自我与世界秩序和宇宙精神的同一性，也是规范自我的道德律令的终极原则。同时，由于道包容万物，千变万化，所以，一般而言中国文化中的自我并非永久不变，它既不是一个与世界相对的实体，也不是一个与所有他人相区别的本质存在，它是相对和可变的。综上，自我作为中国文化中人的属性，上承天道，下融生活。它的变化性使得个体通过修行显明天道成为可能。同时，道与儒家伦理秩序中生活实践的关系决定了自我修行的过程必须在各种社会角色所规定的伦理格局中展开和实施。

B. 自我与他人的关系。

在西方文化中，自我是个体在各种环境中同一个本质的表现，强调个体本身的实在、整体性和独立性，与他人关系无关。因此，西方文化对自我的理解侧重于自己对自身的独立认识。西方人所描述的自我往往是真正独立的自我，不包括好朋友、父母和同事等。西方存在主义者也认为，一个人只有从所有的社会角色中撤出，并且以自我作为基点，对这些外在的角色做出内省式的反思时，他的自我才开始浮现。换言之，作为个体的人只有从其所属的各种社会角色和关系中脱离出来，才能把握到自己作为一个真正个体的自我。西方文化的这种自我设计与其社会形态有关。西方社会家国相分的结构以及工商业的生产方式决定了其社会本质以个体为本位。资本主义生产方式和社会制度更加强了这种特色。在实际生活中，西方人成长的意义是要从个人原生家庭的网络中分离出来。西方人无论关系怎样亲密，即使是好朋友，甚至父子、夫妻之间，原则问题都会分清楚。

在中国文化中，自我在与他人的关系中确立。在不同的人我关系中，自我具有不同角色，所有社会角色的总和就是自我。因此，中国人主要从他人对自己的要求出发进行自我设计。个体只有在他与另一个或另几个他人或社会发生关系时，才能在这种关系中定位，才能通过某种人伦或社会角色获得自身的属性或意义。这种自我设计包含了强制性的社会互动机制，人情主义是这种互动机制的典型特征。中国血缘本位或家族本位的社会结构特点决定了中国人自我精神的主体是情。以情为主体与机制建立人际关系的方式便是"感动"。与理性相比，情的一个重要特点是缺乏独立性与自足性，必须在有意义的他人身上才能实现。因而，人与人之间必然产生人情，人情不仅成为物质生活的一部分，而且成为精神形态与精神生活方式。所以，也可以说在中国文化中的自我是在人情中建立与实现的。在实际生活中，中国人及其以原生家庭为基础所建立的关系网络是切割不断的。中国人的自我里除了包含名字、职业和性格等一般性的自我内容外，更强调同他人如父母、好朋友和同事等的关系。

基于以上对中西文化中有关自我性质和自我与他人关系的对比，本文认为，如果西方从主体角度将自我看作思维的实体，那么中国就是从客体角度将自我看作是他人眼中的"我"。两种自我观在组织承诺所包含的自主性发生特征方面存在文化差异的敏感性，即自主性的"主"的来源或判断准则不同：在西方文化背景下，自主性的"主"是一系列与他人关系无关的，仅属于自身内容特征的、基本稳定的、理性的价值偏好；在中国文化背景下，自主性的"主"是个体与他人在互动过程中感知到的，适用于自身多种角色的、具有人际和情景依存性的、强调情感性的关系准则。结合上文中对过程模型的论述，本文认为可以将四项感知要素按人际与自我分为两类，显著性和控制属于强调自我的感知要素，情感和信任属于强调人际的感知要素。

在上述对比和分析的基础上，可做如下推论：在西方文化背景下的自我，对组织环境中的显著性和控制要素更为敏感，两者对个体自主需求和胜任需求满意度的影响更为强烈，进而感知到更高程度的自主性；在中国文化背景下的自我，对组织环境中的情感和信任要素更为敏感，两者对个体关系需求满意度的影响更为强烈，进而感知到更高程度的自主性。因此，前者发生的敏感性路径为：显著性、控制性→自主需求和胜任需求满意度→自主性；后者发生的敏感性路径为：情感、信任→关系需求满意度→自主性。

2. 责任感与责任伦理

相比于奉献，责任感所隶属的伦理学范畴与文化的关系最为密切。责任感是个体"应该怎样"的心理体验。在伦理学范畴中，责任感是个体与其他社会成员乃至更广泛群体之间关系形成与维持的重要前提。根据后经验主义的社会构建论观点，对心理现象的理解不是经验归纳的产物，而是一种社会建构，是根植于特定历史和文化的人们协商与对话的结果。基于此，作为在特定社会形态下伦理与价值观实践集中表达的责任心理，必定会表现出文化依存特征。由于责任伦理包含了内涵、结构、归因过程和实现机制等多个方面，本文仅就文化差异较大的来源和指向两方面对责任伦理进行中西文化背景的对比。

A. 责任伦理的来源。

西方文化强调责任来源于自由。该观点的哲学基础是以萨特为代表的存在主义。自由作为一种权利在逻辑上优先于道义上的责任。萨特认为："人，由于命定是自由的，把整个世界的重量担在肩上，他对作为存在方式的世界和他本身是有责任的……责任不是从别处接受：它仅仅是我们的自由的结果的逻辑要求。"进而，其存在主义伦理学的核心思想认为责任由人自身的本性所决定，并非来自于外在结构力量的要求。责任的根据在于自己，是个体"长大成人"的需要或结果。因此，责任是自由权利的函数。极端的自由要求极端的责任，责任因为自由而可能。自由是责任的哲学根据和基础。在西方文化中，如果个人有绝对的自由，那么不仅意味着个人可以任意选择，更意味着自己必须为自己的选择负责，不能将责任推卸给环境和别人。

中国伦理学强调责任从天意而来。这种天意又被称为天命、天道或天理。该观点的哲学基础是传统文化中的天人合一思想及在其基础上建立的关系伦理价值体系。"道"和"天"是传统文化的重要本源。《道德经》指出："万物莫不尊道而贵德。道之尊，德之贵，夫莫之命而常自然"。在这里"道"是人类和自然共同的真理准则，"德"则特指人应有的德性和品质。道是德的目的，德是道的彰显。与之相似，儒家认为"天"具有形而上的超验性和存在的普遍性。天道是天的运行规律，也是人间的道义规则原型。天道是人类社会伦理秩序和个体内在超越性的基本逻辑前提，也是现实中人道实践的价值本源。"天"和"道"成为人合的对象，是至高无上的存在，所以人的责任和义务也都由天命所定。以孔子为代表的儒家秉承以"德"配"天"的传统，在礼乐制度的基础上，形成了以血缘亲情为基点，以孝悌为核心，外及社会、国家和天下的宗法社会结构，并将与此结构相匹配的关系伦理价值体系的要求作为社会成员的道德实践准则。在历史发展中，这些准则又以仁爱孝悌、谦和好礼和诚信知报等传统美德的形式构成了中国文化中责任心理"应该怎样"的伦理来源。

B. 责任伦理的指向。

因为强调责任来源于自由，所以在西方伦理学中责任指向的第一位是自己的自由或自由的自己。自由意志在逻辑上要求个体对自我负责，每个人最重要的就是肩负起自己的责任，对自己负责是对他人、社会和国家负责的基础，所以，西方文化在强调个体社会责任感的同时，更为强调个体自我实现和自我发展的基本责任。这种责任指向与西方文化的个人主义相一致。个人主义主要表现为普遍相信人在宇宙中的中心地位，强调个人权利的绝对性和不可侵犯性，宣扬个人独立和追求个人利益等，所以，在个人与群体的关系中，西方文化侧重于个体的存在和发展，并主张通过追求社会公正来达到主体精神的宣扬与个体人格的完善。即使强调个人在某种情况下具有普遍精神，也是以承认其个体性和独立性为基础原则，因此，西方文化的个人主义基础也决定了个体是责任的唯一主体。

在中国伦理学中，责任首先指向群体。这与中国文化的集体主义相一致。在中国文化中，集体利益高于一切，个人作为集体的部分依附于集体并且应无条件地服从集体。尽管儒家哲学中有自我的概念，但上文已提及，在关系伦理的影响下，个体建构的自我是一种关系自我，个体通常会根据其与互动对象之间关系的不同，对自我做不同的界定。张东荪在《理性与民主》中谈到中国式责任特征时曾说"所有人，不是父，就是子。不是君，就是臣。不是夫，就是妇。不是兄，就是弟。中国的五伦就是中国社会组织；离了五伦别无组织，把个人编入这样层系组织中，使其居于一定之地位，而课以那个地位所应尽的责任"。可见，传统文化对责任的人格主体更多是从关系性存在的角度考量；与他人的关系是生活在集体中的个人实践责任伦理的基本方式，也是自身内省的主要内容。于是，中国式的责任动力或者是名垂青史，光宗耀祖，或者是尽忠尽孝，很少来自自己，因此，中国式的责任伦理指向不是自己，而是群体。对群体的责任感是传统中国从天子到百姓共通的一般社会心理结构。

基于以上对中西文化中有关责任伦理来源与指向的对比，结合上文对过程模型的论述，本文认为两种责任伦理在组织承诺所包含的责任感形成路径方面存在文化差异的敏感性：在西方文化背景下，责任来源于自由，自身要为其自我完善和发展负责，所以个体一贯地关注自由权利和人格彰显，当个体对组织及其环境进行感知时，更可能会给予"显著性"和"控制性"更多的权重，并因此更可能易于产生较高水平的自主需求和胜任需求满意度，进而产生对组织的责任感。换言之，如果组织能够为个体自我完善和发展提供平台，使个体能够找到自我存在的感觉，才更可能成为个体产生责任感的对象。由此，该敏感性路径为：显著性、控制性→自主需求和胜任需求满意度→责任感。在中国文化背景下，责任来源于天道，个体要为其所处的群体利益负责，所以个体重视关系伦理，关注与群体中成员的角色互动构建，当个体对组织及其环境进行感知时，可能会给予"信任"更多的权重，并因此更可能易于产生较高水平的关系需求满意度，进而产生对组织的责任感。换言之，如果组织能够按照个体所认定的伦理价值展开活动，同事之间关系融洽，使个体能够在"关系自我"中找到存在感，才更可能成为个体产生责任感的对象。由此，该敏感性路径为：情感、信任→关系需求满意度→责任感。

3. 奉献

奉献在中西方哲学和伦理学中较少被讨论，本文从语义学角度分析奉献在中西文化背景中的差异。在西方语言中，Dedication 一词与宗教献祭有关。在牛津高阶英汉词典中，

Dedication 的意思是个体对他认为重要的某项活动或目的的艰苦工作和努力。在中国语言中，奉是指提升高度到极限，献有恭敬庄严地送给的意思。在中国汉语词典中奉献的意思是恭敬地交付和呈献。对比上述两种语义可知，两者的相同点在于都包含了个体向外给予的含义，区别在于西方强调了奉献的对象是自身认为重要的目标，而中国并没有对奉献对象的特指，但是强调了奉献者内在的恭敬，暗示了伦理规范对奉献含义的影响。

如果将历史作为文化的现象学进行考察，本文认为在中国文化背景下，奉献的动力更多来源于中国文化中形成的责任感；在西方文化背景下，奉献的动力更多来源于在西方文化中形成的自我观。中国历史中更多的是出于道义的责任而奉献自己一生精力乃至生命的事件，例如，司马迁和诸葛亮等；西方历史中更多的是因为自身兴趣爱好而放弃常人生活，奉献毕生心血以致成为人类哲学、科学和美学智慧典范的人物，例如康德、牛顿、达·芬奇和梵高等。因此，在中国文化背景中，个体更倾向于将精力奉献给他们认为自身负有责任的对象——这种对象通常与自身具有某种社会性关系，而这种社会性关系也通常被定义在中国文化的伦理范围中；在西方文化背景中，个体更倾向于将精力奉献给他们认为重要的事物，这些事物通常与自身并无某种社会关系，更多的是个体自身单纯的爱好和兴趣。

基于以上讨论，本文认为奉献的形成路径存在文化差异的敏感性：在西方文化背景下，奉献更多由自主性驱动；在中国文化背景下，奉献更多由责任感驱动。由此，组织承诺的责任感和自主性在中西文化背景下分别有促使奉献发生的作用。

综合比较自主性、责任感和奉献在中西文化背景下形成路径敏感性的差异，本文认为三者存在如下的内在联系：在西方文化背景下，贯穿三者的核心是自我作为实体的本质存在。自我观、责任伦理和奉献之间是层层递进的关系：①自我作为精神实体的存在不依赖于任何物质性的东西，所以自由成为自我的先赋权力。抽象的自我不受任何约束，也与任何社会关系无关。②每一个个体都拥有作为抽象本质存在的自我，即完全自由的权力，在实际生活中自由的自我就需要为外在行为承担发出者的责任，所以西方文化中个体的责任指向是自身。个体在多种行为选择和责任承担面前，其终极目标是自我实现和人格完善，即将作为抽象自我存在的一系列个性特征表达出来。③当个体在众多目标中仅选择自身感兴趣并认为有价值的事物作为对象，并通过艰苦努力的方式开展工作时，奉献精神就得以体现，因此，对自我自由的负责是自我实现和人格完善的关键，舍弃众多选择后集中对某项工作投入大部分精力并享受其内在乐趣就成为奉献在西方文化背景下的本质含义。

在中国文化背景下，贯穿三者的主线是天道。自我观、责任伦理和奉献之间也是层层递进的关系：①天道决定了作为人属性的自我，其定位是以在生活实践中彰显天道为终极目标。儒家哲学将天道与伦理相结合，使得生活实践在社会角色所组成的关系网络中展开，个体需要在该网络中修行以彰显天道并完成自我成熟。②天道作为终极原则为整套伦理系统赋予了应然的价值标准，成为个体行动的指南和责任伦理的对象。由于伦理体系必须以群体关系为载体，所以中国文化中个体的责任指向为群体，而不是自身。③个体在整个伦理体系所划定的关系网络中不计回报的"负责"被看作是奉献精神的表现，因此，自我彰显天道的必由之路是实践责任伦理，不计回报地实践责任伦理就成为奉献在中国文化背景下的本质含义。

综上所述，将自主性、责任感和奉献三者形成路径敏感性的差异按文化背景分别合并后得出：在西方文化背景下，组织承诺敏感性的形成路径为：显著性、控制→自主需求和胜任需求满意度→组织承诺；在中国文化背景下，组织承诺敏感性的形成路径为：情感、信任→关系需求满意度→组织承诺。

三、总结与展望

第一，通过对三种组织承诺模型的对比分析与总结，本文发现尽管中西文化背景中的研究者对组织承诺的理解不同，但假如放弃间接性的界定方式，从 Klein 等提出的心理联系视角出发，采取直接定义的方式，能够明确组织承诺的一致性内涵。

第二，虽然之前有关组织承诺的研究基本都将不得不留在组织中的经济性心理依附作为其内涵之一，但本文在借鉴组织忠诚模型的基础上，结合西方已有的实证研究结论，认为组织承诺一致性的内涵如果分离持续承诺等代表的经济性心理联系，将更符合实际且更具有普遍性。

第三，尽管自主性在之前有关组织承诺的研究中没有被纳入其内涵，但本文仔细分析后认为，自主性能够代表组织承诺的发生特征，将其作为内涵之一不仅确立了个体与组织互相独立的选择立场，而且与管理实践的承诺含义相符，更能契合自主需求成为新生代劳动力主导需求的时代特征。

第四，与自我决定理论中基本心理需求满意度整合后的 Klein 等的承诺形成过程模型适用于不同文化背景的研究，但组织承诺形成路径的敏感性却具有文化背景的差异。本文从哲学和伦理学等角度探讨了自主性、责任感和奉献在形成路径敏感性方面的区别。经过综合比较，本文认为这种形成路径敏感性差异的根源在于中西文化背景对自我的不同界定。西方文化强调自我是超越的、思维的和独立的实体，中国文化强调自我是角色化的、情景性的和依存关系性的人的属性。责任感和奉献都与这两种自我观下个体对自我的追求和实现有关。

第五，本文认为组织承诺形成路径敏感性的差异能够在一定程度上说明西方管理理论在中国文化土壤下存在失灵现象的原因。事实上，组织承诺的内涵没有文化背景的区分，自主性、责任感和奉献在中西文化中的直观感知都是清晰且一致的。但这些要素的形成过程确实深刻体现了文化背景之间的差异。西方管理理论揭示的规律脱离不了其文化土壤的支撑，当这些规律应用于中国情景时，如果不对规律本身的形成和来源进行跨文化的反思，只强调规律的应然性，必然会出现理论失灵的现象。结合本研究的主题，如果中国情景下的管理者不注意组织承诺形成路径敏感性在文化背景方面的差异，很有可能出现事倍功半的管理困境。

文化背景对组织承诺形成路径敏感性的影响还有待进一步研究，尤其应当结合文化交流与融合逐渐深化的时代特征。一方面，经济全球化过程中，市场机制对地区文化带来制度层面的冲击；另一方面，信息技术的高速发展缩短了时空间隔，增进了不同地区之间相互了解的程度。这两种可能带来文化变迁的力量与本土原有的传统文化相碰撞，产生出不同状态的亚文化管理情景。在现实中，既有通过学习庙宇楹联，以实践家长式领导管理企业取得良好绩效的例证，又有自主需求逐渐占据主导需求的新生代劳动力特征。凡此种种，都在提醒管理者应当关注文化差异与融合在微观层面的影响。

本文所展开的文化对比及其对组织承诺形成路径敏感性的影响适用于中西文化具有明显可分性的组织情景。然而，随着文化融合程度的加深，不同文化在微观层面表现出的敏感性差异可能会逐渐降低，亦有可能产生某种交互作用后引发新的影响机制，或者形成因具体情景而变的分类状态，这些问题有待未来研究进行更深入的分析与讨论。

参考文献

[1] 凌文辁，张治灿，方俐洛. 中国职工组织承诺研究 [J]. 中国社会科学，2001 (2)：90-103.

[2] 姜定宇，郑伯埙，任金刚等. 组织忠诚：本土化的建构与测量 [J]. 本土心理学研究（台北），2003（19）：273-337.

[3] 姜定宇，郑伯埙. 组织忠诚，组织承诺及组织公民行为研究之回顾与前瞻 [J]. 应用心理研究（台北），2003（19）：175-209.

[4] Allen N. J., Meyer J. P. A. Three-component Conceptualization of Organizational Commitment [J]. Human Resource Management Review, 1991, 1 (1)：61-68.

[5] Becker H. S. Notes on the Concept of Commitment [J]. American Journal of Sociology, 1960, 66 (1)：32-40.

[6] Porter L. W., Steers R. M., Mowday R. T., et al. Organizational Commitment, Job-satisfaction, and Turnover among Informed Psychology Technicians [J]. Journal of Applied Psychology, 1974, 59 (5)：603-609.

[7] Wiener Y. Commitment in Organization：A Normative View [J]. Academy of Management Review, 1982, 7 (3)：418-428.

[8] Cheng Y. Q., Stockdale M. S. The Validity of the Three-component Model of Organizational Commitment in a Chinese Context [J]. Journal of Vocational Behavior, 2003, 62 (3)：465-489.

[9] Buchanan B. Building Organizational Commitment：Socialization of Managers in Work Organizations [J]. Administrative Science Quarterly, 1974, 19 (4)：533-546.

[10] Chang E. M. Career Commitment as a Complex Moderator of Organizational Commitment and Turnover Intention [J]. Human Relations, 1999, 52 (10)：1257-1278.

[11] 宝贡敏，徐碧祥. 组织认同理论研究述评 [J]. 外国经济与管理，2006，28 (1)：39-45.

[12] Klein H. J., Molloy J. C., Brinsfield C. T. Reconceptualizing Workplace Commitment to Redress a Stretched the Construct：Revisiting Assumptions and Removing Confounds [J]. Academy of Management Review, 2012, 37 (1)：130-151.

[13] Singh V., Vinnicombe S. What Does Commitment Really Mean：Views of UK and Swedish Engineering Managers [J]. Personnel Review, 2000, 29（2）：228-254.

[14] Ashforth B. E., Harrison S. H., Corley K. G. Identification in Organizations：An Examination of Four Fundamental Questions [J]. Journal of Management, 2008, 34（3）：325-374.

[15] 顾菁. 80后员工工作价值观研究 [D]. 上海：华东理工大学商学院, 2012.

[16] Hofstede G., Neuijen B., Ohayv D. D., et al. Measuring Organizational Cultures：A Qualitative and Quantitative Study across Twenty Cases [J]. Administrative Science Quarterly, 1990, 35（2）：286-316.

[17] Ryan R. M., Deci E. L. Self-determination Theory and the Facilitation of Intrinsic Motivation, Social Development, and Well-Being [J]. American Psychologist, 2000, 55（1）：68-78.

[18] Gagne M. N., Deci E. L. Self-determination Theory and Work Motivation [J]. Journal of Organizational Behaviors, 2005, 26（4）：331-362.

[19] Deci E. L., Ryanr R. M. The "What" and "Why" of Goal Pursuits：Human Needs and the Self-Determination of Behaviors [J]. Psychological Inquiry, 2000, 11（4）：227-268.

[20] Brickman P., Sorrentino R., Wortman C. B. Commitment, Conflict, and Caring [M]. Upper Richard River, NJ：Prentice-Hall, 1987.

[21] Moway R. T., Porter L. W., Steers R. M. Employee-organization Linkages：The Psychology of Commitment, Absenteeism, and Turnover [M]. New York：Academic Press, 1982.

[22] 韩翼, 廖建桥. 组织承诺周期模型的构建及实证研究 [J]. 管理学报, 2005, 2（4）：459-465.

[23] 刘小平, 王重鸣. 组织承诺及其形成过程研究 [J]. 南开管理评论, 2001, 4（6）：58-62.

[24] Diener E. Subjective Well-being：The Science of Happiness and a Proposal for a National Index [J]. American Psychologist, 2000, 55（1）：34-43.

[25] 李新春. 信任, 忠诚与家族主义困境 [J]. 管理世界, 2002（5）：87-94.

[26] Van Den Broeck Vansteenkiste M., De Witte H., et al. Capturing Autonomy, Competence, and Relatedness at Work：Construction and Initial Validation of the Work-related Basic Need Satisfaction Scale [J]. Journal of Occupational and Organizational Psychology, 2010, 83（4）：981-1002.

[27] 姚新中, 焦国成, 刘余莉. 自我建构与同一性——儒家的自我与一些西方自我观念之比较 [J]. 哲学译丛, 1999（2）：62-69.

[28] 北京大学哲学系外国哲学史教研室编译. 十六至十八世纪西欧各国哲学 [M]. 北京：商务印书馆, 1975.

[29] 李美辉. 自我意识在西方哲学史上的发展历程 [J]. 北方论丛, 2005（4）：130-133.

[30] 笛卡尔·R. 哲学原理 [M]. 关文运译. 北京：商务印书馆, 1958.

[31] 杨国枢, 黄光国, 杨中芳. 华人本土心理学 （上）[M]. 重庆：重庆大学出版社, 2008.

[32] 汪凤炎, 郑红. 论中西方自我的差异 [J]. 西南大学学报 （人文社会科学版）, 2007, 33（1）：11-16.

[33] 樊浩. 东西方文化 "自我" 形态的比较 [J]. 江苏社会科学, 1992（2）：108-112.

[34] 任亚辉. 中国传统儒家责任心理思想探究 [J]. 心理学报, 2008, 40（11）：1221-1228.

[35] 萨特. 存在与虚无 [M]. 陈宣良译. 上海：三联书店, 1987.

[36] 侯忠海, 戴茂堂. 中西道德责任观比较研究 [J]. 江汉论坛, 2007（9）：54-57.

[37] 田华. 论西方伦理学中的责任观 [J]. 四川师范大学学报 （社会科学版）, 2009, 36（6）：24-29.

[38] 梁漱溟. 中国文化要义 [M]. 上海：上海世纪出版集团, 2005.

The Relationship between Cultural Background and Organizational Commitment: Consistency A fancy and Marketers Sensitivity of Formation Paths

Zhang Xu   Fan Yun   Yan Jing

Abstract: In this paper, the formation process model of commitment integrated with basic psychological needs satisfaction is used to analyze the influence of Chinese and western cultural background on sensitivity of formation paths of organizational commitment, Based on the comparison of volition, responsibility, and dedication in philosophy and ethics, this study proposes that the sensitive formation paths of organizational commitment are the from "salience, control" and "autonomy need and competence need satisfaction" to " organizational commitment in western cultural background", and from "affect, trust" and "relatedness need satisfaction" to "organizational commitment" in Chinese cultural background.

Key Words: Chinese and western cultural background; organizational commitment; consistency meaning; sensitivity of formation paths; self-concept

基于核心要素创造视角的组织演化动力研究 *

张晓军　席酉民　葛　京

【摘　要】 本文通过对 X 公司核心要素创造过程的案例研究，分析了其随时间演化的方式、动力以及趋向和谐的途径。对组织核心要素创造过程的研究表明：①和谐主题（组织在特定时期的关键问题和核心任务）是组织创造核心要素的直接依据；②"和则"（能动诱导）与"谐则"（优化设计）是组织创造新核心要素所依据的内在机理；③和谐主题与双规则的互动展示了组织趋向和谐的途径。本文的贡献是，揭示组织演化与变革的驱动力；提出复杂多变环境中战略管理应兼顾长期的计划和短期的问题、任务；实践方面告诉管理者如何通过改变组织体系来应对环境变化。

【关键词】 组织演化；和谐主题；和则；谐则

一、引言

组织的演化一直是组织理论和战略管理研究的重点，制度理论、环境选择理论和战略选择等主流理论学派一直致力于探讨组织演化的方式、路径和原因等核心问题，演化理论学者则抛开理论的预设，单纯从系统的视角出发，研究组织核心要素之间的互动方式对组织绩效的影响（如文献 [1]）。系统理论指出，组织可以看成由若干要素组成的集合体，这些要素通过各种方式互相联系，不同类型的要素和互动方式会导致不同的结果。这种差异是匹配理论（Configurational Approach）的基本前提，匹配理论进一步指出，组织所拥有的要素及其间的关系决定它的绩效水平。权变理论和间断性均衡模型通过实证研究证明，组织核心要素和它们之间"相互加强"（Reinforce）的关系会导致较高的组织绩效，早期的要素匹配理论研究还指出了有利于组织发展的核心要素类型（如 Tushman 和 Romanelli 在 20 世纪 80 年代的系列研究）。然而，这些研究并没有关注促使这些核心要素产生和互

---

* 本文选自《管理科学学报》2013 年第 1 期。

动的原因，即组织为什么会沿着特定路径演化的问题尚未解决。正如 Siggelkow 所说："目前为止还没有足够的词汇来描绘组织趋向理想态的路径。"因此，对组织核心要素来源及其间关系的研究具有重要的理论和实践意义，是探讨组织演化驱动力的基础，并可以启示实践者如何通过控制关键要素及其互动使组织逼近和谐态。

本文主要探讨组织演化过程中核心要素产生的原因和互动的方式，以揭示组织趋向和谐的动力和路径。通过对一个国有企业子公司演化历程的考察，论文识别出两个关键要素：和谐主题和双规则机制，以解释组织沿着特定路径向和谐态演进的方式和原因。其中，和谐主题是组织创造核心要素的直接原因，双规则机制是组织核心要素形成所依赖的基本原理。本文认为，在快速多变的环境下，组织趋向和谐是一个解决涌现性问题的过程，特定核心要素的出现及其间的互动方式都是解决这个问题的产物。本文的贡献是，阐明了演化理论中企业更新核心要素的原因、时机和原理；系统地告诉管理者如何通过更新组织的内部系统来应对外部变化，进而不断逼近和谐态。

二、理论基础

（一）组织的演化路径

类型划分是匹配理论的基础，已有研究提出了一些组织演化的理想路径，如间断性均衡模型（Punctuated Equilibrium Paradigm）、线性级数发展模型（Linear Progression Development Model）、要素突变模型（Thin-to-thick）以及要素渐变模型（Patch-by-patch）等。这些模型主要以战略、结构和文化等要素为观察和分析的焦点，通过描述这些要素随时间变化的规律来解释组织演化的规律。其结论包括渐进型变革和根本型变革两种基本模式，前者认为组织的战略和结构等要素的变化是缓慢而温和的，后者则认为组织的变革是剧烈而不连续的，每一种模式都有大量实证研究的支持。出现这种矛盾观点的根源在于当用战略、结构和文化等先验性的要素考察组织演化的路径时，在很多情况下很难捕捉组织变化的丰富过程，因此可能存在组织本身正在发生变化但却无法通过这些要素观察出来的情况，急需一种能更好地分析组织变化的视角和方法，以深化对组织演化路径的研究。

另外，已有研究在组织演化的驱动力研究方面也没有达成一致，如组织种群理论认为外部的环境选择是组织演化的主要驱动力，而战略管理和适应性理论则认为组织的内部适应是主要驱动力，二者到底谁是主导没有定论。这一分歧也是由这些研究所倚重的要素差异造成的，不同组织在不同时期要素的表现不一样，选择不同的要素组合就会得出不同的结论。如有研究指出战略、结构、行业、技术等要素间的匹配可导致组织持续的竞争优势。尽管这些研究在组织演化路径和影响因素领域积累了丰富的知识，但是，由于缺乏能深入分析组织演化过程的适宜方法，这些研究多是对组织演化路径的描述，鲜有涉及这些演化路径决定因素的分析。

有学者针对这一问题开展了探索性研究，他们将组织看成是由相互关联的要素组成的系统，通过考察要素的状态来描绘组织的演化过程。Siggelkow 通过一个纵向的案例研究识别了四种过程——Thickening、Patching、Coasting and Trimming——描绘组织核心要素的产生和发展，这些过程为描绘组织趋向和谐的路径提供了语言，尽管它并没有关注导致这些过程的动因，其识别组织核心要素的方法为组织演化动力的研究提供了新思路。

（二）组织的核心要素及其互动视角下的组织演化

文献中对组织核心要素的定义有两种，二者都基于系统理论的思想，认为组织是由相互关联的要素组成的系统，组织的绩效和要素间的匹配有重要的关系。其中一种定义认为，在组织要素中，有些要素对组织发展的重要性大于其他要素，就称其为核心要素，因此组织可看成是由核心要素和边缘要素构成的系统。例如，Miller 识别了三个组织匹配的关键发生源：结构、领导和战略；Hannan 和 Freeman 列出组织的权力结构、核心技术和营销战略作为其核心方面；而 Romanelli 和 Tushman 则认为，组织文化、战略、结构、权力配置和控制系统是影响组织生存的关键方面。但是，正如 Siggelkow 所说，"这种对核心要素的先验性描述假定同一个要素在所有的企业和企业的不同发展时期都同样重要"，从而无法体现组织的多样性，很难解剖组织演化的动态过程。对于本研究，研究对象只有一个企业，追求案例本身的独特性和新颖性，不适合采用这一思路。

另一种定义主要关注要素之间的互动，认为核心要素应该与其他现在及未来的组织要素有高度依赖性，也就是说，"核心性意味着联系"，核心要素比边缘要素有更多的联系。这种基于互动的观点意味着组织的核心要素随着组织的动态变化而不断涌现出来，并不受先验性假定的约束，并且可以随时间改变，因此组织的演化过程可以看成是核心要素的互动和改变过程，这个过程的最佳状态是核心要素之间相互加强的关系，即组织和谐态的一般表现。基于这一定义，Siggelkow 研究了一个共有基金提供组织的演化过程，阐明了组织核心要素的改变如何解释组织的演化。然而，组织核心要素为什么会变化的问题仍然没有答案。

（三）核心要素的类型及其互动差异

已有基于要素互动的归纳性研究并没有考虑核心要素类型对互动方式和组织演化路径的影响。实际上，上述第一种定义（先验性观点）就假定组织的核心要素是附属于多样的行为领域的，表明核心要素可以划分为不同的类型。具体地说，有些核心要素，如战略、愿景和使命等，都是目标导向的，倾向于指导现阶段组织领导的决策，这种类型的要素通常与组织未来的要素有高度的依赖性，并且决定组织演化的方向。另外，有些核心要素是任务导向的，如结构、控制系统和权力配置等，它们主要致力于完成特定的组织目标，这类要素与组织现阶段的要素有高的依赖性，并能展示组织演化的实时状态。

此外，和谐管理理论认为，组织是由人要素和物要素组成的，二者的主要差别在于可规划程度不同。因此，组织的核心要素还能以可规划性维度加以分类，可规划性（Programm Ability）主要指一个核心要素可以被有目的地规划的程度。在组织日常运营中，有些要素在很大程度上被设计成固定的样式，以使组织目标通过特定的路径得以实现，战略、结构和组织制度就属于这一类型。它们都假定组织中存在确定的规则和程序，而且可以使用这些规则和程序达到目标，这一假定是管理研究中管理科学和数理分析领域的重要前提。然而，由于人类的有限理性和组织的复杂性，人们无法获得关于组织的所有知识，因此不可能通过具体而确定的方法来解决组织遇到的所有实际问题，这时就需要倚重不可规划要素的作用。图1展示了对组织核心要素在两个维度上的分类情况。

可规划性

	可规划	不可规划
目标导向	设计的目标	涌现的问题
	根据环境和组织的实际情况来人为确定，这些要素影响组织的演化方向 例：战略，愿景，使命	具有不可预知性、短期性和非人为性，这些要素影响组织的演化方向 例：战略问题，和谐主题
导向性	理性设计	诱导激励
任务导向	通过设计特定的路径来达到目标，这些要素展现了组织演化的真实历程 例：结构，制度，流程	通过激发人们的主动性和灵活性来达到目标，这些要素展现了组织演化的真实历程

图1 组织核心要素的分类

从图1可以看出，不同类型的核心要素在组织演化过程中有不同的作用，目标导向的要素主要影响组织演化的方向，任务导向要素可展现组织的实时演化路径。另外，可规划的核心要素倾向于从长期影响组织的演化路径，并通过确定的路径达成目标，不可规划的核心要素倾向于从短期影响组织演化目标，并依靠人的主动性和自主性达成目标。

总之，本文认为不同类型的核心要素对组织演化有不同的作用，这种差异可以解释组织演化的原因。为了细致地探讨这一问题，论文设计了一个国有企业子公司的归纳性案例研究，主要关注这一组织在纵向时间维度上创造新核心要素的方式和驱动力。

三、研究方法

（一）研究背景

本文的研究目的是通过分析组织核心要素创造的动因和过程来揭示组织演化的动因，

具有动态特征，因此案例研究较为适合。论文选取石油开采公司 X 公司来回答关注的问题。X 公司是一个大型国有企业 C 的下属公司，X 从 2003 年开始开采石油，截至 2008 年，经历了 6 年的快速发展时期。X 公司在这 6 年中的基本情况如表 1 所示。

本文选择 X 公司主要基于以下两点考虑：首先，单案例研究能够关注丰富的现象并获得翔实的描述。论文研究的是 X 公司 2003~2008 年的发展历程，作为新创企业，这一时期 X 的发展过程相当丰富。其次，笔者从 X 公司创建开始就进行追踪，在公司的创建阶段会创造很多新元素，所以论文的数据收集也较为精准和全面。其能为不同资料来源之间的相互印证提供更多的机会。

（二）数据来源

本文的数据主要来自三个方面：半结构化访谈、文件资料和非参与性观察。

（1）半结构化访谈。笔者总共访谈了 15 个对象，其中包括 X 公司的总经理和 C 公司的总经理，X 公司的 2 位副总经理，3 位部门经理，3 位管理员工，5 位操作员工。其中的 11 位亲历了 X 公司 6 年的发展历程，其余 3 位 2005 年加入 X 公司。这些来自不同层级的受访者从不同视角提供了对组织历史事件的描述和看法，从而降低了信息偏差。15 次访谈都采用深度面对面的方式，每次时间为 1~2.5 小时。在允许的前提下，笔者对部分访谈进行了录音。论文的半结构化访谈模板主要涉及的问题有，促使企业管理者创造新要素的因素是什么，组织的核心要素如何随时间演化，以及组织和环境间的互动等。在访谈过程中，研究人员努力从多种渠道获取信息，以提高资料的可信度。此外，研究者还与 X 公司举行了 3 次研讨来验证信息的准确性，研讨人员包括 X 公司的高层和中层管理人员。

（2）文件资料。笔者总共收集到 60 多份文件资料，其中与本研究有关的有 43 份，包括 6 份年报，5 份公司领导给外界的演讲稿，5 份高层管理者的报告，3 份总经理的演讲记录（2003~2008 年，X 公司共有过 3 位总经理），8 份来自上级公司的文件，12 份新闻报道（其中 2 份研究报告，3 本著作）。研究人员主要用这些文件来识别 X 公司每个阶段的核心要素及其间的联系，并检验访谈内容以减少认知偏差。

（3）非参与性观察。其中一名研究者分别于 2004 年和 2006 年两次到 X 公司调研，每次调研历时 3~5 天。2008 年 8 月，所有研究者访问了 X 公司。期间，参加了 X 公司的一次日常管理会，一次危机演练，观看了该公司的历史纪录片，并走访了大部分油井现场。参加了 C 公司的一次管理评审会。所有这些现场观察为笔者更准确地理解 X 公司发生的事件提供了认知基础。

（三）研究过程

本研究共分四步进行。首先，主要观察 X 公司的管理和生产模式，了解其发展历史，并基于这些观察与该公司中高层管理者进行了一次讨论，探讨 X 公司的演化路径。其次，通过对文件资料数据的分析，识别 X 公司 2003~2008 年的新创核心要素。再次，进行半结构化访谈，以验证上一步分析的准确性，并分析该公司发展路径的驱动力。最后，研究人员又举行了两次研讨会，与公司中高层领导共同分析初始编码结果的全面性和准确性。

第一步：了解案例企业。为了对 X 公司有一个全面的了解，研究者走访了 X 公司并了解了其内外部生产环境。特别地，鉴于石油开采中使用很多高科技技术，研究者参阅了很多技术文件来对石油开采、分离、运输等环节以及如何避免污染环境等做了了解。这些学习活动能帮助研究者改进研究的信度和效度。此外，研究者还了解了公司员工的生活和工作情况，并最后与公司中高层管理者举行了一次研讨，形成讨论笔记。

第二步：文件数据分析。现场观察后，研究人员开展了第一轮文件数据分析，鉴于本研究的目的是揭示 X 公司核心要素的创造过程，研究者将这些数据按时间顺序进行排列，并检查这些数据是否均匀地分布在各个时间点上，最终发现有两个时间段缺乏数据支持，并在公司的帮助下进行了补充。同时，本文基于互动视角的核心要素定义识别了该公司的新创核心要素，如果一个要素与其他现阶段或未来要素有密切的互动，就将其标记为核心要素。具体地说，如果将组织系统看成是由节点和边组成的网络，那么核心要素可以通过每年各要素与其他要素的互动数（边数）找到。这里采用两种计数方法：中心程度和二阶中心程度。其中，中心程度（Degree Centrality）是 Freeman 提出的一种计算网络中节点中心度的方法，其步骤是首先将要素的关系网绘制出来，其中要素的直接关联要素数是其中心度；二阶中心程度（Second-order Degre Centrality）是 Siggeklow 提出的一种与中心程度方法互补的网络节点中心度计算方法，其步骤是根据要素的关系网算出每个要素的非直接关联要素数，然后将直接关联要素数与非直接关联要素数相加得出二阶中心度。其中，直接关联要素数是与该要素直接相关的其他要素，在数值上等于与该要素节点直接相连的"边"的数目；非直接关联要素数是通过其他要素来影响该要素的要素数，在数值上等于与该要素相连的其他要素的直接关联要素数的总和。本文中的"新创核心要素"是指那些在现阶段中出现但在以前阶段不出现的核心要素，因此文中的新创核心要素是剔除重复出现要素后得到的。

第三步：论文得出了 X 公司新创核心要素间的互动模式。三个编码人员分别进行了各年的编码任务，并由另一研究人员协调以保持一致性。主要的任务是按照图 1 的分类方式对各年的要素进行理论化归类，然后运用多案例研究中的复制技术进行跨年度整合分析。

第四步：访谈。2008 年 8 月至 2009 年 3 月，研究人员共进行了 15 次访谈。在最初访问 X 公司时，发现该公司企业管理部的两位中层管理人员对 X 公司的发展历史非常熟悉，并负责公司的发展规划。因此，在访谈的最开始，首先以他们为受访对象，同他们讨论了研究人员的编码结果。访谈主要包括两部分，第一部分主要让受访者回忆 X 公司发展过程中的重要事件和变化，代表性问题如：从 2003 年到现在 X 公司主要开展了哪些创新和变革工作？公司为什么开展这些工作？在第二阶段，研究者将分析得出的要素清单和互动模式图展现给受访者，让他们说出自己的理解和建议。这一部分的主要作用是确保文中对文件资料的分析与 X 公司的实际情况相符合，并且降低来自研究者的偏差。第二部分对其他受访者进行了访谈，其中大部分是在最初的两位中层管理者的推荐下选择的，他们的访谈程序与上面基本相同。访谈后，研究者基于受访者的回忆和建议对最初的模型做了修正，随后与 X 公司的一位副总和上述两位中层管理者进行了一次非正式讨论确认了修正的准确性。最后与 X 公司的总经理进行了一次讨论确定了最终的结论。

表 1　X 公司 2003~2008 年的发展历程

年份	产量水平（1）				规模水平			
	总产量	日产量	POD*		油井数（口）	员工数（人）	人井比	
			X 公司	C 公司			X 公司	C 公司
2003	231000	632.88	2.10	2.23	302	875	2.90	2.92
2004	597000	1635.62	3.33	2.62	491	1032	2.10	2.87
2005	822000	2252.05	2.59	2.58	869	1288	1.48	2.66
2006	1061000	2906.85	2.44	2.35	1191	1496	1.25	2.57
2007	1105000	3027.40	2.48	2.46	1222	1540	1.26	2.31
2008	1123000	3076.71	2.37	2.52	1300	1600	1.23	2.10

注：POD*：日单井产量。

表 2　X 公司与 C 公司产量比较

	渗透率*	百万吨投资（百万）	单井投资（万）	单井面积（m²）	桶油成本（美元）	百万吨产量废气回收价值（万）	管理层级
X 油田	1	100	300	220	1.94	2636	3
C 公司	6	152	430	866	1.97	1586	5

注：有压力差时岩石允许液体及气体通过的性质称为岩石的渗透性，渗透率是岩石渗透性的数量表示，它表征了油气通过地层岩石流向井底的能力。

从上面的步骤可以看出，论文的研究遵从典型的循环迭代质性分析路线。研究者首先进入现场并厘清了研究问题，然后收集、分析数据得出 X 公司的演化路径初始编码并进行聚焦归类，通过深度访谈来确认和拓展研究者的结论，最后进行了数轮修正。

四、数据分析

（一）X 公司各阶段核心要素的归类和变化

论文按照两种计数方法列出了每年中心程度排名靠前的 10 个要素，然后选出两个排名里从前到后名次相同的要素并确定为最终结果。通过对每年核心要素关联数的统计，研究者发现，任何时间都有一个要素和所有的新创核心要素存在关联，并且总共有三个这种类型的核心要素，三者的更替凸显了 X 公司发展的阶段性特征，因此，论文依据这三个要素将 X 油田 6 年的发展历程划分为 3 个阶段，每个阶段核心要素的指标值如表 3 所示。

识别各阶段的核心要素后，笔者按照图 1 的分类法对这些要素进行了分类，如表 4 所示，X 公司管理体系核心要素的变化反映了其 6 年的演化历程。由于 X 公司油藏的低渗透特征，没有现成的技术可以采用，因此在 X 成立之初，主要的任务是突破技术障碍，技术创新是第一阶段使用最多的一个词语，并指导了组织体系的构建。众所周知，石油开采会污染环境，X 公司地处我国西北，自然环境比较脆弱，而且油井离农户很近，因此在技术问题解决之后，如何与周围的环境和谐共存就成为焦点问题。通过大量的数据分析得出自然环境保护和与当地的利益共享是第二阶段的主题。随着企业规模的扩大，一些与员工有关的内部问题逐渐凸显，系统地改进员工的工作和生活环境就成为 X 公司工作的重点。

表 3　各阶段核心要素中心度数值与排序

阶段	排序	要素名称	中心程度	二阶中心度
第一阶段 2003.1~2005.6	1	技术创新	12	21.86
	2	创新制度	7	15.33
	3	创新文化	7	13.97
	4	信息技术	6	12.12
	5	油藏工程	6	12.46
	6	采油工程	6	12.46
	7	地面工程	6	12.46
	8	国内一流油田	6	11.95
	9	国内先进油田	6	11.95
	10	陆上低渗透油田旗帜	6	11.95
	11	扁平化	5	10.27
	12	增产	5	9.93
	13	激励机制	4	8.25
第二阶段 2005.7~2006.12	1	环境友好	10	17.98
	2	陆上低渗透油田旗帜	8	15.22
	3	社会责任	7	13.84
	4	环保文化	6	12.27
	5	环保技术	5	10.89
	6	企地合作	5	10.51
	7	利益共享机制	5	10.51
	8	HSE 体系	5	10.32
	9	流程外包	4	7.61
	10	培训	4	7.42
	11	稳产	3	6.61
第三阶段 2007.1~2008.12	1	以人为本	11	20.36
	2	价值观共享	8	15.92
	3	部门边界模糊化	7	14.74
	4	能级制度	7	14.38

续表

阶段	排序	要素名称	中心程度	二阶中心度
	5	员工福利	7	13.12
	6	职业生涯管理	6	13.02
	7	稳产	6	11.94
第三阶段	8	换岗	5	10.58
2007.1~2008.12	9	组织愿景	5	10.40
	10	陆上低渗透油田旗帜	5	10.04
	11	培训	4	9.04
	12	工作场所美化	3	6.60

注：中心程度 = D（与该要素直接相关的其他要素数），二阶中心度=D+D'×M/M'（D' 是 D 的平均数，M 和 M' 分别是非直接关联要素数及其均值）。

表4 X公司核心要素在三个阶段的变化

阶段	核心要素			
	设计的目标	涌现问题	理性设计	诱导激励
1	国内一流油田 国内先进油田 陆上低渗透油田旗帜 增产	技术创新	油藏工程 采油工程 地面工程 信息技术 创新制度 扁平化	创新文化 激励机制
2	陆上低渗透油田旗帜 稳产	环境友好	环保技术 流程外包 HSE 体系	环保文化 利益共享机制 企地合作培训 社会责任
3	陆上低渗透油田旗帜 稳产	以人为本	工作场所美化 部门边界模糊化	价值观共享 能级制度 组织愿景 员工福利 职业生涯管理 换岗 培训

（二）组织战略的愿景化与和谐主题的直接指导作用

1. 战略与愿景的长期导向作用

表3的数据中，三个阶段的愿景都是核心要素，说明组织的愿景对组织发展非常关键。而且，尽管X公司的外部环境和内部状况发生了重要变化，研究者发现其愿景和战略基本没有改变。X公司最初的愿景在2003年10月和2004年4月做了两次改变，而此时X均处在第一发展阶段，自此以后再没有变化。类似地，战略在2005年6月有过一次变化，此后再没有变化。此外，大多数的文件和演讲稿中都将愿景和战略放在同一个句子中，如2004年以来该公司频繁使用的一句话是：成为陆上低渗透油田的一面旗帜，实现

规划的产量。一位高层管理者也说：愿景和战略主要说明在未来几年内应该完成什么指标。X公司2003~2008年的发展历程表明，战略主要对组织长期发展目标进行定位，对组织日常管理中的涌现性问题关注很少，验证了战略管理关注组织长期发展方向的特征。

战略与愿景很少关注涌现性问题的原因是多方面的。首先，X公司是大型国企C公司的下属企业，X的战略也是C公司战略的一部分，因此X的战略常常会受到C公司的影响，甚至由C公司决定，这种情况下，X公司没有太大的空间去根据环境变化灵活改变战略，X公司总经理说：每年上级公司都会制定一个产量计划，定出本年度X公司应该完成的目标。此外，还必须与C公司的长期发展战略保持高度一致。而且，发现"根据C公司的安排部署"和"为了完成C公司的任务"等句子在X公司的年度工作报告和其他文件中频繁出现。研究者了解到，在C公司的年度会议上，会制定X公司的年度生产任务，并且在C公司领导给X公司的讲话中，也经常提及这一任务。

其次，X公司的环境日益复杂多变，特别是随着时间的推移，公司面临的问题逐渐由技术性转变到社会性上来（从技术创新到环境友好再到以人为本），由于人自身的不确定性和不可优化特征，这种转变使得X公司很难去制定既能指导长期发展方向又能对短期的不可预知变化保持敏感的战略，这种情况下，X公司的战略主要倾向于与C公司的计划相呼应，并没有太多关注环境和人的变化，那么，是什么指导该公司日常的运行呢？

2. 和谐主题的直接指导作用

鉴于分析结果中每个阶段都有一个关联性很高的核心要素的现象，研究者在访谈中与受访者对此进行了重点讨论。通过对访谈资料的分析发现，这三个核心要素是X公司每个阶段要解决的关键问题，也是该阶段管理体系构建和更新的主要依据，因此它们与其他核心要素都有密切关系。这三个要素所体现的内涵与和谐管理理论中和谐主题的含义一致。和谐管理理论认为，在当今组织环境复杂多变的情况下，组织的发展过程更多地是一个应对各种各样问题的过程，在不同的时期所解决的关键问题叫作和谐主题。和谐主题是组织在特定时期的关键问题和核心任务，它反映组织在某一时期工作和发展的总体方向。和谐主题主要由领导在分析环境和组织自身状况的基础上得出，因此，它随着环境的变化而变化。在本案例中，三个阶段的主题分别是技术创新、环境友好和以人为本（见表5），因此，研究者对X公司的发展过程的三阶段划分实际上是以和谐主题的变化为依据的。它们都是先由研究者总结编码而来并与X公司管理者讨论后确定的。

表5 三个阶段的和谐主题

阶段	阶段1	阶段2	阶段3
关键问题	低渗透油田开采低成本	自然环境保护与社会环境和谐	员工的工作与生活环境
和谐主题	技术创新	环境友好	以人为本
意义（Meaning）	核心任务是技术创新，企业的资源配置和主题活动应围绕这个主题展开	在石油开采的全流程中注重自然环境的保护，与当地居民和政府建立和谐的关系	改善员工的工作条件，生活水平，关注员工的个人发展

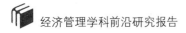

阶段	阶段 1	阶段 2	阶段 3
作用	指导企业本阶段管理体系的构建和工作重心	指导企业本阶段管理体系的构建和工作重心	指导企业本阶段管理体系的构建和工作重心
典型引语	最初，竭尽全力攻破特低渗透技术难题，企业管理和资源配置都以技术创新为主导（总经理）	主要通过技术创新来确保生产活动不污染、少污染环境（部门经理），公司与当地政府和社会团体有各个方面的合作（副总）	把越来越多的资金投资到改善员工工作生活条件的项目中（总经理），公司帮助购买房屋，便利子女教育，提供医疗（一线员工）

表 5 新创核心要素的划分表明，每个阶段任务导向的核心要素和本阶段的和谐主题有着密切的关系。例如，在第一阶段，主题是技术创新，相应的任务导向新创核心要素包括两种类型的技术，即油藏工程、采油工程、地面工程、信息技术以及三种技术创新策略（即创新制度，创新文化和激励机制）。当主题转变为环境友好后，相应的新创核心要素也与环境保护有了更多的联系（如环保技术，HSE 体系，环境文化，培训），并且关注与当地政府和居民间的积极关系（如过程外包，利益共享机制，企地合作，社会责任），在最后一个阶段，主题变为以人为本，新创核心要素也致力于改善员工的工作和生活环境（如工作场地美化，部门边界模糊化，价值观共享，员工福利，换岗制度）并提高员工的个人能力（如能级制度，职业生涯规划，培训）。

任务导向核心要素与和谐主题间的这种互动关系表明和谐主题是组织发展的直接指导者，和谐主题的这种直接指导作用根植于组织必须处理繁杂而涌现性的现实问题，以 X 公司为例，不管是最初的技术创新，接下来的自然环境保护、社会关系构建与维护，还是最后对员工的关注，都不是由公司的管理者规划出来的，而是通过特定阶段公司必须要解决的关键问题的积累而形成的，这种通过问题来决定组织阶段发展重心的思路突破了战略管理的路线，体现了组织解决涌现性问题的做法。在 X 公司对外的宣传和汇报资料中，也是按照低渗透油田开发、环境保护、社会责任以及员工福利这四个方面来展开的，而且他们承认这些方面并不是事先规划的结果，而是在解决面临众多问题的过程中形成的阶段性工作思路。从一个阶段到另一个阶段的转变实质上就是核心要素的构成和互动方式的一次重新安排，这种变化是由组织在日常运行中涌现出来的问题积累而造成的，因此，和谐主题并不是组织管理者设计的结果，而是一个随阶段的变化（漂移）自然演化的过程。

（三）核心要素的创造机理——和则与谐则

资料分析表明，和谐主题指导 X 公司各个时期核心要素的创造过程，接下来的问题是，面对特定的和谐主题，组织应该如何选择恰当的核心要素？选择的依据是什么？本文对这个问题的回答需要参照图 1 中对要素可规划性的划分，从前面数据的归类可以看出（见表 6），每个阶段的核心要素都包括理性设计和诱导激励两类。理性设计方面主要以技术开发、结构革新为手段，通过明确而科学的调差、调整和匹配，以便于更省、更简洁地达到目的（主题）；而诱导激励方面主要以调动员工的积极性为出发点，通过激励机制、文化和员工学习等方面的诱导和培训，使得他们有能力、有意愿去实现组织的主题。

上述两个维度呼应了和谐管理理论中的两种规则。理性设计主要以管理科学（如制度约束，流程管理和优化）为基础，通过设计明确的路线来解决问题，其基本假设是组织问题和任务可以通过确定的路径来解决，这种规则在和谐管理理论中称为谐则。与之相反，诱导激励主要关注人的积极性和能动性，其假定是由于有限理性和现实的复杂性，并不是所有的问题都能通过设计确定的路径来解决，因此主张通过调动操作者的主动性来灵活应对遇到的问题，和谐管理理论称之为和则，其理论基础包括激励、文化和组织学习等。

上述两种机制揭示了推动组织演化的两种重要力量。谐则主要体现了人类理性设计对组织演化路径的影响，企业总是倾向于规划自己的未来，通过管理意向影响组织演化。然而，由于认知和设计能力的局限，管理者对演化路径的设计也仅仅局限于在几种方案中选择，这些有限的方案在很大程度上约束着一个企业的战略选择。而且，企业的核心刚性和高度专业化的资源在提高利润的同时降低了灵活性，降低了企业在复杂环境下的生存能力。因此，尽管谐则减少了企业未来发展方向的不确定性，它同时也降低了企业的适应能力。在简单稳定环境下，谐则是组织演化的主导规则。

与谐则不同，和则是组织演化路径中涌现性元素的主要缔造者，它能够解释组织规划的路径与实际路径间的绝大多数差异，这反映了组织演化中不可控的方面。这种不可控的根源在于，组织是由人组成的社会系统，人与人之间的互动行为能够导致非意愿的涌现性结果。如上所述，和则的主要思想就是激发人们之间对组织发展有利的互动方式。在复杂多变环境下，和则是组织演化的主导规则。

此外，从表6还可以看出，随着主题的不同，核心要素在两个维度上的分布呈现出从以理性设计为主到以诱导激励为主的转变，例如，在第一阶段，8个新创核心要素中有6个属于理性设计维度，第二阶段有3/8属于这一维度，而第三阶段则变为2/9。这种变化与和谐主题的改变基本上是同步的，这再次证明主题的变化与核心要素创造机制间存在着密切联系。具体地说，当组织发展的核心任务和问题改变后，组织管理者就会自觉根据问题和任务的需要创造新的核心要素，而创造遵照的原理就是"和则"与"谐则"。

表6　各阶段核心要素创造的机理

阶段	和谐主题	新创核心要素个数	理性设计			诱导激励	
			个数	核心要素	典型引语与证据	个数	核心要素	典型引语
阶段1	技术创新	8	6	油藏工程 采油工程 地面工程 信息技术 创新制度 扁平化	面对特低渗透油藏开采，创造了勘探开发一体化、油藏精细描述和超前注水等技术（地质所所长）；传统油田为5个管理层级，X油田为3个（企业管理科科长）	2	创新文化 激励机制	中层管理人员实行全厂"招聘"；技术人员实行"竞聘"上岗；一般操作岗位，推行"人才市场化"，实行用人井区和员工双向选择（X共司规章）

续表

阶段	和谐主题	新创核心要素个数	理性设计			诱导激励		
			个数	核心要素	典型引语与证据	个数	核心要素	典型引语
阶段2	环境友好	8	3	环保技术 HSE 体系 流程外包	绿色油田内涵：油田开发过程中的油、气、水全部进入系统密闭运行，对外排放率为零；伴生气、采出水集中处理，循环利用；钻井、试油、修井等油水井作业过程中的废液全面回收，集中进行无害化外理；生产过程中综合环保措施配套到位，对地层、土壤、水系、空气不造成任何污染（X公司规章）	5	环保文化培训 社会责任 利益共享机制 企业合作	深刻认识到企业和地方必须统一认识，共同致力于油田的和谐发展，只有这样才能促进公司和地方人民的共同发展（总经理） 企地共建大油田，X公司高管在政府任职，政府专门设立"一站式"服务体系（研究报告）
阶段3	以人为本	9	2	工作场所美化部门边界模糊	井场是花园式的，每一块绿化带的设计、井场的布置都融入了美和舒适的元素（一线员工） 井场地面布局由专门邀请的美学专家亲手设计而成（副总经理）	7	价值观共享 能级制度 组织愿景 员工福利 职业生涯管理 换岗 培训	使命："奉献能源，报效祖国"；宗旨："只要用心，就能做好"（X公司章程） 可以自由地换到自己喜欢的岗位上（一线员工）

（四）总结：组织核心要素的创造机制

对 X 公司的分析表明，其核心要素创造的依据是油田发展的阶段性和谐主题，创造的基本原理是和则与谐则。和战略相比，和谐主题本身不是规划性的，它主要从组织发展过程中所遇到的重要问题演化而来，这使得核心要素的创造也紧紧围绕组织发展中遇到的问题展开，做到有的放矢。同时，和则与谐则告诉组织在特定和谐主题下，应根据问题的类型和特点来选择恰当的问题解决方案，并随着主题的变化调整自己的思路，揭示了组织动态性的构建思路。综上，和谐主题以及和则与谐则的互动构成了组织核心要素的创造机制。

五、讨论

作为对中国国有企业特定演化路径动力的探索性研究，本研究的贡献主要有两个方面。理论贡献是，通过构建组织核心要素的创造机制，回答了组织如何随着时间演化以及为什么沿着特定的路径演化的问题。实践方面，本文的结论对于管理者如何革新内部管理体系来应对外部环境的变化有重要意义。

（一）对组织演化理论的贡献

早期关于组织演化的研究主要关注战略、结构、控制系统等要素对组织变革的影响，大量实证研究表明，这些要素确实影响组织的演化方式。但是，随着环境复杂性的增加，用一种先验的假设去寻找组织演化的驱动因素越来越没有说服力。后来的趋势是从系统论出发，首先描述组织的演化路径，然后再探讨演化路径的驱动因素。

大量组织演化的研究提出了组织演化的路径模型（如间断性均衡模型，线性级数发展模型），从不同的角度展示了组织演化的路径，如间断性均衡模型认为组织的演化有长时段的稳定和短时间的突变相结合的特征。但是，这一领域的研究少有关注组织为什么会出现这样的演化方式；线性级数发展模型基于"匹配"的假设，认为组织的变化是由核心要素间的"匹配度"来决定的，当核心要素间是相互加强的关系时，要素间的匹配度就高，组织就不会发生变化，一旦核心要素间的加强关系发生了变化，要素间的匹配度就会降低，新的核心要素就会出现，并带来新的加强关系，如此循环下去。但是，这一模型也没有关注什么因素导致要素间的匹配度发生变化的问题，进而，同样没有说明组织演化的驱动力。组织演化的驱动力是组织演化领域长期悬而未决的理论难题。

不过，上述模型提出的通过核心要素的变化来描述组织演化的思路和方法，为研究组织沿着特定路线演化的动力提供了基础。本研究基于这一理论基础，通过考察一个企业的演化历程，总结出其核心要素随时间变化的方式和影响因素。本文的结论是，和谐主题是组织创造新核心要素的直接原因；和则与谐则是核心要素创造所遵循的基本规则。

和谐主题是连接环境和组织之间互动的一个重要概念。众所周知，环境是决定组织演化的一个重要因素，但学者并不知道环境如何影响组织体系并进一步影响绩效。本研究发现，环境是组织领导者思考和确定组织愿景和使命的重要约束，从某种意义上说，组织的愿景就是领导者在将环境特征、组织条件和自身偏好相结合的基础上确定的，而愿景作为不随环境变化而变化的组织核心诉求，是和谐主题确定的依据和主题变化的推动力，而和谐主题又是任务型核心要素产生所遵循的依据，任何任务型核心要素的产生都基于特定主题的需求和推动。在主题的引导下，和则与谐则是核心要素创造所遵循的两个基本规则，当主题是与人密切相关的激励、文化等问题时，领导就会基于和则去创造适宜的核心要素，当主题是与人无关的结构和流程问题时，就会采用基于设计性思维的谐则创造核心要素。综上，和谐主题、和则与谐则这三个概念可完整地回答组织演化的驱动力问题，揭示了组织演化的机理，这也是本文最为重要的理论贡献。

（二）对战略管理的贡献

传统的战略管理采用结构化的模式对组织运行的宏观指导，不管是外部竞争战略还是内部资源和能力优势的构建，都强调通过战略获得持续、稳定和可规划的发展，然而，随着组织环境关键步骤的战略管理遇到重大挑战。同时，快速的变化使稳定持续的战略难以发挥作用，反而会阻碍组织对变化做出反应。当组织的持续核心竞争优势不再存在，传统的战略管理目标开始变得模糊。在这一情况下，战略管理研究需要调整，更多地强调战略的适应性和灵活性。如 D'Aveni 就认为战略应致力于使组织形成一系列当下优势，Eisenhardt 等也认为，稳定环境中的战略是复杂的，但在复杂多变的环境下，战略必须变得简单，聪明的企业只向前看一小步，并且运用一些不变的简单规则（Simple Rules）来指导发展。但如何针对这些挑战做出系统的调整仍鲜有可资参考的成果，本文提出的和谐主题与双规则机制给出了一种复杂多变环境下战略管理转型的方向和路径。

首先，指出战略形成应更多关注组织短期的涌现性问题。和谐主题导向下的双规则机制强调组织应关注当前的核心任务和问题，并综合运用设计和演化两条路径来应对复杂多变世界中的各种问题。和谐主题的关键优势在于其应对变化时的涌现性特征，在一个复杂系统中，很小的波动就可以引发明显的结果——就像蝴蝶效应那样，在一个计划体系中，这些小的变动很难被考虑到，因此战略很难对它们做出回应。相反，和谐主题遵循问题导向的视角，并及时地关注组织的问题和事件，如果有潜在的问题存在，主题就会做出调整以应对它们。和谐主题涌现特征的启示是，组织未来的计划应该在长期的战略和短期的问题间做出权衡。

其次，主张运用双规则机制来实施战略。双规则机制为组织提供了一套灵活适应环境变化的机制，指出由物要素造成的问题一般用设计性的谐则来解决，由人要素或者人物互动造成的问题用演化性的和则来应对，并告诉实践者如何处理好设计性要素和演化性要素之间的互动关系。这为战略管理的调整提供了一条可参照的路径。

（三）对组织管理实践的启示

动态能力和组织变革的研究认为，组织必须及时通过革新内部体系来应对环境变化，基于这些理论，本文进一步探索了管理者如何有效地革新组织的管理体系，论文的建议包括三个步骤。

首先，不管环境变化多快，企业的一把手需要清晰地知道本组织的愿景并及时地传递给下属。愿景的制定需要综合来自宏观的环境特征（如经济，社会，制度和技术等）和组织的长远价值观；此外，愿景和使命需要作为共享的价值观传递给每一位员工。

其次，管理者应该明确组织当前面临的关键问题和核心任务，即组织的和谐主题。为了及时应对环境变化，管理者最好能够对比外部需求和内部产出，扫描宏观环境并更新组织体系，而且，领导识别的和谐主题需要及时地传递给下属并确保指导他们的日常工作。

最后，在特定的和谐主题下，管理者需要根据双规则机制的原理来更新内部管理体系，许多企业总是侧重于使用和则或谐则中的某种机制，而不注重二者的互动及其与和谐主题的匹配，通过本研究发现不同的和谐主题需要不同的双规则机制的结合方式，因此管理者应该确保和谐主题及其对应机制间的一致性。

（四）局限性和未来研究的方向

本研究的几个局限指明了未来研究的可能方向。首先，本研究采用单案例来探讨组织创造新核心要素的机制和不同核心要素间的互动模式，因此，未来的研究可通过更多的案例或大样本统计来扩展本文结论的效度。其次，本文仅仅关注了新核心要素的创造过程，显然组织核心要素的变化还包括其他过程，如强化、删除等，因此未来的研究也可以通过关注这些方面来验证本文模型的有效性。最后，在"环境—组织体系"的关系链中，不同的环境特征对组织的演化过程有不同的影响，例如，Eisenhardt 和 Martin 指出组织对高动态和稳定环境的反应是不同的，因此本文的结论若能考虑环境特征的调节作用也是很有价值的。

六、结 束 语

本研究主要目的是通过组织核心要素的创造来探索组织演化的路径和动力，揭示企业趋向和谐的途径。论文的结论清晰地展示了组织创造核心要素的依据和机制。主要结论包括，和谐主题是组织核心要素创造的直接依据；和则与谐则是创造新核心要素所依赖的基本原理；主题与双规则的互动就展示了组织趋向和谐态的途径。

参考文献

［1］Siggelkow N. Evolution toward fit［J］. Administrative Science Quarterly, 2002（47）：125-159.

［2］Meyer A. D., Tsui A. S., Hinings C. R. Configurational approaches to organizational analysis［J］. Academy of Management Journal, 1993, 36（6）：1175-1195.

［3］Gersick C. J. Revolutionary change theories：Amultilevel exploration of the punctuated equilibrium paradigm［J］. Academy of Management Review, 1991（16）：10-36.

［4］Romanelli E., Tushman M. L. Organizational transformation as punctuated equilibrium：An empirical test［J］. Academy of Management Journal, 1994, 37（5）：1141-1166.

［5］Tushman M. L., Romanelli E. Organizational evolution：A metamorphosis model of convergence and reorientation［C］. In：Cummings L. L. and Staw B. M.（Eds.）. Research in Organizational Behavior［J］. CT JAI Press, 1985（7）：171-222.

［6］Greenwood R., Hinings C. R. Organizational design types, tracks and the dynamics of strategic change［J］. Organization Studies, 1988（9）：293-316.

［7］Brown S. L., Eisenhardt K. M. The art of continuous change：Linking complexity theory and time-paced evolution in relentlessly shifting an organization［J］. Administrative Science Quarterly, 1997（42）：1-34.

［8］Kazanjian R. K., Drazin R. An empirical test of a stage of growth progression model［J］. Management Science, 1989, 35（12）：1489-1503.

［9］Romanelli E., Tushman M. L. Inertia, environments, and strategic choice: A quasi-experimental design for comparative longitudinal research ［J］. Management Science, 1986, 32（5）: 608-621.

［10］Rivkin J. W. Imitation of complex strategies ［J］. Management Science, 2000（46）: 824-844.

［11］Siggelkow N. Change in the presence of fit: The rise, the fall, and the renaissance of Liz Claiborne ［J］. Academy of Management Review, 2001, 44（4）: 838-857.

［12］Whittington R., Pettigrew A., Peck S., et al. Change and complementarities in the new competitive landscape: A Europeanpanel study ［J］. Organization Science, 1999（10）: 583-600.

［13］Miller D. The genesis of configuration ［J］. Academy of Management Review, 1987, 12（4）: 686-701.

［14］Hannan M. T., Freeman J. Structural inertia and organizational change ［J］. American Sociological Review, 1984（49）: 149-164.

［15］Hannan M. T., Burton M. D., Baron J. N. Inertia and change in the early years: Employment relations in young, high-technologyfirms ［J］. Industrial and Corporate Change, 1996（5）: 503-536.

［16］Xi Y. M., Tang F. C. Multiplex multi-core pattern of network organizations: An exploratory study ［J］. Computational & Mathematical Organization Theory, 2004（10）: 179-195.

［17］Baron J. N., Hannan M. T., Burton M. D. Building the iron cage: Determinants of managerial intensity in the early years of an organization ［J］. American Sociological Review, 1999（64）: 527-547.

［18］席酉民, 韩巍, 尚玉帆. 面向复杂性: 和谐管理理论的概念、原则及框架 ［J］. 管理科学学报, 2003, 6（4）: 1-8.

［19］Anderson P. Complexity theory and organization science ［J］. Organization Science, 1999, 10（3）: 216-232.

［20］Ozcan P., Eisenhardt K. M. Origin of alliance portfolios: Entrepreneurs, network strategies, and firm performance ［J］. Academy of Management Review, 1974（39）: 816-831.

［21］Gilbert C. G. Unbundling the structure of inertia: Resource versus routine rigidity ［J］. Academy of Management Journal, 2005, 48（5）: 741-763.

［22］Miles M. B., Huberman M. A. Qualitative data analysis ［M］. 2nd Edition. California: Sage Publications, 1994.

［23］Freeman L. C. Centrality in social networks: A Conceptual clarification ［J］. Social Networks, 1979（1）: 215-239.

［24］Eisenhardt K. M. Building theories from case study research ［J］. Academy of Management Review, 1989, 14（4）: 532-550.

［25］Grant R. M. Strategic planning in a turbulent environment: Evidence from the oil majors ［J］. Strategic Management Journal, 2003（24）: 491-517.

［26］席酉民, 韩巍, 葛京等. 和谐管理理论研究 ［M］. 西安: 西安交通大学出版社, 2006.

［27］Flier B., Van Den Bosch F. A. J., Volberda H. W. Co-evolution in strategic renewal behaviour of British, Dutch and French financialincumbents: Interaction of environmental selection, institutional effects and managerial intentionality ［J］. Journal of Management Studies, 2003, 40（8）: 2163-2187.

［28］Teece D. J. Economic analysis and strategic management ［J］. California Management Review, 1984: 87-111.

［29］Volberda H. W. Toward the flexible form: How to remain vital in hypercompetitive environments ［J］.

Organization Science, 1996, 7 (4): 359-374.

[30] Chiles T. H., Meyer A. D., Hench T. J. Organizational emergence: The origin and transformation of Branson, Missouri's Musical Theaters [J]. Organization Science, 2004, 15 (5): 499-519.

[31] Bourgeois III L. J., Eisenhardt K. M. Strategic decision processes in high velocity environments: Four cases in the microcomputer industry [J]. Management Science, 1988, 34 (7): 816-835.

[32] Lewin A. Y., Long C. P., Carroll T. N. The co-evolution of new organizational forms [J]. Organization Science, 1999, 10 (5): 535-550.

[33] Bailey A., Johnson G. A framework for the managerial understanding of strategy development [M]. In: Volberda H. W., and Elfring T. (Eds). Rethinking Strategy. London: Sage, 2001: 212-230.

[34] Hart S. L. An integrative framework for strategy-making processes [J]. Academy of Management Review, 1992, 17 (2): 327-351.

[35] Farjoun M. The end of strategy? [J]. Strategic Organization, 2007, 5 (3): 197-210.

[36] March J. G. Rationality, foolishness, and adaptive intelligence [J]. Strategic Management Journal, 2006, 27 (3): 201-214.

[37] Porter M. E. Competitive Strategy: Techniques for Analyzing Industries and Competitors [M]. New York: The Free Press, 1980.

[38] Hamel G. Leading the Revolution [M]. Boston: Harvard Business School Press, 2000.

[39] Beinhocker E. D. The origin of wealth: Evolution, complexity and the radical remaking of economics [J]. Boston: Harvard Business School Press, 2006.

[40] Mascarenhas B. Coping with uncertainty in international business [J]. Journal of International Business Studies, 1982, 13 (2): 87-98.

[41] D'Aveni R. A. Hypercompetition: Managing the Dynamics of Strategic Maneuvering [M]. New York: Free Press, 1994.

[42] Eisenhardt E. M., Sull D. N. Strategy as simple rules [J]. Harvard Business Review, 2001, 79 (1): 107-116.

[43] 王亚刚, 席酉民. 和谐管理理论视角下的战略形成过程: 和谐主题的核心作用 [J]. 管理科学学报, 2008, 11 (3): 1-15.

[44] Greenwood R., Hinings C. R. Understanding radical organizational change: Bringing together the old and the new institutionalism [J]. Academy of Management Review, 1996, 21 (4): 1022-1054.

[45] Teece D. J., Pisano G., Shuen A. Dynamic capabilities and strategic management [J]. Strategic Management Journal, 1997, 18 (7): 509-533.

[46] Eisenhardt K. M., Martin J. A. Dynamic capabilities: What are they? [J]. Strategic Management Journal, 2000 (21): 1105-1121.

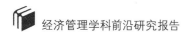

Exploring Drivers of Organizational Evolution on the Perspective of Organizational Core Element Creation

Zhang Xiao–jun   Xi You–min   Ge Jing

Abstract：This paper uses a longitudinal case study of a firm's new core elements creation process, to investigate how and why an organization evolves over time and the way to be harmonious. By focusing on the creating processes of the organization's core elements, we find that：①HeXie Theme（the crucial problem and core task of an organization during a particular period to achieve it's long–term strategy）is the main reason of core elements creation；②He Principle（inducing motivation）and Xie Principle（rational design）are mechanisms creating an organization's core elements；③The interaction between HeXie Theme and double principles illustrates the way to be harmonious. Our findings reveal the mechanism of "environment – organization" relationship in evolution theory, the trade–off of strategy management between long–term planning and short–term problems and tasks under fast moving context.Practically, it tells managers how to change an organization's systems to reply to environmental changes.

Key Words：organization evolution；hexie theme；he principle；xie principle

中国企业组织创新氛围的结构和测量 *

杨百寅　连　欣　马月婷

【摘　要】本文采用实证研究方法对中国企业组织创新氛围的维度及测量进行研究。采用开放式问卷收集了 555 条描述，归类分析表明，中国情境下企业的组织创新氛围包括 8 个方面，并在此基础上形成开放式问卷。283 份有效问卷的探索性因子分析表明，组织创新氛围是一个 8 因素的结构，包括理念倡导、市场引导、评价激励、学习培训、沟通合作、典型示范、资源保障和授权支持。8 因素又从属于更高阶的潜变量：价值导向、制度激励和人际互动。来自 24 家企业 493 份有效问卷的验证性因子分析验证了组织创新氛围的结构效度，内部一致性分析和回归分析的结果也表明，量表具有较好的信度和效度。

【关键词】组织创新氛围；测量；信度；效度

一、引　言

随着全球创新变革的日益升温，打造创新的环境成为企业乃至国家关注的焦点，创新氛围逐渐成为研究者和管理者关注的热点。创新氛围的概念最早由 Payne 和 Pugh 在 1976 年提出，本文认为，组织创新氛围指"组织成员对其所处的工作环境支持创造力和创新程度的知觉描述，这种知觉会影响组织成员的态度、信念、动机、价值观和创新行为，进而影响到整个组织的创新能力和创新绩效"。学者们对组织创新氛围的结构进行了一系列的研究，提炼了一些共同的价值要素，如组织支持、挑战性和信仰、鼓励自由和冒险、信任和开放等，并开发了 SSSI、WEI、TCI、CCQ、SOQ、KEYS 等组织创新氛围测量量表。但许多研究文献却未明确交代其样本数量与样本背景，因此，目前多被视为测量教育环境的工具。

另外，不同学者在不同环境下提出的观点不尽相同，尤其缺乏系统理论模型的支持。

* 本文选自《科学学与科学技术管理》2013 年第 8 期。

中国台湾地区的研究基本上延续西方的研究范式，大陆关于组织创新氛围的定性挖掘还不充分，仅有郑建君（2009）开发的量表考虑了中国文化的影响，目前仍缺乏全面考虑中国文化和发展情况的测量工具，有很大的发展空间。中国的文化传统和现实环境与西方国家存在很大差异，因此开发适合大陆地区的测量工具，必须扎根于中国企业的现实情况。本研究的目的在于探索中国企业组织创新氛围的维度结构，并开发测量量表。本文采用定性和定量相结合的研究方法，以深度访谈辅以开放式问卷调查，收集原始数据资料，并采用扎根理论的方法，探索在中国背景下组织创新氛围的内涵和结构。通过定量研究的方法加以验证，形成《中国企业组织创新氛围量表》。

二、文献综述

（一）组织创新氛围的内涵研究

创新氛围，是组织成员对其所处的工作环境支持创造力和创新程度的知觉描述，会影响组织成员的态度、信念、动机、价值观和创新行为，进而影响整个组织的创新能力和创新绩效。尽管学者们对于创新氛围的研究角度有所不同，但对创新氛围内涵的研究有以下三点共识：第一，创新氛围是组织氛围的一种，是组织成员对创新环境的整体知觉，属于认知层面的概念，这使创新氛围的测量具有理论和现实的可行性。第二，创新氛围会对组织成员的创新动机、价值观、态度和行为产生影响。它与组织中的创新个体犹如"炼炉和矿石"的关系，会对创新主体的动机、态度和行为产生持续的影响。第三，创新氛围的内涵具有多重性，不是对单一的某种现象或事件产生的认知。因此，创新氛围是由多维度所组成的结构变量，挖掘其构成的要素和维度是学者研究的焦点。

（二）组织创新氛围测量模型及维度研究

在探讨创新氛围结构研究的基础上，学者们开发了创新氛围的测量工具。本研究针对模型的有效性、基本特征和国内的研究进展三个方面进行介绍。

1. 基于创新氛围有效性角度

Siegel 的创新支持量表（SSSI）测量学校组织创新环境中的氛围因素，测量对象是学生与老师。SSSI 量表通过探索性因子分析，得到 3 个因子，即创造力支持、差异容忍和个人承诺。但其原始版本仅被使用过一次，缺乏一些量表的描述性指标，而且原始量表的应用环境局限于教育领域，最初的 SSSI 量表更像是学校创新氛围测量量表，而非是组织创新氛围测量量表。SSSI 虽然是发展最早的测量工具，但使用 SSSI 研究成果的数量较少，相关文献仍显不足。

在组织创新氛围的研究中，Amabile（1996）开发的 KEYS 量表具有广泛性和代表性，多次用于商业环境的测量，已成为经过最多实证检验的测量工具。KEYS 量表研究人们对影响组织创新水平的工作环境的认知，由 10 个维度 66 个条目组成。因子分析结果表明，一些条目出现了多重负载的现象。由于没有探索性因子分析的结果，因此很难评价不同因子与潜在理论之间的关系。该量表也多次作为国内学者研究创新氛围测量的基础。但这些研究或对国外量表的翻译、修订，或样本取样有限，且个别结果的信效度指标表现欠佳。因此，有必要从中国本土文化出发，构建和研发符合我国企业实际情况的组织创新氛围测量工具，以便为今后同类研究奠定相应的基础。

2. 基于创新氛围的基本特质角度

Ekvall 的 CCQ（Creative Climate Questionnaire）量表源于对企业实际情况的观察。Ekvall 1996 年提出，包括挑战性、自由、支持创意、信任、活力、幽默感、辩论、冲突、冒险精神、思考时间 10 个维度 50 个条目。经过探索性因子分析得到 7 个因子，即挑战性、创意支持、信任、在组织中的自由度、工作自由度、动感、压力感和整体感。内部一致性系数为 0.70~0.92，总体方差解释率为 50%~60%，研究人员没有给出主要因子的方差贡献率。CCQ 量表是一个将理论研究和实践研究紧密结合的组织创新氛围测量量表，维度内涵直观、易于理解，在商业环境中运用的实用性强。尽管该量表的一些基本指标得到了验证，但还存在一些问题，在所有的研究中尚未发现对会聚效度和判别效度的检验。另外，在部分使用 CCQ 的研究文献中，缺乏样本数量、理论基础等研究本身与统计分析方面的信息。在组织变革模型基础上，Isaksen（1999，2001）开发了 SOQ 情境扫描量表，包括：资源，创意时间及创意支持、挑战性和个人成就动机；氛围，信任和公开、轻松和幽默、无人际冲突；探索，冒险、对问题的争论和自由度等维度。SOQ 量表在 CCQ 量表基础上进行了相应的调整，形成 9 个维度，总条目数没有改变，维度的定义也没有太大变化。但是，许多研究文献并未明确交代 SOQ 样本数量与样本背景。

3. 国内创新氛围的测量研究

国内对创新氛围的研究起步较晚，2000 年以后才陆续出现相关的文献综述和实证研究。邱皓政（2001）等在参考 Amabile（1996）KEYS 量表的基础上，自行编制了适用于组织创新氛围的 COCI 测量量表。该量表是由组织理念、工作方式、资源提供、团队运作、领导效能、学习成长、环境气氛 7 个因子 35 个条目组成的组织创新氛围调查问卷。郭贤欣（2007）在其"民营企业组织创新氛围研究"的研究中采用了邱皓政的 COCI 量表，通过对比分析，认为民营企业组织创新氛围的测量是从团队运作、学习成长、领导效能、工作自主性和组织支持 5 个维度进行的。郭贤欣（2007）认为，维度的筛选和合并主要是文化的差异，台湾地区员工平等意识较强，主张个人荣誉、自我中心和个性自由，而大陆地区等级观念较强，主张谦虚谨慎、中庸之道和团结协作。时勘等（2004）以中科院为对象，研究了科研组织"创新文化"建设评价结构体系，把中国科学院的创新文化分为三个层面，并将组织创新价值观、组织创新氛围、变革型领导行为、员工组织公民行为、制度成效、园区标识、工作条件等作为科学院创新文化评价的主要内容，在此基础上编制了《中科院创新文化问卷》。孙建国、田宝和汪寿阳（2006）提出了由 3 个一级指标和 9

个二级指标组成的理论模型,其中创新文化由环境与条件、制度与行为和价值理念三部分组成。许庆瑞等(2004)利用 Shein 的组织文化三层次理论总结出创新型文化的 12 个构成要素,如企业目标和愿景、企业家、有效的管理队伍等。陈春花(2002)总结了利于创新文化塑造的四方面要素,包括允许失败和容忍错误、冒险和革新、竞争的激情、始终保持领先一步。这些研究均从组织文化角度进行探讨,其研究内容对本文具有一定的借鉴价值,但以上测量多为对国外量表的翻译和修订,并且个别结果的信效度指标表现欠佳。

国内学者郑建君(2009)等自行开发了适用于中国环境的组织创新氛围测量,形成了激励机制、团队协作、上级支持、资源保障、组织促进和自主工作、领导躬行的 7 个因子 23 个条目组成的组织创新氛围问卷。该量表是首个在中国文化背景下开发的测量工具,具有良好的结构效度和信度。该量表前 6 个维度与西方测量工具的结构具有一致性或相似性,并结合中国文化提出"领导躬行"这一维度,强调领导者"榜样示范"的作用。但该量表各因子内涵基本沿用西方研究,且没有充分结合中国现阶段发展情况,特别是在快速发展的阶段,通过关注市场需求引导员工创新以及通过学习培训来激发员工创新动机等。另外,"领导躬行"维度只涵盖了领导的"榜样示范"作用,在组织创新中表现优异的员工对创新氛围的营造也发挥了重大作用。综合看,郑建君(2009)等开发的量表考虑了中国文化的影响,是对组织创新氛围测量的有益探索,但领导躬行因子内涵有待补充,且该量表没有全面考虑市场创新及学习培训等因素。

总体说,组织创新氛围测量需要在以下几个方面进一步完善:目前仅有个别量表的信度与效度得到了很好的验证,如 CCQ、COCI、SOQ 和 KEYS,其余量表的信度与效度有待进一步检验;尽管组织创新氛围的研究越来越多,但这些研究比较分散,缺乏系统理论模型的支持,经验性或理论性研究较弱,组织创新氛围研究并没有形成统一的理论模型;目前,组织创新氛围测量研究的主导者仍来自欧、美地区,亚洲地区的研究相对较少,可以说仍属萌芽阶段。国内大陆关于组织创新氛围的理论与实证研究不多,而台湾地区的组织创新氛围研究基本上是遵循西方个人主义文化思维描述。中国传统文化是集体主义,一个有效的测量组织创新氛围的工具应该反映员工之间的相互影响,因此在强调创新的大环境下,开展中国背景下组织创新氛围的理论与应用研究非常必要。文化影响不同地区研究者对创新氛围维度的理解,例如,中国传统文化崇尚英雄,英雄人物和典型事件从古至今都是中国教育的重要内容。中国人歌颂先进、崇拜先进、易于模仿先进。另外,与英、美发达国家几百年的技术历程相比,中国创新发展起步较晚,经济发展阶段决定了企业学习培训是对员工素质提升提出的基本要求。中国经济现阶段的飞速发展,消费者需求的不断变化,要求企业创新必须要以市场为导向,不断推出满足消费者需求的新产品和服务,才能在激烈的市场竞争中立于不败之地。以上中国文化的影响因素和现阶段的发展状况都表明中西方在组织创新氛围的结构上会有所差异。因此,中国背景下的组织创新氛围量表既要具有和西方研究一脉相承的理论合理性,又要体现中国文化中崇尚典型以及现实发展中对学习和市场引导的新需求。

三、研 究 设 计

本研究采用了探索性研究的方法，以深度访谈辅以开放式问卷调查，收集原始数据资料，并运用扎根理论的方法形成研究框架。本研究使用 Law 等开发的内容分析法，运用归纳总结的方法确定中国企业情境下的组织创新氛围的基本维度。Van deVijver 和 Leung 认为，这种归纳总结的方法在跨文化研究中尤其重要，这也是本文运用此方法的理论依据之一。然后采用定量研究方法加以验证，形成测量量表。整体研究包括两部分：探索性质化研究和因子结构分析。

探索性质化研究的主要目的是按照规范的定性研究方法，提取出中国组织创新氛围的关键语句和维度。首先，通过人员访谈、开放式问卷调查及案例分析方法，收集描述组织创新氛围的原始语句；其次，采用扎根理论的方法进行数据的分析和编码，提取出中国组织创新氛围的维度；再次，请专家对质化研究的结果进行讨论，根据意见确定测量维度；最后，根据讨论结果编制出组织创新氛围测量量表，在预测试基础上完成修订。因子结构分析是在探索性质化研究的基础上，运用验证性因子分析的方法，检验调整后的组织创新氛围的结构，进一步探索组织创新氛围的内涵和结构。

（一）探索性质化研究

在质化研究中，采用 1967 年 Douglas 和 Straus 提出的"扎根理论"。本研究遵循扎根理论的操作程序，在对原始素材进行分析时，采用了开放式编码、关联式编码和轴心式编码三种方法，辨析与概念有关的理论性问题，最终发展关于组织创新氛围结构的理论概念。

1. 样本与数据

开放式问卷样本：针对高级经理研修班课堂学员，用开放式问卷调查了 25 家企业的 43 名管理者，其中国有企业 3 家，外资企业 3 家，民营企业 19 家。在被调查者中，高级经理人员 12 人，中层管理人员 31 人。问卷主要围绕以下问题：您认为什么样的企业环境是鼓励员工创新的？公司提倡的哪些理念、采取的哪些措施可以让员工感觉到公司是鼓励创新的？

2. 数据编码与变量维度提取

将访谈录音整理成文字材料，由 5 名经过系统编码训练的研究生进行编码。编码过程如下：①独立抽取文本资料中所有属于创新氛围范畴的语句，把结果进行合并、讨论、修改后形成 555 条创新氛围语句的基础编码本；②5 名研究生根据目前创新氛围研究的文献和相关量表中相关的词句，独立地对这 555 条语句进行关键词提取，共得到语句 560 条，组内认同率均达到 80% 以上；③5 名研究生各自独立地把这些关键词进行分类，从而抽取进行"中国企业创新氛围"测量所需要的维度结构。

3. 变量维度归纳和条目编制

为验证扎根理论研究结果的可信度，笔者邀请了2位教授、1位讲师、5位研究生及5位企业管理者，对归纳的变量维度以及变量的定义进行讨论、审核和修订。通过运用扎根理论进行三阶段提炼，以及对以往文献的回顾，最终将中国企业创新氛围的内涵概括为8个方面，即理念倡导、市场引导、评价激励、学习培训、沟通合作、典型示范、资源保障和上级支持，这8个因素可以大致归纳为三个方面，即价值导向氛围、制度激励氛围和人际互动氛围。

通过对条目的审核和修改得到了40个表述清晰简练的条目，构成了中国企业创新氛围的初始量表。量表要求被试者按照自己所在企业的实际情况，判断对该陈述句的同意程度。预测试量表采用6点李克特值计分方式，分别为1代表"非常不同意"，2代表"不同意"，3代表"不确定"，4代表"基本同意"，5代表"同意"，6代表"非常同意"。

4. 量表预测试分析及修订

本研究在MBA课堂、高级经理培训班课堂以及18家在企业创新方面相对比较突出的企业进行预测试，发放调查问卷300份，回收有效问卷283份，有效率达到94.3%。被试基本情况如下：在企业性质上，国有企业占22.7%，民营企业占65.5%，外资企业占11.8%；在职务类别上，高层管理人员占19.4%，中层管理人员占17.6%，基层管理人员占24.4%，非管理人员占38.6%。

（1）信度分析结果。统计结果表明，8个维度的Cronbach's α系数都达到了0.79以上（见表1），总体信度水平比较好。从Cronbach's α系数值看，应该删除CI19、CI10、CI26、CI27这四个条目，从而提高内部的一致性系数。从理论构建以及质化研究的结果看，CI10对于评价激励维度具有重要的意义，故暂时保留。

表1　中国企业创新氛围探索性因子分析：因子负荷值（N=283）

测量条目	资源保障	理念倡导	学习培训	授权支持	沟通合作	市场引导	评价激励	典型示范
CI29	0.742							
CI28	0.671							
CI31	0.648							
CI30	0.587							
CI35	0.533	0.405						
CI27	0.490							
CI14								
CI10								
CI4		0.633						
CI2		0.609						
CI3		0.605						
CI1		0.554						
CI5		0.538						

测量条目	资源保障	理念倡导	学习培训	授权支持	沟通合作	市场引导	评价激励	典型示范
CI17			0.737					
CI16			0.704					
CI15			0.590					
CI18			0.510					
CI20			0.467					
CI19								
CI39				0.733				
CI38				0.701				
CI36				0.685				
CI40				0.615				
CI37				0.533				
CI24					0.633			
CI22					0.626			
CI21					0.617			
CI23		0.418			0.504			
CI26					0.425			
CI25					0.405			
CI6						0.636		
CI7						0.606		
CI9						0.575		
CI8						0.569		
CI12							0.653	
CI13							0.620	
CI11							0.551	
CI32								0.686
CI33								0.650
CI34	0.413							0.469
特征根	16.214	2.537	2.105	1.814	1.390	1.229	0.978	0.949
方差贡献率（%）	39.605	5.254	4.179	3.628	2.489	2.106	1.588	1.338
累计方差贡献率（%）	39.605	44.859	49.039	52.666	55.156	57.262	58.849	60.187

（2）探索性因子分析结果。对数据进行探索性因子分析，得到 KMO 指标为 0.94，Bartlett 球体检验达到显著水平，表明适合进行探索性因子分析。本研究采用 Principle axis factoring 分析，经过正交旋转后，得到 8 个因子，8 因子结构对总体方差的解释率为 60.2%，其中第一个因子对方差的解释率最高，为 39.6%。探索性因子分析的结果表明，总体上因子结构还是比较清晰的，因子的归属总体较好。

通过以上研究，组织创新氛围的结构是由 8 个维度构成的。从探索性因子分析的结果看，8 个因子的条目分布合理，而且每个条目在相应因素上的负荷较高，8 个因子累积解释方差变异量为 60.2%，这个值比较高，因此可以认为组织创新氛围问卷的结构是可以接受的。

（二）因子结构分析

本文采用验证性因子分析的方法，对量表结构做进一步的验证。

1. 被试样本

在全国 10 个地区选取 24 家企业，共涉及生物制药、汽车机车、航空航天、通信信息等 9 大类 14 个细分行业，发放问卷 600 份，回收有效问卷 493 份，有效回收率为 82.2%。在企业性质上，国有企业占 41.7%，民营企业占 45.8%，外资企业占 12.5%；在职务类别上，高层管理人员占 3.4%，中层管理人员占 13.7%，基层管理人员 21.3%，技术研发人员占 33.5%，营销人员占 8.4%，人事行政人员占 14.5%，生产制造人员占 5.2%。

2. 问卷信度、效度检验

利用内部一致性系数 Cronbach's α 值检验测量条目的信度。量表信效度分析如表 2 所示。可以看出所有维度的信度都在 0.80 以上，而且删除某一条目后的系数均未超过该因子的系数值，表明量表具有较好的信度水平。

本研究采用会聚效度和判别效度两个指标检验量表的效度，以了解各因子的测量条目是否具有同质性，同时各因子之间是否存在显著区别。量表所有维度的平均方差提取量 AVE 值均大于 0.5，表明量表具有较好的会聚效度。通过每个因子的 AVE 值与该因子与其他因子相关系数平方比较的结果，除了沟通合作因子的 AVE 值稍低于与其他个别因子的相关系数平方外，其他因子的 AVE 值均大于与其他各因子的相关系数平方，说明量表具有相对较好的判别效度。

3. 一阶模型因子结构验证

根据上述研究，得出组织创新氛围是一个一阶 8 因子模型，而探索性因子分析的结果也初步支持这一结构。为了更好地检验构念效度，运用验证性因子分析程序，以检验组织创新氛围的结构。

LISREL 软件提供了多种模型契合度指标，主要包括 χ^2/df、RMSEA、RMR、GFI、NFI、NNFI 和 CFI，多数指标判断值的公认度比较高。验证性因子分析结果如表 3 所示，模型拟合优度见图 1。

从表 2 可以看出，所有测量条目在相应因子上的负荷都高于 0.64，拟合优度各项指标均达到标准。经过初步验证，组织创新氛围的一阶 8 因子模型指标均达到标准，说明模型是基本可以接受的。然而，这 8 个一阶因子之间的相关性很高，说明存在二阶因子的可能。

4. 二阶模型因子结构验证

本文进一步检验，8 个维度的组织创新氛围变量是否从属于更高阶的潜变量。Amabile（1987，1988）指出，组织创新氛围的结构包括组织对创新的激励，工作中的资源和管理

表 2 测量模型信度、效度结果汇总（N=493）

变量		条目	标准化载荷	信度	AVE
理念倡导	CI1	公司的核心理念体现了创新的思想	0.64	0.83	0.50
	CI2	公司不断向员工宣传创新意义和重要性	0.64		
	CI3	公司的愿景（理想）明确且富有开拓性，能激发大家的创新动力	0.76		
	CI4	公司不断强调一种信念，即勇于超越，力求尽善尽美	0.77		
	CI5	公司会适时地提出阶段性的新目标和新思路	0.72		
市场引导	CI6	公司关注市场需求，客户的难题就是创新的课题	0.68	0.82	0.54
	CI7	公司具有良好的市场竞争意识，力求在创新上比竞争对手快一步	0.75		
	CI8	公司培育员工的市场意识，强调把市场需求与创新活动相结合	0.73		
	CI9	公司具有良好的市场危机意识，强调以创新御风险，以创新求发展	0.78		
评价激励	CI10	公司的绩效考核体系中明确有与创新相关的指标	0.72	0.87	0.57
	CI11	公司能够对员工的创新成果给予公正的评价	0.79		
	CI12	公司能够对员工创新给予奖金、分红等物质奖励	0.76		
	CI13	公司能够对员工创新给予荣誉授予等精神奖励	0.76		
	CI14	在公司，具有创新精神的员工更容易得到重用和提拔	0.76		
学习培训	CI15	公司为员工提供进修机会，鼓励参与学习活动	0.68	0.83	0.56
	CI16	公司经常举办专题论坛和技术研讨等活动，推动员工深入学习	0.79		
	CI17	公司定期对员工进行有针对性的讲座和培训	0.79		
	CI18	公司鼓励员工在实践中学习，并学以致用	0.72		
沟通合作	CI19	在我们公司，直接沟通交流是解决问题的最好方式	0.65	0.83	0.50
	CI20	公司有畅通的沟通渠道，鼓励员工碰撞思想火花（如内网、论坛）	0.70		
	CI21	在公司里，团队的创新活动能合理分工，真诚合作	0.78		
	CI22	在公司里，同事们愿意和他人分享自己的经验和技术	0.67		
	CI23	我所在的团队支持我的创新活动	0.72		
资源保障	CI24	公司为我们的创新工作提供资金支持	0.84	0.90	0.69
	CI25	如果创新工作有需要，公司可以配备相应的人员进行协助	0.84		
	CI26	员工可以通过正常程序获得与创新工作相关的信息资料	0.82		
	CI27	公司为创新工作提供设备器材/实验场地等支持	0.82		
典型示范	CI28	公司发现并表彰创新先进个人，并及时传播他们的事迹和经验	0.86	0.92	0.74
	CI29	公司评选并表彰创新先进团队，宣传他们的成果和经验	0.91		
	CI30	公司通过经验介绍、宣传报道等方式扩大创新榜样的影响力	0.83		
	CI31	公司树立创新典型（先进个人和团队），鼓励大家向他们学习	0.83		

续表

变量		条目	标准化载荷	信度	AVE
授权支持	CI32	我的上级宽容下属因创新失败带来的损失	0.77	0.89	0.61
	CI33	我的上级允许我发表不同意见和建议，营造宽松的工作氛围	0.80		
	CI34	我的上级允许我有一定的自由度和时间弹性	0.78		
	CI35	在我熟悉的领域，我的上级让我放手工作，大胆开拓新局面	0.79		
	CI36	即使我的新想法不成熟，我的上级也不会指责我	0.77		

注：采用固定负载法设定结构变量度量尺度，每个变量的第一个条目负载被固定为1.0，无法计算t值。

技巧，指出组织高层和中层必须要鼓励创新，这种激励是对组织成员创新行为的认可和奖励。而管理技巧既包含了管理者对创新的参与和指导，也包括畅通的沟通渠道和其他制度手段的建立。潘文君（2007）在其博士论文中提到了"人际影响"对组织文化形成的作用，认为上下级沟通、老员工影响以及同事之间的影响有助于组织文化的传递。Tesluk 等（1997）也提出了社会情感支持的重要性，认为工作环境中必要的人际支持能帮助员工轻松地进行创造性工作。本研究在以往研究的基础上，认为组织创新氛围不仅包括 Amabile 等提出的理念倡导和制度激励，人际互动氛围是企业内创新活动的重要方面。任何创新都不是一个人的英雄主义，而需要来自上级的指导激励和同事间的沟通和协作。人际互动氛围受来自于上级和同事两方面的氛围影响。

因此，在文献和访谈的基础上，本研究假设8个维度又分别归属于3个高阶的潜变量：价值导向氛围、制度激励氛围和人际互动氛围。因此可以利用高阶验证性因子分析，对组织创新氛围的二阶模型进行验证。这样做的前提假设是组织创新氛围的构念是一个潜变量模型。二阶因子分析结果如图1所示，二阶8因子模型的拟合优度结果如表3所示。

表3　组织创新氛围一阶、二阶因子模型拟合优度指标（LISREL 估计量，N=493）

项目	χ^2	df	χ^2/df	RMSEA	RMR	SRMR	GFI	CFI	NFI	NNFI
判断标准			<5	<0.08	趋于0	<0.08	>0.90	>0.90	>0.90	>0.90
一阶模型	1343.68	566	2.37	0.053	0.049	0.045	0.90	0.93	0.90	0.93
二阶模型	1444.59	583	2.48	0.055	0.054	0.050	0.90	0.93	0.90	0.92

从图1可以看出，价值导向氛围很好地解释了理念倡导（0.86）和市场引导（0.91）这两个维度；制度激励氛围很好地解释了评价激励（0.90）、学习培训（0.80）、资源保障（0.84）和典型示范（0.84）四个维度；人际互动氛围很好地解释了沟通合作（0.98）和授权支持（0.77）这两个维度。从模型的拟合优度指标来看，指标都表现较好，组织创新氛围的二阶因子结构模型得到了很好的验证。

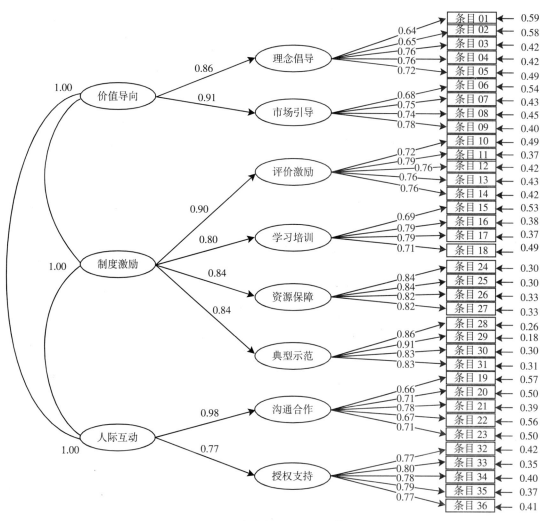

图 1　组织创新氛围二阶因子模型

综上，本研究对量表进行了验证性因子分析，一阶因子模型表明组织创新氛围由 8 个维度构成，而且维度结构清晰，模型整体拟合较好，与假设理论模型相吻合，而且 8 个因子又从属于更高阶的 3 个因子。

四、分析与讨论

上述研究表明：组织创新氛围具有某种程度的稳定结构；作为一种与文化密切相关的概念，在中国社会背景下，组织创新氛围的结构及其元素与西方研究结果有着明显的区别和独特因素。

笔者以组织创新氛围领域内较有影响的 KEYS、SSSI、COCI、CCQ、SOQ 以及郑建君 (2009) 等开发的量表作为参考，结合开发的量表从以下四个方面进行对比分析。

首先，从研究方法看，本研究与 KEYS、CCQ 等量表均是在总结前人研究成果和大量访谈基础上展开的，都属于归纳法范畴；从测量的层面看，CCQ 和 SOQ 量表是基于共享认知角度；而本研究和 KEYS 量表均采用了认知架构方法，即认为氛围是人们对工作环境的个人认知和认知表现，因此对组织创新氛围的测量都是在个体层面展开的。

其次，在组织创新氛围构成要素的提取方面，CCQ 和 SOQ 量表是基于创新氛围的基本特质进行研究的。其他研究则是从影响组织创新要素的角度进行研究；KEYS 量表和 COCI 量表认为，组织创新氛围是由组织对创新的激励、工作中的资源和管理技能组成的；SSSI 量表则认为，组织创新氛围是由创造力支持、差异容忍和个人承诺组成。本研究和 KEYS、COCI、SSSI 量表以及郑建君等的研究一样，是从影响组织及其成员创新要素的角度提出组织创新氛围的因素，如创新鼓励、资源支持等。

本研究发现，组织创新氛围是由价值导向氛围、制度激励氛围和人际互动氛围三个部分组成的。其中，价值导向氛围与 Amabile (1987) 提出的激励内涵较为接近。但 Amabile (1987) 将组织对创新的鼓励、团队鼓励和上级支持三个层面都纳入组织对创新鼓励的内涵中，而本研究提出的价值导向氛围单指组织层面对创新的鼓励。在中国的文化情境下，组织是否提倡创新对员工行为具有重要影响，应将其单独提出。团队鼓励和上级鼓励，本研究认为属于人际互动影响的范畴，因此将其单独提出形成一个构成要素。制度激励氛围包含了 Amabile (1987) 提出的工作中的资源和管理技能两个方面。Amabile 与 Ekvall (1996) 所提出的自由度、参与管理和授权等含义，本研究认为与人际互动关系密切，因此将其纳入人际互动要素的范畴。同时，本研究在 Amabile 的基础上，也加入了如典型示范、学习培训等新内容。

再次，从维度命名与内涵界定上看，在众多的组织创新氛围量表中，有些维度无论内涵和表述与本研究基本相同。本研究提出的资源保障和沟通合作与 KEYS 量表的充足资源和工作团队支持及 COCI 量表的团队运作在维度内涵上基本相同。说明这两个维度无论在西方还是在中国的创新环境中都非常重要。

另外，本研究的理念倡导和 KEYS 量表的组织鼓励在内涵上有相似之处，但本研究更强调宣传性和倡导作用，通过宣传鼓舞带动员工形成创新的价值观。本研究的授权支持维度和 KEYS 量表的上级鼓励，SSSI 量表中的"领导力"，以及 COCI 量表中的"领导效能"，均用于描述上级在鼓励员工创新中的作用，但原有量表的上级鼓励指上级明确创新目标，支持团队创新工作。本研究认为，上级关键是要做好授权工作，敢于放手让员工大胆创新，宽容下属的失败，对不成熟的想法不任意指责，广开言路，允许员工发表不同的意见。本研究认为，KEYS、CCQ 和 SOQ 量表中均提出的自由度，在中国环境下与上级关系密切，因此上级能否给予员工一定的自由度和时间弹性，也应包含在上级授权支持的维度中。由此可见，理念倡导和上级鼓励维度虽然在这些量表中都提到了，但是其内涵和侧重点却各有不同。

最后，本研究提出了典型示范、学习培训和市场引导三个在西方研究中未曾提出的维度，只有"学习培训"与台湾学者开发 COCI 的量表中学习成长维度有一定的相似性。"典型示范"是指组织通过表彰和宣传优秀创新个人、团队以及创新事件对其他人员施加影响，是具有中国特色的创新氛围维度。结合中国文化分析发现，中国是一个崇尚英雄的国度，中国的传统文化中无不渗透着对英雄的崇拜，中国人学习英雄、模仿英雄，将英雄视为自己的榜样。古往今来，无论在历史教育还是在舆论宣传方面，都采用"抓典型"、"树标杆"的做法，发挥着"榜样"的示范效应。另外，中国人歌颂先进、崇拜先进、易于模仿先进，所谓"见贤思齐"。很多优秀人物的名字都被用作一种精神或事件的代名词，如"铁人王进喜精神"、"雷锋精神"等。典型示范在我国企业中的应用，也具有明显的中国特色，众多优秀企业在创新管理中也充分体现了典型示范的作用。比如华为公司提倡"小改进大奖励"，员工在深入电源产品的实践中发现该电源主变压器成本高、体积大、重量重，于是对该电磁原件进行了改造，提出优化设计方案，使成本降为原来的一半。华为对主要参与人员进行了表彰奖励，并树立为创新典型，号召员工学习。海尔公司很多部件、工序和产品都是以海尔员工名字命名的，比如保德垫圈、迈克冷柜、杨明分离法等，充分体现了海尔对于"抓典型"，"树标杆"的重视。宝钢股份工会出资设立"孔利明科技创新奖励"，创建"孔利明式科技创新小组"，形成"我要发明专利、我能发明专利、我有发明专利"的创新热潮，出现了令人鼓舞的"孔利明效应"。企业中创新的典型示范正是通过在企业中树立一个创新的榜样，宣传创新典型的先进事迹，引导员工向先进学习，自觉加入到创新工作的队伍中。从上述分析讨论中可以推知，"典型示范"维度在本研究里依托中国文化所构建的组织创新气氛模型中，表现出一定的独特性与合理性。

"学习培训"是指组织通过学习活动和员工培训激发员工学习和创新的动机，提升员工的创新能力和创新水平，这一维度的提出是中国经济发展对员工素质提升提出的基本要求。西方企业的发展一向注重学习培训，比如"学习型组织"等管理理念的提出。本研究将以往西方创新氛围研究中没有考虑的"学习培训"维度纳入其中，主要是由中国所处的创新阶段所决定的。中国的创新起步较晚，无论从国家层面还是企业层面，对创新资源的支持都经历了由少到逐渐增多的过程。虽然中国的技术环境在改善，技术水平在稳步前进，但与英、美发达国家几百年的技术研究历程相比，起步仍然较晚。因此，很多领域尚处于学习阶段。美国的创新多强调"个人英雄主义"的"加数效应"，开发创新属于先行者，具有原创性，因此在文化上强调"突破"和"与众不同"。然而中国的技术水平决定了其仍然需要大量学习美国先进的技术经验，因此，中国企业不仅应该更加强调学习文化的建立，还要在学习中强调应用和改进，通过学习进行改良型的创新，进而实现原创性的突破，即不仅要学、要用，还要再创造。另外，学习培训也有利于员工走出对创新理解的误区。中国的创新才刚刚起步，不同员工对创新的理解也存在一定的差距，很多员工认为，只有轰轰烈烈的、突破性的创新成果才能称之为创新。而公司要让员工体会到创新的距离并不遥远，任何新思想的火花、新点子、新方法、新的技术改进和新的制度安排建议的提出及实现都是一种创新。通过组织员工不断学习、研讨、消化吸收先进的技术经验，通过改良型创新，进而进行原创性的突破。企业要通过各种技术研讨会、讲座培训、进修学习等提升员工的基本素质，增强员工的创新能力。

"市场引导"维度是指组织关注市场需求，从市场出发，开展创新活动，这一维度的提出是中国市场经济发展的新要求，与中国现阶段企业的生存环境有很大的关系。尤其是"苹果公司"市场创新的出现，引起学术界对从市场出发来实现创新的关注。现阶段，中国经济飞速发展，消费者需求的不断变化，要求企业创新必须要以市场为导向，不断推出满足消费者需求的新产品和服务，才能在激烈的市场竞争中立于不败之地。市场的需求是创新的动力，客户的难题是创新的课题。海尔集团的"小小神童"洗衣机、"小土豆"洗衣机以及节水型洗衣机等都是关注市场需求的结果。企业需要培养员工的市场意识，帮助员工认识市场、了解市场，带着市场意识进行产品创新、技术创新和服务创新。员工只有具备依市场需要进行创新的意识，才有可能不断地观察和思考市场变化，从而产生新的创意并加以实施。然而，我国企业在对市场需求的把握上还存在一定的欠缺。一方面，在前期进行产品和技术研发时对市场需求把握不准，从而导致创新产品无法被市场承认和接受；另一方面，由于受自身人员、资金等条件的制约，还缺乏对市场深入细致、专业化的调查研究，这会影响到其后续的产品改进和新产品的开发。所以中国企业要想实现创新，当务之急是要认识市场、了解市场。市场变幻莫测，只有认识市场的变化规律和发展趋势，提供满足顾客需求的产品，才能实现企业的发展。水能载舟，亦能覆舟，只有跟随市场变化，处处为客户着想，客户才会忠诚于企业。企业要将市场导向和客户至上的理念作为核心价值观的重要组成部分，全员培训，全员贯彻，并通过绩效考核制度和员工行为规范的设计，体现公司所提倡的市场观和客户观。很多企业生产的产品具有很高的技术含量，在市场化的过程中却遇到了很大的困难，其中可能包含多方面的原因，但是市场观念的缺乏也是不容忽视的一点。通过以上分析，尽管西方的创新氛围研究没有考虑市场引导，但是结合中国目前的经济发展状况和企业所面临的问题，本研究认为，"市场引导"维度在本研究里依托中国现状所构建的组织创新气氛模型中，具有一定的合理性。

综合量表的对比分析，本量表与 KEYS 等量表在研究方法和测量层面上是基本相同的。但由于研究所处的社会文化背景和创新环境的差异，不同量表在具体维度构成上存在差异。其中，资源保障、沟通合作与 KEYS、COCI 量表的维度涵义基本相同，理念倡导和授权支持维度虽然在 KEYS 等量表中进行了研究，但其内含和侧重点却各有不同。典型示范、学习培训和市场引导三个在以往西方研究中未曾提到的新维度，本研究认为它们的提出与中国的文化传统和现实环境密切相关，而评价激励的内涵虽然曾经出现在 KEYS 等量表的维度中，但始终没有被独立出来，本研究将其单独提出，并加入了一些新的内涵。

五、研究的意义与展望

近年来，在创建国家创新系统的大背景下，企业的创新环境建设也逐渐展开。然而，由于创新氛围建设的考核工具并不完善，企业难以有效衡量创新氛围建设的效果，也无从得知员工对其所处的工作环境支持创新程度的感知；在缺乏衡量和反馈的情形下，创新氛围建设工作存在一定的盲目性。本文在访谈和预试基础上，通过对大规模调查数据的探索性和验证性因子分析，探索了中国背景下的组织创新氛围的概念维度，得出我国企业组织创新氛围是一个8因素的结构，并在此概念维度的基础上构建了具有信度和效度的测量工具，指出企业可以从三大方面8个维度来审视自身的创新氛围建设工作。这不仅有助于企业科学地衡量员工对企业创新环境的感受，正确掌握组织创新氛围建设的进展和效果，而且能够及时发现创新氛围建设过程中的漏洞与不足，使创新工作更加有的放矢。

在企业实践方面，本研究为企业创新氛围建设提供了框架思路和实践指导。研究论述了企业创新氛围建设的重要性，同时探索了中国背景下企业创新氛围的概念结构和构成要素，认为中国企业的组织创新氛围建设，要做好价值导向氛围建设（包括理念倡导和市场引导），做好制度激励氛围建设（包括评价激励、学习培训、资源保障和典型示范），做好人际互动氛围建设（包括沟通合作和授权支持）。这就为企业创新氛围建设提供了框架思路，使企业可以系统地思考创新氛围建设问题，避免工作中的盲目性。同时研究结论表明，在中国文化和新阶段发展的情况下，典型示范、学习培训和市场引导对企业构建创新氛围有重要作用，是创新氛围建设的关键环节。企业不仅要提倡创新、宣传创新，还要树立创新的榜样，更重要的是深化企业持久的学习培训机制，关注市场发展和需求的引导。若能牢牢抓住这些关键环节，以此来带动创新氛围的增强，则有助于提高企业创新氛围建设的成效。

本研究还存在以下不足：①受时间、人力、成本等因素限制，本研究有效样本为493份。由于组织创新氛围是一个组织层面的概念，增大企业的样本数量和地区、行业分布，将有助于对中国企业的组织创新氛围进行更深入的分析。此外，在增加样本量的同时相应增加上级的数量，这对降低测量误差，提高研究结论的可靠性是有效的。②本研究测量采用的是个体层面的横截面数据，而事实上，组织创新氛围不仅与个体层面变量有关，与组织层面和团队层面的变量也有一定的关联，而且组织创新氛围在各个层面的影响，可能会随着时间的变化而发生改变。因此，以后的研究可以考虑研究与其他层面变量的关系，同时进行跟踪分析。

参考文献

［1］Bharadwaj A. S. A resource –based perspective on information technology capability and firm performance：Anempirical investigation［J］. MIS Quarterly，2000，24（1）：159–196.

［2］Isaksen S. G.，Lauer K. J.，Ekvall G.，et al. Perceptions of the best and worst climates for creativity：Preliminary validation evidence for the situational outlook questionnaire［J］. Creativity Research Journal，2001，13（2）：171–184.

［3］方来坛，时勘，刘蓉晖. 团队创新氛围的研究述评［J］. 科研管理，2012（6）：146–153.

［4］方来坛，张风华. 组织创新氛围：一个不断发展的研究领域［J］. 科学学研究，2008，26（AI）：189–194.

［5］吴治国，石金涛，杨帆. 组织创新气氛概念的讨论与界定［J］. 科学学研究，2008（2）：435–441.

［6］刘云，石金涛，张文勤. 创新气氛的概念界定与量表验证［J］. 科学学研究，2009（2）：289–294.

［7］金盛华，郑建君，丁洁. 组织创新气氛的概念、测量及相关研究热点［J］. 心理学探新，2008（3）：67–72.

［8］陈威豪. 创造与创新氛围主要测量工具述评［J］. 中国软科学，2006（7）：86–95.

［9］郑建君，金盛华，马国义. 组织创新气氛的测量及其在员工创新能力与创新绩效关系中的调节效应［J］. 心理学报，2009，41（12）：1203–1214.

［10］李媛，高鹏，方来坛. 创新氛围评估工具研究概述［J］. 科研管理，2009（3）：131–137.

［11］Payne R. L.，Pugh S. S. Organizational Structure and Organizational Climate［M］. Chicago：Rand McNally，1976.

［12］Amabile T. M.，Conti Regina，Coon Heather，et al. Assessingthe work environment for creativity［J］. Academy of Management Journal，1996，39（5）：1154–1184.

［13］王雁飞，朱瑜. 组织创新气氛的研究进展与展望［J］. 心理科学进展，2006，14（3）：443–449.

［14］Siegel S. M.，Kaemmerer W. F. Measuring the perceived support for innovation in organizations［J］. Journal of Applied Psychology，1978，63（5）：553–562.

［15］Amabile T. M.，Gryskiewicz S. S. Creativity in the R&D Laboratory［M］. North Carolina：Center for Creative Leadership，1987.

［16］Ekvall G. Organizational climate for creativity and innovation［J］. European Journal of Work and Organizational Psychology，1996，5（1）：105–123.

［17］Isaksen S. G.，Lauer K. J.，Ekvall G. Situational outlook questionnaire：A measure of the climate for creativity and change［J］. Psychological Reports，1999，85（2）：665–674.

［18］傅世侠，罗玲玲. 建构科技团体创造力评估模型［M］. 北京：北京大学出版社，2005.

［19］Mathisen G. E.，Einarsen S. A review of instruments assessing creative and innovative environments within organizations［J］. Creativity Research Journal，2004，16（1）：119–140.

［20］孙锐，王乃静，石金涛. 中国背景下不同类型企业组织创新气氛差异实证研究［J］. 南开管理评论，2008，11（2）：42–49.

［21］陈晓. 组织创新气氛影响员工创造力的过程模型研究［D］. 杭州：浙江大学，2006.

［22］邱皓政. 结构方程模式：LISREL 的理论、技术与应用［M］. 台北：双叶书廊有限公司，2003.

［23］郭贤欣. 民营企业组织创新气氛研究［D］. 济南：山东大学，2007.

［24］时勘，任孝鹏，王斌. 中国科学院创新文化的评价研究［J］. 科学学研究，2004，22（6）：646–651.

［25］孙建国，田宝，汪寿阳. 科研机构创新文化测评结构研究［J］. 科研管理，2006，27（3）：28–35.

［26］许庆瑞，贾福辉，谢章澍等. 创新型文化的构建要素研究［J］. 科学学研究，2004，22（4）：426-431.

［27］陈春花. 企业文化塑造［M］. 广州：广东经济出版社，2002.

［28］苗春凤. 典型中国：当代中国社会树典型活动研究［D］. 上海：上海大学，2009.

［29］Law K. S., Lee C., Farh L., et al. Organizational justice perceptions of employees in China［R］. Istanbul Turkey：A Grounded Investigation International Conference of the Global Business and Technology Association，2001.

［30］Van de Vijver F., Leung K. Methods and data analysis for cross cultural research［M］. London：Sage，1997.

［31］Hair J., Anderson R., Tatham R., et al. Multivariate data analysis［M］. New Jersey：Prentice-Hall，1998.

［32］Amabile T. M. Creativity and innovation in organizations［M］. Boston：Harvard Business School，1996.

［33］潘文君. 中国背景下组织文化形成模型的构建与应用［D］. 北京：清华大学，2008.

［34］Tesluk P. E., Farr J. L., Klein S. R. Influences of organizational culture and climate on individual creativity［J］. Journal of Creative Behavior，1997，31（1）：27-41.

［35］Law K. S., Wong C., Mobley W. H. Toward a taxonomy of multidimensional constructs［J］. Academy of Management Review，1998，23（4）：741-55.

［36］樊景立，郑伯壎. 华人组织的家长式领导：一项文化观点的分析［J］. 本土心理学研究，2000，13（6）：127-180.

Development of an Instrument Measuring Innovative Climate in Chinese Organizations

Yang Bai-yin　Lian Xin　Ma Yue-ting

Abstract：Based on literature review and grounded theory research method, this paper reports a series of studies designed to identify dimensions innovative climate in Chinese organizations. In the first study, the critical behavior incidents of innovative climate were collected using open-ended questionnaire. A total of 555 items was generated by 43 part-time MBA students. Eight categories were emerged with inductive method including value advocation, market orientation, appraisal and motivation, training and learning, communication and cooperation, resources ensuring, example demonstration, empowerment and support. In the second study, 283 part-time MBA students consisted of the sample and exploratory factor analysis（EFA）were employed to identify the construct of the Chinese measurement of innovative climate. In the third study, confirmatory factor analysis (CFA) was applied to test the validity of the measure using a sample of 493 employees from 24 companies. The scale of innovative climate in Chinese companies had high reliability estimates and acceptable evidences for construct validity. The implications of new scale of innovative climate in Chinese firms were discussed together with other scales developed western contexts.

Key Words: innovative climate; measurement; reliability; validity

个人、团队与组织的跨层级学习转化机制模型与案例研究 *

陈国权　孙　锐　赵慧群

【摘　要】在企业组织中，只有建立了个人、团队和组织之间系统有效的相互学习和转化机制，才能最大限度地利用组织中各种学习资源，提升组织业绩和健康发展水平。学习的跨层面转化是当今企业学习中面临的现实问题，但并没有相应的理论模型对其进行系统阐述和指导。针对这一理论和实践中的问题，本文对组织中三层面学习之间的互动、转化机制进行了研究探索，从组织中的人际交流、知识文档化以及组织流程化三种基本学习方式出发，提出组织学习的跨层面转化机制模型，并辅以五个典型案例对这一跨层次组织学习模型进行进一步分析验证，以期对我国组织学习理论和实践的进一步发展起到推动作用。

【关键词】组织学习；跨层面转化；转化机制；例研究

一、引　言

2008 年开始的金融危机席卷全球，许多国际知名企业破产倒闭，甚至一些世界行业巨头也轰然倒下。在当今瞬息万变的社会、经济环境中，现代组织如何才能具备可持续发展的能力，企业如何才能经受住突然的外部打击，走向真正的基业长青？企业要保持旺盛的生命力，其中的一条基本途径就是推动组织学习。组织可被定义为："组织不断获取知识、改善自身行为、优化组织体系以及时应对各种挑战，实现可持续生存和健康和谐的发展。"

那么，组织应该如何进行学习呢？自 20 世纪 90 年代以来，众多学者从不同视角出发对组织学习进行了分析，并取得了一系列研究进展。现有研究指出，组织是由若干团队和个人所组成的，其中团队是组织学习的核心和基本单元，而个人则是组织学习的最小单

---

* 本文选自《管理工程学报》2013 年第 2 期。

元。因此，组织学习不仅应该分别考虑到个人、团队与组织的三个层面，更应该同时考虑个体、团队和组织三个层面学习之间的互动和转化。正如爱因斯坦曾经指出的，"人类在某个层面上制造的难题有时往往难以用该层面的思维解决，组织学习亦是如此。但是，现有的大多数研究将注意力局限于组织学习的某一层面，从个人、团队和组织三层面探讨和分析组织学习跨层级转化过程及机制的研究尚不多见。Crossan 等针对战略更新中探索—利用的平衡关系，建立了一个组织学习的框架模型，他们认为，组织学习包含直觉（Intuiting）、解释（Interpreting）、整合（Integrating）和制度化（Institutionalization）四个过程，它们连接着组织的三个层面。Murray 等对个体学习、团队学习和组织学习三者之间的关系进行了初步研究，他认为这三个层面之间的学习会相互影响，而团队学习则处于这种相互关系的中心位置。陈国权通过实证研究发现，三层次组织学习之间存在着显著的正相关关系，并且若组织某一层面的学习能力较强则另外两层面的学习能力也较强。以上研究表明，组织中某一层面的学习可以影响并转化为其他两层面的组织学习。那么，个体学习、团队学习和组织学习到底通过什么方式实现相互转化？换言之，推动三层面学习之间相互转化的具体机制是什么？已有的研究尚没有进行深入系统的分析。但是这一问题对组织学习实践却具有重要的现实意义。基于此，本文将对组织中三层面学习之间的互动、转化机制进行初步探索，从组织中的人际交流、文档化以及流程化三种基本跨层次学习机制出发，提出组织学习的跨层面转化机制模型，并辅助相关案例对这一跨层次组织学习模型进行进一步分析，以期对企业组织学习管理应用有所借鉴。

二、组织学习的三种跨层面转化

组织是由个体和团队所组成的，因而组织学习并不仅仅局限于组织层面，而是包含个体、团队和组织三层面学习的一个过程，学习的发生可以起始于其中任何一个层面，并引发另外两层面的学习。这种由某一层面学习向其他两层面学习的转化，究其本质是知识和经验在不同组织学习主体之间的传播、演化、扩散和转移。因而，推动组织学习跨层面转化的机制是促使知识和经验与原主体（个体、团队或组织）脱离，推动其进行跨原主体的迁移，进而实现在其他层次上（个体、团队或组织）不同主体之间传播和扩散的过程。以上组织学习跨层面转化如图1所示。其中，任何一个组织（大圆）都由若干团队（小椭圆）组成，而每一个团队则由若干个体成员组成（小圆），组织学习、团队学习和个人学习三者之间可以相互转化。这里可用形象比喻：组织向团队、团队向个人、组织向个人的学习转化可称为"动脉式学习转化"；团队向组织、个人向团队、个人向组织的学习转化可称为"静脉式学习转化"。就像人只有动脉和静脉血流畅通身体才会健康一样，组织只有动静脉式学习转化畅通（也就是个人、团队和组织三个层面学习转化畅通和高效率）才会健康发展。

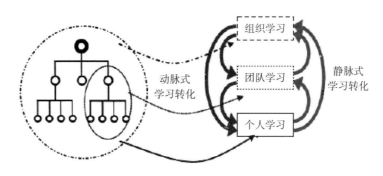

图1 组织学习跨层面转化

组织中的知识、经验传播方式是多种多样的，如沟通交流、文件资料、报告会、协调会、对话会、参观学习、工作轮换、在职培训等。这些途径不仅有利于推动各种知识的转移和交换，更是推动组织学习的重要方式。虽然上述途径形式各异，但由于其中某几种方式存在一定的共性，因此可以被归结为几种基本的组织学习方式类别。例如沟通交流、报告会、协调会等都是发生在人与人之间的相互交流中，参观学习和在职培训的目的都是使知识内化进入知识接收者的思想和行为等。Truran 曾将组织知识转移方式划分为口头交流、书面文字和媒介三种类型。Hansen 等则在研究多家知名公司后提出管理知识的两种主要途径，即人际交流和编码化。其中，人际交流是比较传统的一种方法，是人与人之间通过对话而分享知识的过程，各种类型的会议以及 Truran 提出的口头交流和媒介均属于这种类型；编码化则是将知识仔细编码后存储在知识库中，以便于公司成员能够轻松获取和使用这些知识，Truran 提出的书面文字是编码化的一种结果。本研究认为，除了人际交流与知识编码化这两种方式外，组织流程化也是组织知识、经验和教训扩散的一种重要途径。关于人际交流、编码化和组织流程化三种组织学习方式的讨论如下：

（一）人际交流

人际交流是人与人之间的沟通、对话过程。通过人际交流，知识、经验和教训可以脱离最初拥有它们的个体、团队或组织，并为其他主体所共享和借鉴，从而实现某层面的学习向另外两层面转化。人际交流是最常见的学习跨层面转化机制。有研究指出，口头交流和媒介在组织知识转移方式中所占比例约70%，而口头交流和媒介都属于人际交流，可见人际交流在组织学习中的重要性。人际交流可以是正式的会议，也可以是非正式的讨论。根据人际交流是否借助特定的中介人/中介机构实现，可以将人际交流分为直接交流与间接交流两种类型。直接交流最初发生在知识经验的拥有者与知识经验的需求者之间，之后可以通过知识经验需求者口口相传进行传播。间接交流要借助特定的中间机构/中间人实现。有些组织成立专门的机构，负责组织内信息的沟通与整合，将来自不同个体或部门的知识经验汇总起来并在组织中加以传播。人际交流很难将知识、经验和教训固化下来，没有系统的知识库，其所产生的组织学习不同层面之间的转化可能有限，或者这种转化速度较慢，而如果拥有知识的人离开组织则这种转化可能就无法发生。

（二）编码化

编码化是指将知识和经验编码并存储于组织知识库中。经过编码储存后的知识和经验不再为最初拥有其的某个个体、团队或组织所有，而是可以被组织内各种主体随时提取和运用，从而实现某层面学习向另外两层面学习的转化。编码化要求组织建立完善的知识库系统，该系统可以由传统的纸质文档组成，也可以利用现代信息技术构建，无论采用哪种方式都要配以便捷的检索工具。相对于人际交流而言，编码化将组织中的知识经验和教训系统地储存下来，各主体能很容易地提取相关信息，因而可以更快速地推动不同层面学习之间的转化。但是，编码化和人际交流的共同缺点在于，无论是已经将知识存储下来供各主体共享，还是通过人与人之间的沟通将知识扩散，这些知识能在多大程度上被其他主体所利用从而形成其他层面主体学习还是不确定的。

（三）流程化

流程化是指产生于某一层面的知识和经验通过深植于组织的日常运行、常规活动或规章制度中而成为约束各层面行为的力量。流程化可以通过两种途径实现：一是知识经验不断渗透到各层面主体并为之内化，无形地规范组织成员的行为；二是将知识经验转化为组织制度，成为约束成员行为的有形力量。相对于前面两种转化机制（人际交流、编码化）而言，流程化将组织中不同层面的知识经验以特殊形式加以储存与传递，使组织成员能在面对熟悉的环境与问题时快速地做出常规性的反应，降低了重新做决策的成本。然而，产生于某一层面的知识经验很难在短期内实现在其他层面上的流程化，即使有明确的制度作为保障，也未必能真正为组织成员所吸收，难以达到立竿见影之效。并且，如果知识经验的保存方式不能从流程化变成文档化，知识经验就很难一直保存，因为组织的流程总是需要不断改变以适应变化的外部环境。

以"传递知识的可隐含性"和"传递知识与人可脱离程度"这两个维度来划分，人际交流、文档化与流程化三种转化机制的所在象限如图2所示。从传递知识与人的可脱离程度看，人际交流、流程化与文档化机制其程度逐渐提高，也即人际交流所传递的知识往往与个体紧密附着在一起，与"人"这个载体的关系最为密切；而流程化过程中，一部分知识附着于组织流程中固化起来，增加了与个体"人"的可脱离程度；文档化的知识可以完全脱离组织内的个体而存在，可供组织内不同个体所使用，因此与"人的可脱离程度"最高。另外，从传递知识的可隐含程度看，人际交流在传递不能明言的隐性知识方面最具优势，如在"师傅带徒弟"的过程中，某些诀窍只有经历近距离的"交流"、"揣摩"和"感悟"才能获得；流程化则由于知识存储于组织的独特流程、过程中，其中附着的知识可以有显性化的，当然也有隐性化的；而文档化的知识一般需要经历明晰化的过程，也即承载的是显性知识，但这种机制在知识扩散和复制方面最具效率。人际交流、文档化与流程化三种转化机制各有利弊，大多数组织都会同时利用这三种机制，实现组织学习的跨层面转化。

图 2　人际交流、文档化和流程化三种跨层次转化方式

三、组织学习跨层面转化机制模型

　　人际交流、文档化与流程化是推动组织学习跨层面转化的三种机制，在个体学习、团队学习与组织学习的相互转化过程中，三种机制都可以发挥各自的独特作用。图 3 描述了组织学习跨层面转化的机制及过程。

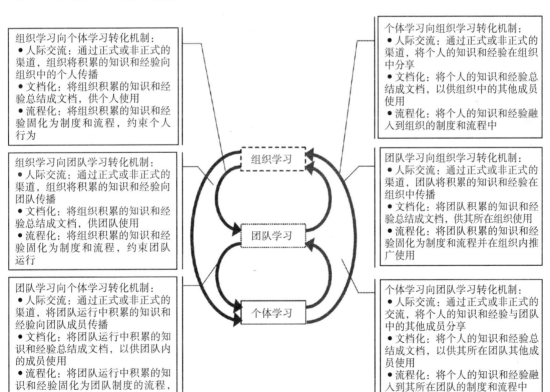

图 3　组织学习跨层面转化机制及过程

(一) 个体学习与团队学习相互转化的机制

在个体学习与团队学习相互转化的机制中包括由个体学习向团队学习的转化，以及由团队学习向个体学习的转化。其中，个体学习向团队学习转化机制包括：人际交流，即通过正式或非正式的交流，将个人的知识和经验与团队中的其他成员分享；文档化，是将个人的知识和经验总结成文档，以供其所在团队其他成员使用；流程化，是将个人的知识和经验融入到其所在团队的制度和流程中。而团队学习向个体学习转化机制包括：人际交流，即通过正式或非正式的沟通渠道，将团队运行中积累的知识和经验向团队成员传播；文档化，是将团队运行中积累的知识和经验总结成文档，以供团队内的成员使用；流程化，将团队运行中积累的知识和经验固化为团队制度和流程，以约束团队内成员的行为。

(二) 团队学习与组织学习相互转化的机制

在团队学习与组织学习相互转化的机制中包括由团队学习向组织学习的转化，以及由组织学习向团队学习的转化。其中，团队学习向组织学习转化机制包括：人际交流，即通过正式或非正式的渠道，团队将积累的知识和经验在组织中传播；文档化，是指将团队积累的知识和经验总结成文档，供其所在组织使用；流程化，是指将团队积累的知识和经验固化为制度和流程并在组织内推广使用。而由组织学习向团队学习转化机制包括：人际交流，是指通过正式或非正式的交流渠道，组织将积累的知识和经验向团队传播；文档化，是指将组织积累的知识和经验总结成文档，供团队使用；流程化，是指将组织积累的知识和经验固化为制度和流程，约束团队运行。

(三) 个体学习与组织学习相互转化的机制

在个体学习与组织学习相互转化的机制中包括由个体学习向组织学习的转化，以及由组织学习向个体学习的转化。其中，个人学习向组织学习转化机制包括：人际交流，是通过正式或非正式的交流渠道，将个人的知识和经验在组织中分享；文档化，是将个人的知识和经验总结成文档，以供组织中的其他成员使用；流程化，是将个人的知识和经验融入到组织的制度和流程中。而由组织学习向个人学习转化的机制包括：人际交流：通过正式或非正式的渠道，组织将积累的知识和经验向组织中的个人传播；文档化：将组织积累的知识和经验总结成文档，供个人使用；流程化：将组织积累的知识和经验固化为制度和流程，约束个人行为。

四、组织学习跨层面转化机制的案例研究

（一）研究方法和资料搜集

案例研究方法可以掌握现象的丰富性，并对其进行厚实的描述，从而是管理研究的恰当方法之一。本文采用多案例分析方式，结合深度访谈和相关的文件资料分析方法（资料库、下发文件、领导讲话、管理制度）等，以了解企业实践中组织学习方面的实际运作情况，再以本文前面提出的模型框架作为资料分析的骨干，分析验证组织学习的跨层面转化机制模型。相对于其他方法，本文采用案例研究方法将有利于我们对企业组织学习实践的关键活动进行系统提炼和总结，并可以结合企业的情景脉络加深我们对学习转化机制的理解，形成一个较为全面的观点认识。

本研究选取了在各层面组织学习中具有鲜明特色的五家企业进行案例研究，分别是：A 连锁酒店集团、C 空管局、E 能源集团、F 化工集团、I 电子资讯公司。本研究搜集资料的方法大致有三种：半结构化访谈和深度访谈、实地观察和资料分析。为了确保研究质量，必须保证受访者的回答针对我们研究内容的有效性，为此我们准备了半结构化访谈提纲，围绕一系列核心问题，在访谈的前半部分逐项询问。之后请被访者就他们认为与本研究相关的问题进行开放式的深度访谈，并使用机动的方法引导受访者的谈话方向，或提出更加深入的问题。所有的访谈过程在征求了被访者同意之后都进行了录音。实地观察有助于我们直接感受组织状况和氛围，亲历研究问题所涉及的核心事件，更加清晰地认识企业运作中的基本行为过程，以更全面地搜集证据。此外，我们通过相关资料分析，如企业公开资料、新闻报道、企业网站、公司运行手册、企业档案和领导讲话等更广泛地了解组织信息，集中对我们所关注的研究问题进行信息挖掘和分析。本文综合三种资料搜集方法，通过调研对相关企业的学习过程进行全方位的了解和认识，以验证和完善本文理论研究模型。

（二）组织学习跨层面转化案例

1. 案例一：A 连锁酒店集团

A 连锁酒店集团目前已建立了覆盖全国的经济型连锁酒店网络，分店超过 300 家。依靠快速的发展势头及优异的盈利能力，集团获得了国际金融巨头注资近 2 亿美元，成为行业累计获得融资最多的企业。大规模融资以及未来的上市计划，使 A 酒店获得支撑其发展的足够资金，持续其高速扩张势头。

酒店采取一种以连锁店为中心的组织架构，店长直接面向集团 CEO，店长与 CEO 之间可直接沟通但却不需要定期汇报工作。各分店独立运行，店长被授予很大职权，对所

负责的分店具有从招聘到奖惩的一切权力。酒店的总部会给予分店"四线"支持，分店遇到问题可以直接找四个相关部门解决（它们是"人事支持中心"、"财务支持中心"、"销售支持中心"和"服务支持中心"），各支持中心与各店均有专门的委员相对应，通常人事和财务与店长对接，销售和服务与一线员工对接等。这在公司被称为"四线体制"，四线主要负责制定公司层面的运行规则、制度和流程，并向各店进行颁布、传达、监督执行。

在集团的组织结构中，立法会委员和执政官发挥着重要作用。执政官由区域内的某位店长兼任，通过区域内全体店长选举产生。执政官是区域的连锁店业务的最高负责人，不需要向总部汇报。执政官主要负责提升区域业绩、开展经验学习和分享活动、组织协调区域店长及财务、绩效考核等相关工作。执政官起到的是一种协调的作用，其不能直管店长，只是一个区域协调领头人。集团还在内部选出"九大立委"，即由 9 个店长组成的"立法会"，对公司治理结构中的重要决策，具有审议权。酒店集团有严格的分店内部会议制度，包括各部门每周例会、每周管理例会、每月全员会等，此外店中还有例行的员工访谈。集团内部培训主要由快乐营（总部企业文化部）来负责开展，在全国各区巡讲，传播公司文化思想。酒店每年都有"店长回家日"活动，活动包括：经验介绍、工作总结、选举执政官、立委、联欢会等。此外，公司还设置了网上学习平台（E-learning）。集团要求所有员工学习《蓝海战略》、《从优秀到卓越》等。集团非常注重自身文化的宣传。公司定期出版企业刊物《四季》，内部网站上有丰富的公司内部信息，全国各地的员工可以及时了解到公司的近期动态，内部论坛让员工畅所欲言。

2. 案例二：C 空管局民航

C 空中交通管理局（简称 C 空管局）是在民航 C 航务管理中心的基础上成立的实行企业管理的事业单位。现有职工 1300 多人，年事业性收入 2 亿多元，副业收入 1000 多万元。它是民航空管系统七大地区管理局之一。自成立以来，以"争中国空管第一，与国际标准接轨"、"建立安全、高效、科学一体化的 C 空管系统"为目标，发扬"首创、实干、奉献"精神，奋发图强，锐意进取，在安全保障能力上取得了重大突破，为民航事业的持续、快速、健康发展做出了突出贡献。

C 空管局有"事故讲评会"制度，内容是从失误中和内部模拟中获取经验积累。每当全球范围内发生空难事故或出现严重事故征候，全局上下会召开事故分析会，分析背景资料，寻找症结，对比自身，查找安全隐患，研究改进和防范措施，制定类似情况一旦发生时的指挥预案。空管局还经常让管制员做雷达模拟之类的特情训练，每年会对每个班组进行技能考核（如换季考试），包括模拟机和笔试，促进员工唤醒相应的操作技能，帮助员工提高应对各种情况的能力。空管局的管制教员在培养一个管制员的过程中，会让新手尽量多体验不同的危险和复杂的情景。空管局还建立了低门槛、多级别的失误案例选择标准，以利于员工选择学习。空管局既有衡量事故的标准，也有衡量事故征候的标准，任何一个可能引发重大事故的小错误或征候都应该成为员工学习的来源。空管局会对控制塔台所有人员的工作情况和操作过程进行全程录音录像，以便于对事故或征候进行全面系统分析。此外，公司班组经常进行人员微调，在保持人员相对稳定和安全性的基础上，加强不同班组间的经验分享。空管局建立了良好的分享机制，使好的经验快速传播。每日基层班前会由各班组主持召开，进行交接班、工作部署和业务讨论；每日下午的生产讲评会，由总值班室负责召集，局领导和各单位领导参加。每月的安全委员会，研究安全生产动态，对近期集中的问题予以重点讨论，寻求解决方案。针对工作实际，空管局按季度在各基层单位组织换季学习，通常有研习历史资料、检测保障设备、设计保障预案、聘请专家授课等内容，以强化全员的业务素质，提高在不同气候环境下的安全保障能力。

3. 案例三：E能源集团

E能源集团创建于专注清洁能源产业，以能源开发和利用方式的创新为基础，构建了能源开发、能源化工、能源分销为主导的产业集群。目前，拥有员工2万余人，总资产过180亿元，100多个全资、控股公司和分支机构分布在国内60多个城市及英国、美国、澳大利亚等国家的重要城市。

E集团内部建立了职业发展中心，编写了《培训操作手册》，建立了企业实践知识库体系。其培训方式包括：内部培训，企业自办讲堂、校企联姻，与大学共建学习基地，与国际教育机构合作培训，岗位转换等。集团职业发展中心设置了宣传企业文化、内容丰富的"文化墙"、"主题墙"。中心的"快乐早班车"打破了上下级关系，推动所有人的平等参与。培训中心设立了一系列个人记忆系统，由表扬提醒记录表、感悟、个人进步和突破点记录、教训案例和经验案例等内容构成。每次培训、活动之后，中心都要召开反思会以提高执行力，其中，还设计了落实跟踪表，将每一个改进点落实到人。集团在开展"十佳"、"百优"活动的基础上，制定劳动竞赛的方案，促进典型和重要事迹的收集与传播。

集团推行全面信息化管理，包括客户服务、战略绩效、人力资源、能源物流、工程管理、财务管理等。集团以创意积分方式，建设"红带、蓝带、黑带"的不同人才阶梯，激发集团全体员工创新意识。集团还注重淬炼典型行为，并总结出组织、团队和员工的八条典型行为准则：诚心敬业、自我驱动、坚韧不拔、谦和尊重、团队协作、客户为尊、主动负责和学习创新。集团推出了"主题日"活动，将员工学习分四个主题，包括学习与创新、职业化与绩效改进、企业文化建设、团队建设，四个方面又分为十个模块。由各部门一把手负责，后备干部承担讲课任务，安排专题学习、交流、收集典型案例，在每周的例会或部门的学习会上做讨论分析。集团许多部门和单位设立值班经理和实习期制，无论是什么层次的管理人员，到集团后都有3个月的实习期。期间让他们接触各方面的工作和人员，扩展员工的思路和视野。公司各部门主管和部门经常定期、不定期地召开领导例会、碰头会等。除了例行通报工作计划、进展以外，还倡导"五个一"原则，即围绕一个主题、说明一件事情、分享一个理念/感悟、提出一个建议、跟进一个落实，极大提高了例会的信息量和实效性。集团在局域网上设立了"总裁信箱"、"督查论坛"等，直接了解职工的心声和需要，提高了组织发现问题的能力，同时也促进了知识分享。

4. 案例四：F化工集团公司

F化工集团公司是新中国第一家专业从事对外贸易的国有进出口企业，如今主业分布在农业、能源、化工、地产、金融五大领域，成为第四大国家石油公司、领先的化工产品综合服务商。1998 年亚洲金融危机，集团曾一度面临破产，集团公司组成危机处理团队，积极应对危机。以此为契机，大力推行精益管理和战略转型，起死回生，并在市场竞争中越来越强大，迎来了生机勃勃的发展局面。

在公司成立 10 周年之际，公司组织了题为"让历史告诉未来"的内部反思学习活动。要求每个 1998 年以前进入公司工作至今的员工都要针对那段危机前后的历史充分地进行个人历史回顾，客观地叙述危机发生前后的企业发展状况以及对企业改革的认识。特别针对自己所在公司业务板块，结合自己所在的业务岗位谈经历危机的感受，以及怎样从危机中吸取教训。期间，人力资源部统一协调部分员工回到组织危机发生之前的所在部门进行业务回顾调研，鼓励他们提出对于今后业务发展的有益建议和意见，并以文章形式传递到组织层面进行汇总、整合。人力资源部结合组织知识库的既有知识，挑选优秀文章汇编成册。由总裁作序，合编了名为《让历史告诉未来——1998~2007 年 F 集团十年风雨路》，作为内部学习材料发到每位员工手中。集团基于强大的内部网络系统以及知识库体系，将没有选入书籍的文章分类后上传到了内部网，文章可以基于各种条件进行筛选，方便所有员工搜寻查找和自己工作相关的经验和知识。此外，集团要求员工要结合从书中阅读到的与自己当前工作业务有关的文章撰写读后感或者工作感想。经过一系列对历史教训的学习活动，员工们对于组织历史上发生的重要事件有了比较清楚的认识，特别是对于产生危机的原因方面有了更深入的理解。

5. 案例五：I 电子资讯公司

I 公司电子资讯数码有限公司共有员工 1400 余人，拥有高素质的软硬件产品专业研发和技术人员 200 余人，在全国拥有完整的营销体系。作为国内移动存储、数码和 DIY 领域领导厂商，I 公司资讯以推动民族 IT 产业的发展为己任，业务广泛涉及计算机软硬件产品的研发、推广和服务等多个领域，旗下的移动存储、显示器、数码、机箱和光磁等系列产品已成为相关领域的代表产品，受到了消费者的广泛喜爱，具有较高的市场占有率。

I 公司的信条中非常重要的一条是"数一数二"。公司认为，只要每一位员工能够在自己所从事的领域中追求数一数二，最终整个团队就有机会早日实现共同的数一数二，即小组、部门、公司、集团，以至整个六赢价值链（社会、大众、代理、员工、公司、供方六方利益都能得到满足）。在合作中，公司希望优先保障其合作伙伴成为第一，所以在合作的团队内，自身甘作第二，但最终通过与互补型合作伙伴的"1+1=11"稳定增值合作，从而实现整个团队达到真正第一名。数一数二绝不是个体的，而是整个团队的，它是个体利益和团队利益的有机结合，从而辩证地实现了"个体利益较大"的最终结果。在 I 公司办公区的墙上，有一块醒目的展板，叫"自省窗"。公司认为，人都会犯错误，但是如何防止一犯再犯呢？反思也许是一种好办法，但"好记性不如烂笔头"，把反省的东西记下来效果可能会更好。"自省窗"体现的是真实灿烂，凡是感觉自己有什么事情做得不好的部门经理，出于自觉会把自己犯的错误形成文字，贴在公司一个专门制作的显眼的位置上，供大家借鉴。此外，在自省窗的旁边还专门设置了一个"数一数二光荣榜"，这个设置主要是为了突出员工感恩的心。如果你认为在公司内部有别的同事或者团队某项工作干得好，或者在某个方面对你很有帮助，你就可以把事迹写成文字，并且经过任意两个高管签字之后，就可以贴在公司的光荣榜里，供大家学习。

（三）案例研究总结

Crossan 等的研究表明，组织学习的直觉和解释发生在个体层面，解释和整合发生在团队层面，而整合和制度化则发生在组织层面。从各学习层次的特点看，个体学习更简便、更灵活，团队学习更具相互启发性，更能体现群体效能，而组织学习则表现出整体推动和整体效率、战略性和市场反应性。但是，这种单一层面上的学习并不能完全满足组织健康、和谐发展的要求。面临复杂变化的外部环境，具有长远发展愿景的企业需要建立一种更高层次，更具系统性、动态性和一致性的组织学习系统。而实践中，推动跨层面的组织学习转化成为建立"立体化组织学习体系"的一个突破口。本文通过五家企业的案例分析，将其组织跨层次学习内容、机制和方式总结如表1、表2、表3所示。

综合以上案例分析，本文得出如下结论：首先，在现代企业组织中，尤其是那些创造了较高市场绩效的企业中，的确存在着个体、团队、组织三层面间学习的跨层面转化、互动过程，这种跨层级学习转化与各层面上的学习活动并行进行。跨层次学习过程反映着组织学习更高系统性、动态性的要求，在推动企业成长和发展方面显示出日益重要的意义。虽然，组织三个层面上的学习目的、内容及重点各异，三个层面上学习转化、互动侧重也有所不同，但其中跨层次组织学习转化的机制遵循着本文提出的"个体—团队—组织跨层面转化互动模型"。这一转化过程是一种在组织目标和理念导向下，以个体学习为基础，群体和组织学习中知识经验的共享过程。其次，个人、团队和组织的学习跨层面转化、多样化的组织学习转化方式，以及三种基本学习转化机制（人际交流、文档化与流程化）之间存在着对应与关联关系。上述案例表明，在个体、团队与组织学习的双向、动态、多层次相互转化中，企业所处行业及运作特征不同，其跨层次组织学习也表现出多样化的具体方式。以个人到组织的学习转化为例，案例中的具体学习转化方式包括：店长回家日、自愿报告体系、"三创"活动、全面信息化、全员创新、项目反思、带班制度、TCT 管理模式等。但是，这些多样化的转化方式都可以划归为三种基本的跨层次转化机制类型，即人际交流、文档化与流程化。这三种基本机制在学习跨层面转化中发挥着各自的独特作用，并为分析和描述个人、团队、组织跨层次学习具体方式提供了一个较简明的分类框架。最后，现代企业推动多维度、高层次和集体互动的跨层面学习循环日益显示出其重要意义。以往研究表明，企业的动态能力来源于组织的学习活动。Zollo 和 Winter 提出了动态能力的另一种定义：一种持续的关于集体行动的学习方式，通过这种方式，组织得以系统性地建立和修正其行为模式，以不断追求更高的绩效。因此，建立一种系统的、常态的跨层面组织学习模式，以动态整合和推动不同层面的组织学习活动，将有助于强化组织动态能力，促进其可持续发展。在管理实践中，组织可以从人际交流、文档化与流程化这三种基本的跨层次学习转化机制出发，结合组织特征和运作流程，扩展和开发出新的跨层次组织学习方式。

表 1　个人学习与团队学习之间的跨层面转化机制

公司	个人学习到团队学习转化			团队学习到个人学习转化		
	人际交流	文档化	流程化	人际交流	文档化	流程化
A	分店内部会议、员工访谈			分店内部会议、员工访谈		
C	基层班前会、班后讲评会		交流会议制度、班组人员微调	基层班前会、班后讲评会		事故讲评会、交流会议制度、班组人员微调
E	快乐早班车、个人记忆系统、反思会、岗位练兵、"主题日"、信箱和论坛	个人记忆系统、经验、事迹收集推广	岗位练兵、全面信息化、全员创新、夯实基本功、值班经理制、反思会	岗位练兵、"主题日"、反思会、信箱和论坛	经验、事迹收集推广	企业内训、岗位练兵、全面信息化、值班经理制、反思会
F		撰写业务回顾文章、板块回顾调研与建议			个人回顾、建议、反馈	
I		自省窗 数一数二光荣榜			自省窗 数一数二光荣榜	

表 2　团队学习与组织学习之间跨层面转化机制

公司	团队学习到组织学习转化			组织学习到团队学习转化		
	人际交流	文档化	流程化	人际交流	文档化	流程化
A	店长与 CEO 沟通		四线制、执政官	店长与 CEO 沟通		四线制、快乐营、执政官、立法委
C	生产讲评会、领导班子碰头会		交流会议制度	生产讲评会、班子碰头会	失误全程记录、简报、网站	事故讲评会、换季考试、系统化经验分析、交流会议制度
E	"主题日"、快乐早班车、领导碰头会、工会事迹推广	经验、事迹收集推广	全面信息化、领导碰头会	"主题日"，领导碰头会	淬炼典型行为、经验、事迹收集推广	全面信息化、领导碰头会、工会事迹推广
F		业务板块建议汇总、整合、经验梳理和系统化			业务建议反馈、内部网络查询	学习跟踪、反馈
I		自省窗 数一数二光荣榜			自省窗 数一数二光荣榜	

表 3　个人学习与组织学习之间跨层面转化机制

公司	个人学习到组织学习转化			组织学习到个人学习转化		
	人际交流	文档化	流程化	人际交流	文档化	流程化
A			店长回家日		四季刊物、公司网站	店长回家日、快乐营
C	换季学习		交流会议制度	换季学习、事故通报	失误全程记录、简报、网站	特情训练、事故讲评会、系统化经验分析、交流会议制度
E	"主题日"、内部反思、个人记忆系统、工会事迹推广、信箱和论坛	个人记忆系统、经验、事迹收集推广	全面信息化、全员创新、夯实基本功	"主题日"、实习期、内部反思	淬炼典型行为、编写实习教材、经验、事迹收集推广	企业内训、主题墙、岗位练兵、全面信息化、实习、信箱和论坛
F	回顾总结与修正	回顾结集		撰写读后感	文件材料下发、内部网络发布、撰写读后感	学习跟踪、反馈
G	自我批判、内部网络	项目反思报告、报纸、杂志编辑	项目反思、晋升推动	内部网络	项目反思学习、报纸、杂志传播	项目反思、"读后感"
I		自省窗数一数二光荣榜			自省窗数一数二光荣榜	

五、研究结论及展望

　　组织学习理论认为组织学习可以发生在个人、团队与组织三个层次上。其中，个体学习是组织学习的基础，组织学习依赖于个体学习的推动；团队学习是涉及组织中学习个体群体互动，是团队成员通过各自信息、知识的交互，依靠团队动力学机制形成群体共识的过程；组织层次上的学习是从个人学习发展而来的，其内涵中除了包括组织成员认知和行为的改变外，更包括组织体系（如组织的结构、流程、制度等）的优化，以使组织在不断变化的内外环境中保持可持续生存和健康和谐发展。但是，以往关于组织学习的研究大多讨论的是直线性（Linear）和单一层次的"静态化"学习问题，针对个人、团队与组织三个层面上学习研究是分别和分层次探讨的。在个体、团队以及组织每一单一平面上，组织学习虽然是动态的，但前人尚未深入探究组织学习跨层次的系统动态性。本研究的创新之处在于，探讨了不同组织层次间的学习接口和相互转化问题，也即将组织学习视为一个立体、动态的循环体系进行系统分析。

　　在理论层面，由于以往学术界对个人、团队和组织学习进行相对独立的研究，从而在推动组织学习的管理对策方面表现出单一性、局部性和相对片面性的问题，没有形成立体化、系统性的组织学习推动和管理方案，造成组织学习系统的整合效应难以充分发挥和挖掘。本研究提出的组织学习跨层面转化机制，对于深化企业管理者对学习型组织的认知，并进一步提升企业组织管理水平具有重要的指导意义。本文提出的学习转化机制模型给出了推动组织跨层面学习的基本方向和过程元素，不同的组织可以在此基础上对学习层次、内容和重点有所侧重和选择，搭配三种不同的跨层次学习转化机制，生成有利于推动组织发展的跨层学习组合模式。在实践层面，随着企业竞争环境的日趋复杂化和动态化，个体、团队和组织跨层次的学习转化更显示出其必要性。由于组织体系的知识、经验和流程往往是内嵌的，个体难以获取全部组织信息，组织也难以掌控所有细节问题。为了增加组织洞察力，提高其生存适应性和组织效率，现代企业的组织学习不仅要反映实效性、层次性、互补性、动态性，更要建立起一个具有成长性和不断发展的生态系统。本文研究有助于突破以往单一层面学习的局部性分析局限，将组织学习研究从传统的点、线、面推动到立体化的分析视角，开启了推动组织学习研究发展的新视野。

基于人际交流、文档化以及流程化的组织学习跨层面转化机制模型，为进一步深入对组织跨层面学习转化的研究奠定了基础。未来研究，一方面，可以借助本文提出的模型工具，深入分析更多的典型行业及代表性企业，检验此模型的适当性和充分性，并进一步改进、丰富和细化相关模型机制，以获得更广泛的适用性；另一方面，也可以结合系统论的相关方法，对不同跨层次学习间转化的协调及优化机制进行分析，增加将组织学习系统作为立体、循环生态系统研究的理论深度，以发挥理论创新对组织学习实践的引导作用。

参考文献

[1] Garvin David A. Building a learning organization [J]. Harvard Business Review, 1993, 71 (4): 78-92.

[2] 陈国权主编. 组织行为学 [M]. 北京：清华大学出版社，2006.

[3] Senge P. M. The fifth discipline: The art and practice of the learning organization [M]. New York: Doubleday Currency, 1990.

[4] Murray P., Moses M. The centrality of teams in the organizational learning process [J]. Management decision, 2005, 43 (9): 1186-1202.

[5] 陈国权，赵慧群. 中国企业管理者个人、团队和组织三层面学习能力间关系的实证研究 [J]. 管理学报，2009 (7): 123.

[6] Edmondson A., Moingeon B. From organizational learning to the learning organization [J]. Management Learning, 1998, 29 (1): 5-20.

[7] Crossan M. M., Lane H. W., White R. E., et al. Organizational learning: Dimensions for a theory [J]. The International Journal of Organizational Analysis, 1995, 3 (4): 337-360.

[8] Truran, W. R. Pathways for knowledge: How companies learn through people engineering [J]. Managemnet Journal, 1998, 10 (4): 15-20.

[9] Hansen, M. T., N. Nohria, T. Tierney what's your strategy for managing knowledge? [M]. In Harvard Business Reviewon Organizational Learning. Boston, MA: Harvard Business School Press, 2001.

[10] Levitt, B., March, J. G. Organizational learning [J]. Annual Review of Sociology, 1988 (14): 319-340.

［11］Zollo M., Winter S. G. Deliberate learning and the evolution of dynamic capabilities［J］. Organization Science, 2002（13）: 339-351.

［12］Weick, K. E. The generative properties of richness［J］. Academy of Management Journal, 2007, 50（1）: 14-19.

［13］Tsui, A. S. Taking stock and looking ahead: MOR and Chinese management research［J］. Management and Organization Review, 2007, 3（3）: 327-334.

［14］陈晓萍，徐淑英，樊景立. 组织与管理研究的实证方法［M］. 北京: 北京大学出版社，2008.

［15］Grant, R. M. Toward a knowledge-based theory of the firm［J］. Strategic Management Journal, 1996（17）: 109-122.

［16］Miller D. A preliminary typology of organizational learning: Synthesizing the literature［J］. Journal of Management, 1996, 22（3）: 485-505.

［17］陈国权. 组织学习和学习型组织：概念、能力模型、测量及对绩效的影响［J］. 管理评论，2009，21（1）: 107-116.

Modeling Individual, Team, Organizational Cross-level Learning Mechanisms and A Case Study

Chen Guo-quan Sun Rui Zhao Hui-qun

Abstract: Organizational learning has been a hot topic in both business practice and management research fields. It is necessary to establish an effective transformational learning mechanism across individual, team, and organization levels in order to make full use of organization resources to enhance organizational performance and to maintain healthy organizational development. Research on the internal cross-level learning mechanism has important significance in the organizational behavior discipline. Although the number of organizational learning studies has been increasing, cross-level organizational learning has not been systematically studied and a limited number of theoretical models are available to help guide the management practice. In order to answer theoretical and practical problems related to cross-level organizational learning, this paper explores the transformational learning mechanism across individual, team, and organization levels in firms and proposes a theoretical model to investigate cross-level learning phenomenon based on three basic learning patterns: interpersonal communication, knowledge documentation and organizational routinization. We further use some case studies to test our proposed learning model. The findings of this paper have the potential of contributing to the development of the organizational learning theory and practice in China.

In the first part, this study investigates literatures on cross-level organizational learning activities. Organizational learning can generally be categorized into individual, team, and organization-level learning. Based on our literature review, we propose the "Individual-Team-Organization Cross-level Organizational Learning Interaction and Transformation Model".

In the second part, we suggest relationships exist between these three levels of learning activities and three basic learning patterns: interpersonal communication, knowledge documentation and organizational routinization. We also use business cases to demonstrate that companies in different industries and with different operating characteristics have different cross-level organizational learning methods. These three basic learning patterns play unique roles in enhancing cross-level organizational learning activities among individuals, teams, and organizations. A classification framework is proposed to include a variety of high-order, two-way, dynamic, and organizational learning mechanisms.

Finally, promoting multi-dimensional, high-order, cross-level interactive and collective learning cycles is increasingly important for modern enterprises. In a dynamic environment, creating a systematic, cross-level organizational learning capability will help promote organizational sustainable development. On the basis of these three basic learning patterns—interpersonal communication, knowledge documentation and organizational routinization, organization can expand and develop many new cross-level organizational learning activities to integrate with organizational characteristics and operational processes.

Key Words: organizational learning; cross level transformation; conversion mechanism; case study

个人—组织价值观契合如何影响
员工的态度与绩效
——基于竞争价值观模型的实证研究 *

曲　庆　高　昂

【摘　要】本研究选取竞争价值观框架，运用多项式回归与效应面分析方法探讨个人—组织价值观契合对员工情感承诺和任务绩效的影响。基于对468个配对样本的数据分析，发现对团队、活力和市场价值观，当组织价值观弱于个人价值观时，员工情感承诺与个人—组织契合度正相关；当组织价值观强于个人价值观时，情感承诺与契合度负相关；在完全契合状态下，价值观强度越高，员工的情感承诺越高。对活力和市场价值观，个人—组织契合度与员工任务绩效基本呈现正相关。对规范价值观，个人—组织契合与员工情感承诺和任务绩效关系不显著。实证结果挑战了"个人—组织价值观契合情况下结果最优"的经典假设，丰富完善了价值观契合有效性的研究。

【关键词】个人—组织价值观契合；竞争性价值观；情感承诺；任务绩效

一、引　言

企业文化在个人、团队、组织等多个层面的管理上都具有积极作用。探讨企业文化对员工个体的影响，员工自身的特点不容忽视，个人—组织契合为研究个人与环境的交互影响提供了适当的理论框架，得到了学者们的广泛重视。已有研究发现，个人—组织价值观的契合可以有效提升员工的工作满意度与组织承诺，降低离职意愿，改善工作绩效。

尽管个人—组织价值观契合被广泛应用于企业文化研究，但是该领域的研究目前仍存在局限。其一，价值观体系的选择限制了研究的有效性。个人与组织在不同价值观上的契

---

* 本文选自《南开管理评论》2013 年第 5 期。

合对结果变量的影响不尽相同，然而以往研究在探讨个人—组织价值观契合的效应时，多数是把不同价值观合并在一起来测量整体契合度，对不同价值观加以区分的研究很少。为了拓展个人—组织价值观契合研究的预测效度，需要继续针对不同的价值观，检验个人—组织契合的影响。其二，简单的"个人—组织契合状况下员工表现最优"的传统假设限制了人们对于价值观契合有效性的全面认识。个人—组织价值观完全契合优于其他非契合状况是以往大多数研究的基本假设，这一简单化的结论主要源于个人—组织契合研究方法的局限。应用传统的差分（Difference Scores）方法，无法区分个人价值观与组织价值观的不同差异状态对结果变量的影响，即组织价值观弱于和强于个人价值观的两种不同情况被混为一谈，也无法检验个人—组织契合情况下价值观的不同水平对结果变量的影响是否存在显著差异。针对以上局限，本研究选用竞争价值观模型和多项式回归、效应面分析方法，检验个体与组织在不同价值观上的不同契合状态与员工情感承诺、任务绩效的关系，以求对个人—组织价值观契合研究的进一步完善做出贡献。

Quinn 和 Rohrbaugh 的竞争性价值观模型根据关注内部—关注外部、灵活导向—控制导向区分出团队、活力、市场、规范四种价值观，抓住了企业文化的关键特征，是研究个人与组织在不同价值观上契合效应的理想框架，符合本文的研究目的。该模型在组织研究领域已被广泛应用，基于该模型的相关研究发现个人—组织价值观契合对工作满意度、组织承诺等个体态度变量有显著影响，但现有研究还不够具体细致，对绩效这一重要的结果变量尚缺乏理论探讨与实证研究。

多项式回归（Polynomial Regression）作为一种统计检验方法，可以检验个人—组织契合的不同典型状态下因变量和自变量的关系，效应面分析（Response Surface Analysis）则可完整、直观地呈现个人—组织契合的各种状态下因变量的变化趋势。正是由于这些区别于传统方法的统计效能，这两种方法已成为个人—组织匹配研究中的典型方法之二，也是实现本研究目的的最适当的方法。

二、理论与假设

个人—组织契合通常被描述为个人与组织的兼容（Compatibility）。价值观是对于行为方式或者最终状态的总体评价，个人—组织价值观契合指个人持有的价值观念与组织价值体系的匹配程度。

本文基于 Quinn 和 Rohrbaugh 的竞争性价值观模型分析个人—组织价值观契合。Quinn 和 Rohrbaugh 在分析 Campbell 有关组织绩效的 30 个指标间的相互关系基础上，提出组织有效性的三维度划分标准，即关注重点（关注内部与关注外部）、结构导向（灵活导向与控制导向）以及过程—结果，该模型较好地反映了组织内竞争性的核心价值观。如图 1 所示，根据此框架，企业价值观可分为四个维度：灵活导向—关注内部对应团队价值观，它强调组织对员工的信任与投入，促进员工的交流，提升员工对组织的忠诚；灵活导向—关注外部对应活力价值观，它强调发挥员工的创造性，提升灵活应变能力；控制导向—关注外部对应市场价值观，它注重结果，强调竞争，激发员工更努力地工作；控制导向—关注内部对应规范价值观，它强调平稳、可靠，明确程序和清晰的角色职责，保证员工更好地完成工作。尽管四个维度代表着近乎对立的企业价值观，且彼此从概念上可进行严格区分，但是 Quinn 和 Rohrbaugh 指出，在现实中四种不同价值观可能同时存在于一个组织，每个企业通常都需要兼顾员工参与、灵活创新、市场导向、流程控制，这一论断也得到后续实证研究的支持。以上四个价值观不仅可反映企业的主要特征，也代表了员工的主要关切。每名员工对这四种取向都有自己的看法和期望，其与企业现实的一致性将影响员工的态度和行为。

图 1　竞争性价值观结构

在具体分析不同价值观契合的有效性之前，我们首先需要理解个人—组织价值观契合对员工态度与行为的作用机制。在研究价值观契合对于员工态度的影响时，Kalliath 等认为有两种机制起作用：一是价值观契合能带来相同的认知视角和分析问题方法，从而减少不确定性；二是价值观契合使得双方能准确预测对方行为，从而带来更清晰的角色期望。Edwards 和 Cable 有相似的解释，他们认为价值观契合不仅意味着组织能满足或实现个人的价值观，而且能带来信任、结果的可预测性、良好的人际关系、有效的沟通，进而可影响员工的态度。个人—组织价值观契合在改善员工满意度与组织承诺感方面的有效性已被广泛验证。

以上机制与员工的绩效也有关。员工的绩效表现取决于其工作动机、能力以及工作环境和条件等。个人—组织价值观契合对这三方面都有正面作用：第一，当组织价值观满足个人对组织的心理期望时，组织带给员工的不确定性减少，员工安全感更强、满意度更高，动机得到改善，会更加投入地工作；第二，契合可以帮助员工准确把握企业的主导思维框架，正确认识事务重要性，从而更好地发挥自己的能力；第三，契合有助于员工与组织的其他成员有效沟通，从正式或非正式的互动中获取知识和信息，和其他人员很好地协作。这三方面的作用决定了个人—组织价值观契合对个人绩效应有正向影响。

个人—组织价值观的契合是一种连续的状态。当员工感受到的组织价值观趋近个人价值观时，个人—组织契合的有效性逐渐显现。当员工感受到的组织价值观超过个人价值观时，我们可借鉴 Edwards 以及 Edwards 和 Shipp 论述的保存（Conservation）、转移（Carryover）、损耗（Depletion）、干扰（Inter ference）的框架进行分析。保存是保留过剩的组织供给在晚些时候实现个人的价值观，转移是组织对某一价值观的过剩供给可能有助于个人实现别的价值观，消耗是组织过度的当前供给会妨碍个人价值观在未来的实现，干扰是组织在某一方面的过度供给会阻碍个人其他方面价值观的实现。以上四种效应并不相互排斥，在实际情况中多种效应既可能独立存在，也可能同时存在。

以下我们将分别探讨竞争性价值观模型中四种不同价值观下个人与组织契合/非契合对个人态度与绩效的影响，同时探讨契合状态下，企业价值观与个人价值观同时较高与同时较低时员工的不同反应。

团队价值观关注内部并强调灵活。在实际管理中，组织的团队价值观主要表现为员工参与、锻炼培养员工等举措，可提升员工的士气与凝聚力，并达到人才开发的效果。员工对这一价值观一般有较高期望，组织的重视会缩小组织价值观与个人价值观的差距，使员工感受到更强的组织支持和心理满足，从而产生更强的情感归属。根据社会交换理论，情感归属强的员工为回报组织的关心，会努力工作以提升个人业绩；同时，如前所述，个人—组织价值观契合带来的工作思路和条件的改善也有助于员工更好地达成绩效，员工任务绩效因此得到提升。当组织的团队价值观强于个人价值观时，员工得到超过预期的关心、锻炼与培训，前文所述的保存和转移过程就会起作用，员工对发展和尊重的需求得到更好满足，消耗过程此时则不会起作用，这些效应会使员工对组织有更多的情感投入，也会更加努力地工作以回报组织。不过，组织的团队价值观过强，可能在组织内形成安于现状、缺乏竞争的氛围，从而干扰员工市场价值观需求的满足，这对员工提高工作绩效不利。可见，组织的团队价值观强于个人价值观，对员工的情感归属有正面影响，对员工的工作绩效，则既有正面影响，也有负面影响。综上所述，我们提出以下假设：

假设 1a：当组织价值观弱于个人价值观时，员工的情感承诺与个人—组织团队价值观差异呈负相关关系；组织价值观超过个人价值观时，员工的情感承诺与个人—组织团队价值观差异呈正相关关系。

假设 1b：当组织价值观弱于个人价值观时，员工的任务绩效与个人—组织团队价值观差异呈负相关关系；组织价值观超过个人价值观时，员工的任务绩效与个人—组织团队价值观的关系不再显著。

个人与组织价值观契合存在两者同时较高与同时较低的情况。契合意味着组织满足了个人的需求，但因为个人需求强度以及组织供给水平的不同，个人情感承诺和绩效表现将有差异。在组织和个人的团队价值观同时较高的情况下，根据期望理论，团队价值观对员工有更高的效价，由于这种需求得到了实现，所以必然给员工带来更大的激励；同时，考虑到团队价值观的具体内涵，员工得到较多的支持与关怀，个人能力得到更好的培养与开发。根据社会交换理论，以上两方面效果使员工对组织产生更高的情感承诺，并且在任务绩效方面也会有更好的表现。在组织和个人的团队价值观同时较低的情况下，团队价值观对员工的效价低，产生的激励力弱，员工从组织得到的实际支持也少，能力提升慢，所以情感承诺和任务绩效也会比较低。综上所述，我们提出以下假设：

假设 1c： 相对于组织的团队价值观与个人价值观同时较低的情况，在二者同时较高的情况下，员工的情感承诺更高。

假设 1d： 相对于组织的团队价值观与个人价值观同时较低的情况，在二者同时较高的情况下，员工的任务绩效更高。

高活力价值观关注外部并强调灵活。在实际管理中，活力价值观主要表现为重视创新，具体活动包括不断改进产品和服务、激发员工创造力等，可提升组织的灵活性和创造性。当组织的活力价值观弱于个人价值观时，其提升会缩小组织价值观与个人价值观的差距，差距越小则员工感受到的组织支持越多，心理预期得到的满足越大，情感承诺就会越强；同时，前文所述的三种机制发挥作用，员工更愿意打破常规尝试更多方法开展工作，因此会有更优的任务绩效。当组织的活力价值观强于个人价值观时，对员工的情感承诺和任务绩效会产生不同的影响。对于情感承诺，组织对活力价值观的重视使员工认识到组织对创新的风险有更多的包容，前文所述的保存和转移过程会起作用，员工得到更多试错的机会以及更大的成长空间，从而更加满足；同时，秉持活力价值观的组织会给予员工更多的自主性，会让员工感受到更多的组织支持，这些都将带来员工情感承诺的提升。对于任务绩效，组织过于强调创新则会带来负面效应。首先，这时干扰过程会起作用，员工将更多时间投入创新，会分散投入本职工作的精力，从而影响绩效；其次，创新所伴随的潜在风险会威胁任务绩效的达成；最后，当组织的活力价值观较强时，组织的绩效衡量标准也会更强调创新，对于主观任务绩效，相同的工作表现得到的评价会更低。员工为回报公司支持而努力创新虽可能促进绩效，但同时也会增大绩效风险。以上因素综合作用的结果，员工此时的绩效很可能不升反降。因此，我们提出以下假设：

假设 2a： 当组织价值观弱于个人价值观时，员工的情感承诺与个人—组织活力价值观差异呈负相关关系；当组织价值观超过个人价值观时，员工的情感承诺与个人—组织活力价值观差异呈正相关关系。

假设 2b： 员工的任务绩效与个人—组织活力价值观差异呈倒 U 形关系，个人价值观与组织价值观契合时，员工的绩效表现最佳。

当组织和个人的活力价值观都较高时，组织给予员工较高的自主性，活力价值观对员工效价高，员工受到的激励大，组织支持感强，会有较高的情感承诺；当两者都较低时，员工受到的激励小，情感承诺也相对较低。两种情况下，员工在任务绩效上的差异则难以预测。在双高状态，员工可能因受到的激励大而更加努力工作，但创新毕竟不是工作的全部，精力过于集中在创新以及创新所带来风险等因素的同时也会对其绩效形成负面影响；相对于双低状态，他们的任务绩效未必更高。综上所述，我们提出以下假设：

假设 2c： 相对于组织的活力价值观与个人价值观同时较低的情况，在二者同时较高的情况下，员工的情感承诺更高。

市场价值观关注外部并强调控制。在管理实践中，市场价值观表现为重视竞争、倡导快速响应等活动，以求在竞争中取胜。作为经济组织，市场价值观是企业的基本特征，一个忽视市场的企业，不可能有好的绩效，也不可能得到员工的认同。正因如此，当组织的市场价值观弱于个人价值观时，员工会对企业不满，组织价值观越接近个人价值观，员工的不满越小，对组织的情感承诺就越高；同时，由于前文所述机制的作用，员工也能更好地完成工作任务。当组织的市场价值观强于个人市场价值观时，员工会感受到过大的绩效压力，干扰过程就会起作用，员工为了完成绩效目标，会与其他人竞争，减少人际交往，而这都是市场价值观较弱的员工所不情愿的，所以情感承诺会降低。在这种情况下，员工的工作动力也会降低，即使在组织的压力下他们会在工作上投入较多精力，但只要能保证个人的基本利益，就不愿意在工作上投入更多。同时，企业强调市场价值导向，绩效标准也会提高，对于主观任务绩效，员工同样的工作表现得到的评价也会相对降低。综上所述，我们提出以下假设：

假设 3a：员工的情感承诺与个人—组织市场价值观差异呈倒 U 形关系，个人价值观与组织价值观契合时，员工的情感承诺最强。

假设 3b：员工的任务绩效与个人—组织市场价值观差异呈倒 U 形关系，个人价值观与组织价值观契合时，员工的绩效表现最佳。

当组织和个人的市场价值观都较高时，组织更可能提供基于绩效的薪酬等激励，员工会赋予市场价值观高效价，而且能够得到满足，这使员工受到激励，有助于其形成更高的情感承诺。因为受到的激励大，员工的工作积极性会比较高；市场价值观强调实现目标提升业绩，所以，重视市场价值观的员工会更努力地工作以达成较高的任务绩效。相比之下，当组织价值观和个人价值观均较低时，员工受到的激励小，也不重视工作结果，他们的情感承诺和任务绩效都会比较低。虽然相同的工作绩效会因企业对市场价值观的重视程度的不同而得到不同评价，但这方面的影响应该不足以逆转以上效应。综上所述，我们提出以下假设：

假设 3c：相对于组织的市场价值观与个人价值观同时较低的情况，在二者同时较高的情况下，员工的情感承诺更高。

假设 3d：相对于组织的市场价值观与个人价值观同时较低的情况，在二者同时较高的情况下，员工的任务绩效更高。

规范价值观关注内部并强调控制。在管理实践中，规范价值观表现为内部控制，在这样的组织中，规范、精确、一致受到重视，有助于企业内各种职能的无缝连接并提高整体运作效率。作为正式组织，规范也是企业应具有的基本特征。当组织的规范价值观弱于个人价值观时，员工会认为企业的管理水平比较低，达不到自己的要求，因而会对企业不满；组织的规范价值观越接近个人价值观，员工对企业的不满就越小，情感承诺就越高；与此同时，由于前述机制的作用，员工的绩效也会更好。当组织价值观强于个人价值观时，干扰过程就会起作用，员工会认为企业管得过死、官僚主义，而自己不得不遵循组织要求，所以会对企业不满，情感承诺会下降；情感承诺的降低以及感知的压力都会影响员工的工作投入，因此任务绩效也会降低。综上所述，我们提出以下假设：

假设4a： 员工的情感承诺与个人——组织规范价值观差异呈倒U形关系，个人价值观与组织价值观契合时，员工的情感承诺最强。

假设4b： 员工的任务绩效与个人——组织规范价值观差异呈倒U形关系，个人价值观与组织价值观契合时，员工的绩效表现最佳。

规范价值观强的企业强调制度、流程和控制。与前面三种价值观不同的是，企业的规范价值观与员工利益没有直接关系，它不强调对员工的支持和培养，员工也很难因为在规范价值观方面的表现得到奖赏，而制度、流程和控制很可能还会限制个人的自主性，这就决定了员工不会对这一价值观赋予很高的评价。因而，在组织和个人的规范价值观同高和同低两种状态下，员工受到的激励不会有显著的差异，员工的情感承诺和任务绩效也就不会有显著的差异。

三、研究方法

（一）调研样本

本研究的调研是一个大型调研项目中的一部分。调研对象包括54家企业，企业的地域分布覆盖了北京、上海、山东、广东、云南等12个省市，行业分布覆盖制造、采矿、建筑、信息传输、金融、零售等多个行业。从企业性质看，国有或国有控股企业30家，私营或私人控股企业14家，外资企业四家，其他股份制企业六家。

每家企业被要求任选25名员工参加本部分调研，填写内容包括对企业的情感承诺、对企业文化的感知和期望、直接上级姓名以及本人姓名、年龄、性别、教育程度、司龄等。为避免同源误差问题，我们邀请被试员工的直接领导评价员工的任务绩效，同时填写员工姓名。为了打消调查对象的顾虑，提高数据质量，我们采取了多种措施。在42家企业中，课题组现场发放问卷并亲自回收，绝大部分企业都是把人员集中到会议室，由课题组成员做简短说明后再开始填写问卷，课题组给每位参加者都提供一份"保密承诺"和一份纪念品。在另外12家企业，课题组把问卷寄到企业，由企业人力资源部发放并回收，然后统一寄到课题组，对这些企业的调研对象，除了提供"保密承诺"和纪念品外，课题组还提供一份"问卷填写说明"和一个信封，"问卷填写说明"的内容是填写问卷的主要注意事项，并提醒调研对象填完问卷后装到信封密封后再交给回收人。

在12家邮寄调研企业，课题组共提供了215份问卷，收回202份。54家企业共收回问卷1306份，去掉填写明显不认真（主要是所有题目评分都相同）或缺失数据过多的问卷后，还有问卷1240份。填写本人姓名和上级姓名的人员比例分别是87.2%和86.9%。因有些企业在选人时未严格执行上下级对应的原则，导致部分数据不配对。经整理，共得到配对数据 468 对。其中，男性占 55.8%，女性占 44.2%；教育程度初中以下占 2.1%，高中和中专占 12.1%，大专占 24.9%，本科占 52.9%，研究生占 7.9%；平均年龄 31.52 岁，平均司龄 6.68 年。通过 ANOVA 分析，发现有效样本和其他调查对象在人口统计变量以及其他数据上没有显著差异，通过现场调研和邮寄获得的数据之间也没有显著差异。

(二) 研究设计与测量工具

以往有关个人—组织契合的研究主要采用两种测量方法：直接测量方法与间接测量方法。直接测量方法是请调查对象直接对自己感知到的个人—组织契合程度进行评价，间接测量是分别评估个人、组织的情况，通过交互（Interactions）、差分（Difference Scores）或者多项式（Polynomial Regression）方法反映契合情况。直接测量方法将个人与组织情况混杂在一起，无法分别检验个人、组织因素的影响，无法区分两者相对高低的不同状态，不能满足本研究的需求，所以本研究采用间接法测量个人—组织价值观契合。

间接测量法又可以进一步区分为感知契合和客观契合。感知契合即个体层面契合，是由个人对自己以及组织的同组价值观做出评价，然后加以比较；客观契合即跨层契合，是将个人描述的本人价值观与组织成员描述加总得到的组织价值观加以比较。Kristof 认为，测量方法的选择没有唯一标准，应该视研究需求而定。本研究关注个人—组织价值观契合对于个人态度与行为的影响，Nisbett 和 Ross 认为，个体认知由其对实际的感知驱动，进而影响个体在具体情境下的表现。结合研究目的，我们选择运用个人层面的间接测量方法评估个人—组织价值观契合程度。

（1）竞争性价值观。本研究选用 Quinn 和 Cameron 的 24 条目量表测量竞争性价值观，团队、活力、市场、规范四个价值观分别对应六个测量条目，样本条目例如"强调团队合作、共识和员工参与"，"鼓励冒险，强调创新、自由和独特性"，"强调努力竞争、高标准和成就感"，"工作有保障，强调服从、秩序和稳定"。我们要求调查对象分别从对组织价值观的感知与个人期望角度对以上条目进行评分，其中个人期望反映了个人价值观。分析结果显示，感知组织价值观与个人价值观均有良好的信度，α 值分布在 0.85~0.90。

（2）情感承诺。本研究选用 Chen 和 Francesco 的六条目量表测量员工对企业的情感承诺，其中部分题目如"我在感情上舍不得离开这家公司"，"我确实觉得该公司所面临的问题就是我自己的问题"。该量表 α 值为 0.91。

（3）工作任务绩效。本研究选用 Williams 和 Anderson 的七条目量表测量个人工作任务绩效，其中部分条目如"充分完成指定的任务"、"履行工作说明书中规定的责任"。该量表 α 值为 0.78。

以上所有测量工具都采用李克特 7 点量表进行评价，1 代表"完全不同意"，7 代表"完全同意"。

（4）控制变量。已有的研究表明，员工的年龄、性别、教育程度、司龄等人口变量对其组织承诺有显著影响，这四个变量也是组织承诺、工作绩效的影响因素的相关研究中所广泛采用的控制变量，所以，本研究将对这些变量加以控制。

（三）数据分析方法

本研究采用多项式回归和效应面分析相结合的方法进行数据分析。在运用多项式回归方法构建模型时，所有自变量以测量量表的中点进行中心化。多项式回归方法将传统个人—组织契合有效性二维分析拓展到三维空间，分别以情感承诺与任务绩效为因变量，以组织价值观和个人价值观为自变量进行回归，模型公式如下：

$$Z = b_0 + b_1O + b_2P + b_3O^2 + b_4OP + b_5P^2 + e \tag{1}$$

式中，Z 表示结果变量，O（Organization）表示组织的价值观，P（Person）表示员工个人的价值观。该公式是 $Z = b_0 + b_1x(O-P) + e$ 和 $Z = b_0 + b_1x(O-P)^2 + e$ 的整合和拓展，可以更全面地检验两个变量的相对差异对结果变量的影响。公式中共包含三个高阶回归项，分别是组织价值观的平方项、组织价值观与个人价值观的交互项以及个人价值观的平方项。针对竞争性价值观模型的四个维度，我们分别检验组织价值观和个人价值观对两个结果变量的影响，共构建八个回归模型。每个模型中均把员工的年龄、性别、教育程度以及司龄作为控制变量。

本研究关注 P = –O 和 P = O 两个截面上结果变量 Z 的变化，前一截面上因变量的变化反映当组织价值观与个人价值观完全不契合时的效果，后一截面上因变量的变化则反映当组织价值观与个人价值观完全契合时的效果。

$$
\begin{aligned}
Z &= b_0 + b_1O + b_2P + b_3O^2 + b_4OP + b_5P^2 + e \\
&= b_0 + (b_1 - b_2)O + (b_3 - b_4 + b_5)O^2 + e
\end{aligned} \tag{2}
$$

$$
\begin{aligned}
Z &= b_0 + b_1O + b_2P + b_3O^2 + b_4OP + b_5P^2 + e \\
&= b_0 + (b_1 + b_2)O + (b_3 + b_4 + b_5)O^2 + e
\end{aligned} \tag{3}
$$

由式（1）推导 P = –O 和 P = O 两个截面上因变量的变化趋势，分别得到式（2）与式（3）。式（2）中 $b_1 - b_2$ 反映 P = –O 截面上因变量变化的斜率，$b_3 - b_4 + b_5$ 反映因变量变化的曲率。同样，公式（3）中 $b_1 + b_2$ 与 $b_3 + b_4 + b_5$ 分别反映 P = O 截面上因变量变化的斜率与曲率。合并回归系数显著性的检验主要参考 Edwards 和 Parry 的方法。

本研究根据 P = –O 和 P = O 两个截面上因变量的变化趋势进行假设检验，具体考察指标是因变量变化的斜率和曲率。具体地说，在 P = –O 对应截面上，当 $b_1 - b_2$ 显著为正并且 $b_3 - b_4 + b_5$ 不显著时，因变量会随着价值观强度的增加而单调增加，其与个人—组织价值观差异的关系则是以（O = 0，P = 0）为分界，先负相关而后正相关；当 $b_3 - b_4 + b_5$ 即曲率显著为负时，则说明因变量随着价值观强度的增加而呈现倒 U 形的变化趋势，如果 $b_1 - b_2$ 不显著，倒 U 形关系最明显。在 P = O 对应截面上，当 $b_1 + b_2$ 显著为正且 $b_3 + b_4 + b_5$ 不显著时，则说明组织与个人价值观同时很高的情况相对于二者同时很低的情况，因变量的值更高；如果 $b_3 + b_4 + b_5$ 显著不为零，即在 P = O 对应截面上自变量呈现曲线变化，可参考 Edwards 和 Rothbard 的方法，计算自变量的均值正负一个标准差的点上因变量的值来假设检验。

四、研究结果

本研究中员工个人同时评价了组织价值观和个人价值观，为检验在评价时员工是否有效区分了这两种不同层次的价值观以及竞争价值观模型的区分效度，我们进行如下验证性因子分析（CFA），如表1所示。$\Delta\chi^2/\Delta df$ 反映假设模型相对于替代模型的改善程度，本研究的检验结果显示，八因素模型相对单因素模型（$\Delta\chi^2/\Delta df$ 为 20818.53/28，$p < 0.001$）、双因素模型（$\Delta\chi^2/\Delta df$ 为 1281.82/27，$p < 0.01$）、四因素模型（$\Delta\chi^2/\Delta df$ 为 4284.36/22，$p < 0.001$）均有显著改善，即竞争价值观模型具备良好的区分效度。

表 1　竞争价值观模型 CFA 拟合结果

模型	χ^2	df	$\Delta\chi^2/\Delta df$	RMSEA	CFI	NFI	NNFI
八因素模型	3848.33	1052	—	0.08	0.96	0.95	0.96
四因素模型	8132.69	1074	4284.36/22	0.23	0.89	0.88	0.89
双因素模型	5130.15	1079	1281.82/27	0.10	0.95	0.93	0.94
单因素模型	24666.86	1080	20818.53/28	0.23	0.89	0.87	0.88

注：单因素模型未区分任何变量，双因素模型即个人价值观和组织价值观，四因素模型即团队、活力、市场、规范四种价值观，八因素模型即分别区分个人和组织的团队、活力、市场、规范价值观。

所有变量的相关系数矩阵以及各变量的描述性分析结果如表2所示。相关分析结果显示，无论组织价值观还是员工的个人价值观，竞争性价值观模型的四个维度之间均表现出较强的相关性，此结果说明在组织内部，四种对立的价值观同时存在，此统计结果与之前的理论论述一致。

表 2　相关系数矩阵

	均值	方差	员工年龄	员工性别	员工教育程度	员工司龄	团队价值现状	活力价值现状	市场价值现状	规范价值现状	个人团队价值	个人活力价值	个人市场价值	个人规范价值	情感承诺	任务绩效
员工年龄	31.52	7.08	—													
员工性别	0.45	0.50	−0.07	—												
员工教育程度	3.54	0.88	−0.15**	−0.00	—											
员工司龄	6.68	7.13	0.75***	−0.03	−0.15**	—										

	均值	方差	员工年龄	员工性别	员工教育程度	员工司龄	团队价值现状	活力价值现状	市场价值现状	规范价值现状	个人团队价值	个人活力价值	个人市场价值	个人规范价值	情感承诺	任务绩效
团队价值现状	4.93	1.05	0.05	−0.02	−0.04	0.04	0.90									
活力价值现状	4.67	1.01	0.02	0.00	−0.02	0.03	0.79***	0.87								
市场价值现状	5.00	0.91	0.01	−0.01	−0.01	−0.01	0.78***	0.82***	0.85							
规范价值现状	5.16	0.96	0.01	−0.01	−0.08	0.03	0.70***	0.59***	0.71***	0.87						
个人团队价值	6.18	0.78	0.01	−0.08	0.02	0.03	0.35***	0.34***	0.28***	0.21***	0.90					
个人活力价值	5.93	0.84	0.01	−0.08	0.03	0.02	0.29***	0.42***	0.32***	0.17***	0.83***	0.87				
个人市场价值	6.01	0.78	0.05	−0.12*	0.07	0.04	0.30***	0.37***	0.34***	0.17***	0.80***	0.86***	0.87			
个人规范价值	6.03	0.79	0.10*	−0.07	−0.04	0.10*	0.32***	0.39***	0.32***	0.35***	0.74***	0.75***	0.79***	0.87		
情感承诺	5.19	1.17	0.24***	−0.01	−0.01	0.23***	0.61***	0.54***	0.53***	0.44***	0.24***	0.23***	0.23***	0.26***	0.91	
任务绩效	5.93	0.63	0.09*	0.01	0.13**	0.07	0.05	0.06	0.08	0.03	0.06	0.02	0.08	0.02	0.08	0.78

注：N=430~468；对角线上报告的是各个变量的信度（Cronbach's alpba）；* 表示 $p<0.05$，** 表示 $p<0.01$，*** 表示 $p<0.001$，下同。

此外，本研究中竞争性价值观与情感承诺均由被试员工填答，可能存在同源方差，因此进行 Harmon 单因素分析，结果显示九因素模型拟合良好（RMSEA = 0.07），而未区分个人—组织价值观与情感承诺的单因素模型拟合不好（RMSEA = 0.23），相比单因素模型，九因素模型有显著改善，$\Delta\chi^2/\Delta df$ 为 27584.53/36（$p < 0.001$），此结果说明数据中可能存在的同源方差在合理的范围内。

表 3 展示了所有假设的统计分析结果。在表 3 中，模型 1 相对模型 0 在对结果变量的解释能力上有显著改善，即 ΔR^2 在 0.05 或更高水平上显著，是本文各项假设得到支持的前提。从表 3 最后一行 ΔR^2 的显著性可以看到，个人和组织的团队价值观及其高阶项对于员工任务绩效无显著作用，即在 0.05 的显著性水平下无法拒绝零假设，因此假设 1b、假设 1d 未得到数据支持；个人和组织的规范价值观及其高阶项对于员工任务绩效亦无显著

作用，因此假设 4b 在 0.05 的显著性水平下也未能得到支持。对其他各项假设，我们将根据计算结果做进一步检验。

表 3　个人—组织价值观契合对个人情感承诺与任务绩效的影响

	情感承诺				任务绩效			
	团队	活力	市场	规范	团队	活力	市场	规范
模型 0								
截距	4.08***	4.08***	4.08***	4.08***	5.19***	5.19***	5.19***	5.19***
员工年龄	0.03*	0.03*	0.03*	0.03*	0.01	0.01	0.01	0.01
员工性别	0.00	0.00	0.00	0.00	0.02	0.02	0.02	0.02
教育水平	0.03	0.03	0.03	0.03	0.10**	0.10**	0.10**	0.10**
员工司龄	0.02	0.02	0.02	0.02	−0.00	−0.00	−0.00	−0.00
R^2	0.06***	0.06***	0.06***	0.06***	0.03**	0.03**	0.03**	0.03**
模型 1								
截距	3.56***	3.80***	3.45***	3.07***	5.09***	5.10***	5.08***	5.20***
员工年龄	0.02*	0.03*	0.03**	0.03**	0.01*	0.01	0.01*	0.01*
员工性别	0.02	−0.00	0.02	0.04	0.02	0.02	0.05	0.03
教育水平	0.07	0.05	0.03	0.08	0.10**	0.08*	0.07*	0.09**
员工司龄	0.02	0.02	0.02	0.01	0.09*	−0.00	−0.00	−0.00
O	0.81***	0.62***	0.83***	0.20	−0.11	−0.29**	−0.12	−0.06
P	−0.31	−0.12	−0.23	0.02	0.14	0.34**	0.26*	0.00
O^2	−0.04	−0.09*	−0.08	0.01	−0.05*	−0.03	−0.04	−0.04
O×P	−0.04	0.06	−0.01	0.14*	0.09*	0.18***	0.11*	0.08*
P^2	0.12*	0.03	0.10	0.01	−0.04	−0.12**	−0.09*	−0.02
ΔR^2	0.36***	0.30***	0.29***	0.22***	0.02	0.04**	0.03*	0.02

注：O（Organization）代表组织的实际价值观，P（Person）代表员工的价值观，O^2、O×P、P^2 分别代表组织的实际价值观的二阶项、组织价值观与员工价值观的交互项、员工价值观的二阶项，以上所有报告数据均为非标准化的回归系数。

假设 1a 预测当组织价值观弱于个人价值观时，员工的情感承诺与个人—组织团队价值观差异呈负相关关系；组织价值观超过个人价值观后，员工的情感承诺与个人—组织团队价值观差异呈正相关关系。结果显示 $b_1 - b_2$ 为正向且显著大于零，说明随着组织价值观由小到大趋近个人价值观时，情感承诺不断增强，而 $b_3 - b_4 + b_5$ 不显著，说明组织价值观经过点（O = 0，P = 0）超过个人价值观后，情感承诺持续增强，因此假设 1a 得到支持。假设 1c 提出相对于组织的团队价值观与个人价值观同时较低的情况，二者同时较高的情况下，员工的情感承诺更高。结果显示 $b_1 + b_2$ 为正向且显著大于零，而 $b_3 + b_4 + b_5$ 不显著，说明组织价值观与个人价值观同时很高的情况相对于二者同时很低的情况，员工的情感承诺更高。因此假设 1c 得到支持。图 2a 描绘了个人—组织团队价值观契合对于员工情感承诺的影响。在 P = −O（个人 = −组织）截面上，当组织的团队价值观弱于个人价值观时，员工的情感承诺随个人—组织价值观差异减小而不断增强；当组织价值观强于个人价值观时，员工的情感承诺随个人—组织价值观差异增大而继续增强。在 P = O（个人=组织）截面上，组织价值观和个人价值观同时较高的情况下，员工的情感承诺更高。

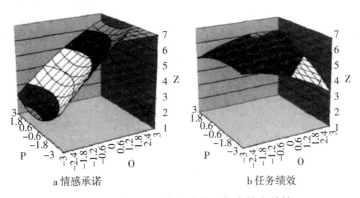

a 情感承诺　　　　　　　　　　b 任务绩效

图 2　个人—组织市场价值观契合的有效性

假设 2a 预测当组织的活力价值观弱于个人价值观时，员工的情感承诺与个人—组织价值观差异呈负相关关系，组织的活力价值观超过个人价值观后，员工的情感承诺与个人—组织价值观差异呈正相关关系。结果显示 $b_1 - b_2$ 为正向且显著大于零，而 $b_3 - b_4 + b_5$ 不显著，因此假设 2a 得到支持。图 3a 显示了同样的结果。假设 2b 提出员工的任务绩效与个人—组织活力价值观差异呈倒 U 形关系。结果显示 $b_1 - b_2$ 为负向且绝对值显著大于零，$b_3 - b_4 + b_5$ 为负向且绝对值显著大于零，结合图 3b 可以发现，倒 U 形关系成立，但任务绩效的最高点并不出现在个人—组织活力价值观完全契合时，而是在个人价值观强于组织价值观时，因此假设 2b 得到部分支持。假设 2c 预测相对于组织的价值观与个人价值观同时较低的情况，在二者同时较高的情况下，员工的情感承诺更高。结果显示 $b_1 + b_2$ 为正向且显著大于零，而 $b_3 + b_4 + b_5$ 不显著，因此假设 2c 得到支持。图 3a 也直观地显示了这一结果。

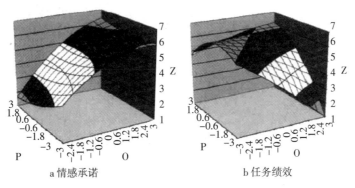

a 情感承诺　　　　　　　　　　b 任务绩效

图 3　个人—组织活力价值观契合的有效性

假设 3a 预测员工的情感承诺与个人—组织市场价值观差异呈倒 U 形关系，但结果显示 b_1-b_2 为正向且显著大于零，而 $b_3-b_4+b_5$ 不显著，即随着个人—组织市场价值观差异减小，员工的情感承诺增强，但是组织价值观超过个人价值观后，随着个人—组织市场价值观差异增大，员工的情感承诺持续增强，因此该假设仅得到部分支持。该结果在图 4a 中有直接呈现。假设 3b 提出员工的任务绩效与个人—组织市场价值观差异呈倒 U 形关系。结果显示 b_1-b_2 不显著，$b_3-b_4+b_5$ 为负向且显著不等于零，结合图 4b 可以发现，倒 U 形关系成立且在个人与组织市场价值观完全契合时任务绩效最高，因此假设 3b 得到支持。假设 3c 与假设 3d 分别提出相对于组织的市场价值观与个人价值观同时较低的情况，在二者同时较高的情况下，员工的情感承诺和任务绩效更高。结果显示，对于员工的情感承诺，b_1+b_2 为正向且显著大于零，而 $b_3+b_4+b_5$ 不显著，但是对于员工任务绩效，b_1+b_2 和 $b_3+b_4+b_5$ 均不显著，因此假设 3c 得到支持，而假设 3d 未得到支持。该结果与图 4a、4b 所描述关系一致。

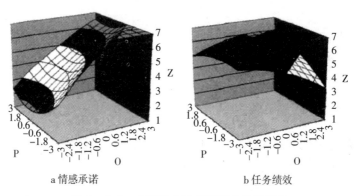

图 4　个人—组织市场价值观契合的有效性

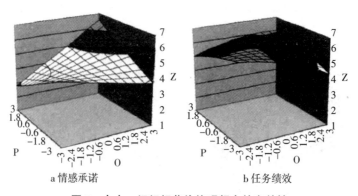

图 5　个人—组织规范价值观契合的有效性

假设 4a 预测员工的情感承诺与个人—组织规范价值观差异呈倒 U 形关系，但是结果显示 b_1-b_2 和 $b_3-b_4+b_5$ 均不显著，因此假设 4a 未得到支持。图 5a 显示了同样的结果。

五、讨　论

（一）对假设检验结果的分析

本研究在竞争性价值观模型基础上，运用多项式回归方法，针对具体价值观探讨个人—组织契合对员工心态以及行为的影响，发现个人—组织在不同价值观上的契合对情感承诺和任务绩效产生了不同的结果。对团队、活力和市场价值观，当组织价值观低于个人价值观时，员工情感承诺与个人—组织契合度正相关；当组织价值观强于个人价值观时，情感承诺与契合度负相关；在完全契合状态下，价值观强度越高，员工的情感承诺越高。对活力和市场价值观，个人—组织契合度与员工绩效基本呈正相关。对规范价值观，个人—组织契合度与员工情感承诺和任务绩效的关系均不显著。

员工情感承诺与个人—组织在一些价值观上契合度的关系没有表现出"契合情况下结果最优"的特征，而是员工对组织价值观感受越强，其情感承诺就越高，这些价值观包括团队、活力以及市场。这一结果说明，组织价值观对员工情感承诺的影响并非都通过匹配机制起作用。员工的组织支持感可能是另一个重要的作用机制。组织支持感直接影响情感承诺，上级的支持、组织的奖赏和工作条件是组织支持感的重要前因变量。组织价值观是通过其管理实践表现出来的，强调团队价值观的企业重视员工发展，领导会指导和培养下属，强调活力价值观的企业会赋予员工更多的自主性，这都能提高员工的组织支持感。员工感受到的这些组织价值观的强度与他们的组织支持感以及组织支持感与情感承诺的关系都是线性的，这可进一步解释我们的研究结果。从员工的视角看，如果不考虑现实的可能性，个人一般都会认为组织的团队价值观、活力价值观越高越好；他们表达出来的期望值之所以不一定非常高，有部分原因是考虑到了现实可能性，但如果组织真的非常重视，他们还是会欢迎的。个人—组织市场价值观契合与情感承诺的关系与我们的假设不完全符合，二者的关系还有待将来的研究进一步确认。

员工任务绩效与个人—组织在活力价值观和市场价值观上契合度的关系符合传统的"契合情况下结果最优"的结论。这两项价值观的共同点与任务绩效有直接关系，而相关假设没有得到支持的团队和规范价值观都与任务绩效的关系比较远。对个人—组织契合与个人绩效的关系，已有文献发现个人—组织契合对组织公民行为等关系绩效（Contextual Performance）有显著的正面影响，其对工作绩效的影响的研究结果则不一致，有的研究发现个人—组织契合对任务绩效有显著影响，有的则发现没有显著影响。现有的关于个人—组织价值观契合的研究基本都是把价值观作为一个整体测量而没有区分不同价值观，这也许是已有研究有关价值观契合对任务绩效的影响存在差异的一个重要原因。

本研究的结果表明，个人—组织价值观契合的效应与价值观的具体内涵相关。按照与理论分析部分相同的逻辑，个人—组织价值观契合对个人态度变量的影响很可能符合这样的规律：对那些个人比较重视的价值观（例如团队和活力），在组织价值观弱于个人价值观时，契合度与个人的积极态度变量之间是正相关关系；而在组织价值观强于个人价值观时，契合度与个人的积极态度变量之间的关系会变成负相关，即组织价值观超过个人价值观越多，个人的态度就会越积极。对那些个人重视程度一般但对企业重要因而能得到员工理解或者间接影响员工利益因而能被员工接受的价值观（例如市场），以上效应很可能也存在。对那些个人不太重视的价值观，以上效应就不存在了，甚至个人—组织契合度对个人态度和行为也没有显著影响。个人—组织价值观契合与个人绩效之间的关系则很可能是：个人—组织在与绩效有关的价值观上的契合对个人绩效有更直接的影响。不过，因为本研究只涉及了四种价值观和情感承诺、任务绩效两个结果变量，以上说法还需要针对更多的价值观以及其他结果变量加以验证。

个人—组织价值观契合与员工情感承诺和任务绩效的关系呈现不同结果，此发现间接地说明，情感承诺与任务绩效之间的关系不是恒定的，这和已有研究结果一致。对于情感承诺与任务绩效的关系，现有研究得出了不同的结论，有的研究发现情感承诺与工作绩效间存在显著正向关系，有的研究则认为高情感承诺不一定带来高任务绩效。

（二）研究结果的理论意义和对实践的启示

本研究关于个人—组织契合与员工情感承诺的关系的结果挑战了"个人—组织契合情况下员工表现最优"的经典假设，在理论层面上对个人—组织价值观契合有效性的研究做出了贡献。

首先，本研究探讨个人—组织价值观非契合状态下员工的反应，揭示了在个人—组织契合研究中，区分组织现状低于个人价值观与组织现状超过个人价值观两种不同情况的必要性。已有研究发现，个人—组织价值观契合对员工的组织承诺具有显著的正向影响，这与本研究在团队、活力、市场价值观上组织价值观弱于个人价值观时的发现一致。但当组织价值观强于个人价值观时，我们发现员工的情感承诺持续增强。同时我们还发现，对活力价值观，员工的任务绩效也并非在个人—组织价值观完全契合时最佳。未来研究应该针对个人—组织价值观非契合情况进行更深入更全面的探讨，以完善个人—组织价值观契合有效性的理论。

其次，本研究探讨个人—组织契合情况下，价值观本身对员工的影响，拓宽了对个人—组织价值观契合有效性的认识。在研究中，我们发现在团队、活力、市场价值观上，相对于组织价值观与个人价值观同时较低的情况，在二者同时较高情况下，员工有更强的情感承诺，这说明即使在个人—组织契合状态下，员工的态度也可能因价值观强度的不同而存在显著差异。此发现揭示了传统研究方法忽视价值观绝对水平而对个人—组织价值观契合有效性进行简单同一化处理的局限性。个人—组织价值观契合情况下，结果变量的潜在变化应该得到后续研究的重视。

最后，本研究以竞争性价值观模型为基础，分别讨论四个价值观维度上个人—组织契合的有效性，丰富了关于个人—组织价值观契合有效性的研究发现。本文研究结果显示，在组织的规范价值观逐步趋近个人价值观并超过个人价值观的过程中，员工的情感承诺并无显著变化；个人与组织在活力和市场价值观上的契合影响员工任务绩效，在团队、规范价值观上的契合则不影响，这说明个人—组织价值观契合的效应与价值观本身有关，这一结果补充了已有研究对个人—组织价值观契合有效性的认识。未来研究在讨论个人—组织价值观契合问题的时候，应该注意区分构念的界定——整体价值观或是具体价值观维度——以保证研究效度。

在实践应用方面，本研究给予企业管理者诸多启发。第一，在企业文化建设中对不同价值观要做到平衡兼顾。对四种价值观，首先要尽可能使其不低于大多数员工的期望。其次也要注意价值观强度的适度，超出员工期望的活力价值观将变成双刃剑，会在提高情感承诺的同时减低员工绩效；过强的市场价值观对员工任务绩效的作用会适得其反；对团队和规范价值观，则容易出现组织实际的团队价值观弱于员工价值观而规范价值观强于员工价值观的现象，所以要强化团队价值观，同时防止控制过度。第二，选人时注重个人价值观与企业价值观的适度契合。组织要管理个人与组织的价值观契合，除通过企业文化建设改变组织供给外，还可通过选人来管理个人期望。选人时完全契合并不总是最好的，例如对于重视创新的企业，就可以挑选那些活力价值观适当高于组织的活力价值观的个人，这样的员工容易有最佳的业绩表现。第三，正确认识员工情感承诺与个人绩效的关系。较高的情感承诺也许会提升员工动机，进而提升个人绩效，但是情感承诺与绩效之间并不是简单的线性关系。在本研究中，当组织实际的活力价值观超过个人期望时，员工的情感承诺较高，但此时员工在任务绩效方面的表现则降低了。这要求企业把两者兼顾起来，在提高员工情感承诺的同时也要坚持绩效标准。

（三）局限性及未来研究方向

本研究主要存在两方面的局限：第一，选用截面数据检验假设。在调研工作中，所有研究变量的数据是同时收集的，自变量与因变量之间相关关系并不能说明它们之间的确切因果关系，进一步的研究可以考虑采用时序研究设计，以更好地检验因果关系。第二，同源误差问题。本研究中的组织价值观、个人价值观以及个人情感承诺数据来源相同，虽然个人—组织价值观契合不是直接测量的，但同源误差不至于成为本研究的明显问题，如果能在不同时间点分别测量自变量和因变量，研究设计会更加严谨。

参考文献

[1] Denison, D. R., Mishra A. K.. Toward a Theory of Organizational Culture and Effectiveness [J]. Organization Science, 1995, 6 (2): 204-223.

[2] Sheridan, J. E.. Organizational Culture and Employee Retention [J]. Academy of Management Journal, 1992, 35 (5): 1036-1056.

[3] Chatman, J. A.. Improving Interactional Organizational Research: A Model of Person-organization Fit

［J］. Academy of Management Review, 1989, 14（1）：333–349.

［4］O'Reilly III, C. A., Chatman J., Caldwell D. F.. People and Organizational Culture: A Profile Comparison Approach to Assessing Person–organization Fit ［J］. Academy of Management Journal, 1991, 34（3）：487–516.

［5］Edwards, J. R., Shipp. A. J.. The Relationship between Person–environment Fit and Outcomes: An Integrative Theoretical Framework. In C. Ostroff and T. A. Judge（Eds.）, Perspectiveson Organizational Fit ［M］. San Francisco: Jossey–Bass, 2007.

［6］Kristof, A. L.. Person –organization Fit: An Integrative Review of Its Conceptualizations, Measurement, and Implications ［J］. Personnel Psychology, 1996, 49（1）：1–49.

［7］Edwards, J. R., Cable, D. M.. The Value of Value Congruence ［J］. Journal of Applied Psychology, 2009, 94（3）：654–677.

［8］Hoffman, B. J., Woehr, D. J.. A Quantitative Review of the Relationship between Person–Organization Fit and Behavioral Outcomes ［J］. Journal of Vocational Behavior, 2006, 68（3）：389–399.

［9］Kalliath, T. J., Bluedorn, A. C., Strube, M. J.. A Test of Value Congruence Effects ［J］. Journal of Organizational Behavior, 1999, 20（7）：1175–1198.

［10］张一驰, 高莹, 刘鹏. 个人—组织匹配在外资医药企业员工离职倾向决定中的调节效应研究 ［J］. 南开管理评论, 2005, 8（3）：37–41.

［11］赵慧娟, 龙立荣. 价值观匹配、能力匹配对中部地区员工离职倾向的影响 ［J］. 科学学与科学技术管理, 2010（12）：170–177.

［12］朱青松, 陈维政. 员工与组织的价值观实现度匹配及其作用的实证研究 ［J］. 管理学报, 2009, 6（5）：628–634.

［13］Ostroff, C., Shin, Y., Kinicki, A. J.. Multiple Perspectives of Congruence: Relationships between Value Congruence and Employee Attitudes ［J］. Journal of Organizational Behavior, 2005, 26（6）：591–623.

［14］龙立荣, 赵慧娟. 个人—组织价值观匹配研究：绩效和社会责任的优势效应 ［J］. 管理学报, 2009, 6（6）：767–775.

［15］魏钧, 张德. 中国传统文化影响下的个人与组织符合度研究 ［J］. 管理科学学报, 2006, 9（6）：87–96.

［16］Quinn, R. E., Rohrbaugh, J.. A Spatial Model of Effectiveness Criteria: Towards a Competing Values Approach to Organizational Analysis ［J］. Management Science, 1983, 29（3）：363–377.

［17］Ostroff, C., Kinicki, A. J., Tamkins, M. M.. Organizational Culture and Climate ［Z］. In W. C. Borman, D. R. Ilgen, R. J. Klimoskiand I. Weiner（Eds.）Handbook of Psychology. Oboken, NJ: Wiley, 2003: 565–593.

［18］陈卫旗. 组织与个体的社会化策略对人—价值匹配的影响 ［J］. 管理世界, 2009（3）：99–110.

［19］Edwards, J. R., Parry, M. E.. On the Use of Polynomial Regression Equations as an Alternative to Difference Scores in Organizational Research ［J］. Academy of Management Journal, 1993, 36（6）：1577–1613.

［20］Rokeach, M.. The Nature of Human Values ［M］. New York: Free Press, 1973.

［21］Hartnell, C. A., Ou, Y., Kinicki, A.. Organizational Culture and Organizational Effectiveness: A Meta–analytic Investigation of the Competing Values Framework's Theoretical Suppositions ［J］. Journal of Applied Psychology, 2011, 96（4）：677–694.

［22］Posner, B. Z.. Person–organization Values Congruence: No Support for Individual Differences as a

Moderating Influence [J]. Human Relations, 1992, 45 (4): 351-361.

[23] Edwards, J. R.. An Examination of Competing Versions of the Person-environment Fit Approach to Stress [J]. Academy of Management Journal, 1996, 39 (2): 292-339.

[24] Cameron, K. S.. Competing Values Leadership: Creating Valuein Organizations [M]. MA: Elgar Publishing, 2006.

[25] 刘小平. 组织承诺及其形成过程研究 [J]. 南开管理评论, 2001 (6): 58-62.

[26] 金杨华, 王重鸣. 人与组织匹配研究进展及其意义 [J]. 人类工效学, 2001 (2): 36-39.

[27] Edwards, J. R.. Person-Job Fit: A Conceptual Integration, Literature Review, and Methodological Critique. In C. L. Cooperand I. T. Robertson (Eds.), International Review of Industrialand Organizational Psychology [M]. New York: Wiley, 1991.

[28] Nisbett, R. E., Ross, L.. Human Inference: Strategies and Shortcomings of Social Judgment [M]. Englewood Cliffs, NJ: Prentice-Hall, 1980.

[29] Quinn R., Cameron, K.. Diagnosing and Changing Organisational Culture: The Competing Values Framework [M]. MA: Addison-Wesley, 1998.

[30] Chen, Z. X., Francesco, A. M.. The Relationship between the Three Components of Commitment and Employee Performance in China [J]. Journal of Vocational Behavior, 2003, 62 (3): 490-510.

[31] Williams, L. J., Anderson, S. E.. Job Satisfaction and Organizational Commitment as Predictors of Organizational Citizenshipand In-role Behaviors [J]. Journal of Management, 1991, 17 (3): 601-617.

[32] Mathieu, J. E., Zajac, D. M.. A Review and Meta-Analysis of the Antecedents, Correlates, and Consequences of Organizational Commitment [J]. Psychological Bulletin, 1990, 108 (2): 171-194.

[33] 王辉, 刘雪峰. 领导—部属交换对员工绩效和组织承诺的影响 [J]. 经济科学, 2005 (2): 94-101.

[34] Edwards, J. R., Rothbard, N. P.. Work and Family Stress and Well-Being: An Examination of Person-environment Fit in the Work and Family Domains [J]. Organizational Behavior and Human Decision Processes, 1999, 77 (2): 85-129.

[35] Rhoades, L., Eisenberger, R., Armeli, S.. Affective Commitment to the Organization: The Contribution of Perceived Organizational Support [J]. Journal of Applied Psychology, 2001, 86 (5): 825-836.

[36] Rhoades, L., Eisenberger, R.. Perceived Organizational Support: A Review of the Literature. Journal of Applied Psychology, 2002, 87 (4): 698-714.

[37] 赵红梅. 个人—组织契合度对组织公民行为及关系绩效影响的实证研究 [J]. 管理学报, 2009, 6 (3): 342-347.

[38] Tsai, W. C., Chen, H. Y., Chen, C. C.. Incremental Validity of Person-organization Fit Over the Big Five Personality Measures [J]. The Journal of Psychology, 2012, 146 (5): 485-509.

[39] 常亚平, 郑宇, 朱东红, 阎俊. 企业员工文化匹配、组织承诺和工作绩效的关系研究 [J]. 管理学报, 2010, 7 (3): 373-378.

[40] Riketta, M.. Attitudinal Organizational Commitment and Job Performance: A Meta-Analysis [J]. Journal of Organizational Behavior, 2002, 23 (3): 257-266.

[41] 胡卫鹏, 时勘. 组织承诺研究的进展与展望 [J]. 心理科学进展, 2004, 12 (1): 103-110.

[42] Steers, R. M.. Antecedents and Outcomes of Organizational Commitment [J]. Administrative Science Quarterly, 1977, 22 (1): 46-56.

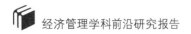

How Dose Person–organization Value Fit Influence Employees'Attitude and Performance？ An Empirical Study based on Competing Value Framework

Qu Qing   Gao Ang

A bstract：Given the importance of values，more and more studies are designed to investigate its role in organization management. Person–organization fit provides an interactionist perspective to explore the complexity of values and is well–adopted by researchers to unpack the function of values in organizations. Based on competing value framework，we examined the effect of person –organization value fit on employees' affective commitment and task performance. Adopting polynomial regression and response surface analysis，we analyzed 468dyadic individuals from 54 Chinese companies Theory that person–organization fit in different types of values had various effects on employee's attitude and behavior. The results showed that for clan，adhocracy and market，when the organizational values was weaker than individual expectation，person –organization value fit was positively related to affective commitment；when the organizational values was stronger than individual expectation，person–organization value fit was negatively related to affective commitment；when they were fitted with each other，the stronger the values was，the higher the affective commitment would be. But for hierarchy，there is no significant difference showing between person–organization fit and the misfit. Besides that，we found that there was an inversed U –shaped relationship between the person –organization incongruence and task performance under the values of either adhocracy or market. In other words，for adhocracy and market，person–organization value fit was mainly positively related to employees' task performance. For both clanand hierarchy，person–organization value fit had no significant effect on employee's task performance.These results challenge the traditional assumption that "person–organization value fit is alwaysbeneficial"．Future studies should not only differentiate the situation of person–organization misfit，but also investigate the effect of value strength while personal values are congruent with organizational values.This study extends our knowledge on the effectiveness of person–organization value fit and makes contributions both theoretically and practically. Limitations and future research directions were also discussed.

Key Words：person–organization value fit；competing value；affective commitment；task performance

个人组织匹配对新生代员工敬业度的
作用机理
——基于职业延迟满足的视角*

赵慧娟

【摘　要】本文选取了职业延迟满足这一新视角，探讨 PO 匹配对新生代员工敬业度的作用机制。首先，通过文献回顾和理论推导构建了个人—组织匹配（PO 匹配）与职业延迟满足对新生代员工敬业度发生影响的理论模型。其次，基于对 807 名新生代员工的问卷调查，考察了 PO 匹配对新生代员工敬业度的影响并检验了职业延迟满足在其中的中介效应。研究结果发现，PO 匹配和职业延迟满足对我国新生代员工的敬业度有显著影响；职业延迟满足在 PO 匹配与敬业度之间起着部分中介作用，其中，需求匹配对新生代员工的敬业度以直接作用为主，而价值观匹配和能力匹配对新生代员工的敬业度则在很大程度上要通过职业延迟满足来发挥作用。最后，讨论了研究的理论和实践意义，并指出了研究的不足及未来研究方向。

【关键词】新生代员工；PO 匹配；职业延迟满足；敬业度

一、引　言

进入 21 世纪，管理者突然发现眼前的员工已经改朝换代。新生代员工在组织中越来越占据主流，由此引发的各种管理问题已不容回避。例如，目前很多行业的组织都遭遇了新生代员工不够敬业的尴尬处境，他们忠诚度较低、跳槽频繁，使组织培养人力资源的成本不断加大而无法获得收益。许多管理者逐渐意识到，自己积累了多年的管理方式，在这些员工身上并不太起作用。面对新生代员工已成为大多数组织的主力员工这一事实，需要

---

* 本文选自《经济管理》2013 年第 12 期。

以新生代员工为研究对象，深入探讨可能提升其敬业度的相关指标，才能最大限度地激发出他们的潜能，为企业的发展做出贡献。

在众多与员工敬业行为相关的指标中，个人—组织匹配（以下简称PO匹配）近年来备受关注。PO匹配理论认为，组织的工作环境特征，例如组织的核心价值观系统、组织的奖惩晋升制度、工作对员工的要求等，会与员工的价值观、需求、能力等相结合，共同对员工的行为和态度产生深刻的影响（Kristof-Brown等，2005；Verquer等，2003）。可见，PO匹配作为敬业度的预测指标是有依据的。虽然国内外文献中有关PO匹配以及敬业度的研究都较为丰富，但探讨二者关系的研究却比较少，以我国新生代员工群体为对象的研究也尚未展开。因此，在中国情景下验证PO匹配与敬业度的关系，加强新生代员工组织行为的实证研究，无论对理论发展还是我国企业实践指导，都非常有意义。

PO匹配的重要作用在于促使那些有能力和有意愿的员工表现出组织期望的敬业行为，但并不等于说所有与组织匹配的员工一定会敬业，还取决于员工对PO匹配的认知以及对其可能产生结果的预期。由于敬业本身包含了奉献、承诺和忠诚等放弃个人利益、短期利益的内涵，所以，在员工决定是否要投入更多的情感、认知和体力时，职业延迟满足作为具有认知和动机功能的心理因素，会产生较大的影响。职业延迟满足反映了个体为了追求更有价值的长期职业目标而推迟短期的即时满足冲动机会的选择倾向（王忠军等，2012），并且作为个体的心理因素，对敬业度具有更加直接的作用。因此，本文在验证PO匹配对敬业度影响的基础上，重点以职业延迟满足作为中介变量，在中国情景下探讨PO匹配是否会通过职业延迟满足来影响新生代员工的敬业度，以便为管理者针对性地开展PO匹配管理、提升新生代员工的职业延迟满足水平、改善新生代员工敬业状况，提供相应的支持性理论模型和行之有效的管理工具。

二、文献综述与研究假设

（一）PO匹配与新生代员工的敬业度

PO匹配是在以下三种情况下个人和工作环境之间体现出来的相容性：一是至少有一方满足了另一方的需要；二是他们有相似的基本特征；三是以上两者都具备（Kristof，1996）。针对组织内各种环境特征与员工个体特征，研究者已经提出了多种不同的PO匹配，其中，比较有代表性的是个人—组织价值观匹配（以下简称价值观匹配）、需求—供给匹配（以下简称需求匹配）与要求—能力匹配（以下简称能力匹配）（Cable & Edwards，2004）。价值观匹配被定义为组织的价值观模式与个人价值观模式的一致性（Chatman，1989；Adkins等，1994），需求匹配比较关注组织的供应系统是否与员工的各种需求相适应（Cable & Judge，1994），而能力匹配则着眼于员工在知识、技能与能力上要符合组织的要求（Caldwell & O' Reilly，1990； Kristof-Brown，2000）。本研究在考虑 PO 匹配对新生代员工的影响时，主要考察上述三类匹配的作用。在西方文化背景下，PO 匹配的管理价值得到了充分验证。许多元分析表明，上述三类 PO 匹配对员工的态度和行为有显著的预测作用（Chapman 等，2005； Kristof-Brown 等，2005；Verquer 等，2003）。华人背景下的研究在很大程度上验证了 PO 匹配对员工态度和行为的积极作用（韩翼、刘竞哲，2009；赵慧娟、龙立荣，2008；魏钧、张德，2006；陈卫旗、王重鸣，2007）。

在现实中，新生代员工被社会公众冠上一系列负面标签：如缺少责任心、不肯吃苦、好高骛远、以自我为中心、享乐主义、急功近利、没有集体观念、消极怠工、跳槽频繁等。这些带给管理者的是一种"不敬业"的心理感受。Kahn（1990）将敬业度定义为：组织成员在创造工作绩效这一情境中将自我与工作角色相结合，同时投入个人的情感、认知和体力的程度；Harter 等（2002）认为，敬业度是个体对工作的投入、满意以及热情程度；Wellins 和 Con-celman（2005）则指出，员工敬业度是一种激励员工产生高绩效的看不见的力量，是承诺、忠诚和主人翁精神的混合。近年来，我国学者对敬业度也进行了相关研究，如曾晖和赵黎明（2005）认为，员工敬业度是员工对待工作的一种持久、积极的情绪和动机唤醒状态；方来坛等（2010）将员工敬业度定义为在工作角色表现中，员工把自我与工作角色相结合，并对工作、团队及组织本身的认同、承诺和投入的程度。总的来说，尽管不同的学者对敬业度有着不同的理解，但他们都承认敬业度包含了满意、承诺、投入、热情等多种因素，对员工的工作过程和结果有着非常直接的作用。

Robinson 等（2004）认为，敬业度是员工和企业的双向概念，员工对企业及其价值怀有积极的态度并愿意为企业利润提高自我绩效，而企业有义务从资源上保障和发展员工的这种行为。基于社会交换理论和互动心理学的 PO 匹配理论，能为这种双向作用提供一定的理论依据，工作的经济因素和社会情感因素是企业提供的资源，员工根据感知、接受到企业提供的资源，决定向企业回馈不同程度的努力（Saks，2006）。综合前人的研究，驱动员工敬业的因素包括薪酬福利、职业发展、领导和领导水平、工作内容、管理制度、人际关系、公司认同度、组织参与度、挑战性工作、员工授权和企业文化等（Maslach，1986；Britt，2003；马明等，2005）。宋晓梅等（2009）分别从互补性契合（即需求匹配、能力匹配）和一致性契合（即价值观匹配）的视角，分析了上述特征与员工的契合可能对敬业度产生的影响和驱动，不过，该研究仅停留在理论探讨的层面，需要进一步实证研究的支持。总的来说，以往的研究结论虽然在一定程度上揭示了 PO 匹配与敬业度的潜在关系，但针对中国转型经济及文化背景下的新生代员工群体，PO 匹配与敬业度的关系仍需实证研究的检验。

基于以上理论和现实，本文提出如下假设：

假设 1a： 价值观匹配对新生代员工的敬业度有显著的正向作用。

假设 1b： 能力匹配对新生代员工的敬业度有显著的正向作用。

假设 1c： 需求匹配对新生代员工的敬业度有显著的正向作用。

（二）PO 匹配与职业延迟满足

刘晓燕等（2007）将工作及组织情境下的延迟满足界定为职业延迟满足：人们为了更好地完成工作任务、更多地获得利益回报、达到更高的职业目标等一系列更有价值的长远目标，而甘愿放弃休息、娱乐或冲动行为等无利于当前工作的即时满足机会的自我调控能力。通过编制职业延迟满足问卷，他们发现，职业延迟满足包含两个维度：一是工作延迟，指为正在做的工作而延迟；二是生涯延迟，指为将来更高的生涯目标而延迟。后来有不少学者采用刘晓燕等（2007）职业延迟满足问卷进行实证研究，并发现该问卷具有较好的信度和效度（伊秀菊、刘杰，2009；王增涛，2009）。

有关职业延迟满足的研究已从员工自我管理（Renn 等，2005）、工作幸福感（Kruglanski 等，2000）、积极或消极的组织行为（Krueger 等，1996）、疏离感（Witt，1990）、工作满意度（刘晓燕等，2007）、组织承诺（康艳红，2009）、组织公平（王增涛，2009）等角度证实了职业延迟满足的管理价值，也从个人及组织角度提出了一些关键变量帮助管理者甄选延迟满足能力较强的员工或提高员工的延迟满足能力。具体而言，能有效预测职业延迟满足的内在心理机制包括自我效能（Renn 等，2005）、组织自尊（Ashford 等，2003）、情绪（Slessareva & Muraven，2004）、社会拒绝（Twenge 等，2003）、组织支持感（Forstmeier 等，2011）等。一些证据显示，PO 匹配通过影响上述心理特征能有效提升员工的职业延迟满足水平。

首先，价值观匹配能降低员工感知到的社会拒绝水平。社会拒绝会威胁个体的四种基本需要（归属、自尊、控制和有意义的存在）而令人痛苦（Williams，2001），诱发强烈的消极情绪，如焦虑、抑郁、敌意、嫉妒和孤独（Baumeister & Tice，1990），从而降低职业延迟满足的水平。实现价值观匹配能提升员工的归属感、自尊感、控制感和有意义感，增强员工进行延迟满足的意愿（Twenge 等，2003）。同时，高水平的价值观匹配还能促进员工对组织支持的感知，当员工感到组织支持时，会更关注未来利益（Forstmeier 等，2011）。所以，通过提高 PO 匹配水平，构建和谐的组织环境，可提升员工的组织支持感而增加组织中的延迟满足行为（Katherine，2010）。

其次，需求匹配意味着组织的奖惩、晋升系统能够满足员工在财政、物质、心理资源及发展机遇方面的需要，是个体劳动力价值和竞争力的实现，有利于提高员工的自我效能感。自我效能感对职业延迟满足有显著的正向作用（王增涛，2009），高自我效能感可以缓解焦虑、压力对员工的消极影响，这些负面情绪正是员工不愿延迟满足的重要原因（Tice 等，2001）。此外，高水平的需求匹配往往也意味着负面情绪的减少。当员工处于紧张、焦虑、抑郁的情绪状态时，短期情绪的影响压倒了长远目标的作用，选择即时满足的可能性会变大（Slessareva & Muraven，2004）。比如，Hesketh 等（1998）的研究证实，高焦虑的被试延迟满足能力比较低。总的来说，不少结论都支持负面情绪会大大降低职业延迟满足的水平（Tice 等，2001），而高水平的 PO 匹配能有效地缓解这些消极情绪。

最后，能力匹配与组织自尊密切相关。组织自尊指组织成员在组织内所参与的角色中，相信自己可以满足组织需求的程度（Pierce 等，1989），这种信心主要源于对能力匹配的自我评估。员工在组织中的自尊水平与职业延迟满足高度相关（Renn 等，2005），高组织自尊的员工更愿承担风险（Chen & Aryee，2007），认为具有挑战的工作是一种对自己有益的、可以掌控的机遇（Locke 等，1996）；而低自尊的员工往往对自己持怀疑态度，轻视工作结果的价值，不愿为了将来的结果而放弃当前的即时享受。因而 PO 匹配能通过组织自尊这一内在心理机制影响职业延迟满足。

基于以上理论和现实，本文提出如下假设：

假设 2a：价值观匹配对职业延迟满足有显著的正向作用；

假设 2b：需求匹配对职业延迟满足有显著的正向作用；

假设 2c：能力匹配对职业延迟满足有显著的正向作用。

（三）职业延迟满足的中介作用

个体对职业生涯发展的主观评估决定了其对当前工作的反应（Chao，1990），组织对于员工的管理手段达不到预期效果，可能正是由于在这一过程中忽略了职业延迟满足的作用。尤其对于新生代员工而言，职业延迟满足的影响更加不容忽视。新生代员工的价值观已由奉献型向功利型转变（李琳，2007），他们拥有张扬自由的个性而缺乏忠诚度、责任感和自律性（李燕萍、侯炬方，2012），他们流动性强，喜欢宽松、和谐的职业环境（周石，2009）。许多学者的结论都在暗示，我国新生代员工在职业延迟满足方面具有明显的代际特征（周青，2007）。职业延迟满足也许是研究新生代员工敬业度的一个有效切入点，组织对于新生代员工的管理效果不理想，可能正是由于没有采取有效的手段去干预他们的延迟满足水平。因而，以职业延迟满足来解释新生代员工在敬业度方面的表现，不仅具有一定的理论依据，也具有较强的现实意义。王增涛（2009）采用刘晓燕等（2007）的职业延迟满足量表，证实了工作延迟满足和生涯延迟满足均是企业员工敬业度有效的预测变量。不过，该研究针对的是一般员工群体，并不是新生代员工群体。

基于以上理论和现实，本文提出如下假设：

假设 3：职业延迟满足对新生代员工的敬业度有显著的正向作用。

正所谓，"师傅领进门，修行看个人"，一语道出个体因素在 PO 匹配与敬业度间有着重要的中介作用。尽管有一些研究证实了 PO 匹配与员工行为结果的直接联系，但如果员工不具备实现某些积极行为的个人特质，单凭企业的匹配管理也无法令他们敬业。敬业度衡量的是员工个体与工作角色的结合程度，具体取决于员工在与工作环境交互过程中的心理状态，组织因素很大程度上需要通过影响员工的心理影响员工的敬业行为（杨红明、廖建桥，2009）。比如，价值观匹配可以为员工提供归属感和工作的意义感，需求匹配能够培育员工的自我决定性和自我效能感，能力匹配能够影响员工对自身能力的认知。高水平的 PO 匹配使员工愿意关注长期的、更大的回报，从而表现出满意、承诺、热情和投入等敬业的特征。职业延迟满足作为具有认知和动机功能的心理因素，对组织 PO 匹配管理不同的认知以及对其产生结果的预期会影响员工职业延迟满足水平，从而影响他们的敬业度。目前很少有实证研究基于新生代员工群体关注 PO 匹配对员工敬业度的影响过程，有关职业延迟满足在其中的中介作用的研究则几乎没有。因此，本文的研究重点是以新生代员工为样本，探讨职业延迟满足在 PO 匹配与敬业度的关系中的中介作用。

基于以上理论和现实，本文提出如下假设：

假设 4a： 职业延迟满足在价值观匹配与敬业度的关系中起中介作用。

假设 4b： 职业延迟满足在能力匹配与敬业度的关系中起中介作用。

假设 4c： 职业延迟满足在需求匹配与敬业度的关系中起中介作用。

综上所述，本研究尝试构建如图 1 所示的"PO 匹配—职业延迟满足—敬业度"的理论模型，采用回归分析和结构方程模型检验该模型是否成立。

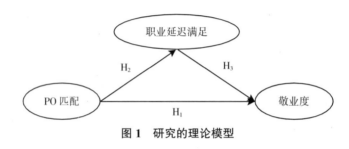

图 1　研究的理论模型

三、研究设计

（一）数据采集与研究对象

在华中地区选取 16 家企业的新生代员工进行问卷调查，涉及的行业有大型制造、证券、高新技术、贸易、房地产、计算机、证券、建筑、煤炭、物流、医药等。为提高调查的准确性，所有调查由企业的人力资源部或高层管理人员召集，在相对集中的时间内完成。开始调查之前，告诉被试调查结果会完全保密，调查结果仅用于科学研究。调查样本的选取采用按部门的分层随机抽样方法，总共发放问卷 1000 份，回收有效问卷 807 份，回收率为 80.7%。

样本群体的平均年龄为 25.65 岁（标准差为 2.77），在目前企业的平均年资为 2.98 年（标准差为 2.29）。其中，男性 493 人（61.1%），女性 312 人（38.7%），情况缺失 2 人（0.2%）；高中及以下文化程度者 31 人（3.8%），中专 56 人（6.9%），大专 223 人（27.6%），本科 430 人（53.3%），硕士及以上 65 人（8.1%），情况缺失 2 人（0.2%）；行政管理人员 186 人（23.0%），生产人员 156 人（19.3%），技术人员 333 人（41.3%），营销人员 73 人（9.00%），后勤服务人员 57 人（7.1%），情况缺失 2 人（0.20%）；一般员工 690 人

（85.5%），中高层员工 116 人（14.4%），情况缺失 1 人（0.1%）。被试及其所在企业的基本特征反映了本研究的调查对象具有良好的代表性，也符合本研究的要求。

在正式进行数据分析之前，运用 SPSS 11.5 相关指令将 807 个样本数据随机地分成两部分。第一部分 400 个样本数据用于各变量的探索性因素分析，探讨各研究变量的结构维度并修订研究工具；第二部分 407 个样本数据用于各变量的验证性因素分析，检验各研究工具的质量。总体 807 个样本用于研究假设的验证。

（二）变量测度

本文所研究变量的测量问卷主要来自于已有的研究文献，英文问卷均经过了翻译—回译—修改的步骤。在验证假设之前，将在我国企业背景下对这些问卷的条目进行一定的修正，并验证其信度和效度。三个问卷的条目请 5 名人力资源专业博士研究生修订语言，并评定项目的适当性和问卷的科学性。最后请 10 位技术人员（本科）和 2 位工人（初中）对问卷进行试答，以调整问卷的可读性。编译后的问卷均采用李克特五点量表（1 非常不符合，5 非常符合）进行评价。

（1）PO 匹配。直接使用 Resick 等（2007）的研究工具。运用第一部分的 400 个样本对 PO 匹配的 13 个项目进行探索性因子分析 KMO 值为 0.88，巴特利特分数为 1959.03（$df = 78$，$p < 0.0001$），抽取出 3 个因子（价值观匹配、能力匹配、需求匹配），共解释总方差的 61.85%。运用第二部分的 407 个样本对 13 个项目进行验证性因素分析，结果显示，PO 匹配的三因子结构能较好地拟合样本数据（$\chi^2 = 128.33$，$df = 62$，$RMSEA = 0.051$，$SRMR = 0.045$，$GFI = 0.95$，$NNFI = 0.98$，$CFI = 0.99$）。

（2）职业延迟满足。主要基于刘晓燕等（2007）的职业研究满足问卷。运用第一部分的 400 个样本对职业延迟满足的 8 个项目进行探索性因子分析，KM 值为 0.84，巴特利特分数为 741.76（$df = 28$，$p < 0.0001$），抽取出 2 个因子（工作延迟、生涯延迟），共解释总方差的 55.68%。运用第二部分的 407 个样本对 8 个项目进行验证性因素分析。结果显示，职业延迟满足的两因子结构能较好地拟合样本数据（$\chi^2 = 35.36$，$df = 19$，$RMSEA = 0.046$，$SRMR = 0.041$，$GFI = 0.98$，$NNFI = 0.98$，$CFI = 0.99$）。

（3）敬业度。来源于 Schaufeli 等（2002）的敬业度量表。探索性因素分析显示，KMO 值为 0.88，巴特利特分数为 1629.65（$df = 78$，$p < 0.0001$），通过因素分析删除因子负荷小于 0.4 或者存在多重负荷的项目，结果保留了 9 个项目，共抽取出 2 个因子（奉献、专注），共解释总方差的 55.70%。运用第二部分的 407 个样本对敬业度问卷的 9 个项目进行验证性因素分析。结果显示，敬业度的 2 因子结构能够较好地拟合样本数据（$\chi^2 = 76.93$，$df = 26$，$RMSEA = 0.069$，$SRMR = 0.045$，$GFI = 0.96$，$NNFI = 0.97$，$CFI = 0.98$）。

（三）分析方法

使用 LISREL 8.3 和 SPSS 11.5 对总体 807 个样本进行数据分析，检验理论假设。以往研究者在考察相关变量时，曾将年龄、工作经验（Resick 等，2007），任期、性别

（O'Reilly 等，1991），学历、种族（Cable & Judge，1996）等作为控制变量纳入研究。根据以往的研究经验及中国的实际情况，尤其是在前期研究中获得的信息，本研究要控制的变量包括被试的性别、年龄、教育水平、年资及职位等人口统计学变量。

四、数据分析与假设检验

（一）问卷信效度与变量的描述性统计分析

在本研究中，PO 匹配、职业延迟满足、敬业度都是多因子的结构，需要通过验证性因子分析考察各变量的区分效度。由表 1 的结果可知，七因子模型的拟合效果最好，各项指标均达到模型拟合的评价标准（侯杰泰等，2004），并且明显优于其他备选模型。因此，本研究的各变量具有良好的区分效度，PO 匹配、职业延迟满足、敬业度是三个不同的概念，被试能明确地区分出这三个变量以及每个变量的各个维度。

表 1　概念区分性的验证性因素分析结果（N=807）

	χ^2	df	χ^2/df	RMSEA	SRMR	GFI	NNFI	CFI	IFI
虚模型	31264.89	435							
七因子模型	1241.58	384	3.23	0.053	0.045	0.910	0.97	0.97	0.97
五因子模型 a	2153.04	395	5.45	0.074	0.057	0.850	0.95	0.95	0.95
五因子模型 b	2917.01	395	7.38	0.089	0.068	0.810	0.93	0.94	0.94
三因子模型	3787.09	402	9.42	0.102	0.077	0.762	0.91	0.92	0.92
两因子模型 a	5041.41	404	12.48	0.119	0.086	0.706	0.89	0.89	0.89
两因子模型 b	4407.50	404	10.91	0.111	0.084	0.733	0.89	0.90	0.90
单因子模型	5086.74	405	12.56	0.120	0.087	0.704	0.88	0.89	0.89

注：七因子模型：价值观匹配、能力匹配、需求匹配、生涯延迟、工作延迟、奉献、专注；五因子模型 a：价值观匹配、能力匹配、需求匹配、职业延迟满足、敬业度；五因子模型 b：PO 匹配、生涯延迟、工作延迟、奉献、专注；三因子模型：PO 匹配、职业延迟满足、敬业度；两因子模型 a：PO 匹配+职业延迟满足、敬业度；两因子模型 b：PO 匹配、职业延迟满足+敬业度；单因子模型：价值观匹配+能力匹配+需求匹配+生涯延迟+工作延迟+奉献+专注。

表 2 给出了 PO 匹配、职业延迟满足与敬业度各因子的均值、标准差，以及各变量因子间的 Peasson 相关系数。可以看出，各测量因子的内部一致性信度系数为 0.72~0.85，说明各测量问卷均具有较高的信度。主要研究变量间的相关系数均达到了显著水平，表明变量之间存在显著负相关可以进行下一步的检验。

（二）假设检验

本研究采用温忠麟等（2004）建议的方法检验所建立的中介作用模型。首先，用 PO

表 2　研究变量的均值、标准差、相关系数矩阵及内部一致性系数（N = 807）

	1	2	3	4	5	6	7
1 价值观匹配	(0.85)						
2 能力匹配	0.29***	(0.80)					
3 需求匹配	0.62***	0.41***	(0.81)				
4 工作延迟	0.30***	0.30***	0.34***	(0.75)			
5 生涯延迟	0.33***	0.36***	0.33***	0.45***	(0.72)		
6 奉献	0.61***	0.50***	0.73***	0.44***	0.44***	(0.79)	
7 专注	0.35***	0.31***	0.43***	0.45***	0.32***	0.51***	(0.74)
平均值	3.33	4.01	3.36	3.69	3.86	3.69	3.61
标准差	0.75	0.58	0.82	0.66	0.62	0.68	0.72

注：* 表示 $p < 0.05$，** 表示 $p < 0.01$，*** 表示 $p < 0.001$；对角线括号内为内部一致性系数。

匹配预测敬业度，检验回归系数是否显著，如果显著可继续下面的步骤；其次，做 Baron 和 Kenny 的部分中介检验，依次用 PO 匹配预测职业延迟满足、用职业延迟满足预测敬业度，检验各回归系数是否显著，如果都显著，意味着自变量对因变量的影响至少有一部分是通过中介变量实现的，可继续进行下一步检验；最后，做 Judd 和 Kenny 的完全中介检验，用 PO 匹配和职业延迟满足同时预测敬业度。如果 PO 匹配对敬业度的回归系数不显著，则存在完全中介；如果仍然显著，则为部分中介。

（1）假设 1。以 PO 匹配为自变量、敬业度为因变量进行层级回归分析，结果如表 3 所示（模型 1、模型 3、模型 6、模型 8）。价值观匹配、能力匹配、需求匹配对奉献均有显著正向作用（模型 3），其标准化回归系数 β 分别为 0.24，0.24，0.48（$p < 0.001$）。排除控制变量的影响后，PO 匹配共解释了奉献 61% 的方差变异。价值观匹配、能力匹配、需求匹配对专注也有显著正向作用（模型 8），其标准化回归系数 β 分别为 0.13，0.14，0.28（$p < 0.01$）。排除控制变量的影响后，PO 匹配共解释了专注 20% 的方差变异。假设 1a、假设 1b、假设 1c 得到验证。

表 3　PO 匹配、职业延迟满足对敬业度的层次回归分析结果（N = 807）

	奉献					专注				
	模型 1	模型 2	模型 3	模型 4	模型 5	模型 6	模型 7	模型 8	模型 9	模型 10
性别	−0.03	−0.02	−0.05*	−0.05*	−0.05*	−0.01	0.00	−0.02	−0.01	−0.02
年龄	0.02	0.03	−0.02	−0.02	−0.01	0.09	0.09*	0.07	0.07	0.09
教育水平	−0.03	−0.05	−0.03	−0.04	−0.02	0.01	−0.02	0.02	−0.02	0.02
年资	−0.04	−0.08	−0.01	−0.02	−0.03	−0.02	−0.05	−0.01	−0.02	−0.02
职位	0.08*	0.09**	0.05*	0.05*	0.06*	0.09*	0.09**	0.07*	0.07*	0.08*
价值观匹配			0.24***	0.22***	0.22***			0.13**	0.09*	0.10*
能力匹配			0.24***	0.21***	0.20***			0.14***	0.09**	0.10**
需求匹配			0.48***	0.45***	0.46***			0.28***	0.22***	0.26***

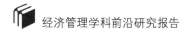

续表

	奉献					专注				
	模型1	模型2	模型3	模型4	模型5	模型6	模型7	模型8	模型9	模型10
工作延迟		0.30**		0.16***			0.38***		0.32***	
生涯延迟		0.31***			0.15***		0.15***			0.17***
R^2	0.01	0.27	0.62	0.64	0.64	0.02	0.24	0.22	0.31	0.25
ΔR^2	0.01	0.27***	0.61***	0.02***	0.02***	0.02**	0.22***	0.20***	0.09***	0.02***

注：* 代表 $p < 0.05$，** 代表 $p < 0.01$，*** 代表 $p < 0.001$；ΔR^2 代表各变量解释的方差变异量，表中呈现的是各变量的标准化回归系数；各步回归分析都采用层级回归，控制人口学及组织变量的影响；多重共线性分析发现膨胀因子（VIF）在 1.01~2.10，均小于 10，表明变量间不存在多重共线性问题。

（2）假设 2。以 PO 匹配为自变量、职业延迟满足为因变量进行层级回归，结果如表 4 所示（模型 11~模型 14）。价值观匹配、能力匹配、需求匹配对工作延迟均有显著正向作用（模型 12），其标准化回归系数 β 分别为 0.14，0.17，0.19（$p < 0.01$）。排除控制变量的影响后，PO 匹配共解释了工作延迟 16% 的方差变异。价值观匹配、能力匹配、需求匹配对生涯延迟也有显著正向作用（模型 14），其标准化回归系数 β 分别为 0.19，0.26，0.12（$p < 0.01$）。排除控制变量的影响后，PO 匹配共解释了生涯延迟 19% 的方差变异。假设 2a、假设 2b、假设 2c 得到验证。

表 4　PO 匹配对职业延迟满足的层次回归分析结果（N = 807）

自变量	工作延迟		生涯延迟	
	模型 11	模型 12	模型 13	模型 14
性别	−0.02	−0.03	−0.02	−0.01
年龄	0.02	0.00	−0.06	−0.08
教育水平	0.10**	0.10**	−0.03	−0.03
年资	0.03	0.04	0.10	0.10*
职位	0.02	0.01	−0.05	−0.06
价值观匹配		0.14**		0.19***
能力匹配		0.17**		0.26***
需求匹配		0.19***		0.12**
R^2	0.01	0.17	0.01	0.20
ΔR^2	0.01	0.16***	0.01	0.19***

注：同表 3。

（3）假设 3。以职业延迟满足为自变量、敬业度为因变量进行层级回归，结果如表 3 所示（模型 1、模型 2、模型 6、模型 7）。工作延迟、生涯延迟对奉献有显著的正向作用（模型 2），其标准化回归系数 β 分别为 0.30，0.31（$p < 0.01$）。排除控制变量的影响后，职业延迟满足共解释了奉献 27% 的方差变异。工作延迟、生涯延迟对专注也有显著的正向作用（模型 7），其标准化回归系数 β 分别为 0.38，0.15（$p < 0.001$）。排除控制变量的影

响后，职业延迟满足共解释了专注 22% 的方差变异。假设 3 得到验证。

（4）假设 4。假设 1、假设 2、假设 3 的确立，意味着温忠麟等（2004）检验中介作用的前两个步骤已经完成。由于各回归系数都达到了显著水平，表明 PO 匹配对敬业度的影响至少有一部分是通过职业延迟满足实现的，可继续进行下一步检验，以确定职业延迟满足发生的完全中介作用还是部分中介作用。

如表 3 所示，当同时考察 PO 匹配和工作延迟对奉献的影响时，工作延迟具有显著的正向影响（β = 0.16，P < 0.001），价值观匹配、能力匹配和需求匹配的影响都明显减弱（模型 4），表明工作延迟在 PO 匹配与奉献之间起着部分中介作用；当同时考察 PO 匹配和生涯延迟对奉献的影响时，生涯延迟具有显著的正向影响（β = 0.15，P < 0.001），价值观匹配、能力匹配和需求匹配的影响都明显减弱（模型 5），表明生涯延迟在 PO 匹配与奉献之间起着部分中介作用；当同时考察 PO 匹配和工作延迟对专注的影响时，工作延迟具有显著的正向影响（β = 0.32，P < 0.001），价值观匹配、能力匹配和需求匹配的影响都明显减弱（模型 9），表明工作延迟在 PO 匹配与专注之间起着部分中介作用；当同时考察 PO 匹配和生涯延迟对专注的影响时，生涯延迟具有显著的正向影响（β = 0.17，P < 0.001），价值观匹配、能力匹配和需求匹配的影响都明显减弱（模型 10），表明生涯延迟在 PO 匹配与专注之间均起着部分中介作用。综上，假设 4a，假设 4b、假设 4c 均得到了部分验证。为进一步区分上述各中介作用的性质，细化研究结论并深挖管理价值，对上述中介效应占总效应的比例进行计算（温忠麟等，2004），结果汇总如表 5 所示。

表 5　中介效应占总效应的比例

自变量因子	中介变量因子	因变量因子	
		奉献	专注
价值观匹配	工作延迟	0.14 × 0.30 ÷ 0.24 = 17.5%	0.14 × 0.38 ÷ 0.13 = 40.9%
	生涯延迟	0.19 × 0.31 ÷ 0.24 = 24.5%	0.19 × 0.15 ÷ 0.13 = 21.9%
能力匹配	工作延迟	0.17 × 0.30 ÷ 0.24 = 21.3%	0.17 × 0.38 ÷ 0.14 = 46.1%
	生涯延迟	0.26 × 0.31 ÷ 0.24 = 33.6%	0.26 × 0.15 ÷ 0.14 = 27.9%
需求匹配	工作延迟	0.19 × 0.30 ÷ 0.48 = 11.9%	0.19 × 0.38 ÷ 0.28 = 25.8%
	生涯延迟	0.12 × 0.31 ÷ 0.48 = 7.8%	0.12 × 0.15 ÷ 0.28 = 6.4%

注：表中的百分数是中介效应占总效应的比例，计算公式为：A×B/C，A 为自变量单独预测中介变量的标准化回归系数，B 为中介变量、自变量同时预测因变量时中介变量的标准化回归系数，C 为自变量单独预测因变量的标准化回归系数。

根据上述研究结果，可以通过 Lisrel8.3 模拟出图 2 所示的路径图，得到的各项拟合指数均比较理想（χ^2 = 382.91，df = 109，RMSEA = 0.056，SRMR = 0.040，GFI = 0.95，NNFI = 0.98，CFI = 0.98）。

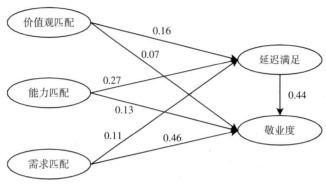

图 2　职业延迟满足的中介作用的结构模型

五、结果讨论、管理启示及未来研究展望

（一）研究结果讨论

本研究的目的是从职业延迟满足的角度探讨 PO 匹配对新生代员工敬业度的作用机制。通过实证分析主要得出以下结论：

（1）PO 匹配可以预测新生代员工的敬业度。在考察 PO 匹配对新生代员工敬业度的影响时，本研究证实了价值观匹配、能力匹配、需求匹配对新生代员工的奉献和专注具有显著的正向预测作用。这与社会交换理论对敬业度的解释是一致的，敬业度体现了一种交换过程（Saks，2006）。员工通过对 PO 匹配的感知，决定对组织的回报。与改变绩效水平相比，改变敬业程度显然更加容易，因而低水平的 PO 匹配将导致敬业度的明显降低。此外，研究结论显示，需求匹配的预测力显著高于价值观匹配和能力匹配。这与有关理论分析及元分析的推论比较一致。需求满足理论认为，员工的满意、承诺、投入等主要来源于个体需求得到满足（Locke，1976），因此，直接反映员工需求是否得到满足的需求匹配影响最大（Kristof-Brown 等，2005）。实现价值观匹配，Van Vianen（2000）认为，这也是使个人需求得到满足的一种方式，必须通过需求满足的过程才能发挥作用，因而相比较需求匹配，价值观匹配的作用要间接一些。至于能力匹配，由于它更多是站在组织的角度去强调对个体的要求，而不是考虑个体的需要，对员工敬业度的影响也比较小（Krist-of-Brown 等，2005）。

（2）PO 匹配可以预测新生代员工的职业延迟满足。在考察 PO 匹配对新生代员工职业延迟满足的影响时，本研究证实了价值观匹配、能力匹配、需求匹配对工作延迟、生涯延迟维度具有显著的正向预测作用。这与以往有关职业延迟满足的研究结论是一致的（Renn 等，2005；Forstmeier 等，2011）。企业可以通过价值体系建设和培训，增加员工对企业核心价值体系的认同,提升员工的价值观匹配;可以通过修正企业的激励体系,给予员工所期望的回报,提升员工需求匹配;还可以在招聘和组织社会化过程中对员工的技能合适性给予更多关注,并修正企业的激励体系,使员工能力的提升同员工的个人利益、个人职业发展相结合,以提升员工的能力匹配。上述几类 PO 匹配水平的提升,将有效促进员工的自我效能、组织自尊、情绪、社会拒绝、组织支持感等向积极的方向发展,并最终表现为员工职业延迟满足水平的提高。

(3) 职业延迟满足在 PO 匹配和新生代员工的敬业度间起着部分中介作用。研究结果表明,PO 匹配并非完全直接作用于敬业度,在一定程度上,PO 匹配首先影响的是员工的职业延迟满足,通过改变职业延迟满足的水平进而影响员工的敬业度。因此,预防新生代员工的不敬业行为,在加强 PO 匹配管理的同时,还可以从更深的心理层面,提升员工为长远职业发展而放弃近期、较小利益的意愿。当然,特别值得关注的是,从表 5 的结果可以看出,在价值观匹配和能力匹配影响新生代员工的敬业度时,职业延迟满足均发挥了较大的中介作用(如:价值观匹配和能力匹配影响专注时,工作延迟发挥的中介效应占总效应的比例达到了 40.9% 和 46.1%),而在需求匹配影响新生代员工的敬业度时,职业生涯延迟满足的中介作用都比较小(如:需要匹配影响奉献和专注时,生涯延迟发挥的中介效应占总效应的比例只有 7.8% 和 6.4%)。这可能是由于员工的满意、承诺、投入等主要来源于个体需求得到满足(Locke, 1976),因此,直接反映员工需求是否得到满足的需求匹配影响最大(Kristof–Brown 等, 2005),也更为直接。而价值观匹配和能力匹配的作用要更加间接一些。

(二) 理论贡献与实践意义

(1) 理论贡献。本文从 PO 匹配和职业延迟满足理论视角研究了新生代员工的敬业度问题,相关研究结果对 PO 匹配、职业延迟满足、敬业度以及新生代员工的现有研究成果进行了丰富与拓展。

首先,PO 匹配理论对员工绩效表现和工作态度的效能,不仅在西方和中国港台华人地区得到了验证,而且在我国内地的企业组织也得到了支持。然而,对于 PO 匹配与敬业度的关系,却没有得到特别的关注。本研究以我国内地新生代员工为研究对象,深入探讨 PO 匹配对敬业度的影响,验证了它对新生代员工奉献和专注的有效性,这对 PO 匹配的管理效能研究起着推动作用。

其次,在职业延迟满足研究领域,国内学者对职业延迟满足的内涵、结构及其与员工绩效、组织承诺、离职意向、身心健康等众多结果变量的关系,研究刚刚起步,也取得了一定成果。已有文献大多关注职业延迟满足对一般员工群体的工作态度和职业行为带来的影响,对新生代员工群体在职业延迟满足方面可能具有的群体特征重视不够,而从职业延迟满足视角去关注新生代员工的敬业度,现有文献也尚未涉及,本研究在这方面具有一定开拓性。

最后,PO 匹配既是提升企业效率的关键指标,也是当代中国企业社会责任的重要表现。但在实践中，企业经营者仍不时面临一些管理困惑。例如，当组织已经看到了实现员工与组织价值观匹配的重要性，并且试图通过加强核心价值体系建设和培训来提升这种PO匹配时，却往往无法有效地改善员工的敬业度。这种现实不禁让人思考：PO匹配对员工发生影响的内在机制是什么？将这种机制模糊地处理为"黑箱"似乎已经无法满足管理实践的需求。本文把PO匹配对员工的影响看作一种激励过程（Shamir等，1993）。PO匹配通过增强员工的自我概念，包括自尊、自我效能、个人对领导的认同和社会认同、组织支持感等，提高了员工的期望和效价，从而改善员工的组织承诺、敬业度等（Robbins & Coulter，2004）。而职业延迟满足正是自我概念中的自尊（Ashford等，2003）、自我效能（Renn等，2005）、社会拒绝（Twenge等，2003）、组织支持（Forstmeier等，2011）等内在心理机制的作用结果，反映了个体为追求更有价值的长期职业目标而推迟短期的即时满足冲动机会的选择倾向，并且作为个体的人格特征，对敬业度具有更加近端的作用。因此，本研究以职业延迟满足作为中介变量，在中国情景下探讨PO匹配通过职业延迟满足影响新生代员工敬业度的机制，结果证实了职业延迟满足在PO匹配与新生代员工敬业度之间的部分中介作用。这一研究思路对于探讨PO匹配在中国情境下的有效性及其作用机制是一个有益的启示。

（2）实践意义。进入无边界职业生涯时代，自我职业生涯管理开始取代组织职业生涯管理的主导地位，自我职业生涯发展成为每个员工——尤其是随着知识经济时代的来临以及中国高等教育的跨越式发展而规模剧增的新生代员工——密切关注的问题。个体对职业生涯发展的主观评估决定了其对当前工作的反应（Chao，1990）。组织对于新生代员工的管理手段得不到预想的效果，可能正是由于在这一过程中忽略了员工的职业延迟满足。职业延迟满足作为具有认知和动机功能的心理因素，对组织PO匹配管理不同的认知以及对其产生结果的预期会影响员工的职业延迟满足水平，进而影响他们的敬业度。本研究检验了PO匹配和职业延迟满足对新生代员工敬业度的影响，结果表明，价值观匹配、能力匹配、需求匹配对新生代员工的奉献和专注，既可产生直接影响，亦可通过工作延迟和生涯延迟施加间接影响。这些研究结果为企业预防新生代员工"不奉献"、"不专注"的管理实践提供了重要启示：一方面，企业可以通过加强PO匹配管理，提升新生代员工感知到的价值观匹配、能力匹配和需求匹配，促使员工产生更多的奉献和专注；另一方面，也需要高度重视新生代员工职业延迟满足能力的培养，营造愿意延迟满足的组织氛围。譬如，现代企业中，员工最为直接的成就目标是职位的升迁，因此，企业应该通过修正企业的激励体系、报酬体系和员工职业生涯管理体系，给予员工所期望的回报，提升员工的需求匹配；制定专门的晋升制度，并按照员工的能力、绩效来提拔和任用，成为员工职业延迟满足后目标实现的重要保证，员工认知到企业的公平晋升，即使暂时没有足够层级职位的情况，也愿意延迟满足以期待升迁机会，并回报给组织敬业的行为。当员工愿意在一个组织中采取延迟满足的方式达到更高的职业目标的时候，他们的工作目标明确，动机更强，自然也会表现出敬业的特征。

在本研究发现的部分中介关系中，还有一个现象特别值得关注：相比较价值观匹配和能力匹配，需求匹配对新生代员工敬业度的影响以直接作用为主，中介效应的作用比较小。对员工而言，企业的价值观抽象而宽泛，发挥的直接作用比较有限；而能力匹配对组织固然重要，同员工需求的满足却不一定联系得紧密。如果企业只在价值观上做文章或者片面地强调提升员工的能力，而不通过具体的措施保证员工延迟满足之后利益或目标的实现，则无法有效提升员工的延迟满足水平，进而改善员工的态度和行为。所以，如果企业的匹配管理是以价值观匹配和能力匹配为重点，一定要特别重视职业延迟满足的中介作用。

（三）研究局限性及未来研究方向

本研究从职业延迟满足的视角，探讨 PO 匹配对新生代员工敬业度的影响及其影响过程，虽然得到了一些有益的发现，但也存在一定的局限性。

首先，各变量的测量都采用被试自我报告的形式，有可能存在共同方法偏差。对此本研究采用 Harman 单因素检验方法，对研究涉及的几个变量进行验证分析。结果显示，单因素模型没有得到支持，说明研究中不存在严重的共同方法偏差的问题。此外，PO 匹配通过职业延迟满足影响敬业度，职业延迟满足的中介作用发挥需要一个过程。严格地说，对自变量、中介变量和因变量的测量需要分为三个阶段进行，而本文数据是由一次测量获取的横截面数据，因而本研究只能做出因果推断，无法真正确立变量间存在因果关系，这一点需要以后通过有效的实验设计或纵向研究进一步验证。

其次，由于敬业度受个体、组织和社会等各种因素的综合影响，不同社会背景下的员工敬业度会有很大差异。本文立足于我国新生代员工这一特定群体，对新生代员工敬业度的辨识建立在国外成熟理论和研究成果上，得出了一些比较有意义的结论。未来研究可以从更加本土化的视角切入，对这些具有群体差异的结论进一步认识和研究，才有可能得到提升敬业度水平的有效措施，也有助于新生代员工创新氛围的形成和创新行为的产生。

此外，PO 匹配影响敬业度的作用机制是一个复杂的过程，本研究从职业延迟满足的视角得到了一些有益的发现。由于情境的多样性和动态性，PO 匹配和敬业度之间可能还存在着其他一些中介变量，如心理授权、主管认同和信任等，有待于进一步研究。后续研究还可以检验其他变量，如上级支持、同事支持等，是否也可能通过影响职业延迟满足而作用于敬业度。

未来，无论 PO 匹配、职业延迟满足抑或是敬业度理论的倡导者们，若能高扬本土化的大旗，基于中国传统文化和港台地区及海外华人企业的特点，创造性地提出自己的理论，将是对相关理论研究的重要贡献。

参考文献

[1] Adkins C. L., Russel C. J., Werbel J. D. Judgment of Fit in the Selection Process: The Role of Work-Value Congruence [J]. Personnel Psychology, 1994 (47): 605-623.

［2］Ashford S. J., Blatt R., Walle D. V. Reflections on the Looking Glass: A Review of Research on Feedback-seeking Behavior in Organizations ［J］. Journal of Management, 2003, 29 (6): 773-799.

［3］Britt T. W. Motivational and Emotional Consequences of Self Engagement: Dynamics in the 2000 Presidential Election ［J］. Motivation and Emotion, 2003 (27): 339-358.

［4］Caldwell D. F., O'Reilly C. A. Measuring Person-job Fit With A Profile-comparison Process ［J］. Journal of Applied Psychology, 1990 (75): 648-657.

［5］Chapman D. S., Uggerslev K. L., Carroll S. A., Piasentin K. A. &Jones D. A. Applicant Attraction To Organizations and Job Choice: A Meta-analytic Review of the Correlates of Recruiting Outcomes ［J］. Journal of Applied Psychology, 2005 (90): 928-944.

［6］Chao G. T. Exploration of the Conceptualization and Measurement of Career Plateau: A Comparative Analysis ［J］. Journal of Management, 1990, 16 (1): 181-193.

［7］Chatman J. A. Improving Interactional Organizational Research: A Model of Person-organization Fit ［J］. Academy of Management Review, 1989, 14 (3): 333-349.

［8］Forstmeier S., Drobetz R., Maercker A. The Delay of Gratification Test for Adults: Validating a Behavioral Measure of Self-Motivation in a Sample of Older People ［J］. Motivation & Emotion, 2011 (35): 118-134.

［9］Harter J. K., Schmidt F. L., Hayes T. L. Business-Unit-Level Relationship between Employee Satisfaction, Employee Engagement, and Business Outcomes: A Meta-Analysis ［J］. Journal of Applied Psychology, 2002, 87 (2): 268-279.

［10］Kahn W. A. Psychological Conditions of Personal Engagement and Disengagement at Work ［J］. Academy of Management journal, 1990, 33 (4): 692-724.

［11］Kristof A. L. Person-organization Fit: An Integrative Review of Its Conceptualizations, Measurement, and Implications ［J］. Personnel Psychology, 1996, 49 (1): 1-49.

［12］Krist of-Brown A. L. Perceived Applicant Fit: Distinguishing between Recruiters'Perceptions of Person-Job and Person-organization Fit ［J］. Personnel Psychology, 2000 (53): 643-671.

［13］Kristof-Brown A. L., Zimmerman R. D., Johnson E. C. Consequences of Individuals'Fit At Work: A Meta-Analysis of Person-Job, Person-Organization, Person-Group, and Person-supervisor Fit ［J］. Personnel Psychology, 2005 (58): 281-342.

［14］Krueger R. F., Caspi A., Moffitt T. E., White J., Loeber, M. S. Delay of Gratification, Psychopathology, and Personality: Is Low Self-control Specific to Externalizing Problems ［J］. Journal of Personality, 1996 (61): 107-129.

［15］Kruglanski A. W., Thompson E. P., Higgins E. T., Atash M. N., Pierro A., Shah J. Y., Spiegel S. to "Do the Right Thing" or to "Just Do It": Locomotion and Assessment as Distinct Self-regulatory Imperatives ［J］. Journal of Personality and Social Psychology, 2000 (79): 793-815.

［16］Renn R. W., Allen D. G., Fedor D. B., Davis W. D. The Roles of Personality and Self-defeating Behaviors in Self-management Failure ［J］. Journal of Management, 2005, 31 (5): 659-679.

［17］Resick C. J., Baltes B. B., Shantz C. W. Person-organization Fit and Work-related Attitudes and Decisions: Examining Inter-active Effects with Job Fit and Conscientiousness ［J］. Journal of Applied Psychology, 2007, 92 (5): 1446-1455.

［18］Robinson D., Perryman S., Hayday S. The Drivers of Employee Engagement ［M］. Brighton,

England：Institute for Employment Studies，2004.

[19] Saks A. M. Antecedents and Consequences of Employee Engagement [J]. Journal of Managerial Psychology，2006，21（7）：600-619.

[20] Schaufeli W. B.，Salanova M.，Gonzalez-Roma V.，Bakker A. B. The Measurement of Burnout and Engagement：A Confirmatory Factor Analytic Approach [J]. Journal of Happiness Studies，2002（3）：71-92.

[21] Shamir B.，House R. J.，Arthur M. B. The Motivational Effects of Charismatic Leadership：A Self-Concept Based Theory [J]. Organizational Science，1993，4（2）：577-594.

[22] Slessareva E.，Muraven M. Sensitivity to Punishment and Self-Control：The Mediating Role of Emotion [J]. Personality and Individual Differences，2004，36（2）：307-319.

[23] Twenge J. M.，Catanese K. R.，Baumeister R. F. Social Exclusion and the Deconatrncted State：Time Perception，Meaninglessness，Lethargy，Lack of Emotion，And Self-Awareness [J]. Journal of Personality and Social Psychology，2003，85（3）：409-425.

[24] Verquer M. L.，Beehr T. A.，Wagner S. H. A Meta-Analysis of Relations between Person-organization Fit and Work Attitudes [J]. Journal of Vocational Behavior，2003（63）：473-489.

[25] Williams K. D. Ostracism：The Power of Silence [M]. New York：Guilford Press，2001.

[26] 陈卫旗，王重鸣. 人—职务匹配、人—组织匹配对员工工作态度的效应机制研究 [J]. 心理科学，2007，30（4）.

[27] 方来坛，时勘，张风华. 员工敬业度的研究述评 [J]. 管理评论，2010，22（5）.

[28] 韩翼，刘竞哲. 个人—组织匹配、组织支持感与离职倾向 [J]. 经济管理，2009，31（2）.

[29] 李燕萍，侯烜方. 新生代员工工作价值观结构及其对工作行为的影响机理 [J]. 经济管理，2012，34（5）.

[30] 刘晓燕，郝春东，陈健芷，崔洪弟. 组织职业生涯管理对职业承诺和工作满意度的影响——职业延迟满足的中介作用分析 [J]. 心理学报，2007，59（4）.

[31] 宋晓梅，李傲，李红勋. 基于个人—工作契合度对员工敬业度的研究 [J]. 科学管理研究，2009，27（6）.

[32] 马明，陈方英，孟华，周知一. 员工满意度与敬业度关系实证研究——以饭店企业为例 [J]. 管理世界，2005（11）.

[33] 王忠军，刘云娟，袁德勇. 职业延迟满足研究述评 [J]. 心理科学进展，2012，20（5）.

[34] 魏钧，张德. 中国传统文化影响下的个人与组织符合度研究 [J]. 管理科学学报，2006，9（6）.

[35] 温忠麟，张雷，侯杰泰，刘红云.中介效应检验程序及其应用 [J]. 心理学报，2004，36（5）.

[36] 杨红明，廖建桥. 员工敬业度研究现状探析与未来展望 [J]. 外国经济与管理，2009，31（5）.

[37] 曾晖，赵黎明. 企业员工敬业度的结构模型研究 [J]. 心理科学，2009，32（1）.

[38] 赵慧娟，龙立荣. 中国转型经济背景下个人—组织契合对员工离职意愿的影响——企业所有制形式与职位类型的调节作用 [J]. 南开管理评论，2008，11（5）.

Person-organization Fit, Vocational Delay of Gratification and Engagement: An Empirical Study Based on New Generation of Employee

Zhao Hui-juan

Abstract: In recent years, the problem of workplace conflict caused by the new generation staff due to differences in engagement lead to increasing widespread public attention. The present paper aimed at enhancing the engagement of the new generation of employees. In many of the indicators related to employees'engagement, person-organization fit received much attention, both theoreticians and practitioners believe that good fit between employee and organization can bring enterprise steady and efficient human resource. Taking PO fit as a predictor of employee engagement was reasonable. Although literatures about PO fit as well as engagement were quit abundant, there were almost no studies aiming to explore the relationship between them. Also, there were no studies have involved our new generation staff. On the other hand, the role of PO fit is to facilitate the staff demonstrate more behaviors that organization expected, but it does not mean that all "matched" employees will certainly be dedicated. If an employee does not have some positive personal traits, PO fit won't be sure to make him (or her) respect work and enjoy company. Vocational delay of gratification was viewed as a strategy that if employed to achieve long-term vocational goals that facilitate goal-directed and purposive behavior. After summarizing the relevant literatures, vocational delay of gratification was considered as a key factor which can mediate the effect between PO fit and employee engagement.

An empirical study was practiced. A questionnaire included PO fit scale, vocational delay of gratification scale and employee engagement scale was employed as the tool in this study. A total of 807 samples were collected from 16 Chinese organizations. Exploratory Factor Analysis, Confirmatory Factor Analysis, Hierarchical regression and structural equation model were carried out to verify the research hypothesis, using SPSS 11.5 and LISREL 8.3. Preliminary analysis indicated that reliability and validity of the questionnaire were quite good. Exploratory Factor Analysis and Confirmatory Factor showed that PO fit had three evaluative dimensions: Person-organization value fit, need-supply fit and demand-ability fit, Vocational delay of gratification had two evaluative dimensions: delay on career and delay on work, the engagement of new generation staff also had two evaluative dimensions: dedication and absorption.

The main conclusion as followed: ①PO fit had a positive effect on the engagement of new generation staff. Person-organization value fit, need-supply fit and demand-ability fit all had significant effect on new generation staff's dedication and absorption. The influence of need-supply fit was even bigger. ②Vocational delay of gratification also had a positive effect on new generation staff's dedication and absorption. ③Vocational delay of gratification partly mediated the relationship between PO fit and engagement. Especially, need-supply fit mainly had direct effect on engagement, person-organization value fit and demand-ability fit had indirect effect on engagement through vocational delay of gratification.

The primary theoretical and practical contribution of this study was that PO fit was proved to have significant impact on the new generation employees' engagement in the context of Chinese culture. This suggests that improvement in organization value system, payment system and training system for good fit was a practical way to increase the engagement of new generation staff. And more importantly, the study disclosed that vocational delay of gratification partly mediated the relationship between PO fit and the engagement of new generation staff. Thus strategies should be taken to promote new generation employees' vocational delay of gratification in order to enhance their engagement, particularly when carrying out PO fit management emphasizing person-organization value fit and demand-ability fit. At the end of the paper, several research limitation and future research directions were also pointed out.

Key Words: new generation staff; person-organization fit; vocational delay of gratification; engagement

员工为什么不建言：基于中国
文化视角的解析 *

陈文平　段锦云　田晓明

【摘　要】在中国背景下，员工常常对问题视而不见或不敢表达。本文立足于中国文化视角，对这种状况分析得出，中庸思维不利于自我冒进式建言；较高的面子意识和人情观念，促使员工更多关注自身和被建言者的面子保全，往往选择保留自己的观点；集体主义关注组织和谐的特征不利于组织中建言行为的发生；权力距离抑制建言行为的表达；长期观念可能也会抑制建言行为的表达。未来研究应进一步明确具体文化因素对建言行为的影响及其发生机制。

【关键词】建言行为；中庸；关系；面子和人情；权力距离

一、引言

建言行为（Voice Behavior）是现在组织行为学领域的新兴课题。建言行为的最早研究可以追溯到 Hirschman（1970），他认为建言行为是忠诚度高的员工在满意度低时倾向做出的行为。后来，Van Dyne 和 LePine（1998）提出了建言行为的概念，即建言行为是以改善环境为目的，以变化为导向，富有建设性的人际间的交流行为。诸多学者对建言行为的构念进行了深化和扩展，如基于个体建言的反应方式，Hagedoorn，Van Yperen，Van DeVliert 和 Buunk（1999）将建言划分为关怀型建言（Considerate Voice）和侵犯型建言（Aggressive Voice）；基于个体建言的动机，Van Dyne，Ang 和 Botero（2003）将建言划分为默许型建言（Acquiescent Voice）、防卫型建言（Defensive Voice）和亲社会型建言（Prosocial Voice），段锦云和凌斌（2011）则将建言行为分为顾全大局式建言（Overall-

---

* 本文选自《心理科学进展》2013 年第 5 期。

Orientedvoice）和自我冒进式建言（Self-centered Voice）；基于建言的方向，Liu，Zhu 和 Yang（2010）将建言行为分为指向上级的建言（Speaking up）和指向同级的建言（Speaking out）；基于建言内容的性质，Liang 和 Farh（2012）将建言行为分为促进性建言（Promotive Voice）和抑制性建言（Prohibitive Voice）。员工就组织进步与提升以及组织中存在的问题与上级交流对组织有益，如促进组织学习（Edmondson，1999），提升员工工作满意度和组织承诺（Tangirala & Ramanujam，2008），利于绩效评估（Whiting，Podsakoff，& Pierce，2008），提高员工的绩效（梁建、唐京，2005；Ng & Feldman，2012）等。

现今，随着组织环境复杂性以及竞争激烈度的提高，组织为了提高在商界中的地位，对创新与变革的需求越来越迫切。因此，建言行为作为有利于组织改正错误，拓展新思路，对组织创新和绩效提升具有重要作用的途径之一，备受学者关注。近 20 年来，国外对建言行为的研究热度持续增长（LePine & Van Dyne，2001；Detert & Edmondson，2006；Chiaburu，Marinova & Van Dyne，2008；Morrison，Wheeler-Smith & Kamdar，2011），国内很多学者（如段锦云、魏秋江，2012；段锦云，2011；段锦云、钟建安，2005；何轩，2009；吕娜、郝兴昌，2009；魏昕、张志学，2010）也逐渐开始关注该课题。国内外对建言行为的研究日益深入，除了对建言行为构念的扩展，以及它的各种前因变量、结果变量的探索，对建言行为的发生机制、建言行为的有效性等也进行了探讨（Liang & Farh，2012；Detert & Treviño，2010）。

尽管中国历史上有很多建言的美谈，如魏征直言建言与唐太宗的从善如流，但是中国组织中的员工往往对组织中存在的问题视而不见。基于对中国背景下员工不愿意建言现象的思考，笔者试图从中国独特的文化角度进行解析。

中庸思维、关系、面子和人情都是具有中国特色的文化观念，对中国人的思想和行为有着重要影响（杨中芳，2009；黄光国，2006）。此外，根据 Hofstede（1993）的文化五维度模型，中国文化表现出强集体主义、高权力距离和长期观念倾向。所以，笔者拟以前人研究为基础，从以下五个方面探讨中国组织中员工不愿意建言的文化根源。

二、中国组织中员工建言匮乏的文化根源

（一）中庸思维

中庸是中国传统儒家文化的核心思想。"中庸"的基本含义及精神是：执两端而允中。实质上，中庸之道包括中与和，中指恰如其分，不走极端；和则是从整全观出发，谋求行动体系的和谐共处（张德胜等，2001）。最早由杨中芳及赵志裕将中庸建构为一套"元认知"的"实践思维模式"，即人们在处理日常生活事件时，用以决定要如何选择、执行及纠正具体行动方案的指导方针（杨中芳，2009）。

高中庸者重视"和"，倾向于以整、全的观点看待组织局面，能够兼顾内外，所以能够促进既有利于组织又不伤害他人的建言行为，但是抑制对自己足够有利却可能对别人造成损害的建言行为，如段锦云和凌斌（2011）研究发现，中庸思维与员工的顾全大局式建言（基于全局）正相关，与自我冒进式建言（基于自身）负相关。另外，由于中庸者注重行为前的拿捏过程，所以它注重的不仅是是否建言，还有建言行为发生前后的变化，所以中庸可以调节其他变量与建言行为的关系，如何轩（2009）研究表明中庸思维可以显著影响互动公平对员工沉默行为的作用，对于高中庸思维者，提高互动公平可以降低漠视性沉默，而对于低中庸思维者可以降低赞许性沉默。而且，中庸思维这种兼顾内在感受与外在要求的思维体系与西方文化中的自我监控（Self-monitoring）相类似，Premeaux 和 Bedeian（2003）研究发现，在内控、自尊、领导开放和对领导信任的条件下，低自我监控者比高自我监控者做出更多的建言行为，所以在此种条件下低中庸思维可能更利于员工建言行为的表达。

综合已有研究，笔者发现中庸思维对基于全局的、促进性的建言具有一定的促进作用，但往往抑制基于自身的、抑制性的建言的表达。因此，笔者认为，中庸作为一种独特的思维体系，它的整全观部分，可能是员工不愿意进行易引发冲突的自我冒进式/抑制性建言的文化根源之一。中庸思维倾向差异较大的员工，已有因素与建言行为的关系往往会发生变动。中庸思维对建言行为的影响需要更深刻和细致的探讨。

（二）关系、面子和人情

中国社会不是个人本位，不是社会本位，而是关系本位，学者通常基于关系基础观或者关系情感观将关系分类，两类划分分析视角不同，本质相通（宝贡敏、史江涛，2008）。在管理学领域，关系发挥着重要的作用，影响着组织管理、商业运作，以及下级员工对上级的信任、对组织管理的信任等（Xin & Pearce, 1996; Farh, Tsui, Xin & Cheng, 1998; Chen, Chen & Xin, 2004）。

目前，组织内部关系研究的焦点是上下级的关系，中国背景下的领导—下属关系，不同于西方社会中的领导成员交换（LMX）。中国是一个注重"私情"的社会，"私情"需要私人关系来保障，领导—下属关系更是具有强烈的"组织规定外"和"私人情感"色彩的，并且这种关系可以渗透到正常的组织工作中，从而在组织制度的范畴内发挥作用（Law, Wong, Wang & Wang, 2000; 刘军、宋继文、吴隆增，2008）。在亲密的上下级关系中，彼此的信任感高，上级也会对下级较多回报，包括工具性资源回报（如晋升机会、任务安排、奖金分配、绩效考评、工作支持等）和情感性资源回报（如接纳、友善、信任、认可、鼓励、关怀、宽容等）（Farh et al., 1998; 汪林、储小平、黄嘉欣、陈戈，2010; 王忠军、龙立荣、刘丽丹，2011）。汪林等（2010）通过对本土家族企业高层领导及其下属经理人的配对调查发现，与高层领导的亲密关系可以促进下属经理人的建言，究其原因可能是下属经理人被视为"内团体成员"的互惠义务感，经理人对领导更高的信任感以及领导对他们的宽容，使他们的建言风险相对较小。这是高层领导与经理人基于工作之外建立起来的私人情感关系对建言行为的激发作用，这种现象应该是普遍存在于本土家族企业之中的。

另外，按照黄光国（2006）对于关系的分类，组织中的上下级关系、同事关系都属于混合性关系，并且人情和面子在具有混合性关系的双方的互动中发挥关键性的作用。因此，员工为了关系的建立和维持，在人际互动过程中往往需要考虑双方的面子和人情，尤其在上下级、同事关系一般的情况下，过于考虑面子和人情势必会抑制员工建言行为的表达。

在讲究人际和谐的华人社会中，有所谓"扬善于公堂，归过于暗室"的原则，不论是在上对下还是下对上的关系里，一个善于"做人"的人，通常都会在公开场合给他人添加面子，即使有意见，也会私底下沟通，表现出顾面子行为（黄光国，2008）。而且为了避免不愉快的后果，保持人际关系的和谐，也会给对方留面子。早有研究表明，中层管理者为了给他人留面子或者避免冒犯，而不喜欢去建言（Chow，Harrison，McKinnon & Wu，1999）。新近研究也表明，员工因害怕被认为是质疑领导者的能力或对领导者地位的挑战，使领导没有面子，造成人际关系损害，而不愿意建言（Detert & Edmondson，2006）。中国是个面子意识严重的社会，甚至认为"人活一张脸"，所以，在中国这种独特的面子意识文化下，员工类似的担忧可能更多，由于担心自己被领导拒绝伤了自己的面子，或者顾及领导的面子、担心损害领导的面子，员工的建言行为，尤其是指向上级的建言（Speaking up）将会受到更多抑制。

翟学伟（2004）指出，中国是一个情理社会，中国人所讲的人情，是一种私交状态下的感情，即所谓交情或私交，并且在处理事务时需要做到情理兼顾，甚至"情大于理"。前已述及，组织中的上下级关系、同事关系属于混合性关系，在混合性关系中人们按照"人情法则"行事，不尊重"人情法则"而开罪他人，会使双方在心理上陷入尴尬的境地（黄光国，2006）。Milliken，Morrison 和 Hewlin（2003）已研究发现，员工不愿意建言的原因之一是：担忧对别人造成负面影响，使别人尴尬或陷入困境。笔者认为，在情理社会的中国，员工类似的担忧可能更多，组织中员工直接指出别人工作中的纰漏、错误，是"不近人情"、不懂"人情世故"的表现，这可能会破坏自己的"人缘"，不利于关系的维持。另外，面子和人情往往有着不可分割的关系，互相给面子即是一种人情行为（黄光国，2008）。遵从"人情法则"，可以让互动的双方都有面子。因此，笔者推测，中国组织中员工对"人情法则"的遵循，会抑制员工针对同事的抑制性建言行为，尤其是针对与自己"人情往来"频繁的同事的抑制性建言。

中国组织中上下级关系的亲疏、同事关系的微妙，对员工的建言行为有着复杂的影响。上下级的亲密关系可以促使员工表达对组织有益的想法，但是关系不佳则可能使员工谨言慎行。基于社会交换理论，与领导关系不佳的员工很难获得领导的工作支持，以及接纳和认同等，员工对领导的信任度也不高，因此关系不佳可能不利于建言。而在关系一般的情况下，中国人根深蒂固的面子意识，对人情法则的工具性思考，以及对人际和谐的过度推崇，都可能抑制员工的建言行为的发生。具有潜在冲突性的建言情境，可能激起了员工较低层级的维护自己与对方的面子的动机，从而遵循人情法则，不顾建言行为对组织创新的重要性，保持沉默。总之，员工上下级关系不佳以及过高的面子意识和人情观念可能是中国背景下建言匮乏的又一文化根源，相关假设还需要中国背景下更多实证研究的支持。

（三）集体主义

Hofstede（1993）的研究表明，中国是具有高集体主义文化特征的国家。中国长期的农耕经济以及儒家文化中的"群体本位"应是集体主义的根源。集体主义文化下的人在集体中相互依赖，将集体目标放在首位，按照集体规则行事，具有相对一致的行为方式；他们注重人际关系的维持，会较多做出情境性归因，不喜欢出风头并保持谦逊（Triandis，2001）。

集体主义对建言行为的影响具有两面性。一方面，集体主义者注重集体利益，在个人利益与集体利益相冲突时，倾向于做出对集体有利的行为，建言行为由于能够促进组织绩效提升，在此种情境下易发生，这点已由 Chow 等（1999）研究证实，他们通过对澳大利亚（英美文化）和中国台湾（中国文化）组织中的中层管理者进行访谈，发现中国台湾的中层管理者由于对组织成员的集体责任感，倾向于表达对自己具有潜在不利影响却对组织有利的观点；另一方面，集体主义者又是注重集体成员的利益和集体和谐的，建言行为由于具有直接或者潜在的挑战上级或者危害集体成员的利益的性质，可能破坏组织和谐，此时建言则不易发生。过分重视和谐也可能导致行为的扭曲，黄丽莉（2008）把中国人的和谐分为实性和谐、虚性和谐，所谓虚性和谐是指表面上维持和谐，台面下却暗藏着不和，其中虚性的"疏离式和谐"、"隐抑式和谐"分别以"形式取向"、"抑制取向"作为接触时的行为法则，前者表现为个体与他人保持表面的礼仪式的行为，后者主要发生在上下级之间，指居下者通常会对居上者隐藏自己的想法以委曲求全。另外，从资源守恒理论（Conservation of Resources，COR）（Hobfoll，1989）的资源保存的视角看，越是重视表面和谐的人，越害怕与上级关系的破裂带来个人资源的损失，往往不会选择建言。魏昕和张志学（2010）的研究已经证实，员工关注表面和谐，使得他们对建言结果持负面预期，从而导致员工抑制建言行为的表达。正是基于集体主义对建言行为这两方面的作用，Li，Wang，Huang 和 Chu（2010）提出了高集体主义水平会削弱心理安全感与建言行为之间的积极关系的假设，即注重集体利益不论心理安全感高低都会建言，而注重集体和谐不论心理安全感高低都不会建言。

集体主义对组织中员工的建言行为的作用比较复杂，具有两面性：集体主义者关注组织利益，当组织面临发展困境，迫切需要变革时，员工倾向提出自己的建议和想法；集体主义者也是关注组织和谐的，当组织中出现无效率行为、不合时宜的政策时，员工指出问题所在，可能会影响上下级以及同事之间的关系，这个时候员工可能为了和谐而选择闭口不言。笔者推测，集体主义可能是员工不愿意做出抑制性建言行为的文化根源之一，而对于促进性建言有促进作用。

（四）权力距离

Hofstede（1993）指出，中国是一个权力距离很高的国家。从个体层面看，权力距离是指个体接受机构或者组织内权力被不平等分配的程度（Clugston，Howell & Dorfman，2000）。中国儒家文化中的"三纲五常"，"尊卑上下，忠孝顺从"是中国权力距离大的根源和表现之一，在这种文化潜移默化的影响下，人们容易接受集权领导和官僚结构，下级的行为受到上级领导的强烈约束，上级领导的看法和思路对下级有着极大影响（廖建桥、赵君、张永军，2010）。

从领导者角度看，高权力距离文化中的中级管理者，倾向于独裁统治来维护自身的权力，而不是通过授权或者团队建设进行权力下放，表现为更少与员工进行交流（Offermann & Hellmann，1997）。从员工角度来看，Chow 等（1999）通过对澳大利亚和中国台湾组织中的中层管理者进行访谈，发现在高权力距离下（中国台湾）的中层管理者比在低权力距离下（澳大利亚）对等级更加敏感，更少地表达质疑现状的或者相反的观点。Brockner 等（2001）的研究指出，权力距离大的国家（如中国）的员工比权力距离小的国家（如美国）的员工，对自身没有对组织决策建言具有较少的消极反应。新近研究也表明，由于建言行为与文化价值观不一致，高权力距离下的员工通常对建言行为持负面预期，不喜欢质疑和挑战权威，从而保留自己的想法与观念，即权力距离与建言负相关（Botero & Van Dyne，2009；Landau，2009；魏昕、张志学，2010；Gao & Shi，2010）。

传统性是一个更具本土特色的概念，它指的是在中国传统文化对人的要求下个人所具有的认知态度与行为模式，具体而言包括五个方面：遵从权威、孝亲敬祖、安分守成、宿命自保、男性优越（杨国枢、余安邦、叶明华，1989）。其中遵从权威是传统性最典型的表现，Farh，Hackett 和 Liang（2007）主要关注遵从权威维度，同时考察了权力距离和传统性对组织支持认知与员工组织公民行为关系的调节作用。他们发现二者都具有调节作用，但是相比于传统性，权力距离的调节作用更强。他们解释为权力距离是更具有组织相关性的测量，而传统性则具有背景宽泛性。周浩和龙立荣（2012）研究发现，员工的传统性越高，组织心理所有权对建言行为的积极影响越小。这主要是因为在组织情境中，员工的传统性越强，越会恪守"上尊下卑"的角色关系与义务，不会轻易有犯上越矩的举动，甚至更忍耐上级的辱虐管理（吴隆增、刘军、刘刚，2009）。笔者认为，权力距离是遵从权威的传统性在组织环境中的具体化，都根源于中国社会的"伦理纲常"，二者本质上相通。

总之，不论是权力距离还是遵从权威的传统性都不利于组织中建言行为的发生。由于权力距离的具体性、聚焦性，它可以更直接地抑制建言行为的发生。权力距离主要是通过两个方面对建言行为产生影响，一方面，高权力距离文化下的领导倾向于独裁统治而不是授权，他们不愿意与员工进行交流；另一方面，具有高权力距离的员工，由于下级的角色定位，倾向于被动接受组织中的决策，而不是质疑现状，表达自己的观点。而传统性由于其背景的宽泛性，往往不是直接对建言行为起作用，而是作为调节变量抑制相关前因变量对建言行为的积极作用。

（五）长期观念

Hofstede（1993）指出中国具有很强的长期观念倾向。长期观念表示人们对待长期生活的态度。长期观念高的社会，人们倾向于节俭、积累、容忍和传统，追求长期稳定和高水平的生活，人们的目标不仅在现在，更重要的是在未来（郭冠清，2006）。

在儒家文化的影响下，中国人的长期观念具有容忍、知耻等特征，这些特征会对员工的思想和行为造成影响。长期观念中的"容忍"，意指坚忍、顺从和保守，是中国人处理人际冲突或人际失和时的应对策略，忍的心理机制包括克制、坚心、容受和退让，是指控制自己的情感，承受压力，忍受他人的行为，不与他人争夺（李敏龙、杨国枢，2008）。在组织中，当员工感受到不公时，容忍的传统观念可能使得大多数员工控制自己的冲动情绪，选择忍受、顺从、附和组织的行为，很少选择向组织建言。而知耻的特点，致使员工在质疑组织中的问题即便是提出促进性意见时，也害怕被拒绝，对自身造成负面影响，选择不建言。另外，建言行为由于对人际关系明显或者潜在的负面影响，可能使员工形成对自己的长期发展不利的负面预期，从而受到抑制。

综上考虑，中国背景下员工的长期观念可能是员工不愿意建言的文化根源之一。员工在面对建言情境时，可能因为知耻或者为了个体的资源保存而顾虑重重，一味地忍让和顺从，而不是发表见解。不过，"长期观念是员工不愿意建言的文化根源之一"这一命题还需要未来实证研究的支持。

三、文化因素影响建言行为的发生机制

除了探讨中国文化对建言行为的影响，我们更需要理清具体文化对建言行为的发生机制。Botero 和 Van Dyne（2009）在美国文化背景下研究发现，领导—成员交换与权力距离对建言行为存在交互作用，其中领导—成员交换水平高、权力距离大的员工建言最少，在哥伦比亚背景下则没有发现二者的交互作用。汪林等（2010）探讨了与高层领导的关系对经理人建言产生影响的作用机制，发现了组织自尊与内部人身份认知在两者间的完全中介作用。段锦云和凌斌（2011）是在探讨了中庸思维与顾全大局式、自我冒进式建言的关系之后，进一步探究了授权对中庸思维与两类建言行为关系的调节作用。周浩和龙立荣（2012）则是研究了更具宽泛意义的传统性对变革型领导与下属建言行为的调节作用。

另外，魏昕和张志学（2010）则是从冲突回避（Conflict Avoidance）的视角研究文化价值观对建言行为的影响。冲突是指当一方感知到另一方对自己所关心的问题产生或即将产生负面影响时开始的一个过程（Thomas & Schmidt，1976）。组织中的抑制性建言行为（Prohibitive Voice）是指大胆地指出工作中已经存在或潜在的问题，如有害的行为、无效率的程序、规则或政策（Liang & Farh，2012）。由于下级对上级的建言行为（Speaking up），

尤其是抑制性建言行为意味着下属对上级或组织的决策、组织的问题行为等持有不同意见或者想法，他们认为这是一个包含了隐性冲突的情境，而冲突是否凸显以及是否会影响社会主体的后续交往，取决于隐性冲突的各方如何对此情境进行感知、解释，以及采取何种行动。因此，他们设计了表面和谐和权力距离文化价值观通过员工的负面预期从而影响具体的抑制性建言行为的研究模型，并最终验证。中国人的关系本位表明中国人的行为具有情境性。中国人在不同情境下的关系灵活多变，相应的行为方式也会依情境而变化，在具体情境中研究关系对建言行为的影响尤其重要。虽然研究发现与领导关系亲密的下级的建言行为更多，但他们可能是非正式场合提出的，甚至是一种旁敲侧击的隐晦表达（汪林等，2010）。在正式公开的场合下，他们是否会提出自己的建议，尤其是抑制性的建言值得研究。相比于公开提出，私下提出建议可能不利于问题解决的及时性，以及决策制定的公开公平性，造成时间和资源的浪费，但是公开建言，尤其是抑制性建言，更可能影响关系，挑战面子和人情。因此，员工的上下级关系、面子观念对建言行为的作用比较复杂，在上下级关系亲疏不同、员工的面子意识强弱不同的情况下，员工的建言行为应该有所差别。

魏昕和张志学（2010）的研究给了我们很好的启示，从冲突回避的视角可以进一步研究面子价值观等对抑制性建言行为的影响。陈之昭（2006）研究表明，一般情况下，面子需要的满足具有明显的先后层级顺序：相对于"合面子"的下阈要求而言，"求取面子"属于更高层次的动机，维护和保全面子比挣面子更为基础和关键，因此我们认为面子维护对建言行为影响更大，其对建言行为具有抑制作用，而且同样的负面预期在二者之间起中介作用。Ting-Toomey等（1991）基于面子协商理论（Face-negotiation Thoery）研究已得出：自我面子关切与控制的冲突管理方式显著正相关，他者面子关切与回避的冲突管理方式显著正相关。另外，还可以考虑上下级关系以及管理开放性等对面子价值观与建言行为关系的调节作用。笔者认为，较亲密的上下级关系可以缓和面子维护对建言行为的负向作用，而在关系一般的情况下，面子维护对建言行为的抑制作用更强，而领导较高的管理开放性应该也可以缓和面子与建言行为之间的负向关系。

中国文化内涵丰富，即便是在经历过剧烈变迁的现代社会，儒家伦理仍旧对人的认知、态度和行为具有极其重大的影响。除了直接影响员工的建言行为外，文化还可能通过间接的方式起作用，如传统性的调节作用。文化对建言行为的作用，以及其具体的发生机制，还需要我们进一步发掘。

四、基于中国文化视角的建言行为未来研究方向

通过以上探讨可知，中国背景下员工建言行为的发生受到文化的制约。从文化的视角看，中国企业中员工建言行为匮乏的原因如下：中庸思维的整合观念不利于员工的自我冒进式建言；上下级关系不佳的员工更可能不建言，强烈的面子意识和人情观念，在混合性

关系的互动中，以直接或者间接的方式抑制建言行为的表达；集体主义关注组织和谐的特征抑制员工表达具有冲突性的建言，尤其是员工对表面和谐的关注更加不利于抑制性/自我冒进式建言；权力距离是中国组织中建言行为匮乏的重要文化根源之一；长期观念可能也会抑制建言行为的发生。

鉴于建言行为的发生同特定的文化背景息息相关，文化因素对建言行为的发生具有独特影响。本文认为，在具体的文化背景下研究建言行为或者是开展建言行为的本土化研究将是这一领域崭新的方向。

在中国文化背景下开展建言行为的研究，应充分考虑到中国文化对建言行为的独特影响，验证并阐释文化因素对建言行为的影响机制。如可以在以下方面进行研究：针对中庸思维，可以研究中庸对于各类建言行为的不同作用，也有必要探讨不同程度的中庸思维下已有因素与建言行为关系的变动；在上下级关系、同事关系一般的情况下，研究面子意识和人情观念对建言行为的抑制需要更多实证研究的支持，也需要探究发生作用的具体机制；由于集体主义对建言行为的复杂作用，未来进行集体主义对建言行为的研究时，可以采用分维度的建言行为的构念，考察集体主义对不同类别的建言行为的影响，如将建言行为分为促进性和抑制性建言（Liang & Farh，2012），这样集体主义与建言行为的关系可能会更加清晰（如高集体主义降低抑制性建言行为的发生，促进更多的促进性建言行为）；权力距离对建言行为的影响较为清晰，可以进一步探究何种因素能够抑制权力距离对建言行为的消极作用；长期观念可能抑制员工建言，但是尚且缺乏实证研究，围绕长期观念对建言行为的作用，需要开展一系列深入研究。

另外，探索出中国组织中员工建言匮乏的文化根源以及发生机制，可以从文化的视角思考促进建言行为发生的措施。如针对关系不佳则可能更不会建言，可以鼓励上下级、同事多进行工作外的非正式交流，增强私人关系；针对中国文化中员工强烈的面子维护观念、权力距离高的特点，在组织内实行非正式建言机制，避免正面的挑战权威，可能有利于建言行为的发生。

参考文献

［1］宝贡敏，史江涛. 中国文化背景下的"关系"研究述评［J］. 心理科学，2014（1）：1018-1020.

［2］陈之昭. 面子心理的理论分析与实际研究［M］// 杨国枢（编）. 中国人的心理［M］. 南京：江苏教育出版社，2006.

［3］段锦云. 中国背景下建言行为研究：结构、形成机制及影响［J］. 心理科学进展，2011（19）：185-192.

［4］段锦云，凌斌. 中国背景下员工建言行为结构及中庸思维对其的影响［J］. 心理学报，2011（43）：1185-1197.

［5］段锦云，魏秋江. 建言效能感结构及其在员工建言行为发生中的作用［J］. 心理学报，2012（44）：972-985.

［6］段锦云，钟建安. 组织中的进谏行为［J］. 心理科学，2005（28）：69-71.

［7］郭冠清. 文化因素对企业经营绩效影响的研究［J］. 中国工业经济，2006（10）：91-97.

［8］黄光国. 人情与面子：中国人的权力游戏［M］// 杨国枢（编）. 中国人的心理［M］. 南京：江苏教育出版社，2006.

［9］黄光国. 华人社会中的脸面观［M］// 杨国枢，黄光国，杨中芳（编）. 华人本土心理学（上）［M］. 重庆：重庆大学出版社，2008.

［10］黄丽莉. 人际和谐与人际冲突［M］// 杨国枢，黄光国，杨中芳（编）. 华人本土心理学（下）［M］. 重庆：重庆大学出版社，2008.

［11］何轩. 互动公平真的就能治疗"沉默"病吗？—— 以中庸思维作为调节变量的本土实证研究［J］. 管理世界，2009（4）：128–134.

［12］李敏龙，杨国枢. 忍的心理与行为［M］// 杨国枢，黄光国，杨中芳（编）. 华人本土心理学（下）［M］. 重庆：重庆大学出版社，2008.

［13］梁建，唐京. 员工合理化建议的多层次分析：来自本土连锁超市的证据［J］. 南开管理评论，2009（12）：125–134.

［14］廖建桥，赵君，张永军. 权力距离对中国领导行为的影响研究［J］. 管理学报，2010（7）：988–992.

［15］刘军，宋继文，吴隆增. 政治与关系视角的员工职业发展影响因素探讨［J］. 心理学报，2008（40）：201–209.

［16］吕娜，郝兴昌. 组织公正和职位对进谏行为的影响［J］. 心理科学，2009（32）：595–597.

［17］汪林，储小平，黄嘉欣，陈戈. 与高层领导的关系对经理人"谏言"的影响机制——来自本土家族企业的经验证据［J］. 管理世界，2010（5）：108–117.

［18］王忠军，龙立荣，刘丽丹. 组织中主管—下属关系的运作机制与效果［J］. 心理学报，2011（43）：798–809.

［19］魏昕，张志学. 组织中为什么缺乏抑制性进言？［J］. 管理世界，2010（10）：99–121.

［20］吴隆增，刘军，刘刚. 辱虐管理与员工表现：传统性与信任的作用［J］. 心理学报，2009（41）：510–518.

［21］杨中芳. 传统文化与社会科学结合之实例：中庸的社会心理学研究［J］. 中国人民大学学报，2009（3）：53–60.

［22］翟学伟. 人情、面子与权力的再生产——情理社会中的社会交换方式［J］. 社会学研究，2004（5）：48–57.

［23］张德胜，金耀基，陈海文，陈健民，杨中芳，赵志裕，伊沙白. 论中庸理性：工具理性、价值理性和沟通理性之外［J］. 社会学研究，2001（2）：33–48.

［24］周浩，龙立荣. 变革型领导对下属进谏行为的影响：组织心理所有权与传统性的作用［J］. 心理学报，2012（44）：388–399.

［25］Botero, I. C., van Dyne, L. Employee voicebehavior interactive effects of LMX and power distance in the United States and Colombia［J］. Management Communication Quarterly, 2009（23）：84–104.

［26］Brockner, J., Ackerman, G., Greenberg, J., Gelfand, M. J., Francesco, A. M., Chen, Z. X., Leung, K., Bierbrauer, G., Gomez, C., Kirkman, B. L., Shapiro, D. Cultureand procedural justice: The influence of power distance onreactions to voice［J］. Journal of Experimental Social Psychology, 2001（37）：300–315.

［27］Chen, C. C., Chen, Y. R., Xin, K. Guanxi practicesand trust in management: A procedural justice perspective［J］. Organization Science, 2004（15）：200–209.

［28］ Chiaburu, D. S., Marinova, S. V., Van Dyne, L. Should I do it or not? An initial model of cognitive processes predicting voice behaviors. In L. T. Kane, M. R. Poweller (Eds.). Citizenship in the 21st Century [M]. New York: Nova Science Publishers, 2008: 127–153.

［29］ Chow, C. W., Harrison, G. L., McKinnon, J. L., Wu, A. Cultural influences on informal information sharing in Chinese and Anglo –american organizations: Anexploratory study [J]. Accounting, Organizations and Society, 1999 (24): 561–582.

［30］ Clugston, M., Howell, J. P., Dorfman, P. W. Doescultural socialization predict multiple bases and foci of commitment? [J]. Journal of Management, 2000 (26): 5–30.

［31］ Detert, J. R., Edmondson, A. C. Everyday failuresin organizational learning: Explaining the high threshold for speaking up at work [D]. Cambridge, MA: Harvard Business School, 2006: 6–24.

［32］ Detert, J. R., Treviño, L. K. Speaking up to higher–Ups: How supervisors and skip–level leaders influence employee voice [J]. Organization Science, 2010 (21): 249–270.

［33］ Edmondson, A. Psychological safety and learning behavior in work teams [J]. Administrative Science Quarterly, 1999 (44): 350–383.

［34］ Farh, J. L., Hackett, R. D., Liang, J. Individual level cultural values as moderators of perceived organizational support–employee outcome relationships in China: Comparing the effects of power distance and traditionality [J]. Academy of Management Journal, 2007 (50): 715–729.

［35］ Farh, J. L., Tsui, A. S., Xin, K., Cheng, B. S. The influence of Relational Demography and Guanxi: The Chinese case [J]. Organization Science, 1998 (9): 471–487.

［36］ Gao, L. P., Shi, K. When employees face thechoice of voice or silence: The moderating role of Chinese traditional culture values. In Paper Presented at IEEE 2nd Symposium on Web Society [M]. Beijing: IEEE, 2010: 470–474.

［37］ Hagedoorn, M., Van Yperen, N. W., Van De Vliert, E., Buunk, B. P. Employees' reactions to problem aticevents: A circumplex structure of five categories of responses, and the role of job satisfaction [J]. Journal of Organizational Behavior, 1999 (20): 309–321.

［38］ Hirschman, A. O. Exit, voice, and loyalty, American Cambridge [M]. Mass: Harvard University Press, 1970.

［39］ Hobfoll, S. E. Conservation of resources: A newattempt at conceptualizing stress. The American Psychologist, Hofstede, G. Cultural constraints in management theories [J]. Academy of Management Executive, 1989 (7): 81–94.

［40］ Landau, J. To speak or not to speak: Predictors of voice propensity [J]. Journal of Organizational Culture, Communications and Conflict, 2009 (13): 35–54.

［41］ Law, K. S., Wong, C. S., Wang, D. X., Wang, L. H. Effect of supervisor–subordinate Guanxi on supervisory decisions in China: An empirical investigation [J]. International Journal of Human Resource Management, 2000 (11): 751–765.

［42］ LePine, J. A., Van Dyne, L. Voice and cooperativebehavior as contrasting forms of contextual performance evidence of differential relation–ships with big five personality characteristics and cognitive ability [J]. Journal of Applied Psychology, 2001 (86): 326–336.

［43］ Li, J. C., Wang, L., Huang, J. X., Chu, X. P. Will safety necessarily lead to voice? The moderated effect of individualism –collectivism and power distance. In PaperPresented at 2010 International

Conference on E-Product E-Service and E-Entertainment（ICEEE）［M］. Zhengzhou：IEEE, 2010：1–4.

［44］Liang, J., Farh, J. L. Psychological antecedents of promotive and prohibitive voice：A two-wave examination［J］. Academy of Management Journal, 2012（55）：71–92.

［45］Liu, W., Zhu, R. R., Yang, Y. K. I warn you because I like you：Voice behavior, employee identifications and transformational leadership［J］. The Leadership Quarterly, 2010（21）：189–202.

［46］Milliken, F. J., Morrison, E. W., Hewlin, P. F. Anexploratory study of employee silence：Issues thatemployees don't communicate upward and why［J］. Journal of Management Studies, 2003（40）：1453–1476.

［47］Morrison, E. W., Wheeler-Smith, S. L., Kamdar, D. Speaking up in groups：A cross-level study of group voicec limate and voice［J］. Journal of Applied Psychology, 2011（96）：183–191.

［48］Ng, T. W. H., Feldman, D. C. Employee voicebehavior：A meta-analytic test of the conservation of resources framework［J］. Journal of Organizational Behavior, 2012, 33（2）：216–234.

［49］Offerman, L. R., Hellmann, P. S. Culture's conse-quences for leadership behavior：National values inaction［J］. Journal of Cross-cultural Psychology, 1997（28）：342–351.

［50］Premeaux, S. F., Bedeian, A. G. Breaking thesilence：The moderating effects of self-monitoring inpredicting speaking up in the workplace［J］. Journal of Management Studies, 2003（40）：1537–1562.

［51］Tangirala, S., Ramanujam, R. Exploring nonlinearity in employee voice：The effects of personal-control and organizational identification［J］. Academy of Management Journal, 2008（51）：1189–1203.

［52］Ting-Toomey, S., Gao, G., Trubisky, P., Yang, Z. Z., Kim, H. A., Lin, S. L., Nishida, T. Culture, face maintenance, and styles of handling interpersonal conflict：A study in five cultures［J］. The International Journal of Conflict Management, 1991（2）：275–296.

［53］Thomas, M. K., Schmidt, H. W. A survey of managerial interests with respect to conflict［J］. Academy of Management Journal, 1976（19）：315–318.

［54］Triandis, H. C. Individualism-collectivism and personality［J］. Journal of Personality, 2001（69）：907–924.

［55］Van Dyne, L., Ang, S., Botero, I. C. Conceptualizing employee silence and employee voice as multidimensional constructs［J］. Journal of Management Studies, 2003, 40（6）：1359–1392.

［56］Van Dyne, L., LePine, J. A. Helping and voiceextra-role behaviors：Evidence of construct and predictive validity［J］. Academy of Management Journal, 1998（41）：108–119.

［57］Whiting, S. W., Podsakoff, P. M., Pierce, J. R. Effects of task performance, helping, voice, and organizational loyalty on performance appraisal ratings［J］. Journal of Applied Psychology, 2008（93）：125–139.

［58］Xin, K. R., Pearce, J. L. Guanxi：Connections as substitutes for formal institutional support［J］. Academy of Management Journal, 1996（39）：1641–1658.

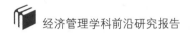

Why Do Not Employees Voice: A Chinese Culture Perspective

Chen Wen-ping Duan Jin-yun Tian Xiao-ming

Abstract: In the Chinese cultural context, employees often turn a blind eye to organizational problems.Based on the perspective of the Chinese culture, we analyzed this situation and concluded that: Zhongyongthinking style is negatively related to self-centered voice; Face consciousness and favor perception, whichcan make employees pay more attention to their own and others face maintenance, often render employeeskeeping silent. In addition, collectivism characteristic, which relates to organization harmonious, is notconducive to the occurrence of voice behavior; Power distance inhibits the expression of voice; Long-termconcepts may also suppress employee voice. Future studies should further clarify the impact of specificcultural factors on voice behavior and its mechanisms in Chinese context.

Key Words: voice behavior; zhong yong; guan xi; face and favor; power distance

变革型领导、心理资本对员工工作绩效的影响研究 *

仲理峰　王　震　李　梅　李超平

【摘　要】 本文通过对华南地区 2 家企业的 202 对直接领导和下属的问卷调查，分别考察了员工的心理资本和传统性在变革型领导与员工工作绩效间的中介作用和调节作用。研究结果表明，变革型领导对员工的心理资本有显著影响；员工的心理资本在变革型领导与员工的任务绩效和组织公民行为间起到完全中介作用；员工的传统性在变革型领导对心理资本产生影响时起到调节作用，即员工在传统性上得分越高，变革型领导对他们的心理资本的影响越大。

【关键词】 变革型领导；心理资本；任务绩效；组织公民行为；传统性

一、研 究 背 景

随着经济全球化竞争的日渐激烈和中国改革开放的不断深入，提高企业管理者领导的有效性，已经成为提升中国企业核心竞争力、保持持续竞争优势的重要途径之一。在此社会和经济背景下，受 Burns 提出理论的影响，Bass 提出的变革型领导理论引起了学者和企业管理人员的关注。在过去的 20 多年里，变革型领导已经成为认识和理解领导有效性的最受欢迎的方法之一。

变革型领导是一种领导风格，该领导风格可以影响员工的士气、理想、兴趣和价值观，激励他们实现高于最初期望的绩效，并最终使他们超越对个人利益的关注。自变革型领导研究问世以来，变革型领导逐步演变为包括以下四个维度的领导行为概念：①魅力影响，指领导通过展示魅力的方式让下属认同他们的程度；②愿景鼓舞，指领导构建吸引员

* 本文选自《管理学报》2013 年第 4 期。

工追随的愿景程度；③个别关怀，指领导关注下属的需求、担当下属的导师或教练以及倾听员工的关切程度；④才智激发，指领导质疑假设、冒险、征求员工意见的程度。

有研究表明，变革型领导同员工的工作态度和工作结果正相关。例如，Judce 等的研究表明，变革型领导与员工的工作满意度、对领导的满意度、领导者绩效、团体或组织的绩效之间存在正相关关系。Lowe 等认为，变革型领导与领导有效性之间存在正相关关系。也有一些中国学者的研究结果显示，变革型领导与员工的工作绩效、组织公民行为和建言行为等之间存在正相关关系。

近几年，为了深入认识变革型领导对员工工作绩效产生影响的过程和潜在机制，学者们已经开始探索影响变革型领导与员工工作绩效之间关系的中间变量，如领导—部属交换、心理安全感等。但目前，仍需对有关变革型领导影响其下属工作态度、绩效的途径和过程的研究给予更多关注，以便更深入全面地认识变革型领导发挥影响的过程。本研究将探讨在中国企业领导的变革型领导行为与员工工作绩效之间关系中，员工的心理资本所发挥的中介作用。

另外，变革型领导对员工工作绩效的作用并非凭空产生，而是受到一些权变因素的影响。例如，Pieterse 等认为，当员工感受到高的心理授权时，变革型领导会对员工的创新行为产生积极影响。另外，Zhang 等指出，在变革型领导与团队建言网络密度的关系中，团队的核心自我评价起调节作用，即当团队成员的核心自我评价的差异性较低时，变革型领导会对团队建言网络密度产生更大的积极影响。有关领导有效性的权变研究认为，领导行为的有效性受到领导发挥影响时的背景因素的影响。本研究将考察在中国情景下，员工的文化价值取向（如传统性）在变革型领导与员工的心理资本之间关系中可能发挥的调节作用。

二、理论与假设

（一）心理资本对员工的任务绩效和组织公民行为的影响

工作绩效是指员工所表现出的一组行为，这些行为直接或间接地对企业目标的实现做出贡献，是员工对企业的一种综合价值。Henderson 等认为，员工工作绩效包括任务绩效和组织公民行为两个方面。Williams 等将任务绩效定义为，"正式的报酬系统认可的、工作说明书中所要求的行为"。Organ 将组织公民行为定义为"自觉自愿的个体行为，这些行为没有直接或清楚地被正式的报酬系统认可，但综合起来能增强组织的效率和效能"。

Luthans 等提出了强调人的积极心理资源和力量的心理资本概念，并将其定义为"个体一般积极性的核心心理要素，具体表现为符合积极组织行为标准的心理状态，它超出了人力资本和社会资本，并能够通过有针对性的投入和开发使个体获得竞争优势"。心理资本由以下 4 种积极心理状态构成：①自信或自我效能感，指个体在特定情境中完成某一具体任务时，相信自己能够激发自身动机、运用认知资源和执行行动计划的程度；②希望，指一种积极的、与动机有关的状态，该状态建立在目标导向的能动性和实现目标的计划之间的交互作用所产生的成功感的基础上；③乐观，指人把积极事件归因于内部、持久、普遍深入的原因，把消极事件归因于外部、暂时和特定情景原因的积极解释风格；④坚韧性，一个人从逆境、不确定状态、冲突、失败和责任压力中迅速恢复的能力。

根据心理资源理论，心理资本代表了个体的积极心理资源，而这些心理资源对工作绩效有积极影响。当一个员工拥有心理资源时，他会更加投入地工作并实现工作目标。有研究表明，员工的心理资本对其工作绩效有积极影响。例如，AVEY 等的研究表明，心理资本与员工的工作绩效正相关。Luthans 等探讨了积极心理资本与员工工作绩效间的关系，结果表明，中国员工的希望、乐观、坚韧性都分别同其直接领导评价的工作绩效正相关；而且希望、乐观和坚韧性合并而成的心理资本与员工直接领导评价的工作绩效也正相关。仲理峰的研究表明，员工的希望、乐观和坚韧性三种积极心理状态同其任务绩效和组织公民行为正相关，并且员工的心理资本（由希望、乐观和坚韧性合并而成）与他们的任务绩效和组织公民行为也正相关。其他一些研究也证明，心理资本对员工的任务绩效和组织公民行为有显著的积极影响。鉴于此，本研究推测，员工的心理资本会对其任务绩效和组织公民行为产生积极影响。由此，提出以下假设：

假设 1a： 员工的心理资本与任务绩效正相关。

假设 1b： 员工的心理资本与组织公民行为正相关。

（二）变革型领导对员工的心理资本的影响

Yukl 认为，变革型领导行为是指"引起组织成员的态度和设想发生显著变化，以及让组织成员致力于完成组织使命、实现组织目标的过程"。在该过程中，被领导所改变和激励的员工通常会感觉到被接纳和得到支持，增强了自尊，并愿意投身于领导所构建的愿景。变革型领导是富有魅力和颇具感召力的。变革型领导发挥影响的基础在于拓宽和激发员工的兴趣，让员工领悟并接受团队的意图和使命，鼓励员工用超越个人利益的视角看待团队利益。Dvir 等指出，变革型领导通过展示领导魅力、构建发展愿景、给予个别关怀和激励员工进行理性思考等领导行为，以拓宽和评价员工的工作目标，提升他们的信心，激发他们的潜能，并授权他们进行独立思考和自我管理。与此主张相一致，有研究结果表明，变革型领导与员工的自我效能感、希望、乐观和坚韧性以及由这四个维度合并而成的心理资本正相关。

Cervone 指出，社会认知是"个体理解事件，计划行动过程以及调节其动机、情绪和人际行为的过程和结构（如自我概念、标准、目标）"。社会认知研究的核心是探讨人们如何在社会环境中感知自己和认识他人。Oldham 等认为，对员工来说，领导行为是其工作环境的一个重要方面。在变革型领导过程中，领导通过自己的社会影响组织、引导和激励员工，而员工则基于自己的认知过程和其他个人资源自我调节自己的思想、情绪、动机和行为。变革型领导通过展示个人魅力和榜样示范能够增强员工的自我效能感，通过构建愿景帮助员工明确努力的目标和方向（希望），通过提供个别关怀让员工感受到领导的认可与关注（乐观），以及通过才智激发来启发员工遇到困难和问题时进行理性思考（坚韧性）。换言之，变革型领导可以通过其变革型领导行为（魅力影响、愿景鼓舞、个别关怀和才智激发）影响员工的心理资本。鉴于此，基于社会认知理论和上述分析，可以预期变革型领导将对员工的心理资本产生积极影响。由此，提出以下假设：

假设 2：变革型领导与员工的心理资本正相关。

（三）心理资本在变革型领导与员工的任务绩效和组织公民行为之间的中介作用

有研究表明，领导通过对个体和群体施加影响、使其为实现组织目标做出贡献来影响组织绩效。变革型领导通过"拓宽和评估下属的目标并使他们有信心实现超越工作要求和期望的绩效目标"对下属产生影响。同时，变革型领导还将通过展示其个人魅力、激发员工的动机、鼓励员工进行理性思考和给予他们个性化关怀等方式改变员工，帮助他们充分发挥自己的潜能并最终实现最高水平的绩效目标。

员工的积极情绪、心理资本等是变革型领导对员工的工作绩效（包括任务绩效和组织公民行为）产生影响的中间机制。例如，Houser 的研究结果表明，变革型领导可以通过员工的积极情绪间接影响员工的任务绩效和帮助同事行为。其他研究结果表明，心理资本在变革型领导与员工工作绩效之间起中介作用。根据社会认知理论，变革型领导可以通过影响员工的认知过程来提升他们的心理资本，进而促进和改善他们的工作绩效。从心理资源理论的角度看，变革型领导可以通过其变革型领导行为调动员工的内在积极心理资源，并进一步影响员工的工作绩效。鉴于此，可以预期变革型领导将通过改变员工的积极心理状态对其工作绩效产生影响。由此，提出以下假设：

假设 3a：心理资本在变革型领导与员工的任务绩效之间起中介作用。

假设 3b：心理资本在变革型领导与员工的组织公民行为之间起中介作用。

（四）传统性在变革型领导与心理资本之间的调节作用

Farh 等认为，传统性是一种个人文化价值取向，具体包括遵从权威、孝顺、祖先崇拜、宿命和一般性无能为力感等特征。通常，高传统性的员工会接受其与领导在地位上的差别，更愿意听从领导的指挥和工作安排，恪守作为下属的本分，即使被授权也不愿意做本职工作以外的事情。根据领导理论的权变观点，员工的传统性价值取向会影响其对领导行为的反应，员工的传统性程度不同，其对领导行为的反应也会不同。

我国学者常用"传统性"这一概念表达员工对权威的遵从程度。例如，文献都强调，遵从权威是传统性的关键内容。Farh 等基于文献开发的量表选取五个核心题项测量员工的传统性取向。如前所述，传统性高的员工对领导的依赖性更大，更愿意服从领导，变革型领导通过魅力影响、愿景鼓舞、个别关怀和才智激发等领导行为对他们的改变和影响会更大。鉴于此，本研究预期员工的传统性价值取向将会调节变革型领导对员工的心理资本的影响，也即员工越传统（在传统性上的测量得分高），变革型领导对员工的心理资本影响越大。由此，提出如下假设：

假设 4：传统性在变革型领导与员工的心理资本之间起调节作用，即与低传统性员工相比，高传统性员工的心理资本受变革型领导的影响更大。

三、研 究 设 计

（一）研究样本和取样程序

本研究的调查样本由来自华南地区两家企业的 202 对直接领导和员工构成。收集数据时，笔者要求两家企业的人力资源经理提供企业内所有直接领导的名单，并以此为每一位直接领导选择了 3~5 名下属。本研究给每位直接领导提供了两套调查问卷，一套由该直接领导填答，另一套由每一位直接领导选择的下属填答。在直接领导和下属的问卷上分别标有配对的编码。收集数据之前，笔者分别向有关直接领导和员工强调，此次调查的目的是为了进行相关研究，并且保证有关调查结果完全保密。员工调查问卷由直接领导分发给相应的下属。所有问卷都由问卷填答者本人填答完毕装入信封封好后交回。

本研究共分别发放 260 份直接领导问卷和下属问卷。直接领导问卷的回收率是 95%，下属问卷的回收率是 100%。在去掉填答不完整和不能配对的问卷后，共有 202 对直接领导和下属构成了本次研究的样本。其中，在下属被试中，有 102 名男性，占 50.50%，平均年龄为 27.99 岁。

（二）变量测量

为了减少"共同工具效应"，本研究的正式取样采用了"直接领导调查问卷"和"下属调查问卷"两套问卷。其中，"直接领导调查问卷"包括了对员工的角色内绩效和组织公民行为的评价，员工则用"下属调查问卷"评价其直接领导的变革型领导行为以及对自己心理资本（包括自我效能感、乐观、希望、坚韧性）和传统性价值取向进行评价。本研究的所有问卷内容都已在中国背景下被验证有较好的信效度。

（1）变革型领导。该变量采用 Bass 等开发的 MLQ–Form5X 量表中的 20 个题项进行测量。该量表由魅力影响、愿景鼓舞、个别关怀和才智激发 4 个维度构成，采用李克特 4 点量表，从 1~4 代表从"从不"到"非常频繁"。该量表的 Cronbach's α 值为 0.940。

（2）心理资本。该变量采用 Luthans 等开发的由 24 个题项构成的 PCQ 问卷进行测量。该量表由自我效能感、希望、乐观和坚韧性 4 个维度构成。采用李克特 6 点量表，从 1~6 表示从"非常不同意"到"非常同意"。该量表的 Cronbach's α 值为 0.894。

（3）任务绩效。该变量采用 Tsui 等开发的包含 11 个题项的量表测量。该量表采用李克特 7 点量表，从 1~7 表示从"非常不同意"到"非常同意"。该量表的 Cronbach's α 值为 0.930。

（4）组织公民行为。该变量采用 Lee 等开发的包含 16 个题项的量表测量。该量表由 2 个子量表构成，分别测量组织公民行为的 2 个维度，即组织指向的公民行为（OCBO）、个体指向的公民行为（OCBI）。2 个子量表分别由 8 个题项构成，采用李克特 7 点量表，从 1~7 表示从"从不"到"总是"。该量表的 Cronbach's α 值为 0.963。

（5）传统性。该变量采用 CHEN 等开发的由 8 个题项构成的量表测量。该量表采用李克特 7 点量表，从 1~7 表示从"非常不同意"到"非常同意"。该量表的 Cronbach's α 值为 0.841。

（6）控制变量。本研究中的控制变量包括：员工的性别、年龄和学历。

（三）统计分析

本研究采用 SPSS 19.0 和 LISREL 8.72 软件分析数据。进行的统计分析包括：①通过信度分析、验证性因素分析检验调查问卷的信度和效度；②进行描述统计和相关分析；③采用结构方程和层级回归分析考察变革型领导、心理资本与员工的任务绩效和组织公民行为之间的关系，以及传统性对它们之间关系的调节作用。

四、数据分析和结果

（一）研究变量的描述性统计

本研究中的所有研究变量和控制变量的平均数、标准差和相关系数见表 1。由表 1 可知，所有研究变量的测量问卷的 Cronbach's α 值都达到了至少要大于 0.70 的一般要求。员工的心理资本与他们的组织公民行为正相关（$r = 0.205$，$p < 0.01$）。变革型领导与员工的心理资本正相关（$r = 0.415$，$p < 0.01$），与员工的任务绩效正相关（$r = 0.196$，$p < 0.01$），与组织公民行为正相关（$r = 0.238$，$p < 0.01$）。这些分析结果初步支持了假设 1b、假设 2。本研究将通过一系列的结构方程和层级回归分析，进一步检验研究假设。

表 1　各研究变量的平均数、标准差和相关系数（N = 202）

研究变量	平均数	标准差	1	2	3	4	5	6	7	8
1. 员工性别	1.480	0.501	1							
2. 员工年龄	27.990	6.640	−0.086	1						
3. 员工学历	3.470	1.447	−0.153*	0.026	1					
4. 变革型领导	2.963	0.626	−0.199**	−0.189**	−0.038	1				

研究变量	平均数	标准差	1	2	3	4	5	6	7	8
5. 传统性	3.312	0.816	-0.037	-0.085	-0.313**	0.254**	1			
6. 心理资本	4.171	0.502	-0.195**	-0.057	0.080	0.415**	0.247*	1		
7. 任务绩效	5.210	0.961	-0.107	0.086	-0.041	0.196**	0.179*	0.110	1	
8. 组织公民行为	4.967	1.228	-0.096	-0.042	0.109	0.238**	0.177*	0.205**	0.677**	1

注：**、*分别表示 $p < 0.01$、$p < 0.05$，双尾检验，下同。员工性别中，"1"代表男性、"2"代表女性；员工学历中，"1"代表小学、"2"代表初中、"3"代表高中或中专、"4"代表大专、"5"代表本科、"6"代表研究生。

（二）调查问卷的效度分析

在验证研究假设之前，首先采用 Lisrei ISREL8.72 统计软件和最大似然估计法，通过验证性因素分析（CFA）检验各调查问卷的构念效度。本研究测量模型的验证性因素分析结果见表 2。

表 2　测量模型的验证性因素分析结果（N = 202）

测量模型	χ^2	df	CFI	GFI	SRMR	RMSEA
模型 1：五因素模型	71.06	46	0.98	0.94	0.05	0.05
模型 2：四因素模型	154.47	50	0.92	0.89	0.08	0.10
模型 3：单因素模型	989.72	53	0.55	0.55	0.25	0.30

由表 2 可知，模型 1 是本研究假设的五因素（包括变革型领导、传统性、心理资本、任务绩效和组织公民行为）模型。在检验调查数据和该模型的匹配情况时，先计算变革型领导的 4 个维度的各题项的平均数，并把这 4 个维度的平均数作为变革型领导的 4 个测量指标。以同样的方式，计算得到了心理资本的 4 个维度的题项的平均数，并将其作为心理资本的 4 个测量指标；把传统性和任务绩效的题项各自求平均数，并将平均数作为传统性和任务绩效的单一测量指标；把组织公民行为的个体指向和组织指向的题项各自求平均数，把得到的个体指向和组织指向的题项的平均数作为组织公民行为的 2 个测量指标。在进行模型检验时，设定传统性和任务绩效的单一测量指标的误差为 0，并将各个潜变量的方差设定为 1。例如，表 2 中，模型 1 的拟合指数显示，该模型非常好地拟合了调查数据。另外，如前所述，任务绩效和组织公民行为都是行为取向的工作绩效，本研究把任务绩效和组织公民行为合并后得到模型 2，即四因素模型。模型 2 的拟合指数显示，该模型与调查数据拟合不好；模型 2 与模型 1 的 χ^2 差异显著（$\Delta\chi^2 = 83.41$，$\Delta df = 4$，$p < 0.01$）。另外，本研究还检验了把变革型领导、传统性、心理资本、任务绩效和组织公民行为假定为一个因素的模型 3，该模型与调查数据的拟合较差（$\chi^2 = 989.72$，$df = 53$，$CFI = 0.55$，$GFI = 0.55$，$SRMR = 0.25$，$RMSEA = 0.30$）。这些结果综合地验证了本研究所采用的测量 5 个变量的调查问卷的效度和良好质量。

（三）研究假设检验

表 3 中的模型 1 是本研究的理论模型，这是一个完全中介模型，并预期变革型领导行为将会影响员工的心理资本，员工的心理资本又会进一步影响他们的任务绩效和组织公民行为。由于理论和实证研究都表明，任务绩效和组织公民行为都反映了行为取向的工作绩效的一个侧面。由此，在界定模型 1 时，允许这两个潜变量的未被解释的部分相关。

表 3　路径分析结果（N = 202）

测量模型	χ^2	df	CFI	GFI	SRMR	RMSEA
模型 1：假设模型	166.41	78	0.93	0.90	0.07	0.08
模型 2：假设及增加关系模型	160.68	76	0.94	0.90	0.07	0.07

注：①员工性别、员工年龄和员工学历为控制变量。②模型 1：心理资本是变革型领导与员工的任务绩效和组织公民行为之间关系的完全中介变量。③模型 2：变革型领导直接和通过心理资本间接影响员工的任务绩效和组织公民行为。

从表 3 可知，模型 1 较好地拟合了数据。表 3 中的模型 2 是本研究假设的一个竞争模型，这是一个部分中介模型。在该模型中，在本研究理论模型的基础上，增加设定了从变革型领导到任务绩效和组织公民行为的直接效应。由表 3 可知，模型 2 对数据的拟合程度也比较好。但是，模型 2 与模型 1 的 χ^2 差异未达到显著水平（$\Delta\chi^2 = 5.73$，$\Delta df = 2$，$p > 0.05$）。相比较而言，模型 1 优于模型 2，这是因为模型 1 更符合精简原则且能同样好地拟合数据，因此，保留假设的理论模型 1。

由图 1 可知，从直接效应上看，变革型领导与员工的心理资本显著正相关（$\beta = 0.54$，$p < 0.001$），员工的心理资本与其任务绩效（$\beta = 0.19$，$p < 0.05$）和组织公民行为（$\beta = 0.28$，$p < 0.01$）显著正相关。由此，假设 1a、假设 1b 和假设 2 都得到支持。从间接效应上看，变革型领导通过心理资本对员工的任务绩效（$\beta = 0.10$，$p < 0.05$）和组织公民行为（$\beta = 0.15$，$p < 0.01$）的间接影响都达到了显著水平。由此，假设 3a 和假设 3b 得到了支持。

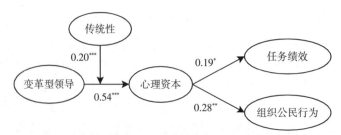

图 1　变革型领导、心理资本与员工工作绩效路径

注：*** 表示 $p < 0.001$，图中路径系数均为标准化解。

本研究采用层级回归方法对数据进行分析，检验传统性对变革型领导与员工的心理资本之间关系的调节作用。首先，分别对变革型领导和传统性进行标准化处理；其次，将变革型领导和传统性的标准分数相乘得到变革型领导与传统性的乘积项（变革型领导×传统性）。进行层级回归的具体步骤如下：①将员工性别、员工年龄和员工学历三个控制变量放入回归方程；②将变革型领导和传统性放入回归方程，来预测员工的心理资本；③将乘积项（变革型领导×传统性）放入回归方程。

传统性对变革型领导与员工的心理资本之间关系的调节作用的分析结果见表4。由表4可知，在控制了员工性别、员工年龄和员工学历以后，传统性仍然对变革型领导与员工的心理资本之间的关系起显著调节作用（β=0.204，p<0.001）。由此，假设4得到支持。

表4 传统性对变革型领导与心理资本关系的调节作用分析

类别		心理资本		
		模型1	模型2	模型3
主效应 （控制变量）	员工性别	−0.200***	−0.103	−0.071
	员工年龄	−0.078	0.008	−0.005
	员工学历	0.045	0.130	0.108
主效应 （自变量和调节变量）	变革型领导		0.349***	0.438***
	传统性		0.176*	0.112
调节效应	变革型领导×传统性			0.204***
	R^2	0.048	0.211	0.243
	F	3.130	9.833	9.774
	ΔR^2		0.163***	0.032***
	ΔF		18.978***	7.691***

为进一步解释传统性对变革型领导与员工的心理资本之间关系的调节作用，本研究计算了在高传统性和低传统性变革型领导与员工的心理资本之间关系的回归方程。根据文献［44］的建议，本研究将"高传统性"界定为高于传统性的平均值1个标准差，将"低传统性"界定为低于传统性的平均值1个标准差。由图2可知，与低传统性的员工相比较，变革型领导对高传统性员工的心理资本的影响更大。由此，假设4再次得到支持。

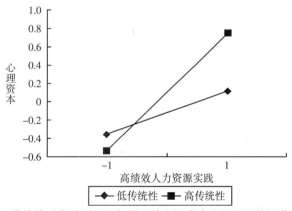

图2 传统性对变革型领导与员工的心理资本之间关系的调节作用

五、结果与分析

（一）研究结论

（1）心理资本可预测员工工作绩效。在控制了员工的性别、年龄和学历等可能影响员工工作绩效的个人因素后，本研究的结果表明，员工的心理资本对他们的任务绩效和组织公民行为都有显著的积极影响。也就是说，员工所拥有的心理资本的水平越高，他们的任务绩效越好，表现出的组织公民行为越多。这一研究结果显示，在当前经济全球化和市场竞争日渐激烈的情景下，企业管理人员除了培养员工的人力资本、建设他们的社会资本外，更应该重视开发员工潜在的积极心理资本，充分发挥员工的积极心理资源在提高和保持企业的竞争优势中的重要作用。

（2）变革型领导可以通过提升员工心理资本以影响员工工作绩效。无论从理论研究还是从管理实践的角度看，领导的工作目标都必须通过员工来实现，领导的有效性最终体现在下属工作积极性的提升和工作绩效的改善等方面。尤其是近几年，学者们和管理人员都顺应企业内外环境的变化，非常重视研究和探讨变革型领导发挥影响的途径。本研究结果表明，员工的心理资本在变革型领导与员工工作绩效之间关系中起中介作用。通过开发和提升员工的积极心理资本，变革型领导不仅可以帮助他们更好地完成工作任务（任务绩效），而且可以激励他们更多地表现出有利于企业目标实现的组织公民行为。由此，提升员工的心理资本是提高变革型领导有效性的重要途径之一。

（3）员工的传统性价值取向在变革型领导影响员工工作绩效时起调节作用。尽管许多研究结果都表明，变革型领导可以显著地积极影响员工的任务绩效和组织公民行为，但是，对不同的员工而言，这种影响的效果是不同的。本研究结果证明，与传统性得分较低（较不传统）的员工相比，那些在传统性上得分较高（较传统）的员工受到变革型领导更大的影响。即由于高传统性员工更愿意听从和依赖领导，他们会受到变革型领导更多的影响；相反，低传统性员工通常更希望追求平等、更加自我依赖，因而，他们受到变革型领导的影响更少。

（二）理论和实践意义

1. 理论贡献

（1）本研究结果表明变革型领导可以通过开发和提升员工心理资本以积极地影响员工。尽管许多研究结果已经表明，变革型领导和心理资本都与员工的工作绩效（包括任务绩效和组织公民行为）相关，但是到目前，探讨中国企业变革型领导与心理资本之间关系的实证研究尚不多见。本研究综合地考察了变革型领导与心理资本之间的关系，尤其是，本研究检验了变革型领导行为对员工的心理资本的积极影响作用。一方面，本研究在一定程度上证明了变革型领导对员工的激励作用，可以帮助人们加深对变革型领导本质特点的认识；另一方面，本研究也响应了学者们进一步探讨领导如何通过影响心理资本对员工产生作用的主张。

（2）本研究结果为积极组织行为和积极心理资本理论提供了实证支持，与心理资源理论观点相一致。本研究结果表明，心理资本是员工的重要内在积极心理资源，心理资本与员工的任务绩效和组织公民行为之间存在显著的积极相关关系。开发员工的心理资本是提高员工的工作绩效、建立和保持企业的持续竞争优势的重要途径和内在机制之一。

（3）采用中国被试。本研究考察了中国企业员工的传统性这一文化价值因素对变革型领导有效性的影响研究结果表明，与其他领导风格一样，变革型领导影响的发挥也是有条件的，尤其是，对具有不同的传统性价值取向的员工来讲，变革型领导所发挥的影响也不同。这一研究结果为变革型领导理论在不同文化背景下的具体应用提供了实证依据。

2. 实践意义

在实践意义方面，具体如下：①为了提高企业的整体绩效和竞争优势，企业管理人员可以通过提升员工的心理资本以改善员工的工作绩效。根据社会认知理论，变革型领导行为可被员工认知为一种支持性的组织条件和环境，使员工产生积极的认知评价，并相应地调整自己的积极情绪和心理状态。这些积极情绪和心理状态都是有助于提高和改善员工工作绩效的积极心理资源。②员工的积极心理资本是可以开发的。比如，企业管理人员可以通过展现变革型领导行为以提升员工的心理资本的水平。③在管理实践中，要想有效地激励员工，对待不同的员工应该采用不同的领导风格，比如，要开发和提升比较传统的员工的心理资本，企业管理人员应该更多地采用变革型领导风格。

（三）研究局限性与未来研究方向

本研究的局限性有如下几个方面：①员工的任务绩效和组织公民行为是由员工的直接领导评价，但变革型领导、心理资本和传统性都是由员工自己评价，因此，难免存在共同方法偏差问题。不过，本研究所进行的验证性因素分析结果表明，变革型领导、心理资本和传统性等由员工本人测评的变量具有很好的区分效度。在未来的研究中，应该注意从多个来源获得研究变量的数据，如让员工的同事评价变革型领导行为。②本研究数据是经过一次测量获得的横截面数据，这意味着研究结果也许并不足以证明变革型领导、员工的心理资本与他们的工作绩效之间的因果关系。比如，也有可能是员工的任务绩效和组织公民行为影响了员工的心理资本。由此，变革型领导、员工的心理资本与工作绩效之间的关系仍需要通过后续研究进一步检验。③本文仍将变革型领导和心理资本视为高阶因子，并考察变革型领导与心理资本之间的关系。在未来研究中，需进一步研究变革型领导的不同维度（魅力影响、愿景鼓舞、个别关怀和才智激发）与心理资本的不同维度（自我效能感、乐观、希望、坚韧性）之间的具体关系特点，以便为研究成果在管理实践中的应用提供具体的和有针对性的建议。此外，员工的工作绩效是由他们的直接领导主观评价的，未来的研究应选择一些更为"硬"性的绩效测量指标，如产品、薪酬或绩效工资等，以便更客观地认识心理资本对员工工作绩效的影响。

参考文献

［1］Burns J. M. Leadership［M］. New York：Harper&Row，1978.

［2］Bass B. M. Leadership and Performance beyond Expectations［M］. New York：The Free Press，1985.

［3］Piccolo R. F.，Colquitt J. A. Transformational Leadership and Job Behaviors：The Mediating Role of the Core Job Characteristics［J］. Journal of the Academy of Management，49 Journal，2006（2）：327–340.

［4］Pieterse A. N.，Knippenberg V.，D. Schippers M. L. et al. Transformational and Transactional Leadership and Innovative Behaviors：The Moderating the Role of Psychological Empowerment［J］. Journal of Organizational Behaviors，2010，31（4）：609–623.

［5］Judge T. A.，Piccolo R.，Ilies R. The Forgotten'Ones？The gnosis. xml. validity of Consideration and Initiating Structure in Leadership Research［J］. Journal of Applied Tended，2004（1）：36–51.

［6］Lowe K.，B. Kroeck K. G.，Sivasubramaniam N. Effectiveness Correlates of Transformational and Transactional Leadership：A Meta–analytic Review［J］. Journal of Leadership Quarterly，1996，7（3）：385–425.

［7］吴敏，刘主军，吴继红. 变革型领导、心理授权与绩效的关系研究［J］. 软科学，2009，23（10）：111–117.

［8］李超平，孟慧，时勘. 变革型领导对组织公民行为的影响［J］. 心理科学，2006，29（1）：175–177.

［9］吴隆增，曹昆鹏，陈苑仪等. 变革型领导行为对员工建言行为的影响研究［J］. 管理学报，2011，8（1）：61–66.

［10］Wang H.，Law K. S.，Hackett R. D. et al. Leader–member Exchange as a Mediator of the Relationship between Transformational Leadership and Followers'Performance and Organizational Citizenship Behaviors［J］. Academy of Management Journal，2005，13（3）：420–432.

［11］Detert J.，Burris，E. Leadership Behaviors and the Employee Voice：Is Really Feel Open？［J］. Academy of Management Journal，2007，50（4）：869–884.

［12］Bono J. E.，Judge T. Amy Polumbo Ersonality and Transformational and Transactional Leadership：A Meta–Analysis［J］. Journal of Applied Tended，2004，89（5）：901–910.

［13］Zhang Z.，Peterson S. J. A Dvice Networks in Teams：The Role of Transformational Leadership and the Core Members'Self–Evaluations［J］. Journal of Applied Tended，2011（5）：1004–1017.

［14］House R. J. A Path–Goal going of Leader Effectiveness［J］. Administrative Science Quarterly，1971（3）：1–14.

［15］Henderson D. J. J.，Wayne S. Shore L. M. et al. Leader–Member Exchange，Differentiation，and Psychological Contract Fulfillment：A Multilevel Examination［J］. Journal of Applied Psychology，Combine 2008（6）：1208–1219.

［16］Williams L. J.，Anderson S. E. Job Satisfaction and Organizational Commitment as Predictors of Organizational Citizenship and the In–role Behaviors［J］. Journal of Management，1991（3）：601–617.

[17] Outraged D. W. Organizational Citizenship Behaviors: The Good as Syndrome [M]. Lexington: Lexington Books, 1988.

[18] Luthans F., Luthans K. W., Luthans B. C. Positive Psychological Capital: Beyond the Human and the Social Capital [J]. Journal of Business Horizons, 2004, 47 (1): 45-50.

[19] Luthans F., Avolio B. J., Walumbwa O. F. et al. The Psychological Capital of Chinese Workers: Exploring the Relationship with the Performance [J]. Journal of Management and Organization Review, 2005, 1 (2): 249-271.

[20] Luthans F., Youssef C. M. Human, Social, And Now Positive Psychological Capital Management: Investing in People for Competitive Advantage [J]. Journal of Organizational Dynamics, 2004, 33 (2): 143-160.

[21] Fredrickson L. The Role of Positive Emotions in Positive Psychology: The Broaden-and-Build Going of Positive Emotions [J]. Journal of American Psychologist, 2001, 56 (3): 218-226.

[22] Avery J. B., Reichard R. J., Luthans F. et al. Meta-Analysis of the Impact of Positive Psychological Capital on Employee Attitudes, Behaviors, and the Performance [J]. Journal of Human Resource Development Quarterly, 2011, 22 (2): 127-152.

[23] 仲理峰. 心理资本对员工的工作绩效、组织承诺及组织公民行为的影响 [J]. 心理学报, 2007, 39 (2): 328-334.

[24] Peterson J. S., Luthans F., Avolio B. J. et al. Psychological Capital and the Employee Performance: A Latent Growth Modeling Approach [J]. Personnel Tended, 2011 (2): 427-450.

[25] Avery J. B., Luthans F., The Value of Positive Psychological Capital in Predicting the Work Attitudes and Behaviors [J]. Journal Of Management, 2010, 4 (2): 430-452.

[26] Yukl G. Leadership Organizations in [M]. Englewood Cliffs: Prentice Hall, 1989.

[27] Bass B. M. Handbook of Leadership [M]. New York: Free Press, 1990.

[28] Dvir T., Eden D., Avolio B. J. et al. The Impact of Transformational Leadership on Follower Development and Performance: A Field Experiment [J]. Academy of Management Journal, 2002 (4): 735-744.

[29] Gooty J., Gavin M., Johnson P. D. et al. In the Eyes of the Beholder: Transformational Leadership, Positive Psychological Capital, and the Performance [J]. Journal of Leadership & Organizational Studies, 2009 (4): 353-367.

[30] Cervone Which Two Disciplines of Move Psychology [J]. Journal of Psychological Science, 1991, 2 (6): 371-377.

[31] Oldham G. R., Cummings A. Employee Creativity: The Personal and Contextual Factors at Work [J]. Academy of Management Journal, 1996, 33, 6 (3): 607-634.

[32] Mccormick Efficacy and Leadership Effectiveness: Applying Social Cognitive Going to Leadership [J]. Journal of Leadership and Organizational Studies, 2001, 8 (1): 22-33.

[33] Judge T. A., Piccolo R. F. Transformational and Transactional Leadership: A Meta-analytic Test of Their Relative gnosis. xml. Validity [J]. Journal of Applied Psychology, 2004 (5): 755-768.

[34] 李磊, 尚玉钒, 席西民等. 变革型领导与下属工作绩效及组织承诺: 心理资本的中介作用 [J]. 管理学报, 2012, 9 (5): 685-691.

[35] Farh J. L., Earley P. C., Lin S. C. Impetus for Action: A Cultural Analysis of Justice and Organizational Citizenship Behaviors in Chinese Society [J]. Administrative Science Quarterly, 1997 (3): 421-444.

［36］杨国枢，余安邦，叶明华.中国人的传统性与现代性：概念与测量［M］//杨国枢，黄光国.中国人的心理与行为［M］.台北：桂冠图书公司，1989：241-306.

［37］Chen Z., X. Aryee S. D. Elegation and the Employee the Work Outcomes: An Examination of the Cultural the Context of Mediating the Processes in China［J］. Journal of the Academy of Management Journal, 2007, 50（1）：226-238.

［38］Bass M. B., Avolio B. J. Full Range of Leadership: Manual for the Multi-factor Leadership Questionnaire［M］. Palto Alto: Mind Garden, 1997.

［39］Luthans F., Youssef C. M., Avolio J. B. Psychological Capital: Developing the Human Competitive Edge［M］. Oxford: Oxford University Press, 2007.

［40］Tsui, A., S., Pearce J. L., Porter L. W. et al. The Alternative Approaches to the Employee-Organization Relationship: Does Investment in Employees Pay Off［J］. Academy of Management Journal, 1997, 40（5）：1089-1121.

［41］Lee K., Allan N. J. Organizational Citizenship Behaviors and Workplace Deviance: The Role of Affect and Cognitions［J］. Journal of Applied Psychology, 2002, 87（1）：1310-2002.

［42］Hinkin T Richard armitage Brief Turorial on the Development of Measures for the Use in Survey Questionnaires［J］. Organizational Research Methods, 1998, 1（1）：104-121.

［43］Hoffman J. B., C. A., Blair Meriac J. P. et al. Expanding the Criterion Domain? A Policy Review of the OCB Literature［J］. Journal of Applied Tended, 2007, 95（2）：555-566.

［44］Cohen J., Cohen P. Applied Multiple Regression/The Correlation Analyses for the Behavioral Sciences［M］. Hillsdale: Erlbaum, 1983.

［45］Luthans F., Avolio B. J., Avery J. B. et al. Positive Psychological Capital: Measurement and the Relationship with the Performance and Satisfaction［J］. Personnel Tended, 2007, 60（3）：541-572.

Transformational Leadership, Psychological Capital and Employee Job Performance

Zhong Li-feng   Wang Zhen   Li Mei   Li Chao-ping

Abstract: Using a sample of 202 dyads of supervisors and subordinates from two companies located In the south area of China, the researchers empirically examines the relationship between transformational Leadership and employee job performance, the mediating role of psychological capital, and the Moderating effect of traditionality. The Results indicate that transformational leadership is positively related to psychological capital, psychological capital mediates the relationships between transformational Leadership and-role in the performance and organizational citizenship behaviors, and traditionality moderates the relationship between transformational leadership and psychological capital, that is, the relationship is stronger for more traditional than for less traditional subordinates.

Key Words: transformational leadership; psychological capital; in-role performance; organizational citizenship behaviors; traditionality

绩效薪酬对雇员创造力的影响：人—工作匹配和创造力自我效能的作用 *

张　勇　龙立荣

【摘　要】本文采用 296 对上下级匹配数据考察了绩效薪酬对创造力的影响以及人—工作匹配的调节效应和创造力自我效能的中介效应。研究结果表明：绩效薪酬对创造力有倒 U 形影响；创造力自我效能部分中介了绩效薪酬对创造力的倒 U 形影响；人—工作匹配调节绩效薪酬与创造力的关系，人—工作匹配度越高，中等强度绩效薪酬的正面效应越强，高强度绩效薪酬的负面效应越弱；绩效薪酬与人—工作匹配的交互效应通过创造力自我效能的完全中介效应影响创造力。

【关键词】创造力；绩效薪酬；人—工作匹配　创造力自我效能

一、问题提出

大量研究表明，雇员的创造力对于组织创新、组织有效性具有特殊重要的作用（Amabile，1996；Shalley，Zhou & Oldham，2004）。因此，研究揭示员工创造力的形成机制并据此提升员工的创新绩效对于企业生存与发展至关重要。以往的研究认为，经济性奖励对员工创造力有显著影响（Eisenberger & Rhoades，2001；Eisenberger & Aselage，2009）。目前在我国，绩效薪酬与基本薪酬相结合已成为企业主流的薪酬支付方式（杜旌，2009）。但截至目前，理论研究对绩效薪酬与员工创造力的关系仍缺乏完整的认识，绩效薪酬影响员工创造力的内在机理及边界条件还不是很清楚。事实上，外部奖励与个体创造力的关系一直是学术研究关注的热点，但研究结论却并不一致（Zhou & Shally，2003）。以 Amabile 为代表的人本学派以认知评价理论（Cognitive Evaluation Theory，Deci & Ryan，

---

* 本文选自《心理学报》2013 年第 3 期。

1985）为理论工具，认为奖励会抑制内部动机和创造力（Amabile, Hennessey & Grossman, 1986; Amabile, 1996）。与之相反，以 Eisenberger 为首的学习学派则以习得性努力理论（Learned Industriousness Theory, Eisenberger, 1992）为基本理论依据，认为奖励会促进内部动机和创造力（Eisenberger & Rhoades, 2001; Eisenberger & Aselage, 2009）。

以上混淆的研究结果不仅造成理论发展的阻滞，同时也导致经理人员在实践应用时常常无所适从。Friedman（2009）指出，未来的研究应当致力于解决"第二代问题"，即查明在何种条件下学习学派或人本学派的预测是正确的，而不是试图确定哪一学派的观点是亘古不变的真理。以往的实验研究在奖励的发放上具有特殊性（基于任务的完成或者基于创造性绩效，Amabile et al., 1986; Eisenberger & Rhoades, 2001: study 1, 2, 3; Eisenberger & Aselage, 2009: study 3），而实证研究则将绩效薪酬操作为主观感知的绩效。奖励期望（Eisenberger & Rhoades, 2001: study 4, 5; Eisenberger & Aselage, 2009: study 1, 2），这种简化的实验操作或变量测量方式可能仅仅揭示了外部奖励的一面，却忽视了其双刃剑效应。与之相比，现实工作场所中客观的绩效薪酬不仅体现了"多劳多得"的价值理念，同时也包含了收入风险和不确定性（Jensen & Murphy, 1990），打击了员工的创新热情。本研究检验了组织情景下客观的绩效薪酬与雇员创造力之间为曲线而非线性关系的可能性。

此外，针对过往不一致的研究结论，Byron 和 Khazanchi（2012）提出应当在具体的情境下考察二者之间的关系。以往研究发现外部奖励究竟是鼓励、中性，还是抑制了创造力，与雇员认知风格和工作复杂性的匹配度有关（Baer, Oldham & Cummings, 2003）。据此我们认为人—工作匹配可能是绩效薪酬影响雇员创造力的一边界条件。Amabile（1996）强调创造力可以产生于任何人或任何岗位，而不仅仅是那些具有特殊能力的人和对创造力有特殊要求的岗位（如研发岗位）。例如，制造业的雇员常常能够提出有效地提高效率和降低成本的新奇建议。因此，研究并澄清一定意义上的人—工作匹配在雇员创造力形成过程中的作用具有特殊的理论价值与实践意义。基于相互作用视角（Woodman, Sawyer & Grifin, 1993），我们考察了人—工作匹配对绩效薪酬—创造力关系的调节效应及其具体的作用机制。

无论是学习学派还是人本学派，都认为内在动机是外在奖励影响创造力的中介变量，其分歧不在于内在动机是否促进了创造力，而在于外部奖励究竟是促进还是抑制了个体的内在动机。非常有趣的是，国际心理学期刊"Psychological Bulletin"在 1999 年第 6 期同时刊登了两大学派观点截然相反的两篇元分析文章（Deci, Koestner & Ryan, 1999; Eisenberger, Pierce & Cameron, 1999），双方针对外部奖励与内在动机关系的争议至今仍未有定论。不仅如此，George（2007）最近的文献回顾还发现，内在动机与创造力之间关系的研究结论同样并不一致。一些研究者也对用动机的二分法（内在的和外在的）解释创造力形成机制的做法提出质疑并呼吁寻找更好的连接情境因素和创造力之间关系的中介机制（Liu, Chen & Yao, 2011）。因此，寻求从其他理论视角解释绩效薪酬影响创造力的内在心理机制有助于我们理解过往不一致的研究结论。社会认知理论认为，自我效能感是个体创造性活动的重要前因变量 (Bandura，1986)。Bandura (1997) 指出，基于绩效的奖励会通过让个体相信他们是胜任的而增加其自我效能感。Rosenfield，Folger 和 Adelman (1980) 认为，奖励虽然有助于提升个体的自我效能，但同时也应防止其"过犹不及"效应。由于自我效能具有领域特定的性质 (Dmain-specific & Bandura，1997)，而本研究的兴趣为创造力，因此我们考察了创造力自我效能对绩效薪酬与创造力关系的中介效应。

本研究从三个方面对现有文献进行了有意义的拓展。首先，我们澄清了真实组织情境下客观的绩效薪酬与雇员创造力的关系；其次，我们从创造力自我效能而不是内在动机视角考察了绩效薪酬影响雇员创造力的中介机制；最后，我们证实了人—工作匹配通过调节绩效薪酬—创造力自我效能的关系进而影响绩效薪酬与创造力的关系。研究结果不仅丰富了理论界对外部奖励与创造力关系的认识，而且对于指导企业薪酬设计及创新管理预计有重要的实践价值。

二、文献回顾与假设

(一) 绩效薪酬与创造力

创造力是指与产品、服务、流程相关的新奇与有用的想法或观点的产生 (Amabile，1996)。创造力研究领域中，以 Amabile 和 Deci 等为代表的一批认知心理学家与以 Eisenberger 为首的行为心理学家针对外在的经济性奖励与个体创造力关系的争论构成了近 30 年来心理学研究的一道独特风景。Amabile 和 Deci 等承袭法国浪漫主义哲学家卢梭 (Rousseau，1712-1778) 的自由与个人主义思想，认为人类的本性在于追求自由、自我表达和自我实现，据此他们认为用于绩效改进的奖励系统对个体自主探索新发现的创造性活动具有天生的破坏性。原因主要包括：①奖励破坏了个体对创造性活动本身的兴趣 (Lepper，Greene & Nisbett，1973；Deci et al.，1999)；②使个体对自己的行为失去自我决定感 (Deci & Ryan，1985)；③预期的奖励会导致个体关注短期结果和奖励本身，不再尝试更有效的问题解决方式 (Amabile，1996)。与 Amabile 等不同，Eisenberger 等行为导向的研究者赞同英国功利主义哲学家边沁 (Bentham，1748-1832) 针对人类本性的功利观，认为人类行为会因积极的结果而强化，他们相信通过合理的应用奖励可以有效地增加个体的自我决定感和绩效压力进而提高其内在兴趣和创造力 (Eisenberger & Rhoades，2001；Eisenberger & Aselage，2009)。

尽管两种观点都得到了实验或实证研究的支持，但囿于研究设计的特殊性，其结论可能均未能完整地揭示真实组织情境下的绩效薪酬—创造力关系。首先，人本学派的实验研究有两个明显的特点：①奖励基于任务的完成或参与 (Completion-contingent) 而发放 (Amabile et al.，1986)，根据认知评价理论，这种奖励方式没有将奖励与被试的努力和绩效建立联系，因而的确会因为降低了被试的自我决定进而破坏其创造力（Byron & Khazanchi，2012）。相比之下，组织情境下的绩效薪酬基于雇员的工作绩效而发放（Performance-contingent），其实施体现了"按劳分配"的价值理念，增加了雇员的自我决定（Eisenberger & Rhoades，2001），而雇员的创造性活动对其工作绩效具有显著的促进作用（Gong，Huang & Farh，2009；Oldham & Cummings，1996），因此合适的绩效薪酬强度有可能会对雇员创造力产生正面的激励效应。②奖励缺乏连续性，这种偶然性的奖励可能掩盖了真实组织情境下连续性绩效奖励的正面激励效应（Eisenberger & Selbst，1994；Eisenberger & Cameron，1996）。

　　与认知导向的研究相比，行为导向的研究进行了两项改进：将实验奖励由单阶段扩展为多阶段的连续奖励、将研究由实验研究拓展到组织情境，采用实验和实证相结合的办法交叉验证其观点（Eisenberger & Selbst，1994；Eisenberger & Armeli，1997；Eisenberger，Armeli & Pretz，1998；Eisenberger & Rhoades，2001；Eisenberger & Aselage，2009）。尽管如此，两点缺陷可能导致其研究无法观测到真实组织情境下绩效薪酬的负面效应：①实验奖励基于被试的创造性而发放（Creativity-contingent），其本质是对创造性绩效的奖励，根据习得性努力理论，这种明确的信息性暗示（即仅有创造性绩效是合适的且可以得到奖励）因为增加了个体的期望（Expectancy）和工具性（Instrumentality）而强化了奖励的正面效应，却弱化了其负面影响（Byron & Khazanchi，2012）。相对而言，现实工作场所下的绩效薪酬针对雇员的工作绩效而非特定的创造性绩效，这种结果导向的奖励制度给雇员提供了多种达到绩效目标的选择（例如低风险的常规工作完成方式），因而在某些条件下（如高强度绩效薪酬）可能会对雇员创造力带来破坏效应。②实证研究将绩效奖励作为主观感知的绩效。奖励期望，由员工对"高绩效会得到高收入"的赞同程度做出选择，因此难以反映不同的激励强度（从极低的平均化工资到无保底的极端高强度激励薪酬）对雇员创造力的差异化影响。例如，Eisenberger 和 Aselage（2009）的研究认为，绩效薪酬正向影响绩效压力，而绩效压力正向影响创造力。但最近的一项研究发现激励强度与努力水平之间存在一个倒 U 形关系（Pokorny，2008），雇员对工作的投入对创造力有正面的促进作用（Baer & Oldham，2006）。Byron，Khazanchi 和 Nazarian（2010）的元分析也发现，压力与创造力之间为倒 U 形关系。导致上述不一致结论的一个可能的解释是 Eisenberger 和 Aselage（2009）的变量测量方式无法观察到高强度绩效薪酬对创造力的负面效应。

　　根据认知评价理论，外在奖励同时具备信息性（满足了个体的胜任感）和控制性（阻碍了个体的自我决定）两大属性，当奖励被个体解释为信息性的暗示时会有助于鼓励创造力；反之，当奖励被知觉为控制性的暗示时会破坏个体创造力（Deci & Ryan，1985）。根据习得性努力理论，认知努力天生是令人讨厌的，这种厌恶性对奖励具有高度的敏感性。习得性努力理论认为，当个体在任务中的高努力得到奖励时，高努力即获得了附带的奖励属性，对高努力的厌恶也因而会降低，这种厌恶性的减少会导致个体在随后的目标导向任务中付出更多的努力。同样，当个体通过学习了解到低努力也可以得到奖励时，针对低努力的奖励使低努力获得了附带的奖励属性，导致个体在随后的任务中不愿再付出更多的努力（Eisenbergeh，1992）。综合上述理论观点及以往研究局限我们认为，外部奖励既非人本学派主张的对创造力具有天生的破坏性，也不是学习学派所坚持的具有一致的促进性，奖励究竟是鼓励还是抑制了创造力，取决于其发放的依据和具体的奖励强度。以往研究得出不一致结论的原因不在于其理论基础存在瑕疵，而在于其研究设计仅仅观测到了奖励效应的一部分。整合认知评价理论和习得性努力理论，我们推测真实工作场所中客观的绩效薪酬强度是绩效奖励影响雇员创造力的一个关键的权变因素。

具体分析，在低强度绩效薪酬条件下，较低的自我决定（Eisenberger & Rhoades，2001；Eisenberger & Aselage，2009）使员工更加倾向于视绩效薪酬为控制性而不是信息性的暗示，较低的绩效回报导致雇员高努力的创造性活动得不到足够的奖励和认可，从而限制了雇员对随后创造性活动的投入（Deci & Ryan，1985；Eisenberger，1992）。反之，在高强度绩效薪酬条件下，过高的绩效压力降低了雇员的冒险欲望（Byron et al.，2010），增加了雇员挑战现状的恐惧（Van Dyne，Jehn，& Cummings，2002），导致雇员的胜任感大大降低，因而同样倾向于将绩效薪酬视为控制性而不是信息性的暗示，进而抑制了其创造力的发展（Deci & Ryan，1985）；同时，过高的变动薪酬使得不确定的创造性活动面临较大的潜在收入损失（而不是奖励），因而抑制了雇员的努力水平（Eisenberger，1992；Pokorny，2008），导致雇员不再寻求更加有效的问题解决方式，转而将更多的精力投入到低风险的常规性工作（因为可以更加保险地获得奖励），因此同样降低了雇员的创造力。相对而言，中等强度绩效薪酬条件下，由于具有较高的自我决定和适度的绩效压力，雇员更加倾向于视绩效薪酬为信息性而不是控制性的暗示；同时，较高的绩效回报使创造性活动可以得到足够的奖励，不高的收入风险也使雇员的创造性活动能够避免较大的潜在收入损失，其创造力也因此会保持在相对较高水平（Deci & Ryan，1985；Eisenberger，1992）。综合上述分析提出假设：

H1：绩效薪酬与雇员创造力之间为倒 U 形关系。

（二）创造力自我效能的中介效应

自我效能感是指人们对个人能力的整体知觉或信念，是否相信自己能够在特定情景中恰当而有效地做出行为表现（Bandura，1982）。在一般自我效能感基础上，Tierney 和 Farmer（2002）进一步将创造力自我效能定义为个体对自己具备创造创新成果的能力的信心或信念。Bandura（2001）认为，除非人们相信他们能够通过自己的行动获得期望的结果并避免消极的后果，否则在面对困难时他们没有任何动力去做或持之以恒。Ford（1996）指出，为了在工作中更具创造性，雇员必须相信自己具有创造性地完成任务的能力。大量的实证研究也证实了创造力自我效能对创造力有显著的正向影响（Gong et al.，2009；Tierney & Farmer，2004，2011；周浩，龙立荣，2011）。

根据社会认知理论，自我效能在社会情境中是可塑的（Bandura，1986），因此，越来越多的研究开始将创造力自我效能作为连接外在环境因素与个体创造力的一个中间变量加以研究（Gong et al.，2009；Tierney & Farmer，2002，2004，2011）。Gist 和 Mitchell

（1992）的自我效能发展模型指出，自我效能的形成有个人和情境两个来源。他们认为个体通常在其所从事的任务过程中评价其个人和环境所拥有的或者能够提供的资源以及潜在的约束条件，并随后依赖这些评价获得用于形成个人效能评价的解释性数据。就组织情境下的绩效薪酬与雇员创造力自我效能的关系而言，Yuan 和 Woodman（2010）认为，新技术和新方法之所以被创造和应用是因为它们优于现有的技术和方法，因而更有利于改进绩效和效率，绩效薪酬的实施将雇员的绩效与报酬联系起来，增加了创新行动与回报的关联性，因此适度的绩效薪酬有可能被个体解释为创造性活动潜在的资源供给，因而有助于提高雇员的创造力自我效能。但是，创造性活动天生又充满了风险与不确定性（Bandura，1997），失败往往在所难免（Tierney & Farmer，2011），绩效薪酬的实施增加了雇员收入的风险性（Jensen & Murphy，1990），因此，过高的绩效薪酬又有可能被个体解释为创造性活动潜在的环境约束，因而又会打击雇员创造创新成果的自信心。据此我们认为，绩效薪酬有可能会通过影响雇员的创造力自我效能进而影响其创造力。

社会认知理论认为自我效能感主要有四个来源：社会说服（Social Persuasion）、心理状态（Physiological State）、间接经验（Vicarious Experience）和成功体验（Mastery Experience）（Bandura，1982）。社会说服是指来自他人的口头说服或激励（如鼓励、表扬、赞许、奖励等）确认了个体具有完成任务的能力；心理状态是指厌恶的肉体或情绪唤醒，如焦虑、恐惧、压力、疲劳等；间接经验是指个体通过观察和学习社会模范而获得的经验；成功体验是指个体通过成功完成任务所获得的经验和体会。拓展这一理论到创造力领域，我们认为在真实的组织情景中，绩效薪酬至少可以从社会说服、间接经验和心理状态三个方面影响雇员的创造力自我效能，并间接对其创造力产生倒 U 形效应。

Ford（1996）强调组织情境下的创造力常常是一种选择而不是必须，因此，投入到风险性的创造性活动需要必要的鼓励和支持（Gist & Mitchell，1992）。在低强度绩效薪酬条件下，平均主义的薪酬制度导致员工的分配公平感（Heneman，Ledford & Gresham，2000；杜旌，2009）、自我决定感（Eisenberger & Rhoades，2001；Eisenberger & Aselage，2009）和胜任感（Bandura，1997）均处于较低水平，因而不利于激励雇员投入到不确定的创造性活动（Eisenberger，1992；Yuan & Woodman，2010），雇员也不太可能将其视为对个人能力的确认（Rosenfield et al.，1980；Deci & Ryan，1985），从而降低了绩效奖励的社会说服效应，导致员工对自己创造创新成果的能力缺乏足够的自信心（Bandura，1982）。此外，当绩效薪酬强度过低时，不足的激励导致雇员缺乏足够的动力通过主动的模仿和学习获取创新相关的知识及技能以便提高自己的绩效，从而增加自己的收入水平（杜旌，2009）。这种自我发展行为的不足阻碍了雇员获得更多创新所需的间接经验，使他们对发展多样化的新思想、新方法缺乏自信，进而抑制了创造力自我效能的提升（Bandura，1982）。综合上述原因我们推测，在低强度绩效薪酬条件下，社会说服和间接经验的不足导致雇员的创造力自我效能处于相对较低的水平，从而限制了其创造力的发展。

同时，过于强调绩效与薪酬的连接同样会导致一些负面结果（Gerhart，Rynes & Fulmer，2009）。过高的绩效薪酬强度至少可以从两个方面导致雇员厌恶的肉体或情绪唤醒，并最终抑制其创造力自我效能和随后的创造力。首先，Jensen 和 Murphy（1990）指出，薪酬风险是绩效薪酬的一个重要特征。创新本身蕴含着不确定性，当绩效薪酬强度较大时，雇员从事不确定的创造性活动所面临的收入风险急剧增加，导致其对创造性活动的恐惧感大大增加。其次，当绩效薪酬强度过大时，过高的绩效压力不仅增加了雇员从事繁重的创造性任务时厌恶的肉体唤醒（Bandura，1997），同时也会导致其情绪大大受挫，如情绪耗竭与焦虑（Xie，1996）。因此，在高强度绩效薪酬环境下，以上因素综合作用导致的负面效应有可能会超过绩效薪酬的正面激励效应，从而产生 Rosenfield 等（1980）所担心的"过犹不及"效应，给雇员创造力自我效能的发展带来阻碍，进而抑制其创造力的提升。

相比之下，在中等强度绩效薪酬条件下，较高的公平感知和自我决定给雇员带来更多的社会说服效应，较多的自我发展行为帮助雇员获取更多的创新所需的间接经验，而较低的薪酬风险和适度的绩效压力也不至于导致雇员厌恶的肉体和情绪唤醒，其创造力自我效能以及随后的创造力也因而会保持在相对较高的水平。综合以上分析提出假设：

H2：绩效薪酬通过创造力自我效能的中介效应影响雇员创造力。

（三）人—工作匹配的调节效应

人—工作匹配是指人的知识、技能和能力与其工作岗位需要的匹配，或者是人的要求与岗位特性的匹配（Edwards，1991）。人与工作匹配与否首先关系到雇员对绩效薪酬的认知与态度，Gerhart 和 Rynes（2003）认为，那些觉得与工作岗位或组织更加匹配的雇员对绩效薪酬有更高的认同与偏爱，并因此而将那些实施了绩效薪酬的组织作为自己工作选择的对象；同时雇员与其工作岗位匹配与否还会影响其创造性活动成功的概率，那些拥有岗位所需的知识和技能的雇员更有能力成功地完成创造性任务（Woodman et al.，1993；Ford，1996；Amabile，1997）。因此，高匹配的雇员更有可能将绩效薪酬理解为潜在的资源供给，而不是外在的环境约束。据此我们推测尽管绩效薪酬对创造力存在倒 U 形影响，但具体的作用效果对与工作岗位匹配程度不同的雇员而言可能并不相同。

首先，尽管中等强度绩效薪酬更有助于激励雇员的创造力，但至少有三种原因导致其激励效应对低匹配的员工而言更弱，而对高匹配的雇员而言更强：①低匹配的雇员由于不具备完成创造性任务所需的知识和技能，因而不太可能将绩效薪酬知觉为"按劳分配、多劳多得"的公平分配制度，因此也不会获得更高的公平感知（Gerhart & Rynes，2003）。②当雇员与其工作不匹配时，由于不具有创造性活动所需的知识和技能，雇员的自我决定感大大降低，因而更加倾向于将绩效薪酬视为控制性的手段，而不是对能力的确认（Deci & Ryan，1985）。以上两种原因导致中等强度绩效薪酬对低匹配雇员的社会说服效应相对更低。③以往研究发现，当与工作高度匹配时员工表现为积极、热情、开放、自信、成就导向、认知弹性等；而与工作不匹配时，员工常表现为沮丧、自卑、冷漠、认知失调甚至自暴自弃（Chatman，1991）。因此，在绩效薪酬环境下，低匹配的雇员缺乏足够的动力和动机通过间接的模仿及学习提升自己的专业技能水平，因而也不会获得更多的创新所需的间接经验。综合以上分析我们认为，在中等强度绩效薪酬条件下，与高匹配雇员相比，低匹配员工的创造力自我效能及随后的创造力水平相对更低。

其次，尽管高强度绩效薪酬不利于激发雇员的创造力，但两个原因导致这种负面效应对高匹配的雇员而言更弱，而对低匹配的雇员而言更强。第一，高匹配的雇员由于具备岗位所需的知识和技能，因而从事创造性活动的成功率大大提高（Amabile，1997），从而降低了工资收入的不确定性。因此，高匹配雇员对创造性活动的恐惧感大大降低。第二，French，Capian 和 Van Harrison（1982）发现压力常常源于个人与工作环境之间各种形式的不匹配。Schuler（1980）指出有三种原因导致能力可以有效弱化压力源—压力之间的关系：①能力降低了个体对不确定性的知觉；②高能力的个体可以选择更好的策略应对压力事件；③高能力的个体更有可能视压力为内在的奖励而不是压力性的。高匹配的雇员由于具有岗位所需的相对较高的技能和能力，对高强度绩效薪酬环境下创造性活动的压力感知大大降低，因而会体会到更少的厌恶的肉体和情绪唤醒。基于以上两点原因我们推测，高强度绩效薪酬条件下，与低匹配的雇员相比，高匹配雇员的创造力自我效能及随后的创造力水平相对更高。

最后，在低强度绩效薪酬条件下，平均主义的薪酬体系导致雇员的绩效与收入缺乏足够的联系，雇员的分配公平感、自我决定感和自我发展动机都处于较低的稳定水平，因此，无论与工作岗位匹配与否，雇员的创造力自我效能以及随后的创造力都不太可能表现出显著的差异。综合上述分析提出假设：

H3：人—工作匹配调节绩效薪酬与创造力的关系，中等强度绩效薪酬对高匹配雇员创造力的激励效应更强，对低匹配雇员创造力的激励效应更弱；高强度绩效薪酬对高匹配雇员创造力的抑制效应更弱，对低匹配雇员创造力的抑制效应更强；低强度绩效薪酬下高匹配与低匹配雇员的创造力没有显著差异。

H4：绩效薪酬与人—工作匹配的交互效应通过创造力自我效能的中介效应影响雇员创造力。

图 1 给出了本研究的理论框架。

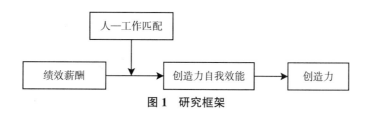

图 1 研究框架

三、研究方法

（一）研究对象

本研究采用问卷调查法获取研究数据，对来自湖北、河南、山东的 44 家企业的员工发放了问卷。企业涉及造纸、制药、港口、冶金、水电设备制造、农产品加工、计算机、汽车、房地产、电子、化工、互联网、通信等多个行业。我们从两个来源获取数据。员工问卷包括绩效薪酬、创造力自我效能、人—工作匹配以及人口学变量，直接上级则对下属的创造力和工作复杂性进行打分。问卷发放前对员工进行编号并将其标注在员工问卷上。在直接上级问卷上标明所要评价的下属的编号。问卷回收后，按照编号对员工问卷和上级问卷进行匹配。我们对 362 名员工和他们的主管发放了问卷。最后收到有效匹配问卷 296 套，有效回收率为 81.8%。296 个有效被试中，女性 81 名，占 27.4%，87.2% 以上的接受过大专以上教育。未满 25 岁的 30 人，占 10.1%，25~29 岁的 111 人，占 37.5%，30~39 岁的 117 人，占 39.5%，40~49 岁的 36 人，占 12.2%，50 岁以上的 2 人，占 0.7%。工龄在 2~3 年的 108 人，占 36.5%，4~7 年的 88 人，占 29.7%，8~15 年的 54 人，占 18.2%，15 年以上的 46 人，占 15.5%。月收入在 4000 元以下的 107 人，占 36.1%，4001~6000 元的 87 人，占 29.4%，6001~8000 元的 36 人，占 12.2%，8001~10000 元的 28 人，占 9.5%，10001~20000 元的 36 人，占 12.2%，20001 元以上的 2 人，占 0.7%。总共 79 名主管参与了调查，其中男性占 82.3%，年龄分布以 30~39 岁以及 40~49 岁为主（分别占 33.6% 和 41.7%），接受过大专以上教育的占 94.6%，在本企业有 8 年以上工作经验的占 88.6%。平均每位主管评价 3.7 名下属。

（二）研究工具

1. 绩效薪酬

对绩效薪酬的测量采用杜旌（2009）的测量方法。具体为：您的绩效收入（收入中与绩效相关的活的部分）占总收入的比例有多少？请按以下分类进行选择：①0~5%；②6%~15%；③16%~30%；④31%~50%；⑤51%~69%；⑥70%~84%；⑦85%~94%；⑧95%~100%

在实际计算中，采用每个区段的中间值作为绩效薪酬的度量。

2. 创造力自我效能

采用 Tierney 和 Farmer（2011）四个条目的问卷，问卷采用 Likert 7 点设计。1 表示非常不同意，7 表示非常同意。本研究中该测量的内部一致性系数为 0.80。

3. 人—工作匹配

采用 Singh 和 Greenhaus（2004）的三个条目的问卷。问卷采用 Likert 5 点设计。1 表示非常不同意，3 表示中立，5 表示非常同意。本研究中该测量的内部一致性系数为 0.75。

4. 创造力

采用 Baer 和 Oldham（2006）的量表，包含四个条目。问卷采用 Likert 7 点设计。1 表示非常不同意，7 表示非常同意。本研究中该测量的内部一致性系数为 0.75。

5. 控制变量

为了避免其他的一些无关变量对雇员创造力可能带来的影响并最终混淆本研究中变量间的因果关系，我们控制了人口学变量：性别、年龄、工龄、学历和收入。以往的研究发现，工作复杂性对雇员创造力有显著影响（Tierney & Farmer，2002，2004；Baer & Oldham，2006；周浩、龙立荣，2011），本研究的样本取自 44 家不同的企业，因此我们将工作复杂性作为控制变量。工作复杂性的测量采用 Oldham，Cummings，Mischel，Schmidtke 和 Zhou（1995）编制的量表，包括 2 个项目，由直接上级评价，采用 7 点计分。在本研究中，量表的内部一致性系数为 0.72。

（三）统计分析

本研究采用 SPSS 15.0 和 LISREL 8.70 进行统计分析。首先进行验证性因子分析；然后进行基本的描述性统计检验；最后采用温忠麟、张雷、侯杰泰（2006）推荐的有中介的调节效应模型检验方法检验绩效薪酬、绩效薪酬与人—工作匹配的交互效应对创造力的影响以及创造力自我效能的中介效应。

四、研究结果

（一）验证性因子分析结果

为考察变量的区分效度，我们通过验证性因子分析（CFA）检验创造力以及人—工作匹配、创造力自我效能和工作复杂性四个潜变量的区分效度，并将拟合指数与另外几个模型进行比较。验证性因子分析的具体结果见表 1。研究结果表明，四因子模型各拟合指标均达到了推荐的标准（侯杰泰、温忠麟、成子娟，2004），且明显优于其他备选模型，证

表 1 验证性因子分析结果（N = 296）

模型	χ^2	df	χ^2/df	RMSEA	GFI	IFI	NNFI	CFI	SRMR
虚模型	1432.87	78	18.37						
单因子模型	626.44	65	9.64	0.18	0.73	0.59	0.50	0.59	0.14
二因子模型	511.66	64	7.99	0.17	0.76	0.67	0.60	0.67	0.13

模型	χ^2	df	χ^2/df	RMSEA	GFI	IFI	NNFI	CFI	SRMR
三因子模型	311.77	62	5.03	0.13	0.83	0.82	0.77	0.82	0.10
四因子模型	90.69	59	1.54	0.04	0.95	0.98	0.97	0.98	0.04

注：单因子模型：创造力+创造力自我效能+人—工作匹配+工作复杂性；二因子模型：创造力+创造力自我效能+人—工作匹配、工作复杂性；三因子模型：创造力+创造力自我效能、人—工作匹配、工作复杂性；四因子模型：创造力、创造力自我效能、人—工作匹配、工作复杂性。

明这四个变量确实是四个不同的构念。

（二）变量的描述统计

表 2 给出了变量的均值、标准差和相关系数。绩效薪酬与创造力没有显著的相关关系（r = 0.03，n.s），初步表明二者之间并非简单的线性关系。绩效薪酬与创造力自我效能（r = 0.08，n.s）和人—工作匹配（r = 0.09，n.s）没有显著的相关关系。创造力与创造力自我效能（r = 0.28，p < 0.01）和人—工作匹配（r = 0.19，p < 0.01）有显著的正相关关系。

表 2　描述统计结果与相关矩阵（N = 296）

变量	均值	标准差	1	2	3	4	5	6	7	8	9	10
1. 性别	0.73	0.45	—									
2. 学历	3.27	0.50	–0.08	—								
3. 工龄	2.12	1.08	–0.02	–0.18**	—							
4. 年龄	2.56	0.86	0.07	–0.03	0.70**	—						
5. 收入	2.34	1.40	0.09	0.26**	0.01	0.10	—					
6. 工作复杂性	4.79	0.93	–0.07	–0.07	0.14*	0.10	–0.15*	(0.72)				
7. 绩效薪酬	0.35	0.22	–0.00	0.02	0.28**	0.20**	0.18**	0.04	—			
8. 人—工作匹配	3.83	0.61	–0.04	0.06	0.03	–0.01	0.04	0.06	0.09	(0.75)		
9. 创造力自我效能	5.16	0.73	0.16**	0.11	0.04	0.02	0.06	–0.04	0.08	0.15**	(0.80)	
10. 创造力	4.76	0.79	0.02	0.07	0.00	0.06	0.02	0.13*	0.03	0.19**	0.28**	(0.75)

注：* 表示 p < 0.05，** 表示 p < 0.01，对角线上括号内为内部一致性系数。性别（0 女性，1 男性）；年龄（①未满 25 岁；②25~29 岁；③30~39 岁；④40~49 岁；⑤50 岁以上）。工龄（①3 年以下；②3 年以上 7 年以下；③7 年以上 15 年以下；④15 年以上）。学历（①初中及以下；②高中（职高）；③专科及大学；④研究生及以上）。收入（①4000 元以下；②4000~6000 元；③6000~8000 元；④8000~1 万元；⑤1 万~2 万元；⑥2 万元以上）。

（三）假设检验

采用层级回归分析检验假设。对绩效薪酬、创造力自我效能和人—工作匹配采用中心化处理。表 3 给出了假设 1 和假设 3 的回归分析过程及结果。具体而言，首先将控制变量纳入模型（第一步），然后是绩效薪酬与人—工作匹配（第二步）以及绩效薪酬平方项（第三步），线性交互项（第四步），最后是非线性交互项（第五步）。结果显示，绩效薪酬的一次方对创造力的主效应不显著（β = 0.01，n.s），绩效薪酬二次方项的主效应显著且回归系数为负值（β = –0.19，p < 0.01），平方复相关系数（R^2）的改变量达到显著水平，这

表明绩效薪酬与员工创造力之间为倒 U 形关系，假设 1 得到支持。

表 3　层级回归结果

变量	第一步	第二步	第三步	第四步	第五步
性别	0.03	0.03	0.04	0.04	0.03
学历	0.07	0.06	0.05	0.06	0.06
工龄	−0.06	−0.08	−0.05	−0.06	−0.06
年龄	0.08	0.10	0.08	0.07	0.08
收入	0.01	0.00	0.03	0.03	0.02
工作复杂性	0.13*	0.12*	0.12*	0.13*	0.13*
人—工作匹配		0.18**	0.17**	0.18**	0.21**
绩效薪酬		0.01	0.10	0.10	0.10
绩效薪酬²			−0.19**	−0.18**	−0.18**
人—工作匹配×绩效薪酬				0.14*	0.15**
人—工作匹配×绩效薪酬²					−0.05
R^2	0.03	0.06	0.08	0.11	0.11
ΔR^2		0.03**	0.03**	0.02*	0.00
ΔF		4.97**	7.83**	6.54*	0.49

注：* 表示 $p < 0.05$，** 表示 $p < 0.01$，*** 表示 $p < 0.001$。

第四步显示绩效薪酬与人—工作匹配的交互项显著（$\beta = 0.14$，$p < 0.05$），但第五步显示绩效薪酬平方项与人—工作匹配的交互效应不显著（$\beta = -0.05$，n.s）。根据 Aiken 和 West（1991）的研究，在检验二次曲线的调节效应结果时，如果仅有"调节变量×自变量"项的系数显著，则调节变量仅改变了曲线的倾斜度，而不改变其自身形状（如弯曲度）；如果仅有"调节变量×自变量平方"项的系数显著，则调节变量仅改变了曲线的形状，而不改变其整体的倾斜度；如果两项系数同时显著，则既改变了曲线的倾斜度，又改变了其形状。本研究结果表明，仅有"人—工作匹配×绩效薪酬"这个交互项的系数显著且为正值，这与本研究的调节效应假设是一致的，因此假设 3 得到初步支持。

为进一步检验具体的调节效应结果，采用 Aiken 和 West（1991）的方法，我们估计了在高匹配（高于均值一个标准差）、中匹配（均值）和低匹配水平（低于均值一个标准差，下同）三种情况下回归线斜率的显著性。结果显示，在高匹配情境下，在绩效薪酬的低点简单斜率为显著的正值（b=2.13，t=3.48，p<0.001），中间点简单斜率为显著的正值（b=1.06，t=2.88，p<0.01），高点为不显著的负值（b=-0.00，t=-0.01，n.s）；在中匹配情境下，在绩效薪酬的低点简单斜率为显著的正值（b=1.41，t=2.54，p<0.05），中间点简单斜率为不显著的正值（b=0.34，t=1.40，n.s），高点为显著的负值（b=-0.72，t=-2.05，p<0.05）；在低匹配情境下，简单斜率在绩效薪酬的低（b=0.69，t=1.09，n.s）、中（b=-0.38，t=-1.00，n.s）两个点与零均无显著差异，但在高点为显著的负值（b=-1.45，t=-3.27，p<0.001），具体结果见图 2。假设 3 得到进一步支持。

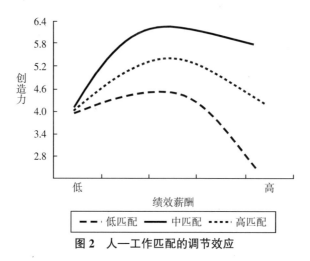

图 2　人—工作匹配的调节效应

　　表 4 给出了假设 2 和假设 4 的检验结果。为了检验假设的中介效应，我们采用 Baron 和 Kenny（1986）的方法。模型 1 显示绩效薪酬平方项、绩效薪酬与人—工作匹配的线性交互项对创造力自我效能均有显著影响（β = -0.21，p < 0.01；β = 0.18，p < 0.01）。这表明绩效薪酬与创造力自我效能之间为倒 U 形关系，人—工作匹配调节绩效薪酬与创造力自我效能的关系。同样，为进一步检验具体的调节效应结果，我们采用 Aiken 和 West（1991）的方法估计了在高匹配、中匹配和低匹配水平三种情况下回归线斜率的显著性。结果显示，在高匹配情境下，在绩效薪酬的低点简单斜率为显著的正值（b = 2.43，t = 4.38，p < 0.001），中间点简单斜率为显著的正值（b = 1.31，t = 3.92，p < 0.001），高点为不显著的正值（b = 0.19，t = 0.30，n.s）；在中匹配情境下，在绩效薪酬的低点简单斜率为显著的正值（b = 1.63，t = 3.24，p < 0.001），中间点简单斜率为显著的正值（b = 0.51，t = 2.32，p < 0.05），高点为边缘显著的负值（b = -0.61，t = -1.89，p < 0.1）；在低匹配情境下，简单斜率在绩效薪酬的低（b = 0.84，t = 1.45，n.s）、中（b = -0.28，t = -0.83，n.s）两个点与零均无显著差异，但在高点为显著的负值（b = -1.40，t = -3.50，p < 0.001）。具体结果见图 3。

表 4　中介效应检验结果

变量	模型 1：创造力自我效能	模型 2：创造力	模型 3：创造力
性别	0.18**	0.03	-0.01
学历	0.13*	0.06	0.03
工龄	0.11	-0.06	-0.09
年龄	-0.08	0.08	0.10
收入	0.02	0.02	0.02
工作复杂性	-0.03	0.13*	0.14*
人—工作匹配	0.19*	0.21**	0.17*
绩效薪酬	0.16*	0.10	0.06

续表

变量	模型1：创造力自我效能	模型2：创造力	模型3：创造力
绩效薪酬 ^{2}	−0.21**	−0.18**	−0.14*
人—工作匹配×绩效薪酬	0.18**	0.15**	0.11
人—工作匹配×绩效薪酬 ^{2}	−0.07	−0.05	−0.04
创造力自我效能			0.23***
F	4.15***	3.08***	4.16***
R^2	0.14	0.11	0.15
ΔR^2			0.04***

注：* 表示 $p < 0.05$，** 表示 $p < 0.01$，*** 表示 $p < 0.001$。

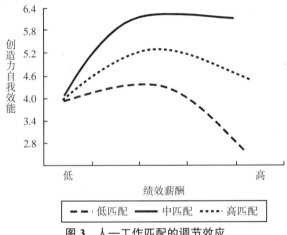

图3　人—工作匹配的调节效应

　　模型2表明，绩效薪酬平方项、绩效薪酬与人—工作匹配线性交互项对创造力有显著影响。模型3结果显示，在加入创造力自我效能后，绩效薪酬平方项对创造力的影响显著降低但仍显著（$\beta = -0.14$，$p < 0.05$），表明创造力自我效能起到了部分中介作用，假设2得到验证。模型3还显示，在加入创造力自我效能后绩效薪酬与人—工作匹配的线性交互项不再显著（$\beta = 0.11$，n.s），说明创造力自我效能起到了完全中介作用，假设4得到验证。为进一步确认间接效应的显著性，我们采用最新的由 Tofighi 和 MacKinnon（2011）推荐的 R 中介（RMediation）检验法，该方法与目前流行的 PRODCLIN 程序（MacKinnon，Fritz，Williams & Lockwood，2007）相比有明显的优越性，能够提供更加精确的结果。R 软件分析结果显示，绩效薪酬平方项以及绩效薪酬与人—工作匹配的交互作用对创造力的间接效应都是显著的。具体地，对绩效薪酬平方而言，间接效应95%的置信区间为（−1.21，−0.13），不包括零点。对绩效薪酬与人—工作匹配的交互项而言，间接效应95%的置信区间为（0.07，0.62），同样不包括零点，假设2和假设4得到进一步的支持。

五、讨论

本研究的主要目标在于探讨现实工作场所中客观的绩效薪酬是否以及如何影响雇员创造力。对 296 对上下级匹配数据的研究结果表明，绩效薪酬与雇员创造力之间是一种曲线而不是简单的线性关系，创造力自我效能是绩效薪酬影响雇员创造力的内在中介机制，而人—工作匹配则是绩效薪酬影响雇员创造力的边界条件，研究得到了一些有价值的理论与实践启示。

（一）理论意义

1. 绩效薪酬与雇员创造力

创造力研究领域中一个重要的问题就是外在的经济性奖励究竟是鼓励还是抑制了个体创造力，围绕这一主题的争议已经持续了 30 余年。尽管学者们对这一课题进行了大量的实验和实证研究，但研究结论并不一致（Eisenberger & Aselage，2009；Friedman，2009）。本研究的第一个目标致力于通过考察组织情景下客观的绩效薪酬与雇员创造力的关系以期为以往不一致的研究结论提供一个新的理论解释。总体上，我们的研究结果表明，绩效薪酬与创造力的关系与实际的激励强度有关。具体而言，真实工作场所中的绩效薪酬与创造力之间既不是学习学派主张的正相关关系，也不是人本学派坚持的负相关关系，而是一种非线性的倒 U 形关系。也就是说，在真实的组织环境中，学习学派主张的外部奖励对创造力的积极效应仅存在于中等强度绩效薪酬情景下，而人本学派强调的消极效应则只适合于较高或较低的绩效薪酬强度。以上结果表明，具体的奖励强度差异可能导致完全不同的激励效果，忽略这一事实可能是导致以往模棱两可的研究结论的一个重要原因。

2. 创造力自我效能的中介机制

本研究第二个重要的理论贡献在于我们证明了创造力自我效能是绩效薪酬影响雇员创造力的一个重要的中介变量。以前的研究认为，绩效奖励是个体自我效能的一个重要的促发因素（Rosenfield et al.，1980；Bandura，1997），另外的一些研究则考察了绩效奖励与创造力的关系（Eisenberger & Rhoades，2001；Eisenberger & Aselage，2009）以及创造力自我效能与创造力的关系（Gong et al.，2009；Tierney & Farmer，2002，2004，2011；周浩、龙立荣，2011）。但截至目前，尚没有研究将这些重要的构念整合在一个统一的理论框架下加以研究。拓展了上述研究，本研究基于社会认知理论提出创造力自我效能是连接绩效薪酬与雇员创造力之间关系的一个关键心理机制。与社会认知理论的预测一致，研究结果表明，绩效薪酬与创造力自我效能之间为倒 U 形关系，而创造力自我效能进一步正向影响雇员创造力，从而从一个崭新的理论视角揭示了绩效奖励影响雇员创造力的内在心理机制。

3. 人—工作匹配的调节效应

我们证实了人—工作匹配是绩效薪酬影响雇员创造力的一个边界条件。这一结论与 Byron 和 Khazanchi（2012）的观点具有一致性，也就是说，外部奖励与个体创造力的关系具有特定的情境依赖或个体差异；同时也印证了 Baer 等（2003）的推测，即人与工作岗位匹配与否的确会影响外部奖励与个体创造力的关系。因此，忽略人—工作匹配在个体间的差异可能是导致以往不一致研究结论的另外一个原因。此外，本研究结果还显示，创造力自我效能完全中介了上述调节效应。这表明人—工作匹配对绩效薪酬与创造力关系的调节效应完全通过创造力自我效能而实现。这与 Baer 等（2003）的假设并不一致，他们认为认知风格和工作复杂性与外部奖励的交互效应对雇员创造力的影响是通过内在动机而实现。由于该研究并没有直接检验内在动机的中介效应，因此，相比之下本研究结果对人—工作匹配调节绩效薪酬—创造力关系的内在机理提供了一个更加令人信服的理论解释。

（二）管理启示

本研究结果对企业优化资源分配、提升雇员创造性绩效的启示在于：企业在实施绩效薪酬时应采用适宜的激励强度，同时还要采取积极的人力资源管理措施保证员工与其岗位达到最佳匹配，从而有效提升雇员的创造力自我效能以及随后的创造力。

1. 保持适度的绩效薪酬强度

对于外在的经济性奖励究竟是鼓励还是抑制了个体创造力，以往的研究一直没有给出一个令人信服的研究结论，这种理论上的不一致导致企业管理人员在实践应用时常常无所适从。本研究结果表明，客观的绩效薪酬与员工创造力之间并非简单的正向或负向关系，倒 U 形曲线才是二者之间关系的真实反映。这提示我们，过高或过低的绩效薪酬强度都不利于激发雇员的创造力。相对而言，中等强度的绩效薪酬更有利于导致最优的创造力水平。因此，在具体的管理实践中，既不能采取过于平均化的低强度策略，也不能随意采用急功近利的极端高强度的激励措施。就提升雇员个体层面的创造力而言，中等强度的绩效薪酬是企业薪酬设计的最佳选择。

2. 通过薪酬设计培养员工的创造力自我效能

大量的研究表明，创造力自我效能是提升雇员创造力的关键前因机制，因此，识别并提供有助于创造力自我效能发展的情境条件或管理措施已经成为管理者面临的重要任务。本研究结果表明，创造力自我效能在绩效薪酬与创造力之间扮演了关键的中介角色，这表明通过合理设计绩效薪酬强度可以有效提升雇员的创造力自我效能并进而提升雇员创造力。过低的绩效薪酬由于不能提供足够的期望收益、公平感知和自我决定从而限制了雇员创造力自我效能的发展，而过高的绩效薪酬强度则因增加了雇员厌恶的肉体和情绪唤醒同样抑制了雇员创造力自我效能的提升。相对而言，中等强度的绩效薪酬更有助于雇员创造力自我效能的发展，并最终带来更高的创造力。以前的研究没有清晰地提供这些管理建议，原因在于这些研究要么没有考察客观的绩效薪酬与创造力的关系，要么没有检验创造力自我效能对绩效薪酬与雇员创造力关系的中介效应。

3. 实现人与岗位的最佳匹配

考虑到外部奖励与创造力关系的复杂性，寻找影响二者关系的个体或情境因素对管理实践者至关重要，关注这些潜在的调节变量有助于管理者发现在哪些条件下绩效奖励更有助于提升雇员创造力。本研究发现，绩效薪酬与雇员创造力的关系受人—工作匹配调节。具体地，调节效应结果表明，在高匹配条件下，中等强度绩效薪酬对创造力的正面效应更强，而高强度绩效薪酬的负面效应更弱，绩效薪酬与创造力之间整体为一种曲线的正相关关系；低匹配条件下，中等强度绩效薪酬对创造力的正面效应更弱，而高强度绩效薪酬的负面效应则大大加强，绩效薪酬与创造力之间整体呈曲线的负相关关系。这表明人与工作的高度匹配有效地强化了绩效薪酬对雇员创造力的正面效应，而人与工作的不匹配则对绩效薪酬的负面效应具有推波助澜的作用。因此，在人力资源管理层面，企业应通过科学合理的人员选拔和调配以保证员工与其岗位高度匹配，在此基础上再辅以适度的绩效薪酬，是激励员工创造力自我效能以及随后的创造力的最优策略。同时，对于那些致力于采用高强度、低成本的绩效薪酬政策的组织而言，保证雇员与工作岗位的高度匹配是使其创造力免受打击的一个必要条件。

（三）研究局限及未来研究方向

尽管本研究取得了一些有价值的研究结果，但由于种种原因导致的局限也不容忽视，一些有潜力的研究方向也有待后续的研究予以澄清。首先，本研究的假设模型为绩效薪酬影响雇员的创造力，但基于横断面的研究设计导致我们无法进行严格的因果归因，而可能的结果是二者之间的关系是双向的。因此，未来的研究可以考虑采用纵向跟踪的方式研究绩效薪酬与创造力的关系，以最终确定二者之间的因果关系。其次，本研究的样本取自三个不同的省份，尽管这有助于增加本研究结论的一般性（Generalizability），但无论如何，地区间差异导致的人口风俗、工作方式和产业类型差异有可能对本研究结果造成潜在的影响，因此，未来的类似研究需要考虑采取更加严谨的研究设计以对上述差异造成的潜在影响进行有效的控制。再次，本研究结果表明创造力自我效能对绩效薪酬与创造力的关系具有部分中介作用，说明有可能还有其他变量在绩效薪酬与创造力之间具有中介效应，因此，未来研究需要进一步挖掘这些潜在的中介变量，以期更加完整地揭示连接绩效薪酬与创造力之间关系的内在心理机制。最后，本研究仅考察了人—工作匹配的调节效应，而没有考虑诸如雇员的风险态度、价值承诺以及考核过程中的程序公平等。以前的研究发现，这些变量对绩效薪酬与雇员的某些态度和行为的关系具有显著的调节效应。因此，后续研究可以考虑引入这些变量以更加全面地澄清绩效薪酬影响雇员创造力的边界条件。

六、结 论

本研究得到以下结论：绩效薪酬与员工创造力之间为非线性的倒 U 形关系；创造力自我效能部分中介了绩效薪酬对创造力的倒 U 形影响；人—工作匹配调节绩效薪酬与创造力的关系，人与工作的匹配度越高，中等强度绩效薪酬对创造力的正面效应越强，高强度绩效薪酬的负面效应越弱；绩效薪酬与人—工作匹配的交互效应通过创造力自我效能的完全中介效应影响雇员创造力。

参考文献

［1］Aiken, L.S., West, S.G. Multiple regression：Testing and interpreting interactions ［D］. Newbury Park, CA：Sage, 1991.

［2］Amabile, T.M. Creativity in context：Update to the Social Psychology of Creativity ［D］. Boulder, CO：Westview Press, 1996.

［3］Amabile, T.M. Motivating creativity in organizations：On doing what you love and loving what you do ［J］. California Management Review, 1997（40）：39–58.

［4］Amabile, T.M., Hennessey, B.A., Grossman, B.S. Social influences on creativity：The effects ofcontracted—for reward ［J］. Journal of Personality and Social Psychology, 1986（50）：14–23.

［5］Baer, M., Oldham, G.R. The curvilinear relation between experienced creative time pressure and creativity：Moderating effects of openness to experience and support for creativity ［J］. Journal of Applied Psychology, 2006（91）：963–970.

［6］Baer, M., Oldham, G. R., Cummings, A.Rewarding creativity：When does it really matter? ［J］. The Leadershipauarterly, 2003（14）：569–586.

［7］Bandura A. Self–efficacy mechanism in human agency ［J］. American Psychologist, 1982（37）：122–147.

［8］Bandura, A. Social foundations of thought and action：A social cognitive theory ［D］. Englewood Cliffs. NJ：Prentice–Hall, 1986.

［9］Bandura, A. Self–efficacy：The exercise of control ［M］. New York：Freeman, 1997.

［10］Bandura, A. Social cognitive theory：An agentic perspective. In S. T. Fiske ［D］. D. L. Schacter. & C.Zahn–Waxier（Eds.）, Annual review of psychology. Palo Alto.CA：Annual Reviews, 2001：1–26.

［11］Baron R.M., Kenny, D.A. The moderator –mediator variable distinction in social psychological research：Conceptual, strategic, and statistical considerations ［J］. Journal of Personality and Social Psychology, 1986（51）：1173–1182.

［12］Byron, K., Khazanchi, S. Rewards and creative performance：A meta-analytic test of theoretically derived hypotheses ［J］. Psychological Bulletin, 2012（138）：809–830.

［13］Byron, K., Khazanchi, S., Nazarian, D. The relationship between stressors and creativity：Ameta-analysis examining competing theoretical models ［J］. Journal of Applied Psychology, 2010（95）：201–212.

セ

［14］ Chatman, J.A. Matching people and organizations: Selection and socialization in public accounting firms ［J］. Administrative Science auarterly, 1991 (36): 459–484.

［15］ Deci, E. L., Koestner, R., Ryan, R. M. Ameta–analytic review of experiments examining the effects of extrinsic rewards on intrinsic motivation ［J］. Psychological Bulletin, 1999 (125): 627–668.

［16］ Deci, E.L., Ryan, R.M. Intrinsic motivation and self–determination in human behavior ［M］. New York: Plenum,1985.

［17］ 杜旌. 绩效工资: 一把双刃剑 ［J］. 南开管理评论, 2009 (12): 117–124.

［18］ Edwards, J. R. Person–job Fit: A conceptual integration, literature review, and methodological critique ［A］. In C.L. Cooper & I.T. Robertson (Eds.). International review of industrial and organizational psychology ［D］. London: Wiley, 1991.

［19］ Eisenberger, R. Learned industriousness ［J］. Psychological Review, 1992 (99): 248–267.

［20］ Eisenberger, R., Armeli, S. Can salient reward increase creative performance without reducing intrinsic creative interest? ［J］. Journal of Personality and Social Psychology, 1997 (72): 652–663.

［21］ Eisenberger, R., Armeli, S., Pretz, J. Can the promise of reward increase creativity? ［J］. Journal of Personality and Social Psychology, 1998 (74): 704–714.

［22］ Eisenberger, R., Aselage, J. Incremental efects of reward on experienced pertormance pressure: Positive outcomes for intrinsic interest and creativity ［J］. Journal of Organizational Behavior, 2009 (30): 95–117.

［23］ Eisenberger, R., Cameron, J. Detrimental efects of reward: Reality or myth? ［J］. The American Psychologist, 1996 (51): 1153–1166.

［24］ Eisenberger, R., Pierce, W.D., Cameron, J. Eficts of reward on intrinsic motivation–Negative, neutral, and positive: Comment on Deci, Koestner, and Ryan ［J］. Psychologicaf Bulletin, 1999 (125): 677–691.

［25］ Eisenberger, R., Rhoades, L. Incremental efects of reward on creativity ［J］. Journal of Personality and Social Psychology, 2001 (81): 728–741.

［26］ Eisenberger, R., Rhoades, L. Cameron, J. Does pay for performance increase or decrease perceived self–determination and intrinsic motivation? ［J］. Journal of Personality and Social Psychology, 1999 (77): 1026–1040.

［27］ Eisenberger, R., Selbst, M. Does reward increase or decrease creativity? ［J］. Journal of Personality and Social Psychology, 1994 (66): 1116–1127.

［28］ Ford. C.M. A theory of individual creative action in multiple social domains ［J］. The Academy of Management Review, 1996 (21): 1112–1142.

［29］ French, J.R.P., Jr., Capian, R.D., Van Harrison, R. The mechanisms of fob stress and strain ［D］. Chichester: Wiley, 1982.

［30］ Friedman, R.S. Reinvestigating the effects of promised reward on creativity ［J］. Creativity Research Journal, 2009 (21): 258–264.

［31］ George, J. M. Creativity in organizations ［J］. The Academy of Management Annals, 2007 (1): 439–477.

［32］ Gerhart, B., Rynes, S. Compensation: Theory, evidence, and strategic implications ［D］. Thousand Oaks, CA: Sage, 2003.

[33] Gerhart, B., Rynes, S.L., Fulmer, I.S. Pay and performance: Individuals, groups, and executives [J]. The Academy of Management Annals, 2009 (3): 251-315.

[34] Gist, M.E., Mitchell, T.R. Self-eficacy: A theoretical analysis of its determinants and malleability [J]. The Academy of Management Review, 1992 (17): 183-211.

[35] Gong, Y.P., Huang, J.C., Farh, J.L. Employeelearning orientation, transformational leadership, and employee creativity: The mediating role of employee creative self-eficacy [J]. Academy of Management Journal, 2009 (52): 765-778.

[36] Heneman, R.L., Ledford Jr., G.E., Gresham, M.T. The changing nature of work and its effects on compensation design and delivery [A]. In S.L. Rynes & B. Gerhart (Eds.). Compensation in organizations [M]. SanFrancisco, CA: Jossey-Bass, 2000.

[37] 侯杰泰, 温忠麟, 成子娟. 结构方程模型及其应用 [M]. 北京: 教育科学出版社, 2004.

[38] Jensen, M.C., M. urphy, K. CEO incentives—It's not how much you pay, but how [J]. Journal of Applied Corporate Finance, 1990 (3): 36-49.

[39] Lepper, M.R., Greene, D., Nisbett, R.E. Undermining children's intrinsic interest with extrinsic reward: A test of the "overjustification" hypothesis [J]. Journal of Personality and Social Psychology, 1973 (28): 129-137.

[40] Liu, D., Chen, X.P., Yao, X. From autonomy to creativity: A multilevel investigation of the mediating role of harmonious passion [J]. Journal of Applied Psychology, 2011 (96): 294-309.

[41] MacKinnon D.P., Fritz, M.S. Williams, J., Lockwood, C.M. Distribution of the product confidence limits for the indirect effect: Program Prodclin [J]. Behavior Research Methods, 2007 (39): 384-389.

[42] Oldham, G.R., Cummings, A. Employee creativity: Personal and contextual factors at work [J]. Academy of Management Journal, 1996 (39): 607-634.

[43] Oldham, G.R., Cummings, A., M. ischel, L.J., Schmidtke, J.M., Zhou, J. Listen while you work? Quasiexperimental relations between personastereo headset use and employee work responses [J]. Journaf of Applied Psychology, 1995 (80): 547-564.

[44] Pokorny, K. Pay-but do not pay too much: An experimental study on the impact of incentives [J]. Journal of Economic Behavior and Organization, 2008 (66): 251-264.

[45] Rosenfield, D., Folger, R., Adelman, H. F. When rewards reflect competence: A qualification of the overjustification effect [J]. Journal of Personality and Social Psychology, 1980 (39): 368-376.

[46] Schuler, R. S. Definition and conceptualization of stress in organizations [J]. Organizational Behavior and Human Performance, 1980 (25): 184-215.

[47] Shalley, C. E., Zhou, J., Oldham, G. R. The effects of personal and contextual characteristics on creativity: Where should we go from here? [J]. Journal of Management, 2004 (30): 933-958.

[48] Singh, R., Greenhaus, J. H. The relation between career decision—making strategies and person-job fit: A study of job changers [J]. Journal of Vocational Behavior, 2004: 198-221.

[49] Tierney, P., Farmer, S. M. Creative self-efficacy: Its potential antecedents and relationship to creative performance [J]. Academy of Management Journal, 2002 (45): 1137-1148.

[50] Tierney, P., Farmer, S. M. The Pygmalion processand employee creativity [J]. Journal of Management, 2004 (30): 413-432.

[51] Tierney, P., Farmer, S. M. Creative self-efficacy development and creative performance over time

[J]. Journal of Applied Psychology, 2011 (96): 277-293.

[52] Tofighi, D., MacKinnon, D. P. R. Mediation: An Rpackage for mediation analysis confidence intervals [J]. Behavior Research Methods, 2011 (3): 692-700.

[53] Van Dyne, L., Jehn, K. A., Cummings, A. Differential effects of strain on two forms of work performance: Individual employee sales and creativity [J]. Journal of Organizational Behavior, 2002 (23): 57-74.

[54] 温忠麟, 张雷, 侯杰泰. 有中介的调节变量和有调节的中介变量 [J]. 心理学, 2006 (38): 448-452.

[55] Woodman, R. W., Sawyer, J. E., Griffin, R. W. Toward a theory of Organizational creativity [J]. The Academy of Management Review, 1993 (18): 293-321.

[56] Xie, J. L. Karasek's model in The People's Republicof China: Effects of iob demands, control, and individual differences [J]. Academy of Management Journal, 1996 (9): 1594-1618.

[57] Yuan, F. R., Woodman, R. W. Innovative behaviorin the workplace: The role of performance and image outcome expectations. Academy of Management Journal, 2010 (53): 323-342.

[58] 周浩, 龙立荣. 工作不安全感、创造力自我效能对员工创造力的影响 [J]. 心理学校, 2011 (43): 929-940.

[59] Zhou, J., Shalley, C. E. Research on employee creativity: A critical review and directions for future research. In J. J. Martocchio & G. R. Ferris (Eds.). Research fn personnel and human resource management [M]. Oxford, England: Elsevier Science, 2003: 165-217.

The Impact of Pay for Performance on Employees' Creativity: Moderating Effect of Person-job Fit and Mediating Effect of Creative Self-efficacy

Zhang Yong   Long Li-rong

Abstract: Over the past three decades, a debate has being burgeoning in academic circles over the effects of extrinsic rewards on the likelihood of generating creativity. The learning theoretical approach has suggested that promised reward may bolster creativity by establishing a contingency between novel behavior and reinforcement. This view has been supported by a variety of studies, in which rewards offered for high performance have indeed increased creativity. However, a competing humanist approach has made the very opposite prediction, asserting that promised reward should undermine creativity by reducing perceived autonomy and thereby undermining the intrinsic motivation posited to drive creativity. It has also been proposed within this camp that promised rewards reduce creativity by drawing attention toward the rewards rather than the creative process.

In previous studies, the relationship between pay for performance (PFP) intensity and creativity isinconclusive. In this study, we propose a process model based on social cognitive theory to explain how and when PFP affect individual creativity. Based on the cognitive evaluation theory and the learned industriousness theory, it is hypothesized that there is an inverted U shape relationship between PFP and creativity, and the impact of PFP on creativity is mediated by creative self-eficacy based on the social cognitive theory. Additionally, taking an interactional perspective, it is proposed that the interaction between PFP and person-jobfit would be significant such that for those employees rating high on person-job fit, the positive effect ofintermediate level of PFP on creativity would be stronger and the negative effect of high level of PFP on creativity would be weaker, and this interaction will also be m ediated by employees'creative self-eficacy.

Data were collected from 296 dyads of employees and their immediate supervisors in 44 enterprises. The questionnaire for employee included PFP, creative self-efficacy, and person-job fit. Employees'creativity and job complexity was rated by their immediate supervisors. Theoretical hypotheses were tested by hierarchal regression analysis. Results of analyzing the matched sample showed that PFP had unique reversed U shape indirect effects on employee creativity via creative self-efficacy.Further, moderated path analysis revealed person-job fit augmented intermediate PFP's direct positive effect on creative self-eficacy and indirect positive effect on creativity, and attenuated high PFP's direct negative effect on creative self-eficacy and indirect negative effect on creativity.

In contrast to previous studies, the research demonstrated that employees would achieve the highest creativityat interrnediate level of PFP, this result clarified the relationship between objective incentive intensity and employees, creativity in workplace. Second, by examining the mediating effect of creative self-efficacy, theresuIts contributed to our understanding on the mechanism through which PFP influence creativity. Finally, through investigating the moderating effect of person-job fit, we confirmed it as an important bounded conditionof the effect of PFP on employees'creativity.

Key Words: creativity; pay for performance; person-job fit; creative self-eficacy

辱虐管理对下属工作绩效和离职意愿的影响：
领导认同和权力距离的作用 *

孙健敏　宋　萌　王　震

【摘　要】与以往基于社会交换、社会心理和社会比较视角的研究不同，本文基于社会认定视角，考察了下属对领导的认同在辱虐管理与下属工作绩效和离职意愿关系中的中介作用，以及下属权力距离导向在这一过程中的调节作用。本文以 296 名下属及其直接上司为研究对象，结果发现：①辱虐管理会降低下属对领导的认同，并通过领导认同的中介作用对工作绩效和离职意愿产生影响；②下属权力距离导向会调节辱虐管理与领导认同的关系，表现为对低权力距离导向的下属来说，辱虐管理对领导认同的负向影响相对更强。本文从新的理论视角解释了辱虐管理的作用，揭示了辱虐管理影响下属工作绩效和离职意愿的内在机制和作用条件。

【关键词】辱虐管理；工作绩效；离职意愿；领导认同；权力距离导向

一、问题的提出

长期以来，组织行为学者主要致力于积极型领导理论的开发和研究。例如，在过去几十年里，研究者先后提出了变革型、公仆型和道德式等领导理论，并认为领导者之所以无效是因为缺乏这些积极因素。然而，对消极领导的研究表明，有些管理者不仅缺乏有效的领导行为，还会主动采取对下属冷嘲热讽、做事独断专行、侵犯下属隐私和不尊重下属的行为。辱虐管理（Abusive Supervision）就是这样一种领导行为，它是下属感知到的管理者持续表现的言语或非言语形式的，但不包括肢体上接触的敌意行为。目前，研究者已发现辱虐管理对员工有消极影响，包括增加离职意愿和降低工作绩效。在中国组织情境下，辱

---

* 本文选自《商业经济与管理》2013 年第 3 期。

虐管理对离职意愿和工作绩效的影响也得到了元分析证实。

如果辱虐管理对下属有负面影响，这种影响是如何发生的？随着研究的深入，近年来学术界逐渐开始关注辱虐管理的作用机制。总体看，现有研究主要从社会交换、社会心理和社会比较三个视角进行了讨论。社会交换视角认为辱虐管理行为会降低下属的信任、承诺和满意度，进而对态度和行为有消极影响。社会心理视角旨在说明辱虐管理给下属带来心理压力、情绪耗竭和心理不安全感，即通过削弱下属积极的情绪和动机损害积极性产出。社会比较视角主要基于组织公平理论，认为领导的辱虐行为会降低员工对公平的感知，进而影响态度和行为。具体到辱虐管理对下属离职意愿和工作绩效的作用机制上，研究者也从这三个视角进行了考察。然而，领导行为的作用过程和机制是多样、复杂的，在这三种视角之外还可能存在着其他可能性，因此近年来一些学者呼吁从其他理论视角进行考察，以丰富人们对辱虐管理作用机制的认识。鉴于此，本文基于社会认定视角（Social Identity Perspective），考察下属对领导的认同在辱虐管理与离职意愿及工作绩效关系中的中介作用。以往研究表明，当下属不认同领导时，对组织的情感依附程度会降低，也缺乏足够的动机完成工作任务，而下属是否认同领导在很大程度上取决于领导行为，这些研究发现均暗示下属对领导的认同会在领导行为与下属反应中起中介作用。辱虐管理是领导者表现出的对员工持续性、系统性的敌意行为，这种消极的领导行为往往会使下属失去对领导的认同，进而对下属态度和行为反应造成负面影响。因此，辱虐管理会通过降低下属对领导的认同来影响下属的工作绩效和离职意愿。

进一步地，如果辱虐管理通过领导认同影响离职意愿和工作绩效，这种影响对不同下属来说是否相同？领导替代理论和权变理论均指出，领导有效性在很大程度上受下属影响，这意味着在考察领导方式与下属反应的关系时必须考虑下属的个人差异，对辱虐管理的讨论亦是如此。Tepper阐述了不同权力距离导向的下属在面对辱虐管理时有不同的反应。近年来一些研究者从实证角度进行了考察，其下属反应均为下属的公平感。本文认为，不同权力距离导向的下属在面对辱虐管理时，对领导的认同程度也会有所差异。在领导—下属互动情境中，高权力距离个体遵从权威，承认领导与下属之间具有等级和地位的差异，纵使感觉到领导的敌意行为也会受自身地位和权力的局限，恪守自己作为下属的角色规范和义务保持对领导的尊重、信任、遵从和认同，因此对这类下属来说，辱虐管理对下属领导认同的影响相对较弱。相反，低权力距离个体认为人与人之间是平等的，具有相同权力，他们对领导认同与否以及认同的程度更多地受领导影响，故在面对领导的敌意行为时，这类个体往往倾向于不再对领导持有认同。因此，在辱虐管理对领导认同的影响过程中，下属的权力距离导向有一定的调节作用。总体来看，本文主要考察两个问题：第一，探讨下属对领导的认同在辱虐管理与下属离职意愿和工作绩效关系中的中介作用，从社会认定角度揭示辱虐管理作用的又一个"黑箱"。第二，考察下属权力距离导向在辱虐管理与领导认同关系之间的调节作用，揭示辱虐管理领导作用的边界条件。本文研究框架如图1所示。

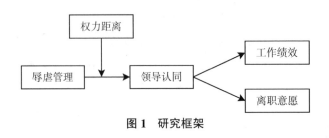

图1　研究框架

二、理 论 与 假 设

（一）辱虐管理与工作绩效、离职意愿的关系

如前文所述，基于社会交换、社会比较和社会心理过程视角，很多研究考察了辱虐管理与工作绩效和离职意愿的关系。例如，Xu 及其同事基于社会交换理论的研究发现，辱虐管理会通过影响领导与下属之间的关系显著降低下属的工作绩效。基于社会心理视角，Burris 等对 499 名酒店业的管理者进行考察，结果表明辱虐管理会增加下属的心理分离感、增加离职意愿。不管基于何种视角，辱虐管理与下属绩效和离职意愿之间的关系已得到了广泛证实。因此，本文提出：

假设1： 辱虐管理对下属离职意愿有正向影响。

假设2： 辱虐管理对下属工作绩效有负向影响。

（二）领导认同的中介作用

根据社会认定理论，认同是个体形成自我概念的重要过程，这个过程往往需要从与其他个体的关系定位中获得。下属对领导的认同是个体根据领导和下属关系身份对自我进行定义的一种状态，或是一种归属于领导的知觉。对于某些领导者，下属会将自己的信念、感觉和行为向领导靠拢，认为自己身份与领导是连接在一起的，感知到在心理上与领导的命运紧密相连，愿意与领导共享成功与失败，从而形成对领导的认同。这种认同感一旦形成，就会使下属表现相应的态度和行为。将领导理论和认同理论相结合，有研究者提出了以自我概念为基础的领导理论（Self-concept-based Leadership Theory）。该理论的核心观点是特定领导方式和行为会通过下属自我概念的中介作用来影响下属的态度和行为反应，这些自我概念包括下属的自尊、自我效能感以及认同。基于此框架，一些研究者检验并证实了领导认同在积极型领导行为与下属反应关系中的中介作用。本文认为，领导认同也会在消极型领导行为（即辱虐管理）与下属反应中起中介作用。

根据社会认定理论，人们在选择某一群体成员资格建立自我身份时，主要基于提高自尊、提高认知安全感、满足归属感和找寻存在的意义四种心理动机，即这四种动机的完成与否直接影响下属对其他群体或个体的认同水平。从理论和实证研究看，辱虐管理会损害这四种动机。第一，研究者已证实辱虐管理会显著降低下属的自尊，因为领导的消极对待会使下属认为自己是局外人，不属于这个群体或领导的圈内人，从而降低对领导的认同。第二，辱虐管理会造成个体心理安全感的缺失。吴隆增等人指出，长期感受到辱虐管理的下属会失去对领导的信任，而信任、认同和安全感是相辅相成、同生共灭的。因此，失去了对领导的信任，且没有基本的心理安全感作为保证，个体的领导认同无从谈起。第三，已有研究指出，辱虐管理对下属心理分离感和关系紧张具有显著的正向影响。下属会通过依附领导来寻求归属感，但辱虐管理会使下属这种感情依附的倾向和心理逐渐瓦解，无法形成归属需求，领导认同也随之减弱。第四，就存在意义方面，研究表明，辱虐管理对下属的工作意义感知有显著负向影响，并解释主要原因在于辱虐管理会降低下属对工作特征的判断。例如，辱虐型领导者用辱骂的方式指出下属的错误，且不会给出及时有效的反馈或指出明确的改进方向，这会在很大程度上降低下属对工作任务的兴趣。由此可见，出于辱虐管理直接阻碍个体基本心理动机（自尊、心理安全感、归属感和工作意义）的满足，毋庸置疑该领导方式会显著降低个体对领导在价值观、信念和行为上的认同。

理论研究表明，个体一旦形成对领导的认同，便会将领导规定的绩效标准和规范内化为自己目标的一部分并根据这些标准进行自我评价。实证研究已表明，认同领导的下属倾向于将领导的目标视为自己的目标，因而会发挥自己的主观能动性，进而产生更强烈的完成目标和任务的个人动机。实证方面，研究者已证实下属对领导越认同，自身的工作表现越好。除工作绩效之外，也有一些研究者指出下属不认同领导，其与领导的关联整体意识和与领导之间的情感纽带就会被破坏，下属会逐渐疏离领导者。考虑到领导往往是组织的代理人，下属对组织的情感依附也会逐渐下降，从而产生离职意愿。实证方面，有研究证实下属对领导的认同感越高，对团队的情感依附越强烈，即越不愿意离开领导所在的团队。总体看，理论和实证研究均表明，下属对领导的认同程度对工作绩效有正向影响，对离职意愿有负向影响。

综上所述，辱虐管理不能满足下属基本动机的形成，故下属不会将领导的目标和价值观内化为自己的目标和价值观，从而难以形成对领导的认同感。对领导认同感的降低会直接影响个体主观能动性的发挥，影响下属的工作表现，也会使下属产生离开组织的意愿，并试图离开组织。基于自我概念为基础的领导理论以及上述分析，本文提出以下假设：

假设3： 领导认同在辱虐管理与下属离职意愿关系中起中介作用。

假设4： 领导认同在辱虐管理与下属工作绩效关系中起中介作用。

（三）权力距离导向的调节作用

权力距离最初作为文化变量被提出，反映了社会接受和承认权力分配不平等的程度。后来有学者将其作为个体价值观来研究，认为它反映了个体接受和承认组织中权力分配的不平等程度。我们认为权力距离会削弱辱虐管理对领导认同的负面影响，原因在于：

首先，高权力距离个体遵从权威，承认领导与下属之间存在不同等级和地位差异，倾向于接受领导的各种不平等指令，即使领导表现出负面行为，他们也会恪守自己作为下属的角色规范和义务而遵从、信任、维护处于领导地位的管理者。换言之，在与领导互动过程中，高权力距离个体受自我角色和地位悬殊观念影响较大，受领导行为影响较小。纵使感受到领导的辱虐行为，这类下属也会承认领导的权威和地位以及领导—下属的身份及地位差异，仍然按照领导的要求自我定义，尽可能保持对领导的认同。反之，低权力距离个体认为所有人都是独立自主的，认为自己与领导拥有同等权力，此种价值观的个体更多地受领导是如何看待、对待我观念的影响，而不会因为承认地位的悬殊而强迫自己根据领导的价值观、信念和行为进行自我概念建构，他们一旦感受到领导的负面行为，就会随时中止和降低自己对领导的认同。

其次，不同权力距离导向的下属对领导—下属关系的定位有所不同。高权力距离下属只会与上司建立正式的、受约束的和非个人化的关系，而低权力距离导向的下属认为主管与他们是平等的，是可以接近的，因此倾向于与主管建立个人关系。从不同权力距离个体与领导构建关系的类型可以看出，低权力距离导向下属的领导认同更容易受辱虐管理的影响，因为领导的这种消极行为会破坏他们正常交流的规范，一旦领导表现出辱虐行为，下属根据领导价值观、信念和行为进行自我建构的过程受到影响，因此对领导的认同会下降。对高权力距离个体而言，感知到的领导行为方式符合他们对双方关系的预期，因此对领导的认同会因为承认权力悬殊而较少受辱虐管理的影响。因此，无论在理论还是实证方面，下属权力距离导向会调节辱虐管理对领导认同的影响。本文提出：

假设 5：下属权力距离导向在辱虐管理与领导认同关系中起调节作用，表现为对低权力距离导向的下属来说，辱虐管理对领导认同的影响相对较强。

三、研究方法

（一）研究样本

本研究以配对方式收集数据，共设计了两套问卷：下属问卷包括辱虐管理、权力距离导向、领导认同和离职意愿；管理者问卷包括对下属绩效的评价。样本来自国内一家大型企业。在收回 320 份下属问卷后，研究者进行问卷配对和废卷处理工作，将空白过多、反应倾向过于明显以及无法准确配对的问卷剔除，最终得到了 296 份下属问卷，其中男性 143 人，占 48.3%，女性 146 人，占 49.3%，未填性别者 7 人，占 2.4%；平均年龄 26.1 岁；在当前组织平均工作 1.52 年；与当前上司的平均共事时间为 1.06 年；从受教育程度看，高中及以下学历 50 人，占 16.9%，大学专科学历 148 人，占 5.0%，大学本科及以上学历 86 人，占 29.1%，未填学历者 10 人，占 3.4%。

（二）测量工具

为确保测量工具的信度和效度，本研究采用成熟的量表。除工作绩效，其他测量工具均采用李克特 5 点计分法，要求被调查者按照对每项表述的同意程度从"1 非常不同意"到"5 非常同意"中做出选择。

辱虐管理。在辱虐管理研究领域，Tepper（2000）编制的 15 个项目的测量工具得到了最广泛的使用，其信效度和跨文化适用性得到了以往研究的证实。本文采用 Mitchell 和 Ambrose 在此基础上修订的 5 项目简版量表，如"我的上司在别人面前贬低我"。该量表也被后续研究者使用，具有良好的测量学指标。在本研究中，该量表的信度为 0.90。

权力距离导向。使用 Dorfman 和 Howell 编制的工具来测量下属的权力距离导向。该量表被广泛用来测量个体层面的权力距离导向。在本研究中，该量表的信度为 0.61，这与一些研究者报告的是一致的。

领导认同。借鉴以往研究者的做法，本文使用组织认同的测量工具对领导认同进行测量。在具体测量时，将题目的表述对象从"组织"改为"领导"，如"当有人称赞我的上司时，我觉得好像自己被赞美了"。该量表的信度为 0.80。

工作绩效。借鉴以往研究的做法，我们要求领导按照 1~10 分对下属总体绩效进行评分，分数越高代表下属的绩效越好。这种测量工具相对简单、便捷和直接，成本更小且有相对较高的表面效度，尤其适合一个领导对多个下属进行绩效评价。

离职意愿。借鉴以往研究的做法，我们使用单一项目测量下属的离职意愿，即"我经常想辞去现在的工作，去其他公司发展"。此种测量方式已得到了很多研究的使用。

四、研　究　结　果

（一）共同方法偏差检验

考虑到本文的自变量、中介变量和调节变量均由下属自我报告，可能存在共同方法偏差问题，我们进行了 Harman 检验。探索性因素分析表明，在未旋转的情况下出现了三个因子，且第一因子的方差解释力仅为 32.33%，由此说明不存在严重的共同方法偏差问题。验证性因素分析结果进一步表明自变量、中介变量和调节变量相独立的三因子模型与数据有很好的拟合效果（$\chi^2/df = 175.66/62 = 2.83$；NFI = 0.90；CFI = 0.93；GFI = 0.91；RMSEA = 0.08；SRMR = 0.05），拟合效果远好于单因素模型（$\chi^2/df = 642.35/65 = 9.88$；NFI = 0.63；CFI = 0.65；GFI = 0.70；RMSEA = 0.17；SRMR = 0.16），进一步表明数据不存在严重的共同方法偏差问题。

（二）描述性统计和相关分析结果

表1给出了各研究变量的均值、标准差以及相关系数矩阵。结果表明，辱虐管理与领导认同（r = –0.23，p < 0.01）和工作绩效（r = –0.18，p < 0.01）均有显著负相关关系，与离职意愿（r = 0.28，p < 0.01）有显著正相关关系。领导认同与工作绩效（r = 0.12，p < 0.05）显著正相关，与离职意愿（r = –0.32，p < 0.01）显著负相关。总体看，相关分析结果为接下来的假设检验提供了必要的前提。

表1 研究变量的描述性统计结果和相关系数矩阵

	M	SD	1	2	3	4	5	6	7	8
1 性别	1.51	0.50								
2 年龄	26.10	4.45	–0.08							
3 教育程度	2.14	0.70	–0.07	0.24**						
4 共事年限	1.06	1.91	0.00	0.52**	0.05					
5 权力距离	2.53	0.79	–0.02	0.07	–0.06	–0.01				
6 辱虐管理	2.08	0.79	–0.15*	–0.02	0.06	–0.03	–0.08			
7 领导认同	3.28	0.72	–0.08	–0.23**	–0.03	–0.18**	0.15**	–0.23**		
8 工作绩效	7.46	1.30	–0.09	0.18**	0.07	0.12*	0.17**	–0.18**	0.12*	
9 离职意愿	2.44	0.92	–0.03	0.09	0.12*	0.07	–0.01	0.28**	–0.32**	–0.05

注：** 表示 p < 0.01，* 表示 p < 0.05，* 表示 p < 0.10，双尾检验。

（三）假设检验

表2给出了假设检验结果。结果表明，在控制下属性别、年龄、教育程度和与领导的共事时间后，辱虐管理对下属绩效（β = –0.18，p < 0.01）有显著负向影响，对离职意愿（β = 0.28，p < 0.01）有显著正向影响，假设1和假设2得到证实。此外，辱虐管理对领导认同（β = –0.27，p < 0.01）也有显著负向影响，为中介效应的成立奠定了基础。使用Baron 和 Kenny 推荐的方法，本文发现当领导认同进入模型3和模型6后，模型的方差解释率有显著增加，且领导认同对工作绩效和离职意愿均有显著影响，但此时辱虐管理的影响减小，表明领导认同在辱虐管理和工作绩效、离职意愿关系中均起到部分中介作用。我们使用统计功效相对较高且一类错误率较低的 sobel 检验法，再次验证这一发现。结果同样表明，领导认同在辱虐管理与工作绩效（z' = –1.86，> 0.97）和离职意愿（z' = 3.26，> 0.97）关系中起中介作用，假设3和假设4得到支持。

表2 假设检验结果

模型	工作绩效			离职意愿			领导认同			
	M1	M2	M3	M4	M5	M6	M7	M8	M9	M10
性别	–0.08	–0.10*	–0.09	–0.02	0.02	–0.02	–0.09	–0.12*	–0.12*	–0.13*
年龄	0.12*	0.12	0.14*	0.07	0.08	0.03	–0.19**	–0.19**	–0.21**	–0.21**

模型	工作绩效			离职意愿			领导认同			
	M1	M2	M3	M4	M5	M6	M7	M8	M9	M10
教育程度	0.05	0.06	0.05	0.08	0.07	0.08	0.01	0.02	0.03	0.04
共事年限	0.06	0.06	0.07	0.03	0.03	0.01	−0.08	−0.09	−0.08	−0.08
辱虐管理		−0.18**	−0.15*		0.28**	0.21**		−0.27**	−0.26**	−0.26**
领导认同			0.13*			−0.27**				
权力距离									0.13*	0.13*
辱虐管理×权力距离										0.11*
R^2	0.04	0.07	0.09	0.02	0.10	0.16	0.06	0.13	0.15	0.16
ΔR^2	0.04*	0.03**	0.01*	0.02	0.08**	0.07**	0.06**	0.07**	0.02*	0.01*
F	2.80*	4.25**	4.27**	1.31	5.79**	8.65**	4.56**	8.24**	7.84**	7.29**

注: *** 表示 $p < 0.01$, ** 表示 $p < 0.05$, * 表示 $p < 0.10$。

在调节效应方面，表 2 表明，辱虐管理与权力距离导向的交互项进入模型 10 后，模型的总体解释率有所增加，且交互项对领导认同有临界正向影响（$\beta = 0.11$，$p = 0.06$）。根据 Akien 和 West 推荐的程序，本研究绘制了调节效应图。如图 2 所示，对高权力距离导向的下属来说，辱虐管理对领导认同的负向影响相对较弱，对低权力距离导向的下属来说，二者关系相对较强，支持了假设 5。

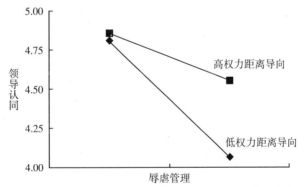

图 2　权力距离导向在辱虐管理与领导认同关系中的调节作用

五、讨 论 与 结 论

（一）结果讨论和理论意义

辱虐管理是一种常见的组织管理现象，尤其是在中国，高权力距离文化更为其滋生和成长提供了温床。因此，考察辱虐管理在中国情境下对下属有何影响，这种影响是如何传递和发生的，以及在何种边界条件下才会发生等问题有重要的理论和实践意义。

首先，与以往研究发现一致，本研究再次证实辱虐管理会降低下属工作绩效和增加下属离职意愿。我们进一步发现辱虐管理是通过降低下属对领导的认同而影响工作绩效和离职意愿的，也就是说下属对领导的认同起到一定的中介作用。如前所述，以往有关辱虐管理作用机制的研究大都从社会交换、社会比较和社会心理过程视角加以解释。严丹在回顾以往有关辱虐管理和下属建言行为的研究时指出，真正要达到激励下属完成任务或对组织强烈的依附感需要基于下属自己在组织中身份、地位认知的更深层次的动机，如组织自尊和认同感，而不是社会交换或者心理过程视角相关的变量所能够解释的。基于社会认定视角，本研究从更深层次验证了辱虐管理新的影响机制，即通过降低下属根据领导进行自我建构的过程，进而影响到自身表现。对这一中介机制的考察具有一定的理论意义：第一，回应了 Xu 等从多个视角考察辱虐管理作用机制的倡议，进一步揭开了辱虐管理作用的"黑箱"；第二，以往研究者分别探讨了积极型领导（如变革型、真实型）会通过提升下属的领导认同来影响下属，还少有研究考察负面领导是否同样通过这一过程作用于下属，本文填补了这一研究的不足，补充和扩展了已有研究的理论框架；第三，本研究首次在中国情境下考察了人际认同在辱虐管理方式作用过程中的作用。西方不多的基于社会认定理论的研究，多关注组织认同对领导行为效果的影响而较少关注人际方面的影响因素，在我国组织情境中更是尚未有实证研究考察人际认同的作用。国内有研究指出，在人际交往占主导的中国社会，无论是西方人提出的关系强弱还是国内学者提出的关系信任，都难以对中国的人际关系做出完整准确的解释，只有人际认同是中国人际关系普遍遵循的法则。因此，在强调人际关系和谐融洽的中国情境中，下属对领导的认同更为重要。当员工遭受到领导破坏性行为时，会首先感知到领导的不信任、不尊重，根据领导进行自我建构的过程就会受到负面影响，进而对绩效产生负面影响。

其次，本研究进一步揭示了辱虐管理通过领导认同作用于下属表现的边界条件。我们引入下属权力距离导向，结果发现，相比高权力距离导向的下属，辱虐管理对领导认同的作用对低权力距离导向的下属来说相对更强。高权力距离取向的下属本身承认领导与下属之间存在不同等级和地位差异，受自我角色和地位悬殊观念影响较大，纵使感受到领导的负面行为，这类下属也会承认领导的权威和地位，仍然按照领导的要求自我定义，尽可能保持对领导的认同；而低权力距离个体认为自己与领导拥有同等权力，不会因为承认地位的悬殊而强迫自己根据领导的价值观、信念和行为进行自我概念建构，他们一旦感受到领导的负面行为，就会随时终止或减少自己根据领导自我建构及定义的过程。总体看，我们的研究结果与以往关注权力距离导向的研究发现是一致的，均表明辱虐管理的消极作用对低权力距离导向的下属来说更加明显。不同的是，以往研究关注下属公平感，本文关注下属对领导的认同，在一定程度上扩展了以往研究内容，进一步验证了辱虐管理作用效果的权变性。

（二）实践意义

本研究再次验证辱虐管理会显著降低下属的工作绩效，增加离职意愿。可以看出，辱虐管理对组织的危害非常大，不仅涉及组织目标是否达成，还会影响人才的保留。因此，人力资源管理人员应在识别、监测、培训、绩效考核等各个阶段上控制和减少此类人员进入管理层。同时，本研究显示，辱虐管理会降低下属对领导的认同程度，进而对工作绩效和离职意愿产生负面消极的影响。因此，在组织管理实践中，可以通过提升下属对领导的认同程度，增加下属对领导和组织的情感依附程度及提升工作绩效。研究发现对低权力距离导向的下属，辱虐管理的负向作用更明显。随着中国的现代化进程的加快，新生代员工逐渐成为了工作场所的主要力量，他们的典型特点之一就是对权力平等的追求和对权威的勇于挑战，因此在对这些新生代员工的管理上辱虐管理方式更不可行。

（三）局限性及未来研究展望

受条件限制，本研究存在一定的局限性。首先，本文采用的横截面研究设计在确立变量因果关系问题上尚欠说服力。未来研究可以采用追踪数据在不同时间点进行测量，以探讨辱虐管理如何通过领导认同影响下属的工作绩效和离职意愿。其次，为了避免被试的认知偏差和疲劳，离职意愿和工作绩效的测量均采用单一项目测量。已有不少研究都使用了这种方法并证实了其可信性，后续研究可以使用多题项进行测量，以提高结果可信性。最后，本研究只考察了下属对领导认同程度在辱虐管理作用机制中的影响，没有控制其他认同形式（如组织认同、同事认同）的影响。未来研究可以控制其他认同形式以更好地揭示领导认同在辱虐管理对下属影响过程中的独特作用。

参考文献

［1］Ashforth B. E.Petty Tyranny in Organizations：A Preliminary Examination of Antecedents and Consequences［J］. Canadian Journal of Administrative Sciences，1994，14（2）：126-140.

［2］Tepper B. J. Consequences of Abusive Supervision［J］. Academy of Management Journal，2000，43（2）：178-190.

［3］Burriser，Detertjr，Chiaburuds. Quitting before Leaving：The Mediating Effects of Psychological Attachment and Detachment on Voice［J］. Journal of Applied Psychology，2008，93（4）：912-922.

［4］Harris K. J.，Kacmar K. M.，Zivnuska S. An Investigation of Abusive Supervision as a Predictor of Performance and the Meaning of Work as a Moderator of the Relationship［J］. The Leadership Quarterly，2007，18（3）：252-263.

［5］王震，孙健敏，赵一君.中国组织情境下的领导有效性：对变革型领导、领导—部属交换和破坏型领导的元分析［J］.心理科学进展，2012，20（2）：174-190.

［6］洪雁，王端旭.组织内领导越轨行为研究：概念、诱因与结果［J］.心理科学进展，2012，20（3）：424-432.

［7］Xuh，Lam C. K.，Miao Q.Abusive Supervision and Work Behaviors：The Mediating Role of LMX［J］.

Journal of Organizational Behavior, 2012, 33（4）：531-543.

［8］吴隆增，刘军，刘刚.辱虐管理与员工表现：传统性与信任的作用［J］.心理学报，2009，41（6）：510-518.

［9］吴维库，王未，吴隆增等.辱虐管理、心理安全感知与员工建言［J］.管理学报，2012，9（1）：57-63.

［10］Aryee S., Chen Z. X., Sun L. Y., et al.Antecedents and Outcomes of Abusive Supervision：Test of a Trickle-down Model［J］.Journal of Applied Psychology, 2007, 92（1）：191-201.

［11］Walumbwa F. O., Hartell C. A. Understanding Transformational Leadership-Employee Performance Links：The Role of Relational Identification and Self-efficacy［J］.Journal of Occupational and Organizational Psychology, 2011, 84（1）：153-172.

［12］Wang X. H., Howell J. M. A Multilevel Study of Transformational Leadership, Identification, and Follower Outcomes［J］.The Leadership Quarterly, 2012, 23（5）：775-790.

［13］Karkr, Shamirb, Chen G. The Two Faces of Transformational Leadership：Empowerment and Dependency［J］.Journal of Applied Psychology, 2003, 88（2）：246-255.

［14］Walumb Wa F. O., Wang P., Wang H., et al. Psychological Processes Linking Authentic Leadership to Follower Behaviors［J］.The Leadership Quarterly, 2010, 21（5）：901-914.

［15］Lianh, Ferris D. L., Brown D. J. Does Power Distance Exacerbate or Mitigate the Effects of Abusive Supervision? It Depends on the Outcome［J］.Journal of Applied Psychology, 2011, 97（1）：107-123.

［16］Wangw, Maojy, Wuwk, et al. Abusive Supervision and Work place Deviance：The Mediating Role of Interactional Justice and the Moderating Role of Power Distance［J］.Asia Pacific Journal of Human Resources, 2012, 50（1）：43-60.

［17］Bochner S., Hesketh B.Power Distance, Individualism/Collectivism, and Job-related Attitudes in a Culturally DiverseWork Group［J］.Journal of Cross-cultural Psychology, 1994, 25（2）：233-257.

［18］Kirkmanbl, Chen G., Farh J. L., et al. Individual Power Distance Orientation and Follower Reactions to Transformational Leaders：A Cross-level, Cross-cultural Examination［J］.Academy of Management Journal, 2009, 52（4）：744-764.

［19］刘军，吴隆增，林雨.应对辱虐管理：下属逢迎与政治技能的作用机制研究［J］.南开管理评论，2009，12（2）：52-58.

［20］Tajfel H., Turner J. C. The Social Identity Theory of Intergroup Behavior［M］// Worchel S., Austin W. G. Psychology of Intergroup Relations［M］.Chicago：Nelson-Hall, 1986.

［21］Pratt M. G. To Be or Not to Be：Central Questions in Organizational Identification［M］// Whetten D. A., Godfrey P. C. Identity in Organizations：Building Theory through Conversation［M］.Thousand Oaks：SAGE Publication, 1998：22-81.

［22］Shamir B., House R. J., Arthur M. B. The Motivational Effects of Charismatic Leadership：A Self-Concept Based Theory［J］.Organizational Science, 1993, 4（4）：577-594.

［23］Van Knippenberg D., Van Knippenberg B., De Cremer D., et al.Leadership, Self, and Identity：A Review and Research Agenda［J］.The Leadership Quarterly, 2004, 15（6）：825-856.

［24］赵志裕，温静，谭俭邦.社会认同的基本心理历程——香港回归中国的研究范例［J］.社会学研究，2005（5）：202-223.

［25］李锐.职场排斥对员工职外绩效的影响：组织认同和工作投入的中介效应［J］.管理科学，

2010, 23（3）: 23-31.

[26] Burton J. P., Hoobler J. M. Aggressive Reactions to Abusive Supervision: The Role of Interactional Justice and Narcissism [J]. Scandinavian Journal of Psychology, 2011, 52（4）: 389-398.

[27] Hobman E. V., Restubog S. L. D., Bordia P., et al. Abusive Supervision in Advising Relationships: Investigating the Role of Social Support [J]. Applied Psychology: An International Review, 2009, 58（2）: 233-256.

[28] 李锐，凌文辁，柳士顺. 上司不当督导对下属建言行为的影响及其作用机制 [J]. 心理学报，2009, 41（12）: 1189-1202.

[29] Kramer B., Mackinnon A. Localization: Theory and Experiment [J]. Reports on Progress in Physics, 1993, 56（12）: 1469-1564.

[30] Carlson D. S., Ferguson M., Perrewe P. L., et al. The Fallout from Abusive Supervision: An Examination of Subordinates and Their Partners [J]. Personnel Psychology, 2011, 64（4）: 937-961.

[31] Rafferty A. E., Restubog S. L. D. The Influence of Abusive Supervisors on Followers'Organizational Citizenship Behaviors: The Hidden Costs of Abusive Supervision [J]. British Journal of Management, 2011, 22（2）: 270-285.

[32] Sluss D. M., Ashforth B. E. Relational Identity and Identification: Defining Ourselves through Work Relationships [J]. Academy of Management Journal, 2007, 32（1）: 9-32.

[33] Liu W., Zhu R. H., Yang Y. K. I Warn You Because I Like You: Voice Behavior, Employee Identifications, and Transformational Leadership [J]. The Leadership Quarterly, 2010, 21（1）: 189-202.

[34] Wang P., Rode J. C. Transformational Leadership and Follower Creativity: The Moderating Effects of Identification with Leaderand Organizational Climate [J]. Human Relations, 2010, 63（8）: 1105-1128.

[35] Shamir B., Zakay E., Breinin E., et al. Correlates of Charismatic Leader Behavior in Military Units: Subordinates Attitudes, Unit Characteristics, and Superiors'Appraisals of Leader Performance [J]. Academy of Management Journal, 1998, 41（4）: 387-409.

[36] Hofstede G. Culture's Consequences: International Differences in Work-related Values [M]. Thousand Oaks: SAGE Publications, 1980: 172-265.

[37] Clugston M., Howell J. P., Dorfman P. W. Does Cultural Socialization Predict Multiple Bases and Foci of Commitment? [J]. Journal of Management, 2000, 26（1）: 5-30.

[38] Tyler T. R., Lind E. A., Huo Y. J. Cultural Values and Authority Relations: The Psychology of Conflict Resolution across Cultures [J]. Psychology, Public Policy, and Law, 2000, 6（4）: 1138-1163.

[39] Mitchell M. S., Ambrose M. L. Abusive Supervision and Workplace Deviance and the Moderating Effects of Negative Reciprocity Beliefs [J]. Journal of Applied Psychology, 2007, 92（4）: 1159-1168.

[40] Thau S., Mitchell M. S. Self-gain or Self-regulation Impairment? Tests of Competing Explanations of the Supervisor Abuseand Employee Deviance Relationship through Perceptions of Distributive Justice [J]. Journal of Applied Psychology, 2010, 95（6）: 1009-1031.

[41] Dorfman P. W., Howell J. P. Dimensions of National Culture and Effective Leadership Patterns: Hofstede Revisited [M] // Farmer R. N., Mc Goun E. G. Advances in International Comparative Management [M]. London: JAI Rress, 1988: 127-150.

[42] Begley T. M., Lee C., Fang Y. Q., et al. Power Distance as a Moderator of The Relationship between Justice and Employee Outcomes in a Sample of Chinese Employees [J]. Journal of Managerial Psychology,

2002, 17 (8): 692–711.

[43] Nagy M. S. Using A Single –item Approach to Measure Facet Job Satisfaction [J]. Journal of Occupational and Organizational Psychology, 2002, 75 (1): 77–86.

[44] Rasch R. H., Tosi H. L. Factors Affecting Software Developers' Performance: An Integrated Approach[J]. MIS quarterly, 1992, 16 (3): 395–413.

[45] Nauta A., Vianen A. V., Heijden V. D., et al. Understanding the Factors that Promote Employability Orientation: The Impact of Employability Culture, Career Satisfaction, and Role Breadth Self –Efficacy [J]. Journal of Occupational and Organizational Psychology, 2009, 82 (2): 233–251.

[46] Pattie M., Benson G. S., Baruch Y. Organizational Support, and Turnover Intention among Graduate Business School Students [J]. Human Resource Development Quarterly, 2006, 17 (4): 423–442.

[47] Baron R. M., Kenny D. A. The Moderator –mediator Variable Distinction in Social Psychological Research: Conceptual, Strategic, and Statistical Considerations [J]. Journal of Personality and Social Psychology, 1986, 51 (6): 1173–1182.

[48] Mackinnon D. P., Lockwood C. M., Hoffman J. M., et al. A Comparison of Methods to Test Mediation and Other Intervening Variables Effects [J]. Psychological Methods, 2002, 7 (1): 83–104.

[49] Aiken L. S., Westsg. Multiple Regression: Testing and Interpreting Interactions [M]. Thousand Oaks: Sage Publication, 1991: 37–94.

[50] 祁志祥. "共同人性" 与 "差等人性" 的重新反思 [J]. 浙江工商大学学报, 2010 (6): 5–11.

[51] 王巧玲, 孔令宏. 文化管理与管理的多学科研究——2010 年东西方文化与管理国际学术研讨会会议综述 [J]. 浙江工商大学学报, 2010 (5): 94–97.

[52] 严丹. 上级辱虐管理对员工建言行为的影响: 来自制造型企业的证据 [J]. 管理科学, 2012, 25 (2): 41–50.

[53] 周建国. 关系强度、关系信任还是关系认同——关于中国人人际交往的一种解释 [J]. 社会科学研究, 2010 (1): 97–101.

[54] 孔令宏. 东西方文化与管理研究 [J]. 浙江工商大学学报, 2011 (3): 76.

The Effects of Abusive Supervision on Job Performance and Turnover Intention: The Role of Leader Identification and Power Distance

Sun Jian–Min　Song Meng　Wang Zhen

Abstract: Most of previous researches try to explain the mechanism of abusive supervision from three perspectives: social exchange theory, social psychological theory and social comparative theory. Drawing on social identity theory, this study investigated the mediating role of the follower's identification with the leader (i.e., leader identification) between the relationship of abusive supervision and followers'job performance and turnover intention in a sample of 296 employees and 71 employers. The results indicated that: ①leader identification mediated the relationship between abusive supervision and follower job performance and turnover intention. ②Power distance moderated the relation between abusive supervision and leader identification in such a way that abusive supervision demonstrated stronger negative influence on leader identification for followers lower in power distance. In total, the study investigated the process of abusive supervision from a new theoretical perspective, and revealed some new underlying mechanism and boundaries condition between abusive supervision and follower job performance and turnover intention.

Key Words: abusive supervision; job performance; turnover intention; identification with the leader; power distance

能者多言：员工建言的一个权变模型 *

周建涛　　廖建桥

【摘　要】 本文采用问卷调查方式收集了 67 名领导与其 357 名下属的配对样本，从员工能力展现的视角探讨了教育水平、管理开放性认知和建设性变革责任感 3 个变量对员工建言的直接效应及交互效应。研究结果表明，教育水平、管理开放性认知和建设性变革责任感都对员工建言存在显著的预测效应。另外，教育水平和管理开放性认知、教育水平和建设性变革责任感也都对员工建言存在显著的交互效应影响，当管理开放性认知更高或建设性变革责任感更高时，教育水平与员工建言间的关系显得更强。研究结论有助于从能力视角理解员工建言的影响因素以及影响的边界条件，具有相当的理论和现实意义。

【关键词】 教育水平；管理开放性认知；建设性变革责任感；员工建言；能力展现理论

当今动态多变的市场环境要求组织更具灵活性和适应性，于是团队化的运作日益普遍。在强调效率和协作的团队运转过程中，员工的价值不仅体现在他们所拥有的劳动力上，更体现在他们能够产生富有创造性的思想和观点。作为一种主动的组织参与行为，员工建言对于研发团队的作用不言而喻。员工建言是团队协作创新的第一步，只有当员工表达分享自己的创造性想法时，团队的研发创新工作才能顺利推进。另外，员工建言也会推进团队协作、组织学习的开展、研发流程改进，以及团队运作效率和竞争力的提升。

建言是指员工对与工作相关的建设性想法、信息或意见的表达。作为一种富含挑战、改进导向的组织公民行为，员工建言不同于一般的组织"发声"行为。员工建言强调为组织改进或组织完善提出建设性意见，它不同于传统的批评行为和抱怨行为，批评和抱怨仅仅是一种不具有改进目的的组织的发泄行为；同时，员工建言也有别于检举行为，检举行为仅是对组织内不道德行为的越级揭发；另外，员工建言也不同于助人行为，其在短期内会导致人际冲突，甚至可能会因挑战"现状"而使上级感到"难堪"，而助人行为却不会

---

* 本文选自《管理学报》2013 年第 5 期。

对人际关系造成破坏。

作为一种自发的组织公民行为，员工建言是个体因素主导下的对外界影响因素的反应和解释，因此，当前研究更多从员工自身出发，探讨员工特征、认知和判断对其建言行为的影响。目前，有关员工建言个体影响因素的研究主要从三个方面展开：①员工的人格特征对员工建言的影响。此类研究认为，某些人格特征使员工更倾向于进行建言，如员工的外向性、员工的主动性人格等。②员工的心理控制感变量对员工建言的影响。心理控制感变量使员工从内心感觉可以规避建言的消极后果，影响员工建言的意愿或动机，从而使员工可能会选择建言。例如，员工的心理安全感使员工感觉可以安全地表达自己的真实意见；基于组织的自尊使员工感觉组织会重视自己的意见或看法；个人影响力则使员工感觉可以对建言的过程和后果施加有效的控制。③员工归属感变量对员工建言的影响。归属感变量使员工感觉有义务或有责任实施建言行为。例如，员工的组织承诺、组织认同等都对员工建言存在显著的正向预测效应。从建言的内涵来说，员工建言意味着要针对工作现状提出建设性的专业改进意见，因此，该行为对员工能力的要求越发显得必要。对于知识密集的研发工作来说，则更是如此。员工能力直接决定着建言的质量，而建言的质量又直接影响着建言的可接受性和重复性。从这点来说，当前研究急需探究个体能力因素对员工建言行为的影响。另外，有学者认为，建言行为更可能是个体几种近端动机共同作用的结果，但当前研究还局限于探讨单个变量对员工建言的影响，缺乏几个变量对员工建言协同效应的研究。能力展现理论认为，作为一种潜在资源，个体能力发挥会受到自身外部环境评价以及自身责任观念的影响，即外部环境评价和责任认同度共同决定着个体能力展现的意愿和程度。外部环境评价反映了个体对外在因素适宜性和激励性的一种判断，责任认同度则反映了个体对自身内在责任担当的认可程度。鉴于此，本研究试图从员工能力的视角出发，依据能力展现理论，探讨员工教育水平、管理开发性认知和员工建设性变革责任感对员工建言的影响。

一、文献综述与研究假设

（一）教育水平与员工建言

教育水平作为员工能力的一个重要甄别"信号"，它与员工的创新能力、知识存量、认知水平、变革的开放性等有着显著的联系。从能力的视角来说，高教育水平的员工具有更多的专业知识储备，也更容易提升建言行为的专业性和针对性。同时，高教育水平的员工也具有更强的认知分析能力，可对工作现状进行详尽细致的分析，从而提出周密可行的建设性意见。组织学习理论认为，高教育水平的员工具有更强的组织学习能力，他们更愿意提出新观点、新看法或采用新技术对组织施行变革或改进。从员工组织社会化理论看，高教育水平的员工具有更高的组织参与动机,更愿意通过建言体现自己的价值或施加对组织的影响。此外,伴随教育水平的提高,作为一名知识型员工,其会更忠实于自己的职业,更愿意就专业领域的问题发表自己的意见或看法。由此,提出以下假设:

假设 1:教育水平与员工建言呈显著正相关关系。

(二) 管理开放性认知与员工建言

作为员工建言的一个重要促发因素,对领导因素的评价直接影响着员工建言的发生和进展。这是因为领导在员工行为评审和奖惩体系中占据重要位置,因此,即便最为积极主动的员工也会根据领导行为释放出的"信号"趋利避害、见机行事,决定是否值得向领导建言。管理开放性认知描述了员工对领导公开公正采纳和评价自己建议的认识。高管理开放性认知的员工对外部建言环境有着更为乐观的评价和预期,因此,也更倾向于向领导表达自己的建设性意见或想法。同时,管理开放性认知也会缓解员工与领导的权利差异认识,拉近两者间的距离,消除或降低员工建言的后顾之忧。总之,管理开放性认知会让员工体会到一种心理安全感和潜能激发感,使员工更加积极主动地为组织效能的改进和完善建言献策。由此,提出以下假设:

假设 2:管理开放性认知与员工建言呈显著正相关关系。

(三) 建设性变革责任感与员工建言

作为一种角色外行为,员工建言不免受到员工的组织责任感和组织归属感的影响。总体而言,员工的责任感可以分为事后责任和事前责任两类。前者是一种指定责任,取决于员工的工作要求或领导指派;后者则是一种假定责任,一般源于员工内心主动归因而产生的自愿承担。当员工有一种假定责任感时,会发自内心地认为自己应该为当前和未来的行动负责。

作为一种未来导向的假定责任,建设性变革责任感反映了个体对自己有责任推动组织改进的认知。建设性变革责任感描述了员工组织改进方面的责任感认同,它显著预测着员工的组织创新行为和组织改进行为。建设性变革责任感高的员工认为自己对组织完善承担着更大的责任,在工作中会投入更大的精力,对工作流程相关的信息也会进行周密细致的分析和总结。建设性变革责任感高的员工更愿意涉足组织的改进行为,会主动同领导交换意见,提出自己对组织现状或生产流程的意见和想法,期望通过建言行为体现自己对组织的归属感及责任感。由此,提出以下假设:

假设 3:建设性变革责任感与员工建言呈显著正相关关系。

(四) 教育水平、管理开放性认知、建设性变革责任感的交互效应

作为一种潜在静态资源,员工能力的展现直接受到外部环境判断以及自身责任观念的影响。一个良好的环境会激发员工的能力,为员工能力的展现提供一个良好的平台和渠道。管理开放性认知反映了员工对外在领导因素的评价,它直接影响着员工建言的意愿和

程度。当员工知觉到领导有较高的管理开放性时，更愿意利用自己的知识和判断向领导提出有关工作或流程的专业化改进意见，也更愿意通过建言加深领导对自己能力的认识和了解。反之，当对领导开放性认知较低时，员工则不愿意向领导提出自己的意见或看法，以免受到领导的厌烦或惩罚。此时，员工更多持一种"多一事不如少一事"的态度，保持沉默，静观其变。鉴于此，管理开放性认知将会调节教育水平与员工建言间的关系。由此，提出以下假设：

假设 4：管理开放性认知对教育水平与员工建言间的关系具有调节效应，即当管理开放性认知较高时，教育水平与员工建言间的关系较强。

员工的组织责任感直接影响着员工的工作投入和组织承诺。高建设性变革责任感的员工更愿意运用自己的专业知识推动组织改进，认为自己有责任为组织的完善建言献策。同样，高建设性变革责任感的员工也具有更高的组织认同和组织承诺，他们更愿意承担责任、担当风险，不惜为了流程的完善或组织的提升而挑战权威、建言献策。相反，低建设性变革责任感的员工则认为自己没有责任也没有必要涉足角色外的行为，不会为了组织的改进而甘冒风险向领导建言献策，即便其有能力和机会提出自己的建设性想法或意见。鉴于此，员工的建设性变革责任感将会调节教育水平与员工建言间的关系。由此，提出以下假设：

假设 5：建设性变革责任感对教育水平与员工建言间的关系具有调节效应，即当建设性变革责任感较高时，教育水平与员工建言间的关系较强。

依据能力展现理论，员工能力的发挥会受到外部环境判断以及自身责任观念的影响。本研究认为，当管理开放性认知较高时或员工建设性变革责任感较高时，教育水平与员工建言间的关系会更强。那么，一个有效的拓展是当外部环境认同和内在动机都具备时，员工教育水平与建言间的关系将最强。也即，管理开放性认知和建设性变革责任感一起调节教育水平与员工建言间的关系。由此，提出以下假设：

假设 6：管理开放性认知和建设性变革责任感对教育水平与员工建言间的关系具有调节效应，即当管理开放性认知和建设性变革责任感都较高时，教育水平与员工建言间的关系最强。

二、研究方法

（一）研究样本

本研究的数据主要通过对广州、深圳、武汉、郑州四地的 12 家企业中的研发部门员工进行问卷调查的方式取得。调研企业的规模有大、中、小各种类型，涵盖化工、电子、机械等主要行业。在征得企业同意后，问卷或在企业现场发放，或通过 E-mail 把问卷发给企业的人力资源部，再由其把问卷发给相应的团队领导及其多名直接下属。每份问卷的首页都有对研究目的的说明，以及保密和匿名条款。

为了避免共同方法偏差，采用配对样本的收集方法。在每个调查团队中，团队领导需要对其直属下级员工的建言行为做出评价，而员工则需要对自身的人口统计学信息、管理开放性认知、建设性变革责任感做出回答。共发放 90 套 518 份问卷，最终回收 75 名领导和 395 名下属的数据，剔除存在缺失数据或领导与下属不能匹配的问卷，最终获得了 67 名领导者和 357 名员工的匹配样本，下属问卷的有效回收率为 68.92%。每名团队领导需要对 3~7 名直接下属的建言行为进行评价。在最终样本中，平均年龄为 27.82 岁，平均工作年限为 4.33 年，男性员工占 58.82%。在企业所有制方面，国有企业员工占 52.10%、民营企业员工占 27.73%、外资企业员工占 20.17%。

（二）变量的测量

（1）教育水平。该变量在一定程度上反映了研发团队中员工专业技能、专业知识的储备程度，因此，采用员工的受教育水平作为对员工建言能力的衡量。总体上，本研究把员工的教育水平分为高中及以下、大专、大学本科、硕士、博士 5 个等级来进行测量。

（2）管理开放性认知。该变量采用文献编制的量表测量，包括"领导会采纳员工提出的好主意、好想法"，"领导会给员工建议一个公平的评价"以及"领导会主动征询下属的意见" 3 个题项，采用 Likert 7 点计分，用 1~7 表示从"非常不同意"到"非常同意"。该量表由团队员工填写。

（3）建设性变革责任感。该变量采用文献开发的量表测量，包含"我有责任来推动组织改进"等 5 个题项。采用 Likert 7 点计分，用 1~7 表示从"非常不同意"到"非常同意"。该量表由团队员工填写。

（4）员工建言。该变量采用文献开发的量表测量，包含"该员工会为团队的新项目或流程再造提出建议"等 6 个题项。采用 Likert 7 点计分，用 1~7 表示从"非常不同意"到"非常同意"。该量表由团队领导来对员工的建言行为进行评价。

（5）控制变量。鉴于员工的工作年限和工作满意度都会对员工的建言行为产生潜在影响，因此，本研究把这 2 个变量作为控制变量。例如，工作满意度高的员工更倾向于通过建言来帮助组织或领导。工作年限用员工的工作年数进行衡量、工作满意度采用文献开发的量表进行测量。

由于上述量表都由国外学者开发，因此，本研究在量表的编译过程中均通过翻译—回译的方法把量表从英文翻译为中文。

（三）数据的分析方法

由于本研究的数据为嵌套数据，每个员工都隶属于某个团队，因此，使用多层线性模型（Hierarchical Linear Modeling，HLM）进行假设的验证。HLM 的优势在于能同时处理来自不同层次的数据，将解释变量的变异分解到不同的层次，并给出合理的解释和预测。利用 HLM，本研究在对员工建言的个体层面变量系数进行估计的同时，还可对个体的团队嵌套性做出解释。在具体的数据分析中，本研究首先利用验证性因子分析（CFA）和信度分析检验概念的区分效度和信度，然后通过 HLM 来验证研究假设。

三、研究结果

（一）概念区分效度的检验

为了验证构念间的区分效度，本研究采用 CFA 对不同的数据结构进行对比分析，分别比较了四因子模型、三因子模型、二因子模型和单因子模型（见表1）。由表1可知，四因子模型数据拟合最好（$\chi^2/df = 2.08$、$RMSEA = 0.06$、$CFI = 0.95$、$GFI = 0.92$、$NNFI = 0.96$），这说明本研究所涉及的 4 个变量（工作满意度、管理开放性认知、建设性变革责任感、员工建言）具有良好的区分效度，确实代表了 4 个不同的构念，可以进行下一步的数据分析。

表1 验证性因子分析结果

模型		χ^2	df	χ^2/df	GFI	CFI	NNFI	RMSEA
单因子模型	$W_S + P_{mo} + F_{rcc} + E_v$	1586	119	13.33	0.67	0.77	0.75	0.17
二因子模型	$W_S + P_{mo} + F_{rcc}$；E_v	828	118	7.02	0.73	0.82	0.79	0.14
三因子模型	W_S；$P_{mo} + F_{rcc}$；E_v	529	116	4.56	0.83	0.87	0.85	0.10
三因子模型	$W_S + P_{mo}$；F_{rcc}；E_v	609	116	5.25	0.80	0.84	0.81	0.12
三因子模型	$W_S + F_{rcc}$；P_{mo}；E_v	458	116	3.95	0.85	0.89	0.87	0.09
四因子模型	W_S；P_{mo}；F_{rcc}；E_v	235	113	2.08	0.92	0.95	0.96	0.06

注：W_S 代表工作满意度、P_{mo} 代表管理开放性认知、F_{rcc} 代表建设性变革责任感、E_v 代表员工建言。

（二）变量的描述性统计分析

数据分析中 6 个变量的均值、标准差、相关系数以及信度系数见表2。由表2可知，员工的工作年限、工作满意度这两个控制变量都与员工建言显著正相关（$r = 0.16$，$p < 0.05$；$r = 0.18$，$p < 0.05$）；教育水平、管理开放性认知、建设性变革责任感 3 个自变量也都与员工建言显著正相关（$r = 0.22$，$p < 0.01$；$r = 0.25$，$p < 0.01$；$r = 0.32$，$p < 0.01$），这为本研究的假设提供了初步的支持。另外，教育水平、管理开放性认知、建设性变革责任感与员工工作满意度也都显著正相关（$r = 0.13$，$p < 0.05$；$r = 0.32$，$p < 0.01$；$r = 0.36$，$p < 0.01$）。员工工作满意度、管理开放性认知、建设性变革责任感和员工建言 4 个问卷的内部一致性系数分别为 0.83、0.91、0.85 和 0.89，都具有良好的信度。

表 2 变量的信度、描述性统计和相关系数（N = 357）

变量	均值	标准差	1	2	3	4	5	6
1. 工作年限	4.32	2.13	—					
2. 工作满意度	4.51	1.52	0.08	(0.83)				
3. 教育水平	2.66	0.69	0.05	0.13*	—			
4. 管理开放性认知	4.32	1.26	0.07	0.32**	0.06	(0.91)		
5. 建设性变革责任感	4.61	1.33	0.14*	0.36**	0.13*	0.11	(0.85)	
6. 员工建言	3.77	1.27	0.16*	0.18*	0.22**	0.25**	0.32**	(0.89)

注：*、** 分别表示 $p < 0.05$、$p < 0.01$，下同；括号内为变量的信度系数。

（三）假设检验

为了验证研究假设，本研究利用 HLM6.08 软件构建了一系列随机系数模型（见表3）。由表3可知，在这些模型中，员工建言为因变量，教育水平、管理开放性认知和建设性变革责任感作为个体层面员工建言的 3 个预测变量，而工作年限和工作满意度作为个体层面的 2 个控制变量。在进行正式分析前，首先构建没有任何自变量的员工建言零模型，结果表明员工建言存在显著的组间变异（$p < 0.01$，ICC1 = 0.42）。ICC1 = 0.42 说明员工建言的方差有42%源于组间变异，因此，可进行下一步分层次的假设检验。

表 3 HLM 检验结果：主效应和交互效应

类别		员工建言			
		模型 1	模型 2	模型 3	模型 4
截距	$\gamma 00$	3.79**	3.80**	3.79**	3.80**
工作年限	$\gamma 10$	0.14*	0.09	0.07	0.08
工作满意度	$\gamma 20$	0.17*	0.13*	0.11*	0.11*
教育水平	$\gamma 30$		0.16**	0.12*	0.12*
管理开放性认知	$\gamma 40$		0.22**	0.15*	0.17**
建设性变革责任感	$\gamma 50$		0.25**	0.19**	0.22**
教育水平×管理开放性认知	$\gamma 60$			0.15**	0.13*
教育水平×建设性变革责任感	$\gamma 70$			0.18**	0.16*
教育水平×管理开放性认知×建设性变革责任感	$\gamma 80$				0.06
R^2		0.05	0.21	0.27	0.27

注：R^2 为变量解释的 Level 1 员工建言方差变异的百分比总量。

本研究在 HLM 的数据处理过程中，首先放入个体层面的控制变量，模型 1 的结果表明，员工的工作年限（$\gamma 10 = 0.14$，$p < 0.05$）和工作满意度（$\gamma 20 = 0.17$，$p < 0.05$）都对员工建言存在显著的正向效应。这在一定程度上也解释了本研究把这 2 个变量作为控制变量的缘由。员工的工作年限和工作满意度一共解释了 Level 1 员工建言 5%的方差变异。

在模型 1 的基础上，本研究在模型 2 中又加入了员工建言个体层面的 3 个预测变量。

结果表明教育水平（$\gamma 30 = 0.16$，$p < 0.01$）、管理开放性认知（$\gamma 40 = 0.22$，$p < 0.01$）和建设性变革责任感（$\gamma 50 = 0.25$，$p < 0.01$）都对员工建言存在显著的预测效应。由此，假设1~假设3得到支持。对比3个自变量对员工建言的影响，本研究发现员工的建设性变革责任感对员工建言有着最强的预测效应，管理开放性认知其次，教育水平最弱。教育水平、管理开放性认知和建设性变革责任感总共解释了 Level 1 员工建言 16% 的方差变异。

在模型2的基础上，本研究在模型3中又加入了教育水平和管理开放性认知的交互项，以及教育水平和建设性变革责任感的交互项。结果表明，教育水平与管理开放性认知、建设性变革责任感都存在显著的交互效应（$\gamma 60 = 0.15$，$p < 0.01$；$\gamma 70 = 0.18$，$p < 0.01$），见图1。由图1可知，高管理开放性认知曲线一直位于低管理开放性认知曲线的上方，高管理开放性认知曲线也显得更为陡峭。即当员工感知管理开放性较高时，教育水平对员工建言的正向影响更强。由此，假设4得到支持。同样，从图2还可知，建设性变革责任感对教育水平与员工建言间的关系也具有调节效应，当建设性变革责任感较高时，教育水平与

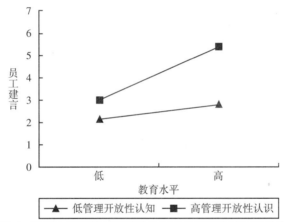

图1 教育水平和管理开放性认知对员工建言的交互效应

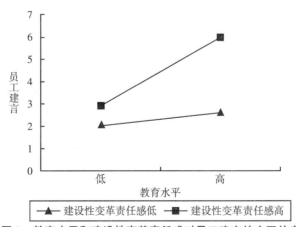

图2 教育水平和建设性变革责任感对员工建言的交互效应

员工建言间的关系较强。由此，假设 5 得到支持。在模型 4 中，本研究又放入了教育水平、管理开放性认知和建设性变革责任感三者间的交互项，但结果表明，三者对员工建言并不存在显著的交互效应（$\gamma 80 = 0.06$，n. s）。由此，假设 6 没有得到支持。

四、结论与讨论

（一）研究结论

在强调协作和沟通的团队工作环境下，作为一种主动的组织参与行为，员工建言有助于团队学习的开展，以及团队运作效率和竞争力的提升。本研究从员工能力展现的视角探讨了员工能力（教育水平）、外部环境评价（管理开发性认知）和员工责任心（建设性变革责任感）对员工建言的影响。研究结果表明，教育水平、管理开放性认知和建设性变革责任感对员工建言存在显著的预测效应。另外，教育水平和管理开放性认知、教育水平和建设性变革责任感也都对员工建言存在显著的交互效应影响。从员工能力展现的视角看，不管是作为外部环境评价指标的管理开放性认知，还是作为员工责任心指标的建设性变革责任感都显著调节着员工能力（教育水平）与员工建言间的关系。当管理开放性认知更高或建设性变革责任感更高时，教育水平与员工建言间的关系也都显得更强。

（二）理论意义

（1）拓展了员工建言的研究视角，探讨了员工能力（教育水平）对员工建言的影响，这在一定程度上呼应了建言对于员工能力的潜在需求和强调，即员工能力直接决定着建言的质量，而建言的质量又直接影响着建言的可接受性和重复性。

（2）依据能力展现理论，分析了建言过程中管理开放性认知和建设性变革责任感对员工能力的激发效应，在理论上丰富了员工建言的研究内容和研究模式教育水平作为员工能力的甄别"信号"，蕴含着丰富的关系价值和能力价值。从关系的视角看，高教育水平的员工具有更高的组织参与动机，更愿意通过建言体现自己的价值或施加对组织的影响，建言本身就是一种能力展现的过程。同时，伴随教育水平的提高，作为一名知识型员工，其更愿意就专业领域的问题发表自己的意见或看法。从能力的视角看，教育水平代表着员工所具备的潜在专业知识和技能。依据能力展现理论，把员工的潜在能力转化为对组织有益的建言行为取决于员工对所处环境的评判以及员工自身的责任认同度。鉴于此，本研究从能力展现的视角研究了教育水平对员工建言影响的边界条件。员工对所处的外部环境认知以及员工的责任心都调节着员工能力对员工建言行为的效应，当管理开放性认知更高或建设性变革责任感更高时，教育水平与员工建言间的关系显得更强。

（3）依据能力展现理论整合了当前员工建言的研究，尽管员工心理控制感变量管理开放性认知和员工归属感变量建设性变革责任感对员工建言存在显著的影响，但当前的研究大都把两者分开探讨。本研究把两者统一到能力展现过程中，这样不管是作为个体外在环境评价指标的管理开放性认知，还是作为个体内在责任认可度指标的建设性变革责任感，都在员工能力（教育水平）与员工建言的关系中发挥着显著的调节效应。另外，建设性变革责任感在3个自变量中对员工建言有着最强的预测效应，说明员工的组织责任感直接影响着员工的工作投入和组织承诺，高责任感的员工更愿意涉足员工建言这样的角色外行为。

（三）实践意义

在当前的工作环境下，企业大都过于强调对员工效率的追求，员工培训也只注重对员工专业知识和技能的培养。管理者认为员工只需执行命令，希望员工变得更加努力，但却忽视了员工参与、员工沟通环境的改善以及员工责任心的培养。这不仅不利于员工主动性的发挥，也为组织的未来管理埋下了隐患。由此，如何通过工作设计和员工培训来改善员工的工作环境、鼓励员工参与、提升员工的责任心应成为当前管理工作的一个重点。此外，从能力视角探讨员工的建言行为，不仅符合组织的基本诉求，同时也满足了组织管理实践的需要。从组织的诉求来说，管理者历来都期望有能力的员工能够发挥更大的组织功效，在组织中实现"能者多言"。但从组织的管理实践看，对核心员工的任用和激励一直是组织管理的一大难题。本研究从能力展现的视角，探索了如何在组织中实现"能者多言"。研究结果表明，员工所处的外部环境以及员工的责任心都影响着员工能力的展现和任用，这为日后的管理实践提供了指引和启示。

（四）研究的不足和未来研究展望

本研究的不足之处在于：①样本主要取自研发性团队，这在一定程度上有利于假设的验证，即研发团队中的员工建言更强调对能力的需求，但却限制了研究结果的推广和应用。由此，未来的研究应在不同属性团队中对研究假设进行验证。②采用了横截面的研究设计。由于在同一时间段上进行了数据的收集，因此，不能严格地评估变量间的因果关系。虽然员工能力、责任心、外部环境评价会影响员工的建言行为，但这个作用过程有一定的时间效应。由此，未来设计纵截面的研究是很有必要的。

今后的研究可考虑从以下两个方面推进：①采用更加清晰准确的员工能力概念衡量员工建言的预测效应。例如，最近新出现的员工建言自我效能概念描述了员工对自身建言能力以及建言成功性的认知。②随着对员工建言分类的细化，员工能力对不同类型员工建言的效应及边界条件也都值得进行深入分析。

参考文献

［1］李锐，凌文辁.上司支持感对员工工作态度和沉默行为的影响［J］.商业经济与管理，2010（5）：31-39.

［2］Zhou J., George J. M. When Job Dissatisfaction Leads to Creativity, Encouraging the Expression of Voice ［J］. Academy of Management Journal, 2001, 44 (4): 682-696.

［3］Gambarotto F., Cammozzo A. Dreams of Silence: Employee Voice and Innovation in a Public Sector Community of Practice ［J］. Innovation Management Policy and Practice, 2010, 12 (2): 166-179.

［4］Walumbwa F. O., Schaubroeck J. Leader Personlity Traits and Employee Voice Behaviors: Mediating Roles of Ethical Leadership and Work Group Psychological Safety ［J］. Journal of Applied Tended, 2009, 94 (5): 1275-1286.

［5］Lepine J. A., Van Dyne L. Voice and Cooperative Behaviors as Contrasting Forms of Contextual Performance: Evidence of Differential Relationships with Big Five Personglity Characteristics and Cognitive Ability ［J］. Journal of Applied Tended, 2001, 86 (2): 326-336.

［6］Van Dyne L., Lepine J. A. Helping and Voice Extra-role Behaviors: Evidence of Construct and Predictive Validity ［J］. Academy of Management Journal, 1998, 41 (1): 98-108.

［7］Dozier J. B., Miceli M. P. Potential Predictors of Whistle Blowing: A Prosocial Behavior Perspective ［J］. Academy of Management Review, 1985, 10 (4): 823-836.

［8］Detert J. R., Burris E. R. Leadership Behavior And Employee Voice: Is the Door Really Open? ［J］. Academy of Management Journal, 2007, 50 (4): 869-884.

［9］Ryan K. D., Oestreich D. K. Driving Fear Out of The Workplace: How to Overcome the Invisible Barriers To Quality, Productivity, and Innovation ［M］. San Francisco: Jossey-Bass, 1991.

［10］Detert J. R., Edmondson A. C. Implicit Voice Theories: Taken-For-Granted Rules of Self-Censorship at Work ［J］. Academy of Management Journal, 2011, 54 (3): 461-488.

［11］Nikolaou I., Vakola M., Bourantas D. Who Speaks Up at Work? Dispositional Influences on Employees' Voice Behaviors ［J］. Personnel Review, 2008, 37 (6): 4-14.

［12］Avery D. R. Personality as a Predictor of the Value of Voice ［J］. The Journal of Psychology: Interdisciplinary and Applied, 2003, 137 (5): 435-446.

［13］Edmondson A. Psychological Safety and Learning Behavior in Work Teams ［J］. Administrative Science Quarterly, 1999, 44 (2): 350-383.

［14］Liang J. Voice Behavior in Organizations: Scale Development, Psychological Mechanisms, and Cross-level Modeling ［D］. Hong Kong: The Hong Kong University of Science and Technology, 2007.

［15］Venkataramani V., Tangirala S. When and Why Do Central Employees Speak Up? An Examination of Mediating and Moderating Variables ［J］. Journal of Applied Psychology, 2010, 95 (3): 582-591.

［16］Fuller J. B., Marler L. E., Hester K. Promoting Felt Responsibility for Constructive Change and Proactive Behavior: Exploring Aspects of an Elaborated Model of the Work Design ［J］. Journal of Organizational Behaviors, 2006, 27 (8): 1089-1120.

［17］Luchak A. A. What Kind of Voice Do Loyal Employees Use? ［J］. British Journal of Industrial Relations, 2003, 41 (1): 115-134.

［18］Van Dyne L., Ang S., Botero I. C. Conceptualizing Employee Silence and Employee Voice as Multidimensional Constructs ［J］. Journal of Management Studies, 2003, 40 (6): 1359-1392.

［19］Overton W. F., Newman J. L. Cognitive Development: A Competence-Activation/Utilization Approach ［M］// Field T., Houston A., Quay H., et al. Review of the Human Development ［M］. New York: Wiley, 1982.

［20］ Datta D. K., Rajagopalan N. Industry Structure and CEO Characteristics: An Empirical Study of Succession Events［J］. Journal of Strategic Management Journal, 1998, 19（9）: 833–852.

［21］ Wiersema M. F., Bantel K. A. Top Management Team Demography and Corporate Strategic Change［J］. Academy of Management Journal, 1992, 35（1）: 91–121.

［22］ Fiol C. M., Lyles M. A. Organizational Learning ［J］. Academy of Management Review, 1985, 10（4）: 803–813.

［23］ Chao G. T., O'Leary-Kelly, A. M., Wolf S., et al. Organizational Socialization, Its Content and Consequences［J］. Journal of Applied Psychology, 1994, 79（5）: 730–743.

［24］ 廖建桥, 文鹏. 知识员工定义、特征及分类研究述评［J］. 管理学报, 2009, 6（2）: 277–283.

［25］ Dutton J. E., Ashford S. J., O'neill R. M., et al. Reading the Wind: How Middle Managers Assess the Context for Selling Issues to Top Managers［J］. Strategic Management Journal, 1997, 18（5）: 407–423.

［26］ Ashford S. J., Rothbard N. P., Piderit S. K., et al. Out on a Limb: The Role of Context and Impression Management in Selling Gender-equity Issues ［J］. Administrative Science Quarterly, 1998, 43（1）: 23–57.

［27］ Ed Mondson V. C. Organizational Surveys: A System for Employee Voice ［J］. Journal of Applied Communication Research, 2006, 34（4）: 307–310.

［28］ Tu Cker S., Chmiel N., Turner N., et al. Perceived Organizational Support for Safety and Employee Safety Voice: The Mediating Role of Coworker Support for Safety ［J］. Journal of Occupational Health tended, 2008, 13（4）: 319–330.

［29］ Culbert S. A. The Organization Trap and How to Get Out of It ［M］. New York: Basic Books, 1974.

［30］ Graham J. W. Principled Organizational Dissent: A Theoretical Essay ［M］// Staw B. M, Cummings L. L. Research in Organizational Behavior ［M］. GREENWICH: JAI Press, 1986.

［31］ Turnipseed D. L., Wilson G. L. From Discretionary To The Required: The Migration of Organizational Citizenship Behaviors ［J］. Journal of Leadership and Organizational Studies, 2009, 15（3）: 201–216.

［32］ Morrison E. W., Phelps C. C. Taking at Work: Extrarole Efforts to Initiate a Workplace Change ［J］. Academy of Management Journal, 1999, 42（4）: 403–419.

［33］ Eisenberger R., Armeli S., Rexwinkel B., et al. Reciprocation of Perceived Organizational Support. ［J］. Journal of Applied Psychology, 2001, 86（1）: 42–51.

［34］ Howanitz P. J., Valenstein P. N., Fine G. Employee Competence and Performance-based Assessment: A College of American Pathologists QProbes Study of Larboratory Personnel in 522 Institutions ［J］. Archives of Pathology and Laboratory Medicine, 2000, 124（2）: 195–202.

［35］ Mccartt A. T., Rohrbaugh J. Managerial Openness to Change and the Introduction of GDSS: Explaining Initial Success and Failure in the Decision Conferencing ［J］. Organization Science, 1995, 6（5）: 569–584.

［36］ Wijayanto B. R., Kismono G. The Effect of Job Embeddedness on Organizational Citizenship Behavior the Mediating Role of Sense of Responsibility ［J］. Gadjah Mada International Journal of Business, 2004, 6（3）: 335–354.

［37］ Hackman J. R., Oldham G. R. Work Redesign Reading ［M］. MA: Addision-Wesley, 1980.

［38］ Raudenbush S. W. HLM6: Hierarchical Linear and Nonlinear Modeling ［M］. Lincolnwood: Scientific Software International, 2004.

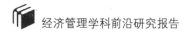
[39] Kish-Gephart J. J., Detert J. R., Trevi O. L. K., et al. Silenced by Fear: The Nature, Sources, and Consequences of Fear at Work [J]. Research in Organizational Behaviors, 2009, 29 (2): 163-193.

How Capable Employees Make Voice in the Organization？ A Contingency Model

Zhou Jian-tao　　Liao Jian-qiao

Abstract: Based on the competence activation theory, the present study examines how three antecedents (employee education level, perceived managerial openness, and felt responsibility for constructive change) collectively and interactively predict supervisory reports of employee voice behaviors. In a survey-based study of 357 employees nested within 67 workgroups, our results show that three antecedents (employee education level, perceived managerial openness, and felt responsibility for constructive change) all have significant effect on the employee voice. We also find that perceived managerial openness and felt responsibility for constructive change respectively moderated the relationships between the employee education level and employee voice, both perceived managerial openness and felt responsibility for constructive change can strengthen the positive effect of education level on the employee voice. Implications for research and practice are discussed.

Key Words: education level; perceived managerial openness; felt responsibility for constructive change; employee voice; competence activation theory

领导对员工参与知识管理过程的影响机制研究

——基于领导自我牺牲行为的视角 *

邹凌飞　张金隆　刘文兴

【摘　要】R&D 团队是企业知识管理的重要组织形式。本文从领导自我牺牲行为这一视角探讨了其对研发人员参与知识管理过程的影响及中介机制。本文运用结构方程模型方法，通过对来自 8 家企业 286 名研发人员样本的实证研究发现：R&D 团队中领导自我牺牲行为对员工参与知识管理过程有重要的影响，而组织认同正是这种影响的中介机制。此外，还发现知识管理过程中知识整合部分中介组织认同与知识创新之间的关系。

【关键词】领导自我牺牲行为；组织认同；知识整合；知识创新

一、引言

在知识经济时代，知识已经成为企业最为重要的资源之一。运用知识的能力是企业竞争优势的决定因素。激烈的竞争环境使得组织领导单凭个人能力和知识储备难以应付各种问题及挑战，迫切需要员工参与知识管理过程并提供智力支持。R&D 团队作为企业知识管理过程的第一线，其参与知识管理过程表现直接影响组织绩效与知识管理能力。由于知识管理的核心目的是充分挖掘员工的隐性和显性知识，在某种程度上会影响员工在企业中的价值，使得研发人员参与知识管理过程面临各种疑虑与风险，因此如何降低研发人员对知识管理的疑虑和风险，成为管理中广泛关注的话题。鉴于知识整合与创新在知识管理过程中的核心地位，本文着重探讨研发人员知识整合和知识创新的影响因素。

回顾过去知识管理的相关文献，学者主要关注人际、团队及组织等特征对员工参与知

---

* 本文选自《工业工程与管理》2013 年第 6 期。

识管理行为的影响，较少关注领导行为对知识管理活动的作用。由于领导行为对员工行为具有很强的影响力，最近几年学者们不断呼吁关注领导行为在知识管理领域的有效性。领导自我牺牲行为作为领导行为中的一种类型，在提高员工主动行为、组织公民行为方面非常有效。自我牺牲的领导为研发人员做出表率与榜样，可能会促进研发人员参与知识管理过程。然而，领导自我牺牲行为是否真的利于促进研发人员参与知识管理过程，学术界并没有给予明确的答案。因此，为了弥补相关研究的不足，本研究拟从领导视角出发探讨我国组织情境下 R&D 团队领导自我牺牲行为对研发人员参与知识管理过程的影响。

目前，学者们证实了领导自我牺牲行为有效性及对员工行为影响的边界条件，但忽略了对员工行为影响的作用机制。此外，领导自我牺牲行为可能促进员工参与知识管理过程，但简单地将领导自我牺牲行为与员工参与知识管理过程相联系是草率的。鉴于此，本文提出组织认同可以中介领导自我牺牲行为对员工参与知识管理过程的影响，其原因在于组织认同一方面被证实能够有效解释领导对员工行为的影响机制，另一方面在领导自我牺牲行为的情景中缺乏探讨。因此，本文尝试用组织认同理论解释领导自我牺牲行为对研发人员参与知识管理过程的影响。

二、研究假设

（一）领导自我牺牲行为与知识管理过程

领导自我牺牲行为是指领导致力于团队或者目标完成，而自愿采取可能带来个人风险的行为。从事自我牺牲行为的领导通常会忽视自己的利益，拒绝个人的舒适和安全，限制个人的特权，或者与下属同甘共苦。在组织情境中，领导自我牺牲行为表现在三个方面：①在权力使用上，领导放弃以权谋私，并投入个人关系与资源，为组织或者团体利益付出；②在劳动力分配上，领导自愿从事高风险、繁重的工作；③在奖励分配上，领导放弃或者推迟组织奖励。研究表明，领导自我牺牲行为对追随者具有很强的感染力，被认为是有效的领导方式。在这种感染力的引导下，追求者展现出更多组织公民行为与亲社会行为。但是，它与知识整合、知识创新的关系尚待进一步探讨。

知识管理是以知识为基础的管理活动，其中知识整合与知识创新处于关键地位。知识整合是整理、吸收、运用所获得知识的过程；知识创新指团队成员创造对新产品开发具有关键作用的各类知识。知识整合和知识创新都强调企业主管与员工对企业各类知识的认识和学习，并将其应用于组织各个地方，其核心目的是充分挖掘组织中隐性知识和显性知识，并创造新的知识，是知识经济在企业管理中的具体化过程。在这一过程中，领导发挥引导作用与激励作用，充分调动研发人员参与知识管理的积极性和创造性。因此，在知识管理过程中，领导发挥不可或缺的作用。如果 R&D 团队领导行为不当，反而会挫伤研发人员参与知识整合、知识创新的积极性。自我牺牲的领导明确了"集体及其相关目标和远景是值得奉献的"这一点，其反过来又引起研发人员相同的情绪反应，使他们变得非常积极地工作，并与领导共事，积极参与知识管理活动。同时，自我牺牲的领导为研发人员树立行为榜样与角色模范，鼓励研发人员为追求群体利益放弃个人利益，积极参与对组织有益处的管理活动，比如知识整合和知识创新。因此，我们可以提出以下假设：

H1a：领导自我牺牲行为对研发人员知识整合有正向影响；

H1b：领导自我牺牲行为对研发人员知识创新有正向影响。

（二）领导自我牺牲行为与组织认同

组织认同是指个体以组织成员的身份定义自我，从而归属于组织的一种感知。根据自我概念理论，LORD 等认为由于领导对员工拥有强大且持续的影响力，会影响员工的组织认同感，该观点也得到后续实证研究的支持。然而，关于领导行为与组织认同方面的研究，更多的是关注领导正面行为，如变革型领导。R&D 团队领导自我牺牲行为对研发人员组织认同影响如何？目前学者还没有给出强有力的解释。在集体中展示自我牺牲行为，领导者可以将组织、组织目标和利益显著地传达给研发人员，并使他们相信值得为集体而努力。集体形象的凸显和值得为集体努力的暗示有助于增进研发人员的归属感；同时，自我牺牲领导不贪图享受，不贪图功劳，不畏惧艰难，身先士卒，为研发人员树立行为榜样与角色模范，而这些行为有助于提高研发人员对组织的认同感。综合上文所述，可以提出以下假设：

H2：领导自我牺牲行为对研发人员的组织认同有正向影响。

（三）领导自我牺牲行为、组织认同与知识管理过程

领导自我牺牲行为对建立研发人员对组织认同具有重要的作用，自我牺牲领导的下属对组织表现出高度的认同。研发人员对组织的认同具体表现为：对组织目标和价值的认同、愿意为组织的利益付出相当额外的努力、强烈希望继续留在此组织。大多数研究认为，组织认同能够更好地预言员工的工作行为。高组织认同的研发人员比低组织认同的研发人员，表现出更多的工作倾向。高组织认同的研发人员从工作中获得更多的满足，把工作看作是实现个人需求的过程。并且，他们更愿意竭尽努力去实现组织的目标和价值，从而展现出较好的工作绩效。在现代组织中，知识整合和知识创新对组织长远发展发挥着重要作用。当研发人员对组织拥有高的认同感时，即个人目标与组织目标相一致时，研发人员参与知识管理的主动性越高。Nahapiet 和 Ghosha 指出，组织认同是影响员工整合和交换信息动机的重要来源。同时，Lipponen 等认为，员工对组织的认同感越强，员工越有可能被激发为改进工作而创造新的知识。因此，本文提出以下假设：

H3a：组织认同在领导自我牺牲行为与知识整合之间具有中介作用；

H3b：组织认同在领导自我牺牲行为与知识创新之间具有中介作用。

知识整合与知识创新在知识管理过程中处于核心地位，两者之间存在同一性或者密切

关系。Sivadas 等认为，组织无法实现知识创新的目标，其中最本质的原因是知识整合能力不足。为了持续增强研发人员知识创新能力，应当让研发人员意识到知识整合的重要性。由于知识整合涉及对现有知识的组合，知识整合成功的关键在于对现有知识的理解与把握。并且对现有知识的理解与把握有助于发现现有知识的问题与不足，进而有利于创造新的知识。朱秀梅等通过实证研究发现，知识整合对知识创新有显著的正面影响。由于上文已经论述了组织认同有助于提高员工参与知识整合、知识创新的积极性，因此，本文可以提出如下假设：

H4：知识整合对知识创新有正向影响；

H5：知识整合在组织认同与知识创新之间具有中介作用。

根据以上分析，本文提出如图 1 所示的研究模型。

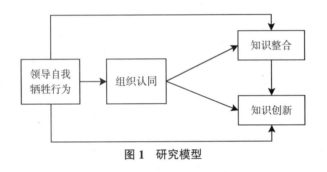

图 1　研究模型

三、研究方法

（一）研究对象与程序

我们在湖北省 8 家大型高科技设备制造企业开展了这项调查。近几年来，随着我国高科技设备制造业市场竞争的加剧，迫切需要 R&D 团队人员广泛参与知识管理过程。公司集团领导意识到知识管理的重要性，同时也意识到在实践中知识管理活动存在各种障碍，并认为有必要深入研究影响研发人员参与知识管理过程的因素。为此，我们得到集团公司高层的认可和帮助。在与一些研发人员交流过程中，发现 R&D 团队领导行为对研发人员行为有很大的影响，研发人员非常喜欢以身作则、自我牺牲式的领导，符合本文领导自我牺牲的行为特点。在具体调查程序上，我们通过 E-mail 方式与该企业的人力资源部门负责人联系，并将调查问卷以电子版形式传送给他，由他根据企业情况自行安排时间发放，在发放前对联络人进行简要培训，强调调查的匿名性和重要性，并将问卷统一寄回。为了避免共同方法偏差问题，调查分为两个阶段：第一阶段，研发人员评价领导自我牺牲行为与其组织认同的情况；第二阶段，研发人员自我报告参与知识管理过程的情况。

在收到问卷后，我们按照一定的标准进行了筛选，包括问卷填写信息完整程度、选项答案有无明显规律等。本调查从 2012 年 1 月开始，历时 1 个多月，共发放问卷 400 份，收回 312 份，有效问卷 286 份，有效回收率为 71.5%。其中，在员工性别上，男性占53%，女性占 47%，男女比例分布均匀；在年龄上，25 岁及以下占 22.4%，26~30 岁占20.3%，31~35 岁占 18.9%，36~40 岁占 18.9%，41 岁以上占 19.6%，总体上年龄分布比较均匀。教育程度上，大专及以下占 31.0%，本科占 34.9%，研究生及以上占 34.2%，总体上符合知识员工特征；在工龄上，1 年以下的员工占 22.4%，1~2 年的占 16.0%，2~3 年的占 17.8%，3~4 年的占 14.2%，4~5 年的占 17.1%，5 年及以上的占 12.5%。

（二）研究工具

本研究中的概念产生于西方文化，为了保证中国情境下这些量表测量的信度和效度，我们首先用标准的翻译、回译程序（Translation and Back Translation），以确保问卷所有题项在内涵上的精确性。我们每次正式调查之前，都将问卷先寄给所调查企业的人力资源经理，让他们对调查内容的合适度提供反馈。本次调查问卷的题项采取李科特 6 点制计分，从"1 完全不同意"到"6 完全同意"。

（1）领导自我牺牲行为。主要指领导为了实现组织目标，而自愿采用、承担一系列风险的行为。De Cremer 等在 Conger 和 Kanungo 的研究基础上提取领导自我牺牲行为测量题项，其 Cronbach's α 系数为 0.85，具有很高信度。因此，本文采用 De Cremer 等的测量量表，共有 3 个条目，例如，"在完成组织目标过程中，领导做出了很多牺牲"，"为了组织利益，领导勇于承担风险"。在本研究中该问卷的 Cronbach's α 系数为 0.962。

（2）组织认同。根据 Tajfel 的定义，组织认同主要指个体将自身定义为组织的成员，从而形成一种强烈的归属感。本文采用 Smidts 等的量表进行测量，共有 5 个测量条目，例如，"在公司工作我感觉很自豪"，"对公司我有强烈的归属感"，"我很高兴成为公司的一分子"，在本研究中该问卷的 Cronbach's α 系数为 0.879。

（3）知识整合。主要指组织成员在工作过程中整理、吸收、运用所获得知识的行为。本文采用韩维贺等的测量量表，共有 4 个测量条目，例如，"我会对常见问题的处理采用默认或约定俗成的方法"，"我会对以往工作教训和经验加以总结，形成规则或指令"。在本研究中该问卷的 Cronbach's α 系数为 0.736。

（4）知识创新。主要指组织成员为了促进新产品开发，创造各种关键知识的各种活动。结合新知识的概念，在 Yang 的测量量表基础上进行适当的修改，共有 4 个测量条目，例如，"为了保持在组织竞争中的优势，我会参与新的知识创造"，"在工作中，我会尽量引进新的知识"。在本研究中该问卷的 Cronbach's α 系数为 0.917。

（5）控制变量。根据知识管理以往的研究，员工的性别、年龄、教育程度、工龄等人口特征都作为重要的特征变量。在本研究中，将性别作为虚拟变量处理，男性为"1"、女性为"2"；年龄分为 25 岁及以下、26~30 岁、31 岁及以上 3 个类别；教育分为大专及以下、本科、研究生及以上 3 个类别；工龄分为 1 年以下不包括 1 年、1~2 年不包括 2 年、2~3 年不包括 3 年、3~4 年不包括 4 年、4~5 年不包括 5 年、5 年及以上六个类别。

（三）分析方法

为了检验主要变量的作用关系，我们使用了 Amos17.0 统计软件，对假设模型进行结构方程模型（SEM）的检验。根据 AndeRson 和 GeRbing 的建议和以往类似研究的做法，本研究对假设模型分析采取两个步骤。首先，采用验证性因子分析对测量变量进行区分效度检验；其次，采用结构方程模型分析，检验假设模型与数据的拟合程度。根据 Medske 等的建议，采用 χ^2/df、NFI、TLI、CFI 和 RMSEA 来说明模型的拟合情况，各指标的界值为：χ^2/df 大于 10 表示模型很不理想，小于 5 表示模型可以接受，小于 3 则表示模型较好；NFI、TLI、CFI 应大于或接近 0.90，越接近 1 越好；RMSEA 处于 0 和 1 之间，越接近 0 越好。

四、数据分析与结果

（一）变量相关性分析

我们对收回的 281 份问卷进行了变量相关性分析，表 1 提供了变量的均值、标准差与相关系数。从相关系数矩阵中可以看出，领导自我牺牲行为与组织认同显著相关，且为正向相关（r = 0.58，p < 0.01）；同时与知识整合（r = 0.18，p < 0.01）和知识创新（r = 0.22，p < 0.01）均显著相关，且为正向关系。这说明领导自我牺牲行为可能对此三种行为均有积极作用。组织认同与知识整合（r = 0.33，p < 0.01），知识创新（r = 0.32，p < 0.01）均显著相关，且为正向关系。这表明组织认同可能对知识整合和知识创新均有积极作用。知识整合与知识创新亦显著正向相关（r = 0.39，p < 0.01）。我们可以推测知识整合可能促进知识创新。因此，H1a、H1b、H2、H4 得到了初步的验证。

表 1 描述性统计与相关分析

	Mean	S. D.	1	2	3	4	5	6	7
1. 性别	1.47	0.50							
2. 年龄	2.93	1.44	0.01						
3. 学历	2.03	0.81	−0.06	−0.10					
4. 工龄	3.25	1.72	0.01	0.22**	−0.05				
5. 领导自我牺牲	4.82	1.20	−0.01	−0.01	0.01	−0.07			
6. 组织认同	4.56	0.90	−0.13*	−0.01	−0.05	−0.01	0.58**		
7. 知识整合	4.80	0.60	−0.05	0.03	0.03	0.05	0.18**	0.33**	
8. 知识创新	4.70	0.83	−0.05	0.01	−0.06	0.03	0.22**	0.32**	0.39**

注：* 表示 p < 0.05；** 表示 p < 0.01。

（二）结构模型比较

运用结构方程建模，我们进一步分析领导自我牺牲行为对知识整合以及知识创新的影响，并检验组织认同在其中的作用。表 2 给出了 6 个结构模型是嵌套模型（Nested Model）。模型 1 说明组织认同完全中介领导自我牺牲行为与知识整合、知识创新之间的关系，且知识整合影响知识创新；模型 2 说明组织认同部分中介领导自我牺牲行为与知识整合之间的关系，完全中介领导自我牺牲行为与知识创新之间的关系，且知识整合影响知识创新；模型 3 说明组织认同部分中介领导自我牺牲行为与知识创新之间的关系，完全中介领导自我牺牲行为与知识整合之间的关系，且知识整合影响知识创新；模型 4 说明组织认同部分中介领导自我牺牲行为与知识整合、知识创新之间的关系，且知识整合影响知识创新；模型 5 说明组织认同分别完全中介领导自我牺牲行为与知识整合、知识创新之间的关系，知识整合却不影响知识创新；模型 6 说明领导自我牺牲行为对组织认同、知识整合和知识创新分别产生直接影响。

表 2　结构方程模型拟合系数 [a,b]

结构模型	χ^2	df	$\Delta\chi^2$	χ^2/df	RSMEA	NFI	TLI	CFI	AIC
模型 1：LS→OI→KI；LS→OI→KC；KI→KC	130.8	100		1.31	0.03	0.96	0.99	0.99	202.79
模型 2：LS→OI→KI；LS→OI→KC；LS→KI；KI→KC	130.6	99	0.2[n.s]	1.32	0.03	0.96	0.99	0.99	204.59
模型 3：LS→OI→KI；LS→OI→KC；LS→KC；KI→KC	130.5	99	0.3[n.s]	1.32	0.03	0.96	0.99	0.99	204.51
模型 4：LS→OI→KI；LS→OI→KC；LS→KI；LS→KC；KI→KC	130.3	98	0.5[n.s]	1.33	0.03	0.96	0.99	0.99	206.26
模型 5：LS→OI→KI；LS→OI→KC	158.0	101	27.2[***]	1.56	0.05	0.95	0.98	0.98	228.04
模型 6：LS→OI；LS→KI；LS→KC	200.0	101	69.2[***]	1.98	0.06	0.94	0.96	0.97	270.01

注：a：测量模型与结构模型的 χ^2 值的显著性 $p \leqslant 0.01$；b：表中 LS 表示领导自我牺牲行为，OI 表示组织认同，KI 表示知识整合，KC 表示知识创新。* 表示 $p < 0.05$（$\chi^2(1) = 3.84$）；** 表示 $p < 0.01$（$\chi^2(1) = 6.63$），*** 表示 $p < 0.001$（$\chi^2(1) = 10.83$）。n.s.表示不显著。

由 $\Delta\chi^2$ 可知，模型 1~模型 4 和模型 5、模型 6 有显著不同，模型 1~模型 4 的拟合程度更优。其中，模型 5 与模型 1 显著不同（$\Delta\chi^2[1] = 27.2$，$p \leqslant 0.001$），而且各项拟合指标变弱，即说明知识整合影响知识创新；模型 6 与模型 1 显著不同（$\Delta\chi^2[1] = 69.2$，$p \leqslant 0.001$），而且各项拟合指标变弱（见表 2），即说明组织认同发挥中介效应。不过，在模型 2 中，领导自我牺牲行为与知识整合的路径系数不显著（$\beta = -0.019$，$p = 0.35 \geqslant 0.05$），并且 AIC 值高于模型 1；在模型 3 中领导自我牺牲行为与知识创新的路径系数不显著（$\beta = 0.028$，$p = 0.27 \geqslant 0.05$），并且 AIC 值高于模型 1；在模型 4 中，领导自我牺牲行为与知识整合、知识创新的路径系数都不显著（$\beta = -0.021$，$p = 0.33 \geqslant 0.05$；$\beta = 0.031$，$p = 0.26 \geqslant 0.05$），并且 AIC 值高于模型 1。根据节俭性原则，我们接受模型 1，主要变量之间的路径系数如图 2 所示。图 2 结果显示，领导自我牺牲行为对组织认同有显著的正面影响，组织认同完全中介领导自我牺牲行为与知识整合、知识创新之间的关系，知识整合部分中介组织认同与知识创新之间的关系。

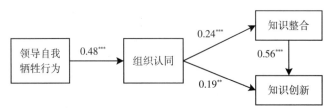

图 2　领导自我牺牲对知识整合、知识创新影响的路径

五、研究结论与建议

（一）研究结论与贡献

本文在中国情境中研究 R&D 团队领导自我牺牲行为对研发人员参与知识管理过程的影响，并且探讨组织认同的中介效应。首先，本文在文献基础上提出了一系列的假设。其次，领导自我牺牲行为、组织认同、知识创新的测量量表来自西方的研究文献，而知识整合测量量表来自中国的研究文献，为了证明各个测量变量在中国情境中具有区分效度，我们通过验证性因子分析了领导自我牺牲行为、组织认同、知识整合与知识创新之间的区分效度，数据结果显示这些变量具有良好的区分效度，适用于中国情境。最后，通过相关分析、结构方程检验相关假设，数据结果显示：①R&D 团队领导自我牺牲行为有助于培养研发人员对组织的认同感，促进其参与知识整合和知识创新；②组织认同感完全中介领导自我牺牲行为与知识整合之间的关系；③组织认同完全中介领导自我牺牲行为与知识创新之间的关系；④知识整合部分中介组织认同与知识创新之间的关系。本文的理论意义总结如下：

一方面，在促进研发人员参与知识管理活动上，领导自我牺牲行为是一种有效的领导行为。虽然过去大部分学者关注组织特征、团队特征、人际特征、组织文化以及动机因素等对知识管理活动的影响，但也有少数学者尝试解释领导行为与知识管理过程的关系。尽管领导自我牺牲行为在促进员工主动行为、组织公民行为方面非常有效，但其在知识管理领域是否依然有效，目前学者并没有给出有力的解释。本文研究结果表明，领导自我牺牲行为促进研发人员参与证实整合与知识创新，证实了领导自我牺牲行为对知识管理的价值，拓展了领导自我牺牲行为的应用范围；也更进一步证实了领导行为在知识管理领域的有效性。

另一方面，组织认同完全中介领导自我牺牲行为与知识整合、知识创新之间的关系。虽然有学者尝试解释领导自我牺牲行为对研发人员行为的影响边界条件，但对领导自我牺牲行为如何影响知识管理过程，学者没有给出解释。本文首次分析领导自我牺牲行为对知识管理过程的作用机制。研究结果表明，R&D 团队领导自我牺牲行为通过组织认同而影响研发人员知识整合与知识创新，而且知识整合在组织认同和知识创新之间具有部分中介作用。由此可见，领导自我牺牲行为对塑造研发人员对组织认同具有积极作用，而强烈的组织认同会在研发人员之间产生知识整合动机，从而促进其展现更多知识创新行为。对外部、内部动机的研究表明，外部动机导致短期行为，而内部动机则会引发长期行为。因此可以推出，由组织认同激发的知识整合、知识创新具有长周期效应。频繁的知识整合可以增加研发人员对现有知识的把握与理解，而知识创新又建立在对现有知识的把握与理解的基础上，故而，组织认同还能通过知识整合在一定程度上提升知识创新的能力。

本文的研究结论可以对我国企业的管理实践形成一定的启示。首先，研究结果显示，R&D 团队领导自我牺牲行为在知识管理领域发挥独特作用，它通过塑造研发人员对组织的认同感，进而促进其参与知识管理活动，如知识整合与知识创新。因此，高层管理者应该鼓励 R&D 团队领导发挥带头示范效应、身先士卒；同时高层管理者要建立研发团队领导不与研发人员争功、不与研发人员争利的文化氛围和制度；或者选拔 R&D 团队领导时，应该多注意自我牺牲行为比较多的研发人员。其次，本文研究结果显示组织认同是影响研发人员参与知识管理活动非常重要的条件。如果研发人员对组织的认同降低，其参与对组织有益处的活动程度也会随之降低。因此，管理者提高研发人员参与知识管理活动的积极性，重点在于培育员工对组织的认同感，让员工对组织产生归属感，减少顾虑和猜忌。最后，在创造知识方面，管理者要意识到知识管理基础活动的重要性，如知识整合。如果过度强调知识创新，忽略知识整合，知识创新可持续性面临挑战。因此，管理者要充分意识到知识整合的重要性，并构建良好知识整合平台与管理制度。

（二）研究局限以及未来研究方向

不可否认，我们的研究也存在一定的局限性。首先，我们采用的是横截面（Cross-section）研究设计。尽管我们从理论上构建了 R&D 领导自我牺牲行为与知识整合、知识创新的理论模型，但是这不能有效排除反向的因果关系。未来研究可以采取纵贯研究和实验法探讨领导自我牺牲行为、组织认同、知识整合以及知识创新之间的因果关系，或者采取双向互动机制。我们采用分阶段收集数据的方法至少可以克服同源方差（Common Method Variance）可能带来的问题。其次，本研究只是关注领导自我牺牲行为对个体层面的影响，忽略对团队层面的影响，尤其在分析的时候，忽视了团队因素的影响，因此，未来研究一方面需要关注团队因素可能对个体行为的约束作用，另一方面需要关注领导自我牺牲行为对团队心理、过程、行为及结果的影响，甚至可以关注领导自我牺牲行为对个体层面与团队层面影响的差异性，这有助于我们深刻理解领导自我牺牲行为的有效性及其作用机制。

参考文献

[1] 韩维贺，李浩，仲秋雁. 知识管理过程测量工具研究：量表开发、提炼与检验 [J]. 中国管理科

学，2006，14（5）：128-136.

［2］Ndlela L. T., du Toit A. S. A. Establishing a knowledge management program for competitive advantage in the an Enterprise ［J］. International Journal of Information Management, 2001, 21（2）：151-165.

［3］Yang J. Knowledge integration and innovation：Securing new product advantage in high technology industry ［J］. Journal of High Technology Management research, 2005, 16（1）：121-135.

［4］Wang S., Noe R. A. Knowledge sharing：A review and directions For future research ［J］. Journal of Human Resource Management Review, 2010, 20（2）：115-131.

［5］Krogh G., Nonaka I., Rechsteiner L. Leadership in Organizational knowledge creation：A review and framework ［J］. Journal of Management Studies, 2012, 49（1）：240-277.

［6］张可军，廖建桥，张鹏程. 变革型领导对知识整合影响：信任为中介变量 ［J］. 科研管理，2011, 23（3）：150-158.

［7］De Cremer D., van Knippenberg D. Leader self-sacrifice and Leadership effectiveness：The moderating role of leader self-confidence ［J］. Organizational behaviors and Human Decision Processes, 2004, 95（2）：140-156.

［8］De Cremer D., Mayer D. M., Schouten B. C., et al. When does self-sacrificial Leadership motivate prosocial behaviors？It depends on followers'prevention focus ［J］. Journal of Applied Psychology, 2009, 94（4）：887-899.

［9］De Cremer D. Affective and motivational consequences of leader of self-sacrifice：The moderating effect of autocratic leadership ［J］. Leadership Quarterly, 2006, 177（1）：79-93.

［10］De Cremer D., van Knippenberg D., van Dijke M., et al. Self-sacrificial leadership and followers self-esteem：When collective identification matters ［J］. Group Dynamics：Theory, Research, and Practice, 2006, 10（3）：233-245.

［11］van Knippenberg D., van Knippenberg B., De Cremer D., et al. Leadership, self, and identity：A review and research agenda ［J］. Leadership Quarterly, 2004, 15（6）：825-856.

［12］Ashforth B. E., Harrison S. H., Corley K. G. Identification in Organizations：An examination of four fundamental questions ［J］. Journal of Management, 2008, 34（3）：325-374.

［13］沈伊默. 从社会交换的角度看组织认同的来源及效益 ［J］. 心理学报，2007, 39（5）：918-925.

［14］Kark R., Shamir B., Chen G. The two faces of transformational leadership：Empowerment and dependency ［J］. Journal of Applied Psychology, 2003, 88（2）：246-255.

［15］Walumbwa F. O., Avolio B. J., Zhu W. How transformational leadership weaves its influence on individual job performance：The role of identification and efficacy beliefs ［J］. Personnel Psychology, 2008, 61（4）：793-825.

［16］Choi Y., Mai-Dalton R. R. The model of followers'responses to The self-sacrificial leadership：An empirical test ［J］. The leadership Quarterly, 1999, 10（3）：397-421.

［17］Choi Y., Yoon J. Effects of leaders " self-sacrificial behavior and competency on followers" attribution of charismatic leadership among Americans and Koreans ［J］. Journal of Current Research in Social Tended, 2005, 11（5）：51-69.

［18］Zahra S. A., Ireland R. D., Gutierrez I., et al. Privatization and Entrepreneurial transformation：Emerging issues and a future research agenda ［J］. Academy of Management Review, 2000, 25（3）：509.

［19］Farrell J. B., Flood P. C., MacCurtain S., et al. CEO leadership top team trust and the combination and the exchange of information [J]. Irish Journal of Management, 2005, 26 (1): 22–40.

[20] Tajfel H., Turner J. H. The Social of Identity Theory of Intergroup Behaviour [M]// In S.Worchel, G., Austin (Eds.). Psychology of Intergroup Relations [M]. Chicago: Nelson, 1986.

[21] Lord R. G., Brown D. J. Leadership, values, and subordinate self –concept [J]. Leadership Quarterly, 2001, 12 (2): 133–152.

[22] van Dick R., Hirst G., Grojean M. W., et al. The relationship between leader and follower organizational identification and implications for follower attitudes and behaviors [J]. Journal of Occupational and Organizational Psychology, 2007, 80 (1): 133–150.

[23] Conger J. A., Kanungo R. Toward A behavioral Theory of Charismatic leadership in organizational Settings [J]. Journal of the Academy of Management Review, 1987, 12 (4): 637–647.

[24] Conger J. A., Kanungo R. Charismatic leadership in Organizations [M]. Thousand Oaks, CA: Sage Publications, 1998.

[25] Johnson R. E., Chang C. H., Yang L. Q. Commitment and motivation at work: The relevance of employee identity and regulatory focus [J]. Academy of Management Review, 2010, 35 (2): 226–245.

[26] Olkkonen M. E., Lipponen J. Relationships between organizational justice, identification with organization and the work unit, and the group–related outcomes [J]. Organizational behavior and Human Decision Processes, 2006, 100 (2): 202–215.

[27] Carmeli A., Gilat G., Waldman D. A. The role of perceived Organizational performance in organizational identification, adjustment and job performance [J]. Journal of Management Studies, 2007, 44 (6): 972–992.

[28] Ravishankar M. N., Pan S. L. The influence of organizational identification on organizational knowledge management [J]. Omega, 2008, 36 (2): 221–234.

[29] Nahapiet J., Ghoshal S. Socialcapital, intellectual capita land the organizational advantage [J]. Academy of Management review, 1998, 23 (2): 242–266.

[30] Lipponen J., Helkama K., Olkkonen M., et al. Predicting the The company profiles of organizational identification [J]. Journal of Occupational and Organizational Psychology, 2005, 78 (1): 1–17.

[31] Sivadas E., Dwyer, F. R. An examination of organizational factors influencing new product success in internal and alliance–based processes [J]. Journal of Marketing, 2000 (64): 31–49.

[32] 朱秀梅, 于旭, 卢青伟. 新产品开发团队特征对知识管理过程的影响研究 [J]. 图书情报工作, 2011, 55 (14): 103–106.

[33] Smidts A., Pruyn A., Th H., et al. The impact of employee communication and perceived external prestige on organizational identification [J]. Academy of Management Journal, 2001, 49 (5): 1–14.

[34] Anderson J. C., Gerbing D. W. Structural equation modeling in practice: A review and recommened two step approach [J]. Psychological Bulletin, 1988, 103 (3): 411–423.

[35] Medsker G. J., Williams L. J, Holahan P. J. A review of the current practices for evaluating causal models in organizational behavior and human resources management research [J]. Journal of Management, 1994, 20 (2): 439–464.

[36] Burnham K. P., Anderson D. R. Model selection and multimodel inference: A practical information-theoretic approach [M]. New York: Springer Verlag, 2002.

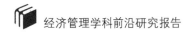

Research on the Influence Mechanism between LeadeRship, Self-sacrificing Behaviors and Knowledge Management Process in R&D Team

Zou Ling-fei   Zhang Jin-long   Liu Wen-xing

Abstract: R&D team is an important organization form in the enterprise knowledge management. In this paper, we explore the effect and the mediation mechanism of leadership self-sacrificing on research, the staff's participation in knowledge management process. Applying SEM methods and analyzing the data from 286 research staffs in 8enterprises, we find that the leadership self-sacrificing plays an important role in staff's participate in knowledge management process, and organizational identification would mediate this relationship. We also find that knowledge integration is a partial mediator between the relation of organization identification and knowledge innovation.

Key Words: leadership self-sacrificing behavior; organization identification; knowledge integration; knowledge innovation

中国新生代员工工作价值观代际
差异实证研究*

尤　佳　孙遇春　雷　辉

【摘　要】本文利用来自国内各行业 866 个员工的样本，用多元协方差分析对中国职场关于工作价值观的代际差异及新生代内部差异进行了分析。结果表明：中国职场的休闲价值观、外在价值观及内在价值观随代际发展稳步上升，新生代显著高于文革代，且新生代内部 90 后显著高于 80 后；在社会价值观和利他价值观上，新生代与文革代无显著差异，新生代内部也无显著差异；并由此提出了管理策略。

【关键词】新生代；工作价值观；代际差异；多元协方差分析

一、引言

　　Mannheim 是最早关注代际问题的社会学家。他指出"代"不是一个"具体的团队"，而是一种"社会位置"，这一位置使同一代人分享特定重大历史事件或生活经历，形成特有的性格特征和价值观。对一个国家而言，代际差异决定了各代群在传统观念、信念、心理和行为等方面的差异和冲突，将传统社会价值观带入更高级的内容和形式之中，决定一个国家社会文化的发展方向。对一个企业而言，代际差异是促进工作场所代群和谐共存，特别是吸引、留住以及管理新生代员工的必备知识，并且新生代员工是未来企业的中流砥柱，与企业的发展与命脉休戚相关。

　　工作价值观是人们认为应该获得及渴望得到的工作结果，对员工的态度和行为、员工工作场所喜好的感知及工作决策产生重要影响。虽然已经有一些关于代际工作价值观差异的文献，但大量研究集中在新生代之前代群间的差异，或者是对某些特殊群体，例如，农

---

　　* 本文选自《软科学》2013 年第 6 期。

民工的代际差异研究，以新生代员工为研究对象的文献很少。此外，以中国职场为研究背景的文献更是稀少。本文利用中国职场两代员工的数据，采用多元协方差分析（Mancova）对文革代（the Cultural Revolution，1966-1979）与新生代（the New Generation，又称改革开放代，the Social Reform，1980-2000），以及新生代内部"80后"（1980~1989 年）和"90后"（1990~2000 年）之间的工作价值观差异进行了研究。

二、文献回顾与研究问题提出

（一）休闲价值观（Leisure Value）

人们传统印象中，文革代"为了工作而生活"，而新生代却"为了生活而工作"。与此相一致，一项调研显示高达 67% 的新生代员工不愿为了工作而牺牲节假日休息，并将新生代描述成"寻找工作、生活平衡"并且"喜欢非正式"。文革代因父辈们是被社会耽搁的一代，希望通过努力弥补上代人不曾获得的价值实现，从小将职业看得很重；但是新生代员工喜欢弹性的、工作地点自由的，并且在小孩需要抚养时可以暂时转成兼职的工作。Chao 指出"工作生活平衡"是新生代员工最重要的价值观，也有研究发现新生代员工的自由价值观最高。

另外，个人主义随代际不断上升暗示了新生代可能更重视工作，因为工作成就很大程度上是一种个人主义目标。此外，相比文革代，新生代面临更激烈的社会竞争，承受巨大的就业、买房以及赡养老人等压力。因此，也有人认为新生代可能不会像前几代那样重视休闲价值观。综上所述，学术界对这个问题研究不足，难以提出假设，因此提出研究问题 1。

研究问题 1：中国职场，文革代和新生代在休闲价值观上是否存在显著差异？新生代的休闲价值观是怎样的？

（二）外在价值观（Extrinsic Value）

外在价值观如薪酬、物质及声望，是激励人们努力工作的重要因素。各代群的不同人生经历可能影响每一代的外在价值观。例如，经历过物资匮乏的文革代可能更重视物质利益。但也有研究发现，新生代拥有更高的个人主义和物质主义价值观。例如，Cennamo 和 Gardner 比较了 1976 年和 2006 年两组员工样本，30 年中，经济目标、地位和声誉的重要性越来越高，意味着外在价值对年轻代群更重要。

文革代较现实，可能更看重金钱和物质。因为这一代出生于"文革"时期，随着国家拨乱反正，工作重心由阶级斗争转向经济建设，他们的人生观和价值观逐渐由理想主义转向现实主义，压抑许久的物质欲望被激发，开始重视职业发展。

新生代员工所面临的就业、家庭和生活压力越来越大，因此，会计师事务所、投资银行、证券公司这些高收入、高强度、高压力的工作成为新生代毕业生热捧的职业，年轻员工可能更重视工作的外部报酬。但考虑到新生代员工亲眼目睹父母努力工作，在家的时间很少，他们也可能更重视家庭，认为生活比工作更重要，导致新生代外在价值观更低。且有文献指出，新生代更追求内心的快乐，更重视有趣的工作，而不只是金钱。尽管有这么多证据，但之前的研究没有直接检验中国职场代际外在价值观差异的文献，相应的所有假设都只是推测。因此，提出研究问题2：

研究问题2： 中国职场，文革代和新生代在外在价值观上是否存在显著差异？新生代的外在价值观是怎样的？

（三）内在价值观（Intrinsic Value）

内在价值观指个体重视工作本身的激励因素，而非外部或者物质激励。一份工作本身很有趣，赋予多样性和责任，提供挑战的机会，能够及时让员工获知所作所为的结果，对他人施加影响力，都是内部激励。新生代员工更注重过程，认为过程中的奋斗与坚持、失败与挫折、体验与感动相比结果更加重要，说明他们更重视工作本身的意义，而非外在报酬。一些企业也认同这一观点。例如，组织提供培训不再仅仅为了满足最低的工作需求，培训被设计成帮助员工发挥其最大潜能的工具。但是个人主义特征和正向自我评价在代群中的稳步上升，意味着新生代员工也可能选择令他们产生兴趣，并带来更多利益的工作。考虑到学术界对这个问题研究有限，任何假设只能是纯粹推测。因此提出研究问题3。

研究问题3： 中国职场，文革代和新生代在内在价值观上是否存在显著差异？新生代的内在价值观是怎样的？

（四）利他价值观（Altruistic Value）

利他价值观指个人可以通过帮助他人或参与社会服务等方式获得激励。个人主义，甚至自恋等性格特征在代际间不断上升表明新生代对利他工作回报并不感兴趣。但也有研究表明，新生代员工对志愿者和公益服务等活动更感兴趣，因此，很多企业引入了志愿者项目，允许员工在上班时间进行志愿者服务，这些证据又暗示新生代员工似乎拥有更高的利他价值观。在中国情境下，新生代是否确实比文革代拥有更高的利他价值观并没有得到实证检验。因此，提出研究问题4。

研究问题4： 中国职场，文革代和新生代在利他价值观上是否存在显著差异？新生代的利他价值观是怎样的？

（五）社会价值观（Social Value）

社会价值观指个体可以通过归属感或者与某组织的关联获得内部激励，这种内部激励也包含在大多数需求理论之中。性格数据显示新生代员工更外向，更喜欢外出，但集体主义价值观和社会认同度低于前一代。虽然社区网站的出现，给人以"新生代常常有归属和认同需要"的印象，但是实证文献却否认了这种印象。例如，与1985年的员工相比，2004

年的员工中，更少人拥有可以倾诉的朋友。因此，虽然一些证据证明了新生代应该有更高的社会价值观，但是另一些证据却否定了这一判断，据此提出研究问题5。

研究问题5：在中国职场，文革代和新生代在社会价值观上是否存在显著差异？新生代的社会价值观是怎样的？

综上所述，提出本文的研究框架，如图1。

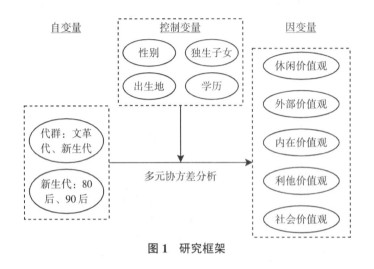

图1 研究框架

三、研究设计

（一）变量度量

1. 工作价值观

本文从"休闲价值观、外在价值观、内在价值观、利他价值观和社会价值观"五个构念出发，在经典24项WVQ（Work Value Questionnaire）问卷和Herzog的价值观量表基础上结合中国国情进行修改，设计出工作价值观问卷，共包括37个项目。在取得调查数据后，经过探索性因子分析（EFA）和验证性因子分析（CFA），从最初的37个工作价值观项目中挑选出30个项目作为对工作价值观的测量。这30个项目可归于5个因子：休闲价值观（4个项目）、外在价值观（6个项目）、内在价值观（7个项目）、利他价值观（3个项目）、社会价值观（10个项目）。随后的信度、效度检验也表明，工作价值观量表具有可以接受的信度和效度。

2. 代群

本研究采用Egri和Ralston对中国职场的划分，目前中国职场共有三代人，即建设代

（the Consolidation，1949–1965）、文革代和新生代，其中建设代中已有相当一部分员工退出职场，本文不做详细研究。对代群划分及新生代内部划分采用虚拟变量处理，文革代为"1"，新生代为"2"；新生代内部，80后为"3"，90后为"4"。

3. 控制变量

将性别、是否为独生子女、出生地以及学历作为控制变量，以检验代群因素对工作价值观的影响程度。其中，对性别和是否为独生子女分别进行虚拟变量处理，男性为"1"，女性为"2"；非独生子女为"1"，独生子女为"2"；调研共获取19个省份和直辖市的出生地数据，依据地域邻近、文化类似的原则分为4个虚拟变量，江苏、浙江和上海为"1"，安徽、河南、江西、陕西、山东和山西为"2"，湖南、河北、湖北、四川、广西、海南为"3"，辽宁、新疆、乌鲁木齐、黑龙江为"4"；学历分为4个等级，大专以下为"1"，大专和本科为"2"，硕士为"3"，博士为"4"。

（二）样本选取与数据收集

本次调研共邀请30家企业以及政府部门的1523位员工参与。问卷通过网上问卷的方式收集，每份问卷20分钟左右完成。在获得员工同意后，笔者将网上问卷链接以邮件方式发给参与企业及机关的相关联络人，由这些联络人将问卷派发给员工。数据收集时间从2012年2月至2012年5月。共回收问卷1005份（66%），其中139份问卷超过15%的缺失值，因此被删除，最终获得有效问卷866份（57%）。

样本的描述性统计表明，女性占57%；参与者以新生代员工为主（63%），新生代内部以80后为主（45%）；员工学历以本科为主（51%），其次是硕士（28%），大专以下占16%，博士占5%。调查所属行业方面，以服务业（30%）和制造业（24%）居多，19%来自信息业，13%来自建筑业，11%来自政府部门，3%来自其他行业。

四、结果与分析

变量的信度以Cronbach's α系数检验，结果表明，Cronbach's α值均大于0.7达到高信度，问卷具有较好的内部一致性（见表1~表5）。效度从内容效度和结构效度两方面检验，分别对应探索性因子分析和验证性因子分析。将866个样本数据随机地均分为两部分：第一部分433个样本数据用于问卷概念的探索性因子分析，第二部分433个样本数据用于各概念的验证性因子分析，总体866个样本用于研究问题的分析。

（一）探索性因子分析

为了检验变量的结构效度，本文使用SPSS16.0对变量进行探索性因子分析，采用迭代式多轮主成分因子分析法，并采用方差最大化正交旋转，分析结果具体见表1~表5。所有变量均通过 Bartlett 球形检验（P<0.000），KMO（取样适当性数量）均值在 0.7 以上，说明数据基本符合因子分析的条件，具有较好的结构效度。

表1　休闲价值观变量的探索性因子分析和验证性因子分析的载荷矩阵及信度分析结果（N = 433）

取样适当性量数：0.720 累积解释方差量：59.11%	探索性因子负载	验证性因子负载	Cronbach's Alpha
弹性福利（福利以适合自己的方式 给予，如汽车，人寿保险，消费券等）	0.797	0.527	
自治，个人自由	0.742	0.691	0.726
福利（假期、病假、退休金、保险）	0.773	0.429	
独立的工作方式	0.763	0.505	

表2　外在价值观变量的探索性因子分析和验证性因子分析的载荷矩阵及信度分析结果（N = 433）

取样适当性量数：0.768 累积解释方差量：56.51%	探索性因子负载	验证性因子负载	Cronbach's Alpha
工作成就（个人成功）	0.723	0.657	
工作地位（拥有一份他人看来 地位很高的工作）	0.740	0.626	
职位升迁的机会和实现	0.683	0.672	
能够参与决策	0.763	0.521	0.786
资源（获得工作所需的各种 先进的仪器设备）	0.783	0.559	
薪酬（一份与绩效挂钩的、具有 竞争力的薪水，或者快速提升）	0.720	0.649	

表3　内在价值观变量的探索性因子分析和验证性因子分析的载荷矩阵及信度分析结果（N = 433）

取样适当性量数：0.754 累积解释方差量：52.26%	探索性因子负载	验证性因子负载	Cronbach's Alpha
在工作团队内具有影响力	0.767	0.952	
在整个组织内具有影响力	0.773	0.899	
对自己的工作目标和责任很清晰	0.716	0.568	
在工作中发挥自己的能力和知识	0.721	0.628	0.801
能够经常收到关于自己工作结果的反馈	0.672	0.563	
责任（被鼓励对工作结果负责任）	0.657	0.539	
工作兴趣（做个人非常感兴趣的工作）	0.658	0.521	

表4　利他价值观变量的探索性因子分析和验证性因子分析的载荷矩阵及信度分析结果（N = 433）

取样适当性量数：0.762 累积解释方差量：61.33%	探索性因子负载	验证性因子负载	Cronbach's Alpha
对社会有贡献	0.743	0.549	
工作可以直接帮助别人	0.654	0.530	0.784
为他人服务的工作，能够令他人满意	0.782	0.654	

表 5　社会价值观变量的探索性因子分析和验证性因子分析的载荷矩阵及信度分析结果（N = 433）

取样适当性量数：0.898 累积解释方差量：60.7%	探索性因子负载	验证性因子负载	Cronbach's Alpha
与下属的关系	0.815	0.732	
管理者尊重（尊重你的工作技能和工作投入）	0.809	0.734	
和谐（所在组织内部、各部门间关系和谐）	0.740	0.645	
与同事的工作关系	0.812	0.715	
上司（一个公正、考虑周到的老板）	0.819	0.530	
工作表现得到认可	0.784	0.640	0.89
有尊严（作为一个普通人和普通员工而受到尊重）	0.763	0.609	
公平（同等工作表现的员工获得类似的报酬）	0.721	0.536	
人力资源支持（能够获得有效的选拔和评估）	0.739	0.526	
有机会认识形形色色的人，并与他们交流	0.725	0.579	

（二）验证性因子分析

用剩下的 433 个样本进行验证性因子分析，相关变量的负载矩阵见表 1~表 5。

（1）休闲价值观。休闲价值观的 1 因子结构能较好地拟合样本数据（$\chi^2 = 20.465$，df = 7，CFI = 0.972，TLI = 0.917，IFI = 0.978，RMSEA = 0.067）。

（2）外在价值观。外在价值观的 1 因子结构能较好地拟合样本数据（$\chi^2 = 32.541$，df = 9，CFI = 0.960，TLI = 0.939，IFI = 0.961，RMSEA = 0.073）。

（3）内在价值观。内在价值观的 1 因子结构能较好地拟合样本数据（$\chi^2 = 39.638$，df = 13，CFI = 0.959，TLI = 0.932，IFI = 0.960，RMSEA = 0.088）。

（4）利他价值观。利他价值观的 1 因子结构能较好地拟合样本数据（$\chi^2 = 17.392$，df = 6，CFI = 0.968，TLI = 0.903，IFI = 0.968，RMSEA = 0.078）。

（5）社会价值观。社会价值观的 1 因子结构能较好地拟合样本数据（$\chi^2 = 49.183$，df = 17，CFI = 0.907，TLI = 0.942，IFI = 0.909，RMSEA = 0.054）。

综上所述，相关变量的因子负载均大于 0.5，因子结构清晰，且各概念验证性因子分析的各项指标均符合最基本要求，可以进行下一步各研究问题的分析。

（三）研究问题验证

利用 SPSS 16.0 对 866 个样本进行多元协方差分析，对提出的 5 个研究问题进行分析。

1. 研究问题一

从表6和图2可知，在中国职场，文革代（M = 4.737）和新生代员工（M = 4.933）在休闲价值观（F = 3.938，P < 0.05）上存在显著差异。新生代对休闲的要求更高，前者认为弹性福利政策（F = 6.786，P < 0.05）和自治、个人自由（F = 5.999，P < 0.05）显著更重要。

另外从表7和图2可知，新生代内部在休闲价值观（F = 7.318，P < 0.01）上也存在显著差异，且90后（M = 4.993）对于休闲的要求显著高于80后（M = 4.735）。例如，90后对于弹性福利（F = 8.083，P < 0.001）的要求更高，认为自治和个人自由（F = 6.454，P < 0.01）更重要。

表 6　中国员工工作价值观代际差异多元协方差分析

因变量	文革代 M	新生代 M	文革代 SD	新生代 SD	新生代 vs. 文革代 F
休闲价值观	4.737	4.933	0.69	0.662	3.938*
弹性福利（福利以适合自己的方式给予，如汽车，人寿保险，消费券等）	4.375	4.807	1.229	0.972	6.786*
自治，个人自由	4.857	5.179	1.069	0.805	5.999*
福利（假期、病假、退休金、保险）	5.161	5.144	0.781	0.79	0.188
独立的工作方式	4.554	4.604	1.077	0.979	0.610
外在价值观	4.393	4.662	0.641	0.676	7.669**
工作成就（个人成功）	4.232	4.958	1.044	0.863	34.200***
工作地位（拥有一份他人看来地位很高的工作）	3.839	4.214	1.041	1.003	6.743*
职位升迁的机会和实现	3.839	4.937	1.247	0.811	50.086***
能够参与决策	4.018	4.625	1.087	0.886	21.490***
资源（能获得工作所需的各种先进的仪器设备）	4.625	4.765	0.906	0.887	1.648
薪酬（一份与绩效挂钩的、具有竞争力的薪水，或者快速提升）	5.089	5.046	0.837	0.881	0.443
内在价值观	4.476	4.764	0.695	0.656	9.694**
在工作团队内具有影响力	4.089	4.667	1.100	0.959	14.723***
在整个组织内具有影响力	4.054	4.600	1.052	0.954	14.890***
对自己的工作目标和责任很清晰	4.839	4.968	0.910	0.811	1.600
在工作中发挥自己的能力和知识	5.107	5.442	0.802	0.756	6.076*
能够经常收到关于自己工作结果的反馈	4.518	4.797	0.972	0.852	4.503*
责任（被鼓励对工作结果负责任）	4.804	5.158	0.796	0.8	10.136**
工作兴趣（做个人非常感兴趣的工作）	4.929	5.060	1.024	0.953	0.798
利他价值观	5.058	5.181	0.713	0.636	1.361
对社会有贡献	4.429	4.491	1.126	0.955	1.165
工作可以直接帮助别人	4.946	5.014	0.903	0.888	0.765
为他人服务的工作，能够令他人满意	5.161	5.228	0.848	0.792	0.828
社会价值观	5.057	5.256	0.597	0.588	2.668
与下属的关系	4.929	5.218	0.871	0.810	3.686
管理者尊重（尊重你的工作技能和工作投入）	5.125	5.295	0.764	0.705	1.866

因变量	文革代 M	新生代 M	文革代 SD	新生代 SD	新生代 vs. 文革代 F
和谐（所在组织内部、各部门间关系和谐）	5.089	5.211	0.815	0.825	0.753
与同事的工作关系	5.161	5.267	0.733	0.956	0.059
上司（一个公正、考虑周到的老板）	5.268	5.295	0.726	0.799	0.004
工作表现得到认可	5.054	5.281	0.733	0.711	3.399
有尊严（作为一个普通人和普通员工而受到尊重）	5.304	5.467	0.711	0.743	1.821
公平（同等工作表现的员工获得类似的报酬）	5.107	5.397	0.985	0.805	3.334
人力资源支持（能够获得有效的选拔和评估）	4.643	4.874	0.98	0.887	2.332
有机会认识形形色色的人，并与他们交流	4.161	4.909	1.187	0.871	29.236***

注：* 表示 P < 0.05，** 表示 P < 0.01，*** 表示 P < 0.001；控制变量：性别，独生子女，出生地，学历。

表7 新生代内部工作价值观差异多元协方差分析

因变量	80后 M	90后 M	80后 SD	90后 SD	80后 vs. 90后 F
休闲价值观	4.735	4.993	0.731	0.629	7.318**
弹性福利（福利以适合自己的方式给予，如汽车，人寿保险，消费券等）	4.485	4.904	1.011	0.941	8.083***
自治，个人自由	4.970	5.242	0.859	0.779	6.454**
福利（假期、病假、退休金、保险）	5.030	5.178	0.822	0.778	1.405
独立的工作方式	4.455	4.648	0.964	0.981	2.563
外在价值观	4.576	4.688	0.669	0.678	5.201**
工作成就（个人成功）	4.985	4.950	0.712	0.905	17.066***
工作地位（拥有一份他人看来地位很高的工作）	4.182	4.224	0.991	1.009	3.776*
职位升迁的机会和实现	4.667	5.018	0.847	0.784	28.822***
能够参与决策	4.485	4.667	0.932	0.869	12.327***
资源（能获得工作所需的各种先进的仪器设备）	4.636	4.804	0.922	0.874	2.718
薪酬（一份与绩效挂钩的、具有竞争力的薪水，或者快速提升）	5.000	5.059	0.744	0.919	0.240
内在价值观	4.670	4.783	0.668	0.653	5.683**
在工作团队内具有影响力	4.546	4.703	0.948	0.962	8.007***
在整个组织内具有影响力	4.364	4.671	1.017	0.925	10.878***
对自己的工作目标和责任很清晰	4.970	4.968	0.679	0.848	0.798
在工作中发挥自己的能力和知识	5.152	5.251	0.749	0.805	1.101
能够经常收到关于自己工作结果的反馈	4.773	4.804	0.873	0.847	2.245
责任（被鼓励对工作结果负责任）	5.000	5.206	0.823	0.789	6.736**
工作兴趣（做个人非常感兴趣的工作）	4.894	5.110	0.879	0.971	3.095*
利他价值观	5.049	5.220	0.608	0.640	2.465
对社会有贡献	4.652	4.443	0.903	0.967	0.844
工作可以直接帮助别人	4.985	5.023	0.813	0.911	0.683
为他人服务的工作，能够令人满意	5.288	5.489	0.651	0.780	3.709*

续表

因变量	80后 M	90后 M	80后 SD	90后 SD	80后 vs. 90后 F
社会价值观	5.101	5.302	0.599	0.578	2.723
与下属的关系	4.955	5.297	0.793	0.801	2.248*
管理者尊重（尊重你的工作技能和工作投入）	5.152	5.338	0.707	0.701	1.973
和谐（所在组织内部、各部门间关系和谐）	5.000	5.274	0.911	0.789	2.586
与同事的工作关系	4.985	5.352	0.754	0.790	3.280*
上司（一个公正、考虑周到的老板）	5.227	5.315	0.80	0.805	0.016
工作表现得到认可	5.182	5.311	0.721	0.707	1.923
有尊严（作为一个普通人和普通员工而受到尊重）	5.318	5.511	0.747	0.738	1.489
公平（同等工作表现的员工获得类似的报酬）	5.288	5.429	0.799	0.806	1.873
人力资源支持（能够获得有效的选拔和评估）	4.803	4.895	0.948	0.869	1.219
有机会认识形形色色的人，并与他们交流	4.803	4.941	0.881	0.868	15.749***

注：* 表示 $P < 0.05$，** 表示 $P < 0.01$，*** 表示 $P < 0.001$。

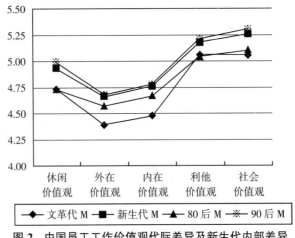

图 2　中国员工工作价值观代际差异及新生代内部差异

2. 研究问题二

在中国职场，新生代（M = 4.662）在外在价值观（F = 7.669，P < 0.01）上显著高于文革代（M = 4.393）。前者认为工作成就（F = 34.200，P < 0.001）、工作地位（F = 6.743，P < 0.05）、职业升迁的机会和实现（F = 50.086，P < 0.001）以及能够参与决策（F = 21.490，P < 0.001）更重要。但是在资源获取（F = 1.648，P > 0.05）及薪酬（F = 0.443，P < 0.001）上，两代人并无显著差异。

在新生代内部，90后（M = 4.688）的外在价值观（F = 5.201，P < 0.01）显著高于80后（M = 4.576）。80后认为个人成就（F = 17.066，P < 0.001）更重要。而90后认为工作地位（F = 3.776，P < 0.05）、职位升迁的机会和实现（F = 28.822，P < 0.001）以及能够参与决策（F = 12.327，P < 0.001）显著更重要。在资源（F = 2.718，P > 0.05）以及薪酬（F =

0.240，P > 0.05）上两者无显著差异。

3. 研究问题三

在中国职场，新生代（M = 4.764）的内在价值观（F = 9.694，P < 0.01）显著高于文革代（M = 4.476）。新生代认为在工作团队内具有影响力（F = 14.723，P < 0.001）、组织内具有影响力（F = 14.890，P < 0.001）、工作中发挥自己的能力和知识（F = 6.076，P < 0.05）、能经常获得自己工作结果的反馈（F = 4.503，P < 0.05）以及责任（F = 10.136，P < 0.01）更重要。

在新生代内部，90 后（M = 4.783）的内在价值观（F = 5.683，P < 0.01）显著高于 80 后（M = 4.670）。例如，90 后认为在工作团队内具有影响力（F = 8.007，P < 0.001）、责任（F = 6.736，P < 0.01）以及做感兴趣的工作（F = 3.095，P < 0.05）更重要。

4. 研究问题四

在中国职场，新生代与文革代在利他价值观（F = 1.361，P > 0.05）上无显著差异。新生代内部，80 后与 90 后在利他价值观（F = 2.465，P > 0.05）上也不存在显著差异。仅在工作中为他人服务，令他人满意（F = 3.709，P < 0.05）项上，90 后认为显著更重要。

5. 研究问题五

在中国职场，新生代和文革代在社会价值观（F = 2.668，P > 0.05）上不存在显著差异。仅关于有机会认识形形色色的人，并与他们交流（F = 29.236，P < 0.001），新生代认为显著更重要。

在新生代内部，80 后和 90 后在社会价值观（F = 2.723，P > 0.05）上不存在显著差异。仅在与下属的关系（F = 2.248，P < 0.05）、与同事的工作关系（F = 3.280，P < 0.05）以及有机会认识各种人并与他们交流（F = 15.749，P < 0.001）等方面，90 后认为显著更重要。

五、结论与启示

本文通过对 866 个中国员工样本进行代际差异分析，研究发现，在中国职场，休闲、外在及内在价值观在代际间及新生代内部均稳步上升，但社会和利他价值观，代际间及新生代内部均无显著差异。因采用横剖设计（Cross-sectional Design），本文结论除源于代群因素，也可能源于职业阶段或者人生阶段的差异。但更适合的时滞研究（Longitudinal Research）一般跨度为 10~20 年，无法及时满足企业管理新生代员工的迫切需要。即使工作价值观会随着年龄和工作经验等因素变化，本研究成果对于在人才市场争夺新生代员工的组织来说，这些数据让他们深入了解新生代的独特价值观，对于新生代员工的管理和挽留具有重要的实践指导意义。

首先，研究结果为在工作场所增加休闲时间以吸引和留住新生代员工的策略提供支持。可以通过对工作时间进行重新设计（如压缩的工作周）；经济不景气时，增加额外休闲时间（如假期或休息日）；利用部分工作时间从事休闲活动（如谷歌允许员工上班时免费使用洗衣机及看病）等策略，为员工提供额外休闲时间，提升企业效率。

其次，内在价值观在代际间上升与前人的研究结论"新生代员工希望有趣和富有挑战性的工作"相一致。可以通过对新生代员工大胆授权、鼓励其工作自治，内部提拔，开展责任感宣传与培训，给予员工工作表现的及时反馈以及增加工作挑战性等策略迎合其较高的内在价值观。

虽然新生代普遍希望工作轻松，但他们也渴望更多的金钱和更高的地位，表明这一代员工在现实和期望间难以达成一致，典型的过于自信。这与Twenge等的研究结论相一致。因此，在对新生代员工的管理中，可以通过营造"平等、尊重、宽容"的和谐工作氛围；多鼓励年轻人，以"一对一"沟通方式，增强他们对企业的归属感；建设"以人的能力发展为本"的企业文化；创建员工参与管理模式等策略迎合他们希望成功、有地位的价值观。

本研究以新生代员工为研究对象，在中国代际差异领域提出了探索性的研究问题，具有一定的突破性和创新性。事实证明，代际之间乃至新生代内部的确存在价值观差异，未来研究可以以本研究为基础，深入探索这些差异的前因后果。同时，管理学界也应该对如何吸引、同化以及最终留住新生代员工的有效策略进行研究。

参考文献

［1］Mannheim K. The Problem of Generations ［M］. London：Routledge & Kegan Paul，1952.

［2］Elizur D. Facts of Work Values：A Structural Analysis of Work Outcomes ［J］. Journal of Applied Psychology，1984，69（2）：379-389.

［3］单戈. 80后员工如何带，90后员工如何管 ［M］. 北京：人民邮电出版社，2012.

［4］Cennamo L.，Gardner D. Generational Differences in Work Values，Outcomes and Person-organisation Values Fit ［J］. Journal of Managerial Psychology，2008，23（8）：891-906.

［5］Twenge J. M.，Campbell S. M. Generational Differences in Psychological Traits and Their Impact on the Workplace ［J］. Journal of Managerial Psychology，2008，23（8）：862-877.

［6］高中华，吴春波，李超平. 100家中国500强企业价值观导向实证研究 ［J］. 管理学报，2011，8（12）：1748-1771.

［7］Lancaster L. C.，Stillman D. When Generations Collide：Who They Are. Why They Clash. How to Slove the Generational Puzzle at Work ［M］. New York：Harper Collins，2003.

［8］Needleman S. E. The Latest Office Perk：Getting Paid to Volunteer ［N］. Wall Street Journal，2008-04-29.

［9］Twenge J. M. Brith Cohort Changes in Extraversion：A Cross-temporal Meta-analysis，1966-1993 ［J］. Personality and Individual Differences，2001，30（5）：735-748.

［10］Twenge J. M.，I. M. C. Changes in the Need for Social Approval，1958-2001 ［J］. Journal of Research in Personality，2007，41（1）：171-189.

［11］McPherson M.，Smith-Lovin L.，Brashears ME. Social Isolation in America：Changes in Core Disscussion Networks over Two Decades ［J］. American Sociological Review，2006，71（6）：353-375.

［12］ Herzog A. R. High School Seniors'Occupational Plans and Values: Trends in Sex Differences 1976 through 1980 ［J］. Sociologyof Education, 1982, 55 (1): 1–13.

［13］ Egri C. P., Ralston D. A. Generational Cohorts and Personal Values: A Comparison of China and the United States ［J］. Organization Science, 2004, 15 (2): 210–220.

［14］ Schafer J. L. Analysis of Incomplete Multivariate Data ［M］. New York: Chapman&Hall, 1997.

［15］ Lee S., McCann D., Messenger J. C. Working Time around the World: Trends in Working Hours, Laws and Policies in a Global Comparative Perspective ［M］. Geneva: International Labor Organization, 2007.

［16］ Ng T., Sorensen K., Eby L. T. Locus of Control at Work: A Meta –analysis ［J］. Journal of Organizational Behavior, 2006, 27 (8): 1057–1087.

［17］ Maslow A. H. A Theory of Human Motivation ［J］. Psychological Review, 1943, 50 (4): 370–396.

［18］ Lamm E., Meeks M. D. Workplace Fun: The Moderating Effects of Generational Differences ［J］. Employee Relations, 31 (6): 613–631.

［19］ Reynolds J., Stewart M., MacDonaldR, et al. Have Adolescents Become to Ambitious? High School Seniors'Educational and Occupational Plans, 1976–2000 ［J］. Social Problems, 2006, 53 (2): 186–206.

An Empirical Study of Generational Differencesin Work Values for Chinese New Generation

You Jia   Sun Yu-chun   Lei Hui

Abstract: This paper, based on 866 employee samples from all kinds of industries in China, analyzes the generational and intergenerational differences of work values using methodology of MANCOVA. The results shows that in the Chinese labor market, leisure, extrinsic and intrinsic values have increased steadily over the generations, are higher among the New Generation than among the CulturalRevolution, and also are higher among the 1990s than among the 1980s. On social and altruistic values, no significant differences exist either between the generations or within the New Generation. Based on the research results, management strategies are put forward.

Key Words: the new generation; work values; generational differences; MANCOVA

抗逆力对工作投入的影响：积极应对和
积极情绪的中介作用 *

李旭培　时　雨　王　桢　时　勘

【摘　要】 为探究抗逆力对工作投入的影响及作用机制，本文选取北京、深圳两地8家单位456人进行问卷调查。通过相关分析和结构方程分析，结果发现，抗逆力对工作投入有显著正向预测作用；积极应对和积极情绪在抗逆力与工作投入的关系中有部分中介作用。

【关键词】 抗逆力；工作投入；积极应对；积极情绪

一、引言

近年来，随着积极心理学的发展，研究者越来越关注个体积极心理品质，在这一趋势之下，发展出了积极组织行为学的概念（Positive Organizational Behavior，POB）。积极组织行为学强调对于工作场所中有助于绩效增长的积极心理能力的测量、培养和有效管理，特别强调积极途径（Positive Approach）的重要性。在积极组织行为学框架之下，Luthans等进行了一系列关于心理资本的研究。所谓心理资本是指那些能够使员工在工作场所中应对挑战或逆境的能力或资本，主要包括四个重要的因素，即自我效能、希望、乐观和抗逆力。其中，抗逆力对快节奏、高压力、不稳定的工作环境显得尤为重要。这种抗逆力（Resilience）通常指个体面对负性事件时所表现出来的、维持相对稳定的心理健康水平和生理功能，且成功应对的能力。有关抗逆力的早期研究主要关注逆境中的儿童和青少年，随着对于工作人员抗逆力关注的增加，近年来，对抗逆力的探讨和研究开始出现于积极组织行为学研究领域。Youssef 和 Luthans 研究发现，抗逆力对工作满意度、工作幸福感（Work

---

* 本文选自《管理评论》2013 年第 1 期。

Happiness）以及组织承诺具有显著的正向预测作用；Siu 等采用自编的抗逆力问卷，探究了工作场所中抗逆力的作用，结果发现，抗逆力与工作满意度、工作生活平衡和生活质量存在显著正向关联，与生理和心理健康、工伤存在显著负向关联。除了基于问卷的研究之外，也有一些实验研究考察了抗逆力的干预效果，Steinhardt 研究发现，抗逆力高的实验组在抑郁症状和感知到的压力水平方面均显著低于控制组；Liossis 对工作人员进行的为期七周的成人抗逆力促进计划的结果发现，与对照组相比，实验组被试在培训之后表现出更高水平的自我效能、家庭满意度、工作生活平衡和更少的家庭—工作溢出（Spillover），并且这一效果在 6 个月之后的追踪研究中依然明显。不过，这些研究更多是探讨抗逆力对于员工心理健康、工作家庭平衡等方面的总体影响。随着研究的深入，一些研究者开始考察抗逆力对于工作倦怠、工作投入等特定心理状态的作用。工作投入被看作是一种积极的、令人愉快的（Fulfilling）、与工作相关的心理状态，包括活力、奉献和专注三个维度，对个体和组织层面因素有积极影响。工作投入是与工作倦怠相对应的一个概念，尽管研究者们对抗逆力与工作投入的关系探讨较少，但以往研究考察了抗逆力与工作倦怠的关系，发现抗逆力有助于缓解工作倦怠。例如，Schonberg 对裁员幸存者的研究发现，员工抗逆力水平越高，工作倦怠水平越低；Howard 等在质性研究基础上指出，具有高抗逆力水平的教师能够较好地应对工作压力和工作倦怠；Timmerman 采用网上问卷进行的员工调查也发现，个体抗逆力对工作倦怠有负面影响。有研究同时考察了抗逆力对工作倦怠和工作投入的作用，结果发现，具有较高抗逆力的个体，职业效能和工作投入水平较高，而情绪衰竭和玩世不恭者水平较低，研究同时还指出，这一结果并不能够说明高抗逆力的个体就不会倦怠，但他们可以发展出更好的工作投入技能（Engagement Skills）。

在抗逆力作用机制的研究中，研究者们特别关注情绪状态和应对方式的作用。在抗逆力与情绪状态的关系上，Tugade 等的研究发现，抗逆力与积极情绪存在正向关联，而与消极情绪不存在显著关联，而积极的情绪感受使得人们更愿意表现出对组织有益的行为。其他研究也证实了积极情绪在抗逆力与结果变量间的中介作用，例如，Fredrickson 等考察了积极情绪在抗逆力与抑郁症状、心理资源增加之间的中介作用；Ong 等考察了积极情绪在抗逆力与疼痛减少之间的中介作用。在抗逆力与应对的关系上，研究表明，高抗逆力的个体倾向于采用积极的应对方式，Fredrickson 等进一步指出，高抗逆力的个体通常采用幽默、创造性探究（Creative Exploration）、放松和积极思考等应对方式。而当个体采用积极的应对方式时，会表现出更高水平的工作投入。此外，在积极应对和积极情绪的关系上，Folkman 和 Moskowitz 通过对自己研究的总结指出，面对压力情境时，积极的应对策略（如认知重评）会使个体体验到更多的积极情绪和心理幸福感。基于以上研究结果的综合分析，本研究假设：抗逆力对工作投入有显著正向预测作用。此外，本研究引入了积极应对和积极情绪两个变量，以考察其在抗逆力与工作投入关系中的作用。我们的研究假设是：积极应对和积极情绪在抗逆力和工作投入关系间具有中介作用。研究假设模型如图 1 所示。

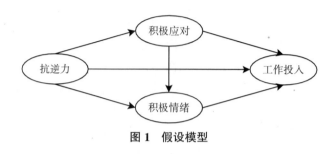

图1　假设模型

二、研究方法

（一）取样程序和样本

研究者分别在北京、深圳两地5个行业8家单位中进行了取样，各个单位的被调查者均由该单位人事部门召集到一起，在研究者宣读指导语后填写问卷，问卷统一发放、统一回收。研究共发放问卷500份左右，回收有效问卷456份。其中，男性229人，占50.2%，女性185人，占40.6%，42人未填性别，占9.2%；平均年龄30.67岁（标准差为8.28）；平均工龄8.58年（标准差为8.65）；高中或以下学历者105人，占23%，大专学历者105人，占23%，本科学历者167人，占36.6%，硕士及以上学历者39人，占8.6%，40人未填学历，占8.8%；普通员工192人，占42.1%，基层管理者128人，占28.1%，中层管理者79人，占17.3%，高层管理者9人，占2.0%，42人未填职位，占9.2%。

（二）研究工具

本研究的变量包括抗逆力、工作投入、积极应对和积极情绪，其测量工具分别如下：

抗逆力，采用Siu等编制的抗逆力问卷，该问卷由9个条目组成，采用李克特5分等级量表由员工对自己的抗逆力水平进行评价，1表示"非常不同意"，5表示"非常同意"。例题为"我有信心克服目前或将来的困难，能解决面对的难题"。

工作投入，采用Schaufeli等编制的工作投入问卷UWES。共17个条目，包括活力、奉献、专注3个子维度。采用李克特量表5点评分，1代表"非常不同意"，5代表"非常同意"。例题为"工作时，我感到自己强大而且充满活力"，"我对工作充满热情"，"当我工作时，时间总是过得飞快"。

积极应对，基于Carver编制的简易应对问卷（Brief COPE），该问卷包含了14种应对方式。本研究选取其中8个条目代表积极应对，利用李克特7分等级量表由员工对各条目与自己常用应对方式的相符程度进行评价，1表示"完全不符合"，7表示"完全符合"。例题为"集中精力、采取行动去面对困难情境"。

积极情绪，基于 Watson 等编制的正性负性情绪量表（PANAS），该问卷包括积极情绪和消极情绪两个维度。本研究选取代表积极情绪的 10 个词汇，由员工根据过去一个月内的感受判断每种情绪在工作中出现的频率，利用李克特 7 分等级量表，0 表示"从不"，6 表示"总是"。情绪词汇的例子如"热情的"、"感兴趣的"、"专心的"等。

（三）统计分析

采用 SPSS13.0 和 AMOS4.0 进行统计分析。首先，采用验证性因素分析考察了变量的区分性；其次，对各变量之间的关系进行相关分析；最后，在相关分析基础之上，采用结构方程模型考察了抗逆力、积极应对、积极情绪和工作投入之间的关系。

三、研究结果

（一）验证性因素分析及结果

本研究探查的 4 个变量均采用问卷进行测量，在进一步分析前，先采用验证性因素分析考察变量区分性。由于条目较多，对部分变量进行了打包处理。对于抗逆力采用载荷最高和载荷最低平均法，打包为 3 个测量指标；对于工作投入，根据 3 个子维度打包为 3 个测量指标。根据 Medsker 等的建议，采用了 χ^2/df、NFI、IFI、TLI、CFI 和 RMSEA 等拟合指数，各指数的拟合标准分别为：χ^2/df 大于 10 表示模型很不理想，小于 5 表示模型可以接受，小于 3 则表示模型较好；NFI、IFI、TLI、CFI 应大于或接近 0.90，越接近 1 越好；RMSEA 应处于 0 和 1 之间，临界值为 0.08，越接近 0 越好。本研究在验证四因素模型的同时，还做了其他备择模型的比较，将积极应对和积极情绪的条目落在同一个潜变量上，形成三因素模型；将抗逆力、积极情绪、积极应对的条目落在同一潜变量上，形成二因素模型；将四个变量的条目均落在同一潜变量上，形成单因素模型。验证性因素分析结果如表 1 所示。可以看出，四因素模型的各项拟合指标均较好。卡方检验也表明，四因素模型显著优于其他模型，说明 4 个研究变量之间具有较好的区分性。

表 1　验证性因素分析结果

模型	χ^2	df	χ^2/df	NFI	IFI	TLI	CFI	RMSEA
四因素	722.25	246	2.94	0.98	0.99	0.98	0.99	0.07
三因素	1055.36	249	4.24	0.97	0.97	0.97	0.97	0.09
二因素	1338.15	251	5.33	0.96	0.97	0.96	0.97	0.10
单因素	1813.04	252	7.20	0.94	0.95	0.94	0.95	0.12

（二）描述性分析各主要变量及人口统计学变量的平均数、标准差以及它们之间的关系

从表2中可以看出，抗逆力与积极应对、积极情绪和工作投入存在显著正相关，积极应对和积极情绪与工作投入存在显著正相关。

表2　各变是的描述性统计分析

变量	M	SD	1	2	3	4	5	6	7	8
1. 抗逆力	3.46	0.55	0.84							
2. 积极应对	5.09	0.68	0.31***	0.65						
3. 积极情绪	3.89	0.95	0.40***	0.34***	0.88					
4. 工作投入	3.52	0.59	0.39***	0.26***	0.48***	0.90				
5. 性别	50.20	40.60	0.31***	−0.04	0.11*	0.09				
6. 年龄	30.67	8.28	0.02	−0.03	−0.13*	0.20***	0.14**			
7. 工龄	8.58	8.65	−0.01	0.01	−0.10	0.21***	0.07	0.90***		
8. 文化程度	3.32	0.98	−0.05	0.08	−0.04	−0.02	0.07	0.31***	0.23***	
9. 职位	2.53	1.23	0.01	0.02	−0.05	0.13***	0.08	0.48***	0.49***	0.36***

注：* 表示 $p < 0.05$，** 表示 $p < 0.001$，*** 表示 $p < 0.001$；$N = 403\sim456$；对角线上的数字表示量表的信度（Cronbach's α）系数；性别一栏中，M代表男性百分比，SD代表女性百分比。

（三）结构方程分析为探究抗逆力对工作投入的作用机制，研究采用结构方程模型对假设模型（见图1）进行了验证

考虑到工作投入变量所包含的条目数较多，我们对该变量进行了打包，按照维度将工作投入打成了三个包，然后，再进行相关的统计分析。对假设模型的分析结果发现，该模型拟合较好（χ^2/df，NFI，IFI，TLI，CFI，RMSEA 分别为 2.731，0.974，0.983，0.981，0.983，0.062）。然而，该模型中积极应对对工作投入的路径并不显著（$\beta = 0.088$，$p > 0.05$），因此，我们删去了该条路径，对假设模型进行了修正，得到了修正模型（见图2）。对修正模型的分析结果发现，模型拟合指标变化不大，模型拟合良好（χ^2/df，NFI，IFI，TLI，CFI，RMSEA 分别为 2.729，0.974，0.983，0.981，0.983，0.062）。

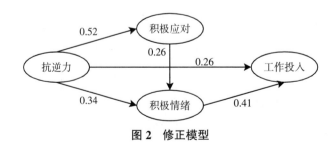

图2　修正模型

根据 Mathieu 和 Taylor 的观点，验证部分中介作用时需要同时考察三条路径，分别是自变量（X）对中介变量（M）的预测作用（β_{mx}）、引入中介变量之后自变量对因变量（Y）的预测作用（$\beta_{yx.m}$）、引入自变量之后中介变量对因变量的预测作用（$\beta_{ym.x}$），只有这三条路径都达到显著水平时，才能支持部分中介作用的假设。从图 2 中可以看出，抗逆力和积极情绪对工作投入的影响路径系数标准化估计值分别是 0.26 和 0.41，抗逆力对积极应对和积极情绪的影响路径系数标准化估计值分别是 0.52 和 0.34，积极应对对积极情绪的影响路径系数标准化估计值为 0.26，均达到了显著性水平。然而，积极应对对工作投入的影响并不显著。可见，积极情绪在抗逆力和工作投入间的部分中介作用得到了验证；积极应对在抗逆力和工作投入间的部分中介作用未得到验证。路径分析结果还表明，抗逆力对工作投入的影响存在三条途径："抗逆力→工作投入"、"抗逆力→积极情绪→工作投入"、"抗逆力→积极应对→积极情绪→工作投入"。各路径效应大小如表 3 所示。

表 3　抗逆力对工作投入的效应分解

影响路径	标准化效应值	比例
抗逆力→工作投入	0.26	57.27%
抗逆力→积极情绪→工作投入	0.34 × 0.41 = 0.139	30.62%
抗逆力→积极应对→积极情绪→工作投入	0.52 × 0.26 × 0.41 = 0.055	12.11%
抗逆力影响工作投入总效应	0.454	—

四、分析与讨论

首先，通过本研究结果发现，抗逆力除了对工作投入有直接预测作用之外，还通过积极应对和积极情绪对工作投入有间接预测作用。这一结果验证了我们的研究假设，也与前人的研究相一致。该结果表明，具有高抗逆力的个体在工作中会表现出更高水平的工作投入；抗逆力对工作投入作用在某种程度上通过积极应对和积极情绪实现，高抗逆力的个体在面对工作所遇到的各种问题时，倾向于采用积极的应对方式，并保持积极的情绪状态，而积极的应对方式有助于促进积极情绪的保持，这种积极的情绪状态使个体维持了较高水平的工作投入。

其次，本研究结果表明，抗逆力对工作投入的影响是通过积极路径实现的，抗逆力作为一种重要的心理资源，能够有助于个体应对环境的变化：当个体面对压力情境时，抗逆力水平较高的员工更倾向于寻找积极的解决途径。抗逆力水平较高的个体，通常表现出低的神经质与高的外倾性和开放性，会体验到更多的积极情绪，同时倾向于表现出积极的情感，所产生的情绪问题也较少，而 Fredrickson 等在其提出的积极情绪扩展和建设理论（Broaden-and-build Theory of Positive Emotions）中指出，积极情绪通过扩展个体的思维活动扩大了认知和行为范围，它有助于个体构建生理、智力和社会资源，进而有助于个体维持较好的工作状态。

再次，我们通过结构方程分析还发现，引入积极应对和积极情绪之后，抗逆力对工作投入的影响依然显著。而中介效应检验结果发现，积极应对和积极情绪的中介效应占总效应的42.73%，说明积极应对和积极情绪是抗逆力影响工作投入的重要解释变量。在今后的研究中还应注意考察其他变量在抗逆力与工作投入关系中的中介作用问题。

最后，还需要强调，本研究进一步揭示了抗逆力的积极意义和积极作用路径，这在一定程度上有助于促进积极组织行为学的理论建构。从研究的实践意义看，本研究发现的抗逆力与积极工作行为之间的关联性，对于人力资源开发有启发性意义。比如，可以在招聘时选拔那些抗逆力水平较高的员工，或者在企业员工职业发展指导方面，关注在岗员工抗逆力水平的提升，以促进员工较高的工作投入水平。此外，本研究发现的抗逆力对积极应对和积极情绪存在促进作用，因此，提高员工的抗逆力也是维持员工的心理健康水平，从更为长远的角度给企业带来更好的经济效益和增进劳资和谐的一种新途径。

当然，本研究也存在一些不足，如采用横断面相关研究在进行因果关系的判断上还不如追踪研究准确。此外，本研究调查了5个行业内的8家单位，由于各行业或组织内的不同情境因素可能会对结果造成影响，这一点在未来的研究中也应加以考虑。

参考文献

［1］Luthans, F. Positive Organizational Behavior: Developing and Managing Psychological Strengths［J］. Academy of Management Executive, 2002, 16（1）: 57–72.

［2］Youssef, C.M., F. Luthans. Positive Organizational Behavior in the Workplace: The Impact of Hope, Optimism, and Resilience［J］. Journal of Management, 2007（33）: 774–800.

［3］Luthans, F., C. M. Youssef. Emerging Positive Organizational Behavior［J］. Journal of Management, 2007, 33（3）: 321–349.

［4］Siu, O. L., C. H. Hui, D. R. Phillips., et al. A Study of Resiliency among Chinese Health Care Workers: Capacity to Cope with Workplace Stress［J］. Journal of Research in Personality, 2009, 43（5）: 770–776.

［5］Bonanno, G. A. Loss, Trauma, and Human Resilience: Have We Under Estimated the Human Capacity to Thrive after Extremely Aversive Events?［J］. American Psychologist, 2004, 59（1）: 20–28.

［6］McMahon, C. A., F. L. Gibson, J. L. Allen, D. Saunders. Psychosocial Adjustment during Pregnancy for Older Couples Conceiving through Assisted Reproductive Technology［J］. Human Reproduction, 2007, 22（4）: 1168–1174.

［7］Steinhardt, M., C. Dolbier. Evaluation of a Resilience Intervention to Enhance Coping Strategies and Protective Factors and Decrease Symptomatology［J］. Journal of American College Health, 2008, 56（4）: 445–453.

［8］Liossis, P. L., I. M. Shochet, P. M. Millear, H. Biggs. The Promoting Adult Resilience（PAR）Program: The Effectiveness of the Second, Shorter Pilot of a Workplace Prevention Program［J］. Behaviour Change, 2009, 26（2）: 97–112.

［9］Schaufeli, W. B., A. B. Bakker. Job Demands, Job Resources, and Their Relationship with Burnout and Engagement: A Multisample Study ［J］. Journal of Organizational Behavior, 2004, 25 (3): 293–315.

［10］Bakker, A. B., J. J. Hakanen, E. Demerouti, D. Xanthopoulou. Job Resources Boost Work Engagement, Particularly When Job Demands Are High ［J］. Journal of Educational Psychology, 2007, 99 (2): 274–284.

［11］Schaufeli, W. B., M. Salanova, V. González-Romá, A. B. Bakker. The Measurement of Engagement and Burnout: A Two Sample Confirmatory Factor Analytic Approach ［J］. Journal of Happiness Studies, 2002, 3 (1): 71–92.

［12］Schonberg, S. E. The Role of Stress Resiliency and Perceived Procedural Fairness in the Coping Processes of Layoff Survivors ［C］. Dissertation Abstracts International: Section B: The Sciences and Engineering, 2003, 64 (6–B): 2938.

［13］Howard, S., B. Johnson. Resilient Teachers: Resisting Stress and Burnout ［J］. Social Psychology of Education, 2004, 7 (4): 399–420.

［14］Timmerman, P. D. The Impact of Individual Resiliency and Leader Trustworthiness on Employees' Voluntary Turnover Intentions ［C］. Dissertation Abstracts International: Section B: The Sciences and Engineering, 2009, 69 (11–B): 7178.

［15］Menezes, L. C. V. A., C. B. Fernández, M. L. Hernández, et al. Resilience and the Burnout-engagement Model Informal Caregivers of the Elderly ［J］. Psicothema, 2006, 18 (4): 791–796.

［16］Tugade, M. M., B. L. Fredrickson. Resilient Individuals Use Positive Emotions to Bounce Back from Negative Emotional Experiences ［J］. Journal of Personality and Social Psychology, 2004, 86 (2): 320–333.

［17］Rick, B. L., J. A. Lepine, E. R. Crawford. Job Engagement: Antecedents and Effects on Job Performance ［J］. Academy of Management Journal, 2010, 53 (3): 617–635.

［18］Fredrickson, B. L., M. M. Tugade, C. E. Waugh, G. R. Larkin. What Good are Positive Emotions in Crises? A Prospective Study of Resilience and Emotions Following the Terrorist Attacks on the United States on September 11th, 2001 ［J］. Journal of Personality and Social Psychology, 2003, 84 (2): 365–376.

［19］Ong, A. D., A. J. Zautra, M. C. Reid. Psychological Resilience Predicts Decreases in Pain Catastrophizing through Positive Emotions ［J］. Psychology and Aging, 2010, 25 (3): 516–523.

［20］Sexton, M. B., M. R. Byrd, S. Kluge. Measuring Resilience in Women Experiencing Infertility Using the CD-RISC: Examining Infertility-related Stress, General Distress, and Coping Styles ［J］. Journal of Psychiatric Research, 2010, 44 (4): 236–241.

［21］Li, M. H. Relationships among Stress Coping, Secure Attachment, and the Trait of Resilience among Taiwanese College Students ［J］. College Student Journal, 2008, 42 (2): 312–325.

［22］Parker, P. D., A. J. Martin. Coping and Buoyancy in the Workplace: Understanding Their Effects on Teachers'Work-related Well-being and Engagement ［J］. Teaching & Teacher Education, 2009, 25 (1): 68–75.

［23］Folkman, S., J. T. Moskowitz. Stress, Positive Emotion, and Coping ［J］. Current Directions in Psychological Science, 2000, 9 (4): 115–118.

［24］Carver, C. S. You Want to Measure Coping but Your Protocol's Too Long: Consider the Brief COPE ［J］. International Journal of Behavioral Medicine, 1997, 4 (1): 92–100.

［25］Watson, D., L. A. Clark, A. Tellegen. Development and Validation of Brief Measures of Positive and Negative Affect: The PANASS cales [J]. Journal of Personality and Social Psychology, 1988, 54(6): 1063–1070.

[26] Russell, D., et al. Analyzing Data from Experimental Studies: A Latent Variable Structural Equation Modeling Approach [J]. Journalof Counseling Psychology, 1998, 45 (1): 18–29.

[27] Landis, R., D. Beal, P. Tesluk. A Comparison of Approaches to Forming Composite Measures in Structural Equation Models [J]. Organizational Research Methods, 2000, 3 (2): 186–207.

[28] Medsker, G. J., L. J. Williams, P. J. Holahan. A Review of Current Practices for Evaluating Causal Models of Organizational Behaviorand Human Resources Management Research [J]. Journal of Management, 1994, 20 (2): 429–464.

[29] Mathieu, J. E., S. R. Taylor. Clarifying Conditions and Decision Points for Mediational Type Inferences in Organizational Behavior [J]. Journal of Organizational Behavior, 2006, 27 (8): 1031–1056.

[30] Folkman, S., R. S. Lazarus. Coping as a Mediator of Emotion [J]. Journal of Personality and Social Psychology, 1988, 54 (1): 466–475.

[31] Fredrickson, B. L., R. W. Levenson. Positive Emotions Speed Recovery from the Cardiovascular Sequelae of Negative Emotions [J]. Cognition and Emotion, 1998, 12 (2): 191–220.

[32] Fredrickson, B. L. The Role of Positive Emotions in Positive Psychology: The Broaden–and–build Theory of Positive Emotions [J]. American Psychologist: Special Issue, 2001, 56 (3): 218–226.

Resilience and Work Engagement: The Mediating Effects of Positive Coping and Positive Emotions

Li Xu–pei   Shi Yu   Wang Zhen   Shi Kan

Abstract: Aiming to examine the relationship between resilience and work engagement, we invite 456 employees from 8organizations to complete a self –reported questionnaire. Structural Equation Model is used to explore the effects of resilience, positive coping and positive emotions on work engagement. Results indicate that resilience is positively associated with work engagement, and this relationship is partially mediated by positive coping and positive emotions.

Key Words: resilience; work engagement; positive coping; positive emotion

第二节

英文期刊论文精选

文章名称：核心自我评价和目标导向：理解工作压力

期刊名称：人力资源开发杂志

作者：迈克尔·莱恩·莫里斯，卡丽·B.梅萨尔，约翰·P.美利克

内容简介：本研究探讨了与工作压力有关的人格倾向。前人研究得到了核心自我评价（CSE）和一般生活压力之间的关系，本文在过去研究的基础上，进一步检验核心自我评价和工作压力之间的关系，并将目标导向作为这一关系的潜在调节变量。人力资源开发研究中的两个显著变量，是学习目标导向和绩效目标导向。本文的研究结果支持了核心自我评价与工作压力呈负相关和绩效证明的目标取向的部分调节的作用假设。Russ-Eft's（2001）提出，要进一步研究工作压力和知识。同时，最近有关于另一个核心人格特质（心理资本）与工作压力之间的关系的分析（Avey，Reichard Luthans 和 Mhatre，2011）。因此，本文的研究结论对我们理解核心人格特征与工作压力之间的关系有重要贡献。此外，管理人员和执行教练可以使用这项研究的结果制定干预措施，以解决个人和组织的相关压力问题。

Title： Core Self-Evaluation and Goal Orientation： Understanding Work Stress

Periodical： Human Resource Development Quarterly

Author： Michael Lane Morris, Carrie B. Messal, John P. Meriac

Abstract： This study investigates the dispositional factors related to work stress. Specifically, previous research has demonstrated a relationship between core self-evaluation (CSE) and general life stress. This article extends past research by examining the relationship between CSE and work stress, and includes goal orientation as a potential mediator of this relationship. Learning goal orientation and performance goal orientation are two variables that are salient to HRD scholarship interests. The study results supported the hypothesis that CSE is negatively related to work stress, and that performance-prove goal orientation partially mediates this relationship. Given Russ-Eft's (2001) call for additional research exploring work stress and learning, and a recent meta-analysis exploring the relationship between another core personality trait (psychological capital) and work stress (Avey, Reichard, Luthans, Mhatre, 2011), the results of this study make an important contribution to our understanding of the relationship between core personality traits and work stress research. Furthermore, managers and executive coaches can use the results of this study to develop interventions designed to address the stress-related problems of individuals and organizations.

文章名称：目标性工作行为理论：个性、高目标和工作特征的作用

期刊名称：美国管理学会评论

作者：巴里克·默里·R.，芒特·迈克尔·K.，李宁

内容简介：目标性工作行为理论解释了员工特征与工作特征对工作绩效的影响机制，它包括清晰的高水平目标、大五人格的原则以及扩展的工作特征模型三个方面。这一理论认为，个性决定人的目标追求，所以当工作的激励因素符合员工的追求时，他会觉得这一行为很有意义，而这种有意义的感知又会促使他完成任务，从而最终影响工作绩效。因此，员工特征和工作特点会对工作绩效产生影响。本文还描述了这一理论的实验设计以及未来的研究方向。

Title：The Theory of Purposeful Work Behavior：The Role of Personality，Higher-order Goals，and Job Characteristics

Periodical：Academy of Management Review

Author：Barrick Murray R.，Mount Michael K.，Ning Li

Abstract：The theory of purposeful work behavior integrates higher-order implicit goals with principles derived from the Five-Factor Model（FFM）of personality and the expanded job characteristics model to explain how traits and job characteristics jointly and interactively influence work outcomes. The core principle of the theory is that personality traits initiate purposeful goal strivings，and when the motivational forces associated with job characteristics act in concert with these purposeful motivational strivings，individuals experience the psychological state of experienced meaningfulness. In turn，experienced meaningfulness triggers task-specific motivation processes that influence the attainment of work outcomes. We describe testable propositions derived from the theory and discuss directions for future research.

文章名称： 心理契约和非正式网络组织：社会地位与地方联系的影响

期刊名称： 人力资源管理

作者： 吉列尔莫·E.达博，丹尼斯·M.卢梭

内容简介： 组织中的非正式社交网络能帮助员工理解他们的雇佣关系。匹配的心理契约会使雇主和雇员双方受益，而网络会对人力资源从业者对其的促进效果产生帮助或削弱作用。本文根据 96 名大学教职人员的数据认为，网络影响心理契约的构建，而又被非正式组织结构的社会地位和与社交接近的同事的地方联系所影响。但是，不同类型的合约条目有不同的影响：当合同条款涉及员工竞争的资源（例如，职业晋升的机会）时，社会地位的影响更显著，比如在建议网络中有更优地位的员工会有更积极的雇主承诺；当合同条款涉及非竞争性的资源，资源对所有员工都开放（例如，员工福利）时，网络效应显示，有直接友谊关系（凝聚力）的员工和与其他雇员有共同好友（结构对等）的员工，他们的信念相当。此外，本文还讨论了研究结论对人力资源实践及研究的影响。

关键词： 雇主关系；社交网络

Title： Psychological Contracts and Informal Networks in Organizational Networks in Organizations：The Effects of Social Status and Local Ties

Periodical： Human Resource Management

Author： Guillermo E. Dabos，Denise M. Rousseau

Abstract： Informal social networks in organizations shape how employees understand their employment relationship. Networks can aid or undercut HR efforts to promote psychological contracts that benefit both employees and the employer. Data collected from 96 university faculty members demonstrate that network influence from both social status in the organization's larger informal structure and local ties with socially proximate colleagues shape psychological contract beliefs. Specific effects，however，vary by type of contract term. When contract terms involve resources employees compete for（e.g.，opportunities for career advancement），effects are found for social status，such that those who are better positioned in the advice network hold more positive beliefs regarding the extent of the employer commitment. When contract terms involve noncompetitive resources broadly available to all employees（e.g.，concern for employee well–being），network effects reveal comparable beliefs between those who share a direct friendship tie（cohesion）or the same friends in common with other faculty members（structural equivalence）. Implications for research and HR practice are discussed.

Key Words： Employee Relations；Social Networks

文章名称： 价值观、工作中心性和组织承诺对组织公民行为的影响：来自土耳其中小企业的证据

期刊名称： 人力资源开发杂志

作者： 巴斯克·乌恰诺克，塞尔达·基里巴斯

内容简介： 组织公民行为是员工自愿的但没有被正式奖励制度所识别的贡献，它最终会影响组织有效性的维持（Organ，1988）。本研究旨在探讨在土耳其中小企业中，价值观、工作中心性和组织承诺对组织公民行为的作用，认为工作中心性和情感、标准性承诺会增加组织公民行为以及那些与组织公民行为内容一致的价值观。研究采用横断面调查的方法，抽样 277 名中小企业员工，主要收集了 2008 年全球金融危机时期的数据，观察在困难时期组织公民行为的动态变化。分析结果表明，情感承诺和规范承诺能够强有力地预测组织公民行为。组织公民行为中的运动家精神维度受保守价值观、工作中心性以及情感、规范性承诺的函数影响。除此之外，本文还从组织公民行为和人力资源开发的视角，讨论了未来研究的建议和相关结论。

Title： The Effects of Values, Work Centrality, and Organizational Commitment on Organizational Citizenship Behaviors：Evidence from Turkish SMEs

Periodical： Human Resource Development Quarterly

Author： Başak Uçanok, Serdar Karabatı

Abstract： Organizational citizenship behaviors（OCBs）are voluntary contributions of employees not explicitly recognized by the formal reward system and are ultimately critical for sustaining organizational effectiveness（Organ，1988）. The current study aims to investigate the effects of values, work centrality, and organizational commitment on organizational citizenship behaviors in small and medium-sized enterprises（SMEs）in Turkey. It is predicted that work centrality, and affective and normative commitment will increase OCBs along with those values that correspond to OCBs in terms of content. A cross-sectional survey was employed with a convenience sample of 277 SME employees. Data were collected in the midst of the 2008 global financial crisis, which allowed for elaboration on the dynamics of OCBs under difficult periods. The analyses revealed that affective commitment and normative commitment were strong predictors of OCBs. Sportsmanship dimension of citizenship was found to be a function of conservation values, work centrality, and both affective and normative commitment. Findings and suggestions for future research are discussed in light of recent OCB literature and a general HRD perspective.

文章名称：通过领导促进有效的心理契约：人力资源战略与绩效之间的缺失环节

期刊名称：人力资源管理

作者：奥菲·M.德莫特，埃德尔·康威，丹妮丝·M.卢梭，帕特里克·C.弗拉德

内容简介：本文为一线管理人员和人力资源专业人员提供了一个可操作的、有理论依据的框架，用以建立与员工的心理契约，确保其适合组织战略和人力资源战略。领导方式支持企业人力资源战略，是使心理契约既有利于企业又有利于员工的关键。当管理者的风格与人力资源战略不匹配的时候，企业与员工没有建立有效且充分的心理契约，从而会使绩效变得更差。

Title: Promoting Effective Psychological Contracts through Leadership: The Missing Link between HR Strategy and Performance

Periodical: Human Resource Management

Author: Aoife M. Mcdermott, Edel Conway, Denise M.Rousseau, Patrick C. Flood

Abstract: This article offers line managers and HR professionals an actionable, research based framework for developing psychological contracts with employees that suit their organizational and human resource (HR) strategy. Leadership styles supporting the firm's HR strategy are key to making psychological contracts that benefit both the firm and its members. When managers'styles are out of sync with HR strategy, this mismatch can lead to poorer performance through ineffective and unfulfilled psychological contracts with workers.

文章名称：领导力、创造性解决问题的能力和创新绩效：知识分享的重要性

期刊名称：人力资源管理

作者：亚伯拉罕·卡梅尔，罗伊·格尔巴德，罗尼·赖特—帕尔曼

内容简介：本文包括两项研究，检验了领导者支持行为能否促进知识分享和员工解决问题的创新能力，从而提高创新绩效。这两项研究的结果表明，通过内部和外部的知识分析，领导者支持行为会直接和间接地影响员工解决问题的创新能力。此外，解决问题的创新能力与创新绩效中的流畅性维度及独创性维度有关，而调节作用的检验表明，解决问题的创新能力只能调节内部知识共享创新行为和独创性之间的关系，而不是两个维度都可被调节。因此，本文的结论是领导者能提高内外部的知识分享水平和员工解决问题的创新能力，同时这一复杂的过程又能提高员工的创新绩效。

关键词：创新性问题解决能力；创新；知识分享；领导

Title：Leadership，Creative Problem-solving Capacity and Creative Performance：The Importance of Knowledge Sharing

Periodical：Human Resource Management

Author：Abraham Carmeli，Roy Gelbard，Roni Reiter-Palmon

Abstract：This article presents two studies that examine whether leader supportive behaviors facilitate knowledge sharing and employee creative problem-solving capacity，thereby enhancing creative performance. The findings from both studies indicate that leader supportive behaviors are directly and indirectly related，through both internal and external knowledge sharing，to employee creative problem-solving capacity. In addition，creative problem solving was related to the two dimensions of creative performance—fluency and originality. However，a test of the mediation model indicated that creative problem solving only mediated the relationship between internal knowledge sharing creative performance and originality. These findings highlight the complex process by which leaders facilitate both internal and external knowledge sharing and employee creative problem-solving capacity，thereby improving employee creative performance.

Key Words：Creative Problem-solving Capacity；Creativity；Knowledge Sharing；Leadership

文章名称： 创造力何时提高销售有效性：领导者—成员交换的调节作用

期刊名称： 组织行为学期刊

作者： 朵唯·马丁，克劳迪娅·A.萨克拉门托

内容简介： 本研究拓展了通过探索创新—工作绩效关系界限的创造力研究。基于社会交换理论，我们认为员工创造力与销售量有关——销量是工作效能的一个客观衡量指标——依赖于领导员工交换的水平。本文提出假设：当领导者成员交换水平高的时候，创新和销售之间的关系是显著正向的，而当领导者成员交换水平低的时候则反之。本研究采用层次线性模型的统计方法，以151个销售代理和26名来自制药和保险公司的主管为研究样本。实证结果显示，只有拥有高质量的领导者成员交换情况时，有创造力的销售代表才会得到高水平的销售绩效。这一定量研究也有利于更深入地理解领导者成员交换的调节作用。

关键词： 创造力；领导成员交换；效能；销售量

Title： When Creativity Enhances Sales Effectiveness：The Moderating Role of Leader-member Exchange

Periodical： Journal of Organizational Behavior

Author： Ieva Martinaityte，Claudia A. Sacramento

Abstract： This study extends research on creativity by exploring the boundary conditions of the creativity-job effectiveness relationship. Building on social exchange theory，we argue that the extent to which employee creativity is related to sales—an objective work effectiveness measure—depends on the quality of leader-member exchange（LMX）. We hypothesize that the relationship between creativity and sales is significant and positive when LMX is high，but not when LMX is low. Hierarchical linear modelling analysis provided support for the interaction hypothesis in a sample of 151 sales agents and 26 supervisors drawn from both pharmaceutical and insurance companies. Results showed that sales agents who were more creative generated higher sales only when they had high-quality LMX. An ad hoc qualitative study provided a more detailed understanding of the moderator role played by LMX.

Key Words： Creativity；Leader-member Exchange；Effectiveness；Sales

文章名称：家长式领导的另一面：威权、仁爱、下属的组织自尊与绩效

期刊名称：组织行为学期刊

作者：西蒙·C.H.陈，黄旭，埃德·斯内普，凯瑟琳·K.拉姆

内容简介：我们研究了家长式领导的两个组成部分，即威权主义和仁慈，通过组织自尊来共同影响工作绩效的作用机制。通过分析中国制造业 686 个主管——下属的二元数据，我们发现组织自尊调节权威领导与下属任务绩效、组织公民行为之间呈负相关关系。并且，当监管者有更高的领导仁慈时，权威领导对下属的组织自尊、任务绩效和组织公民行为的负面作用更弱。同样，组织自尊也调节权威领导和仁慈领导对下属任务绩效及组织公民行为的影响。

关键词：权威主义；仁爱；组织自尊；绩效

Title：The Janus Face of Paternalistic Leaders: Authoritarianism, Benevolence, Subordinates'Organization-based Self-esteem, and Performance

Periodical：Journal of Organizational Behavior

Author：Simon C. H. Chan, Xu Huang, Ed Snape, Catherine K. Lam

Abstract：We investigated how the two components of paternalistic leadership, namely authoritarianism and benevolence, jointly influenced work performance through their impacts on organization-based self-esteem (OBSE). Using a sample of 686 supervisor-subordinate dyads collected from a manufacturing firm in the People's Republic of China, we found that OBSE mediated the negative relationship between authoritarian leadership on one hand and subordinate task performance and organizational citizenship behavior toward the organization (OCBO) on the other. We also found that the negative effect of authoritarian leadership on subordinate OBSE, task performance, and OCBO was weaker when supervisors exhibited higher levels of leader benevolence. Also, OBSE mediated the joint effect of authoritarian leadership and benevolent leadership on subordinate task performance and OCBO.

Key Words：Authoritarianism; Benevolence; Organization-based Self-esteem; Performance

文章名称： 关系和团队特征对个人绩效的影响：一个社交网络的视角

期刊名称： 人力资源管理

作者： 因加·卡尔博尼，凯特·埃利希

内容简介： 在人力资源管理领域，越来越多的研究者认识到工作设计的关系特点对绩效结果的影响。特别是，当团队结构松散并且任务复杂时，要帮助个人适应不断变化的需求，则要求将人际关系和非正式沟通加入工作设计之中。从社交网络的角度看，非正式沟通网络中的地位为个人行动提供了资源和局限，并决定了个人的非正式角色。我们提出一个多层次模型，以团队绩效和团队任期为背景，检验社会结构中的地位和个人绩效之间的关系。用来检验假设的数据是30个销售团队的近300名员工的网络数据。结果表明，在高绩效团队或形成已久的团队中，比起相对边缘地位的员工，接近团队核心的员工的个人绩效更高。此外，这篇文章对以提高个人绩效结果为目标的人力资源管理提供了一些理论和实践价值。

关键词： 社交网络；团队；工作设计

Title: The Effect of Relational and Team Characteristics on Individual Performances: A Social Network Perspective

Periodical: Human Resource Management

Author: Inga Carboni, Kate Ehrlich

Abstract: Increasingly, researchers in human resource management are recognizing the impact of relational characteristics of work design on performance outcomes. In particular, complex task interdependencies associated with loosely structured teams call for an approach to work design that incorporates interpersonal relationships and informal communication to help individuals adapt to changing demands. Taking a social network perspective, we propose that position in the structure of informal communication networks shapes the opportunities and constraints to action for individuals and determines their informal roles. We present a multilevel model in which the relationship between position within a social structure and individual performance was examined within the context of team performance and team tenure. Hypotheses were tested using network data collected from nearly 300 employees in 30 sales teams. Results indicated that individuals close to the core of a team outperformed more peripheral individuals, but only to the extent that teams were high-performing or had been together longer as a team. The article concludes with a general discussion of the implications for HR theory and practices targeted at improving individual performance outcomes.

Key Words: Social Networks; Teams; Job Design

文章名称：文化多样性与团队绩效：团队成员目标的导向作用

期刊名称：美国管理协会学报

作者：安妮·尼德温·皮埃特斯，大安·范克尼·彭贝格，德克·范·迪伦多克

内容简介：随着员工多样性的增加，对文化多样性是否有益于团队绩效的影响因素的研究越来越重要。在补充和扩展早期研究的基础上，我们建立模型并验证了成就设置会影响团队成员的目标取向，这些取向又会影响多样性与绩效之间关系的作用机制。在这两项研究中，我们认为目标取向是文化多样性与团队绩效的调节变量，团队信息阐述是一个潜在过程。当团队成员的学习取向趋于高水平而绩效回避取向趋于低水平时，文化多样性对团队绩效的影响更积极，这种影响通过团队信息的阐述表现出来。

Title：Cultural Diversity and Team Performance：The Role of Team Member Goal Orientation

Periodical：Academy of Management Journal

Author：Anne Nederveen Pieterse，Daan Van Knippenberg，Dirk Van Dierendonck

Abstract：As workforce diversity increases，knowledge of factors influencing whether cultural diversity results in team performance benefits is of growing importance. Complementing and extending earlier research，we develop and test theory about how achievement setting readily activates team member goal orientations that influence the diversity performance relationship. In two studies，we identify goal orientation as a moderator of the performance benefits of cultural diversity and team information elaboration as the underlying process. Cultural diversity is more positive for team performance when team members' learning approach orientation is high and performance avoidance orientation is low. This effect is exerted via team information elaboration.

文章名称： 多元化劳动力的文化适应与个人主义对工作家庭冲突的预测作用

期刊名称： 人力资源管理

作者： 克里斯蒂·J.奥尔森，安·H.哈夫曼，佩德罗·I.雷瓦，卡伯特森·S.法贝斯

内容简介： 美国职场中，种族、文化多样性是一个日益突出的现象。当前的研究强调了解种族的文化天性差异的重要性，以及在比较不同群体的差异时要聚焦于其社会个性特征方面，比如文化价值观。我们认为，文化价值（如个人主义）对员工工作家庭冲突的影响超过了种族特点产生的影响。本文引入基于社会认同理论的模型，解释为什么文化适应与工作家庭冲突有关。实证检验的样本包括白人和西班牙裔美国人在内的 309 名员工。结果表明，不管种族地位是否为控制变量，个人主义都会调节语言、社会文化适应与工作—家庭冲突之间的关系。此外，本文又进一步检验了文化适应和个人主义对被家庭干涉的工作的影响。因此，我们认为在研究者和组织管理人员使用会影响工作、家庭的政策时，应该考虑其多样化员工队伍的文化价值问题。

关键词： 工作—家庭冲突；多样性；社会认同理论

Title： Acculturation and Individualism as Predictors of Work-Family Conflict in a Diverse Workforce

Periodical： Human Resource Management

Author： Kristine J. Olson, Ann H. Huffman, Pedro I. Leiva, Satoris S. Culbertson

Abstract： Ethnic and cultural diversity is an increasing reality in the US workplace. The current study highlights the importance of acknowledging the culturally heterogeneous nature of ethnic groups, and the need to focus on social identity characteristics such as cultural values when assessing group differences. We demonstrate that cultural values (i.e., individualism) contribute to employees'experiences of work-family conflict beyond the effects of ethnicity. Specifically, we introduce a model informed by social identity theory that explains why acculturation is related to work-family conflict. The model was tested with a sample of 309 employed Caucasian and Hispanic Americans. An empirical test of our model provides evidence that individualism mediates the relationship between language and social-based acculturation and work-family conflict, even when controlling for ethnicity. Additionally, alternative models further reveal that the effects of acculturation and individualism contribute to work interfering with family. As an implication of the current study, we suggest that researchers and organizational managers should consider the cultural values of their diverse workforce when implementing policies that affect conflict between work and family.

Key Words： Work-family Conflict; Diversity; Social Identity Theory

文章名称：无限和超越：使用一种叙事的方法来识别未知和动态情况下的培训需求

期刊名称：人力资源开发杂志

作者：艾莉森·M.德莎，布瑞恩·M.萨克斯顿，雷蒙德·A.诺伊，凯瑟琳·E.基顿

内容简介：培训的效率取决于需求评估的彻底与否，对于当前以快步伐、风险和不确定性为特征的商业环境，传统的需求评估方法显得心有余而力不足。为克服传统的需求评估方法的不足之处，本文提出一种基于叙事的、主题专家非结构化的面试方法，来适应不确定环境中的动态工作。首先，以叙事方法评估培训需求的方法具有理论基础。其次，这一方法是有效的，美国国家航空航天局（NASA）在为将来的长期任务识别工作人员培训需求时，采取了主题专家面试方法。最后，本文还讨论了这一方法的价值以及培训的重要性，并以美国国家航空航天局为案例阐述了相关理论和实践意义。

Title：To Infinity and Beyond：Using a Narrative Approach to Identify Training Needs for Unknown and Dynamic Situations

Periodical：Human Resource Development Quarterly

Author：Alison M. Dachner, Brian M. Saxton, Raymond A. Noe, Kathryn E. Keeton

Abstract：Training effectiveness depends on conducting a thorough needs assessment. Traditional needs assessment methods are insufficient for today's business environment characterized by rapid pace, risk, and uncertainty. To overcome the deficiencies of traditional needs assessment methods, a narrative-based unstructured interview approach with subject matter experts（SMEs）is proposed for dynamic jobs in uncertain environments. First, the rationale for a narrative approach to training needs assessment is presented. Second, the utility of a narrative approach is examined using SME interviews from National Aeronautics and Space Administration（NASA）to identify crew training needs for a future long duration mission. Third, the value of a narrative approach and importance of training are discussed with respect to the NASA interview results along with managerial and theoretical implications.

文章名称： 内部承诺还是外部合作？人力资源管理系统对企业创新和绩效的影响

期刊名称： 人力资源管理

作者： 周禹，洪颖，刘军

内容简介： 前人研究表明，一般人力资源管理体系会对企业绩效产生正向影响。在此基础上，本文采用一个综合的方法比较其中的主要影响，并检验两个特定的人力资源管理系统对企业创新绩效的交互影响作用。对中国的 179 个组织的数据进行分析，我们发现，无论是强调内部的凝聚力的承诺型人力资源管理系统，还是旨在建立外部连接的合作型人力资源管理系统，都会促进公司创新，并最终提高企业的最低绩效。除此之外，我们还发现这两种人力资源管理系统之间的交互作用是逐步减弱的，这种关系可以用"被中介的调节"表述。结果表明，用承诺型和合作型的人力资源管理系统以促进创新的组织也可能会面临挑战。最后，本文还对未来的研究思路和该研究对实践产生的影响进行了讨论。

关键词： 人力资源管理；创新；绩效；中国

Title： Internal Commitment or External Collaboration? The Impact of Human Resource Management Systems on Firm Innovation and Performance

Periodical： Human Resource Management

Author： Yu Zhou, Ying Hong, Jun Liu

Abstract： Complementing previous research that showed a positive effect of general human resource management (HRM) systems on general firm performance, this article undertakes an integrative approach to compare the main effects and examine the interaction effects of two particular HRM systems on influencing firm innovation and performance. Using data from 179 organizations in China, we found that both the commitment-oriented system, which emphasized internal cohesiveness, and the collaboration-oriented system, which was intended to build external connections, contributed to firm innovation and, subsequently, bottom-line performance. We also found an attenuated interaction between the two HRM systems in predicting firm innovation. We employed a mediated-moderation path model to extricate the relationships. Results suggested that organizations that implemented both HRM systems to promote innovation might face ambidexterity challenges. Ideas for future research and practical implications are discussed.

Key Words： Human Resource Management; Innovation; Performance; China

文章名称：可持续发展：董事会应该做什么？

期刊名称：企业董事会

作者：爱德华·劳勒，苏珊·A.莫尔曼

内容简介：你的董事会是否将社会和环境的可持续性发展作为公司治理的中心议题？一些大型公司现在都将它作为董事会会议的议题，当权衡战略和经营成本时，董事会会考虑持续性发展，并且企业在年报中也会对可持续发展的努力进行评级。你所在公司的董事会应该这样做吗？

Title：Sustainability：What Should Boards Do?

Periodical：Corporate Board

Author：Edward E. Lawler III，Susan A. Mohrman

Abstract：Does your board discuss social and environmental sustainability as a central aspect ofcompany governance? Some major corporations now make sustainability an agendaitem at each board meeting, include it when weighing strategy and executive pay, and gradecompany sustainability efforts in the annualreport. Should your board?

文章名称： 人力资源行业的状况

期刊名称： 人力资源管理

作者： 戴维·尤里奇，荣恩·杨格，韦恩·布鲁克班克，迈克尔·D.尤里奇

内容简介： 本文将对人力资源行业进行新的描述。人力资源专业人士常会被自我怀疑所困扰，会反复地探讨人力资源的作用、价值和能力。如果人力资源是为了完全（且最后）成为一种职业，那么这些自我怀疑应该被有远见的见解所替代，而这些见解应该建立在全球数据的基础之上，而不是个人观念。因此，更新对人力资源行业的描述具有实质意义。

关键词： 领导；道德；培训与开发；组织变革

Title： The State of the Hr Profession

Periodical： Human Resource Management

Author： Dave Ulrich, Jon Younger, Wayne Brockbank, Michael D. Ulrich

Abstract： We want to create a new narrative about the human resource（HR）profession. HR professionals have often been plagued with self-doubts, repeatedlyre-exploring HR's role, value, and competencies. If HR is to fully（and finally）become a profession, these self-doubts need to be replaced with informedinsights. These informed insights should be based more on global data thanpersonal perceptions so that the emerging narrative for the HR professionhas both substance and meaning.

Key Words： Leadership; Ethics; Training and Development; Organizationalchange

第三章　人力资源管理学科 2013 年出版图书精选

第一节

中文图书精选

一、国际与比较雇佣关系——全球化与变革（第5版）

作者： 班贝尔，赵曙明，李诚，张捷

出版社： 北京大学出版社

出版时间： 2013 年 7 月 1 日

内容简介：《国际与比较雇佣关系——全球化与变革》（第 5 版）立足于国际比较研究方法，对世界范围内的不同国家和地区的雇佣关系进行了权威的比较和分析，并提供了充分而翔实的雇佣关系方面的知识、信息和数据，Greg J. Bamber（班贝尔）、Russell D. Lansbury 和 Nick Wailes 为读者在全球视野内考察雇佣关系这一日益重要的经济和社会问题提供了理论和实践依据。本书主要聚焦于全球化对主要的几个发展中国家和发达国家的雇佣关系的影响，同时增加了有关印度、丹麦和中国（包括中国大陆和台湾地区）的雇佣关系的章节。

《国际与比较雇佣关系——全球化与变革》（第 5 版）适合作为人力资源管理专业本科生、研究生的教材，也适合作为关注雇佣关系的研究者和实践者的重要参考用书。

二、HR 转型突破：跳出专业深井成为业务伙伴

作者： 康至军
出版社： 机械工业出版社
出版时间： 2013 年 7 月 1 日

内容简介： HR 不断追逐专业时尚，以试图摆脱传统定位，进而转型扮演更重要的角色，但却往往又走入新的误区，甚至在组织中产生很多"副作用"。转型多年，HR 为何依然招人憎恨，被业务主管视为需要智取的"敌人"？

本书以德鲁克先生的人力资源理念为主线，通过对大师思想的解读和优秀企业实践的剖析，提出了中国企业 HR 转型的杠杆解：回归正确的角色定位、从客户需求而非职能专业出发、从目标成果而非专业活动出发、从假设而非最佳实践出发。作者跳出人力资源的专业局限，从更为宽广的视角采撷素材，通过大量的经典案例，对德鲁克近乎常识的理念进行了深入浅出的阐释，脉络分明、层层递进、一气呵成。与热衷于介绍流行概念的书籍不同，本书试图厘清中国企业 HR 转型之道，强调回归管理常识，启发读者的思考。

本书是为有一定经验的 HR 和咨询顾问而写，也是为中小企业的 HR 而写。关于 HR 转型的书籍多来自国外，书中案例的主角都是大型跨国公司，对一般企业而言有些遥不可及。本书的内容更接地气，更贴合中小企业的现实。它试图跳出专业本身，从更开阔的视角透视 HR 工作。书中虽然提供了一个简单的框架，但管理从来没有简单的答案，而且对管理的真正理解，只能发生在实践中，读者自己要全力以赴才能找到答案。本书希望能够帮助读者从全新的角度审视自己的工作，反思习以为常的观点。

三、人才管理大师

作者：康纳狄，拉姆·查兰，刘勇军，朱洁

出版社：机械工业出版社

出版时间：2013 年 1 月 1 日

内容简介：《人才管理大师》集中体现了人才管理大师的特质组合：比尔·康纳狄在通用电气效力长达 40 年之久，曾跟通用电气的 CEO 杰克·韦尔奇、杰夫·伊梅尔特一起通力合作，使该公司成为世界上享负盛名的人才库；拉姆·查兰则是全球排名第一的管理咨询大师。两人将他们无与伦比的经验和洞见总结出来，写成这本人才研究指南——以突破性的观点告诉我们如何将企业带到一个新的高度。

成为人才管理大师的秘诀：以世界顶级公司如通用电气、宝洁、印度斯坦利华等公司最佳实践为例，这些公司之所以业绩彪炳，源于它们几十年如一日挖掘、培养领导人才的制度。

知人善任，组织有序，各级领导人才（从基层管理者到 CEO）层出不穷，源于企业对人才的深入了解和系统的人才评估。经得起时间考验的唯有才能，市场份额、品牌、传统产品的"半衰期"越来越短，经得起时间考验的只有人才。

下一步你将如何做？《人才管理大师》为读者提供了具体的指南，可借此评估并改善公司的人才管理技能。

本书最大的特点是实践性，作者深入分析了 9 家世界级国际一流企业人才管理的最佳实践，系统梳理了他们在人才管理方面的宝贵经验。通用电气、宝洁公司、印度斯坦利华、诺华制药、安捷伦科技、私募基金公司 CDR、固特异、联合信贷银行、LG 电子 9 家国际一流企业在人才管理方面走出了各自独特的道路，为企业战略目标的达成发挥了巨大的作用。9 个真实案例揭示了人才管理的"真经"。在书中，作者还讲述了 20 多个领导人才成长的真实案例，极大地增添了全书的可读性和情景感，有助于我们更好地理解国际一流企业人才管理的宏观体系和微观操作。

四、人力资源管理学学科前沿研究报告

作者： 吴冬梅，王默凡
出版社： 经济管理出版社
出版时间： 2013 年 7 月 1 日

内容简介： 自彼得·德鲁克于 1954 年在《管理的实践》一书中提出"人力资源"概念以来，经过半个多世纪的发展，现代人力资源管理理论取得了许多新的成果，有了长足的进展。人力资源管理理论的发展，一方面表现为自身理论纵深发展，另一方面表现为与其他学科交叉发展。这就出现了人力资源管理理论的"丛林"，即纵、横两个方向的同时发展将其理论提升到一个新的高度。

本书体现了国内外人力资源管理学科发展的最新前沿动态，囊括了人力资源管理学科的代表性成果，为人力资源管理领域的理论工作者进行学术研究提供了坚实的基础，也为人力资源专业博士生和硕士生研习人力资源管理内容提供了帮助。

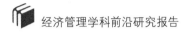

五、战略性人力资源管理系统重构：基于外部劳动力市场主导的雇佣关系模式

作者： 朱飞，文跃然
出版社： 企业管理出版社
出版时间： 2013 年 12 月 1 日

内容简介：《战略性人力资源管理系统重构：基于外部劳动力市场主导的雇佣关系模式》的主要研究目标是基于外部劳动力市场主导的雇佣关系模式变革背景，重新构建战略性人力资源管理体系，以解决外部劳动力市场主导的雇佣关系模式变革所导致的雇佣管理关键问题，同时提升 SHRM 的"战略性"，提升 SHRM（Strategic Human Resource Management）体系对于组织竞争优势的支撑。

本书基于外部劳动力市场主导的雇佣关系模式，探索并重构 SHRM 的体系，真正实现人力资源管理的"战略性"，探索针对外部市场驱动的员工队伍的管理策略。其内容包括：回顾目前 SHRM 的理论研究成果，分析其存在的主要缺陷和理论研究难以突破的原因，寻找未来 SHRM 研究的主要突破方向；分析外部劳动力市场主导的雇佣关系模式的特征和主要影响。

六、中国人力资源服务业白皮书 2012

作者：萧鸣政
出版社：人民出版社
出版时间：2013 年 3 月 1 日

内容简介：当今世界正处在大发展、大变革、大调整时期。世界多极化、经济中国化深入发展，综合国力的竞争和各种力量的较量更趋激烈。特别是创新成为经济社会发展的主要驱动力，知识创新成为国家竞争力的核心要素。在这种大背景下，各国为掌握国际竞争主动，纷纷把深度开发人力资源、实现创新驱动发展作为战略选择。人力资源服务业担负着为人才效能的充分发挥提供保证的重任，在人才强国战略中具有重要的作用。

本书力争从实践和理论两个层面对中国人力资源服务业的发展状况进行系统梳理，通过理论归纳、事实描述、数据展现、案例解读和科学预测等方式，使读者全面了解中国人力资源服务业 2011~2012 年的发展现状、重点领域和最新进展，科学预测人力资源服务业的未来方向，系统展现 2012 年中国人力资源服务业的重大事件和发展概况，具有较强的时代性和前沿性。

七、人才战争

作者：蒂尔，魏桂东
出版社：北京大学出版社
出版时间：2013 年 9 月 1 日

内容简介：《人才战争》两位作者为业内顶尖高手，给众多世界 500 强企业做过 HR 方面的服务。图书为国内企业家向一流企业学习先进的人才管理理念和方法提供了可操作的范本。图书源于国内最大培训机构——聚成股份在 2013 年力推的课程核心内容，是整个课程的精华所在。

聚成在 10 年的集团化发展过程中，从几个人发展到员工 5000 人，并获得联想等机构的投资，业务渗透到多个领域。其清晰、高效、实用的人才战略起到了极大的作用。书中对此有相当清晰的阐释。如何从塞满邮箱的简历中高效选出合适的人才？如何成为有感召力的鼓舞型领导？如何凝聚一批优秀人才和你一起走向成功？ 如何构建强大的高潜力人才梯队？如何投资员工培训才能收益最大化？如何留住核心员工？两位作者有丰富的实践经验和深厚的理论积累，针对企业人力资源管理的各种核心问题，提出了系统、实用的解决方案。

本书可以帮助读者了解建立有效的人才供应链；激发人才的全部潜能，实现人才培训与发展的高回报，为企业的健康发展留住合适的人才。为公司人力资源管理者进行人力资源管理决策和从事相关管理活动提供借鉴。

八、企业大学研究——基于学习创新的视角

作者：吴峰
出版社：北京大学出版社
出版时间：2013 年 9 月 1 日

内容简介：企业大学是人力资源开发领域一个新的研究点，目前在国内外的发展非常迅速。普遍观点认为，企业大学是企业学习的创新，为了深入探究其创新具体内容，本书从创新理论的四个维度出发，分析研究了企业大学在理念、管理、知识与方法、技术四个方面呈现的新内涵、新内容，研究结论也进一步支持了学习创新这个观点。

本研究建立在大量的实证数据之上。为开展本书的研究，作者进行了问卷调查与深度访谈，获取了国内 40 所企业大学的数据资料。最后，在总结企业大学的创新内容基础之上，本书提出了发展企业大学的建议。

本书适用于人力资源、教育技术等专业的教师学生及相关研究者，也适用于企业教育行业的工作者。

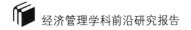

九、战略构建与制度体系——人力资源管理全景视角

作者：许玉林
出版社：清华大学出版社
出版时间：2013 年 5 月 1 日

内容简介：《战略构建与制度体系——人力资源管理全景视角》属人力资源管理理论与实践丛书。本书按照全新的范式构建了以"一个核心理念（Philosophy），两大系统平台（System），五项基础要素（Element），四类制度体系（Institution），八大企业家修养（Competency）"为主体的"PSEIC"人力资源管理思考框架。这一框架更贴近中国企业的管理实践，是对中国企业沿袭西方人力资源管理工具方法的一次超越。本书的定位是一本理论指导，并与本丛书的其他四本操作性较强的书相互契合，为广大的企业家、人力资源从业者提供从理念到方法的完整体系。

本书适合高等院校经济类、管理类专业师生作为教材使用，同时亦适合企业高层管理人员、人力资源主管以及所有对人力资源管理有兴趣的人士阅读。

十、达论：人才测评新体系——从理念到方法的探索

作者：文魁，谭永生

出版社：社会科学文献出版社

出版时间：2013 年 6 月 1 日

内容简介：人才被认为是能够恰当地确立或明确一个目标，并能以自己特定的素质和能力，克服各种困难，有效实现既定目标，或为一个更大组织、一项更大事业的总目标，有效完成自己分担的分目标或阶段目标的人。通俗地说，就是"想干事、会谋事、能成事、不断释放正能量"的人。中文里的"达"字可以生动表达出这样一种丰富的内涵。按照科学性、规范性和可操作性原则，《达论：人才测评新体系——从理念到方法的探索》分别建立了德达、能达、绩达、体达和识达的测评体系及测评方法，并对党政人才、企业经营管理人才、专业技术人才、高技能人才、农村实用人才和社会工作人才队伍建立了各自的测评"达系"。

本书希望引起更多研究者对人才测评理论及方法的关注和探索，共同推动中国人才学的理论研究和人才事业的实践向纵深发展。

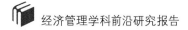

十一、人力资源管理（原书第 8 版）

作者：卡肖，刘善仕
出版社：机械工业出版社
出版时间：2013 年 2 月 1 日

　　内容简介：本书是美国人力资源管理大师——韦恩 F.卡肖的最新力作，专门写给那些立志从事高级管理工作的读者。本书从读者在未来工作中必然要从事的对人、资本、原材料和信息资源的管理出发，紧扣"生产率、工作生活质量和利润"这一主题，从环境、雇佣、开发、薪酬、劳资关系协调等环节切入，细化为 16 章，启发读者思考如何在全球化背景下，洞悉企业内外部环境，了解人力资源的动态发展趋势，发挥人力资源优势，提升企业的核心竞争力。同时，本书每章都有鲜活的人力资源管理实例，将人力资源管理理论与实务紧密地结合在一起，注重操作性、简洁性，深入浅出，娓娓道来，是一本优秀的人力资源经典教材。

　　本书适用于高等院校经济管理类专业师生，同时可作为企业人力资源经理、公务员和对人力资源管理感兴趣的读者的参考用书。

十二、HR 新生代：重塑人力资源管理

作者：黄树辉

出版社：机械工业出版社

出版时间：2013 年 3 月 1 日

内容简介：本书通过对国内企业的人力资源管理现状进行剖析，发现人力资源管理者及人力资源管理界在经历了西方人力资源管理理念的引进、接受与发展阶段后，正面临着理论与实践方面的挑战。本书提出重塑人力资源管理的思路，即淡化现有人力资源管理六大模块的划分方式，突破谋、选、育、用、留、裁的管理理念，提出未来要真正实现人力资源管理的核心价值，从根本上摆脱过去的思维定式，应该建立以合作发展、追求多赢为宗旨，以四大体系，即组织体系、人才体系、激励体系、分配体系为核心的管理模式。

本书共由九章组成。第一章介绍人力资源管理概况：通过对人力资源管理现状的剖析，发现当前人力资源管理的处境不容乐观，我们应该对此进行深刻的反思。第二章重塑人力资源管理：从人力资源管理工作内容的"四管"，到人力资源管理的核心价值，提出建立人力资源管理的四大体系。第三章从人力资源战略到人力资源规划，以五定（定策、定岗、定编、定员、定额）来阐述人力资源规划，指出定编工作的重点，提出定编应该采取相应的定编模型。第四章阐述组织体系不再是简单的组织结构，它还涉及企业的股权结构关系、人事结构关系、汇报与管辖关系，组织体系的核心就是企业权力的布局与企业资源的布局。第五章构建人才体系，先对企业人才进行分类，然后根据不同类别人才的特点制定相应的职业生涯规划，并围绕个人及组织的职业规划，以人才的职业发展及能力培养为目的，建立任职资格标准，然后在此基础上进行人才的甄选与培养，提出核心团队应该被视为企业人才梯队建设的重心所在。第六章指出当前绩效考核与管理的局限，提出企业激励核心的两大类型（人才与绩效）。依据中国的人文思想重新剖析西方马斯洛的人才需求理论，从而得出人才激励除了物质与精神等外在浅层次的激励外，还有个人改变、突破与自我实现等内在深层次的激励。第七章介绍分配体系，引入财务损益与资本运作概念，把人才转换为企业的无形资产并参与投资分配、损益分配，以实现企业与员工共同合作发展、追求多赢的宗旨。分配体系包含投资分配与损益分配（包括薪酬所得、股权所得）。第八章讲述人力资源管理的信息化：人力资源管理的信息化是现代化管理发展的趋势，此章简单地说明了人力资源管理信息化的规划或导入过程中应该注意的事宜。第九章根据本书提出的关于人力资源管理的创新理念与思路，有针对性地提供了实际应用案例，以供读

者参考。提供某科技型企业的案例为人力资源战略的应用案例、人力资源规划的应用案例、职业生涯管理的应用案例、任职资格管理的应用案例；提供某金融型企业的案例为人才激励管理的应用案例、绩效激励管理的应用案例、投资分配管理的应用案例、损益分配管理的应用案例；提供某综合型企业的案例为资源布局管理的应用案例、核心团队管理的应用案例、员工关系管理的应用案例。

十三、将培训转化为商业结果：学习发展项目的 6D 法则（第 2 版）

作者：卡尔霍恩·威克，罗伊·波洛克，安得鲁·杰斐逊
出版社：电子工业出版社
出版时间：2013 年 11 月 1 日

　　内容简介：6D 法则是一项高效学习发展项目设计的方法，被众多全球知名的公司所采用，如通用电气、德勤集团、凯撒医疗集团、摩根士丹利、默克集团等，并在世界 500 强企业中得到切实的验证。本书结合生动的案例，提供一套完整的流程，包括方法和工具，指导培训管理者如何将培训、学习与发展项目转化为企业期望的商业收益，特别是在学习转化、绩效支持方面有非常实用的理论陈述和方法指导。

　　要在这个竞争激烈的社会中取胜，越来越依赖于个人和组织能否迅速、有效地学习和成长。本书提出了学习发展项目的 6D 法则，告诉企业的培训师、人力资源部门等如何在他们的企业中发挥更大的作用，从而使企业在商业活动和投资上获得更大的回报。本书结合生动的案例，提供了大量实用可靠的方法、工具和路线图，这些案例来自对世界上最成功的几十家企业的深入研究，并在世界 500 强企业中得到了切实的验证。

十四、领导力与项目人力资源管理——中国职场的工作技能与领导力自我开发

作者：刘平青

出版社：机械工业出版社

出版时间：2013 年 1 月 1 日

内容简介：本书旨在帮助项目从业者及众多职场人士，提升自身的领导力水平和相关的工作技能。全书共五个部分。导论阐述领导力的实质，即引领、传导与效力。一个人的领导力水平，很大程度上取决于自我、组织和环境三个维度中关系的熟练掌控程度。第一篇包括自我认知、自我准备与自我超越，这是领导力自我开发的前提。任何人工作技能的提升和领导力的开发往往都离不开组织平台。而组织绩效包括关系绩效和财务绩效，前者是后者持续获得的基础。第二篇对关系的实质、内容及构建过程进行了阐释。第三篇从组织层面系统地介绍了项目人力资源管理、组织内的项目管理及项目动态管理与创业等内容。第四篇阐述了个体与组织如何融入环境，实现自我、组织和环境的动态平衡。本书针对中国情境中领导力与项目人力资源管理的程序与难点展开，强调思想性、可操作性和可读性。全书逻辑明晰，内容丰富，案例翔实，语言流畅。

本书以自我、组织和环境三者的互动体系贯穿始终，既向读者介绍领导力和项目人力资源管理的理论，又提供丰富、鲜活的案例和操作性强的方法与技巧，因而可用作工程硕士、工商管理硕士（MBA）、公共管理硕士（MPA）及其他管理类本科生、研究生和培训人员的领导力及团队建设、项目人力资源管理、人力资源管理、非人力资源部门的人力资源管理等课程的教材，亦是为帮助众多职场人士提高领导力水平和工作技能而精心准备的通俗读物。

十五、人力资源蓝皮书：中国人力资源发展报告（2013）

作者：吴江

出版社：社会科学文献出版社

出版时间：2013 年 9 月 1 日

内容简介：本书以党的十八大提出的推动实现更高质量的就业为主题，从多个层面和角度，以丰富的事实和大量数据为依据，反映了近年来中国政府和社会各界在实施积极的就业政策，不断扩大就业，提升就业质量等方面的理论认识、政策方针、重要举措以及发展现状，并对进一步推动实现更高质量的就业提出了对策建议。

本报告以"推动实现更高质量的就业"为主线，从宏观和微观、国际和国内等层面，集中提供了一批研究成果，重点反映了近年来中国政府和社会各界在积极促进就业和不断提高就业质量等方面所做出的努力。全书由总报告、政策理论篇、重点群体篇、就业服务篇、劳动关系篇、专题调研篇和国际借鉴篇构成。

第二节

英文图书精选

一、注意力：卓越的潜在动力

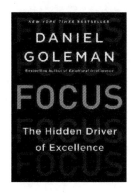

Focus：The Hidden Driver of Excellence

作者： Goleman Daniel

出版社： Harper Collins

出版时间： 2013 年 10 月 1 日

作者简介： 丹尼尔·戈尔曼（Goleman Daniel），哈佛大学心理学博士，曾任教于哈佛大学，主要研究大脑与行为科学，现为美国科学促进协会（AAAS）研究员，是心理研究与商业咨询的专业人士。他曾任职《纽约时报》12 年，负责大脑与行为科学方面的报道，他的文章散见于全球各主流媒体。他撰写的作品曾四度荣获美国心理协会（APA）最高荣誉奖项，两次获得普利策奖提名，并早在 20 世纪 80 年代即获得心理学终生成就奖，他的读者包括专家学者、商业人士和学生。此外，他还协助创办了耶鲁大学学术、社会和情感学习研究中心。

内容简介： 该书是《纽约时报》2013 年度十大畅销商业书籍。作者深入到心理学视角中一向被低估的注意力科学领域，探讨了小小的注意力和精神资产对于我们驾驭生活和工作的重要性。作者发现伟大的成就来自三种注意力：Inner Focus、Other Focus、Outer Focus。其中，Inner Focus 是指自我觉察（Self-awareness）、Other Focus 是指同理心（Empathy）、Outer Focus 是指系统思考（System Thinking）。作者想要讨论的是我们如何在与外界（自我、周边、系统）的交互中保持定力。作者认为虽然专注的、目标导向的注意力，比起开放的、自发的感知更有价值，但在创造性活动中，后者却具有关键作用。

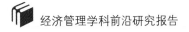

二、快乐公司：我们如何打造一个深受人们挚爱的工作场所

Joy，Inc.：How We Built a Workplace People Love

作者：Richard Sheridan

出版社：Penguin Group

出版时间：2013 年 12 月 26 日

作者简介：理查德·谢里丹（Richard Sheridan）是美国门罗创新公司（Menlo Innovations）的首席执行官和联合创始人，曾因卓越的商业成就赢得斯隆奖（Alfred P. Sloan Award）及商业杂志年度人物。他经常在重大商业会议上发言，并为奔驰、耐克和 3M 等知名大公司做企业咨询和培训。

内容简介：作者和他的团队在门罗创新公司创造了世界上最有激情和创造力的工作场所之一，作为创始人和首席执行官，他在这本极具可读性和启发性的书中揭示了它的秘密，他创建了一个完全不同的组织模式。该书从门罗创新公司的内部视角揭示了快乐文化的定义，并说明任何组织都可以按照自己的方式组建一个充满激情并可持续的团队，并取得有益的结果。谢里丹还展示了如何更聪明地组织会议，以及在招聘过程中进行文化培训。

三、战略人力资源管理：理论与实践

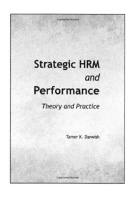

Strategic HRM and Performance：Theory and Practice

作者：Tamer K. Darwish

出版社：Cambridge Scholars Publishing

出版时间：2013 年 6 月 1 日

作者简介：塔纳·K.达尔维什（Tamer K. Darwish）是迪拜大学企业管理学院人力资源管理助理教授，他获得了布鲁内尔大学战略人力资源管理博士学位。他讲授的课程包括战略人力资源管理、国际比较人力资源管理、组织行为学、员工关系和全面质量管理。他有在银行部门工作的经验，是人力资源问题高级顾问。他的研究已经发表在领先的人力资源管理期刊上，包括《人力资源》（Human Resource Management）、《国际人力资源管理杂志》（International Journal of Human Resource Management）和《国际人力管理杂志》（International Journal of Manpower）。

内容简介：此书从理论和实证两方面批判性地讨论了战略人力资源管理与组织绩效之间的关系。本书有助于加强人们对战略人力资源管理的一些边缘问题与组织绩效之间相互关系的理解。战略人力资源管理与组织绩效之间的关系是在过去 10 年中重点研究的问题。许多人力资源管理文献认为，特定的人力资源管理的实践很可能成为竞争优势的主要来源，但并不明确哪些具体的人力资源管理措施最有可能提高绩效，并且能够被测量。因此，本书旨在探索什么样的主观或客观人力资源管理实践与组织绩效之间存在最密切的关系。书中还探讨了其他重要的人力资源问题，如人力资源总监的作用，人力资源战略和人力资源发展的参与等。

四、亚太地区的人力资源管理（第 2 版）

Managing Human Resources in Asia–Pacific（Second Edition）

作者：Arup Varma，Pawan S. Budhwar

出版社：Routledge

出版时间：2013 年 7 月 27 日

作者简介：阿勒普·瓦尔马（Arup Varma）是芝加哥洛约拉大学昆兰商学院人力资源管理系教授，于罗格斯大学获得博士学位，并于 2002~2007 年任人力资源部主席。他的研究兴趣包括绩效考核和外派人力资源管理问题，他曾在包括《管理学报》（Academy of Management Journal）和《应用心理学杂志》（Journal of Applied Psychology）等国际权威的学术期刊上发表过 40 多篇论文。他也是印度管理学报的联合创始人和当选主编。

帕万·S.布德瓦（Pawan S. Budhwar）是英国阿斯顿商学院国际人力资源管理学院教授，也是印度管理学报的联合创始人和第一任主编。他曾在众多国际顶级学术期刊上发表了超过 75 篇主要关注印度人力资源管理和组织行为学的论文，并编著了 9 本关于亚太、中东、绩效管理、印度、发展中国家、研究方法及国际人力资源管理实务方面的专著。他也是十多个期刊的副编辑。

内容简介：鉴于亚太地区国家所经历的巨大经济发展和社会变革，以及各国之间和各国人民之间日益紧密的关系，更好地了解这些国家的人力资源管理政策和实践变得非常重要。该书反映了东南亚和太平洋沿岸国家人力资源管理的主要变化，强调了在这些地区占主导地位的不同因素对人力资源管理的影响，以及这些国家人力资源管理系统的差异和相似之处，并探讨了这些国家人力资源职能面临的挑战。本书将其覆盖到柬埔寨、斐济、印度尼西亚和菲律宾等更多经济高增长地区，并论述了区域性人力资源研究的挑战，如西方结构的可移植性、数据收集的问题，以及亚太地区跨国公司的人力资源问题。因此，这是可以帮助我们更好地了解亚太地区人力资源问题的重要翔实资源。

五、基于项目组织的人力资源管理：人力资源的四要素框架

Human Resource Management in Project–Based Organizations：The HR Quadriad Framework

作者：Karin Bredin，Jonas Soderlund

出版社：Palgrave Macmillan

出版时间：2013 年 12 月 13 日

作者简介：卡琳·布勒丹（Karin Bredin）博士，是瑞典林雪平大学（Linköping University）工商管理及管理工程系副教授。她是瑞典人力资源管理研究的领军人物。布勒丹撰写了大量人力资源管理著作，由于她对人力资源管理研究的卓越贡献而被 Emerald、IRNOP 和 IPMA 等机构所嘉奖。她的研究成果广泛发表于《人力资源管理》（Human Resource Management）、《国际人力资源管理杂志》（International Journal of Human Resource Management）和《人事评论》（Personnel Review）等多个权威杂志上。

乔纳斯·索德伦德（Jonas Soderlund）博士是挪威管理学院领导与管理系教授。他的研究集中于项目管理、项目组织和人力资源管理。他出版了几本书和 30 多篇学术论文，主要发表于《人力资源管理》（Human Resource Management）、《组织研究》（Organization Studies）和《国际创新管理杂志》（International Journal of Innovation Management）等国际学术期刊。他也是四个期刊的编委会委员，同时也是瑞典林平雪大学（Linköping University）及凯蒂研究中心（KITE Excellence Center）的创始成员和高级研究员。

内容简介：这是一本关于项目组织的人力资源管理参考书，作者将所有企业中相互关联的人员归纳为：项目经理、直线经理、人力资源专家和项目工人自己。该书不仅是人力资源工作者的项目组织设计与操作的系统说明书，而且此书所研究的范围涵盖了多个行业领域，包括航空航天、工程、自动化、制药行业等。因此，本书可以给大部分与项目组织相关的读者提供宝贵的知识和思想，并让管理者更好地理解和处理项目组织发展中的许多困境及冲突。

六、中小企业的有效人力资源管理：全球视角

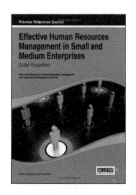

Effective Human Resources Management in Small and Medium Enterprises：Global Perspectives

作者：Carolina Machado，Pedro Melo

出版社：Idea Group U.S.

出版时间：2013 年 11 月 30 日

作者简介：卡罗莱纳·马查多（Carolina Machado）早自 1989 年开始在葡萄牙米尼奥大学经济学和管理学院教授人力资源管理课程，2004 年成为副教授。她的研究兴趣包括人力资源管理、国际人力资源管理、培训与发展、管理变革和知识管理等领域。

内容简介：在中小企业继续蓬勃发展的时代，识别关键的人力资源管理战略和管理实践是这些组织获得有竞争力的商业模式的关键要素。为了实现中小企业人力资源管理的有效性，本书通过建构整合的沟通渠道传播知识和技能，以解决中小企业人力资源管理中的一些问题，包括管理理念、企业文化和管理实践等。本书也涉及中小型私人部门和公共部门中的管理问题。

七、经验驱动的领导力开发：模式，工具，最佳实践和对工作发展的建议（第 3 版）

Experience–Driven Leader Development：Models，Tools，Best Practices，and Advice for On–the–Job Development（Third Edition）

作者：Cynthia D. McCauley，D. Scott Derue，Paul R. Yost，Sylvester Taylor

出版社：Jossey–Bass

出版时间：2013 年 11 月 25 日

作者简介：辛西娅·D.麦考利（Cynthia D. McCauley）是创新领导力中心的高级研究员。她在领导者发展方面深耕多年，从事研究、出版、培训和产品开发等工作。

D. 斯科特·德鲁（D. Scott DeRue）是密歇根大学罗斯商学院的管理学教授和领导力专业主任。他是曾被美国有线电视新闻网所报道的全美国 40 岁以下杰出的 40 名商学院教授之一。德鲁在领导力和团队发展方面进行研究与教学，并专注于领导者和团队在复杂动态环境中的学习及发展。

保罗·R.约斯特（Paul R. Yost）是西雅图太平洋大学工业组织心理学副教授，也是一个专注于战略型人才管理、领导力发展及转型管理机构（Yost&Associates Inc.）的创始人兼负责人。他曾在微软、波音、政府员工保险公司（GEICO）和巴特尔研究所（Battelle Research）担任多种职务，涉及高管测评、领导力发展和人力资源研究等方面。

西尔维斯特·泰勒（Sylvester Taylor）是一家创新领导力研究中心创新与产品开发组总监。他在研究、设计和实施领导力发展项目方面拥有 20 余年的经验，擅长于帮助组织从组织内部及多层次反馈系统获得有价值的组织成长。

内容简介：本书是美国权威的创新领导力中心（Center for Creative Leadership，CCL）汇集来自全球著名大学、研究与咨询机构、培训公司及著名企业的 84 位权威专业人士的 82 篇关于领导力创新论著而成，包括领导力发展模型、工具、最佳实践与建议，全面呈现近 25 年来全球领导力研究的发展现状及未来趋势。这些文章不是空泛的研究论文，它们均来自于实践，并在实践中进行理论升华，因此具有极高的参考价值。

本书共分四部分，每部分针对与历练及发展相关的一个关键要素：

（1）发展经历：更刻意地为更多人提供机会；

（2）领导者：做更好的准备，从经历中学习；

（3）人力资源体系：为历练驱动发展而设计；

（4）组织：让历练驱动发展成为现实。

本书所提供的大量有价值的领导思想和人才发展框架，将极大地帮助所有满怀理想与抱负的领导人。

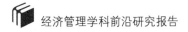

八、工作中的多样性：与实践的融合

Diversity at Work：The Practice of Inclusion

作者：Bernardo M. Ferdman，Barbara R. Deane

出版社：Jossey-Bass

出版时间：2013 年 11 月 18 日

作者简介： 贝尔纳多·M.费尔德曼（Bernardo M. Ferdman）博士是圣迭戈阿兰特国际大学组织心理学教授、领导与组织发展顾问。作为一个心理学研究员和咨询专家，他围绕领导力的多样性和包容性问题持续进行研究、教学和写作，他曾工作于拉美裔工作场所，并全力投身其中。

芭芭拉·R.迪恩（Barbara R. Deane）是多样性中心网站（DiversityCentral.com）的首席主编，也是文化多样性集团公司（GilDeane Group，Inc.）的副总裁，她的写作、咨询和研究工作主要围绕多样性与文化包容以及跨文化商业问题。

内容简介： 组织中的劳动力多样性问题是 21 世纪的组织中最需要彻底认真对待的挑战，企业必须创造一个多元化并且具有很强包容性的组织。此书的独特价值在于，作者在学术性研究的基础上构建实践性思想，为组织领导人、人力资源经理、变革专家和教练们所渴望创造的多样性团队提供了一整套发人深省的思想与工具，使多样性团队的设计、管理和主动性学习的团队文化建设变得高效而简洁。

九、人才方程式：来自大数据的经验以掌控技能差距并构建一个有竞争力的组织

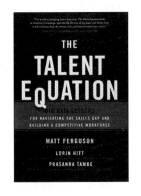

The Talent Equation：Big Data Lessons for Navigating the Skills Gap and Building a Competitive Workforce

作者：Matt Ferguson，Lorin Hitt，Prasanna Tambe

出版社：McGraw-Hill Education

出版时间：2013 年 11 月 13 日

作者简介：马特·弗格森（Matt Ferguson）是凯业必达公司（CareerBuilder）总裁兼首席执行官，他常出现于美国全国广播公司财经频道（CNBC）、美国广播公司（ABC）世界新闻、哥伦比亚广播集团（CBS）晚间新闻以及彭博电视（Bloomberg TV）、今日秀（the Today Show）、美国晚间商业报道（Nightly Business Report）和美国有线电视新闻网（CNN）金融频道等节目，是知名的财经评论专家。

洛林·希特（Lorin Hitt）是宾夕法尼亚大学沃顿商学院运营与信息管理系教授。

普瑞森纳·特莫比（Prasanna Tambe）是纽约大学斯特恩商学院信息、运营与管理科学助理教授。

内容简介：本书构建了一个大数据驱动的方程系统，以帮助企业在员工生命周期的每个阶段做出更明智的人力资源管理决策，以更好地管理它们最重要的资产：它们的员工。大萧条对劳动力市场产生了巨大冲击，企业面临着迫在眉睫的关键技能短缺和雇员保留以及劳动力的有效劳动问题。该书告诉你如何在大数据分析的驱动下完美驾驭今天的招聘环境，推动公司事业向前发展。本书内容包括提高教育水平和保留率的投资回报分析、连续招聘和人才管道技术市场的优势、人才分析与获取工具的变革、培训和重新学习技能的重要性等。

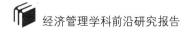

十、21 世纪的劳动力雇佣实践：工作场所变革中的人才管理挑战

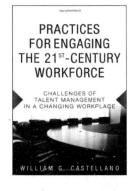

Practices for Engaging the 21st Century Workforce：Challenges of Talent Management in a Changing Workplace

作者： William G. Castellano

出版社： Pearson FT Press

出版时间： 2013 年 9 月 30 日

作者简介： 威廉·G.卡斯特利亚诺（William G. Castellano）博士是管理发展联合中心的执行董事，罗格斯大学商学院和管理与劳工关系学院副教授，人力资源战略和人力资源管理本科课程中心原主任。他的研究、教学和咨询活动集中于绩效管理、人力资本和战略联盟、员工参与、商业与人力资源战略调整等领域，以帮助企业提高组织效能和有效管理。卡斯特利亚诺有着在财富 50 强企业超过 30 年的工作经验和研究经历。

内容简介： 今天的劳动力、公司和商业环境发生了根本性变化，即使经济好转，公司也将保持精简，并更加依赖雇员的有效参与，相互接触变得比以往更为重要，而以往的方法不再有效。因此，本书提出了一个全面的、创新的参与模型，以帮助企业面对今天的多维和不断变化的劳动力，并预测明天。你将在本书中学到如何发展与今天的复杂环境相适应的组织结构和多维人力资源管理系统，以应对今天的企业对劳动力的需求，这一系统在增强参与的同时，实现了更高的业务能力和更好的绩效保证。本书的观点得到了许多世界领先企业实践案例的支持，包括 IBM、谷歌、SAS、运通、高露洁以及美国陆军研发中心等。

十一、人力资源管理与变革：管理者的实践指南

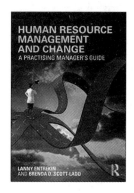

Human Resource Management and Change：A Practising Manager's Guide

作者：Lanny Entrekin，Brenda D. Scott-Ladd

出版社：Routledge

出版时间：2013 年 9 月 28 日

作者简介：兰尼·恩特里金（Lanny Entrekin）博士是澳大利亚莫道克大学管理与治理学院的管理学名誉教授。

布伦达·D.斯科特—拉德（Brenda D. Scott-Ladd）博士是澳大利亚科廷大学人力资源管理系副教授。

内容简介：本书提供了一个关于最新的商业环境和经济变化的概述，包括人口、环境、法律、技术、态度的变化，商品的全球化以及金融危机。在此基础上，本书清楚地解释了管理变革和实施人力资源实践所需的基本策略。最后一章的研究指南通过提供案例研究、回顾和讨论，进一步深化了本书所探讨的主题。

十二、通过六西格玛实现卓越人力资源管理

Achieving HR Excellence through Six Sigma

作者：Daniel Bloom

出版社：CRC Press

出版时间：2013 年 8 月 13 日

作者简介：丹尼尔·布鲁姆（Daniel Bloom）是一位备受尊敬的作家、演说家和人力资源策略师，他曾担任过危机管理人员，以及财富 1000 强公司内部人力资源工作组成员。同时他也是人力资源社会媒体及博客（Bestthinking.com）上的积极参与者。自 1980 年以来，他已经完成了 40 多篇论文，白皮书，发表在专业媒体和互联网上。他同时也是人力资源管理协会（the Society for Human Resource Management）和全球经济研究委员会（Worldwide ERC）的会员，以及全国演讲协会（the National Speakers Association）的专业成员，他目前是圣彼得堡大学工程技术和建筑艺术咨询委员会成员。

内容简介：虽然像通用电气和摩托罗拉这样的世界级公司都依赖于六西格玛建立它们高质量的绩效文化，但这些过程和努力却常常被人力资源管理所忽略。六西格玛原则可以在人员雇佣、保留、评估和发展等关键过程中发挥重要作用，用以预防错误和提高绩效，它在人力资源管理中的缺乏着实令人惊讶。本书回顾了全面质量管理及其起源，并倡议在人力资源部门持续引入六西格玛过程，从而给人力资源管理在组织中的角色提供了一个全新的视角。

本书详细解释了这个强大的质量管理方法在组织中是如何工作的，它提供了一个清晰的路线图，以及几十个成熟方法的描述，包括从创建一个项目开始直至项目完成的每一个阶段可用的具体工具。本书也提供了已经在人力资源管理中使用六西格玛的组织案例，这些来自真实世界的例子和行之有效的方法可以帮助组织发现并消除人力资源管理流程中的浪费，甚至完全消除人员管理的各种问题。

十三、专业的人力资源管理：基于实证的人员管理与发展

Professional HR：Evidence –Based People Management and Development

作者： Paul Kearns

出版社： Routledge

出版时间： 2013 年 4 月 12 日

作者简介： 保罗·卡恩斯（Paul Kearns）是一名 HR 职业从业者和 PWL 咨询公司的创始人。他主要从事人力资源计量和评估工作，已经超过 20 年。他作为人力资源和人力资本的实证派权威人士，经常为世界各地的管理大师培训班和专题会议提供专题报告。卡恩斯现在是英国标准研究所国际人力资源标准领域的首席专家之一，并任英国国家标准委员会主席。

内容简介： 本书讨论了一种新的人力资源管理专业人才，他们可以为企业提供一种更为有效的管理方式，以改变组织的工作方式。他们首先必须要解决业务经理以及人力资源部门由于专业人士缺乏所遗留的问题，这些问题是资本运作和治理的破坏性因素，这其中的很多问题都可以追溯到企业对人力资本专业化管理重视不够的情况。因此本书提供了一个客观的尺度来衡量人力资本管理的专业化水平，并可以应用于任何部门的管理。卡恩斯还制定了一个明确的十步指南，可以帮助任何企业以一种务实的方式获取并发展自己的人力资源专业能力。

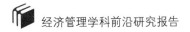

十四、可持续领导力：卓越领导者知行合一的 7 项法则

Leadership Sustainability: Seven Disciplines to Achieve the Changes Great Leaders Know They Must Make

作者：Dave Ulrich，Norm Smallwood

出版社：McGraw–Hill Education

出版时间：2013 年 4 月 2 日

作者简介：戴维·尤里奇（Dave Ulrich）是密歇根大学罗斯商学院教授，全球知名人力资源管理咨询专家，曾为超半数的福布斯 200 强企业提供过咨询或研究服务。他致力于研究如何使企业组织通过人力资源管理建立领导力、快速发展、学习、责任、智能和协作等方面的能力。他还在评估战略与组织能力、人力资源实践、人力资源技能、客户及投资者回报匹配数据库建设方面做出了突出贡献。

他已经发表了 100 多篇文章，出版了 12 本书，其中包括《人力资源冠军》、《人力资源价值命题》、《人力资源管理的未来》、《人力资源业务流程外包》、《高效人员管理及更佳人员实践百事通》、《新人力资源资格》、《如何通过人员和组织构建价值》、《结果导向的领导力：领导如何构建成功业绩并提升底线》、《组织能力：来自组织内外的竞争》等。他获得过无数的终生成就奖，并在过去的 6 年中 5 次被人力资源管理学界评为最有影响力的、人力资源领域排名领先的思想家。

诺姆·斯莫尔伍德（Norm Smallwood）是一个公认的权威专家，他帮助企业和它们的领导者实现卓越成果和企业价值的增长，他致力于帮助客户建立与战略方向相匹配的组织能力，培育领导力及人才，帮助人力资源工作者为组织做出更多贡献。

内容简介：这是一本 HR 大师精心打造的商业经典书籍，意在打破领导力培训无效的魔咒，让理念转化为持续不断的行动，成就卓越领导者。本书提出了一个重要理念：同环境的可持续发展一样，领导者也要保证领导力的可持续性，形成可持续领导力。为此，该书提出了七个法则，运用以下七个法则，可以让你的行动井然有序，并使你拥有可持续领导力：简单为上、善用时间、承担责任、利用资源、持续跟踪、不断完善、倾注感情。

十五、领导力驱动的人力资源管理：将人力资源转化为商业价值

Leadership–Driven HR：Transforming HR to Deliver Value for the Business

作者：David S. Weiss

出版社：Jossey–Bass

出版时间：2013 年 1 月 4 日

作者简介：戴维·S.韦斯（David S. Weiss）在多伦多大学取得博士学位，曾是美国维斯韦斯国际有限公司总裁兼首席执行官，公司专门从事创新、领导力和人力资源领域的咨询事业。他此前是跨国咨询公司的首席创新官，并在多伦多大学罗德曼管理学院、约克大学管理学院和开曼群岛大学任教。戴维也是一名资深的人力资源管理专家，曾被亚太人力资源大会授予"人力资源领导奖"，他在以色列被授予"人力资源荣誉奖"，他拥有加拿大政府的"特聘讲师"证书和安大略政府指定的"终身研究员"特誉。戴维也是一个知名度极高的管理顾问和教育工作者，曾作为主题演讲人出席 200 多个会议。

内容简介：本书从新的视角审视人力资源管理在商业中的角色，并提出了新的愿景。不同于传统的服务功能视角的人力资源观，本书提出了领导力驱动的人力资源战略解决方案，将人力资源视为一个企业的基本内部业务、企业资产和组织流程的投资回报负责人。领导力驱动的人力资源管理所提供的实践策略将成为撬动人力资源角色、优先权、职责和组织设计的杠杆。

十六、良性斗争：无情世界里的领导者责任

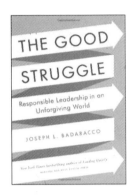

The Good Struggle：Responsible Leadership in an Unforgiving World

作者：Joseph L. Badaracco Jr.

出版社：Harvard Business Review Press

出版时间：2013 年 10 月 8 日

作者简介：小约瑟夫·L.巴达拉克（Joseph L. Badaracco Jr.）是哈佛商学院商业伦理教授，曾担任工商管理硕士课程主任，在哈佛 MBA 项目及同级经理培训项目中，教授战略管理、一般管理、商业伦理等课程，并在许多国家讲授执行与程序等课程，他还为大量不同类型的组织讲授领导力、价值和道德等问题。除本书之外，巴达拉克还曾经写过三本有关管理者的伦理责任方面的著作：《领导与整合》、《商业伦理：角色与责任》、《界定时刻：两难境地的抉择》。他还写过几本关于领导力、决策制定和领导者责任的著作，曾被纽约时报评为最佳畅销书，这些书已经被翻译成至少 9 种语言。

内容简介：当今企业处在高压、不确定和动荡的世界中，并被作者称之为"新的看不见的手"强大而无孔不入的力量所影响和塑造，企业领袖如何引领企业获得成功变得非常困难。作者认为，理解斗争的必然性和重要性是至关重要的，因此企业的领导者必须创造一种作者称之为"良性斗争"（the Good Struggle）的力量，从而实现工作目标和人生目标。这种能力或力量可以使企业家认清关键问题之所在，从而在动态的、激烈竞争和资源稀缺的条件下找到通往成功的可行路径。总之，这是一本关于企业家奋斗和自我实现的指南。

十七、哈佛商业评论 10 必读之团队篇（特色文章："团队的纪律"，来自乔恩·R.卡岑巴赫和道格拉斯·K.史密斯）

HBR's 10 Must Reads on Teams（with Featured Article "The Discipline of Teams，" by Jon R. Katzenbach and Douglas K. Smith）

作 者：Jon R. Katzenbach，Kathleen M. Eisenhardt，Lynda Gratton

出版社：Harvard Business Review Press

出版时间：2013 年 3 月 12 日

作者简介：乔恩·R.卡岑巴赫（Jon R. Katzenbach）是麦肯锡公司的一位董事，由于长期作为龙头企业的高级管理顾问，他有着丰富的为不同领域客户服务的经验。他研究的重点是团队管理和组织建设。他也是《变革先锋》和《团队》等成功国际畅销书的作者。

凯思琳·M.艾森哈特（Kathleen M. Eisenhardt）是斯坦福大学战略与组织教授，同时担任斯坦福科技与创业项目研究室主任。艾森哈特教授的研究兴趣主要是高速行业和技术型公司。艾森哈特教授得到过多项大奖，包括太平洋电信基金奖（Pacific Telesis Foundation Award）、惠特莫尔奖（Whittemore Prize）和斯特恩奖（Stern Award），以奖励她在快速战略决策、高速变革市场环境下的跨国公司组织和大型企业的战略联盟形式等方面的卓越研究。

琳达·格拉顿（Lynda Gratton）是伦敦商学院管理学教授，为 MBA 学生讲述职业规划等课程。她被《泰晤士报》评为世界顶级 20 位管理思想大师之一，并被《金融时报》评价为对未来最有影响的管理大师。她还是美国人力资源协会的会员、新加坡政府人力资本咨询委员会成员，并在欧洲、美国和亚洲的多家知名企业担任顾问。由于在人力资源服务方面的突出贡献，她获得了印度 Tata 集团授予的奖励。琳达女士目前出版了 6 本著作，并在《金融时报》、《华尔街日报》、《哈佛商业评论》等发表多篇文章。

内容简介：如果你没有阅读过其他关于建造更好团队的文章，那么可以阅读哈佛商业评论在这里推荐的 10 篇文章，这些是从哈佛商业评论文献档案中的数百篇文章中梳理出来的最具特色和价值的文章，它们可以帮助你组建并引导团队，取得卓越绩效。在本书中，著名专家为您提供了绝佳的见解和建议，你需要：通过相互问责提高团队绩效，动员大型、多样化的群体来处理复杂的项目，提高你的团队情商，防止决策僵局，与高层管理人员进行建设性的斗争，从而实现卓越的团队管理和绩效。

十八、创新依然：如何帮助你的员工终生创意无限

Innovation as Usual：How to Help Your People Bring Great Ideas to Life

作者：Paddy Miller，Thomas Wedell-Wedellsborg

出版社：Harvard Business Review Press

出版时间：2013 年 3 月 12 日

作者简介：帕迪·米勒（Paddy Miller）是西班牙巴塞罗那高等商业研究院教授，是跨国组织领导力创新研究方面的权威，他曾为多家企业的高层经理及其团队提供咨询服务，包括雅培、英美公司、宝格丽、汉高、汉莎航空、大众汽车、卡特彼勒公司、联合国粮农组织、苏格兰标准人寿、欧莱雅和艾伯维，并在麻省理工学院、中欧国际工商学院以及哈佛和达顿商学院讲授变革管理、组织发展和全球化管理等课程。米勒教授已出版多本学术著作，并在《金融时报》、《哈佛商业评论》等期刊杂志上发表文章。他的案例研究曾在多个国际论坛上获奖。他凭借在国际团队合作领域的杰出论著而受到美国管理学会的表彰。

托马斯·韦德尔·韦德尔斯伯格（Thomas Wedell Wedellsborg）是纽约市一家管理咨询公司"创新规划师"（Innovation Architects）的合作伙伴。他经常活动于几乎世界各地的企业，包括中国、印度、俄罗斯、新加坡、英国、法国、美国和他的祖国丹麦，进行以创新为主题的讲座发言。他创立了两家创意公司，并担任英国广播公司全球实验室的顾问。

内容简介：在当今的企业和组织中，团队的创新力至关重要。但是多数组织激发创新的方法，比如"头脑风暴岛"、时尚的创新讲座及创新工作坊等，始终收效甚微。本书作者是知名的创新专家，他们在创新研究方法方面采取纵向视角来分析组织转型，建议各级领导要成为"创新规划师"，他们要负责建造一个创新生态系统，使员工和团队从事关键的创新行动，并作为他们日常工作的一部分。

《创新依然》建议领导者要带领他们的人员在作者称之为创新的"5+1 重点行为"（5 + 1 Keystone Behaviors）：专注（Focus）、连接（Connect）、调整（Tweak）、选择（Select）、秘密风暴（Stealthstorm）和坚持（Persist）中将创新的基因嵌入工作场所和核心业务。本书将被应用在金融、管理、销售与制造等众多领域，使团队和组织的创新以系统的和可持续的方式发挥作用。

十九、面试：原则与实践

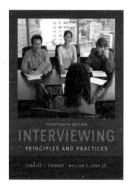

Interviewing：Principles and Practices

作者：Charles Stewart，William Cash

出版社：McGraw-Hill Education

出版时间：2013 年 8 月 29 日

作者简介：查尔斯·斯图尔特（Charles Stewart）是普渡大学玛格丽特教会沟通领域杰出的教授，他于 1961~2009 年教授面试、沟通、说服及社会运动等领域的课程，并在该领域撰写了多部著作，他由于卓越的研究和教学成果而获得唐纳德奖（Donald H. Ecroyd Award）及查尔斯·墨菲奖（Charles B. Murphy Award）。斯图尔特教授一直作为顾问为国税局、美国电力公司、利比食品公司和印第安纳大学牙医学院等公司提供咨询服务。

威廉·凯什（William Cash）从普渡大学获得博士学位，他目前是美国伊利诺伊州路易斯大学传播系副教授。

内容简介：本书反映了日益复杂的企业面试流程和正在进行的研究，其中包括最广泛采用的文本面试方法，也包括各种机构中越来越多使用的所有种类的面试方法。本书也反映了最新的沟通理论和相关法律在面试中的应用及其重要性。因此，本书提供了从面试开始到结束的最为全面的专业技术，包括复杂的人际沟通过程、多种类型的问题设计及使用要点以及结构访谈等，是企业持续提高面试有效性的指南。

二十、员工福利：人力资源专家的首要之事（第5版）

Employee Benefits：A Primer for Human Resource Professionals (5nd Revised Edition)

作者： Joseph Martocchio

出版社： McGraw–Hill Education

出版时间： 2013 年 1 月 22 日

作者简介： 约瑟夫·马尔托奇（Joseph Martocchio）是密歇根州立大学心理学博士，俄亥俄州立大学的管理学教授，之前曾是密歇根州立大学管理学院教授及明尼苏达大学工业关系研究中心研究员，目前主要从事人力资源管理、管理技能、定量方法、人力资源信息系统、培训、员工发展、组织行为等众多领域的教学和研究。马尔托奇教授曾在 AMJ、AMR 及 JAP 等众多顶级学术杂志发表文章，他目前也是包括《人事心理学》、《应用心理学》和《组织行为学》等杂志在内的期刊编委。

内容简介： 该书充满了对员工福利的前瞻性思考，并力求平衡当前学术思想与当代福利业务的真实情况，从而将话题引入对员工补偿问题的通行理解。同时，该书也突出了员工福利待遇的一些关键性问题，为读者提供了坚实的讨论基础。因此，这是一本全面了解员工福利计划与薪酬福利课程的经典教科书。另外，本书的特色是作者所构建的真实人力资源问题情境，使读者和学生能够站在人力资源经理的处境处理各种薪酬与福利问题，书中所包含的丰富案例代表了人力资源与福利薪酬领域的最新变化。

第四章 人力资源学科 2013 年大事记

第一节 人力资源管理学科国内会议

一、2013（第六届）中国人力资源管理年会

会议时间：2013 年 11 月 16~17 日

会议地点：北京

会议纪要：2013 年 11 月 16~17 日，由中国人民大学商学院和中国人力资源理论与实践联盟联合主办的"2013（第六届）中国人力资源管理年会"在中国人民大学召开。本届年会以"变革时代的人力资源转型升级"为主题，400 多名知名企业家、权威学者和行业翘楚会聚一堂，切磋经验、激荡思想，共同探求中国人力资源管理的新模式和新理念。本届年会还重磅推出"2013（第三届）中国人力资源管理学院奖颁奖典礼"，为业界树立标杆和典范。本次年会共安排五场主题演讲、两场主题论坛，还特别设置了 2013 中国企业人力资源管理最佳实践分享与点评、首席对话：职场学习与绩效改进—问题和对策等环节，年会颁布了 2013 中国人力资源管理十大最佳实践奖、2013 中国人力资源管理年度人物奖 10 名、2013 中国人力资源管理年度创新奖 10 名。

中国人民大学劳动人事学院彭剑锋教授发表主题演讲："2013 中国人力资源管理年度观察——现状与趋势"。宾夕法尼亚州立大学 William J. Rothwell 教授以"领导力开发与人才培养——如何理解、满足和超越 CEO 的期待？"为主题发表演讲。方正集团高级副总裁兼首席人才官谢克海发表第五场主题演讲"HR 如何引领变革，助推战略？"。神华集团董事、副总经理凌文演讲主题是"神华的经营哲学与人才观"。新奥集团董事兼常务副总裁金永生演讲主题是"新奥的战略转型与人才经营"。

第一场主题论坛《中国人力资源管理年度感悟——我们的 2013》由中国人民大学商学院杨杜教授主持，来自外资、民营和国有企业的六位人力资源负责人先后分享了各自的 2013 年工作重点和感想，中国人民大学劳动人事学院彭剑锋教授和文跃然副教授担任现场点评。第二场主题论坛《赢在巨变时代——HR 如何引领变革，助推战略？》由 MindSpan

公司 CEO 王戈主持，方正集团高级副总裁兼首席人才官谢克海，人大商学院首席人才官 (CHO) 高级管理课程班学员、中国建材南方水泥有限公司执行副总裁陈长征，新奥集团首席人力资源总监张晓春，特变电工股份有限公司副总经理刘钢，DDI 北京分公司总经理朱彦昌担任对话嘉宾。

2013（第三届）中国人力资源管理学院奖颁奖典礼由中国人民大学商学院杨杜教授主持。他介绍了评选的标准和程序，强调中国人力资源管理学院奖是中国唯一一个兼容了学术性意义和专业化导向的人力资源权威奖项，充分结合学术与实践双重视角，对中国人力资源管理的实践模式进行研究评估与评选，为业界树立标杆和典范，向世界推介中国人力资源管理的最佳实践。通过颁奖视频，2013（第三届）中国人力资源管理学院奖的获奖名单先后揭晓。"2013 中国企业人力资源管理最佳实践分享与点评"环节邀请到新希望集团、招商银行总行、中国南车集团、万科公司、上海复星医药集团的 HR 负责人亲临演讲，介绍各自的管理特色和亮点，并与杨杜、章凯、文跃然等资深教授进行思想碰撞。

首席学习官沙龙是中国人力资源理论与实践联盟学习与发展专业委员会结合《全球首席学习官高级研修课程》组织的定期高端交流活动。在第一场首席学习官沙龙上，宾夕法尼亚州立大学 William J. Rothwell 教授发表主题演讲《全球领先企业的人才培养体系和最新培训方式》。

中国人民大学商学院组织与人力资源系主任章凯教授对本次年会进行了闭幕总结。他提出有四个视角的人力资源管理，即企业视角、环境视角、员工视角和领导者视角，同时变革时代人力资源转型升级有八个"新"，即：新观念、新定位、新环境、新对象、新任务、新技术、新体系和新境界。

二、第八届新人力高峰论坛

会议时间：2013 年 11 月 29 日，12 月 13 日

会议地点：上海、北京

会议纪要：第八届新人力高峰论坛由《新人力》杂志社、易才集团人力资源学院、易才社会发展研究院主办，易才集团协办，中国劳动学会劳务经济与（境内）劳务派遣专业委员会提供学术支持。中国劳动保障科学研究院副院长、中国劳动学会劳务经济与境内劳务派遣专业委员会会长张新民，上海人才服务行业协会秘书长朱庆阳，嘉御基金董事长、创始合伙人、阿里巴巴前 CEO 卫哲，易才集团创始人、集团董事长李浩，上海财经大学法学院教授、博士生导师王全兴等相关政府、企业领导及学术界权威专家出席了本次盛会。同时，近千名政府领导、经济学家、人力资源专家学者、大数据专家、IT 专家、知名企业 CEO、人力资源总监和来自各行各业的 HR 精英也参加了本次论坛。

本届论坛以"智慧变革，人力资源战略新趋势"为主题，旨在呼吁企业注重并意识到人才的价值，希望企业能够将人力资源建设提升到战略层面，并达成从控制人力成本到创造企业价值的观念变革。本届上海论坛邀请的相关专家在论坛中发表了关于"中国改革新

时期劳动法的展望"、"论道企业文化"、"人力资源服务的新形式"等主题演讲。同时，本届新人力论坛还隆重举行了"最佳雇主奖"及"最佳人力资源管理奖"的颁奖典礼。

论坛相关专家表示：2013 年，中国的人力资源行业走到了十字路口，何去何从，吸引了企业、员工和社会的关注，也牵动着人才强国战略的心跳。观念和技术的转变，都在冲击着现有人力资源产业的生态格局。企业越来越意识到了人才的价值，将人力资源建设提升到战略层面的观念已经成为共识。而无论是已经成立十年之久的易才集团，还是已经成功举办了七届的新人力高峰论坛，都希望通过他们自身的努力和经验帮助中国企业用人的智慧和技术的力量，改变既有格局，促进企业人力资源管理走向新的发展阶段。

三、中国人力资源开发教学与实践研究会第十四届年会

会议时间：2013 年 8 月 8~9 日

会议地点：新疆

会议纪要：由中国人力资源开发研究会教学与实践分会主办、石河子大学商学院承办的中国人力资源开发研究会教学与实践分会第十四届年会，于 2013 年 8 月 8~9 日在新疆五家渠市隆重召开。来自全国各地高等院校、研究机构、政府、出版界及企业界的近 200多名代表出席了此次盛会，会议主题是"新的机遇：发展转型期的人力资源开发与管理"。

在大会开幕式上，董克用会长做了《中国当前劳动市场和就业形势》的主题发言。在大会主题报告阶段的主题讲演分别是，首都经贸大学劳动经济学院童玉芬教授的《中国劳动力促进研究——我国劳动力总量及未来变动趋势》；中国人民大学公共管理学院刘昕教授的《人力资源管理发展新趋势：循证人力资源管理》；石河子大学商学院张霞老师的《基于胜任能力的人力资源管理专业实践教学体系改革与实践》；吉林大学商学院于桂兰教授的《职业呼唤、职业承诺及职业成功的关系研究》；南开大学商学院刘俊振教授的《跨边界人力资源管理：朴素归纳及对企业人力资源管理体系重构》；北京师范大学经济管理学院李宝元教授的《从平衡计分卡到平衡计酬卡》，与会者和演讲者进行了良好的互动。

在 8 日下午和 9 日的上午，会议进行了分组学术讨论，重点围绕人力资源开发与管理前沿理论研究、人力资源开发与管理实践问题、劳动关系与社会保障理论与实践、人力资源管理专业建设与人才培养、人力资源管理专业课程设置教学与实践五个方面议题展开了热烈的讨论，展示了国内外人力资源开发与管理领域的最新研究进展和教学与实践方面的最新成果。

四、公共人力资源管理与创新国际会议

会议时间：2013 年 6 月 7~9 日

会议地点：浙江大学

会议纪要：2013 年 6 月 7~9 日，公共人力资源管理与创新国际会议在浙江大学举办。

会议主题为"提升公共人力资源管理人员的国际竞争力和创新能力",会议宗旨是促进公共和企业人力资源管理人员的国际交流,提升公共和企业人力资源管理人员的国际竞争力和创新能力,以满足企业和政府部门开展人力资源战略规划和组织行为发展的迫切需要。来自世界各地的多位专家学者参加了此次会议,浙江大学等高校的 101 名学生也参加了会议。会议收到学术论文 70 篇,会议报告的学术论文 33 篇。

本次会议的联合举办单位是浙江大学心理与行为科学系和浙江省社会心理学会,协办单位是武汉大学心理学系、北京市社会科学院管理研究所、美国国际人力资源管理协会(IPMA-HR)、美国南佛罗里达大学教育学院、美国杰克逊维尔州立大学人文科学学院和美国学者出版社,承办单位是浙江大学心理与行为科学系。会议由中国浙江大学心理与行为科学系主任沈模卫教授与美国国际人力资源管理协会执行总裁 Neil Reichenberg 分别担任组织委员会正、副主席;浙江大学心理与行为科学系郑全全教授与美国马萨诸塞大学心理学教授 Icek Ajzen 分别担任学术委员会正、副主席。

在主题报告阶段美国马萨诸塞大学终身教授 Ieek Ajzen 博士作了《为什么干预失败?通过理性行动的方法来改变人类的行为》报告。武汉大学心理学系张掌然教授以 "The Comparison of the Two Different Ways of Managing Problem" 为题做报告。郑全全教授做主题报告《民警压力源量表的编制及压力相关因素模型》。德国基森大学教授 Peter Schmidt 博士作主题报告《创业意向、社会资本、价值观与理性行动:结果来源于 2012 俄罗斯人口调查》。美国南佛罗里达大学教授 Kathleen King 博士做主题报告《女性领导在中国高等教育环境中发展的新模式》。绿城房地产集团有限公司副总裁杨薇女士做了题为《绿城集团人才梯队建设规划》的主题报告。浙江大学心理与行为科学系陈树林博士做了主题报告《中国精神卫生工作者的老龄化》。

会议的分组学术报告共分为三组。第一组的主题是"公共人力资源管理与创新",该小组报告的讲演人为 11 人;第二组的主题是"心理分析在人力资源管理中的应用",该小组学术报告的讲演人为 12 人;第三组的主题是"大专院校的人才流动研究与其他",该小组学术报告讲演人为 10 人。6 月 10 日,会议还举行了一场工作坊。该工作坊由 Dr. Icek Ajzen 和 Dr. Peter Sehmidt 主持,题目是 "The Theory of Planned Behavior(TPB)Meets Structural Equation Modeling(SEM)"。

2013 年公共人力资源管理与创新国际学术会议取得了丰硕的会议成果。来自美国、德国等多个国家的专家学者与我国学者共聚一堂,从社会学、管理学、心理学等多学科角度出发,以公共人力资源管理为主题展开了热烈的学术讨论。会议主题丰富多彩,各种学术观点异彩纷呈,不仅极大地丰富了与会人员的研究视角,也促进了公共人力资源管理研究的国际交流。

五、第十届 21 世纪经理人研讨会暨清华经管学院校友会人力资源分会 2013 年会

会议时间：2013 年 10 月 12~13 日

会议地点：北京

会议纪要："第十届 21 世纪经理人研讨会暨清华经管学院校友会人力资源分会 2013 年会"于 2013 年 10 月 12~13 日在北京召开。本次会议研讨的主题是"城镇化与企业发展"。来自全国各地的清华经管学院历届人力资源系校友 100 余人，和人力资源与组织行为系的张德、杨百寅、曲庆、吴维库、张勉、陈晓、王雪利等多位教授，国务院政策研究中心、中组部人才司的领导们一同参加了本次研讨活动。

唐山市国资委副书记、副主任、清华校友肖克勤做了题为"城镇化建设与企业发展"的主题发言，结合河北省唐山市城镇化建设实际，阐述了城镇化给中国带来的重大机遇、挑战、问题、措施，以及企业如何抓住机遇并如何应对国家宏观形势的变化和产业转型，并且与大家分享了自己在企业从事基层城市建设的经验、心得和启发，既有宏观又有微观，既有理论又有实践，向老师们提交了一份内容充实的作业。由此引发了热烈的讨论与交流，思想碰撞中火花频现。

参加研讨会的校友们一致认为，本届年会对于城镇化的研究、发展具有重要意义，不仅凝聚了张德等老师多年来带领大家开展组织工作的心血，而且也为校友们提供了交流思想、献计献策、推进院系教学发展的永续平台。

六、"中国人力资源 3000 强" 2013 年（第三届）人才发展年会

会议时间：2013 年 10 月 30 日~11 月 1 日

会议地点：北京

会议纪要：2013 年 10 月 30 日~11 月 1 日，由"中国人力资源 3000 强"俱乐部携手清华大学经济管理学院高层管理人员培训中心（EXED）和中人网共同举办，以"从幸福出发——我们的未来，我们的路"为主题的"HR3000 强" 2013 年（第三届）人才发展年会在北京隆重召开。本届盛典邀请到了多位清华大学教授与国内知名企业的 HR 负责人会聚一堂，与现场 700 余位参会成员论道人力资源发展方向，研究个人欲望与企业欲望的完美融合。

在两天的时间里，以华为、联想、TCL 为首的知名企业副总裁级大师与"HR3000 强"成员在一起传递仁爱精神、分享管理智慧；以最优秀的管理实践相互共享，以有效的方法、实用的工具、翔实的数据、鲜活的案例为企业扫除了工作的屏障，进而帮助了"组织发展目标与组织中个人的幸福相统一"。此次大会让 HR 更清晰地认识了自我，认识了幸福的根本，帮助包括 HR 在内的组织中的个人知道了如何更加快乐地工作与生活。同时，

针对当前全球经济发展的趋势以及带来的机遇与挑战展开了热烈互动交流，剖析及探讨了优秀企业最佳人才发展的实践案例，帮助组织实现了人才开发和可持续发展的目标。

"中国人力资源 3000 强"俱乐部由清华大学经济管理学院、北大光华管理学院、广州中山大学管理学院、华盛顿大学福斯特商学院等知名商学院，携 3000 家中国优秀企业的人力资源部最高负责人，"中国人力资源 100 人"，IACMR、中国人力资源开发网（www.ChinaHRD.net，简称中人网）等共同发起，旨在传承仁爱、启迪智慧，为中国人力资源开发与管理事业的发展、为企业管理水平的提升、为人才的培养、为中华文化的复兴做出可能的点滴贡献。

七、2013 年第六届中国人力资本论坛

会议时间：2013 年 9 月 5~6 日

会议地点：上海

会议纪要：2013 年 9 月 5~6 日由人力资源媒体与互联网公司 HRoot 主办的第六届中国人力资本论坛在上海召开。在为期两天的日程中，共邀请了来自《财富》500 强及全球知名企业的 58 位人力资源负责人及人力资源行业专家参与演讲及圆桌讨论，共同呈现了 21 次主题演讲，7 次圆桌论坛，均精心选择当前人力资源行业的热议话题，场面热烈，观众反响强烈。

演讲主题和论坛主题涵盖人力资源行业的各个方面，议题包括："赢在中国：打造人才竞争力"、"站在变革的边缘——未来五年将从根本上改变中国人力资源实践的若干趋势"、"超越陈规——正确甄别合适的高潜质人才"、"承诺于我心投入于组织"、"大数据在人才招聘中的运用——使用雇员社交网站来招募人才以及树立雇主品牌"、"如何通过整体回报优化实现人才留任"、"建立亚洲人才库的最佳实践分享"、"沃尔沃——在变革中成长"、"弹性福利计划——非常选择，一路有你"、"如何打造灵活人才供给机制"、"全球化环境下的领导力塑造"、"如何打造卓越的雇主品牌"、"公司业绩、报酬和员工的纽带——整体薪酬回报品牌"、"如何有效甄别组织中高潜人才"、"企业创新弹性福利方案与实践"、"从'懂我'开始，在人才发展中建立心灵契约"、"利润率与营收的持续增长"、"对于组织及其 HR 意味着什么？"、"企业并购过程中的人力资源管理"、"如何成为合资企业的战略合作伙伴"、"中国的人才在哪里？人才荒与人才战"、"学习成就未来——打造麦当劳领导人密码"、"HR 与 HRBP 的差异与职业转型"、"大数据时代人才管理挑战与应对——基于数据分析的人力资本管理"、"高潜力人才的甄别与培养"等。

在为期两天的论坛中，众多政府机构决策者、权威学者、企业界的人力资源管理者及国外人力资源领域的专业人士会聚一堂，针对当下全球经济发展展开深入交流，探索人力资源管理的先进理念，进而整合资源、凝聚共识。未来，"中国人力资本论坛"将不断致力于为人力资源管理者提供一个理性且富于前瞻性的交流平台，积极创新与变革，共同推动中国人力资源行业的进步。

八、第二届中国人力资源管理暨员工幸福管理国际论坛（2013）

会议时间： 2013 年 9 月 28~29 日

会议地点： 北京

会议纪要： 2013 年 9 月 28~29 日，第二届中国人力资源管理暨员工幸福管理国际论坛在武汉大学经济与管理学院顺利召开。本次论坛的主题为"中国人力资源管理暨员工幸福管理"。这是继 2012 年在南开大学成功举办首届中国人力资源管理论坛之后举办的第二届。此次会议由中国管理现代化研究会人力资源管理与组织行为专业委员会、武汉大学经济与管理学院、南京大学商学院和华中科技大学管理学院共同举办，武汉大学经济与管理学院承办，由管理学报杂志社发起，并受到国家自然科学基金委员会管理科学部的大力支持。

会议议程包含 8 个主题报告、6 个分论坛、2 个圆桌论坛、2 个青年学者创新工作坊和 2 个专题讲座。具体探讨了组织管理及人力资源管理实践中的科学问题、员工幸福管理、和谐劳动关系与雇佣模式研究、中国本土企业人力资源管理模式和组织变革（含案例）研究、新生代员工管理及不同代际员工价值观差异研究、组织学习与知识员工管理、工作—家庭平衡及社会支持研究、跨文化管理及外派员工管理模式研究、情绪管理以及人力资源危机管理等主题。

本届论坛的特色之一是设立圆桌论坛进行多层次互动。第一场圆桌论坛由华中科技大学龙立荣主持，就"控制型"与"承诺型"人力资源管理的有效性问题进行探讨。在场专家针对前沿理论与中国实践之间的鸿沟，对中国应如何运用前沿理论进行了精彩的点评。第二场圆桌论坛由赵曙明主持，主题是"人力资源管理专业发展何处去？"就我国人力资源管理专业发展问题进行了深入的研究。论坛的第二个特色是举办了两场"青年学者创新工作坊"，以"我的成长之路"、"享受研究的旅程"等主题，为人力资源管理领域的青年学者和学术新秀提供交流平台，真正做到了以文会友。武汉大学刘艳和杜族、香港大学黄炽森、南京大学毛伊娜就研究问题与理论的先后顺序问题，结合自己的研究经历和心得进行交流。

为期 2 天的会议于 9 月 29 日中午胜利闭幕。大会主席赵曙明教授致闭幕词。赵曙明认为，中国的人力资源管理研究正处在一个交叉的十字路口。我们生活在一个最好的时代，中国经济建设如火如荼，管理学科发展朝气蓬勃；我们生活在一个具有挑战的时代，工具理性大行其道，山寨模仿泛滥成灾。中国未来的 OB 和 HR 研究需原始性创新，既要积极加入国际主流学术共同体参与对话，也要响应本土的现实命题。

九．中国人力资源开发研究会劳动关系分会第六届年会暨学术研讨会

会议时间： 2013 年 11 月 9~10 日

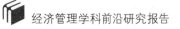

会议地点：广州

会议纪要：由中国人力资源开发研究会劳动关系分会主办，华南师范大学经济与管理学院承办的"中国人力资源开发研究会劳动关系分会第六届年会暨学术研讨会"，2013年11月9日~10日在华南师范大学举行。本次主题是："转型背景下的劳动关系和劳动关系学科"。74个单位157名专家学者参加了本次会议。

在大会主题发言阶段，浙江大学姚先国教授就"劳资关系协调机制构建"、华南师范大学谌新民教授就"劳动关系事件的经济动因与调处机制"、南开大学崔勋教授就"中国劳动关系学科的发展"、中国人民大学吴清军教授就"欧美劳动关系研究的范式"、广州市人大常委会党组陈伟光书记就"劳资博弈下的工资集体协商机制"、华南理工大学李敏教授就"全球化视角下的劳动关系焦点问题和研究进展"、华南师范大学魏下海副教授就"中国工会会员的工资溢价效应"等进行了主题发言。

在分组讨论中，与会专家学者围绕"经济社会转型与劳动关系新变化"、"《劳动合同法》修订与劳务派遣研究"、"工会和劳工政策"、"劳动关系集体化转型研究"、"产业社区建设与劳动关系"、"南海劳动关系问题专题研究"、"劳动力市场与工资"、"公共管理与劳动权益"等专题进行了充分的交流。硕士博士论坛围绕劳动关系学科发展与学术研究范式、经济社会发展转型与南海案例研究等主题展开了热烈的讨论。

我国正处于经济社会全面转型的关键时期，劳动力市场正发生深刻的变化，劳动关系问题已成为我国社会主义市场化改革以来的核心社会经济问题，劳动关系学科的发展亟须进行多学科融合的交叉学科研究。本届年会暨学术研讨会立足中国现实问题，以专业化、学术化为特色，为青年学者与学术前辈创造了一个互相交流与讨论的平台，为构建和谐的劳动关系展开了深入的理论探讨和实践探索。

十、首届人本中国奖颁奖典礼暨人本中国论坛

会议时间：2013年11月19日

会议地点：北京

会议纪要：2013年11月19日，由中国人力资源开发研究会主办的首届人本中国奖颁奖典礼暨人本中国论坛在京举行。全球范围内800多家企业、100多个人力资源服务机构、上百名高校教师参加了此次盛会。国家发展和改革委员会秘书长李朴民、中国人力资源开发研究会会长刘福垣等领导出席了会议。

中航工业集团公司董事长林左鸣凭借深厚的理论积淀、丰富的管理经验、创新的管理精神获得人本中国奖领袖人物奖；中国航空工业集团公司、中粮集团有限公司、中电电力国际发展有限公司、万达、百度等凭借科学、有效、完善的人力资源管理体系获得最佳企业奖，"人本中国奖最佳企业奖"荣誉；海尔、哈药、东软、中广核等取得丰硕的创新性结果，获得创新奖。中电国际董事长李小琳、万科企业股份有限公司副总裁解冻、中兴通讯股份有限公司副总裁陈健洲等获得年度人物奖。

人本中国奖评审委员会主任、中国人力资源开发研究会会长刘福垣介绍说，十八届三中全会发出了全面改革的信号，承接政策与发展环境，人力资源管理需要深化变革。人本中国奖旨在表彰人力资源领域有突出贡献、创新精神的优秀企事业单位及个人，同时通过深入实践调研，提炼出人力资源管理的中国模式，进一步促进人力资源开发与管理模式的本土化创新。

人本中国研讨会基于理论与实践脱节问题，为企业家和学者搭建了沟通交流平台，积极营造和谐互动氛围，促使理论与实践相融合，为打造中国人力资源管理模式奠定了坚实的理论与实践基础。中国人事科学研究院院长吴江认为，人力资源优先发展是企业创新驱动，应摆在战略突出位置；百度副总裁刘辉对此表示了赞同，他从多年管理经验出发，认为人才开发与管理是企业转型发展不可或缺的环节。此次大会分享了人力资源领域里最新的探索研究和创新成果，将为我国人力资源开发与管理理论及实践的可持续发展提供新方向、注入新动力、打开新思路。

十一、2013 年中国人力资源发展与管理论坛

会议时间：2013 年 3 月 22 日

会议地点：上海

会议纪要：2013 年 3 月 22 日，博思荟 2013 年中国人力资源发展与管理论坛在复旦大学举办。400 余位企业人力资源高管、复旦大学校友、特邀嘉宾等莅临此次盛会，共同就"管控人员风险提升组织效率"话题展开讨论。

苏勇教授作为主讲嘉宾，以"人口红利丧失之后中国企业的应对之策"为题，从三个方面分析了中国经济和企业运作在逐渐消失的低成本劳动力优势下如何应对的问题。怡安翰威特大中华区副总裁及全球合伙人张宏先生则就"Manage People, Performance and Profit in China"话题进行了阐述。他通过现场调查，分享了关于不同城市人力资源风险管理的观点。

嘉宾发言之后，红星美凯龙副总裁谢坚，百特医疗大中华区人力资源总监林意清和绿地集团人力资源总经理王朔好三位嘉宾，针对企业管理当中怎样来管控人力资源的风险这一话题进行了探讨。林意清女士分享了所在公司全球医疗研发中心选址的经历，说明人才资源是影响公司商业扩张的重要因素。王朔好女士则针对在全球化以及商业结构重构过程中人才风险的管理，介绍了核心团队的选择、培养以及机制约束。谢坚先生介绍了红星美凯龙企业文化如何从快中寻求平衡点，以及中层干部如何灌输理念。

本次论坛还就"领导人才的知识储备，大数据视角"和"革新退休福利，激励留用新工具"两个议题分别进行探讨。

十二、2013 年中外企业人力资源峰会暨北京中外企业人力资源协会第十七届年会

会议时间：2013 年 6 月 7~8 日

会议地点：北京

会议纪要：2013 年 6 月 7~8 日，"2013 年中外企业人力资源峰会暨北京中外企业人力资源协会第十七届年会"在北京举办。此次年会主题为"突出价值，稳中求进"，包含名家演讲与分论坛讨论两项内容。近 800 位来自各行业的领先人力资源管理专家、企业管理者、政府顾问以及著名的经济学家亲临年会。嘉宾紧密结合当前经济时局及企业发展趋向，分享交流人力资源管理经验。

6 月 7 日上午，田溯宁博士围绕有关"云时代"和"大数据"的话题进行演讲，具有前瞻性与指导性。中国劳动保障科学研究院院长田小宝先生、AMA China 行动学习事业部总经理郑胜辉先生，分别剖析了"企业人力资源管理若干问题"和"如何打造巨变时代下的核心竞争力"。6 月 8 日上午，联想集团高级副总裁乔健，分享了联想国际化与人才战略经验。华人著名经济学家耶鲁大学终身教授陈志武以权威的视角解读了中国经济、资本市场。中国新一代儒商代表黄怒波全面剖析了产业环境下企业管理的挑战与变革，重现了自己攀登珠峰坚持不懈的精神。

6 月 7 日、8 日下午，举行 18 场分论坛，各位嘉宾就人力资源专业话题进行探讨。主要探讨问题如下：人力资源在一个企业中的真正内涵是什么，它所占据的比重又如何衡量？人才队伍的建设如何有效实现？对于员工福利的关注点究竟在何处？如何处理棘手的 80 后、90 后新生代职场突发事件？企业如何发挥技术的优势，构建一套良性互动的培训与人才发展体系？微博、微信是怎样走进企业雇主品牌宣传和招聘渠道领域，又是如何逐渐影响新媒体招聘的？此外，论坛还对组织效能的提升和变革、收入分配制度、即将出炉的新政策法规，绩效管理、领导力的优势及短板进行讨论，全面分析了驾驭公司高管会议的方法。

此次年会通过权威人力资源精英的演讲与论坛讨论，加强了人力资源业界的同业交流，帮助与会者完善人力资源管理思维，一起迎接人力资源的新机遇、新挑战，推动人力资源行业持续向前发展。

第二节 人力资源管理学科国内重大事件

一、国家税务总局：个人缴纳大病医疗保险金须缴个税

事件时间：2013 年 2 月 5 日

事件简介：国家税务总局纳税服务司昨日表示，按照规定，个人缴纳的大病医疗保险金不能在个人所得税税前扣除，须缴个税。

纳税服务司表示，单位为个人缴付和个人缴付的基本养老保险费、基本医疗保险费、失业保险费、住房公积金，从纳税义务人的应纳税所得额中扣除。同时表示，大病医疗保险金不属于个人所得税法实施条例里列举的基本保险类，由于目前未有相应的政策规定，因此不允许在个人所得税前扣除，需要并入个人当期的工资、薪金收入，计征个税。

另外，纳税服务司称，对于企业年金的个人缴费部分，不得在个人当月工资、薪金计算个人所得税时扣除。但企业缴费计入个人账户的部分是个人因任职或受雇而取得的所得，属于个人所得税应税收入，在计入个人账户时，应视为个人一个月的工资、薪金，不扣除任何费用，按照"工资、薪金所得"项目计算当期应纳个人所得税款，并由企业在缴费时代扣代缴。对企业按季度、半年或年度缴费的，在计税时不得还原至所属月份，均作为一个月的工资、薪金，不扣除任何费用，按照适用税率计算扣缴个人所得税。对因年金设置条件导致的已经计入个人账户的企业缴费不能归属个人的部分，其已扣缴的个人所得税应予以退还。

二、工资收入成两会一号提案

事件时间：2013 年 3 月 4 日

事件简介：工会界委员热议劳动价值实现话题"今日关注"工资收入成"一号提案"。本报北京 3 月 3 日电"建议建立工资指导线制度，定期发布行业工资增长指导标准，引导企业合理确定职工工资水平和增长幅度；推行企业工资集体协商制度，保护劳动所得"……全国政协十二届一次会议刚刚开幕，聚焦工会界委员，发现他们心目中的"一号提案"不约而同指向同一方向——提高职工收入。

工会界委员们呼吁，应采取有效措施，切实提高职工特别是普通职工的工资收入水平。对克扣工资、拖欠工资等恶意侵犯职工经济权益的行为，要制定严厉罚则；加大对劳动用工的监管力度，强化对侵犯职工权益行为的制裁，及时纠正和严格查处通过提高劳动定额、加班加点等手段压低职工实际工资、变相违反最低工资制度的行为。

三、人大代表建议加快提高研究生待遇

事件时间：2013 年 3 月 6 日

事件简介：财政部、国家发展改革委、教育部联合印发了《关于完善研究生教育投入机制的意见》。从 2014 年秋季学期起，按照"新生新办法、老生老办法"的原则，向所有纳入全国研究生招生计划的新入学研究生收取学费。全国人大代表、江苏大学校长袁寿其提出建议，希望加快提高研究生的待遇。对研究生实行收费的政策，他认为，其中有好的一方面，但更多的是要做好相关的配套措施。现代化建设离不开高新人才的培养，研究生的教育等级比较高，也最值得关注，他们需要全社会的关心，只有为他们提供更好的条件，才能进一步提高研究生的培养质量，只有提高他们的生活待遇，才能让他们潜心研究。

四、关于成立民政部人才工作领导小组的通知

事件时间：2013 年 3 月 15 日

事件简介：为深入贯彻落实中共中央办公厅《关于进一步加强党管人才工作的意见》精神，加强对民政人才工作的组织领导和沟通协调，经民政部党组会议研究，决定成立民政部人才工作领导小组（以下简称领导小组）。

领导小组的职责是：宏观指导、综合协调民政领域人才工作和人才队伍建设；提出促进民政人才工作又好又快发展的方针政策；督促检查人才工作发展政策、重大工程的贯彻落实情况；完成中央人才工作协调小组交办的其他工作。

领导小组办公室设在人事司，承担领导小组的日常工作，负责研究提出推进人才工作的政策建议，督查落实领导小组议定事项，承办领导小组交办的其他事项。人事司司长包丰宇兼任办公室主任。各成员单位指定联络员，负责与部人才工作领导小组办公室的沟通联络，承担有关民政人才具体工作。

五、《中国人力资源服务业白皮书（2012）》发布（注：白皮书版本年份和本书出版年份对应不起来，最后用的版本是 2012 年版，出版时间 2013 年）

事件时间：2013 年 3 月

事件简介：北京大学人力资源开发和管理研究中心联合上海市对外服务有限公司共同发布了《中国人力资源服务业白皮书（2012）》。作为国内人力资源服务业首份分享行业最新趋势、推动产业科学发展的全面行业报告，《中国人力资源服务业白皮书》自 2007 年起已连续发布了 6 年，持续追踪了中国人力资源服务业的发展轨迹。

《中国人力资源服务业白皮书（2012）》力争从实践和理论两个层面对中国人力资源服务业的发展状况进行系统梳理，通过理论归纳、事实描述、数据展现、案例解读和科学预

测等方式，使读者全面了解中国人力资源服务业 2011~2012 年的发展现状、重点领域和最新进展，科学预测人力资源服务业的未来方向，系统展现 2012 年中国人力资源服务业的重大事件和发展概况。当今世界正处在大发展、大变革、大调整时期。世界多极化、经济全球化深入发展，综合国力竞争和各种力量较量更趋激烈。特别是创新成为经济社会发展的主要驱动力，知识创新成为国家竞争力的核心要素。在这种大背景下，各国为掌握国际竞争主动，纷纷把深度开发人力资源、实现创新驱动发展作为战略选择。人力资源服务业担负着为人才效能的充分发挥提供保证的重任，在人才强国战略中具有重要的作用。

六、河南全省法院将设专门法庭保护劳动者权益

事件时间：2013 年 4 月 3 日

事件简介：4 月 1 日，河南省高院召开全面设立劳动者权益保护审判庭座谈会。为建立欠薪预防机制与监督机制，河南全省法院将在 2013 年 10 月底前，全部挂牌成立劳动者权益保护法庭。

会议要求各中级人民法院要在 2013 年 6 月底完成挂牌建庭任务，基层法院要在 2013 年 10 月底前完成挂牌建庭任务。对此，省法院专门制定了《关于在全省法院推广设立劳动者权益保护审判庭的意见》，并下发给全省各法院。要求劳动者权益保护法庭，要专门开辟立案绿色通道、建立快速办案机制，科学排期，及时开庭，尽快合议，从快办结。

七、13 省市上调最低工资标准，上海 1620 元领跑全国

事件时间：2013 年 4 月 3 日

事件简介：4 月以来，上海、山西等地先后上调最低工资标准。据统计，截至目前，全国已有 13 省市上调了最低工资标准。其中，上海市以 1620 元/月领跑全国，江西省上调幅度最高，达到 41.4%，明显高于其他省市。整体看，各地调整后的最低工资标准均在千元以上，平均涨幅为 16.9%。据了解，除广东为 5 月 1 日执行外，其余省市新标准均已实施。而福建、安徽、辽宁等省市也明确表示 2013 年将适时调整最低工资标准。

2012 年全国 24 个省市调整最低工资标准，平均提高 22%。国务院去年批转的人力资源和社会保障部等部门制定的《促进就业规划（2011~2015 年）》明确规定，我国将深入推进工资收入分配制度改革，2011~2015 年，最低工资标准年均增长率要大于 13%。

有关专家指出，应按照《最低工资规定》要求，最低工资标准每两年调整一次。力争到 2015 年，绝大多数地区最低工资标准达到当地城镇从业人员平均工资的 40%以上，与国际标准接轨。

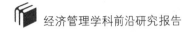

八、关于确定首批民政部社会工作专业人才培训基地的通知

事件时间： 2013 年 5 月 6 日

事件简介： 遴选社会工作专业人才培训基地是贯彻落实《关于加强社会工作专业人才队伍建设的意见》和《社会工作专业人才队伍建设中长期规划（2011~2020 年)》的重要举措，是造就一支结构合理、素质优良的社会工作专业人才队伍的重要途径。

为适应大规模开展社会工作从业人员教育培训的需要，进一步完善社会工作专业培训体系，加强社会工作专业人才队伍建设，民政部发布了《关于遴选社会工作专业人才培训基地的通知》。各地民政厅（局）要结合当地实际，采取措施支持民政部社会工作专业人才培训基地建设，抓紧建立当地社会工作专业人才培训网络，加快推进社会工作专业人才队伍建设步伐。

九、中国人力资源外包行业迎来第四次浪潮

事件时间： 2013 年 5 月 13 日

事件简介： 在举办的第九届中国（宁波）人力资源服务业高峰论坛上，万宝盛华集团（中国）董事总经理张锦荣认为，随着全国人大修改《中华人民共和国劳动合同法》的决定的发布，一个健康的中国人力资源外包服务业的第四次浪潮可能会到来。"中国人力资源外包市场已经历了三次浪潮，从最初的以外商代表处用工和国有机构用工制度改革开始，经历了从垄断性政策红利和低价劳动力的要素成本阶段、政策红利和低劳动力价格阶段；转变到政策红利犹存、劳动力价格快速提升的阶段。在这一轮新的浪潮中，将会兴起多种人力外包的新产品，未来，大型人力资源外包机构与巨型电商结合将成热点。"

十、关于组织开展人力资源社会保障系统"六五"普法中期检查督导的通知

事件时间： 2013 年 5 月 27 日

事件简介： 2011 年以来，在中宣部、司法部和全国普法办的统一部署下，全国人力资源社会保障系统认真贯彻落实《全国人力资源社会保障系统法制宣传教育第六个五年规划（2011~2015 年)》，紧紧围绕"十二五"时期人力资源社会保障事业发展的目标任务，开展了丰富多彩的普法活动，法制宣传教育工作取得显著成效。为进一步推动人力资源社会保障系统"六五"普法工作，根据中宣部、司法部、全国普法办《关于组织开展"六五"普法中期检查督导的通知》（司发通〔2013〕79 号）精神和要求，并结合《2013 年全国普法依法治理工作要点》，2013 年将对人力资源社会保障系统开展法制宣传教育工作情况进行中期检查督导。

为切实保证全国人社系统"六五"普法规划的有效实施，按照全国普法办的要求，全

国人力资源社会保障系统普法领导小组组织编写了《人力资源和社会保障法律制度读本》和《人力资源和社会保障常用法规选编》，由中国劳动社会保障出版社出版发行，作为全国人社系统"六五"普法的统一学习培训教材。

十一、要求实施离校未就业高校毕业生技能就业行动的通知

事件时间： 2013 年 6 月 3 日

事件简介： 人社部下发通知，要求各地积极实施离校未就业高校毕业生技能就业专项活动。

通知要求，在全国范围内组织 1000 所国家级重点以上的技工院校和培训实力雄厚的职业培训机构，对有培训意愿的离校未就业高校毕业生开展就业技能培训、企业上岗前培训和创业培训，使其掌握就业或创业的专项技能和实际能力。培训合格率力争达到 90% 以上，培训后的就业率达到 90% 以上，引导其在生产和服务一线实现技能就业、技能成才。

人社部要求，对参加就业技能培训和上岗前培训的高校毕业生，各级职业技能鉴定机构应主动提供职业技能鉴定服务，对其职业能力进行客观评价。对职业技能鉴定合格的，按规定发放相应的职业资格证书或专项职业能力证书。

同时，各地人社部门要积极协调财政部门，对参加培训的离校未就业高校毕业生，按照有关规定，落实职业培训补贴政策和职业技能鉴定补贴政策。

十二、国资委、教育部发文要求：国企招高校毕业生力争多于往年

事件时间： 2013 年 6 月 5 日

事件简介： 国资委办公厅和教育部办公厅联合发文，要求国有企业招收高校毕业生人数力争高于往年。

为做好 2013 年全国普通高等学校毕业生就业工作，国资委办公厅和教育部办公厅共同印发了《关于做好 2013~2014 年国有企业招收高校毕业生工作有关事项的通知》（以下简称《通知》），要求国有企业积极履行社会责任，吸纳更多高校毕业生就业；建立健全招聘工作管理机制，明确职责要求，采取有力措施，做好高校毕业生招收工作。

《通知》要求，国有企业要着眼于长远发展，统筹安排人才需求和培养计划，拓宽招收高校毕业生的专业范围，积极创造适合高校毕业生的就业岗位。要根据未来 3~5 年的企业发展规划，加强人才储备工作，在现有招聘需求的基础上，合理扩大招收规模。

《通知》强调，国有企业要制定和完善本企业招收高校毕业生管理的规章制度，明确招聘工作的原则、程序、实施办法和纪律要求，坚持"凡进必考"，树立正确的选人用人导向。要进一步规范招收高校毕业生工作的程序和流程，切实做到信息公开、过程公开、结果公开。坚决反对任何形式的就业歧视，严禁在招聘过程中违反国家规定对性别、户籍、学历、院校等条件进行限制。要切实履行社会责任，充分考虑驻地少数民族高校毕

业生就业问题，在政策上向西藏、青海、新疆等地高校毕业生倾斜，为他们提供更多就业机会。

十三、国家工商总局要求降低大学生创业成本

事件时间： 2013 年 6 月 20 日

事件简介： 国家工商行政管理总局要求各地工商部门放宽限制，减免相关费用，加大扶持力度，以降低高校毕业生创业成本。

工商总局要求各地工商部门进一步完善工商注册登记"绿色通道"，提供开业指导、注册登记等"一条龙"服务；高校毕业生创业无法提交经营场所产权证明，允许提交市场开办者、各类园区管委会、村（居）委会出具的同意在该场所从事经营活动的相关证明，办理工商注册登记；毕业两年以内的毕业生从事个体经营，首次注册登记之日起 3 年内，免收登记类和证照类等有关行政事业性收费。

工商总局同时要求各地工商部门进一步支持、鼓励民间投资，促进个体私营经济和小微企业发展，创造更多就业机会；严厉打击传销、"黑中介"等违法犯罪行为，营造良好的市场环境；引导一批个体私营企业成为见习基地，帮助高校毕业生提升就业能力。

十四、新劳动合同法今起实施 "同工同酬" 任重道远

事件时间： 2013 年 7 月 1 日

事件简介： 新修订的《劳动合同法》今日起将正式实施。新法最大的亮点是明确规定了劳务派遣工享有与用工单位"正式工"同工同酬的权利。

新修订的《劳动合同法》明确了劳务派遣工享有与用工单位的劳动者同工同酬的权利。大大提高了经营劳务派遣业务的门槛，并且赋予人力社保部门依法开展经营劳务派遣业务行政许可的权利。

新《劳动合同法》规定，"经营劳务派遣业务，应当向劳动行政部门依法申请行政许可；经许可的，依法办理相应的公司登记。未经许可，任何单位和个人不得经营劳务派遣业务。"同时，经营劳务派遣公司的门槛也相应提高，其注册资本从现行的 50 万元提高到了 200 万元。

新《劳动合同法》加重了对劳动用工违法行为的处罚力度。规定未经许可，擅自经营劳务派遣业务的，没收违法所得，并处违法所得一倍以上五倍以下的罚款。同时规定，用工单位给被派遣劳动者造成伤害的，劳务派遣单位与用工单位承担连带赔偿责任。

十五、江苏首个省级人力资源产业园落户苏州

事件时间： 2013 年 7 月 15 日

事件简介：近日，江苏省苏州市高新区人力资源服务产业园正式成立。这是江苏省首个省级人力资源产业园。据介绍，苏州市高新区人力资源服务产业园采用政府主导、市场化运作的模式，吸引国内外优势人力资源服务机构。通过建设人力资源综合服务体系，一方面满足区域经济发展的人才需求，另一方面大力发展人力资源服务产业，实现人才服务社会化。目前，产业园已形成完备的功能布局、管理职能、政策配套、服务功能及孵化平台。未来，该产业园将统筹整合优势资源，形成"一园多区"的格局，吸引300家人力资源服务机构落户。下一步，苏州市将通过现代服务业引导资金资助，大力扶持该产业园的发展。

十六、2013 年医改安排出炉：医保补助提 16.7%

事件时间：2013 年 7 月 26 日

事件简介：按照医改工作安排，医保、医疗、医药继续联动改革，医保体系的建设成为最大亮点。

基本医保人均补助标准提高到 280 元，实现连续 5 年增长，大病保障、疾病应急救助等制度稳步推进实施，三大医保管理职能整合等。

继续鼓励商业保险经办医疗保障管理；医保的管理和服务方面也将继续改革；推动建立短缺药品常态化储备机制；引导社会资本参与公立医院改制重组。

这几年，政府大量资金投入主要向相对低收入的农村人口、农民工和医疗资源紧缺的城乡基层倾斜，很大程度上缓解了享受医疗资源不公平的现象。特别值得称道的是，人均公共卫生经费的大幅度提高使得人人都有均等的公卫资源，大病救助基金的设立，从另外一个环节筑起了一道防止因病致贫和因病返贫的防线。这一系列的措施，大大提升了中国卫生资源分配的公平性。

医改应该继续求解一些深层次问题。尽快建立卫生法，把健康事业的中长期规划、筹资、公共卫生、医疗服务和监管协调起来；要有一个责权一致的行政体系；制定卫生事业的中长期发展规划，并对实现这些目标的路径进行科学合理的规划。

十七、正研究养老保险顶层设计，最终将并轨

事件时间：2013 年 8 月 12 日

事件简介：据中国之声《新闻和报纸摘要》报道，人力资源和社会保障部表示：正在抓紧研究养老保险顶层设计方案，将在适当的时候广泛征求社会各界的意见。企业和机关事业单位"双轨制"养老模式未来走向如何？

制度的最终统一，也就是"并轨"，这个大方向是明确的。所谓"并轨"并不是简单地把机关事业单位退休制度"并入"企业养老保险制度，而是朝着一个共同的方向改革和推进，最终取消"双轨制"。

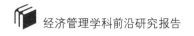

十八、《人力资源蓝皮书：中国人力资源发展报告（2013）》发布

事件时间： 2013 年 10 月 10 日

事件简介： 由社会科学文献出版社主办的《人力资源蓝皮书：中国人力资源发展报告（2013）》发布会于 2013 年 10 月 10 日在北京会议中心举行。《人力资源蓝皮书（2013）》指出，我国人力资源服务业的战略地位不断凸显，主题是"推动实现更高质量的就业"。

人力资源是第一资源，人力资源服务业对国家与地区经济社会发展、提高就业质量发挥着非常重要的作用。因而，人力资源服务业对我国实施就业优先战略和人才强国战略具有重要的推动作用。因而，人力资源服务业不断得到党和国家的重视，其战略地位不断提升。

十九、社科院蓝皮书：我国劳动力供给进入负增长拐点

事件时间： 2013 年 10 月 11 日

事件简介： 由社会科学文献出版社出版的《人力资源蓝皮书：中国人力资源发展报告（2013）》指出，我国劳动年龄人口比重下降，劳动年龄人口进入负增长的历史拐点。

蓝皮书称，目前仅从总体数量上看，中国劳动力供给仍然比较充裕，但是人口结构和劳动参与率都有所变化。与此同时，我国劳动参与率也呈现逐年下降的趋势，由 2005 年的 76.0% 降到 2011 年的 70.8%。中国劳动力供给格局开始发生转变。另外，我国就业总量压力仍然较大。

蓝皮书指出，就业稳定性是衡量就业质量的重要指标。根据怡安翰威特的调查结果，中国员工平均流动率为 15.9%，在全球处于高位。当前我国农民工就业呈现出"短工化"趋势，表现为工作持续时间短、工作流动性高。65.9% 的农民工更换过工作，25% 的人在近 7 个月内更换了工作。农民工平均每份工作的平均持续工作时间都不长，在两年左右，而两份工作的时间间隔长达 8 个月。

二十、重雾霾天实行弹性工作制

事件时间： 2013 年 11 月 6 日

事件简介： 近日，环保部就做好今冬大气污染防治工作发出通知，提出可实施企业停产、限产、机动车限行、扬尘管控、禁止露天烧烤等强制性措施。并要求当发布最高级别预警时，采取大型户外活动停办、中小学和幼儿园停课、企事业单位实行弹性工作制等措施。

最高级预警企业可停产。根据通知，当预测可能出现重污染天气时，提前预警，及时采取响应措施。如发布最高级别预警，环保部要求，采取大型户外活动停办、中小学和幼

儿园停课、企事业单位实行弹性工作制等措施。

扩散条件不利临时限放。根据通知，2013 年冬季燃煤污染将受到严控，在天然气源供应不足的地方，要优先保障民生用天然气。北方采暖地区要建立以区县为单位的全密闭洁净煤配送中心，实行煤炭集中统一配送。此外，环保部倡导减少燃放烟花，如节日期间遭遇不利于污染物扩散的天气，环保部建议采取临时性限制燃放措施。

涉嫌环境犯罪追究刑责。对于工业而言，除了环保部门对重要的排放企业进行全面排查之外，通知鼓励企业将设备检修、维护时间安排在冬季，而如果发现涉嫌环境犯罪的，通知要求一律移送司法机关追究刑责。此外，环保部要求，禁止超标车辆上路行驶，达不到"国四"排放标准的车辆一律不予入户和审验，并建议因地制宜地采取禁行区域、经济补偿等方式，逐步淘汰黄标车和老旧车辆。

二十一、关于开展 2014 年"春风行动"的通知

事件时间：2013 年 12 月 24 日

事件简介：为全面贯彻落实党的十八届三中全会精神和党的群众路线教育实践活动的要求，适应新形势下农村转移劳动力就业的新情况、新特点，推进农村转移劳动力就业创业工作，更好地满足 2014 年春节前后进城务工人员就业需求和企业用工需要，人力资源社会保障部、全国总工会、全国妇联定于 2014 年 1 月中旬起在全国共同开展"春风行动"。

各地要紧密结合本地实际，大力宣传和认真落实就业创业政策，根据不同群体的特点实施有针对性的公共就业服务：使有培训愿望的农村劳动者得到免费技能培训；使农村转移劳动力得到有效的免费就业信息和有组织的劳务输出服务；使失去工作后仍留在城市的农村劳动者得到免费服务；使返乡农民工得到就业和创业服务，做到宣传引导到位、服务对接到位、政策落实到位。

第三节　人力资源管理学科国际会议

一、亚太人力资源管理会议 2013

会议时间：2013 年 9 月 5~6 日

会议地点：印度班加罗尔

英文名称：Asia Pacific HRM Congress

会议纪要：2013 届亚太人力资源管理大会的目的是探索人类研究领域的最佳理念和

策略，教学和实践。本次大会的主题是：充满挑战时代的可持续性和增长。从事人力资源相关领域研究人员参加了会议。会议介绍了人力资源领域的最新变化。亚洲活动是其中的一个会议，大会重视被广泛报道的主题，并使其参与者发表对主题的详细见解。会议演讲者包括：Chro Bhartiya 集团高级副总裁阿尼噶，兴奋咨询分公司总裁和创始人顾问阿施施帕特尔，CSR Datamatics 全球服务有限公司全球主管 Chandra Mauli Dwived，Lanco Infratech 有限公司企业人力资源总监迪帕克·巴拉拉，GlobeOp 金融服务人力资源总监 Dev Arajan R.，AMW 汽车有限公司人力资源副总裁拉杰夫·米均等发表了精彩演讲。

二、SHRM 第 65 届年会：人力资源管理的真正价值何在

会议时间：2013 年 6 月 16~19 日

会议地点：美国 芝加哥

英文名称：2013 SHRM Annual Conference & Exposition

会议纪要：人力资源管理协会（SHRM）在美国芝加哥举办第 65 届年会暨展览会。在为期 4 天的全球人力资源管理盛会上，来自中国、美国、韩国、印度、英国、澳大利亚、巴西、埃及、德国等 79 个国家的近 2 万名人力资源专业人士与世界著名商业、经济界领袖和 HR 管理大师如 Daniel Pink、希拉里·克林顿、Fareed Zakaria 博士等一起探讨了新经济环境和全球化背景下的人力资源管理大趋势、新思想、发展方向和解决方法。

会上，大会演讲者们纵论在世界不确定经济环境下的乐观态度、人力资源管理对社会的积极贡献和给企业带来的附加价值。在多场主题大会和 200 多场专题分会场上，大师们阐述了众多对一线人力资源管理非常实用的创新理论、观点和方法，涉及如何进行有效的战略决策、人才管理、数据管理、时间管理、资源聚焦管理、冲突管理、危机管理、员工关系管理等。谈得最多的是人力资源管理如何扮演好业务伙伴角色、支持企业的业务发展，有效地激励和保有人才、挖掘潜能、有效推动企业的变革和发展，等等。来自中国的上百名人力资源管理者、知名学者和专家出席了 SHRM 年会，其中包括来自宝钢、上海国际机场、华为、腾讯、香港科大商学院、TCL 等企业和机构的参会者。

三、2013 年全球化人力资本高峰会议

会议时间：2013 年 9 月 5~6 日

会议地点：中国 台北

英文名称：Summit on Globalization of Human Capital（SGHC）

会议纪要：此次峰会的目标是提高有竞争力的成员的多样化的全球利益，促进参与国际交流和管理，在本地，加强人力资源开发运动。

本次会议的主题是创新工作有竞争力的劳动力。包括六个科目：覆盖在峰会领导未来，全球流动性变化的时期，培训和发展战略，主动管理人才，评估和绩效管理和学习、

媒体与技术。峰会演讲主题涉及：美国希尔顿酒店首席学习官和副总裁奇摩基彭的"学习在希尔顿的变换"，欧洲指导和咨询委员会大使大卫的"人才管理的人才波：激进的更新"，英国伦敦大学教授 Adrian Furnham 的"心理学的判断，谈判和说服"等。

四、会议名称：2013 年亚太地区人力资源圆桌会议：新经济下的人力资源管理

会议时间：2013 年 10 月 22~23 日

会议地点：中国 上海

英文名称：2013 ASIA PACIFIC HR ROUND TABLE

会议纪要：一年一度的亚太地区人力资源圆桌会议活动为人力资源专业人士提供了一个交流平台，同时探讨战略性的与实际操作的人力资源话题和解决方案，尤其是在这个快速发展区域企业所面临的人力资源管理及相关挑战。此次活动特别邀请了亚太地区高级人力资源战略专家和嘉宾来分享，分为主体会议和并行会议，这样的会议形式更能展现新思维、实际的案例研究以及最新的趋势及问题，通过此次活动可以了解关于领先企业的人力资源战略的更多信息、探索可能会对关键的人力资源及相关决策产生深远影响的新的趋势及想法、从美世的独有信息和数据源当中分享见解和意见。此次圆桌会议提供了主题演讲、小组讨论、案例分析和互动研讨会，邀请亚洲备受尊敬的人力资源从业者和业内知名人士出席并在此次圆桌会议上发言。

会议内容包含：

全球经济的最新信息——对于在亚洲经营业务的企业来说，什么是最好的情况和最坏的情况，以及了解影响到该地区人力资源的具体的政治生态的变化。从深入市场的角度看待整个亚太地区的薪酬和福利趋势，并对热点增长地区进行深入研究，如印度、印度尼西亚、泰国和缅甸。

人才不断增加——发掘能够增强人才管理的组织驱动因素，并确定人才发展的行业及地区模式，同时了解雇主该采取怎样的措施来确保其人才具有高度竞争力、胜任能力和效率。

并购交易中的人力资源管理风险和机遇——美世分享了来自世界各地 42 家并购跨国企业的深度信息。通过采用最新的全球人才数据和分析观点研讨会，建立一支有竞争力的员工队伍——关于人力资源实践和趋势的案例研究及见解引导您的思路，并为您提供关于未来发展的概念框架。

有效的领导者与领导力——了解人的行为习惯，以便更好地接纳与支持企业政策，从而推动业绩。

像企业家一样思考是否有可能削减成本和增加收入？采访全球和区域的商业领袖，探索新的世界增长机会以及他们是如何利用这些机会等。

五、会议名称：国际人力资源开发会议

会议时间：2013 年 10 月 17~18 日

会议地点：毛里求斯

英文名称：International HRD conference

会议纪要：此会议第一次在毛里求斯举行，以"HRD 卓越可持续发展"为主题。它是一个平台，鼓励国际最佳实践和分享一些领域的新趋势。互动论坛使参与者了解国家、区域和国际新兴问题，扩大了他们的视野。它还为国际接触当地的人力资源专业人员及网络铺平道路。HRD 会议邀请了贡献者、决策者、研究者和学者、主题围绕 HRD 在国家和企业的水平。它提供一个密集的互动论坛；展示和提供人力资源战略使国家及组织可以实现的社会经济系统。Bunwaree 博士在他的演讲中，强调了政府角色的基本功能和人才作为发展的战略资源。"政府大量投资在培训，证明我们孜孜不倦的努力，提供最好的工具来管理我们的人力资本成为经济增长的基础"。Pieter 先生是国际人力资源开发领域的专家。世界人员管理协会联合会（WFPMA）及欧洲人管理协会主席 Mr. Pieter Haen 演讲了"人力资源如何有更多的对业务的影响?"等。

六、香港人力资源管理学会周年会议

会议时间：2013 年 11 月 26~27 日

会议地点：中国香港

英文名称：Hong Kong Institute of Human Resource Management Annual Conference

会议纪要：香港人力资源管理学会周年会议于香港正式落下帷幕。自 1980 年首次举办以来，香港人力资源管理学会周年会议暨展览会已经成为人力资源业界一年一度的盛事。为期两天的会议当中，包括了全体大会及多个分组会议，广泛探讨有关人力资源的热门话题。学会邀请超过 40 位来自中国、美加、澳洲、马来西亚、新加坡及中国香港等地的商界领袖、人力资源管理专才、学者、顾问，以及政府部门代表担任演讲嘉宾，分享他们的真知灼见，共同探讨与人力资源管理、策略及实务相关的重要课题，会议演讲涉及拉姆·查兰博士的"全球趋势和人力资源的角色"，波士顿咨询集团合伙人及董事总经理威廉的"建立人力资源优势"，喜利得（澳洲）私人有限公司董事亨利 Kharoufeh 的"学习与发展角色的转变"，叶氏化工集团有限公司集团人力资源总监埃迪丰的"启动人力资源的作用，构建企业管治"，英基学校人力资源总监查尔斯·考德威尔的"成为值得信赖的顾问业务——人力资源从业者的视角"等。

第五章 人力资源学科 2013 年文献索引

第一节 中文期刊索引

［1］金冬梅，卢月，任珊，周苏旎，温志毅. "80 后"员工组织支持感对离职倾向的影响研究［J］. 企业管理，2013（10）：72–75，88.

［2］李明，凌文辁，柳士顺. CPM 领导理论三因素动力机制的情境模拟实验研究［J］. 南开管理评论，2013（2）：16–25.

［3］胡典旺，李开，邢小健. HR–BP 工作绩效：形成机理、影响因素及路径选择［J］. 中国人力资源开发，2013（17）：44–47.

［4］林忠，鞠蕾，陈丽. 工作—家庭冲突研究与中国议题：视角、内容和设计［J］. 管理世界，2013（9）：154–171.

［5］蔡成喜，刘越. HRBP 转型路径研究——基于战略柔性角度［J］. 中国人力资源开发，2013（17）：39–43.

［6］向常春，龙立荣. 参与型领导与员工建言：积极印象管理动机的中介作用［J］. 管理评论，2013（7）：156–166.

［7］康至军. HR 转型突破——跳出专业深井成为业务伙伴［J］. 中国人力资源开发，2013（20）：56–64.

［8］赵简，孙健敏，张西超. 工作要求——资源、心理资本对工作家庭关系的影响［J］. 心理科学，2013（1）：170–174.

［9］张晓军，席酉民，葛京. 基于核心要素创造视角的组织演化动力研究［J］. 管理科学学报，2013（1）：22–35.

［10］李旭培，时雨，王桢，时勘. 抗逆力对工作投入的影响：积极应对和积极情绪的中介作用［J］. 管理评论，2013（1）：114–119.

［11］王震，孙健敏. 领导—成员交换关系质量和差异化对团队的影响［J］. 管理学报，2013（2）：219–224.

［12］裴瑞敏，李虹，高艳玲. 领导风格对科研团队成员创造力的影响机制研究——内

部动机和 LMX 的中介作用 [J]. 管理评论, 2013 (3): 111-118, 145.

[13] 王德才, 赵曙明. 人力资源管理实践与员工态度关系研究——基于珠三角 192 家民营中小高科技企业的问卷调查 [J]. 商业经济与管理, 2013 (3): 54-62.

[14] 谭凌波, 谢晋宇, 陈扬. 人力资源经理的议题营销过程及策略研究 [J]. 管理世界, 2013 (2): 141-155, 188.

[15] 孙健敏, 宋萌, 王震. 辱虐管理对下属工作绩效和离职意愿的影响: 领导认同和权力距离的作用 [J]. 商业经济与管理, 2013 (3): 45-53.

[16] 王尧骏. 心理资本对大学生就业能力的影响 [J]. 心理应用学, 2013 (1): 65-71.

[17] 李海峥, 贾娜, 张晓蓓. 中国人力资本的区域分布及发展动态 [J]. 经济研究, 2013 (7): 49-62.

[18] 王石磊, 彭正龙, 高源. 中国式领导情境下的 80 后员工越轨行为研究 [J]. 管理评论, 2013 (8): 142-150.

[19] 张戌凡, 周路路, 赵曙明. 组织公平组合与员工沉默行为关系的实证研究 [J]. 管理学报, 2013 (5): 693-699.

[20] 林忠, 金星彤. 组织公正、心理契约破裂与雇佣关系: 基于民营企业样本的实证研究 [J]. 中国软科学, 2013 (1): 125-134.

[21] 段锦云, 凌斌, 王雨晨. 组织类型与员工建言行为的关系探索: 基于权力的视角 [J]. 应用心理学, 2013 (2): 152-162.

[22] 张军成, 凌文辁. 悖论视角下的领导者—追随者契合研究探析 [J]. 外国经济与管理, 2013 (1): 55-62.

[23] 杜旌. 本土文化情境下领导行为对员工变革反应的影响: 基于图式理论的动态研究 [J]. 心理科学进展, 2013 (9): 1531-1541.

[24] 仲理峰, 王震, 李梅, 李超平. 变革型领导、心理资本对员工工作绩效的影响研究 [J]. 管理学报, 2013 (4): 536-544.

[25] 李锡元, 石凡, 梁果, 江瑞. 变革型领导对个体当责行为的影响机理——一个有中介的调节效应模型 [J]. 技术经济, 2013 (12): 118-123.

[26] 时勘, 高丽, 曲如杰, 陆佳芳. 变革型领导对科研人员创新绩效的影响 [J]. 人类工效学, 2013 (2): 6-9.

[27] 赵晓霞, 陈思. 变革型领导风格对员工创新能力影响研究 [J]. 中国人力资源开发, 2013 (3): 11-14, 36.

[28] 丁琳, 张华. 不同组织环境下领导与员工创造力的权变关系研究 [J]. 管理评论, 2013 (7): 111-119.

[29] 李后建, 何锐. 裁员不确定感、心理调控与员工绩效——组织干预感知的调节作用 [J]. 软科学, 2013 (2): 109-112.

[30] 陈万思, 丁珏, 余彦儒. 参与式管理对和谐劳资关系氛围的影响: 组织公平感的中介作用与代际调节效应 [J]. 南开管理评论, 2013 (6): 47-58.

[31] 谢诗敏, 李明, 凌文辁. 策略捕捉技术在人才选拔中的应用 [J]. 中国人力资源开发, 2013 (11): 39-43.

[32] 蔡亚华, 贾良定, 尤树洋, 张祎, 陈艳露. 差异化变革型领导对知识分享与团队创造力的影响: 社会网络机制的解释 [J]. 心理学报, 2013 (5): 585-598.

[33] 田莉, 秦剑. 创业—家庭冲突与新生企业初期绩效关系研究 [J]. 管理学报, 2013 (6): 853-861.

[34] 王永健, 谢卫红, 蓝海林. 创业导向、人力资源系统柔性与企业绩效关系研究 [J]. 管理学报, 2013 (10): 485-491.

[35] 王德才, 赵曙明. 创业制度与公司企业家精神关系——基于珠三角高科技企业的实证研究 [J]. 科技进步与对策, 2013 (19): 83-88.

[36] 皇甫刚, 姜定宇, 张岗英. 从组织承诺到组织忠诚: 华人组织忠诚的概念内涵与结构 [J]. 心理科学进展, 2013 (4): 711-720.

[37] 刘玉娇, 孟飞. 当今经济时代企业人力资源管理的创新问题 [J]. 企业研究, 2013 (16): 104-106.

[38] 萧鸣政, 葛连高. 党政领导干部政治品德结构模型研究 [J]. 第一资源, 2013 (25): 28-38.

[39] 宋萌, 崔兆宁. 德行领导、领导言行一致与员工承诺: 一项纵向研究 [J]. 中国人力资源开发, 2013 (23): 28-34.

[40] 李艳, 孙健敏, 焦海涛. 分化与整合——家长式领导研究的走向 [J]. 心理科学进展, 2013 (7): 1294-1306.

[41] 吴建祖, 关斌. 高管团队注意力与企业对外直接投资方式——基于中国制造业上市公司的实证研究 [J]. 软科学, 2013 (11): 76-80.

[42] 苗仁涛, 周文霞, 刘军, 李天柱. 高绩效工作系统对员工行为的影响: 一个社会交换视角及程序公平的调节作用 [J]. 南开管理评论, 2013 (5): 38-50.

[43] 仲理峰. 高绩效人力资源实践对员工工作绩效的影响 [J]. 管理学报, 2013 (7): 993-1033.

[44] 李辉, 苏勇, 王淼. 高绩效人力资源实践有助于提高服务绩效吗? [J]. 经济管理, 2013 (4): 71-81.

[45] 刘军, 廖振宇, 高中华. 高校导师辱虐型指导方式对研究生自我效能的影响机制研究 [J]. 管理学报, 2013 (6): 839-846, 861.

[46] 陈国权, 孙锐, 赵慧群. 个人、团队与组织的跨层级学习转化机制模型与案例研究 [J]. 管理工程科学, 2013 (2): 23-31.

[47] 曲庆, 高昂. 个人—组织价值观契合如何影响员工的态度与绩效——基于竞争价值观模型的实证研究 [J]. 南开管理评论, 2013 (5): 4-15.

[48] 张健. 个人组织匹配对新生代员工敬业度的作用机理——基于职业延迟满足的视角 [J]. 经济管理, 2013 (12): 65-77.

[49] 许科, 于晓宇, 王明辉, 林云云. 工作激情对进谏行为的影响: 员工活力的中介与组织信任的调节 [J]. 工业工程与管理, 2013 (5): 96-104.

[50] 陈学军, 温雪莲, 章倩. 工作—家庭冲突与应对策略对警察婚姻质量的影响 [J]. 人类工效学, 2013 (3): 18-20, 40.

[51] 田喜洲, 左晓燕, 谢晋宇. 工作价值取向研究现状分析及未来构想 [J]. 外国经济与管理, 2013 (4): 32-39, 61.

[52] 刘薇, 何米娜, 杨博. 工作满意、心理契约与角色外行为之间的关系研究——心理契约的中介调节效应 [J]. 统计与管理, 2013 (4): 46-48.

[53] 倪昌红, 叶仁荪, 黄顺春, 夏军. 工作群体的组织支持感与群体离职: 群体心理安全感与群体凝聚力的中介作用 [J]. 管理评论, 2013 (5): 92-101.

[54] 李宗波, 李巧灵, 田艳辉. 工作投入对情绪耗竭的影响机制——基于工作需求—资源模型的研究 [J]. 软科学, 2013 (6): 102-107.

[55] 任皓, 温忠麟, 陈启山, 叶宝娟. 工作团队领导心理资本对成员组织公民行为的影响机制: 多层次模型 [J]. 心理学报, 2013 (1): 82-93.

[56] 赵欣, 刘倩, 于玲玲. 工作压力学习效应研究述评与三元互惠模型构建 [J]. 外国经济与管理, 2013 (2): 52-62.

[57] 赵简, 孙健敏, 张西超. 工作要求——资源、心理资本对工作家庭关系的影响 [J]. 心理科学, 2013 (1): 170-174.

[58] 王忠军, 袁德勇, 龙立荣. 工作中自我损耗的来源、影响与应对研究探析 [J]. 外国经济与管理, 2013 (2): 71-80.

[59] 林琳, 宋莹, 白新文, 任孝鹏, 郑蕊. 工作资源对压力源—工作满意度关系的缓冲效应——对匹配假设的检验 [J]. 中国人力资源开发, 2013 (23): 35-41.

[60] 林亚清, 赵曙明. 构建高层管理团队社会网络的人力资源实践、战略柔性与企业绩效——环境不确定性的调节作用 [J]. 南开管理评论, 2013 (2): 4-15.

[61] 游浚, 郑倩倩, 张宁俊. 雇佣关系对知识型员工服务创新行为的影响机制研究 [J]. 软科学, 2013 (5): 101-104.

[62] 邓渝, 范莉莉. 关怀型领导和感知差异对员工工作嵌入的影响——基于多层线性模型的实证研究 [J]. 经济管理, 2013 (9): 73-80.

[63] 谢俊, 汪林, 储小平. 关系视角的经理人反馈寻求行为: 心理预期和政治技能的影响 [J]. 南开管理评论, 2013 (4): 4-12.

[64] 萧鸣政. 关于领导干部品德测评的问题研究 [J]. 北京大学学报 (哲学社会科学版), 2013 (6): 24-33.

[65] 彭剑锋. 管好 "90 后" ——代际沟通创造管理红利 [J]. 专题, 2013: 76-83.

[66] 崔艳, 文魁. 国内劳动者从业状况综述: 从业特点、影响因素及提升策略 [J]. 经济问题探索, 2013 (2): 20-25.

[67] 李明, 凌文辁. 过程与结果相结合: 领导力开发评估的综合框架 [J]. 中国人力

资源开发，2013（1）：53-57.

[68] 杨河清，陈怡安. 海外高层次人才引进政策实施效果评价——以中央"千人计划"为例［J］. 科技进步与对策，2013（16）：107-112.

[69] 李鹏飞，席酉民，韩巍. 和谐管理理论视角下战略领导力分析［J］. 管理学报，2013（1）：1-11.

[70] 孙健敏，毛畅果. 核心自我评价、心理集体主义与求助预期的关系［J］. 心理学探新，2013（2）：185-190.

[71] 王怀勇，刘永芳，顾雷. 互动公正对员工绩效与主管承诺的影响及其机制［J］. 心理科学，2013（1）：164-169.

[72] 程丽霞. 基于"哲学共有"的人力资源管理路径模型［J］. 中国人力资源开发，2013（1）：38-43.

[73] 张燕，侯立文. 基于变革型领导的职能多样性对团队内知识共享的影响研究［J］. 管理学报，2013（10）：1454-1461.

[74] 唐军. 基于绩效的员工工作倦怠水平界定研究［J］. 首都经济贸易大学学报，2013（3）：71-76.

[75] 阎亮，樊耘，于维娜，门一. 基于晋升标准的权力需要、组织承诺与角色外行为［J］. 预测，2013（5）：1-7.

[76] 邵芳，樊耘. 基于人力资源管理的双视角组织支持模型构建［J］. 软科学，2013（7）：109-114.

[77] 刘宇璟，陈正悦，焦曼. 基于胜任力理论的创业者素质及开发研究［J］. 中国人力资源开发，2013（11）：95-98.

[78] 刘芳. 基于胜任力视角的职业经理人的素质评价解析［J］. 首都经济贸易大学学报，2013（14）：113-115.

[79] 陆晓光，朱东华. 基于胜任特征的领导干部公选模型研究［J］. 管理世界，2013（7）：1-5.

[80] 郭文臣，段艳楠. 基于挑战与变革视角的新型职业生涯与人力资源管理实践研究［J］. 管理学报，2013（12）：1785-1791.

[81] 韦恩·F.卡西欧. 基于中国的人力资源管理实践中的科学问题［J］. 管理学报，2013（3）：322-325.

[82] 王雅洁，马树强，高素英. 基于中国情境的战略人力资源管理选择动因研究［J］. 管理学报，2013（4）：552-557.

[83] 张旭，樊耘，黄敏萍，颜静. 基于自我决定理论的组织承诺形成机制模型构建：以自主需求成为主导需求为背景［J］. 南开管理评论，2013（6）：59-69.

[84] 周浩，龙立荣. 基于自我效能感调节作用的工作不安全感对建言行为的影响研究［J］. 管理学报，2013（11）：1604-1610.

[85] 卢珂，吴价宝. 基于组织承诺视角的知识员工隐性知识共享意愿研究［J］. 企业

经济，2013（12）：42-46.

[86] 汪朗峰，伏玉林. 基于组织结构的公共部门组织变革研究 [J]. 管理科学学报，2013（4）：83-94.

[87] 刘帮成，赫尔曼·阿吉斯. 绩效管理：既爱又恨的现实局面 [J]. 行政管理改革，2013（1）：48-53.

[88] 张勇，龙立荣. 绩效薪酬对雇员创造力的影响：人—工作匹配和创造力自我效能的作用 [J]. 心理学报，2013（3）：363-376.

[89] 张勇，龙立荣. 绩效薪酬对团队成员探索行为和利用行为的影响 [J]. 管理科学，2013（3）：9-18.

[90] 张勇，龙立荣. 绩效薪酬与团队成员创新行为关系实证研究 [J]. 管理学报，2013（8）：1138-1143.

[91] 陈璐，高昂，杨百寅，井润田. 家长式领导对高层管理团队成员创造力的作用机制研究 [J]. 管理学报，2013（6）：831-838.

[92] 王双龙，周海华. 家长式领导对个人创新行为的影响机理研究 [J]. 软科学，2013（12）：53-57.

[93] 张振刚，徐洋洋，余传鹏. 家长式领导研究述评与展望 [J]. 中国人力资源开发，2013（13）：22-30.

[94] 吴坤津，刘善仕，彭娟. 家长式人力资源管理研究述评 [J]. 外国经济与管理，2013（3）：73-80.

[95] 史丽萍，杜泽文，刘强. 交互记忆系统对知识团队绩效作用机制研究——以知识整合为中介变量 [J]. 科技进步与对策，2013（8）：132-137.

[96] 钱绍青，武忠. 交互式学习、知识创造与企业创新绩效关系实证研究 [J]. 科技进步与对策，2013（4）：68-72.

[97] 樊耘，门一，阎亮. 晋升标准对员工角色外行为作用机制的研究——组织承诺的中介作用 [J]. 管理评论，2013（6）：67-75，130.

[98] 李旭培，时雨，王桢，时勘. 抗逆力对工作投入的影响：积极应对和积极情绪的中介作用 [J]. 管理评论，2013（1）：114-119.

[99] 乐嘉昂，彭正龙. 跨层次视角下的职场排斥与员工积极组织行为、团队效能影响机制 [J]. 经济管理，2013（3）：74-84.

[100] 周明建，侍水生. 领导—成员交换差异与团队关系冲突：道德型领导力的调节作用 [J]. 南开管理评论，2013（2）：26-35.

[101] 王震. 领导—成员交换关系差异化与员工公平感：集体主义导向的调节作用 [J]. 经济管理，2013（6）：72-80.

[102] 曲如杰，王桢，焦琳，时勘. 领导—成员交换关系对研发人员创新的权变影响 [J]. 科学学与科学技术管理，2013（7）：156-165.

[103] 杨晓，师萍，安立仁. 领导—成员交换理论的新拓展——相对领导—成员交换

关系研究综述 [J]. 外国经济与管理，2013（10）：72-80.

[104] 萧鸣政，赵源，朱虹璇. 领导班子配置特征与团队效能关系研究 [J]. 领导科学，2013（7）：39-43.

[105] 邹凌飞，张金隆，刘文兴. 领导对员工参与知识管理过程的影响机制研究：基于领导自我牺牲行为的视角 [J]. 工业工程与管理，2013（6）：99-105，114.

[106] 陈训，乐云. 领导风格对员工工作绩效的影响：基于工程项目团队的实证研究 [J]. 科技进步与对策，2013（23）：112-116.

[107] 朱瑜，童静，黄丽君. 领导关系认同建构研究述评 [J]. 外国经济与管理，2013（9）：25-34.

[108] 段兴民，闫淑敏. 领导人才人力资本价值增值的审计问题研究 [J]. 中国人力资源开发，2013（1）：105-107，118.

[109] 朱瑜，周青. 领导心理资本对组织公民行为作用机制与整合框架研究 [J]. 软科学，2013（1）：86-90.

[110] 吴志明，武欣，武艳茹，李蕊. 领导与下属的调节焦点对下属工作绩效的影响作用 [J]. 科学学与科学技术管理，2013（7）：173-180.

[111] 汤超颖，刘洋，李明，鲁艳. 领导者—成员交换与情感承诺关系研究：领导情绪智力的调节作用 [J]. 人类工效学，2013（2）：32-36.

[112] 周施恩. 领导者的修炼、转型与升级 [J]. 企业研究，2013（10）：66-70.

[113] 穆桂斌，孙健敏. 领导者可信性结构与测量的本土化研究 [J]. 领导科学论坛，2013（3）：32-34.

[114] 黄嘉欣，汪林，储小平. 伦理型家族企业领导对员工偏差行为的影响机制研究——基于广东民营家族企业的实证数据 [J]. 企业管理，2013（2）：199-208.

[115] 梁社红，时勘，高鹏. 民营企业集团人力资源管理体系的构建——以 A 科技集团为例 [J]. 中国人力资源开发，2013（5）：66-69.

[116] 李伟，梅继霞. 内在动机与员工绩效：基于工作投入的中介效应 [J]. 管理评论，2013（8）：160-167.

[117] 周建涛，廖建桥. 能者多言：员工建言的一个权变模型 [J]. 管理学报，2013（5）：685-692.

[118] 杨静，王重鸣. 女性创业型领导：多维度结构与多水平影响效应 [J]. 管理世界，2013（9）：102-117.

[119] 肖薇，罗瑾琏. 女性职业成功的特征及评价标准构建问题研究回顾与展望 [J]. 外国经济与管理，2013（6）：73-80.

[120] 杨百寅，高昂. 企业创新管理方式选择与创新绩效研究 [J]. 科研管理，2013（3）：41-49.

[121] 付群英，刘志迎，刘和福. 企业创新行为多元动力机制实证研究 [J]. 科技进步与对策，2013（10）：88-93.

[122] 徐立国，葛京，席酉民，张琳，赵新宇. 企业发展过程中的本土领导角色及行为 [J]. 管理学报，2013（11）：1567-1603.

[123] 陈国权，张中鑫，赵慧群. 企业环境下个人获取知识和输出知识能力对组织公民行为影响的研究 [J]. 中国管理科学，2013（3）：178-184.

[124] 曹春辉，席酉民，张笑峰. 企业家领导风格的演变研究——来自民营企业的案例 [J]. 软科学，2013（9）：97-101，106.

[125] 华斌，陈忠卫. 高管团队凝聚力、冲突与组织绩效——基于创业过程的研究 [J]. 当代财经，2013（12）：69-78.

[126] 李晓东，孙东辉，刘骄阳. 民营企业人力资源管理存在的问题及对策研究 [J]. 经济视角，2013（4）：45-46.

[127] 吴建平. 工会凝聚力：概念、维度及影响因素探析 [J]. 中国劳动关系学院学报，2013（6）：26-33.

[128] 多健. 国企人力资源管理的问题与对策 [J]. 经济视角，2013（6）：58-60.

[129] 姚若松，陈怀锦，苗群鹰. 基于任务绩效的人格模型统计分析 [J]. 统计与决策，2013（17）：186-188.

[130] 郝冬梅，李仲英. 基于心理契约的虚拟人力资源管理员工激励研究——以知识型员工为例 [J]. 科技管理研究，2013（21）：95-99.

[131] 王进. 领导部属契合度、伦理认同与知识共享关系的实证研究 [J]. 科技管理研究，2013（2）：146-149.

[132] 郭辰希. 企业管理人才的培养与发展 [J]. 产业与科技论坛，2013（10）：243-244.

[133] 余向前，张正堂，张一力. 企业家隐性知识、交接班意愿与家族企业代际传承 [J]. 管理世界，2013（11）：77-88，188.

[134] 莫亮金，张怡. 企业人力资源管理有效性研究 [J]. 上海管理科学，2013（3）：49-54.

[135] 马新建，郭玲，张雯. 企业薪酬分配公平性与员工薪酬满意感的关系研究 [J]. 中国人力资源开发，2013（17）：68-72.

[136] 赵慧娟，龙立荣. 企业员工 PO 匹配偏好的对偶比较研究——基于员工职业发展水平与组织文化强度的视角 [J]. 浙江工商大学学报，2013（5）：68-78.

[137] 刘昕，柴茂昌. 强制分布法在绩效考核中的有效应用研究 [J]. 管理现代化，2013（4）：60-62.

[138] 窦凯，聂衍刚，王玉洁，刘毅，黎建斌. 青少年情绪调节自我效能感与主观幸福感情绪调节方式的中介作用 [J]. 心理科学，2013（1）：139-144.

[139] 柳士顺，凌文辁，李锐. 群体规模与领导对群体组织公民行为的影响 [J]. 心理科学，2013（6）：1441-1446.

[140] 张勇，龙立荣. 人—工作匹配、工作不安全感对雇员创造力的影响—— 一个有

中介的调节效应模型检验［J］.南开管理评论，2013（5）：16-25.

［141］奚玉芹，戴昌钧，杨慧辉.人—组织匹配、工作满意和角色外行为［J］.软科学，2013（5）：96-100.

［142］田新民，王少斌.人力资本与劳动力流动对区域创新的影响［J］.首都经济贸易大学，2013（4）：51-56.

［143］申明利.企业人力资源招聘风险管理研究［J］.产业与科技论坛，2013（3）：220-222.

［144］王斌.企业员工绩效评价处理器的构建［J］.统计与决策，2013（24）：74-76.

［145］徐宁，李普亮.人力资源管理与员工工作幸福感：理论与实证分析［J］.科技管理研究，2013（17）：130-135.

［146］张晓丽.人力资源与企业绩效内部关联及混合性分析［J］.产业与科技论坛，2013（15）：92-93.

［147］施晖.人事管理向人力资源管理转化的途径探索［J］.产业与科技论坛，2013（21）：246-247.

［148］王振源.同事离职对留任员工离职意愿的影响路径研究［J］.当代财经，2013（9）：80-86.

［149］刘得格，李焕荣.团队情绪智力、作用及其提升策略研究［J］.科技管理研究，2013（12）：135-138，144.

［150］董小华.人力资源服务业发展问题初探［J］.中国人力资源开发，2013（5）：86-89，106.

［151］穆胜.人力资源管理的"云范式"革命［J］.中国人力资源管理，2013（15）：6-13.

［152］赵晨，高中华，吴春波，李超平.人力资源管理角色：研究综述与本土化启示［J］.中国人力资源开发，2013（17）：53-59.

［153］唐贵瑶，魏立群，贾建锋.人力资源管理强度研究述评与展望［J］.外国经济与管理，2013（4）：40-48.

［154］刘云.员工冲击行为的多层次影响因素研究［J］.科技管理研究，2013（12）：168-172.

［155］田立法.人力资源管理系统影响企业绩效的中介机理［J］.技术经济，2013（1）：120-128.

［156］丛龙峰，王金杰.人力资源业务合作伙伴的四种典型模式［J］.中国人力资源开发，2013（17）：34-38，43.

［157］马胜，龚晋均.员工心理契约的组织承诺效应研究［J］.统计与决策，2013（16）：176-179.

［158］王德才，赵曙明.任务导向战略领导行为与公司企业家精神：创业制度环境的调节效应［J］.财贸研究，2013（5）：131-138.

[159] 颜爱民，裴聪. 辱虐管理对工作绩效的影响及自我效能感的中介作用 [J]. 管理学报，2013（2）：213-218.

[160] 宋萌，孙健敏，王震. 辱虐管理对下属工作绩效和离职意愿的影响：领导认同和权力距离的作用 [J]. 商业经济与管理，2013（3）：45-53.

[161] 顾冬捷，李虹颖. 知识型员工主动离职的管理 [J]. 经济视角，2013（11）：61-64.

[162] 吴隆增，刘军，梁淑美，吴维库. 辱虐管理与团队绩效：团队沟通与集体效能的中介效应 [J]. 管理评论，2013（8）：151-159.

[163] 代郑重，安力彬. 胜任力理论在人力资源管理中的应用 [J]. 软科学，2013（7）：115-117.

[164] 韩翼，周洁，孙习习，杨百寅. 师徒关系结构、作用机制及其效应 [J]. 管理评论，2013（7）：54-66.

[165] 张剑，王浩成，刘佳. 时间压力与创造性人格对员工创造性绩效影响的情景模拟实验研究 [J]. 管理学报，2013（9）：1330-1337.

[166] 庞书一，郑兴山，唐宁玉. 授权型领导行为对员工绩效非线性影响机制研究 [J]. 西南民族大学学报（自然科学版），2013（1）：103-108.

[167] 邵芳，樊耘. 双视角组织支持的形成机理 [J]. 西安交通大学学报（社会科学版），2013（4）：33-39.

[168] 解蕴慧，张一弛，高萌萌. 谁会成为创业者？——主动性人格及社会资本对创业意愿的影响 [J]. 管理学研究，2013（2）：148-156.

[169] 李宗波，李锐. 挑战性—阻碍性压力源研究述评 [J]. 外国经济与管理，2013（5）：40-49，59.

[170] 石冠峰，薛坪，唐杰. 团队边界管理、凝聚力和绩效间关系研究 [J]. 科技进步与对策，2013（12）：5-11.

[171] 段光，杨忠. 团队激励对团队知识贡献与团队知识搜集影响的实证研究——任务互依的调节效应 [J]. 科技进步与对策，2013（24）：148-155.

[172] 张伶，聂婷. 团队凝聚力、工作—家庭促进与员工在职行为关系研究 [J]. 管理学报，2013（1）：103-109.

[173] 赵海霞，郑晓明，龙立荣. 团队薪酬分配对团队公民行为的影响机制研究 [J]. 科学学与科学技术管理，2013（12）：157-166.

[174] 史丽萍，刘强，唐书林. 团队自省性对团队学习能力的作用机制研究——基于交互记忆系统的中介作用和内部控制机制的调节作用 [J]. 管理评论，2013（5）：102-115.

[175] 张旭，樊耘，颜静. 文化背景对组织支持和组织公平影响的调节作用 [J]. 经济管理，2013（7）：85-93.

[176] 张旭，樊耘，颜静. 文化背景与组织承诺的关系：内涵一致性与形成路径敏感性的差异化 [J]. 管理学报，2013（8）：1144-1154.

[177] 张光进，廖建桥. 我国知识员工绩效考核现状及启示 [J]. 软科学，2013 (2)：104–108.

[178] 黄国泉，刘淑敏，李鑫涛. 我国中小企业员工心理契约对关系绩效影响的实证研究 [J]. 技术经济，2013 (10)：121–126.

[179] 樊耘，于维娜，门一. 相似性匹配和互补性匹配对员工态度的影响——基于雇佣关系理论的实证检验 [J]. 华东经济管理，2013 (6)：123–128.

[180] 赵秋荻，刘永芳，段婧，徐沙. 心理距离与决策者角色对风险决策的影响 [J]. 应用心理学，2013 (1)：26–33.

[181] 刘泽文，齐琳，牛玉柏. 心理契约破坏对企业员工组织公民行为的影响 [J]. 人类工效学，2013 (3)：45–48.

[182] 王永跃，朱玥，王铜安. 心理契约破裂、工作满意度与建言行为：神经质的调节作用 [J]. 心理科学，2013 (6)：1459–1463.

[183] 高丽，曲如杰，时勘，陆佳芳，宋继文. 心理授权与情绪智力对科研人员创新绩效的影响 [J]. 人类工效学，2013 (1)：16–18，66.

[184] 任皓，温忠麟，陈启山. 心理资本对企业员工职业成功的影响：职业承诺的中介效应 [J]. 心理科学，2013 (4)：960–964.

[185] 李燕萍，侯烜方. 新生代女性工作价值观对利他行为影响的实证研究 [J]. 武汉大学学报（哲学社会科学版），2013 (4)：123–133.

[186] 李燕萍，徐嘉. 新生代员工：心理和行为特征对组织社会化的影响 [J]. 经济管理，2013 (4)：61–70.

[187] 谢玉华，张群艳. 新生代员工参与对员工满意度的影响研究 [J]. 管理学报，2013 (8)：1162–1169.

[188] 兰玉杰，张晨露. 新生代员工工作满意度与离职倾向关系研究 [J]. 经济管理，2013 (9)：81–88.

[189] 张琳琳，David M. DeJoy，李楠. 新生代员工核心自我评价与工作投入的关系：有调节的中介模型 [J]. 软科学，2013 (4)：111–115.

[190] 王石磊，彭正龙. 新员工反馈寻求行为对其创新行为的影响研究 [J]. 管理评论，2013 (12)：156–164.

[191] 张金玲，朱晓妹，朱嘉蔚. 新员工心理契约破裂动态变化的个案研究 [J]. 中国人力资源开发，2013 (1)：63–68.

[192] 刘昕，张兰兰. 薪酬与组织文化的战略性匹配及其管理启示 [J]. 中国人力资源开发，2013 (7)：97–100.

[193] 王雪莉，林洋帆，杨百寅，马琳. 信任的双刃剑：对变革型领导与知识分享关系的中介作用 [J]. 科学学与科学技术管理，2013 (8)：172–180.

[194] 刘昕，江文. 循证人力资源管理：研究及启示 [J]. 华东经济管理，2013 (4)：124–127.

[195] 王双龙，周海华. 研发团队成员主观规范对个人创新行为的影响——基于团队凝聚力调节效应的跨层次分析 [J]. 科技进步与对策，2013（6）：139-144.

[196] 林巍，严广乐. 研发团队领导风格、团队承诺和创新行为——基于长三角地区企业的实证研究 [J]. 工业工程与管理，2013（4）：138-145.

[197] 雍少宏，朱丽娅. 益组织行为与损组织行为：中国特征的角色外行为模型及其经验实证 [J]. 管理学报，2013（1）：12-21.

[198] 肖清，凌文辁. 有效激励职业经理人——从相悖的代理理论与管家理论出发 [J]. 企业管理，2013（1）：117-119.

[199] 韩翼，魏文文. 员工工作繁荣研究述评与展望 [J]. 外国经济与管理，2013（8）：46-53，62.

[200] 于静静，赵曙明. 员工建言行为研究前沿探析与未来展望 [J]. 外国经济与管理，2013（5）：23-30.

[201] 邵建平，武文静，苏小敏. 员工离职密度与职业成长相关性实证研究 [J]. 软科学，2013（4）：116-120.

[202] 尹俊，王辉，刘斌. 员工情感状态与工作满意度对工作绩效的影响：领导—部属交换的调节作用 [J]. 商业研究，2013（6）：95-101.

[203] 严标宾，张兴贵，林知. 员工情绪智力对工作绩效的影响——自我效能感的中介效应 [J]. 软科学，2013（12）：49-52.

[204] 陈文平，段锦云，田晓明. 员工为什么不建言：基于中国文化视角的解析 [J]. 心理科学进展，2013（5）：905-913.

[205] 朱青松，胡小东，夏艳芳. 员工与组织匹配视角的企业价值观塑造模式 [J]. 软科学，2013（2）：118-121.

[206] 李敏，黄怡. 员工组织职业生涯管理感知对工作满意度的影响——组织支持感的中介作用 [J]. 中国人力资源开发，2013（17）：73-77.

[207] 王永跃. 责任感、神经质与心理契约违背关系研究：以人力资源实践为调节 [J]. 应用心理学，2013（1）：90-96.

[208] 尹俊，黄鸣鹏，王辉，裴学成. 战略领导者成就动机、冒险倾向与企业国际化 [J]. 经济科学，2013（3）：72-86.

[209] 寇跃，贾志永. 战略人力资源管理"黑箱"机理研究溯源、现状述评与未来展望 [J]. 外国经济与管理，2013（7）：43-53.

[210] 宋典，汪晓媛，张伟炜. 战略人力资源管理的新发展——基于 HRM 氛围的过程范式 [J]. 科学学与科学技术管理，2013（3）：153-161.

[211] 邹竹峰，杨紫鹏. 真实型领导对员工建言行为的影响——建言效能感与领导—部属交换的作用 [J]. 中国人力资源开发，2013（21）：41-45，51.

[212] 罗瑾琏，赵佳. 真实型领导对员工建言行为的影响机理研究 [J]. 软科学，2013（12）：41-44.

[213] 姚凯，崔晓明. 正式组织与非正式组织的互动关系研究——基于外部性的视角 [J]. 复旦学报（社会科学版），2013（6）：143-150，180.

[214] 林亚清，赵曙明. 政治网络战略、制度支持与战略柔性——恶性竞争的调节作用 [J]. 管理世界，2013（4）：82-93.

[215] 董临萍. 知识工作团队中变革型领导与团队冲突管理方式研究 [J]. 管理学报，2013（10）：1470-1477.

[216] 徐巧玲. 知识管理能力对企业技术创新绩效的影响 [J]. 科技进步与对策，2013（2）：84-87.

[217] 胡婉丽. 知识型雇员创新行为意愿测量工具研究：量表开发、提炼与检验 [J]. 科技进步与对策，2013（1）：140-145.

[218] 王元元，余嘉元，李杨，潘月强. 知识型员工认知负荷对绩效的影响：有调节的中介效应 [J]. 科技进步与对策，2013（3）：143-147.

[219] 孙岑，李永瑞. 知识型员工组织支持感与流失倾向中介模型 [J]. 中国人力资源开发，2013（13）：6-12.

[220] 江文，刘昕. 直线经理的人力资源管理职能研究述评及其启示 [J]. 现代管理科学，2013（6）：6-8，57.

[221] 尹奎，刘永仁. 职场排斥与员工离职倾向：组织认同与职业生涯韧性的作用 [J]. 软科学，2013（4）：121-124，127.

[222] 翁清雄，席酉民. 职业成长、组织承诺与离职倾向：集群内外比较 [J]. 预测，2013（1）：23-30.

[223] 吕翠，周文霞. 职业发展偶然事件影响研究综述 [J]. 外国经济与管理，2013（9）：35-43.

[224] 罗瑾琏，孙彩霞，朱盼盼，钟竞. 职业价值观与自我效能感：如何驱动企业女性高管职业成长 [J]. 中国人力资源开发，2013（19）：36-44.

[225] 朱志胜，纪韶. 职业流动多元化研究的理论架构与实证分析 [J]. 中国人力资源开发，2013（21）：85-90.

[226] 施丹，段笑晗，陈典. 职业嵌入研究述评与展望 [J]. 外国经济与管理，2013（8）：54-62.

[227] 彭剑锋. 中国企业进入人力资源效能管理时代 [J]. 中国人力资源开发，2013（21）：6-13.

[228] 张文慧，王辉. 中国企业战略型领导的三元模式 [J]. 管理世界，2013（7）：94-112.

[229] 杨百寅，连欣，马月婷. 中国企业组织创新氛围的结构和测量 [J]. 科学学与科学技术管理，2013（8）：43-55.

[230] 张海涛，龙立荣. 中国企业组织战略与组织创新气氛的关系研究 [J]. 华东经济管理，2013（10）：102-108.

[231] 孟慧，宋继文，徐琳，田京，钱静. 中国情境下变革型领导的内涵与测量的再探讨 [J]. 管理学报，2013（3）：375-383.

[232] 纪韶，朱志胜. 中国人口流动与城镇化格局变动趋势研究——基于"四普"、"五普"、"六普"长表数据的比较分析 [J]. 经济与管理研究，2013（12）：75-83.

[233] 常敬一. 中国人力资源竞争力国际比较分析 [J]. 首都经济贸易大学学报，2013（6）：63-68.

[234] 纪韶，朱志胜. 中国省际劳动力流动的特征演变及经济合理性研究（1995~2010）[J]. 经济与管理，2013（8）：20-16.

[235] 尤佳，孙遇春，雷辉. 中国新生代员工工作价值观代际差异实证研究 [J]. 软科学，2013（6）：83-88，93.

[236] 赵慧军. 追随行为的探索性研究 [J]. 经济与管理研究，2013（4）：106-110.

[237] 刘松博. 自主支持对员工创新的跨层次影响机制——团队和领导双向学习的作用 [J]. 经济管理，2013（1）：80-88.

[238] 张婕，樊耘，纪晓鹏. 组织变革因素与员工对变革反应关系研究 [J]. 管理评论，2013（11）：53-64.

[239] 连欣，杨百寅，马月婷. 组织创新氛围对员工创新行为影响研究 [J]. 管理学报，2013（7）：985-992.

[240] 刘新梅，刘超，江能前. 组织创造力与绩效：企业家导向与过程控制的调节作用 [J]. 科学学与科学技术管理，2013（11）：171-180.

[241] 张四龙，李明生. 组织道德气氛对组织公民行为的影响：组织认同的中介作用 [J]. 管理评论，2013（11）：85-94.

[242] 贺小格，凌文辁. 组织的五要素管理：基于组织行为系统要素 [J]. 现代管理科学，2013（11）：31-33.

[243] 姚艳虹，韩树强. 组织公平与人格特质对员工创新行为的交互影响研究 [J]. 管理学报，2013（5）：700-707.

[244] 孙美佳，崔勋. 组织公平与组织信任的文化特质性及其对中国企业凝聚力形成的影响 [J]. 管理学报，2013（10）：1462-1469.

[245] 张戌凡，周路路，赵曙明. 组织公平组合与员工沉默行为关系的实证研究 [J]. 管理学报，2013（5）：693-699.

[246] 林忠，金星彤. 组织公正、心理契约破裂与雇佣关系：基于民营企业样本的实证研究 [J]. 中国软科学，2013（1）：125-134.

[247] 谢俊，汪林，储小平，黄嘉欣. 组织公正视角下的员工创造力形成机制及心理授权的中介作用 [J]. 管理学报，2013（2）：206-212.

[248] 陈国权，孙锐. 组织管理视角下的个体学习与行为改造研究 [J]. 科学学与科学技术管理，2013（1）：123-134.

[249] 朱一文，王安民. 组织结构、支持性组织氛围对员工建言行为的影响 [J]. 中国

人力资源开发，2013（15）：25-30.

［250］晁罡，熊吟竹，王磊，李登月. 组织伦理气氛对工作满足感和员工越轨行为的影响研究［J］. 管理学报，2013（11）：1611-1617.

［251］杨婷婷，钟建安. 组织内社会交换关系与工作投入：心理资本的中介效应［J］. 人类工效学，2013（1）：51-54.

［252］李玉蕾，袁乐平. 战略人力资源管理对企业绩效的影响研究［J］. 统计研究，2013（10）：92-96.

［253］陶宇. 人力资源管理团队绩效评价与对策——基于人力资源审核模型［J］. 企业经济，2013（3）：101-104.

［254］李宝元，王文周. 从平衡计分卡到平衡计酬卡——现代企业人力资源战略性激励焦点整合管理框架［J］. 中国人力资源开发，2013（17）：78-86，92.

［255］赵君，蔡翔，赵书松. 组织信任对工作满意度的影响——以组织公平为调节变量［J］. 软科学，2013（6）：89-93.

［256］张军成，凌文辁. 组织政治知觉对研发人员工作态度的影响——基于资源保存理论的实证分析［J］. 科学学与科学技术管理，2013（2）：134-143.

［257］卢纪华，陈丽莉，赵希男. 组织支持感、组织承诺与知识型员工敬业度的关系研究［J］. 科学学与科学技术管理，2013（1）：147-153.

［258］陈同扬，谭亮，曹国年. 组织支持视角下领导—下属交换关系感知匹配的形成机制研究［J］. 南开管理评论，2013（3）：118-126.

［259］付雅萍. 人力资源管理的三个"不等式"［J］. 中国人力资源开发，2013（16）：59-63.

［260］李志华. 以价值量化管理：激活基层组织人力资源效能［J］. 中国人力资源开发，2013（21）：26-32，39.

第二节　英文期刊索引

［1］E. R. Crawford J. A. LePine. A configural theory of team processes: accounting for the structure of taskwork and teamwork［J］. Academy of Management Review，2013，1（38）：32-48.

［2］Andrew Crane. Modern slavery as a management practice: exploring the conditions and capabilities for human exploitation［J］. Academy of Management Review，2013，1（38）：49-69.

［3］Murray R. Barrick，Michael K. Mount，Ning Li. The theory of purposeful work behavior the role of personality, higher-order goals, and job characteristics［J］. Academy of

Management Review, 2013, 1 (38): 132–153.

[4] Levi R. G. Nieminen, Ryan Smerek, Lindsey Kotrba Daniel Denison. What does an executive coaching intervention add beyond facilitated multisource feedback? Effects on leader self –ratings and perceived effectiveness [J]. Human Resource Development Quarterly, 2013, 2 (24): 145–176.

[5] S. L. Martin, H. Liao E. M. Campbell. Directive versus empowering leadership: A field experiment comparing impacts on task proficiency and proactivity [J]. Academy of Management Journal, 2013, 5 (56): 1372–1395.

[6] Meera Alagaraja Toby Egan. The strategic value of HRD in lean strategy implementation [J]. Human Resource Development Quarterly, 2013, 1 (24): 1–27.

[7] Lyle Yorks Jody Barto. Invited Reaction: The strategic value of HRD in lean strategy implementation [J]. Human Resource Development Quarterly, 2013, 1 (24): 29–33.

[8] Ellen Goldman, Marilyn Wesner Ornpawee Karn chanomai. Reciprocal peer coaching: A critical contributor to implementing individual leadership plans [J]. Human Resource Development Quarterly, 2013, 1 (24): 63–87.

[9] Toby Egan. Response to Nieminenetal's feature article on executive coaching and facilitated multisource feedback: Toward better understanding of a Growing HRD practice [J]. Human Resource Development Quarterly, 2013, 2 (24): 177–183.

[10] Jane Yan Jiang, Xiao Zhang Dean Tjosvold. Emotion regulation as a boundary condition of the relationship between team conflict and performance: A multi–level examination [J]. Journal of Organizational Behavior, 2013, 5 (34): 714–734.

[11] M. Pitesa S. Thau. Compliant Sinners, Obstinate Saints: How power and self–focus determine the effectiveness of social influences in ethical decision making [J]. Academy of Management Journal, 2013, 3 (56): 635–658.

[12] A. L. Molinsky. The psychological processes of cultural retooling [J]. Academy of Management Journal, 2013, 3 (56): 683–710.

[13] A. Nederveen Pieterse, D. van Knippenberg D. van Dierendonck. Cultural diversity and team performance: The role of team member goal orientation [J]. Academy of Management Journal, 2013, 3 (56): 782–804.

[14] Aoife M. McDermott, Edel Conway, Denise M. Rousseau Patrick C. Flood. Promoting effective psychological contracts through leadership: The missing link between HR strategy and performance [J]. Human Resource Management, 2013, 2 (52): 289–310.

[15] P. CappelliJ. Keller. Classifying work in the new economy [J]. Academy of Management Review, 2013, 4 (38): 575–596.

[16] Yu Zhou, Ying Hong Jun Liu. Internal commitment or external collaboration? The impact of human resource management systems on firm innovation and performance [J]. Human

Resource Management，2013，2（52）：263-288.

［17］ Eric Schulz，Sanjib Chowdhury David Van de Voort. Firm productivity moderated link between human capital and compensation：The significance of task-specific human capital ［J］. Human Resource Management，2013，3（52）：423-439.

［18］ Inga CarboniKate Ehrlich. The effect of relational and team characteristics on individual performance：A social network perspective ［J］. Human Resource Management，2013，4（52）：511-535.

［19］ Guillermo E. DabosDenise M. Rousseau. Psychological contracts and informal networks in organizations：The effects of social status and local ties ［J］. Human Resource Management，2013，4（52）：485-510.

［20］ Changquan Jiao，David A. RichardsRick D. Hackett. Organizational citizenship behavior and role breadth：A meta-analytic and cross-cultural analysis ［J］. Human Resource Management，2013，5（52）：697-714.

［21］ Denice Welch Adam Steen. Repositioning global staff transfers：A learning perspective ［J］. Human Resource Management，2013，5（52）：793-807.

［22］ Kristine J. Olson，Ann H. Huffman，Pedro I. LeivaSatoris S. Culbertson. Acculturation and individualism as predictors of work-family conflict in a diverse workforce ［J］. Human Resource Management，2013，5（52）：741-769.

［23］ Elaine Farndale Clare Kelliher. Implementing performance appraisal：Exploring the employee experience ［J］. Human Resource Management，2013，6（52）：879-897.

［24］ Edward E. Lawler Susan A. Mohrman. Sustainability：What should boards do ［J］. Corporate Board，2013，201（134）：19-24.

［25］ Michaéla C. Schippers，Astrid C. HomanDaan van Knippenberg. To reflect or not to reflect：Prior team performance as a boundary condition of the effects of reflexivity on learning and final team performance ［J］. Journal of Organizational Behavior，2013，1（34）：6-23.

［26］ Megan J. Bissing-Olson，Aarti Iyer，Kelly S. Fielding Hannes Zacher. Relationships between daily affect and pro-environmental behavior at work：The moderating role of pro-environmental attitude ［J］. Journal of Organizational Behavior，2013，2（34）：156-175.

［27］ Magali A. Delmas Sanja Pekovic. Environmental standards and labor productivity：Understanding the mechanisms that sustain sustainability ［J］. Journal of Organizational Behavior，2013，2（34）：230-252.

［28］ Stephen A. Woods，Filip Lievens，Filip De FruytBart Wille. Personality across working life：The longitudinal and reciprocal influences of personality on work ［J］. Journal of Organizational Behavior，2013，1（34）：S7-S25.

［29］ Michael Lane Morris，Carrie B. Messal John P. Meriac. Core self-evaluation and goal orientation：Understanding work stress ［J］. Human Resource Development Quarterly，

2013，1（24）：35-62.

[30] Başak UçanokSerdar Karabat. The effects of values, work centrality, and organizational commitment on organizational citizenship behaviors: Evidence from Turkish SMEs [J]. Human Resource Development Quarterly, 2013, 1 (24): 89-129.

[31] Arjan van den BornArjen van Witteloostuijn. Drivers of freelance career success [J]. Journal of Organizational Behavior, 2013, 1 (34): 24-46.

[32] Alison M. Dachner, Brian M. Saxton, Raymond A. NoeKathryn E. Keeton. To infinity and beyond: Using a narrative approach to identify training needs for unknown and dynamic situations [J]. Human Resource Development Quarterly, 2013, 2 (34): 239-267.

[33] Olga Epitropaki. A multi-level investigation of psychological contract breach and organizational identification through the lens of perceived organizational membership: Testing a moderated-mediated model [J]. Journal of Organizational Behavior, 2013, 1 (34): 65-86.

[34] Simon C. H. Chan, Xu Huang, Ed Snape Catherine K. Lam. The Janus face of paternalistic leaders: Authoritarianism, benevolence, subordinates'organization-based self-esteem, and performance [J]. Journal of Organizational Behavior, 2013, 1 (34): 108-128.

[35] Ray Tak-yin Hui, Christina Sue-Chan Robert E. Wood. The contrasting effects of coaching style on task performance: The mediating roles of subjective task complexity and self-set goal [J]. Human Resource Development Quarterly, 2013, 4 (24): 429-458.

[36] Li Li, David E. Gray, Andrew John Lockwood Dimitrios Buhalis. Learning about managing the business in the hospitality industry [J]. Human Resource Development Quarterly, 2013, 4 (24): 525-559.

[37] Dave Ulrich, Jon Younger, Wayne Brockbank Michael D. Ulrich. The state of the HR Profession [J]. Human Resource Management, 2013, 3 (52): 457-471.

[38] Thomas W. H. Ng Daniel C. Feldman. Age and innovation-related behavior: The joint moderating effects of supervisor undermining and proactive personality [J]. Journal of Organizational Behavior, 2013, 3 (34): 583-606.

[39] Matthias Weigl, Andreas Müller, Severin Hornung, Hannes ZacherPeter Angerer. The moderating effects of job control and selection, optimization, and compensation strategies on the age-work ability relationship [J]. Journal of Organizational Behavior, 2013, 5 (34): 607-628.

[40] Chad T. Brinsfield. Employee silence motives: Investigation of dimensionality and development of measures [J]. Journal of Organizational Behavior, 2013, 5 (34): 671-697.

[41] Ieva Martinaityte Claudia A. Sacramento. When creativity enhances sales effectiveness: The moderating role of leader-member exchange [J]. Journal of Organizational Behavior, VolIssue, 2013 (1): 7-14.

[42] Uschi Backes-GellnerKerstin Pull. Tournament compensation systems, employee

heterogeneity, and firm performance [J]. Human Resource Management, 2013, 3 (52): 375–398.

[43] G. P. Martin, L. R. Gomez–Mejia R. M. Wiseman. Executive stock options as mixed gambles: Revisiting the behavioral agency model [J]. Academy of Management Journal, 2013, 2 (56): 451–472.

[44] Raina A. Brands. Cognitive social structures in social network research: A review [J]. Journal of Organizational Behavior, 2013, 1 (34): 82–103.

[45] Anthony C. Klotz, Serge P. Da Motta Veiga, M. Ronald Buckley Mark B. Gavin. The role of trustworthiness in recruitment and selection: A review and guide for future research [J]. Journal of Organizational Behavior, 2013, 1 (34): 104–119.

[46] Torben Juul Andersen Dana Minbaeva. The role of human resource management in strategy making [J]. Human Resource Management, 2013, 5 (52): 809–827.

[47] Ingmar Björkman, Mats Ehrnrooth, Kristiina Mäkelä, Adam Smale Jennie Sumelius. Talent or not? Employee reactions to talent identification [J]. Human Resource Management, 2013, 2 (52): 195–214.

[48] A. Konig, N. Kammerlander A. Enders. The family innovator's dilemma: How family influence affects the adoption of discontinuous technologies by incumbent firms [J]. Academy of Management Review, 2013, 3 (38): 418–441.

[49] D. McIver, C. A. Lengnick –Hall, M. L. Lengnick –Hall I. Ramachandran. Understanding work and knowledge management from a knowledge–in–practice perspective [J]. Academy of Management Review, 2013, 4 (38): 597–620.

[50] W. A. Kahn, M. A. Barton S. Fellows. Organizational crises and the disturbance of relational systems [J]. Academy of Management Review, 2013, 3 (38): 377–396.

[51] Arno Haslberger, Chris Brewster Thomas Hippler. The dimensions of expatriate adjustment [J]. Human Resource Management, 2013, 3 (52): 333–351.

[52] Bjarne Espedal, Paul N. GooderhamInger G. Stensaker. Developing organizational social capital or prima donnas in MNES? The role of global leadership development programs [J]. Human Resource Management, 2013, 4 (52): 607–625.

[53] Seongmin RyuSunghoon Kim. First –line managers'HR involvement and HR effectiveness: The Case of South Korea [J]. Human Resource Management, 2013, 5 (52): 947–966.

[54] Christa L. Wilkin. I can't get no job satisfaction: Meta–analysis comparing permanent and contingent workers [J]. Journal of Organizational Behavior, 2013, 1 (34): 47–64.

[55] Yonjoo Cho Toby Egan. Organizational support for action learning in south korean organizations [J]. Human Resource Development Quarterly, 2013, 2 (124): 185–213.

[56] Arnold B. Bakker, Evangelia Demerouti, Wido Oerlemans Sabine Sonnentag.

Workaholism and daily recovery: A day reconstruction study of leisure activities [J]. Journal of Organizational Behavior, 2013, 1 (34): 87–107.

[57] Robert G. Hamlin Alf Hatton. Toward a British taxonomy of perceived managerial and leadership effectiveness [J]. Human Resource Development Quarterly, 2013, 3 (24): 365–406.

[58] Judith L. Walls Andrew J. Hoffman. Exceptional boards: Environmental experience and positive deviance from institutional norms [J]. Journal of Organizational Behavior, 2013, 2 (34): 253–271.

[59] Hakan Ozcelik. An empirical analysis of surface acting in intra –organizational relationships [J]. Journal of Organizational Behavior, 2013, 3 (34): 291–309.

[60] Lei Lai Linda C. Babcock. Asian Americans and workplace discrimination: The interplay between sex of evaluators and the perception of social skills [J]. Journal of Organizational Behavior, 2013, 3 (34): 310–326.

[61] Elizabeth E. Umphress, Aneika L. Simmons, Robert Folger, Run Ren Ramona Bobocel. Observer reactions to interpersonal injustice: The roles of perpetrator intent and victim perception [J]. Journal of Organizational Behavior, 2013, 3 (34): 327–349.

[62] Maureen F. Dollard, Karen OsborneIan Manning. Organization –environment adaptation: A macro –level shift in modeling work distress and morale [J]. Journal of Organizational Behavior, 2013, 5 (34): 629–647.

[63] Daniele Rotolo Antonio Messeni Petruzzelli. When does centrality matter? Scientific productivity and the moderating role of research specialization and cross –community ties [J]. Journal of Organizational Behavior, 2013, 5 (34): 648–670.

[64] Rikki Nouri, Miriam Erez, Thomas Rockstuhl, Soon Ang, Lee Leshem–CalifAnat Rafaeli. Taking the bite out of culture: The impact of task structure and task type on overcoming impediments to cross –cultural team performance [J]. Journal of Organizational Behavior, 2013, 6 (34): 739–763.

[65] Rebekah Dibble Cristina Gibson. Collaboration for the common good: An examination of challenges and adjustment processes in multicultural collaborations [J]. Journal of Organizational Behavior, 2013, 6 (34): 764–790.

[66] Kelly Fisher Kate Hutchings. Making sense of cultural distance for military expatriates operating in an extreme context [J]. Journal of Organizational Behavior, 2013, 6 (34): 791–812.

[67] Laura Severance, Lan Bui–Wrzosinska, Michele J. Gelfand, Sarah Lyons, Andrzej Nowak, Wojciech Borkowski, Nazar Soomro, Naureen Soomro, Anat Rafaeli, Dorit Efrat Treister, Chun–Chi Lin Susumu Yamaguchi. The psychological structure of aggression across cultures [J]. Journal of Organizational Behavior, 2013, 6 (34): 835–865.

[68] Eric Luis Uhlmann, Emily Heaphy, Susan J. Ashford, Luke Lei Zhu Jeffrey Sanchez –Burks. Acting professional: An exploration of culturally bounded norms against nonwork role referencing [J]. Journal of Organizational Behavior, 2013, 6 (34): 866–886.

[69] Michael P. Leiter, Jari J. Hakanen, Kirsi Ahola, Salla Toppinen –Tanner, Aki KoskinenAri Väänänen. Organizational predictors and health consequences of changes in burnout: A 12 –year cohort study [J]. Journal of Organizational Behavior, 2013, 7 (34): 959–973.

[70] Paul M. Muchinsky Justin M. Raines. The overgeneralized validity of validity generalization [J]. Journal of Organizational Behavior, 2013, 7 (34): 1057–1060.

[71] Babatunde Ogunfowora. When the abuse is unevenly distributed: The effects of abusive supervision variability on work attitudes and behaviors [J]. Journal of Organizational Behavior, 2013, 8 (34): 1105–1123.

[72] María Del Carmen Triana, Christopher O. L. H. Porter, Sandra W. DeGrassi Mindy Bergman. We're all in this together... except for you: The effects of workload, performance feedback, and racial distance on helping behavior in teams [J]. Journal of Organizational Behavior, 2013, 6 (34): 1124–1144.

[73] Chongxin Yu Stephen J. Frenkel. Explaining task performance and creativity from perceived organizational support theory: Which mechanisms are more important? [J]. Journal of Organizational Behavior, 2013, 8 (34): 1165–1181.

[74] Jian Liang Yaping Gong. Capitalizing on proactivity for informal mentoring received during early career: The moderating role of core self–evaluations [J]. Journal of Organizational Behavior, 2013, 8 (34): 1182–1201.

[75] Julian Friedland Benjamin M. Cole. Expanding the motivations for altruism: A philosophical perspective [J]. Journal of Organizational Behavior, 2013, 8 (34): 1202–1206.

[76] C. A. Bartel B. M. Wiesenfeld. The social negotiation of group prototype ambiguity in dynamic organizational contexts [J]. Academy of Management Review, 2013, 4 (38): 503–524.

[77] A. W. Martin, S. H. Lopez, V. J. Roscigno R. Hodson. Against the rules: Synthesizing types and processes of bureaucratic rule–breaking [J]. Academy of Management Review, 2013, 4 (38): 550–574.

[78] L. Ramarajan E. Reid. Shattering the myth of separate worlds: Negotiating nonwork identities at work [J]. Academy of Management Review, 2013, 4 (38): 621–644.

[79] Luo LuShu–Fang Kao. The reciprocal relations of pressure, work/family interference, and role satisfaction: Evidence from a longitudinal study in Taiwan [J]. Human Resource Management, 2013, 3 (52): 353–373.

[80] J. Gehman, L. K. Trevino R. Garud. Values work: A process study of the emergence

and performance of organizational values practices [J]. Academy of Management Journal, 2013, 1 (56): 84-112.

[81] Martin R. Edwards Tony Edwards. Employee responses to changing aspects of the employer brand following a multinational acquisition: A longitudinal study [J]. Human Resource Management, 2013, 1 (52): 27-54.

[82] Jennifer L. Robertson Julian Barling. Greening organizations through leaders' influence on employees' pro-environmental behaviors [J]. Journal of Organizational Behavior, 2013, 2 (34): 176-194.

[83] G. M. Kistruck, C. J. Sutter, R. B. Lount B. R. Smith. Mitigating principal-agent problems in base-of-the-pyramid markets: An identity spillover perspective [J]. Academy of Management Journal, 2013, 3 (56): 659-682.

[84] J. Bundy, C. Shropshire A. K. Buchholtz. Strategic cognition and issue salience: Toward an explanation of firm responsiveness to stakeholder concerns [J]. Academy of Management Review, 2013, 3 (38): 352-376.

[85] A. Langley, C. Smallman, H. Tsoukas A. H. Van de Ven. Process studies of change in organization and management: Unveiling temporality, activity, and flow [J]. Academy of Management Journal, 2013, 1 (56): 1-13.

[86] H. Bresman. Changing Routines: A Process model of vicarious group learning in pharmaceutical R&D [J]. Academy of Management Journal, 2013, 1 (56): 35-61.

[87] J. Howard-Grenville, M. L. Metzger A. D. Meyer. Rekindling the flame: Processes of identity resurrection [J]. Academy of Management Journal, 2013, 1 (56): 113-136.

[88] J. Jay. Navigating Paradox as a mechanism of change and innovation in hybrid organizations [J]. Academy of Management Journal, 2013, 1 (56): 137-159.

[89] S. S. Wilter muth F. J. Flynn. Power, moral clarity, and punishment in the workplace [J]. Academy of Management Journal, 2013, 4 (56): 1002-1023.

[90] B. Batjargal, M. A. Hitt, A. S. Tsui, J. L. Arregle, J. W. Webb T. L. Miller. Institutional polycentrism, entrepreneurs'social networks, and new venture growth [J]. Academy of Management Journal, 2013, 4 (56): 1024-1049.

[91] H. C. Vough, M. T. Cardador, J. S. Bednar, E. Dane M. G. Pratt. What clients don't get about my profession: A model of perceived role-based image discrepancies [J]. Academy of Management Journal, 2013, 4 (56): 1050-1080.

[92] V. Lopez-Kidwell, T. J. Grosser, B. R. Dineen S. P. Borgatti. What matters when: A multistage model and empirical examination of job search effort [J]. Academy of Management Journal, 2013, 6 (56): 1655-1678.

[93] A. S. Amezcua, M. G. Grimes, S. W. Bradley J. Wiklund. Organizational sponsorship and founding environments: A contingency view on the survival of business-incubated firms,

1994-2007 [J]. Academy of Management Journal, 2013, 6 (56): 1628-1654.

[94] S. Trefalt. Between you and me: Setting work-nonwork boundaries in the context of workplace relationships [J]. Academy of Management Journal, 2013, 6 (56): 1802-1829.

[95] Derek R. Avery, Sabrina D. Volpone, Robert W. Stewart, Aleksandra Luksyte, Morela Hernandez, Patrick F. McKay Michelle Mikki R. Hebl. Examining the draw of diversity: How diversity climate perceptions affect job -pursuit intentions [J]. Human Resource Management, 2013, 2 (52): 175-193.

[96] Mathew R. Allen, Jeff Ericksen Christopher J. Collins. Human resource management, employee exchange relationships, and performance in small businesses [J]. Human Resource Management, 2013, 2 (52): 153-173.

[97] Kerstin Alfes, Catherine Truss, Emma C. Soane, Chris Rees Mark Gatenby. The relationship between line manager behavior, perceived hrm practices, and individual performance: Examining the mediating role of engagement [J]. Human Resource Management, 2013, 6 (52): 839-859.

[98] Wendy J. Casper, Julie Holliday Wayne Jennifer Grace Manegold. Who will we recruit? Targeting deep-and surface-level diversity with human resource policy advertising [J]. Human Resource Management, 2013, 3 (52): 311-332.

[99] Inmaculada Beltrán -Martín Vicente Roca -Puig. Promoting employee flexibility through HR practices [J]. Human Resource Management, 2013, 5 (52): 645-674.

[100] Mei-Liang Chen Chieh-Peng Lin. Assessing the effects of cultural intelligence on team knowledge sharing from a socio-cognitive perspective [J]. Human Resource Management, 2013, 5 (52): 675-695.

[101] Elizabeth Redmond. Competency models at work: The value of perceived relevance and fair rewards for employee outcomes [J]. Human Resource Management, 2013, 5 (52): 771-792.

[102] Massimo MagniLikoebe M. Maruping. Sink or swim: Empowering leadership and overload in teams' ability to deal with the unexpected [J]. Human Resource Management, 2013, 5 (52): 715-739.

[103] Benjamin M. Walsh, Timothy J. Bauerle Vicki J. Magley. Individual and contextual inhibitors of sexual harassment training motivation [J]. Human Resource Development Quarterly, 2013, 2 (24): 215-237.

[104] Devasheesh P. Bhave, Amit Kramer Theresa M. Glomb. Pay satisfaction and work-family conflict across time [J]. Journal of Organizational Behavior, 2013, 5 (34): 698-713.

[105] Kiwook Kwon Deborah E. Rupp. High-performer turnover and firm performance: The moderating role of human capital investment and firm reputation [J]. Journal of Organizational Behavior, 2013, 1 (34): 129-150.

［106］ J. W. Bolderdijk, L. Steg T. Postmes. Fostering support for work floor energy conservation policies: Accounting for privacy concerns ［J］. Journal of Organizational Behavior, 2013, 2（34）: 195-210.

［107］ Kerrie L. Unsworth, Alina Dmitrieva Elisa Adriasola. Changing behavior: Increasing the effectiveness of workplace interventions in creating pro-environmental behavior change ［J］. Journal of Organizational Behavior, 2013, 2（34）: 211-229.

［108］ Jenell L. S. Wittmer, Robert R. Sinclair, James E. Martin, Jennifer S. Tucker Jessica Lang. Shared aggression concerns and organizational outcomes: The moderating role of resource constraints ［J］. Journal of Organizational Behavior, 2013, 3（34）: 370-388.

［109］ Jie Wang Tae-Yeol Kim. Proactive socialization behavior in China: The mediating role of perceived insider status and the moderating role of supervisors' traditionality ［J］. Journal of Organizational Behavior, 2013, 3（34）: 389-406.

［110］ Gil Luria Yair Berson. How do leadership motives affect informal and formal leadership emergence? ［J］. Journal of Organizational Behavior, 2012（1）: 7-14.

［111］ I. Arikan O. Shenkar. National animosity and cross-border alliances ［J］. Academy of Management Journal, 2013, 6（56）: 1516-1544.

［112］ Jennifer Y. M. Lai, Long W. Lam Simon S. K. Lam. Organizational citizenship behavior in work groups: A team cultural perspective ［J］. Journal of Organizational Behavior, 2012（1）: 7-14.

［113］ Zachary T. Kalinoski, Debra Steele-Johnson, Elizabeth J. Peyton, Keith A. Leas, Julie Steinke Nathan A. Bowling. A meta-analytic evaluation of diversity training outcomes ［J］. Journal of Organizational Behavior, 2013, 8（34）: 1076-1104.

［114］ M. Arrfelt, R. M. Wiseman G. T. M. Hult. Looking backward instead of forward: Aspiration-driven influences on the efficiency of the capital allocation process ［J］. Academy of Management Journal, 2013, 4（56）: 1081-1103.

［115］ G. Ray, L. Xue J. B. Barney. Impact of information technology capital on firm scope and performance: The role of asset characteristics ［J］. Academy of Management Journal, 2013, 4（56）: 1125-1147.

［116］ M. L. McDonald J. D. Westphal. Access denied: Low mentoring of women and minority first-time directors and its negative effects on appointments to additional boards ［J］. Academy of Management Journal, 2013, 4（56）: 1169-1198.

［117］ Phillip L. Gilmore, Xiaoxiao Hu, Feng Wei, Lois E. Tetrick Stephen J. Zaccaro. Positive affectivity neutralizes transformational leadership's influence on creative performance and organizational citizenship behaviors ［J］. Journal of Organizational Behavior, 2013, 8（34）: 1061-1075.

［118］ Abraham Carmeli, Roy Gelbard Roni Reiter-Palmon. Leadership, creative problem-solving capacity, and creative performance: The importance of knowledge sharing [J]. Human Resource Management, 2013, 1 (52): 95–121.

[119] D. Ma, M. Rhee D. Yang. Power source mismatch and the effectiveness of interorganizational relations: The case of venture capital syndication [J]. Academy of Management Journal, 2013, 3 (56): 711–734.

[120] Ginka Toegel, Martin Kilduff N. Anand. Emotion helping by managers: An emergent understanding of discrepant role expectations and outcomes [J]. Academy of Management Journal, 2013, 2 (56): 334–357.

[121] Jun Liu, Ho Kwong Kwan, Cynthia Lee Chun Hui. Work-to-family spillover effects of workplace ostracism: The role of work-home segmentation preferences [J]. Human Resource Management, 2013, 1 (52): 75–93.

[122] E. J. McClean, E. R. Burris J. R. Detert. When does voice lead to exit? It depends on leadership [J]. Academy of Management Journal, 2013, 2 (56): 525–548.

后　记

　　一部著作的完成需要许多人的默默贡献，闪耀着集体的智慧，其中铭刻着许多艰辛的付出，凝结着许多辛勤的劳动和汗水。

　　本书在编写过程中，借鉴并参考了大量的文献和作品，从中得到了不少启悟，也汲取了其中的智慧菁华，谨向各位专家、学者表示崇高的敬意——因为有了大家的努力，才有了本书的诞生。凡被本书选用的材料，我们都将按相关规定向原作者支付稿费，但因为有的作者通信地址不详或者变更，尚未取得联系。敬请您见到本书后及时函告您的详细信息，我们会尽快办理相关事宜。

　　由于编写时间仓促以及编者水平有限，书中不足之处在所难免，诚请广大读者指正，特驰惠意。